ESTHÉTIQUE MUSICALE.

TECHNIE

ou

LOIS GÉNÉRALES DU SYSTÈME HARMONIQUE.

AVIS.

Le dépôt exigé par la loi a été fait. Tout exemplaire non revêtu de la griffe de l'auteur sera réputé contrefait.

La traduction allemande de cet ouvrage se prépare, en ce moment, sous les yeux de l'auteur.

ESTHÉTIQUE MUSICALE.

TECHNIE

OU

LOIS GÉNÉRALES DU SYSTÈME HARMONIQUE,

par le Comte CAMILLE DURUTTE, d'Ypres,

Compositeur, ancien Élève de l'École polytechnique, Membre de l'Académie impériale de Metz.

PARIS,

MALLET-BACHELIER,   E. GIROD,
IMPRIMEUR-LIBRAIRE DE L'ÉCOLE POLYTECHNIQUE,   SUCCESSEUR DE MADAME LAUNER,
quai des Grands-Augustins, 55.   boulevard Mohtmartre, 16.

METZ,

Typographie de ROUSSEAU-PALLEZ, Éditeur,
IMPRIMEUR DE MONSEIGNEUR L'ÉVÊQUE,
LIBRAIRE DE L'ACADÉMIE IMPÉRIALE,
rue des Clercs, 14.

1855.

AVIS IMPORTANT.

L'objet de la Musique, considérée comme science, consistant essentiellement dans les modifications esthétiques du *temps,* c'est-à-dire dans le *rhythme de la durée des vibrations,* les *lois* de la musique sont nécessairement des *lois mathématiques.* Toutefois, il n'est nullement nécessaire de connaître les sciences exactes pour comprendre le présent ouvrage; les nombreux exemples pratiques et les commentaires dont ils sont accompagnés, suffisent complètement pour l'intelligence du système de l'auteur.

Le résumé d'acoustique, placé en tête de cet ouvrage, peut aussi être négligé sans inconvénient; mais nous appelons l'attention du lecteur sur l'*introduction,* qui contient des idées entièrement nouvelles et où sont signalés les principaux résultats obtenus.

CETTE

ESTHÉTIQUE MUSICALE,

PRÉSENTANT

LES LOIS GÉNÉRALES DU SYSTÈME HARMONIQUE,

EST DÉDIÉE

1° *dans sa tendance philosophique*,
à la mémoire de Hoené **WRONSKI**,
comme auteur de la *Réforme absolue du savoir humain ;*

2° *dans sa partie spéculative*,
à **A. BARBEREAU**,
pour avoir le premier légitimé l'emploi de la *quinte* et de la *progression triple*
dans l'explication du système musical.

3° *dans son résultat pratique*,
aux ARTISTES MUSICIENS,
sans acception de pays ni d'école.

ESTHÉTIQUE MUSICALE. — TECHNIE.

LOIS GÉNÉRALES
DU
SYSTÈME HARMONIQUE
FONDÉES
SUR LA VRAIE MESURE DES INTERVALLES,

Par le Comte CAMILLE DURUTTE, d'Ypres,

Compositeur, ancien Élève de l'École polytechnique, Membre de l'Académie impériale de Metz.

INTRODUCTION.

Cet ouvrage, fruit de profondes méditations et de longues études théoriques et pratiques, a pour objet d'élever à la hauteur d'une science exacte la théorie harmonique, qui n'est encore basée sur aucun principe absolu.

Partant de la *loi de la tonalité*, découverte depuis quelques années par le savant compositeur A. Barbereau, l'auteur dévoile enfin deux autres lois générales : 1° *la loi génératrice des accords*, et 2° *la loi de leur enchaînement*, qui, avec *la loi tonale*, dominent tout le système harmonique. — Ces lois, établies *à priori*, rendent raison de tous les faits, de tous sans exception ; et, ce qui est plus, elles contiennent en germe les faits encore inconnus, c'est-à-dire les accords et les enchaînements d'accords que l'instinct musical, abandonné à lui-même, n'est pas parvenu à découvrir jusqu'à ce jour. — Après tant de systèmes erronés que l'expérience a détruits successivement, il était nécessaire de justifier la véritable théorie rationnelle de l'harmonie par l'expérience elle-même. C'est ce que l'auteur a fait en présentant de nombreux exemples pratiques, les uns extraits des œuvres des maîtres de l'art, pour les accords et les enchaînements d'accords connus ; les autres composés expressément pour l'emploi des nombreux *accords nouveaux*. Ces exemples, en facilitant l'intelligence du texte, permettent de vérifier immédiatement au clavier les assertions de l'auteur.

Dans un temps où l'on ne croit qu'aux faits, à l'expérience, et où les théories rationnelles sont considérées comme des rêveries par les hommes soi-disant positifs, il serait inutile de discuter la *possibilité* de la découverte, ou plutôt de l'établissement à priori des lois générales d'un système quelconque, et par conséquent du système harmonique. Aussi l'auteur ne démontrera-t-il cette possibilité problématique par rien autre que par la production effective de ces lois, et par leur application aux faits les plus complexes, comme aux faits les plus simples; aux faits nouveaux, comme aux faits connus, qui, tous, découlent de ces lois générales.

A la suite des immenses progrès accomplis par les Compositeurs, depuis l'ancienne école gallo-belge jusqu'à Mozart, ce légitime héritier des grandes écoles flamande, italienne, française et allemande, il ne fallait rien moins peut-être qu'une théorie rationnelle de l'harmonie pour seconder dignement la nouvelle tendance Esthétique qui se prononce de plus en plus, à partir de Ludwig van Beethoven, jusqu'à Félix Mendelssohn-Bartholdy.

Sans entrer ici dans l'exposé des doctrines philosophiques que nous avons pris et dû prendre nécessairement pour guide dans nos travaux sur la musique, signalons du moins ces doctrines en faveur de ceux de nos lecteurs qui auraient le désir de connaître les bases profondes, les bases immuables de l'Esthétique musicale. Cela est d'autant plus nécessaire aujourd'hui, que notre marche n'a rien de commun avec celle suivie par les acousticiens comme par les auteurs de traités d'harmonie, qui tous, avec l'immense majorité des savants de l'époque présente, sont exclusivement voués à la *méthode expérimentale* [1]. On attend des miracles de cette méthode; et certes, à en juger par l'apparence, les miracles ont été produits; on vante, et avec raison, les progrès de la physique, de la chimie et de la mécanique; on épuise toutes les formules de l'éloge quand il s'agit de la machine à vapeur, de la photographie, ou du télégraphe électrique, et nous nous associons de grand cœur à de tels éloges, parce que ces découvertes contribuent grandement au bien-être physique, et surtout au développement intellectuel et moral de l'espèce humaine; *mais en admettant* pour un moment que toutes ces découvertes soient dues à l'emploi de la méthode expérimentale, la RAISON INCONDITIONNELLE de l'homme assigne à la connaissance des LOIS qui régissent ces faits physiques, une place encore plus élevée, et au-delà des lois susdites, une place bien plus élevée encore, la place d'honneur, à la connaissance des CONDITIONS elles-mêmes de ces lois, c'est-à-dire à la connaissance de l'ESSENCE INTIME des faits ou substances physiques.

Il est vrai que la plupart des savants « *qui désavouent l'existence dans l'homme de sa raison absolue, renoncent nécessairement, même avec gloire,*

---

[1] Nous exceptons les philosophes allemands depuis Kant jusqu'à Schelling, et les mathématiciens.

à la connaissance de cette essence intime des substances physiques, et se contentent, par une orgueilleuse contradiction, de se forger sur cette essence intime des hypothèses plus grossières souvent qu'elles ne sont risibles (¹). Mais la *raison* proteste et protestera toujours contre un tel désaveu de la *virtualité créatrice* de la raison de l'homme, sans laquelle aucun des miracles que bien gratuitement l'on attribue à l'emploi de la méthode expérimentale n'aurait pu être produit.

Nous n'avons donc pas suivi la voie de l'expérience, et c'est dans la *raison* elle-même que nous avons cherché les *lois* de l'harmonie musicale. L'observation de faits physiques plus ou moins nombreux, c'est-à-dire l'observation des phénomènes acoustiques, n'aurait pu tout au plus que nous faire présumer, par l'emploi de *l'induction*, l'existence de ces lois, mais nullement les établir avec une *certitude apodictique*. C'est ainsi, par exemple, que la généralité de la célèbre loi de Boyle ou de Mariotte a été infirmée, dans ces derniers temps, par de nouvelles expériences, car « il n'y a là qu'une espèce d'anticipation illusoire sur la science qui, par la nature purement contingente de l'induction, de cette fonction encore inerte du jugement, ne peut donner une satisfaction péremptoire à la raison de l'homme, et ne peut subsister que pour nos savants civilisés qui ne conçoivent pas, et qui, par conséquent, nient la faculté toute puissante de l'homme de découvrir la vérité. » (Wronski, *Adresse aux nations slaves*).

Nous en avons dit assez pour faire comprendre que c'est la *philosophie absolue* que nous avons pris pour guide dans nos travaux sur l'Esthétique musicale. Le créateur de cette nouvelle et dernière doctrine philosophique, a manifesté la toute puissance de cette doctrine par la découverte de la *loi de création* elle-même, et par son application aux principales réalités qui constituent l'univers. Or, tout homme capable de comprendre la *réforme des mathématiques*, entièrement accomplie par Hoëné Wronski, au moyen de la loi de la création, reconnaîtra qu'une telle réforme était absolument impossible dans l'état encore précaire des connaissances humaines, et qu'elle n'a pu être opérée que par l'intervention de principes nouveaux, absolus, créés par le génie du grand homme dont le nom désignera le 19ᵉ siècle, ce siècle que, par un noble pressentiment, on a déjà nommé le *siècle des lumières*.

La Loi de Création règle en effet toutes les subtances de l'univers, et par suite elle doit diriger désormais les travaux des hommes qui cherchent à

(¹) Wronski. *Adresse aux nations slaves,* imprimée en tête du tome I. de la réforme du savoir humain.

-résoudre les problèmes que présente la science de la Musique, problèmes que les mathématiques seules n'ont pu résoudre.

Dans l'état actuel de l'Esthétique musicale, on peut dire, sans la moindre exagération, qu'il existe autant de systèmes de génération et de classification des accords que de traités d'harmonie. M. Fétis, qui en a analysé un grand nombre dans le quatrième livre de son *Traité complet de la théorie et de la pratique de l'harmonie,* les rapporte tous à l'un des quatre ordres de faits suivants :

1º La résonnance harmonique des corps sonores, ou plus généralement les phénomènes acoustiques de différents genres, et la progression harmonique à laquelle ils servent de base ; 2º la progression arithmétique déterminée par l'échelle harmonique du cor ou de la trompette ; 3º la construction arbitraire des accords par des additions et des soustractions de tierces ; 4º la division arbitraire du monocorde. Et ce théoricien fait remarquer, avec raison, que tous ces systèmes « découlent plus ou moins de sources qui ne sont pas » intimement liées à la musique elle-même ». La tonalité étant, selon lui, la seule base réelle de l'harmonie et de la mélodie, c'est en rattachant à la tonalité les éléments harmoniques trouvés par Rameau, Sorge, Schrœter, Kirnberger et Catel, qu'il croit avoir formulé un système complet qu'il proclame lui-même être « le dernier terme de l'art et de la science. »

Nous admettrions volontiers cette conclusion si, remontant jusqu'au principe premier de la musique, M. Fétis nous montrait comment, de ce principe, on tire notre tonalité moderne. Malheureusement cet auteur se contente de nous dire que le principe des gammes modernes est purement métaphysique, ... Et, sans chercher à découvrir ce principe, le célèbre professeur veut que nous acceptions l'ordre des sons de nos gammes modernes, ainsi que les phénomènes mélodiques et harmoniques qui en découlent, comme une conséquence de notre conformation et de notre éducation. « C'est un fait, dit-il, qui existe pour nous par lui-même, et indépen- » damment de toute cause étrangère à nous. » N'aurait-il pas dû logiquement conclure de ces prémisses qu'en pénétrant par la pensée dans l'essence intime du *moi,* on peut y découvrir le susdit principe métaphysique, base première de l'Esthétique musicale ?

En attendant la publication de la PHILOSOPHIE ABSOLUE DE LA MUSIQUE, ou *génération esthétique des sons* par la LOI DE CRÉATION, écrit important qui nous a été légué par Hoëné Wronski, nous allons signaler, en faveur des musiciens, le susdit principe métaphysique de l'Esthétique musicale, ce principe encore inconnu que le savant directeur du Conservatoire de Bruxelles déclare être inaccessible à l'intelligence humaine; or, ce principe est clairement établi dès les premières pages du manuscrit que nous avons entre les mains ; nous ne pouvons donc faire mieux que de transcrire ici ce remarquable début.

Le voici :

Extrait de la PHILOSOPHIE ABSOLUE DE LA MUSIQUE,
par Hoëné WRONSKI.

Comme production Esthétique [1], fondée entièrement sur le GOUT [2], la musique fait partie des BEAUX-ARTS. — C'est là le domaine des artistes, où tout s'établit *à posteriori*, par le concours d'un goût universel.

Mais le son, qui est l'instrument matériel de cet art, implique des propriétés physiques formant les conditions logiques du goût, et c'est dans cette relation avec ses conditions logiques, fondées à leur tour sur la RAISON, que la musique devient l'objet d'une SCIENCE.

Les propriétés physiques du son, considérées purement comme telles, appartiennent au domaine général de la physique, et elles y forment spécialement la branche connue sous le nom d'ACOUSTIQUE.

Ces propriétés consistent notoirement dans les divers modes de vibrations des corps sonores, et de la transmission de ces vibrations à travers des milieux élastiques. — Mais, jusques-là, en n'ayant égard qu'à leur production physique, les vibrations constituant le son se trouvent considérées avec abstraction de leur aptitude à devenir objets du goût.

C'est cette aptitude du son, offrant les conditions logiques du goût, qui est proprement l'objet de la musique considérée comme science. Et c'est cette science spéciale, formant une branche de l'Esthétique générale, c'est-à-dire une branche de la science générale du Beau, qui est ce que l'on nomme aujourd'hui ESTHÉTIQUE MUSICALE [3].

Or, si l'on fait abstraction du timbre, qui n'est que la qualité du son dépendant de la qualité physique du corps sonore, il ne reste d'autre détermination spéciale d'un son que celle qui provient de la DURÉE de ses vibrations. C'est donc seulement dans la comparaison de la durée des vibrations correspondant à différents sons qu'il peut y avoir des conditions logiques pour le goût, et par conséquent des qualités esthétiques dans les sons eux-mêmes. Et, en effet, cette comparaison de la durée des vibrations peut porter sur un véritable RHYTHME, c'est-à-dire sur un concours régulier dans les vibrations ; rhythme qui, par la manifestation d'une espèce d'intelligence dans la nature

---

[1] Dans la philosophie moderne, on donne le nom d'Esthétique à tout ce qui concerne le sentiment du beau.

[2] Nous entendons ici par le *goût* la faculté du discernement esthétique résultant d'une espèce de neutralisation de la faculté de *cognition* et de celle de *sentiment*.

[3] C'est le nom employé en Allemagne par suite des progrès philosophiques qui viennent d'être faits dans ce pays. Et c'est aussi le nom qu'il faut substituer partout à celui de *théorie de la musique* dont on se sert pour désigner la science en question, et qui est défectueux, parce que, comme on le verra dans la présente philosophie, il existe, dans la science de la musique, non-seulement une *théorie*, mais de plus une véritable *technie*.

inerte, est généralement un objet esthétique, un objet du goût, comme cela est prouvé par la philosophie générale du beau. — Il s'ensuit immédiatement que le véritable objet de l'esthétique musicale est le RHYTHME DES VIBRATIONS ; et par conséquent c'est là, dans cette détermination précise et très-simple de l'objet en question, la vraie définition de la musique considérée comme science.

Nous savons donc actuellement que c'est à la recherche de tous les modes de rhythme dans les vibrations que doit s'appliquer l'esthétique musicale. Et nous comprenons ainsi que cette recherche, en portant uniquement sur la DURÉE des vibrations, doit, par l'application du CALCUL, indiquer *à priori* la raison, non-seulement de tous les phénomènes musicaux qui sont déjà reconnus *à posteriori*, par la simple application du goût, ou, comme on dit vulgairement, par l'oreille musicale, mais de plus de tous les phénomènes pareils qu'il existe encore à découvrir.

Une telle déduction numérique des phénomènes musicaux a déjà été tentée dès la plus haute antiquité. — C'est à Pythagore que l'on en attribue la découverte, et cette opinion n'est pas sans fondement, si l'on admet, comme cela paraît établi, que ce philosophe considérait L'HARMONIE DES NOMBRES comme étant le principe des réalités du monde.

Il est possible que le SENS MYSTIQUE des nombres ait été enseigné à Pythagore en Égypte, au milieu du sacerdoce dont le prétendu savoir se réduisait et ne pouvait s'étendre à rien autre qu'à un pur mysticisme, comme on peut le prouver aujourd'hui rigoureusement ; mais le SENS RATIONNEL des nombres, tel qu'il faut l'employer dans la science musicale, et tel par conséquent que Pythagore dut l'employer effectivement, ne pouvait être conçu qu'à l'époque où il a vécu.

Quoiqu'il en soit de l'auteur et de l'époque précise à qui nous devons la première découverte de la science dont il s'agit, il est certain qu'elle fut cultivée dès l'origine des sciences jusqu'à nos jours, avec des efforts toujours croissants, et avec des moyens scientifiques de plus en plus puissants. Néanmoins, malgré ces travaux continus, auxquels récemment se sont appliqués les plus grands géomètres, Euler, d'Alembert et autres, la science elle-même n'a guère fait de progrès ; à l'exception de quelques phénomènes très-simples, tels que les intervalles musicaux nommés octave, quinte, tierce, etc., la science n'a pu rendre raison d'aucun des phénomènes compliqués de la musique, tels que les accords de septième, de quinte diminuée, de neuvième, etc... Bien plus, la gamme diatonique elle-même, sans parler ici des gammes chromatique et enharmonique, est encore un problème mathématique. On ne sait en rendre raison que par le moyen de ce que l'on nomme *tempérament* ; et l'on avoue ainsi que la science est encore livrée à l'arbitraire, ou du moins aux convenances musicales. On ignore même quels sont les nombres naturels 1, 2, 3, 4, 5, etc., dont on puisse se servir pour le calcul des phénomènes musicaux.

En un mot, tous les problèmes essentiels de la science musicale, ceux qui pourraient servir à étendre les limites de la musique considérée comme art, ou du moins à expliquer les phénomènes que cet art produit *à posteriori*, demeurent encore non résolus.

Ce défaut de tout succès dans l'esthétique musicale est dû à ce que la recherche des différents modes de rhythme dans les vibrations, modes qui sont l'objet de cette science, n'avait aucun guide supérieur, c'est-à-dire aucune RÈGLE PHILOSOPHIQUE. En effet, ces modes divers sont autant de réalités distinctes de la création ; et, par conséquent, sans connaître la règle immuable que suit cette production spontanée des réalités, c'est-à-dire sans connaître la LOI DE CRÉATION, il fut presque impossible de découvrir les différents modes de rhythme dont il s'agit, d'autant plus que ces modes ne sont, en quelque sorte, que des propriétés idéales, et qu'ils n'ont ainsi aucun caractère matériel pour être distingués. — Il manquait donc réellement à l'esthétique ou à la science musicale la PHILOSOPHIE de cette science, c'est-à-dire cette partie supérieure de la raison qui doit assigner à l'esthétique musicale ses PRINCIPES FONDAMENTAUX. . . . .

Avant tout, la philosophie de la musique doit fixer l'idée fondamentale, ou en quelque sorte l'idée créatrice de la musique considérée tout à la fois comme art et comme science, c'est-à-dire la génération elle-même de la musique ou du système spécial que forment les réalités qui la constituent au milieu de tous les systèmes de réalités dont se compose l'univers. Cette idée *architectonique* ou créatrice de la musique formera proprement sa DÉFINITION PHILOSOPHIQUE. Et, d'après l'origine ou le principe que nous venons d'assigner à cette idée fondamentale, elle ne saurait, à son tour, être fixée que par le développement absolu de tous les systèmes de réalités qui composent l'univers, c'est-à-dire par la génération de ces systèmes en vertu de la LOI DE CRÉATION elle-même ; génération qui constitue ainsi la vraie ENCYCLOPÉDIE DU SAVOIR HUMAIN.

Or, par anticipation sur la doctrine générale de la philosophie absolue, à laquelle appartient manifestement une telle encyclopédie, nous en avons déjà donné un aperçu dans le *Sphinx* (n° 1, pages 63 et suivantes), où nous devons conséquemment trouver la fixation philosophique de la musique dont il s'agit ici.

En effet, nous y voyons d'abord en général (page 69), que la MUSIQUE appartient aux systèmes de réalités qui dépendent du SENTIMENT, et de plus du système spécial où se manifeste, par le sentiment, le BON PRINCIPE du monde, c'est-à-dire la FINALITÉ SUBJECTIVE de la création constituant le BEAU ; et nous y voyons ensuite, en particulier (pages 69 et 70), que le beau spécial qui consiste dans une simple CAUSALITÉ ESTHÉTIQUE ou *expression sensible* (*), et qui se manifeste par la CORPORIFICATION DE L'INTELLIGENCE DANS LES SONS, est l'objet de la MUSIQUE. — Telle est donc, par suite de cette génération absolue des différents systèmes de réalités qui composent l'univers, la véritable DÉFINITION PHILOSOPHIQUE DE LA MUSIQUE, où nous découvrons immédiatement que le PRINCIPE PREMIER de cet art, considéré comme science, consiste dans les modifications esthétique du TEMPS qui, seul, constitue *à priori* une corporification de l'esprit ou de l'intelligence formant l'objet de la musique.

Nous confirmons par là, ou plutôt nous obtenons ici la déduction de la DÉFINITION SCIENTIFIQUE de la musique, telle que nous l'avons donnée plus haut, en fixant son objet dans le RHYTHME DE LA DURÉE DES VIBRATIONS. . . . .

(*) En opposition à la véritable FINALITÉ ESTHÉTIQUE ou *expression intellectuelle* formant l'objet de la LITTÉRATURE.

VIII

Ici notre auteur établit quelques principes acoustiques concernant les propriétés physiques des vibrations, tout en faisant remarquer que la philosophie de la musique, en la considérant sous un point de vue didactique, subsiste indépendamment de l'acoustique, ou du moins n'en reçoit que la notion fondamentale de ce que le son consiste dans les vibrations des corps sonores. Puis, à propos de la détermination des limites de la *sonalité distincte*, limites qui correspondent d'une part au son produit par le tuyau d'orgue de 32 pieds pour les sons graves, et d'autre part, pour les sons aigus, à celui produit par un tuyau de 1/32 de pied, notre auteur ajoute :

Il se présente ici, sur ces limites de la sonalité distincte, une observation philosophique ou plutôt anthropologique très-remarquable. D'une part, Euler, en produisant son hypothèse de vibrations de l'éther pour expliquer la transmission de la lumière, supposa que la durée de ces vibrations, comme ayant lieu dans une substance très-déliée, était très-petite, et probablement plus petite que la durée des vibrations de l'air qui transmettent le son. Il fut ainsi conduit à l'idée de supposer que là où la durée des vibrations cesse d'être sensible à l'oreille, à cause de son extrême petitesse, c'est-à-dire lorsqu'elle est moindre que 1/1024 de seconde, commence le sens de la vue, qui, dans le phénomène de la lumière, apprécie les très-petites vibrations de l'éther formant, d'après Euler, la cause de ce phénomène.

De l'autre part, M. Troupenaz, en examinant le nombre de sons distincts qu'un musicien habile peut produire avec rapidité, et en reconnaissant ainsi que l'on ne saurait guère en distinguer plus de 30 par seconde, fut conduit à l'idée de supposer que là où finit la distinction par le jugement, ou plutôt par le sens du tact, sur lequel s'établit ici cette distinction intellectuelle, commence la distinction par le sens de l'ouïe.

En réunissant ces deux considérations, on pourrait supposer que nos trois sens primordiaux ou cognitifs, le tact, l'ouïe et la vue, ne diffèrent que par les divers degrés de rapidité avec lesquels ces sens peuvent distinguer des durées instantanées de temps ; et ce phénomène anthropologique deviendrait d'autant plus remarquable qu'à l'instar de la présente doctrine sur les sons, il pourrait conduire un jour à une doctrine analogue sur les couleurs, en supposant, d'après les hypothèses de Grimaldi, Dechales et autres, que les différentes couleurs ne dépendent que de la différence dans la durée des vibrations éthéréennes qui les constituent.

Revenant à son sujet, Wronski fait remarquer que, parmi les diverses comparaisons, pour juger et surtout pour déterminer numériquement la différence des sons, la seule dont la considération soit *absolue*, est celle qui établit la comparaison des sons sur la *durée* même de leurs vibrations ; et cela en vertu du *principe premier* de la musique, déduit de sa définition philosophique, et qui consiste en ce que l'objet de la musique est essentiellement dans les modifications esthétiques du *temps*, c'est-à-dire dans le *rhythme de la durée des vibrations*. Cette considération absolue dans la comparaison des sons devient même très-essentielle sous le point de vue algorithmique, en ce que, dans le partage des intervalles musicaux, des moyennes numériques donnent de tout autres résultats selon qu'elles sont prises sur la *durée* ou sur le *nombre* des vibrations.

Après avoir fixé les limites de la *sonalité distincte*, c'est-à-dire les limites de l'ouïe de l'homme, entre lesquelles peuvent s'établir les différents sons sensibles pour lui, il faut procéder à fixer, parmi ces divers sons, ceux qui ont une *valeur esthétique* et qui, comme tels, portant le nom de *tons*, forment seuls l'objet de la musique. — C'est ce système de *tons* ou *sons musicaux* ayant une valeur esthétique, qu'il faut proprement nommer *tonalité* par opposition à ce que, sous le nom de *sonalité*, nous venons de reconnaître comme formant le système entier des sons sensibles pour l'homme. La tonalité ne s'étend donc, dans le système général de la sonalité humaine, qu'au seul système particulier qui est doué de propriétés esthétiques, et qui, par cette qualité distinctive, devient l'objet de la musique.

Il s'agit donc de distinguer, parmi l'infinité de sons différents formant le système général de *sonalité*, ceux qui sont doués de qualités esthétiques, c'est-à-dire ceux qui, d'après notre principe premier de la musique, impliquent des modifications esthétiques du temps, consistant dans le *rhythme de la durée* de leurs vibrations. C'est là le principe qui doit nous servir pour distinguer, dans le système général de la sonalité, le système particulier formant la tonalité qui est notre objet actuel. — Remarquons ici que, dans la série progressive des sons correspondant à des durées progressives de leurs vibrations, en les considérant les uns relativement aux autres, on nomme *sons graves* ceux dont la durée est plus grande, et *sons aigus* ceux dont la durée est plus petite ; dénomination qui s'applique également au système général de la sonalité, et au système particulier de tonalité, qui est maintenant notre objet.

Or, en examinant le principe que nous venons de fixer pour l'établissement de la tonalité, ou du système des tons formant les sons musicaux, c'est-à-dire le principe du rhythme dans la durée de leurs vibrations, on reconnaît facilement que tout son, quel qu'il soit, plus ou moins grave ou plus ou moins aigu, pourvu qu'il soit *pur*, c'est-à-dire pourvu que ses vibrations soient libres ou indépendantes de tout dérangement, constitue toujours un véritable *ton* ou son musical. En effet, les vibrations, lorsqu'elles sont ainsi libres, sont *isochrones* ou d'égale durée, et par conséquent régulières ; et cette régularité ou uniformité de durée est manifestement une détermination *rhythmique* de cette durée, constituant sa qualité esthétique qui la rend l'objet de la musique. De là vient que tout son pur, étant aussi un véritable ton, est agréable à entendre, et forme par là même un son musical. Cette qualité esthétique des sons se fait surtout remarquer dans ce que l'on nomme *filer un son*, où la perfection de l'exécution consiste notoirement dans la permanence du même son, c'est-à-dire dans sa non altération, en plus ou moins grave, en plus ou moins aigu ; permanence qui n'est rien autre que la conservation exacte de l'isochronisme des vibrations de ce son formant en lui le *rhythme d'uniformité*, qui est sa qualité esthétique.

Nous établirons donc que tout son en général, grave ou aigu, pourvu qu'il soit pur, est, par l'isochronisme de ses vibrations, un véritable ton ou son musical. Et par conséquent, tous les sons indistinctement pris dans leur nombre indéfini, formant le système entier de la sonalité distincte, sont tous, en les considérant isolément, de véritables tons ou sons musicaux. Il s'ensuit immédiatement que, lorsque l'on considère plusieurs sons conjointement pour ne s'attacher qu'aux qualités esthétiques qu'implique la *relation* de ces sons par la relation de la durée de leurs vibrations, on peut établir cette relation des sons dans l'étendue entière de la sonalité distincte, n'importe quel sera ainsi le son qui, parmi les sons conjoints dont il s'agit, formera le plus grave ou le plus aigu. De là vient que ce que l'on nomme *diapason*, c'est-à-dire le degré d'élévation d'un système de sons conjoints, placés plus ou moins haut dans l'étendue de la sonalité distincte, est tout à fait arbitraire pour ce qui concerne la relation musicale de ces sons.

Ayant ainsi reconnu la qualité esthétique de tout son indistinctement, et par là même l'arbitraire dans le choix du diapason pour un système de sons conjoints, dont la relation doit offrir des qualités esthétiques, voyons *à priori* quelle peut être cette relation des sons, ou cette relation dans la durée de leurs vibrations, qui peut en former un véritable *système de tons* ou système de sons musicaux. Et remarquons de suite que c'est un tel système de tons, offrant des qualités esthétiques dans leur relation, qui est ce que l'on nomme *gamme* ou *échelle musicale*, en observant que, puisque, par la raison susdite, le diapason de tout système de sons conjoints est arbitraire, c'est-à-dire puisque tout son pur est un ton ou son musical, il ne saurait y avoir de musique que dans la *relation systématique* de plusieurs sons conjoints, relation qui constitue ainsi une gamme ou échelle musicale, c'est-à-dire un système de tons ayant, dans le rapport de la durée de leurs vibrations, des déterminations logiques susceptibles de rhythme ou de qualités esthétiques. C'est donc cette échelle musicale, formant ainsi le véritable *système de tonalité*, que nous allons maintenant découvrir *à priori*.

Pour cela examinons la nature ou les conditions physiques d'un ton quelconque, de celui, par exemple, qui formera le ton le plus grave dans le système des tons que nous cherchons à découvrir. — Nous y trouverons nécessairement, par une simple analyse, ce système entier de tons ou sons musicaux, parce que, en vertu de leur relation esthétique, ils doivent y être reproduits, en formant ainsi un système de *sons harmoniques* dont l'ensemble reflète en quelque sorte le ton principal dont il est question. Et en effet, si le système entier de la tonalité n'était pas compris *à priori* dans un ton quelconque, il serait impossible que ce système pût se former en dehors de ce ton, puisqu'il n'existerait aucune base ou aucun principe pour la génération d'un système de tons dépendant du ton auquel on voudrait ainsi rapporter ce système de tonalité.

Cette nécessité esthétique, qui, à défaut de tout autre principe pour la génération d'un système de tonalité, devient même ici une nécessité logique, se trouve avérée *à priori* par les conditions mécaniques des vibrations qui constituent un ton.

En effet, ces vibrations sont *isochrones*, et, comme telles, dans tout corps sonore ou élastique, corde, tuyau, barre métallique, etc., elles produisent nécessairement, et à l'indéfini, d'autres vibrations également isochrones dont la durée forme des parties aliquotes, c'est-à-dire la moitié, le tiers, le quart, le cinquième, etc., de la durée des vibrations principales; car, dans toutes leurs diverses étendues plus ou moins grandes, ces vibrations principales étant entièrement libres ou indépendantes de tout régulateur, ne sauraient conserver leur isochronisme sans produire, par les diverses impulsions de toutes les parties du corps sonore ou élastique, des vibrations qui, dans leurs durées sous-aliquotes, forment, par leur influence réciproque, une espèce de régulateur de leur isochronisme général.

Nous fixons donc ainsi, entièrement *à priori*, le principe de la *simultanéité de vibrations sous-aliquotes* dans un même corps sonore. Et nous nommons *son générateur* le son principal, celui qui correspond à la durée des vibrations primitives ou propres à ce corps ; et *sons harmoniques* les sons qui correspondent aux durées sous-aliquotes des vibrations dérivées ou secondaires, telles qu'elles s'établissent simultanément dans le même corps, en vertu du principe de la *possibilité de l'isochronisme* dans les vibrations des corps élastiques. Il en résultera donc un système de tons dont les durées respectives des vibrations auront les valeurs... (A)

$$1 \quad \frac{1}{2} \quad \frac{1}{3} \quad \frac{1}{4} \quad \frac{1}{5} \quad \frac{1}{6} \quad \frac{1}{7} \quad \frac{1}{8} \quad \frac{1}{9} \quad \frac{1}{10} \quad \frac{1}{11} \quad \text{etc.} \ldots \text{à l'} indéfini.$$

Et c'est là, par conséquent, le *véritable système de tonalité*, c'est-à-dire le système de tons dont la relation, considérée dans les durées respectives de leurs vibrations, est *esthétique*, puisque ces vibrations différentes s'établissent simultanément pour rendre possible l'*isochronisme* dans toutes les vibrations ; *isochronisme* qui, comme principe du rhythme dans les vibrations, est le principe premier de la musique, tel que nous l'avons établi plus haut.

Il s'ensuit immédiatement que, par cette relation esthétique générale entre les tons qui forment le véritable système de tonalité (A), tous ces tons sont en *concordance esthétique* entre eux, et sutout avec le ton fondamental dont la durée des vibrations est prise pour unité. Et de là vient qu'en nommant ce dernier *ton générateur*, nous nommons *tons harmoniques* tous les autres tons qui, avec le ton fondamental, complètent ce système de tonalité, et qui, en se produisant ainsi simultanément avec lui, l'accompagnent toujours et redoublent en quelque sorte le sentiment esthétique qu'il excite par lui-même.

Pour se former une idée de la production simultanée de ces différentes vibrations dans un même corps sonore, il suffit de considérer, dans ce corps, la longueur fondamentale de laquelle dépend la durée des vibrations primitives et propres à ce corps, et de diviser cette longueur en parties aliquotes, 1/2, 1/3, 1/4, 1/5, etc..., pour pouvoir considérer ces portions de la longueur fondamentale comme formant des longueurs spéciales de vibrations où s'établissent celles dont les durées respectives sont des parties aliquotes de la durée des vibrations primitives ou fondamentales. Il en résultera ainsi, aux points de division de ces diverses longueurs spéciales, des *nœuds de vibrations* formant nécessairement, par suite du principe susdit de la possibilité de l'isochronisme, de véritables points d'appui mécaniques pour la production de ces diverses vibrations simultanées.

Tout ce que nous venons de découvrir *à priori*, par la simple considération des conditions mécaniques de la vibration des corps élastiques, comme formant le principe esthétique d'un système de tonalité, se trouve complètement constaté par l'expérience. On observe, en effet, que lorsqu'un corps sonore est mis en résonnance pour produire le son qui correspond à la durée propre des vibrations de ce corps, on entend toujours, et en même temps, d'autres sons, de plus en plus faibles, qui correspondent à des durées de vibration formant des parties aliquotes de la durée principale, c'est-à-dire à la moitié, au tiers, au quart, au cinquième, etc., de cette durée principale, et qui, par conséquent, proviennent ainsi d'un tel système de vibrations conjointes et établies simultanément dans le même corps sonore.

Bien plus, on peut constater par l'expérience, non-seulement ces différents sons simultanés, qui sont ainsi produits par un même corps sonore, mais de plus les différentes vibrations elles-mêmes dont dépendent ces sons simultanés.

Ici notre auteur rappelle les expériences bien connues de Wallis et de Sauveur *sur les cordes vibrantes*, ainsi que celles de Tartini sur le *son résultant;* puis il procède à l'examen ultérieur du *système général* de tonalité (A) pour en tirer une *gamme* ou *échelle musicale*, c'est-à-dire un *système spécial* de tonalité propre à représenter le susdit système général (A). — Après avoir fait remarquer que le *rang* des tons, dans le système général (A), est toujours fixé par le nombre formant le dénominateur dans la fraction qui mesure la *durée* de leurs vibrations respectives, circonstance qui facilite leur corrélation, il continue ainsi :

Or, en ne perdant pas de vue que le diapason dans la relation de deux ou de plusieurs tons est arbitraire, et par conséquent que cette relation dépend uniquement du rapport entre les durées de leurs vibrations respectives, on reconnaîtra facilement que ce rapport des durées, en le considérant sous un point de vue algorithmique, doit former ce que l'on nomme un *rapport géométrique*, c'est-à-dire un rapport résultant de la division de l'une par l'autre des deux durées que l'on compare; car, ce n'est que dans cette considération algorithmique que le rapport entre les durées des vibrations respectives de deux ou de plusieurs tons demeurera numériquement constant ou *identique*, lors même que le diapason de ces tons, c'est-à-dire leur plus ou moins grande élévation commune, aura varié ou sera *différente*. — Il n'en serait pas de même si, pour fixer numériquement la relation de deux ou de plusieurs tons conjoints, on voulait mesurer les durées relatives de leurs vibrations par ce que l'on nomme leur *rapport arithmétique*, c'est-à-dire le rapport résultant de la soustraction de l'une de l'autre des deux durées que l'on compare; car cette différence arithmétique des durées varie manifestement lorsque le diapason du système des tons que l'on veut comparer vient à varier, et cela précisément dans le cas où la relation esthétique entre ces tons demeure identique, c'est-à-dire dans le cas où le rhythme entre les durées de leurs vibrations respectives ne change pas, ce qui a lieu lorsque la durée des vibrations de l'un de ces tons étant prise pour unité, les durées des vibrations des autres tons sont constamment mesurées par les mêmes nombres.

Il s'ensuit que la véritable *relation esthétique* d'un ou de plusieurs tons conjoints, formant un système quelconque de tonalité, se trouve nécessairement exprimée par le *rapport géométrique* entre les durées des vibrations respectives de ces tons; rapport qui seul, comme cette relation esthétique, demeure identique, lors même que le diapason de ce système de tons vient à changer. — Or, c'est cette relation esthétique entre deux tons qui constitue ce que l'on nomme *intervalle musical*. — Nous en conclurons donc que la vraie mesure des intervalles musicaux, entre des tons différents, consiste dans le *rapport géométrique* qui se trouve entre les durées des vibrations respectives de ces tons.

Maintenant, après avoir fixé cette vraie mesure des intervalles musicaux pour nous acheminer vers la détermination de la gamme ou de l'échelle musicale, c'est-à-dire d'un système fini de tonalité spéciale qui puisse représenter le système infini de la tonalité générale (A), en offrant, dans un certain ordre, les principaux intervalles qui se trouvent dans ce système universel, procédons à l'examen général des intervalles musicaux qui s'établissent dans ce système infini de tonalité (A).

Or, l'intervalle musical le *plus simple* qui se présente dans le système infini de tonalité (A), est celui qui existe entre les 1er et 2e tons de ce système, et qui, dans la relation des durées de leurs vibrations est mesuré par le rapport de 2 à 1. Cet intervalle s'y trouve reproduit entre les tons suivants: le 2e et le 4e; le 4e et le 8e; le 8e et le 16e; etc...; de plus, entre le 3e et le 6e; le 6e et le 12e; le 12e et le 24e; etc...; de plus, entre le 5e et le 10e; le 10e et le 20e; le 20e et le 40e; etc., et ainsi de suite à l'indéfini.

C'est cet intervalle le plus simple que l'on nomme *octave*, par la raison que pour former le système fini de tonalité spéciale, constituant la gamme ou échelle musicale telle qu'on l'a fixée à *postériori*, et telle que nous cherchons ici à la fixer *à priori* afin d'avoir une gamme ou échelle rationnelle, on place huit tons dans cet intervalle musical, ainsi que nous le verrons ci-après.

Avant de poursuivre cet examen des intervalles musicaux que présente notre système général de tonalité (A), nous allons établir ici, pour terme de comparaison de tous les autres, l'intervalle le plus simple, nommé octave, que nous venons de reconnaître, et dont la mesure est fixée par le rapport, également le plus simple, savoir de 2 à 1, entre les durées des vibrations des deux tons qui forment cet *intervalle fondamental*.

Bien plus; en reconnaissant ainsi cet intervalle comme base de tous ceux que présente le système général de tonalité (A), et cela tout à la fois et à cause de la simplicité absolue de son rapport de 2 à 1 et de sa position primordiale dans ce système (A), et en considérant de plus que cet intervalle est le plus grand parmi tous les intervalles consécutifs qui composent le système infini (A), on comprendra que tous ces intervalles consécutifs forment des parties quelconques de l'intervalle caractéristique que nous venons de fixer comme base, et l'on concevra alors l'idée de ce que ceux de ces intervalles consécutifs qui forment sensiblement des *parties aliquotes* de cet intervalle fondamental, constitueront avec lui, et nommément dans son étendue, un système spécial de tons qui sera la véritable *gamme* ou *échelle musicale* que nous cherchons. En effet, ce système spécial de tonalité, en ne contenant que des tons dont les intervalles pris dans le système général de tonalité (A) forment des parties aliquotes de l'intervalle fondamental de ce système infini, constituera manifestement un système fini de tons dont la *relation* générale sera *esthétique*, puisque leurs intervalles respectifs, comme parties symétriques du système infini (A), auront entre eux une véritable dépendance ou *liaison rhythmique*.

Telle est donc la génération philosophique, c'est-à-dire la *création primitive* de l'idée de la gamme ou de l'échelle musicale.—Nous pourrons ainsi, en suivant ce principe philosophique, construire avec facilité, non-seulement toutes les gammes que divers peuples ont adoptées successivement, mais de plus la gamme la plus parfaite qu'il soit possible

XIV

de former. Il suffira pour cela, comme nous nous sommes proposé plus haut de le faire, d'examiner tous les intervalles consécutifs du système général de tonalité (A), en les comparant avec son intervalle fondamental, et de fixer ainsi, plus ou moins parfaitement, suivant tous les aspects possibles, des systèmes spéciaux de tonalité compris dans cet intervalle fondamental, et composés de tons dont les intervalles respectifs soient plus ou moins exactement des parties aliquotes de ce même intervalle fondamental.

Ici Wronski établit le *principe métaphysique du système fini de tonalité*, principe dépendant de la spontanéité ou des conditions intellectuelles du ton, de ces conditions supérieures qui constituent de plus la relation esthétique des *intervalles des tons*.

En considérant dans le système infini (A), deux tons dont les durées des vibrations soient $1/m$ et $1/n$, en supposant $n > m$, l'intervalle compris entre ces tons sera mesuré par le rapport géométrique de n à m; et si l'on désigne par ξ la partie que cet intervalle forme relativement à l'intervalle fondamental qui est mesuré par le rapport géométrique de 2 à 1, c'est-à-dire relativement à l'octave prise pour terme de comparaison de tous les intervalles en question, on aura, pour la détermination de la partie ξ, l'équation

$$(B)_1 \quad \left(\frac{1}{2}\right)^\xi = \frac{m}{n}; \quad \text{ou} \quad (B)_2 \quad \xi = \frac{Ln - Lm}{L2},$$

en dénotant par la caractéristique L, le logarithme pris dans un système quelconque. — Ainsi, d'après le principe actuel $(B)_1$ ou $(B)_2$, il faut que la quantité ξ soit *sensiblement* un *nombre rationnel* pour que l'intervalle entre les deux tons $1/m$ et $1/n$ soit esthétiquement comparable avec l'intervalle fondamental constituant l'octave. — Remarquons que l'expression $(B)_2$ de ce nombre ξ forme une fonction logarithmique, et par conséquent qu'il ne saurait généralement être un nombre rationnel. Mais s'il existe des limites pour notre audition esthétique, condition que nous constaterons incessamment, et si les deux tons dans l'intervalle desquels il n'existe plus pour l'homme de distinction esthétique ou de *distinction de tonalité*, sont $1/\mu$ et $1/\nu$, en supposant que $\nu > \mu$, il est manifeste que, dans ces limites de la distinction esthétique, l'équation $(B)_1$ servant à déterminer la quantité ξ aura, pour limites numériques :

$$(C)_1 \quad \left(\frac{1}{2}\right)^\xi = \frac{\mu m}{\nu n}; \quad \text{et} \quad \left(\frac{1}{2}\right)^\xi = \frac{\nu m}{\mu n};$$

de sorte que cette quantité ξ se trouvera comprise entre les deux limites, ... $(C)_2$

$$\xi' = \frac{Ln - Lm + L\mu - L\nu}{L2} \qquad \xi'' = \frac{Ln - Lm + L\nu - L\mu}{L2}$$

et c'est dans ces limites ξ' et ξ'' que la quantité ξ en question doit être un *nombre rationnel* pour que l'intervalle entre les deux tons $1/m$ et $1/n$ soit esthétiquement comparable avec l'intervalle fondamental constituant l'octave. — Pour simplifier l'expression $(C)_2$ des limites esthétiques du nombre ξ, faisons auxiliairement $(C)_3$

$$\lambda = \frac{L\nu - L\mu}{L2}$$

En remarquant que cette quantité demeure constante dans la détermination générale $(B)_2$ ou $(C)_2$ des nombres ξ, et qu'elle forme ainsi la vraie *limite esthétique* de ces nombres, nous aurons alors généralement, pour les limites esthétiques des nombres ξ, les expressions ..... $(C)_4$

$$\xi' = \frac{Ln - Lm}{L2} - \lambda, \qquad \xi'' = \frac{Ln - Lm}{L2} + \lambda$$

et ce sont ces expressions qui formeront les *conditions anthropologiques* du principe philosophique (B), qui, joint à notre principe fondamental (A) du système général de tonalité, doit nous conduire à la détermination du système spécial de tonalité, constituant la gamme ou échelle musicale. Aussi, avant de procéder ultérieurement à cette détermination *à priori* de l'échelle musicale ou du système spécial de tons qui forment cette échelle, remarquons ici expressément que cette détermination philosophique se trouvera ainsi fondée uniquement sur les deux *principes métaphysiques* (A) et (B), servant à établir, le premier (A) le système infini de tonalité dépendant de l'inertie ou des conditions physiques du ton, de ces conditions inférieures qui constituent simplement la relation esthétique des *tons eux-mêmes*; et le second (B) le système fini de tonalité dépendant de la spontanéité ou des conditions intellectuelles du ton, de ces conditions supérieures qui constituent de plus la relation esthétique des *intervalles de tons*.

Nous aurons donc proprement deux *principes fondamentaux*, savoir le principe physique (A), et le principe intellectuel (B); et, comme tels, ces deux principes sont essentiellement *hétérogènes*, en tant qu'ils se rapportent, l'un (A), aux conditions *inertes* de la nature, et l'autre (B), aux conditions *spontanées* de l'intelligence. — Et c'est de cette *dualité de principes*, méconnue jusqu'à ce jour par tous ceux qui se sont occupés de la science musicale, que provient, surtout par l'influence des conditions anthropologiques $(C)_4$ du principe intellectuel (B), ou $(B)_2$, cette diversité de gammes ou systèmes musicaux chez les différents peuples plus ou moins civilisés, qui a fait croire à quelques hommes que l'agrément que procure la musique est dû à des habitudes individuelles, et non à des lois universelles du beau.

Nous pouvons ainsi décider péremptoirement cette question, si tant est que l'on puisse réellement faire une question de la beauté absolue de la musique. En effet, notre principe intellectuel $(B)_2$ n'est encore que *problématique*, parce qu'il reste encore à savoir si ce principe supérieur se trouvera en concordance avec le principe physique $(A)^1$; rien ne saurait, à cet égard, être décidé *à priori*, et c'est pour cela précisément que nos deux principes fondamentaux (A) et (B) sont *hétérogènes*, n'ayant aucune unité ni liaison quelconque.

C'est donc seulement *à postériori* que ce problème de la concordance de nos deux principes fondamentaux (A) et (B) peut être résolu, et remarquez que cette concordance en question est, dans son principe créateur, la condition de la *possibilité* même de la musique; de sorte que si cette concordance ne pouvait se réaliser, il ne saurait exister de musique.

Ainsi, dans le cas où la concordance problématique de nos deux principes fondamentaux (A) et (B) viendrait à être reconnue ou avérée *à postériori*, comme nous le fait présumer l'existence réelle de la musique, cette concordance accuserait une *finalité* dans la nature du son, c'est-à-dire une prédisposition physique pour des fins intellectuelles. Or, c'est cette *finalité subjective* qui, d'après ce qui est aujourd'hui reconnu par la philosophie, constitue généralement l'essence du *beau* pris dans sa valeur d'*objectivité universelle*, c'est-à-dire dans sa susceptibilité de lois universelles.

---

[1] C'est-à-dire si les intervalles que présente le système infini de tonalité (A), peuvent, pour des nombres finis *m* et *n*, former des parties aliquotes, ou rendre $\frac{m}{n}$ *nombre rationnel*, comme le demande le principe intellectuel $(B)_2$, sous les conditions anthropologiques $(C)_4$.

Il ne reste donc, pour décider cette prétendue question du beau universel dans la musique, qu'à reconnaître *à postériori*, et cela par des procédés purement algorithmiques, la concordance problématique de nos deux principes fondamentaux (A) et (B) ; comme nous allons le faire effectivement pour pouvoir procéder par là à la construction *à priori* de la vraie gamme ou échelle musicale.

Ici notre auteur fixe numériquement la limite esthétique λ telle qu'elle est donnée par l'expression (C)$_3$, afin de pouvoir déterminer les conditions anthropologiques (C)$_4$ du principe intellectuel (B)$_2$. — Pour cela, en prévenant que l'on dit être à l'*unisson* deux tons dont les durées des vibrations sont identiques, il rappelle que les nombres μ et ν, qui entrent dans l'expression (C)$_3$, sont les dénominateurs des fractions $1/\mu$ et $1/\nu$, servant à mesurer les durées relatives des vibrations des deux tons dont l'intervalle ne saurait plus être distingué par l'audition de l'homme, tons qui, par conséquent, paraissent être à l'unisson. Or, l'expérience fait connaître que les deux tons qui forment la limite de cette distinction de tonalité pour l'homme, sont ceux dont les durées relatives des vibrations sont mesurées par les nombres 1/80 et 1/81.

On aura donc :

$$\mu = 80, \qquad \nu = 81 ;$$

et l'expression (C)$_3$ donnera, pour la limite esthétique λ la valeur :

$$\lambda = 0{,}01792190.$$

Ainsi, cette limite de la distinction de tonalité pour l'homme se trouve entre les nombres 1/55 et 1/56, ou mieux 4/223 et 5/279. Or, en comparant les expressions (B)$_1$ et (B)$_2$, on voit que l'expression (C)$_3$ dérive de la relation primitive

$$\left(\frac{1}{2}\right)^\lambda = \frac{\mu}{\nu} ;$$

où l'on découvre que la limite esthétique λ indique la partie de l'octave formant l'intervalle entre les deux tons dont les durées relatives des vibrations sont $1/\mu$ et $1/\nu$, et qui sont les limites de la distinction de tonalité pour l'homme. Ainsi, en substituant les valeurs numériques de μ, ν et λ dans la relation primitive ci-dessus, on aura très-sensiblement :

$$\left(\frac{1}{2}\right)^{\frac{1}{56}} = \frac{80}{81} ;$$

où l'on voit que, d'après l'expérience susdite, la limite en question de la distinction de tonalité pour l'homme est, à très-peu de chose près, la 56e partie de l'octave. — C'est cette partie de l'octave, formant un intervalle entre deux tons dont les durées des vibrations sont dans le rapport de 81 à 80, qui est précisément ce que l'on nomme *comma vulgaire*, et que l'on a toujours considérée comme la limite de la distinction de tonalité.

Introduisant donc cette valeur de la limite esthétique λ dans les expressions des conditions anthropologiques de la musique, on obtiendra, pour ces conditions, les expressions complètement déterminées

$$\xi' = \frac{Ln - Lm}{L2} - 0{,}01792190, \qquad \xi'' = \frac{Ln - Lm}{L2} + 0{,}01792190,$$

et on pourra procéder à l'examen des intervalles dans le système général (A), pour reconnaître quels sont ceux de ces intervalles qui sont en concordance avec le principe intellectuel (B)$_2$, et qui, par cette qualité esthétique, en formant de véritables intervalles musicaux, se trouvent ainsi aptes à concourir à la construction de la gamme ou échelle musicale.

Pour faciliter les calculs, et peut-être même pour remonter, dans cette question musicale, à ses vrais principes algorithmiques, Wronski observe que les expressions (B)$_2$ (C)$_4$ se simplifient considérablement si l'on y emploie les *logarithmes binaires*, c'est-à-dire ceux dont la base est *deux*.

En effet, dénotant ce système de logarithmes par le *lambda* majuscule, c'est-à-dire par Λ, l'expression (B)$_2$, qui forme le principe intellectuel, deviendra simplement

$$\xi = \Lambda n - \Lambda m = \Lambda \left(\frac{n}{m}\right);$$

où l'on voit que l'exposant ξ en question dans l'expression (B)$_1$, exposant qui, entre les limites ξ' et ξ'' doit être un *nombre rationnel*, n'est rien autre que le logarithme binaire du rapport n/m des nombres m et n qui entrent dans cette expression (B)$_1$.

En y introduisant donc cette détermination algorithmique de l'exposant ξ en question, l'expression (B)$_1$, qui forme manifestement l'équation primitive du principe intellectuel (B)$_2$, sera proprement

$$\left(\frac{1}{2}\right)^{\Lambda\left(\frac{n}{m}\right)} = \frac{m}{n};$$

et ce principe intellectuel constituant le deuxième principe fondamental de la musique, sera conséquemment (B)$_3$

$$\Lambda \left(\frac{n}{m}\right) = nombre\ rationnel.$$

En prenant ce nombre dans les limites anthropologiques susdites, on aura :

$$\Lambda \left(\frac{n}{m}\right)' = \Lambda n - \Lambda m - 0,01792190,$$

$$\Lambda \left(\frac{n}{m}\right)'' = \Lambda n - \Lambda m + 0,01792190.$$

Telle (B)$_3$ est donc la vraie détermination algorithmique de notre *principe intellectuel* de la musique, qui constitue le deuxième principe fondamental, et qui sert ainsi à compléter le *principe physique* de la musique, celui que présente le système général de tonalité (A), et qui constitue conséquemment le principe premier fondamental. Et remarquons que cette détermination (B)$_3$, en outre de l'avantage essentiel de ramener ce principe intellectuel à sa véritable considération algorithmique, a de plus l'avantage accessoire d'offrir une grande simplification des calculs, en faisant usage des logarithmes binaires.

Or, en partant ainsi de nos deux principes fondamentaux (A) et (B)$_3$ de la musique, formant, l'un (A) le principe physique, et l'autre (B)$_3$ le principe intellectuel, procédons maintenant à reconnaître les cas de tonalité où ces deux principes hétérogènes se trouvent en *concordance*, c'est-à-dire les cas de tonalité qui sont régis *à la fois* par l'un et par l'autre de ces deux principes fondamentaux de la musique, et qui, par conséquent, constituent proprement une *tonalité esthétique*. Ce sont manifestement ces cas esthétiques de tonalité, constituant seuls les véritables *intervalles musicaux*, qui, dans leurs divers choix partiels, offriront les éléments relatifs à la construction des diverses gammes spéciales, adoptées par différents peuples, et qui de plus, dans leur réunion totale ou systématique, offriront les éléments absolus pour la construction de la vraie gamme universelle, ou de la parfaite échelle musicale.

XVIII

Les acousticiens peuvent maintenant calculer eux-mêmes la *vraie gamme diatonique*, et même la *gamme chromatique* que nous donnons dans notre ouvrage, à la suite du *Résumé d'acoustique*. La magnifique démonstration que l'on vient de lire pourra servir aussi à faire mieux comprendre les principes philosophiques de l'auteur de la *Réforme du savoir humain*.

Nous avons publié en novembre 1853, dans la *Revue progressive*, et nous reproduisons à la suite du *Résumé d'acoustique* placé en tête du présent ouvrage, la détermination numérique de la vraie gamme, telle qu'on l'obtient au moyen des formules données ci-dessus; toutefois, nous croyons devoir la consigner encore ici en faveur des personnes qui, sans entrer dans les détails de notre réforme harmonique, se borneraient à la lecture de cette *introduction*, dans laquelle nous signalons les principaux résultats auxquels nous sommes parvenu. La voici, en distinguant les semi-tons par des parenthèses :

do, (do), ré, (ré), mi, fa, (fa), sol, (sol), la, (la), si, do.

$1 \quad \frac{16}{17} \quad \frac{8}{9} \quad \frac{72}{85} \quad \frac{4}{5} \quad \frac{3}{4} \quad \frac{12}{17} \quad \frac{2}{3} \quad \frac{32}{51} \quad \frac{16}{27} \quad \frac{48}{85} \quad \frac{9}{17} \quad \frac{1}{2}$

$\frac{16}{17} \quad \frac{17}{18} \quad \frac{81}{85} \quad \frac{17}{18} \quad \frac{15}{16} \quad \frac{16}{17} \quad \frac{17}{18} \quad \frac{16}{17} \quad \frac{17}{18} \quad \frac{81}{85} \quad \frac{15}{16} \quad \frac{17}{18}$

Il se trouve ainsi, entièrement *à priori*, que les seuls nombres musicaux dans la gamme diatonique, et par conséquent chromatique, sont les nombres premiers 1, 2, 3, 5 et 17; et que les nombres 7, 11, 13 sont exclus de la musique; ce qui offre la belle analogie de cette génération absolue de la gamme avec celle du cercle, où, d'après le célèbre théorème de Gauss, les mêmes nombres sont les uns admis, et les autres exclus, pour l'inscription des polygones réguliers.

Le théorème de Gauss est notoirement :

$$x = 2^n + 1;$$

x étant le nombre des côtés du polygone et n un nombre entier quelconque, pourvu que x soit un nombre premier.

Les nombres x qui dépassent le nombre 17, servent à la génération de la gamme enharmonique et des gammes supérieures qui ne sont pas encore connues, et qui peut être ne seront jamais connues sur notre globe.

Nous savons que ces assertions hardies scandaliseront quelques lecteurs; mais nous ne nous croyons pas le droit d'effacer ces traces lumineuses uniquement pour ménager les opinions des gens du monde et de certains savants de notre époque, qui se proclament les hommes *positifs* par excellence, probablement parce que, partout et toujours, ils *nient* la faculté créatrice de leur propre raison, sans se douter que leur négation se détruit elle-même.

« Comment en effet (leur demande Wronski), comment pouvez-vous reconnaître l'impuissance de la raison autrement que par la faculté de votre raison? — Vous lui accordez donc la puissance de discerner sa propre impuissance. Et comment pouvez-vous concevoir cette puissance supérieure de la raison autrement qu'en la fondant sur la faculté elle-même de reconnaître l'absolu ou le principe des choses ? — En effet, si la raison n'avait pas cette faculté, elle ne saurait nullement s'en douter; car telle est, d'après son idéal, l'intime essence de cette faculté sublime. Aussi la présence de cet idéal dans la raison de l'homme, présence que vous signalez en refusant à la raison le pouvoir de pénétrer dans l'absolu, est-elle la preuve infaillible de l'existence dans la raison humaine, de cette faculté précisément que vous prétendez lui dénier, et votre prétention implique ainsi la plus insigne contradiction. » (*Réforme absolue du savoir humain*, tome II, pages 510 et 511).

Que ceux qui essaient d'étouffer la doctrine philosophique de Hoëné Wronski, nommément : les faux dévots, par l'imputation de panthéisme [1]; les faux savants, par la conspiration du silence; les spirituels ignorants, qui abondent partout et qui prennent des lazzis pour des raisons [2];

Que tous enfin, ceux surtout qui n'ont pas reculé devant la calomnie pour mieux perdre le Sage, que tous essaient de réfuter le simple argument que nous venons de reproduire.

Ils s'attaquent à l'*absolu*, l'absolu les démasquera.

Mais *laissons ces misères humaines*, et, en attendant que la postérité les inscrive au fronton de l'Institut, inscrivons ici *l'emblème du Messianisme*, c'està-dire les *trois lois* découvertes par le philosophe slave, lois qui forment la couronne des sciences mathématiques et le prototype de tout le savoir humain. Les voici. A genoux, négateurs de la raison!

LEX SUPREMA.
$$Fx = A_0\Omega_0 + A_1\Omega_1 + A_2\Omega_2 + A_3\Omega_3 + \text{etc.}$$
$$\text{τελείωσις}$$
$$x^m \equiv a, (mod. = M).$$
PROBLEMA UNIVERSALE.
$$0 = fx + x_1.f_1x + x_2.f_2x + x_3.fx_3 + \text{etc.}$$

Voilà pour les mathématiques pures,— et pour les mathématiques appliquées

---

[1] Parmi tous les philosophes, Wronski est le seul qui ait établi *rationnellement* la preuve de la divinité du Christ. (*Prolégomènes du Messianisme*, pages 194 à 204).

[2] Parmi ceux-ci, l'auteur de la *France mistique* (sic) place le *filosofe* (sic) Wronski au rang des mystiques, lui qui notoirement fut toujours leur plus grand ennemi. En vérité, ce livre désopile la rate, et son auteur est un *filosofe* humanitaire de première force!

donnons la *loi suprême* de la mécanique céleste, qui sait? quelque musicien, futur émule de William Herschel[1], saura peut-être la comprendre? La voici:

$$G\,dx = -w\,d\varphi;$$

en désignant par G la somme des gravitations réciproques de deux astres, par w la vitesse moyenne du mouvement relatif de l'un de ces astres autour de l'autre dans leur orbite respective, par dx l'élément différentiel du temps x, et par $d\varphi$ le correspondant élément différentiel de l'angle φ que parcourt le rayon vecteur. — C'est de cette loi, si éminemment simple et établie entièrement *à priori*, que dérive la construction complète du système du monde[2].

LOI SUPRÊME DE L'HARMONIE,
OU LOI GÉNÉRATRICE DES ACCORDS.

Nous avons donné, en grand détail, les principes de la détermination numérique et entièrement *à priori* de la vraie gamme moderne, afin de montrer, par un exemple frappant, la puissance des principes philosophiques de l'auteur de la *Réforme du savoir humain*. Ces mêmes principes philosophiques, appliqués à l'harmonie musicale, où tout nous paraissait livré à l'empirisme, nous amenèrent à concevoir la possibilité de relier en un seul faisceau, non-seulement tous les accords connus, mais tous les accords possibles. Nulle part nous ne trouvions une définition satisfaisante de ce mot *accord*, et nous comprenions que la *coexistence* des sons, devant avoir nécessairement sa *condition*, cette condition problématique ou plutôt porismatique, une fois découverte, nous mettrait par cela même en possession de la *Loi génératrice des accords* avec laquelle elle doit pouvoir s'identifier. — Précisément à cette époque (1847-1848), après avoir publié le premier volume de son excellent *Traité théorique et pratique de composition musicale*[3], Barbereau se livrait à des *études sur l'origine du système musical*[4]; et, dans sa correspondance

---

[1] William Herschel était musicien et acousticien avant d'être astronome. (Voir la notice d'Arago sur W. Herschel).

[2] Voir les *Prolégomènes du Messianisme*, depuis la page 252 jusqu'à la page 378; le tome I de la *Réforme absolue du savoir humain*, depuis la page 265 jusqu'à la fin du volume; — et aussi l'opuscule intitulé *Épître à S. M. l'empereur de Russie*. Ces ouvrages se trouvent à Paris, chez Amyot, rue de la Paix.

[3] Paris (1845), chez Schonenberger. — Au chapitre II de ce traité, la formation des diverses espèces de gammes est rapportée à l'échelle des quintes.

[4] Publiées en 1852. Paris, Bachelier, Blanchet. — Metz, Pallez et Rousseau.

avec nous, il nous engageait à scruter l'*échelle des quintes* pour y découvrir l'explication rationnelle de tous les faits harmoniques.

Le point de départ de Barbereau nous parut incontestable ; ce profond harmoniste parvenait, en effet, à l'explication rationnelle des accords connus et de leurs enchaînements, et il résolvait une foule de questions restées jusqu'alors sans solution. Toutefois, nous comprenions que, tout en considérant la *quinte* comme l'élément principal du système harmonique, cet élément, à *lui seul*, ne pouvait suffire pour formuler la *loi génératrice des accords ;* nous comprenions qu'il fallait découvrir une *dualité* dans cette *unité*, en d'autres termes, qu'il fallait découvrir les *pôles opposés* de la *quinte*.

Or, la présence *simultanée* de la *tierce majeure* et de la *tierce mineure*, au sein des deux accords parfaits où elle reproduisent la *quinte* par voie d'addition, nous indiquait assez clairement que ces tierces sont bien effectivement les éléments distincts ou hétérogènes, c'est-à-dire les *éléments primordiaux* ou *polaires* qui, issus de la *quinte*, élément *neutre* du système harmonique, commencent avec elle le système général des accords.

Les sensations de *caractères* si *opposés* produites par ces deux tierces et aussi par les accords, selon la prédominance de l'une sur l'autre, c'est-à-dire selon leur rapport de nombre et de position dans les agrégations de sons simultanés connus sous le nom d'*accords ;* la position diamétralement opposée de ces deux tierces sur l'échelle des quintes, à partir d'un point quelconque de cette échelle, et beaucoup d'autres indices venaient confirmer la justesse de ce point de vue.

ÉCHELLE DES QUINTES.

Pôle négatif.   Pôle positif.
....etc. — 4 — 3 — 2 — 1 — 0 + 1 + 2 + 3 + 4 + etc....
....si♭--fa--ut--sol--ré--la--mi--si--fa♯.....
            tierce mineure.   tierce majeure.

Mais nous ne pouvions nous contenter d'envisager un *accord* en général comme une agrégation de sons formés par le moyen des deux tierces, de la tierce majeure et de la tierce mineure. Cette considération produite depuis longtemps, tout incontestable qu'elle soit, n'enseigne pas grand chose sur le *mode de structure* de ces agrégations. Or, jusqu'à ce jour, personne ne s'était avisé de chercher la *condition* de la possibilité de la *coexistence* des sons, c'est-à-dire personne n'avait posé le problème de trouver la *loi génératrice des accords*, parce qu'on ne supposait pas qu'une telle loi pût être établie *à priori ;* et qu'au contraire on admettait tacitement que les éléments du système harmonique sont dévoilés successivement par le génie des grands maîtres, et que, par conséquent, les lois de l'harmonie ne sont rien de plus que des lois empiriques déduites de l'observation des faits.

Or, s'il en a été effectivement ainsi jusqu'à présent dans l'art musical comme dans les autres branches du savoir humain, il est temps enfin de suivre une voie différente de celle indiquée par Bacon de Verulam; il en est temps, puisque la *loi de création* elle-même est enfin découverte.

La preuve évidente de cette inconcevable découverte (inconcevable pour les empiristes) ressort de l'accomplissement subit du vaste système de l'algorithmie, au moyen des *trois lois* susdites. Et Wronski est enfin venu installer définitivement la véritable méthode scientifique, et montrer la supériorité de la RAISON INCONDITIONNELLE procédant *à priori*, sur l'*entendement* qui ne peut procéder qu'à *postériori*, au moyen de l'analogie et de l'induction.

C'est en nous guidant d'après les principes de la *philosophie absolue* que nous avons pu non-seulement poser nettement le problème harmonique, mais surtout le résoudre complètement.

La *loi suprême de l'harmonie*, c'est-à-dire la *loi génératrice des accords*, est formulée au moyen de la notation algébrique; mais, nous le répétons, il n'est nullement nécessaire de connaître l'algèbre pour la bien comprendre; partout nous avons traduit en langage ordinaire les déterminations obtenues par les procédés du calcul; et d'ailleurs ces mêmes déterminations s'obtiennent aussi par d'*autres procédés* très-simples, à la portée de tout le monde, et que nous exposons en grand détail dans notre ouvrage.

Nous ne supposerons pas qu'il puisse venir à l'esprit de personne de nous accuser d'introduire l'algèbre dans l'*acte même de la composition musicale*: l'algèbre, ou plus généralement le logisme, n'a rien à voir dans cet acte tout spontané; mais, nous nous occupons de la *structure des accords* et de *leurs enchaînements,* c'est-à-dire des *moyens,* des *instruments* sans lesquels la réalisation de la pensée musicale serait impossible.

Produisons enfin cette *loi génératrice des accords* qui domine tout le système harmonique, parce qu'elle exprime la *condition* elle-même de la possibilité de la *coexistence* des sons.

Or, si l'on représente par $\varphi_m(x)$ la somme des termes d'un accord composé de m sons, par x la fondamentale de cet accord, par t et t' deux nombres entiers indéterminés, par $+4$ la valeur numérique de la *tierce majeure*, la *quinte* étant prise pour unité, et par -3, la valeur de la tierce mineure, les relations suivantes, très-simples,

$$\varphi_m(x) = mx + 4t - 3t' \ldots (A_m)$$
$$t + t' = \frac{m \cdot (m-1)}{1 \cdot 2} \ldots (\Omega_m)$$

donneront les moyens de construire tous les accords possibles, en y faisant successivement $m = 2, 3, 4,$

5, 6, 7, etc..... et en donnant à t et t' toutes les valeurs *entières* et *positives* capables de satisfaire à la relation (A*m*).

L'hypothèse $m = 1$, correspond à une série quelconque de sons *successifs*.

En ne prenant pour ces nombres indéterminés t et t', que les valeurs compatibles avec l'état actuel du système musical, on produira successivement, dans chaque classe d'accords, les réalités harmoniques que comporte notre système actuel de tonalité. Mais notre *loi génératrice* est *absolument générale*, et elle s'applique à tous les systèmes concevables.

A proprement parler, la $\varphi m\,(x)$ est ici une différentielle, et l'on a :

$$\varphi m\,(x) = \frac{d^{m-1}\,F x}{1^{m-1}\,|\,\cdot\,F x}$$

Fx représentant, en général, le produit des m termes exprimant les *fonctions* de *fondamentale*, de *tierce*, de *quinte*, de *septième*, de *neuvième*, de *onzième*, de *treizième*, etc., qui constituent l'accord lui-même par leur *coexistence*.

C'est le produit des termes, c'est-à-dire la détermination particulière de Fx, dans chaque cas particulier, qui caractérise un *accord déterminé* ; et la somme des termes $\varphi m\,(x)$ embrasse tous les *accords* construits au moyen des mêmes éléments primordiaux et opposés, c'est-à-dire au moyen du même nombre de *tierces majeures* et de *tierces mineures*, et elle caractérise ainsi, dans chaque classe, les *familles d'accords*.

On peut voir (page 483) la forme générale de Fx embrassant tous les accords possibles, ainsi que la forme des coëfficients des diverses puissances de la fondamentale x qui entrent dans le polynôme Fx.

A la page suivante (484) se trouve une application aux *accords de treizième*, admissibles dans notre actuel système de tonalité ; et page 485, nous donnons des applications, d'abord aux *accords de trois sons*, ou *accords de quinte*; puis aux *accords de quatre sons*, ou *accords de septième*, dont nous produisons les *formules générales* ; et même, comme vérification, deux formules particulières, nommément celle qui correspond à l'*accord parfait majeur* dans la classe des accords de quinte ; et celle qui correspond à l'*accord de septième dominante* dans la classe des accords de septième. Par exemple, la formule qui exprime tous les accords de trois sons est :

(a) $\qquad f_3(x) = x^3 + (4t - 3t')\cdot x^2 + (4\theta - 3\theta')\cdot(4k - 3k')\cdot x.$

dans laquelle, posant :

$$t = 2 \text{ avec } t' = 1;\quad \theta = 1 \text{ avec } \theta' = 0;\quad \text{et } k = 1 \text{ avec } k' = 1;$$

on obtient pour la fonction de x correspondante :

$$f_3(x) = x^3 + 5x^2 + 4x = x.(x+4).(x+1).$$

x étant toujours la fondamentale de l'accord, $x+4$ représente l'*intervalle harmonique* de *tierce majeure*, $x+1$ représente la *quinte juste*, et ainsi cette dernière formule représente l'*accord parfait majeur* dont la fondamentale est x. — En donnant à x une valeur particulière prise sur l'*échelle générale des quintes*, on aura la valeur numérique de l'accord parfait particulier dont on se donne ainsi la fondamentale.

Ces explications sont sans doute plus que suffisantes pour les mathématiciens.

Nous savons bien que les acousticiens expérimentateurs s'imagineront que notre *loi génératrice* a été déduite de l'*observation* des accords connus, et qu'ainsi nos formules ne sont rien de plus que des *formules empiriques*.

Or, pour peu qu'ils se donnent la peine de lire notre ouvrage, ils reconnaîtront que ces formules contiennent non-seulement *tous* les accords déjà connus, mais encore, et surtout, une foule d'*accords nouveaux*, pour l'emploi desquels nous produisons de nombreux exemples pratiques, d'un excellent effet, ou dont jusqu'à présent aucun traité d'harmonie n'a fait mention ou n'a pu légitimer l'emploi; parmi ces accords nouveaux, il en est quelques-uns que de grands compositeurs (tels que Mozart, Beethoven, Weber, Mendelssohn, Sphor, Rossini, surtout Meyerbeer, Halévy, Chopin, Liszt, Berlioz, Robert Schumann, Richard Wagner, etc.), ont deviné, et dont ils ont enrichi l'harmonie pratique, mais les ouvrages théoriques ne les mentionnent point; et l'on peut dire, sans la moindre exagération, qu'il y a plus d'un siècle de distance entre les traités enseignés dans les conservatoires, et la pratique des compositeurs modernes. Or, pour donner, en vertu du principe de raisons suffisantes, une preuve apagogique de la vérité absolue de notre *loi génératrice*, **nous portons ici le défi formel de découvrir dans un ouvrage d'un grand maître moderne, depuis Sébastien Bach jusqu'à Richard Wagner inclusivement, un seul accord, c'est-à-dire une seule agrégation de sons simultanés, d'un effet satisfaisant, qui échappe à nos formules.**

Un *accord* pour nous n'est point une agrégation de sons soumis à la condition de pouvoir être *attaqués* simultanément, et *subsister* pendant le même intervalle de temps, c'est-à-dire *finir ensemble:* cette définition restreinte, qui s'applique effectivement aux accords les plus simples, ne présente qu'un cas particulier dans l'infinité de manières de concevoir et de produire la *simultanéité* des sons; et elle abandonne ainsi à l'arbitraire la plus grande partie des réalités harmoniques auxquels il convient de donner le nom d'*accords*. — Pour nous, *des sons* POUVANT *coexister*, ne fût-ce que pendant un moment indéfiniment court, constituent un *véritable accord*. De tels sons peuvent se produire soit simultanément, soit successivement; s'éteindre ensemble, ou l'un avant l'autre, et cela de mille manières différentes; pourvu qu'ils puissent *coexister* un instant, il y a production d'accord. — Évidemment, des sons quelconques, des sons pris au hasard, ne peuvent coexister ainsi; ils doivent, pour que cette coexistence soit possible, satisfaire à certaines conditions, c'est-à-dire être soumis à une *dépendance réciproque*, or, c'est cette dépendance entre des sons pouvant coexister qui, précisément, est établie par notre *loi génératrice*. Cette loi, comme *loi suprême de l'harmonie*, en rattachant chaque son ou fonction [1] d'un accord à sa *note fondamentale*, vient

---

[1] La note la plus grave d'un accord, quand il est échelonné par tierces, se nomme la note *fondamentale* et les autres notes tirent leur nom de l'intervalle qu'elles font avec elle. Nous adoptons, avec Barbereau, le nom de *fonctions* pour désigner les sons qui forment un accord, et nous disons comme cet auteur: *fonction de tierce*, de *quinte*, de *septième*, etc., et même *fonction de fondamentale*. — Nous adoptons aussi les expressions: *harmonie naturelle*, *harmonie altérée*; *accords naturels*, *accords altérés*; pour désigner, d'une part, l'harmonie et les accords résultant de l'emploi de gammes diatoniques

sanctionner les idées des théoriciens qui, à l'instar de Rameau, ont attribué une grande importance à cette note. On verra, dans notre ouvrage, que l'importance de cette note fondamentale est bien plus grande encore qu'on ne le pense généralement. De plus, cette même loi suprême donne gain de cause au principe de l'*échelonnement des tierces* dans la formation des accords; et surtout elle montre, ce que l'on ne savait nullement, de quelle manière il faut pratiquer le susdit échelonnement pour former tous les accords possibles.

« Plusieurs théoriciens, dit Barbereau, ont étendu le principe d'échelonnement des tierces jusqu'à la formation des accords de onzième et de treizième; mais les restrictions nombreuses auxquelles sont soumises ces deux agrégations ont fait chercher des méthodes *artificielles* au moyen desquelles on les ramène aux trois premières espèces, en tenant compte de leurs diverses modifications sous les noms de *prolongation, retard, suspension, notes de passage,* etc., etc. (*Traité de composition*, tome Ier, chapitre III, page 17). »

C'est, suivant nous, avec grande raison que Barbereau qualifie d'*artificielles* les méthodes que l'on a substituées au principe de l'échelonnement des tierces. La difficulté d'employer les accords de 6 et de 7 sons, avec toutes leurs fonctions, et les restrictions nombreuses auxquelles ils sont soumis, tout cela n'infirme nullement leur réalité; ils existent tout comme les accords de 3, de 4 et de 5 sons, et l'on verra dans notre ouvrage les immenses ressources qu'ils recèlent.

Les *prolongations* simples, doubles, triples et quadruples, les *retards, notes de passage, appogiatures, anticipations,* etc., ne sont, comme on le verra, que les *formes* de l'emploi de certains accords.

Il en est de même de la *pédale,* qui n'est point, comme on le croit généralement, une note sur laquelle on peut placer une suite d'accords, *dont plusieurs lui sont totalement étrangers;* mais bien réellement une note appartenant à tous les accords qui se succèdent pendant sa durée, c'est-à-dire une véritable *tenue.*

D'ailleurs, on se convaincra que la considération directe des *accords de onzième* et de *treizième* est beaucoup plus simple que les méthodes artificielles qu'on leur a substituées. Il n'est pas nécessaire d'écrire à 6 et à 7 parties réelles pour pouvoir employer ces accords, pas plus qu'il n'est nécessaire d'écrire à 5 parties pour employer les accords de neuvième; on peut, à 4, à 3, et même à 2 parties, donner une idée de ces accords au moyen de leurs

---

majeure et mineure, et d'autre part, l'harmonie et les accords qui impliquent l'intervention de la gamme chromatique.

notes caractéristiques. Toutefois, nous donnons quelques exemples de l'emploi des *accords de onzième* et de *treizième, avec toutes leurs fonctions*, à 6 et à 7 parties réelles.

Afin de préciser, parcourons rapidement les diverses classes d'accords, en commençant par les *accords de quinte*, et en signalant, dans chaque classe, quelques-uns des résultats obtenus par l'emploi de notre *loi génératrice*.

Ire Classe. ACCORDS DE QUINTE. *(3 sons).*

Les accords de cette première classe étant peu nombreux (il y en a 6, ni plus ni moins), nous pouvons ici les signaler tous; les voici :

N° 1. *L'accord parfait majeur.*   Ex. : (ut—mi—sol).

N° 2. *L'accord parfait mineur.*   Ex. : (la—ut—mi).

N° 3. *L'accord de tierce et quinte mineures,*
    dit *accord de quinte diminuée.*   Ex. : (si—ré—fa).

N° 4. *L'accord de tierce et quinte majeures,*
    dit *accord de quinte augmentée.*   Ex. : (ut—mi—sol♯)

N° 5. *L'accord de quinte mineure avec tierce majeure.*   Ex. : (si—ré♯—fa).

N° 6. *L'accord de quinte majeure avec tierce mineure.*   Ex. : (fa—la♭—ut♯).

Ce tableau comprend deux accords de plus qu'on n'en compte ordinairement dans la classe des accords de trois sons, mais en revanche on n'y trouve point les agrégations telles que (ut—mi♯—sol), (si—ré♭—fa), (fa—la♯—ut♯), etc., que quelques auteurs considèrent comme des *accords altérés* de la présente classe. — On trouvera dans notre ouvrage la preuve irréfragable que de telles agrégations, dans lesquelles la *première* tierce est ou *augmentée* ou *diminuée*, ne sont point des accords de quinte, mais bien de véritables accords de la classe immédiatement supérieure, c'est-à-dire des *accords de septième privés de leur note fondamentale*.

Nous devons faire remarquer que les six accords de quinte portés au tableau sont tous formés au moyen de *trois tierces*, savoir : les accords n° 1 et n° 6, au moyen de *2 tierces majeures* associées à *1 tierce mineure;* — les accords n° 2 et n° 5, au moyen de *2 tierces mineures* associées à *1 tierce majeure;* — l'accord n° 3, au moyen de *3 tierces mineures;* — et enfin l'accord n° 4, au moyen de *3 tierces majeures.*

Ce mode d'évaluation paraît contraire aux idées admises, et l'on objectera qu'on ne voit que *deux tierces* et non pas *trois* dans les accords de quinte; à quoi nous répondons que notre mode de structure assigne à chaque tierce sa *véritable valeur*, en raison de la *position* qu'elle occupe dans l'accord, ou plutôt en raison du nombre de fois qu'elle entre dans la construction de ses différentes fonctions.

Les impressions contraires produites par les accords parfaits, majeur et mineur, proviennent évidemment de la position inverse des deux espèces de tierces dans ces accords; or, notre loi génératrice évalue *exactement* l'importance relative de ces tierces, en assignant une *valeur double* à la *tierce majeure* qui apparaît dans l'*accord parfait majeur* ; et, au contraire, une *valeur double* à l'autre tierce, à la *tierce mineure*, dans l'*accord parfait mineur*. La raison en est simple et consiste en ce que, pour *poser* chacune des fonctions d'un accord, *il faut toujours partir de sa note fondamentale*. Par exemple, pour construire l'*accord parfait majeur*, il faut d'abord porter 4 quintes vers le pôle positif, c'est-à-dire à droite, sur l'échelle des quintes, à partir de la note que l'on prend pour fondamentale, soit UT.

On arrive ainsi à la note *mi*, et la *fonction de tierce* est posée.

Cela fait, pour *poser* de même la *fonction de quinte* (SOL), comme nous n'avons à notre disposition que des tierces, il faut, *en partant encore de la même fondamentale* UT, repasser d'abord par la note *mi*, puis revenir, par 3 quintes, vers la note SOL, en marchant vers le pôle négatif de la susdite échelle, c'est-à-dire en portant une *tierce mineure* ou 3 quintes vers la gauche, à partir du *mi*.

On voit clairement, par cet exemple, que la *tierce majeure* entre *deux fois* dans la structure de l'*accord parfait majeur*, et que la *tierce mineure* n'y entre qu'*une seule fois*. — L'inverse a lieu dans l'accord parfait mineur.

En suivant la même marche, on reconnaîtra que l'accord n° 3, savoir : l'*accord de quinte diminuée*, est formé au moyen de *3 tierces mineures;* et que l'accord n° 4, savoir : l'accord connu sous le nom d'*accord de quinte augmentée*, est construit avec *3 tierces majeures*. — Quant à l'accord n° 5, il est construit, comme l'*accord parfait mineur*, au moyen de *deux tierces mineures* et d'*une seule tierce majeure;* il faut en effet deux tierces mineures, ou 6 quintes négatives, pour *poser* la *fonction de quinte* (fa), à partir de la *note fondamentale* (si); et il ne faut qu'une *seule tierce majeure* pour *poser* la *fonction de tierce* (ré♯), à partir de la même *note fondamentale*.

On reconnaîtra facilement que l'accord nº 6 est construit au moyen des mêmes éléments primordiaux que *l'accord parfait majeur*, et remarquons, en passant, que cet accord nº 6 peut se ramener, par *l'enharmonie*, à *l'accord parfait majeur* (ré♭—fa—la♭). La possibilité des transformations enharmoniques se révèle donc déjà dans la première classe d'accords.

Ce que nous venons de dire concernant le mode de structure des accords de trois sons s'applique à toutes les autres classes d'accords.

2ᵉ Classe. ACCORDS DE SEPTIÈME. *(4 sons)*.

On vient de voir que notre loi génératrice découvre dans la classe des accords de trois sons ou *accords de quinte*, deux accords de plus qu'on n'en compte ordinairement. Dans la classe des *accords de septième*, elle découvre un bien plus grand nombre d'*accords nouveaux*, dont quelques-uns ont déjà été employés instinctivement par les compositeurs, mais qui ne sont point mentionnés dans les traités d'harmonie. Nous ne pouvons, à cause du peu d'espace qui nous reste, donner ici la nomenclature de tous ces accords, au nombre de seize, TOUS FORMÉS AU MOYEN DE SIX TIERCES. Ce qui est très-remarquable, c'est que *l'accord de septième dominante*, le plus agréable des accords naturels de cette classe, est construit au moyen de *3 tierces majeures associées à 3 tierces mineures*, et qu'ainsi, dans cet *accord naturel*, les éléments primordiaux ou polaires se balancent exactement. On ne voit cependant qu'une seule tierce majeure dans cet accord *(sol—si—ré—fa)*, tierce placée entre les fonctions de fondamentale et de tierce; mais, d'après notre mode de structure, comme cette même tierce entre dans la construction des fonctions de quinte et de septième, elle a une valeur *triple*.

L'*accord de septième dominante*, ou *accord de septième de première espèce*, est l'accord type de la première famille de cette classe, famille composée de quatre accords construits *au moyen des mêmes éléments diversement combinés*. Parmi ces accords, on remarque l'*accord de septième majeure avec tierce mineure et quinte juste*, ex.: (la—ut—mi—sol♯) qui appartient à l'*harmonie naturelle* en mode mineur, et à l'*harmonie altérée* en mode majeur; ce qui le constitue *accord mixte*, selon la nomenclature de Barbereau. Cet accord est connu et admis du moins par les praticiens. — Les deux autres accords de cette première famille sont des *accords altérés* proprement dits, l'un est l'*accord de septième de seconde espèce avec quinte haussée*, ex.: (ré—fa—la♯—ut), et l'autre, l'*accord de septième majeure avec tierce majeure et quinte mineure*, ex.: (sol—si—ré♭—fa♯). Avant de nier la possibilité d'employer ces

XXIX

accords, surtout ce dernier, qui, au premier aspect, paraît impraticable, nous prions le lecteur d'examiner, au chapitre VIII de notre ouvrage, les exemples pratiques donnés sous les §§ 113, 114, 116 et 119.

L'accord de septième dominante est le seul accord de quatre sons admis par quelques théoriciens, entre autres par M. Fétis qui ne considère les autres accords de la présente classe, ceux de septième de *seconde*, de *troisième* et de *quatrième espèces*, que comme des *accords artificiels* provenant de la *substitution* réunie à la *prolongation*. Cette théorie spécieuse ne peut soutenir un examen approfondi; on en verra les preuves de fait à la fin du chapitre VI, dans la *remarque*. D'ailleurs, indépendamment des raisons tirées de la pratique de tous les maîtres, la preuve certaine de la fausseté de cette théorie résulte de leur création *à priori* au moyen de notre *loi génératrice*. De plus, on trouvera aux chapitres VII et VIII les *accords mixtes* et les *accords altérés* qui forment, avec chacun des susdits *accords naturels*, autant de familles distinctes.

_{Nous devons prévenir qu'il faut ajouter deux accords au tableau de la page 208, ce qui porte à seize le nombre des accords de septième. — Ces deux accords, écartés d'abord par des raisons valables dans le domaine de l'*harmonie immanente*, mais inapplicables dans le domaine de l'*harmonie transcendante*, complètent respectivement les familles des *accords naturels de septième de seconde et de troisième espèces*, dont ils reproduisent *enharmoniquement* les *accords types*. Nous avons, du reste, réparé nous-même cette omission, ou plutôt cette erreur, en donnant au chapitre XVII, page 414 (fig. 49)', et page 461 (fig. 202), des exemples pratiques de l'emploi de ces *accords altérés*.}

Il est sans doute inutile de dire que notre *loi génératrice* renferme tous les accords de septième *naturels*, *mixtes* ou *altérés* déjà connus; mais nous devons insister sur les nouvelles richesses harmoniques qu'elle dévoile dans la classe des accords de 4 sons, en donnant, parmi les nouveaux *accords altérés*, les versions *enharmoniques* des *accords naturels* de septième de seconde et de troisième espèces, accords entièrement inconnus jusqu'à ce jour.

Quant à la *version enharmonique* de l'*accord naturel de septième dominante*, par le changement de l'intervalle de *septième mineure* en celui de *sixte augmentée*, Reicha a montré (*Cours de composition musicale*, page 10) que la véritable fondamentale de cet accord altéré, soit par exemple (sol—si— ré—mi♯), est ut♯, ce qui en fait un accord de la classe supérieure, c'est-à-dire un accord de 5 sons. Or, si Reicha eût réfléchi plus profondément sur ce fait, en le rapprochant des *transformations enharmoniques* de l'*accord de septième diminuée* et même de celles de l'*accord de tierce et quinte majeures*, transformations qui, toutes, ont pour effet d'assigner de *nouvelles fondamentales* à l'agrégation, cet habile professeur en eût induit notre *théorie des accords multiples*, théorie nouvelle qui donne enfin une base rationnelle aux *modulations* dites *enharmoniques* et à toute l'*harmonie transcendante* en général; et qui, de plus, ramène à la *résolution fondamentale* par *quinte inférieure*, toutes les prétendues exceptions dans l'emploi des accords dissonants. Les idées de Rameau sur l'importance de la résolution fondamentale par quinte inférieure, reçoivent enfin ici leur sanction scientifique et l'absolue généralité dont elles étaient susceptibles, mais dont Rameau lui-même était loin de se douter.

3e Classe. ACCORDS DE NEUVIÈME. *(5 sons)*.

A mesure que le nombre des sons s'accroît, notre *loi génératrice* découvre aussi un plus grand nombre d'*accords nouveaux*. Dans la présente classe, on ne compte pas moins de 5 *accords naturels*, 7 *accords mixtes* et 30 *accords altérés;* TOUS CES ACCORDS SONT FORMÉS AU MOYEN DE DIX TIERCES. Dans la structure de l'*accord naturel de neuvième dominante majeure*, il entre exactement *5 tierces majeures* et *5 tierces mineures*, et ainsi il se trouve que les éléments *primordiaux* ou *polaires* du système harmonique s'y balancent exactement, comme dans l'*accord naturel de septième dominante*, dans la classe précédente. Ces deux faits bien remarquables suffiraient seuls pour faire présumer la vérité de notre loi suprême. Le fait suivant est plus significatif encore, aussi appelons-nous sur lui toute l'attention du lecteur. Il consiste en ce que si l'on considère le susdit *accord de neuvième dominante majeure* comme formé par la RÉUNION SYSTÉMATIQUE des accords naturels n° 1 et n° 2 de la première classe,

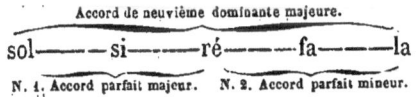

et, cela fait, si l'on réunit de même les accords altérés n° 5 et n° 6 de cette première classe, accords formés respectivement au moyen des mêmes éléments que les accords naturels n° 2 et n° 1, on obtient l'*accord altéré* que voici :

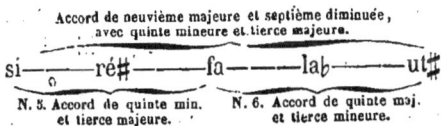

Or, cet *accord altéré* peut être ramené par l'*enharmonie* à l'*accord naturel de neuvième dominante majeure* en posant fa=mi♯ et la♭=sol♯; de sorte qu'en prenant ut♯ pour nouvelle fondamentale, on retrouve un accord naturel de neuvième dominante, savoir: (ut♯—mi♯—sol♯—si—ré𝄪), ou (ré♭—fa—la♭—ut♭—mi♭), accords qui déterminent, le premier, le ton de fa♯ majeur, et l'autre le ton de sol♭ majeur, qui forment respectivement, l'un le pôle positif, et l'autre le pôle négatif de la famille d'UT majeur. (Voir, page 169, la digression sur les modulations enharmoniques, et sur les trois familles de tons de notre système musical).

C'est dans cette 3ᵉ classe d'accords que notre *théorie des accords multiples* commence à se développer dans toute sa généralité; nous signalons entre autres applications de cette théorie, l'explication rationnelle d'une prétendue *irrégularité harmonique* relevée dans la partition d'*Idoménée* de Mozart par son excellent biographe, M. A. Oulibicheff.

Or, dans l'endroit cité, Mozart, devançant selon son habitude les compositeurs de son époque, employait, sous la forme de l'accord connu de *septième dominante* (*fa♯—la♯—ut♯—mi*), un accord nouveau (LA—ut♯—mi—sol♭—si♭), dont, jusqu'à ce jour, la partition d'*Idoménée* a bien gardé le secret. On découvre ainsi qu'au lieu de la singularité harmonique signalée par M. Oulibicheff, et consistant en *cadences déterminées par des marches de basse fondamentale descendante par tierce majeure*, on a, au contraire, des CADENCES RÉGULIÈRES, c'est-à-dire PROCÉDANT PAR QUINTE INFÉRIEURE. (O vérité, que tu es simple et féconde!)

Un point capital de notre *théorie des accords multiples*, c'est l'intervention de *fondamentales idéales régulatrices* au moyen desquelles les accords des classes inférieures se transforment à volonté en accords des classes supérieures, par exemple, les *accords de septième*, voire même de simples *accords parfaits*, en accords de *neuvième*, de *onzième* ou de *treizième*.

Voyez, par exemple, page 403, fig. 168, une nouvelle transformation enharmonique de *l'accord de neuvième dominante majeure*. — Voyez aussi, pages 448 et 449, fig. 195 et 196, une transformation enharmonique de l'*accord parfait majeur* employée par Rossini et par Meyerbere.

4ᵉ Classe. ACCORDS DE ONZIÈME. *(6 sons).*

En abordant les *accords de onzième*, nous avons compris la nécessité de multiplier les exemples; d'autant plus que, sans prendre pour guide notre *théorie des accords multiples*, il devenait fort difficile, pour ne pas dire impossible, de traiter la plupart des *accords altérés* des 4ᵉ et 5ᵉ classes. Les richesses inespérées que l'on découvre dans ces accords, par l'intervention de la susdite théorie, constituent la preuve de fait, la preuve expérimentale de la vérité des nouvelles lois harmoniques.

Tous les accords de onzième sont construits au moyen de 15 tierces. Ici, comme partout ailleurs, nous indiquons les procédés de structure, puis nous produisons la nomenclature des accords et leur classement par familles.

Quant à la classification mathématique, les artistes peuvent s'en passer; du reste, pour la comprendre il suffit de connaître les simples éléments de l'algèbre. Cette dernière classification est donnée pour servir de base au calcul des congruences exprimant la *possibilité* de l'enchaînement des accords. Les mathématiciens s'apercevront bientôt que la solution de ces questions dépasse infiniment le pouvoir de leur science, et qu'elles sont inabordables sans le secours des formules produites par Hoëné Wronski, au tome Ier de la *Réforme du savoir humain*, pour la résolution des *congruences de tous les ordres et de tous les degrés*. Tout ce que nous pouvons dire ici concernant la solution de ces hautes questions harmoniques, c'est qu'il existe une *base mathématique invariable* servant en quelque sorte de support à la diversité des phénomènes perçus par notre sensibilité. C'est ainsi que l'*harmonie des sphères célestes*, si poétiquement indiquée par Schiller, est soumise à la *loi de l'égalité permanente* entre la *force active* de jonction provenant de la gravitation universelle de la matière qui empêche l'écartement indéfini des corps célestes, et la *force inerte* de séparation provenant du mouvement de ces corps, qui, par lui-même, ne saurait changer sa direction. (Voir ci-dessus, page xx, l'expression algorithmique de cette grande loi.)

Après un chapitre consacré aux *accords de onzième* en général, nous abordons (chapitre XIV) l'emploi des *accords naturels* de cette classe, et nous produisons de nombreux exemples pratiques à 3, 4, 5 et 6 parties réelles. — On découvre ici l'origine de l'agrégation de *quinte et quarte,* connue depuis longtemps et employée comme *retard* de la fonction de tierce d'un accord parfait, par la *quarte* préparée par l'accord précédent. De l'identité de l'agrégation de *quinte et quarte* sur les degrés 1, 2, 3, 5 et 6 en mode majeur, et sur les degrés 1 et 5 en mode mineur, quelques auteurs ont conclu que cette agrégation constituait un accord particulier de trois sons; et cette théorie, aussi bien que celle des *prolongations*, a conduit à n'employer le plus souvent, dans l'harmonie à plus de trois parties, que les redoublements de la fondamentale et de la quinte, ce qui assurément est excellent et sera toujours fort utile, mais ce qui a fait négliger, là où elles eussent été fort à leur place, les trois autres fonctions de l'accord complet, dont la susdite agrégation de *quarte et quinte* ne présente que trois termes. Disons cependant que les grands maîtres, tant anciens que modernes, ont fait souvent un emploi très-heureux de divers accords naturels et mixtes de onzième et de treizième; et que, si l'on en trouve de beaux exemples dans les œuvres de F. Mendelssohn-Bartholdy, dont l'Allemagne pleure la perte récente, on en rencontre aussi dans celles de Handel et de J.-S. Bach, qui lui sont antérieurs de plus d'un siècle.

Les accords de onzième peuvent être envisagés sous plusieurs aspects : par exemple, l'*accord naturel* qui a son siége sur le premier degré de la gamme majeure (UT—*mi*—*sol*—*si*—*ré*—*fa*), peut être considéré comme présentant la *réunion systématique* de l'*accord parfait majeur* et de l'*accord de septième dominante*. Mais une considération plus importante, et qui mérite toute l'attention des harmonistes à cause de sa généralité, consiste en ce que *tout accord de onzième, naturel ou mixte, peut être considéré comme présentant la réunion systématique de deux accords de septième, dont les fondamentales, placées à la quinte l'une de l'autre, sont respectivement: 1° la fonction de quinte de l'accord complet*, 2° *la fonction de fondamentale de ce même accord.* Les conséquences de cette proposition sont très-importantes dans la pratique, et nous les avons exposées en grand détail dans les chapitres XIV et XV, où, parmi un grand nombre d'exemples, plusieurs sont à 6 parties réelles.

Quant aux *accords altérés*, au nombre de 54, presque tous sont des *accords nouveaux* introduits dans la science harmonique par notre loi génératrice. Sans doute leur grand nombre sera d'abord un obstacle à leur admission, mais quand on aura reconnu leurs propriétés, quand on saura que déjà plusieurs de ces accords ont été instinctivement employés par de grands maîtres, lorsque enfin on s'apercevra qu'une foule de faits harmoniques inexpliqués jusqu'à ce jour, reçoivent, par leur intervention, une irréfragable explication rationnelle, on n'hésitera plus à admettre tous les produits de notre *loi génératrice*, du moins dans les limites de la tonalité moderne, c'est-à-dire dans l'étendue de 15 quintes (du ré♭ au la♯, dans le ton d'UT majeur).

Parmi les *accords nouveaux* créés, dans la présente classe, par notre loi suprême, nous signalerons le suivant :

D'''..........TM, QM, Sm̄, NM, OM.
Première face. Sol——si——ré♯——fa——la——ut♯.

Cet accord formé, comme on le voit, par la *juxta-position* des deux *accords de tierce et quinte majeures* (sol—si—ré♯), (fa—la—ut♯), se prête merveilleusement aux transformations enharmoniques ayant *six faces semblables*, comme il est facile de le reconnaître en prenant successivement pour fondamentales *sol*, *ut♭* pour *si♮*, *mi♭* pour *ré♯*, fa, la, et *ré♭* pour *ut♯*.

2ᵉ face. ut♭——mi♭——sol——si♭♭——ré♭——fa.
3ᵉ face. mi♭——sol——si——ré♭——fa——la.
4ᵉ face. fa——la——ut♯——mi♭——sol——si.
5ᵉ face. la——ut♯——mi♯——sol——si——ré♯.
6ᵉ face. ré♭——fa——la——ut♭——mi♭——sol.

Ainsi, cet accord joue, dans la classe des accords de onzième, un rôle analogue à celui de l'*accord de septième diminuée* dans la deuxième classe d'accords. De pareils résultats sont la plus éclatante confirmation de la vérité de notre *Loi génératrice*. Et qu'on ne prétende point qu'une telle agrégation de sons ne saurait être qu'un objet de curiosité sans intérêt pour la pratique; car, non-seulement il est facile de l'employer à 3, 4 et 5 parties, au moyen de ses *fonctions caractéristiques*, mais il est de plus praticable *avec toutes ses fonctions*, ainsi que l'ont reconnu spontanément Liszt, Joachim, Bulow et P. Cornelius, lorsque, en 1853, au Festival de Carlsruhe [1], nous leur eûmes révélé l'existence de cet accord singulier.

5ᵉ Classe. ACCORDS DE TREIZIÈME. *(7 sons)*.

Les accords de la présente classe sont tous formés au moyen de 21 tierces. — Répartis entre onze familles distinctes, ils présentent un ensemble de 111

---

[1] C'est dans ce remarquable Festival qu'il nous a été donné d'entendre, pour la première fois, des fragments des œuvres magistrales de Richard Wagner; à côté de chefs-d'œuvre de Liszt et de Berlioz.

accords, parmi lesquels on trouve : 7 *accords naturels*, 14 *accords mixtes*, 6 *accords ambigus* et 84 *accords altérés*.

Les *accords de treizième* jouissent de la propriété de se transformer les uns dans les autres, ce qui fait que ces accords sont essentiellement des ACCORDS MULTIPLES; par exemple, l'*accord naturel* qui a son siége sur la tonique, en mode majeur, reproduit, dans ses renversements, tous les autres accords naturels. — Les *accords mixtes* et les *accords ambigus* ont la même faculté, aussi complètement que les accords naturels. Enfin, les *accords altérés* eux-mêmes se prêtent aussi, quoique moins entièrement, à de semblables transformations. — De plus, ces divers accords contiennent ceux des classes précédentes, ce qui permet d'élever au rang d'*accord de treizième* un accord quelconque de 3, de 4, de 5 et de 6 sons, au moyen de l'introduction d'une *fondamentale idéale régulatrice*. — Cette faculté des accords de se transformer les uns dans les autres, et cette possibilité de faire passer un accord d'une classe inférieure à une classe supérieure, sont d'une haute importance, au double point de vue théorique et pratique.

La faculté d'*identification* entre les accords se manifeste déjà dans la première classe, et elle se généralise à mesure qu'on s'élève dans le système harmonique; de sorte que l'on passe ainsi graduellement de l'*individualité* à l'*universalité*, de la THÉORIE des accords à leur TECHNIE. — Le grand nombre d'*accords nouveaux* introduits par notre loi génératrice ne complique d'ailleurs nullement l'étude de l'harmonie, parce qu'il suffit, dans chaque classe, de bien connaître les *accords-types* pour pouvoir former immédiatement toutes leurs familles distinctes. L'introduction de ces accords a l'immense avantage de fournir des règles générales pour l'enchaînement, règles qui peuvent se résumer ainsi :

1° Tout accord dissonant quelconque a une résolution normale, c'est-à-dire à la quinte inférieure, sur un accord parfait, ou sur un autre accord dissonant plus simple;

2° Tout accord a autant de résolutions normales distinctes qu'il a d'aspects ou de renversements formant de véritables accords;

3° Les accords des classes inférieures, même les accords parfaits, peuvent être élevés au rang d'accords des classes supérieures, moyennant la considération de fondamentales idéales régulatrices.

Nous croyons que de pareils résultats sont de nature à satisfaire les esprits les plus difficiles, aussi espérons-nous que les artistes et les acousticiens ne s'arrêteront pas à quelques expressions insolites empruntées au vocabulaire philosophique, et que, s'attachant au fond des choses, ils reconnaîtront que, cette fois, LA THÉORIE ET LA PRATIQUE SONT ENFIN D'ACCORD.

RÉSUMÉ
D'ACOUSTIQUE MUSICALE

DANS

L'ÉTAT ACTUEL DE LA SCIENCE.

§. 1. Pour le physicien comme pour le chimiste, un corps est un composé de molécules maintenues à distance les unes des autres par des forces attractives et répulsives.

Lorsque ces forces se contrebalancent, il en résulte dans l'intérieur du corps un état *d'équilibre stable ;* mais plusieurs causes peuvent modifier cet état.

Quand les altérations ou plutôt les phénomènes qui s'observent dans les corps n'en changent pas la nature, ils sont du domaine de la science qu'on appelle communément la *physique.*

Si, au contraire, ces phénomènes altèrent la nature du corps, ils sont du domaine de la *chimie.*

L'ACOUSTIQUE est une branche de la *physique*, et elle a pour objet de déterminer les lois suivant lesquelles le son se produit dans les corps et se transmet ensuite jusqu'à nos organes (1).

§ 2. Lorsque par une cause quelconque, un choc, par exemple, les molécules d'un corps sont rapprochées ou écartées de leur position d'équilibre, elles tendent (la cause venant à cesser son action) à revenir à leur état naturel ; mais elles n'y reviennent jamais instantanément. Elles font autour de leur position primitive une série d'oscillations avec une vitesse qui varie à chaque instant, et qui va en s'accélérant à mesure que les molécules se rapprochent, et en se ralentissant à mesure qu'elles s'éloignent de cette position. Les oscillations d'un pendule, à droite et à gauche de la

---

(1) Pouillet, *Traité de physique expérimentale et de météorologie.*

verticale qui passe par son point de suspension; et mieux encore, les vibrations d'une lame élastique fixée par l'une de ses extrémités et libre par l'autre; ou celles des cordes de violon, de violoncelle, de harpe, etc., que l'on écarte de leur position d'équilibre, peuvent donner une idée de ce genre de mouvement.

Quoique généralement trop rapides pour pouvoir être comptées à vue, ces vibrations sont très-visibles, et il n'est pas de musicien qui ne les ait observées.

§. 3. Les molécules de tous les corps, solides, liquides ou gazeux, sont susceptibles d'exécuter les mouvements vibratoires dont nous parlons, parce que tous les corps sont compressibles et élastiques.

Les vibrations des corps se communiquant à l'air, y produisent des condensations et des dilatations alternatives qui sont d'abord excitées dans les couches les plus voisines des corps vibrants, et qui de là se propagent dans toute la masse de l'air. De même que les ondes formées sur une eau tranquille par une pierre que l'on y jette, se propagent circulairement tout autour du centre de l'ébranlement.

§. 4. Lorsque ces contractions et ces dilatations alternatives se succèdent avec assez de rapidité et de force pour mettre en vibration la *membrane du tympan*, elles excitent en nous la sensation de ce qu'on appelle un *son*.

Du Son.

§. 5. Le *Son* est donc le produit des mouvements vibratoires des corps; mais pour qu'il soit perçu par l'organe auditif, il faut, entre cet organe et le corps vibrant, un intermédiaire. Dans la plupart des cas, cet intermédiaire est l'air atmosphérique, mais tous les corps peuvent remplir cette fonction.

§. 6. Aucun son ne se propage dans le vide, c'est ce qu'on prouve par l'expérience suivante : on place un timbre sous une cloche en verre, où l'on fait le vide au moyen de la machine pneumatique. Un marteau, mis en jeu par un mouvement d'horlogerie, frappe sur le timbre; mais on n'entend aucun bruit aussi longtemps que le vide est assez parfait sous la cloche. On tourne un robinet qui donne accès à l'air extérieur, et aussitôt on entend un son, très-faible d'abord, puis graduellement de plus en plus fort, à mesure qu'on laisse pénétrer plus d'air.

Si au lieu de raréfier l'air on le condensait, le son acquerrait plus d'intensité. Cette expérience se fait toujours à la suite de la précédente dans les cours de physique.

On comprend maintenant pourquoi l'intensité du Son diminue à mesure qu'on s'élève dans l'atmosphère; pourquoi, par exemple, un coup de pistolet tiré au sommet d'une montagne assez élevée, fait moins de bruit qu'un petit pétard tiré dans la plaine. C'est que la densité de l'air atmosphérique diminue au fur et à mesure que l'on s'éloigne de la surface de la terre.

L'expérience suivante se rapporte à la même cause : on respire du gaz hydrogène pur, (après avoir préalablement expectoré tout l'air que contient la poitrine, ce qui est essentiel pour prévenir les accidents;) et puis on se met à parler. Le Son produit est beaucoup plus faible que lorsqu'on parle dans l'air, et analogue à la voix d'un ventriloque. Il est évident que cela tient à ce que l'hydrogène étant moins dense que l'air, les vibrations excitées dans ce gaz sont plus faibles que celles qu'on excite dans l'air en parlant, et par suite le son est moins fort.

§. 7. Choron, dans la troisième partie de son Manuel complet de musique vocale et instrumentale, continué et publié par M. J. Adrien de La Fage, ramène le son a quatre espèces qui sont : 1° le *bruit*, 2° le *cri*, 3° le son *articulé* ou *oratoire*, 4° le *son musical*.

Ce dernier est le seul que nous ayons à considérer. Félix Savart a prouvé, par un appareil très-simple de son invention, que le *son musical* résulte d'une série de *bruits* qui se succèdent rapidement dans des intervalles de temps égaux.

On peut lire, dans les tomes 44 et 47 des annales de physique et de chimie, la description de l'appareil dont se servait ce célèbre acousticien; on trouve aussi cette description dans le traité de physique de M. Pouillet. Il consiste essentiellement en une roue dentée, dont les dents viennent frapper un corps flexible, tel qu'une carte, ou une petite lame élastique. Si la roue tourne lentement, on entend les chocs successifs des dents contre la lame; mais lorsqu'on lui imprime un mouvement de rotation assez rapide, on n'entend plus qu'un son continu dont l'acuité est en raison directe de la vitesse.

L'expérience suivante, connue sous le nom d'*Harmonica chimique*, s'explique de même par une suite de chocs ou plutôt de petites détonations qui se succèdent avec assez de rapidité pour former un son continu.

Si l'on prend un tube de verre long de huit à douze pouces, sur une à deux lignes de diamètre, qu'on le tire en pointe déliée à l'un de ses bouts, que, par le moyen d'un bouchon de liége bien ajusté, on adapte son autre bout au col d'un flacon d'où se dégage du gaz hydrogène produit par un mélange de fer ou de zinc avec de l'acide sulfurique étendu, et qu'on enflamme ensuite le gaz à l'extrémité du tube (1), on entend un son fort distinct, semblable à celui d'un harmonica, lorsqu'on tient un petit cylindre en verre bien sec au-dessus de l'ouverture du tube d'où le gaz se dégage; le son devient plus grave ou plus aigu suivant que le cylindre, qui, au besoin, peut être remplacé par un flacon long et étroit, est tenu plus bas ou plus haut. L'explication de cette curieuse expérience est due à Faraday.

Une condition nécessaire à la réussite de cette expérience, c'est que l'ouverture du tube soit étroite, et le développement du gaz faible jusqu'à un certain point; car tant que ce dernier brûle avec une forte flamme, aucun son ne se fait entendre.

Limites de la sensibilité de l'organe de l'ouïe.

§. 8. L'appareil de Félix Savart et un autre instrument fort ingénieux que son inventeur M. Cagniard de Latour a nommé la *Sirène*, permettent de *compter* le nombre de vibrations qui correspondent à un son produit.

---

(1) Berzelius, qui rapporte cette expérience dans le premier volume de son traité de chimie, recommande de ne pas mettre le feu au gaz sur-le-champ, parce que l'air atmosphérique contenu dans le flacon et mêlé avec le gaz détermine une explosion qui lance violemment le tube au loin, et pourrait causer des accidents; c'est pourquoi on laisse dégager le gaz pendant quelque temps avant de l'enflammer.

Longtemps on a cru que tous les sons appréciables pour une oreille humaine étaient contenus dans l'espace de huit octaves, dont le son le plus grave fait environ 32 vibrations par seconde, et le son le plus aigu 32×2^8 ou 8192 vibrations dans le même temps (Biot); mais ces limites ont été successivement reculées. Ainsi, Chladni admettait que l'oreille distingue des sons aigus résultant d'environ 12,000 vibrations par seconde. Plus tard, Wollaston donna pour limite des sons aigus ceux qui résultent de 21,000 vibrations par seconde; puis enfin Félix Savart [1] parvint à produire, au moyen de ses appareils, des sons graves résultant de 14 ou 15 vibrations, et des sons aigus résultant de 48,000 vibrations simples par seconde de temps. Encore ce physicien pensait-il qu'en dehors de ces limites, il existe des sons qui deviendraient perceptibles s'ils avaient assez d'intensité.

La question de la limite au-delà de laquelle les sons aigus cessent d'être perceptibles, ayant semblé à Félix Savart naturellement liée à la détermination du temps plus ou moins long pendant lequel il est nécessaire que des battements ou chocs périodiques se reproduisent pour qu'on ait la sensation d'un son soutenu et comparable, ce physicien fit construire des roues dentées dont il pouvait enlever et replacer à volonté toutes les dents. Or, supposons une pareille roue, armée de 1,000 dents et faisant un tour par seconde; si après avoir noté le son produit, on retranche toutes les dents d'une demi-circonférence, il est clair que le son devra rester le même, puisque dans une des demi-secondes il y aura exactement le même nombre de chocs qu'avant ce retranchement; seulement le son devra être suivi d'un silence d'une demi-seconde si l'impression faite sur l'organe ne persiste pas après que la cause qui l'a produite a cessé d'agir. L'expérience prouve en effet qu'il en est ainsi, et en retranchant un nombre plus ou moins considérable de dents, on obtient en général un son intermittent, mais qui occupe le même degré de l'échelle musicale que quand toutes les dents sont en place. Félix Savart a reconnu ainsi qu'on pouvait enlever successivement toutes les dents jusqu'à ce qu'il n'en restât plus que deux, et que le son jusqu'à cette limite jouissait exactement des mêmes propriétés, c'est-à-dire, occupait toujours le même degré de l'échelle musicale, et qu'il était toujours possible d'en prendre l'unisson sur un instrument.

Ainsi, 1° *deux chocs* ou battements successifs suffisent pour constituer un son comparable, et par conséquent il faut 4 vibrations simples pour donner le même résultat. 2° C'est l'intervalle de temps qui s'écoule entre deux chocs qui détermine le degré d'acuité du son. 3° Enfin, le temps pendant lequel un son doit durer pour être perçu dépend uniquement de l'intervalle qui existe entre les deux battements qui le constituent. Félix Savart a constaté que le temps nécessaire pour qu'un son soit perçu et puisse être classé dans l'échelle musicale n'est qu'une très-petite fraction de seconde, par exemple $\frac{1}{24000}$ de cette unité de temps; et encore cette appréciation est-elle très-probablement au-dessous de la vérité, tant est merveilleuse la sensibilité de notre organe auditif.

Lorsqu'on ne laisse plus qu'une seule dent sur la circonférence de la roue, le choc

---

[1] Voir les annales de chimie et de physique, tome 40, août 1830.

unique qu'on obtient alors à chaque tour, constitue toujours un son, mais qui, pour le degré d'acuité ou de gravité, n'a plus aucune liaison avec ceux qu'on obtient lorsqu'il y a deux ou un plus grand nombre de dents ; il est toujours le même, quelle que soit la vitesse de rotation de la roue, à moins que le nombre des tours n'excède 32 par seconde, auquel cas le retour périodique du choc de la dent contre la lame, engendre un son soutenu qui s'élève à mesure que la vitesse de la roue s'accroît (1).

§. 9. *Tous les sons se propagent dans l'air avec la même vitesse.*

Si cette proposition était fausse, il n'y aurait pas de musique possible.

Toutefois, M. Biot a voulu constater le fait par des expériences directes.

Pour savoir si les sons, graves ou aigus, forts ou faibles, se propagent avec une égale vitesse, ce physicien fit jouer des airs de flûte à l'extrémité de l'un des tuyaux des aqueducs de Paris, et il se plaça lui-même à l'extrémité opposée.

Or, si quelques-uns des sons s'étaient propagés plus rapidement ou plus lentement que d'autres, ils se seraient trouvés confondus avec ceux qui les précédaient, ou avec ceux qui les suivaient en arrivant à l'oreille de l'observateur, et par suite le morceau de musique aurait été altéré au point d'être méconnaissable. M. Biot n'observa rien de pareil ; d'où il faut conclure que les sons graves ou aigus, forts ou faibles, se propagent avec la même vitesse ; seulement leur *intensité*, comme celle de la lumière, décroît proportionnellement au carré de la distance au centre d'ébranlement ; ce qui tient à ce qu'ils se propagent sphériquement autour de ce centre, et que les couches d'air infiniment minces où ils parviennent successivement, croissent comme le carré de cette même distance.

Vitesse du Son.

§. 10. Cette vitesse a été déterminée par le calcul et par l'expérience. Nous nous bornerons à exposer l'expérience la plus récente, faite près de Paris en 1822, par le bureau des longitudes (2).

« Les deux stations que l'on avait choisies étaient Villejuif et Montlhéry. A Villejuif, le capitaine Boscary fit disposer, sur un point élevé, une pièce de six avec des gargousses de deux et de trois livres de poudre. Les observateurs placés autour de la pièce étaient MM. de Prony, Arago et Mathieu. A Montlhéry, le capitaine Pernetty fit disposer une pièce de même calibre, avec des gargousses de même poids ; les observateurs étaient MM. de Humboldt, Gay-Lussac et Bouvard. Les expériences furent faites de nuit et commencèrent à 11 heures du soir le 21 et le 22 juin 1822. De Villejuif l'on apercevait le feu de l'explosion de Montlhéry, et *vice versâ* ; le ciel était serein et l'air à peu près calme.

» Les chronomètres étant bien réglés, il avait été convenu que chaque station tirerait 12 coups à 10′ les uns des autres, et que la station de Montlhéry commencerait 5′ avant celle de Villejuif ; de telle sorte qu'un observateur qui aurait

---

(1) Pour de plus amples détails, voir les *Annales de chimie et de physique*, tome 40, août 1830.

(2) Nous empruntons les détails de cette expérience à l'excellent *Traité de physique expérimentale* de M. Pouillet.

» été placé juste au milieu de la ligne des deux canons, aurait entendu de 5′ en
» 5′ des *coups croisés* ou *réciproques*, le 1ᵉʳ venant de Montlhéry, le 2ᵉ de Vil-
» lejuif, le 3ᵉ de Montlhéry, etc. Ces coups réciproques étaient le seul moyen de
» découvrir si le son emploie le même temps pour parcourir le même espace dans les
» deux directions opposées.

» Les observateurs de Villejuif entendirent parfaitement tous les coups de Mont-
» lhéry ; chacun d'eux notait sur son chronomètre le temps qui s'écoulait entre l'ap-
» parition de la lumière et l'arrivée du son ; la plus grande différence que l'on trouve
» entre les trois résultats correspondants à une observation, ne s'élève pas à plus de
» 0″,4, et entre les douze observations la différence des moyennes ne dépasse pas
» 0″3 ; le temps le plus long est 55″, le plus court 54″,7, moyenne 54″,84.

» A Montlhéry, on ne put entendre que sept des douze coups tirés à Villejuif.
» Cependant les résultats sont assez concordants : le temps le plus long est 54″,9,
» le plus court 53″,9, et le temps moyen de 54″,43.

» Ainsi on peut prendre 54″,6 pour le temps moyen que le son mettait à passer
» d'une station à l'autre.

» Restait à mesurer exactement l'intervalle des deux stations ; M. Arago fut
» chargé de ce soin, et en s'appuyant sur la triangulation de la méridienne, il
» trouva que les deux canons étaient à une distance de 9549,6 toises.

» En divisant cette longueur par 54″,6, durée moyenne de propagation, l'on trouve
» 174,9 toises ou 340ᵐ,88 pour l'espace que le son a parcouru en 1″ dans la nuit
» du 21 juin 1822 ; la température était de 16° centigrades ; le baromètre mar-
» quait à Villejuif 756ᵐᵐ,5, et l'hygromètre 78°.

» Ainsi la vitesse du son est de 340ᵐ,88. En réduisant cette vitesse à ce qu'elle
» serait pour 10° de chaleur, on trouve 337ᵐ,28 ; et pour la température 0°, on trouve
» 331ᵐ,12. »

Ce résultat s'accorde avec les expériences faites en 1738 par Cassini sur une ligne de 14,636 toises, entre Montmartre et Montlhéri (1).

L'intensité du son et le degré de hauteur n'influent pas sur sa vitesse. On a observé la même vitesse dans un temps de brouillard ou de pluie que dans un beau temps.

Mais tout ce qui peut faire varier le rapport de l'élasticité absolue de l'air à sa densité pendant que la pression reste la même, modifie cette vitesse. Aussi Bianconi a-t-il observé que la vitesse du son est plus grande en été qu'en hiver. Ce qui tient à ce que l'air est plus élastique lorsque la température est plus élevée, la pression barométrique restant la même.

L'action du vent modifie sans doute la vitesse de propagation du son dans l'atmosphère, mais cette influence est peu considérable. Delaroche a déduit d'un grand nombre d'expériences : 1° que le vent n'a point d'influence sensible sur les sons entendus à une petite distance ; 2° qu'à une grande distance le son s'entend moins

---

(1) La formule $V = 333^m \sqrt{1 + 0,00375\,t}$, due à Laplace, et dans laquelle V désigne la vitesse ; et t. la température, s'accorde remarquablement avec l'expérience. Si l'on y fait $t = 10°$, on obtient $V = 339^m$.

bien dans une direction opposée à celle du vent que dans la direction même du vent ; 3° que le décroissement d'intensité du son est moins rapide dans la direction du vent que dans la direction contraire ; 4° que ce décroissement est moins rapide perpendiculairement à la direction du vent que dans cette direction même.

Chladni, Dulong, F. Savart et d'autres physiciens ont étudié la vitesse de propagation du son dans les corps solides, liquides et gazeux. Les bornes de ce résumé ne nous permettent pas de donner l'analyse de leurs travaux ; mais afin de faire apprécier les différences que peuvent présenter les corps envisagés sous ce point de vue, nous rapportons quelques-uns des résultats les plus saillants obtenus par les savants que nous venons de citer.

Suivant Dulong, dans le gaz hydrogène, dont la densité est de 0,0688 à 0,0689, celle de l'air étant prise pour unité, le son parcourt 1269^m,5 par seconde.

Dans le bois de pin, suivant Chladni et F. Savart, la vitesse du son est 16 fois plus grande que dans l'air, ce qui donne environ 5440^m par seconde, et dans le bois de sapin, suivant les mêmes physiciens, la vitesse est encore plus grande, et égale à 18 fois celle du son dans l'air, ce qui la porte à 6120^m par seconde.

Enfin M. Colladon a trouvé que la vitesse du son, dans l'eau du lac de Genève, est de 1,435 mètres par seconde.

Des qualités du Son.

L'oreille distingue dans le son trois qualités principales qui sont : l'*intensité*, le *ton* ou degré du son, et le *timbre*.

§. 11. L'*intensité* d'un son dépend de la grandeur des mouvements vibratoires qui le produisent. On conçoit que les vibrations moléculaires des corps peuvent avoir une amplitude plus ou moins grande sans cesser d'être en égal nombre dans l'unité de temps. C'est ce qui a lieu quand on pince une corde de harpe, faiblement d'abord, ensuite plus fort ; dans le premier cas, cette corde rend un son peu intense, et dans le second, le son produit, identique au précédent quant au degré et au timbre, en diffère par plus d'*intensité*. Dans les deux expériences, l'amplitude seule des oscillations de la corde a varié, la longueur absolue de l'onde sonore excitée dans l'air est restée la même (1) ; mais l'air, et par suite le tympan, ont reçu une impulsion plus forte dans un cas que dans l'autre, et c'est là ce qui a modifié l'*intensité* du son. Cette intensité dépend encore du nombre et de la grandeur des corps environnants qui entrent en vibration en même temps que celui qui est soumis à l'expérience. Ainsi une corde d'instrument ne rend qu'un son très-faible lorsqu'elle est isolée, bien qu'elle soit soumise à une tension convenable ; tandis que si on l'adapte à un violon ou à un violoncelle, la caisse de ces instruments en partageant l'état vibratoire de la corde, accroît notablement l'intensité du son. C'est par la même raison qu'il faut poser un *diapason* que l'on fait vibrer, sur une table, car si on se contentait de le tenir à la main, le son produit serait trop faible ; la table en vibrant elle-même renforce le son.

---

(1) On verra plus loin comment on peut s'assurer de ce fait.

§. 12. Le *ton*, ou degré du son, dépend du nombre des vibrations exécutées dans l'unité de temps. Dans les expériences d'acoustique c'est la seconde qui sert d'unité de mesure.

Déjà, aux paragraphes 7 et 8, nous avons indiqué sommairement le procédé employé par Félix Savart pour compter les vibrations d'une lame élastique. Nous allons maintenant faire connaître l'ingénieux instrument de l'invention de M. Cagniard de la Tour, connu sous le nom de *Sirène*, parce qu'entre autres usages il sert à constater que le son peut prendre naissance dans l'eau.

Sirène.

§. 13. Cet appareil dont on voit, fig. 1, la coupe verticale, consiste en une boîte cylindre en cuivre partagée en deux compartiments inégaux, dont le plus petit occupe la partie inférieure. Au milieu du fond de ce premier compartiment est adapté un tuyau *porte-vent*, destiné, comme son nom l'indique, à recevoir le courant du fluide soumis à l'expérience, et qu'afin de préciser nous supposerons être de l'air atmosphérique. Le petit compartiment du cylindre est séparé du grand par un plateau fixe, percé de trous rangés circulairement, comme le montre la figure 2. Le nombre de ces trous peut être plus ou moins considérable, nous admettrons qu'il y en a dix. Immédiatement au-dessus du premier plateau, et par conséquent au fond du grand compartiment du cylindre, se trouve un plateau mobile en métal, traversé par un axe implanté perpendiculairement à sa surface.

Fig. 1.

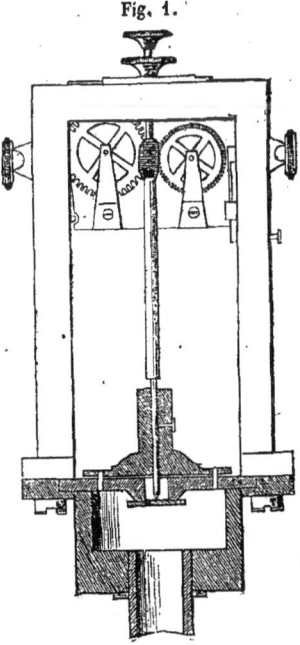

Ce second plateau est percé de trous comme le premier, en égal nombre, de même diamètre, et pouvant couvrir exactement ceux du plateau inférieur. Ces trous sont percés *obliquement* dans l'épaisseur du plateau, disposition essentielle qui a pour but de faire tourner le plateau mobile sous l'impulsion du courant d'air qui afflue par le tuyau porte-vent. Il est évident que si les trous étaient percés perpendiculairement à la face du plateau mobile, le courant d'air ne ferait que passer du compartiment inférieur du cylindre dans le compartiment supérieur, sans avoir d'action sur ce plateau.

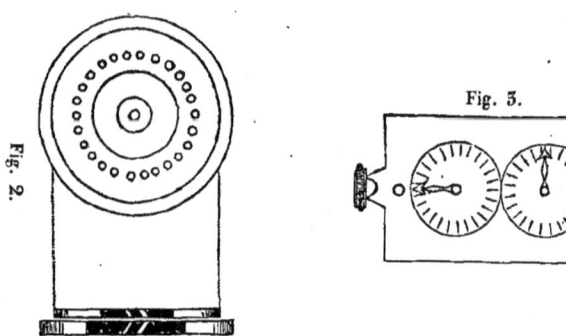

Fig. 2.

Fig. 3.

Maintenant pour bien concevoir ce qui se passe lorsque la *sirène* est mise en jeu, supposons pour un instant qu'il n'y ait qu'un seul trou dans le plateau inférieur, et dix dans le plateau mobile, et admettons de plus que l'un de ces dix trous couvre exactement l'ouverture unique du plateau fixe. Si dans cette disposition de l'appareil, on fait arriver un courant d'air par le tuyau porte-vent, ce courant traverse d'abord l'ouverture unique du plateau fixe, et de là va choquer obliquement la paroi du trou du plateau mobile qui coïncide avec cette ouverture. Sous cette impulsion, ce dernier plateau tourne avec plus ou moins de vitesse suivant que le courant d'air a lui-même plus ou moins de force. Chacun des dix trous du plateau mobile venant à son tour recouvrir exactement l'ouverture du plateau fixe, il est clair que par chaque tour du premier plateau, il y a dix chocs distincts, et si, par exemple, le plateau supérieur fait 25 tours dans une seconde de temps, le nombre des chocs est de 250. Lorsque la vitesse du plateau vient à augmenter, le nombre des chocs augmente dans le même rapport, et le son produit devient de plus en plus aigu. Or, c'est là en effet ce que l'expérience confirme pleinement. Jusqu'ici nous n'avons supposé qu'un seul trou dans le plateau inférieur, mais ordinairement il y en a autant que dans le plateau supérieur, ce qui n'a d'autre effet que d'augmenter l'intensité du son produit, car aussitôt que l'un des trous du plateau mobile coïncide avec l'un de ceux du plateau fixe, tous les autres trous des deux plateaux coïncident également, d'où il résulte que le plateau supérieur reçoit un choc unique composé de 10 chocs simultanés; ces 10 chocs ne comptent donc que pour un. A une coïncidence de tous les trous succède une coïncidence de tous les pleins, puis vient une nouvelle coïncidence des ouvertures qui détermine une nouvelle impulsion sur le plateau mobile, et ainsi de suite. On voit encore ici que le son résulte d'une *suite de chocs* de l'air affluant sur l'air contenu dans le grand compartiment cylindrique. L'axe implanté sur le plateau mobile tourne avec lui ; il porte à sa partie supérieure une vis sans fin qui engrène avec la roue de droite qui est armée de 100 dents. Celle de gauche ne passe qu'une dent par tour de sa voisine ; cette roue est indépendante, et c'est un bras fixé à l'axe qui vient la pousser d'un cran. Ces roues conduisent deux aiguilles qui indiquent sur des cadrans, l'une le nombre de tours du plateau, c'est celle de droite, l'autre les centaines de tours, c'est celle de gauche. Lorsqu'on est parvenu à régler le courant d'air, de façon à soutenir l'unisson de la note dont on veut connaître le nombre de vibrations, on fait engréner l'axe avec les roues au moyen du bouton dont on voit la tête sur la droite et vers le haut de la figure. Aussitôt le mouvement des aiguilles commence, et on en mesure la durée à l'aide d'un bon chronomètre : par exemple, on laisse s'écouler 5 minutes, à l'expiration desquelles on fixe les aiguilles en poussant le bouton de gauche. On lit ensuite sur les cadrans le nombre de tours exécutés par le plateau ; en multipliant ce nombre par celui des trous du plateau, on obtient le nombre de tours exécutés en 5 minutes ou 300 secondes, et on en déduit celui qui correspond à une seule seconde par une simple division. (Voir les fig. 2 et 3.)

Pour avoir le nombre des vibrations simples qui correspondent au son produit, il faut encore multiplier par 2 le dernier nombre obtenu, parce qu'à chaque choc, l'air est vivement poussé et brusquement arrêté, d'où résulte une condensation suivie d'une dilatation et par conséquent deux vibrations.

Quand on veut produire des sons très-aigus, on se sert de plateaux percés d'un grand nombre de trous ; pour les sons graves, au contraire, il en faut peu ; aussi a-t-on des plateaux de rechange.

§. 14. En plongeant l'instrument dans l'eau, et faisant communiquer le tuyau porte-vent avec un tuyau de conduite vertical par lequel l'eau tombe d'une certaine hauteur, l'impulsion de ce courant sur l'eau contenue dans le grand compartiment du cylindre, (impulsion qui a lieu par des chocs intermittents comme dans l'expérience précédente), détermine, lorsque le nombre des chocs est assez grand, un son dont l'acuité dépend évidemment de la hauteur de la chute d'eau pour un même nombre de tours du plateau, le *ton* est le même dans l'eau que dans l'air, le timbre seul est différent.

Théorie des vibrations transversales des cordes.

Rapports, ou nombres synchrones déduits de cette théorie. — Applications diverses. — Objections. — Le tétracorde de Pythagore proposé par M. Fétis, comme plus conforme à la pratique. — Loi remarquable découverte par M. le colonel N. Savart.

§. 15. Lorsqu'une corde métallique ou une corde à boyau, telle que celles employées dans les instruments de musique, est attachée par ses deux extrémités à deux obstacles fixes, et tendue fortement dans le sens de sa longueur, elle prend une direction sensiblement rectiligne. Si on l'écarte tant soit peu de cette direction, et qu'on l'abandonne ensuite, elle fait, en vertu de la force de traction qui tend à l'y ramener, une série d'oscillations que l'on peut apercevoir à la vue simple, mais qui sont trop rapides pour qu'on puisse les compter. L'amplitude de ces oscillations va continuellement en diminuant, mais si elles sont fort petites, on n'observe aucune altération dans le degré du son produit, parce que la tension primitive n'a pas sensiblement varié ; et cela est vrai de quelque manière que la corde soit écartée de la position d'équilibre, soit qu'on la pince, soit qu'on la fasse vibrer au moyen d'un archet, soit enfin qu'on la frappe, comme cela a lieu dans le mécanisme du piano.

Dans ce phénomène, on peut considérer chaque élément infiniment petit de la corde comme une petite masse dont la tension est le moteur ; et, si l'on donne la longueur de la corde, son poids et le poids tendant, la détermination de la durée de ses oscillations infiniment petites dépend de la solution d'un problème de mécanique (1) que nous ne pouvons donner dans un ouvrage qui s'adresse surtout aux artistes, à un petit nombre d'exceptions près, étrangers à la science du calcul.

§. 16. La formule mathématique que nous plaçons en note (2), traduite en langage ordinaire, fournit les principes suivants :

1° *Les nombres de vibrations sont proportionnels aux racines carrées des tensions, toutes les autres circonstances restant les mêmes.*

Cela signifie que si avec une même corde ou avec une corde de même matière, de même longueur et de même diamètre, on veut obtenir des sons correspondants à des nombres de vibrations 2, 3, 4, 5, 6... 10... fois plus grands, il faut augmenter les tensions successives dans le rapport des nombres 4, 9, 16, 25, 36.... 100, etc., qui sont les carrés des nombres de la première série.

2° *Toutes choses égales d'ailleurs, le nombre des vibrations faites par une corde est en raison inverse de sa longueur.*

D'après ce principe, la moitié d'une corde fait deux fois plus de vibrations que la corde entière dans un même intervalle de temps ; le tiers de la corde en fait trois fois plus, le quart, quatre fois plus, et ainsi de suite.

Ce principe reçoit à chaque instant son application dans le jeu de la guitare, du violon, de l'alto, du violoncelle, de la contrebasse, etc., où l'on obtient sur une même corde des sons de plus en plus aigus, en la racourcissant à l'aide du *doigter*.

Voici, d'après le principe du §. précédent, les longueurs des cordes et les nombres de vibrations qui correspondent aux sons de notre gamme diatonique majeure ascendante, la corde du premier son de cette gamme était représentée par 1.

Noms des sons :	Ut_1	Ré	Mi	Fa	Sol	La	Si	Ut_2
Longueur des cordes :	1	$\frac{8}{9}$	$\frac{4}{5}$	$\frac{3}{4}$	$\frac{2}{3}$	$\frac{3}{5}$	$\frac{8}{15}$	$\frac{1}{2}$
Nombre des vibrations :	1	$\frac{9}{8}$	$\frac{5}{4}$	$\frac{4}{3}$	$\frac{3}{2}$	$\frac{5}{3}$	$\frac{15}{8}$	2

(1) Voir le grand traité de physique de M. Biot.

(2) La longueur d'une corde étant représentée par la lettre l, son rayon par r, son poids par p, et sa tension par une force équivalente à un poids P ; si de plus g est l'intensité de la pesanteur dans le lieu où l'on se trouve ; en d'autres termes, la vitesse acquise par un corps pesant dans la première seconde de sa chute dans le vide, on a pour le nombre n de vibrations transversales exécutées dans une seconde de temps l'équation :

$$n = \sqrt{\frac{gP}{lp}} \quad \text{ou :} \quad n = \frac{1}{rl}\sqrt{\frac{P}{\delta \pi}}$$

qui n'est qu'une transformation de la première formule, où le rayon r de la corde, et sa densité δ sont mis en évidence.

Les nombres de la troisième ligne sont de simples rapports. Dans son excellente *instruction élémentaire sur les moyens de calculer les intervalles musicaux* (1), le savant de Prony propose de nommer *nombres synchrones* les nombres de cette troisième ligne, parce que les dénominateurs et les numérateurs indiquent respectivement les nombres de vibrations rapportés au son *Ut*, point de départ de l'échelle. Ainsi, par exemple : la fraction $\frac{3}{2}$ indique que le temps employé par les $\frac{2}{3}$ d'une corde pour faire $\frac{3}{2}$ vibrations, est égal au temps employé par la corde entière pour en faire une seule ; en d'autres termes : que le temps employé par la corde *Ut* pour faire 2 vibrations, est égal au temps employé par la corde *Sol* pour en faire 3.

Des synchronismes analogues de nombres de vibrations donnent 4 pour 5 entre les cordes *Ut* et *Mi;* 3 pour 4 entre *ut* et *Fa*, etc. L'octave Ut_2 du son Ut_1 correspond à un nombre double de vibrations.

Si de ces nombres synchrones on veut passer aux nombres absolus ; il suffit de connaître le nombre réel de vibrations qui correspond au son *Ut*, point de départ. On y parvient par l'expérience, ainsi que nous l'avons expliqué §. 13.

§. 19. Pour faire une application de ce qui précède, supposons qu'on sache qu'une note grave que nous nommerons *Ré*, est le produit de 144 vibrations par seconde de temps, et qu'on désire connaître les nombres de vibrations des sons de la gamme majeure ascendante dont ce *Ré* est le point de départ. Les sons de cette gamme étant :

$Ré_1$	Mi	Fa♯	Sol	La	Si	Ut♯	$Ré_2$	on écrira au-dessous de ces noms les nombres synchrones :
1	$\frac{9}{8}$	$\frac{5}{4}$	$\frac{4}{3}$	$\frac{3}{2}$	$\frac{5}{3}$	$\frac{15}{8}$	2	

en ayant soin de placer l'unité sous la note *Ré* qui est ici le terme de comparaison (2). Cela fait, on divisera successivement le nombre 144 par les dénominateurs des nombres synchrones, puis on multipliera les quotients obtenus par les numérateurs.

TYPE DU CALCUL.
$Ré = 144$.

Noms des sons de la gamme de *Ré* majeur:	$Ré_1$	Mi	Fa♯	Sol	La	Si	Ut♯	$Ré_2$
Nombres synchrones :	$\frac{1^*}{1}$	$\frac{9}{8}$	$\frac{5}{4}$	$\frac{4}{3}$	$\frac{3}{2}$	$\frac{5}{3}$	$\frac{15}{8}$	$\frac{2^*}{1}$
Quotients de 144 par les dénominateurs des nombres synchrones:	144	18	36	48	72	48	18	144
Produits de ces quotients par les numérateurs :	144	162	180	192	216	240	270	288

Les nombres de la dernière ligne horisontale sont les nombres cherchés.

(1) Firmin Didot frères, in-4°, 1832. Nous signalons cet écrit trop peu répandu de l'un des savants dont la France s'honore.
(2) Nous supposons le lecteur en possession de quelques notions élémentaires de musique.
(*) Nous écrivons $\frac{1}{1}$ et $\frac{2}{1}$ au lieu de 1 et 2 pour la régularité du calcul.

§. 20. Le troisième principe contenu dans la formule qui donne le nombre des vibrations d'une corde en fonction de sa longueur, de son diamètre, de la densité de la matière dont elle est formée, et de la tension à laquelle elle est soumise, principe qui tient compte des variations de poids par le changement du diamètre de la corde, toutes les autres quantités restant les mêmes, est le suivant :

3° *Le nombre des vibrations d'une corde est en raison inverse de son diamètre.*

D'après cet énoncé deux cordes de même matière, de même longueur, et soumises à des tensions égales, feront des nombres de vibrations différents, si elles n'ont pas des diamètres égaux. Par exemple, si le diamètre de la première est double de celui de la seconde, elle fera moitié moins de vibrations dans le même temps. Elle en ferait trois fois moins si son diamètre était triple, etc.; et cela est tout simple, car l'augmentation en diamètre entraîne une augmentation proportionnelle dans le poids de la corde, et par suite le nombre des vibrations doit être moitié moindre lorsque le diamètre est doublé, trois fois moindre lorsqu'il est triplé, et ainsi de suite, puisque la force de traction qui est ici le moteur, n'a pas varié.

§. 21. Enfin on déduit encore de la formule un quatrième principe aussi important que les trois autres ; en voici l'énoncé :

4° *Le nombre des vibrations d'une corde est en raison inverse de la racine carrée de sa densité.*

Supposons deux cordes A et B de mêmes longueurs, de mêmes diamètres soumises à des tensions égales, mais de poids différents, et afin de préciser, admettons que A soit 4 fois plus pesante que B : d'après le principe que nous venons d'énoncer, la corde A ne fera que la moitié du nombre des vibrations de la corde B dans un même intervalle de temps.

§. 22. Si nous n'écrivions que pour des mathématiciens, nous nous contenterions de résumer de la manière suivante tout ce que nous venons de développer assez longuement :

Le nombre des vibrations produites par une corde est en raison inverse de sa longueur, de son rayon, directement proportionnel à la racine carrée du poids qui la tend et réciproque à la racine carrée de sa densité. Nous aurions même pu nous borner à transcrire la formule algébrique (1), qui est encore infiniment plus laconique ; mais comme nous savons par expérience que très-peu de musiciens se font une idée nette de la part d'influence qu'il faut attribuer à la longueur, au diamètre, au poids et à la tension d'une corde sur le son qu'elle produit en vibrant, nous espérons qu'on nous saura gré d'être entré dans les développements qui précèdent.

§. 23. La connaissance des lois des cordes vibrantes ne doit pas être considérée par l'artiste ou par l'amateur musicien comme un objet de pure curiosité; il peut s'en servir très-utilement dans une foule de circonstances. Il arrive très-souvent qu'on ne tire pas tout le parti possible d'un violon, d'un violoncelle, d'une harpe, etc., uniquement parce que les cordes de ces instruments ne sont point dans de justes proportions les unes à l'égard des autres; telle corde est fausse, parce qu'elle n'est point

---

(1) Voir la note de la page 11.

parfaitement cylindrique; telle autre est garnie d'une cannetille trop forte ou trop faible, etc., etc. Or, il est impossible de remédier à ces défauts si l'on ignore l'influence qu'ils exercent sur la production du son. Ces considérations nous ont fait penser qu'il ne serait pas sans intérêt, pour le lecteur, de trouver ici quelques détails sur le choix des cordes d'instruments et sur leurs bonnes proportions.

La troisième partie du Manuel de musique de Choron et A. de La Fage (1) contient une instruction détaillée sur la fabrication des cordes à boyau, nous en extrayons le passage suivant qui a trait au choix de bonnes cordes.

« Une bonne corde doit avoir le son plein, vibrant, et qui se fixe rapidement :
» elle doit pouvoir supporter la tension relative à sa grosseur, car sans cela on ne pour-
» rait mettre les instruments au ton ; elle ne doit pas avoir le défaut opposé, c'est-
» à-dire s'allonger trop facilement, car les instruments ne pourraient garder l'accord.
» Les cordes doivent être parfaitement unies à la surface; enfin elles ne doivent pas
» changer d'aspect quand on les monte sur l'instrument. Les boyaudiers napolitains
» ont conservé une supériorité marquée pour la fabrication des chanterelles ; ceci
» paraît tenir à la qualité particulière des intestins chez les moutons du pays ; ce-
» pendant les boyaudiers français ne doivent pas se décourager, peut-être le perfec-
» tionnement des procédés les amènera-t-il tôt ou tard à obtenir des produits équi-
» valents à ceux de Naples. »

A cette énumération des qualités d'une bonne corde à boyau, il faut encore ajouter qu'elle doit être parfaitement cylindrique. Quand elle ne l'est pas, l'inégalité de répartition de son poids la rend fausse, c'est-à-dire que l'octave de la corde à vide ne se trouve plus au milieu, la quinte au $\frac{2}{3}$, à partir du chevalet, etc.; il devient alors impossible sur le violon, l'alto, ou le violoncelle, de jouer juste en double-corde, c'est ce que les artistes expriment lorsqu'ils disent que *les quintes sont fausses;* en un mot, ce seul défaut dérange toute l'économie de l'instrument. On peut le corriger en usant la corde au moyen de la pierre-ponce; mais ce procédé a le grave inconvénient de détériorer quelques-uns des torons dont les cordes sont formées; nous le signalons toutefois comme pouvant être utile en certaines circonstances, et parce qu'après tout, la première qualité d'une corde, c'est la justesse. L'existence de nœuds dans une corde se distingue assez facilement, il suffit de la faire vibrer en en prenant un bout de chaque main. Ce défaut la rend inégale, et par conséquent fausse, mais ici il n'y a pas de remède, et la corde doit être rejetée.

§. 24. A l'égard des bonnes proportions des cordes entre elles, nous allons donner celles qui conviennent aux instruments cités §. 23 ; il sera facile ensuite de faire l'application des mêmes principes à ceux dont nous ne parlons pas, et qui se trouvent dans les mêmes conditions, c'est-à-dire dont les cordes sont toutes de même longueur, tendues au même degré, mais de diamètres différents.

En thèse générale, il faut proportionner la grosseur des cordes à la grandeur même de l'instrument et à sa force en bois. Ainsi, un violon de Jérôme ou d'Antoine Amati,

---

(1) Ce Manuel fait partie de la collection des Manuels-Roret. Il contient sur toutes les parties de la musique un enseignement abondant et substantiel.

doit avoir des cordes plus fortes qu'un Nicolas Amati ; il en est de même d'un Stradivarius à l'égard d'un Stainer ; mais bien des circonstances peuvent donner tort à cette règle générale. Par exemple : la nature du bois dont l'instrument est construit, son élasticité, la longueur et l'épaisseur de la barre, le vernis même qui bride l'instrument et nuit à ses vibrations lorsqu'il est posé depuis peu, le temps plus ou moins long pendant lequel l'instrument n'a pas été joué, l'archet dont on se sert ; toutes ces choses, et d'autres encore qu'il serait trop long d'énumérer, peuvent décider l'artiste à se servir de cordes plus ou moins grosses.

Ordinairement on s'en rapporte à l'expérience pour en trouver une qui convienne parfaitement à l'instrument, et l'on s'en sert comme d'un point de départ pour trouver toutes les autres.

Supposons, par exemple, que le diamètre d'un *La*, deuxième corde du violon, ait été trouvée en millimètres de : $0^{mm},9$, et qu'on veuille, d'après cette donnée, trouver les diamètres des trois autres cordes de l'instrument, on raisonnera ainsi :

La première corde étant un *Mi*, note plus aigue d'une quinte que le son *La*, point de départ, il faut que cette corde fasse 3 vibrations pendant que la corde *La* n'en fait que 2 (voir §. 18), et par conséquent, d'après le 3e principe tiré de la formule de la corde vibrante (voir §. 20), son diamètre ne doit être que les $\frac{2}{3}$ de celui duquel nous partons. On obtiendra donc le calibre de la chanterelle *Mi* en prenant les $\frac{2}{3}$ de $0^{mm},9$, ce qui se fait en multipliant ce nombre par 2, et prenant ensuite le tiers du produit, on obtient ainsi : $0^{mm},6$.

Pour trouver le diamètre du *Ré*, 3e corde, il faut faire l'opération inverse, car ce *Ré* étant la quinte inférieure du point de départ, le diamètre de la corde qui le produit doit être plus grand que celui du *La* dans le rapport de 3 à 2. On multipliera donc $0^{mm},9$ par 3, et on prendra la moitié du produit, on aura ainsi pour le calibre de la corde *Ré* $1^{mm},35$.

Il reste à trouver le diamètre de la 4e corde qui sonne le *Sol*, quinte inférieure du *Ré* que nous venons de déterminer. Or, rien ne serait plus facile si cette corde était semblable aux autres ; il suffirait en effet de pratiquer sur le diamètre du *Ré* l'opération que nous avons faite sur celui du *La*. Mais la 4e corde du violon diffère des autres par le fil de laiton ou *cannetille* dont elle est revêtue ; le poids de cette cannetille tend à diminuer le nombre de ses vibrations, on ne peut donc prendre pour cette 4e corde un boyau qui ait en diamètre avec la 3e corde le même rapport que cette dernière avec la 2e ; une telle corde revêtue de sa cannetille romprait inévitablement sous la tension nécessaire pour la mettre au ton.

La grande différence de densité qui existe entre le laiton et le boyau (1), oblige à prendre un *La*, 2e corde, ou même une corde un peu plus faible pour faire un *Sol*.

Il reste à calculer la grosseur de la cannetille dont ce *La* doit être revêtu, mais pour cela il est nécessaire de connaître le poids total qu'il faut donner à la corde *filée*. On y parvient au moyen du 4e principe, §. duquel il est facile de tirer la règle pratique que voici :

---

(1) La densité du fil de laiton est de 8,87585 et celle du boyau environ 1,30, celle de l'eau étant 1.

Pour passer du poids connu d'une corde au poids d'une autre corde de même longueur, sonnant la quinte inférieure de la première, sous la même tension : multipliez par 9 le poids connu, et divisez le produit par 4 (1).

Par exemple, si la corde *Ré* du violon pèse en grammes : 0^g,650, le poids de la corde *Sol*, quinte inférieure, doit être : $\dfrac{0^g,650 \times 9}{4}$ ou : 1^g,458. Soustrayant actuellement de ce dernier poids celui de la corde à boyau qui doit porter la cannetille, le reste sera le poids de cette même cannetille. Il ne s'agit plus que de choisir un fil de laiton qui ait la longueur et le diamètre convenables. On y parvient d'une manière imparfaite après quelques tâtonnements, mais la question est susceptible d'une solution rigoureuse (2).

Nous plaçons en note une formule calculée par M. Plassiard, ingénieur en chef des ponts et chaussées. Cette formule donne le diamètre du fil de laiton en fonction de celui du cylindre formé par la corde à boyau et des poids respectifs du fil de laiton et de la corde qu'il enveloppe (3).

---

(1) Le 4e principe donne la proportion :

$$n : n' :: \sqrt{\dfrac{1}{p}} : \sqrt{\dfrac{1}{p'}}$$

p et p' étant les poids respectifs des deux cordes, et n, n' les nombres de vibrations correspondants. Or, si les cordes sont à la quinte l'une de l'autre, le rapport $\dfrac{n}{n'}$ peut être remplacé par $\dfrac{3}{2}$ ou par $\dfrac{2}{3}$ selon que l'on a : $n > n'$ ou $n < n'$. On aura donc la proportion :

$$3 : 2 :: \sqrt{\dfrac{1}{p}} : \sqrt{\dfrac{1}{p'}} \text{ ou bien: } 2 : 3 :: \sqrt{\dfrac{1}{p}} : \sqrt{\dfrac{1}{p'}}$$

On en tire en élevant leurs termes au carré :

$$9 : 4 :: p' : p. \text{ Ou bien : } 4 : 9 :: p' : p.$$

(2) La courbe formée par la cannetille enroulée autour de la corde à boyau, est connue sous le nom d'*Hélice*. Sa longueur dépend du rayon du cylindre qu'elle enveloppe et de l'intervalle fixe nommé *pas* qui existe entre deux spires consécutives. On sait que la tangente à l'hélice, fait avec l'axe du cylindre un angle invariable dont la tangente trigonométrique est : $\dfrac{2\pi r}{h}$, r et h désignant le rayon du cylindre et le pas de l'hélice. En déroulant le cylindre sur un plan, chaque spire devient une ligne droite, hypothénuse d'un triangle rectangle dont les côtés de l'angle droit sont respectivement : 1° la longueur de la circonférence de la base du cylindre ; 2° la grandeur du pas de l'hélice ; d'où il résulte que la rectification de cette courbe se ramène à celle du cercle. (Voir un Traité de calcul différentiel et intégral, ou la Géométrie analytique de M. A. Comte).

(3) Soit d, le diamètre de la corde à boyau que l'on veut cannetiller, d' le diamètre du fil de laiton, p le poids de la corde à boyau, p' celui du fil de laiton correspondant à la même longueur, on a la relation :

$$d' = \dfrac{d}{2} \left\{ \sqrt{1 + 0,1864 \cdot \dfrac{p'}{p}} - 1 \right\} *$$

(*) Cette formule a été calculée par M. Plassiard pour un de nos amis communs, M. E. Jaunez, géomètre en chef du cadastre du département de la Moselle, amateur de musique distingué. Mécontent de la plupart des cordes filées que l'on trouve dans le commerce, M. Jaunez a pris le parti de filer lui-même celles dont il a besoin ; il a soin aussi de déterminer rigoureusement les proportions des cordes de ses instruments, qui sont toujours remarquablement bien montés. C'est à son obligeante amitié que nous devons la communication de la formule de M. Plassiard, ainsi que la connaissance d'un instrument ingénieux dont nous donnons plus loin la description, et qu'un habile mécanicien, feu Savart (père des deux célèbres acousticiens), a imaginé et construit expressément pour lui.

§. 25. Nous allons donner quelques montures d'instruments calculées d'après les principes que nous venons d'exposer; mais, afin de compléter ce qui précède, voici d'abord la règle à suivre pour connaître le poids équivalent à la tension d'une corde sonore, quantité fort importante à connaître :

Faites le carré du nombre des vibrations de la corde correspondant au son considéré, multipliez-le par la longueur de la corde et par son poids, puis divisez le produit de ces trois quantités, par la valeur de la force accélératrice due à la pesanteur dans le lieu de l'expérience (1).

§. 26. Les montures suivantes pourront servir d'exercices de calcul, mais il ne faut pas les considérer comme des types invariables, puisque chaque instrument exige une monture particulière (voir le §. 24).

N° 1.

MONTURE DE VIOLON (faible).

Longueur de la corde $=$ 0mét.,327. Tension environ 7kilog.

NOMS des cordes.	DIAMÈTRES en millimètres.	POIDS en grammes.
Mi	0mm,6	0g,128
La	0mm,9	0g,288
Ré	1mm,35	0g,648
Sol { corde à boyau.... fil de laiton......	0mm,9 0mm,15	1g,458

N° 2.

MONTURE DE VIOLON (un peu plus forte).

Longueur de la corde $=$ 0mét.,327. Tension $=$ environ 8kilog.

NOMS DES CORDES.	DIAMÈTRES.	POIDS.
Mi	0mm,65	0g,150
La	0mm,975	0g,3375
Ré	1mm,4625	0g,7594
Sol { corde à boyau... fil de laiton.....	0mm,975 0mm,16	1g,6986

(1) La formule $n = \sqrt{\dfrac{Pg}{lp}}$ résolue par rapport à P, donne : $P = \dfrac{n^2 \, lp}{g}$.

Quant à la valeur de g, elle est à la latitude de Paris :

$$g = 9\text{mèt.},8088.$$

La variation de cette quantité n'est sensible qu'à des latitudes très-différentes de celle de Paris.

N° 3.

MONTURE D'ALTO (faible).

Longueur de corde 0^m,343. Tension environ 6 kilog.

NOMS DES CORDES.	DIAMÈTRES.	POIDS.
La..................	0^{mm},8	0^g,235
Ré..................	1^{mm},2	0^g,529
Sol { corde à boyau.... / fil de laiton......	0^{mm},8 / 0^{mm},13	1^g,19
Ut { corde à boyau.... / fil de laiton......	1^{mm},2 / 0^{mm},185	2^g,677

N° 4.

MONTURE DE VIOLONCELLE.

Longueur de corde 0^m,70. Tension de 11 à 12 kilog.

NOMS DES CORDES.	DIAMÈTRES.	POIDS.
La..................	1^{mm},1	0^g,890
Ré..................	1^{mm},65	2^g,002
Sol { corde à boyau.... / fil de laiton.....	1^{mm},1 / 0^{mm},17	4^g,502
Ut { corde à boyau.... / fil de laiton....,.	1^{mm},65 / 0^{mm},26	10^g,129

§. 27. Le calcul de la tension d'une corde suppose, outre la connaissance de sa longueur, de son poids, et de la force accélératrice due à la pesanteur (voir la note de la page 17), celle tout aussi importante du nombre des vibrations simples qu'elle exécute par seconde. La sirène et l'appareil de roues dentées de F. Savart fournissent cette quantité avec une grande exactitude; mais ces instruments ne se trouvent guère que dans les cabinets de physique, et il serait bon de pouvoir s'en passer. Pour atteindre ce but, il suffirait d'inscrire sur chaque *diapason* (1) le nombre des vibrations qui correspond au *La* qu'il est destiné à reproduire, ainsi que le nom de l'orchestre auquel il sert de régulateur. Chaque musicien aurait ainsi à sa disposition une donnée indispensable pour tous les calculs d'acoustique.

M. Fischer a trouvé, en 1823, par des expériences faites avec soin, les nombres suivants pour les diapasons des principaux théâtres lyriques :

Diapason du théâtre de Berlin..... 437,32 vibrations doubles par seconde.
— du grand Opéra Français. 431,34
— de l'Opéra-Comique 427,61
— du Théâtre Italien 424,17

(1) Verge de fer en forme d'Y qui donne le *La*, 2e corde du violon.

Mais ces nombres doivent être doublés, parce que M. Fischer appelle vibration l'allée et le retour de la lame, ce qui donne deux vibrations selon la manière actuelle de compter.

§. 28. De Prony, dans l'ouvrage cité page 12, s'étend assez longuement sur la détermination du *son fixe*, c'est-à-dire d'un son que l'on puisse retrouver à volonté dans tous les temps et dans tous les lieux, sans avoir besoin de recourir à aucun type ou diapason conservateur de ce son : « c'est, dit-il, une donnée qui nous manque sur la musique des anciens ; nous connaissons les *intervalles* entre les sons de leurs échelles, mais ils ne nous ont transmis aucun moyen d'en reproduire les unissons ; nos successeurs n'auront pas le même reproche à nous faire, grâces à Sauveur, créateur de l'acoustique musicale. »

D'après Sauveur, la corde sonore qui est à l'unisson de l'*Ut* à deux octaves au-dessous de l'*Ut* de la *clef*, ce qui donne précisément l'*Ut* 4e corde du violoncelle, fait 122 vibrations simples par seconde. Mais Sauveur opérait sur l'*Ut* de l'ancien ton d'église, plus bas que l'*Ut* du ton d'orchestre actuel d'un demi-ton environ. De Prony, qui s'est livré à de nombreuses expériences sur la comparaison des deux tons, a trouvé que le tuyau d'orgue que les facteurs modernes nomment le 32 *pieds*, donne 31 vibrations par seconde pour l'*Ut* le plus grave de l'orgue. Selon ce savant, il serait convenable et désirable que le *son fixe* fût établi sous la condition de comprendre les nombres de vibrations donnés par les *Ut* des différentes octaves, dans la série des puissances de 2, et l'adoption de ce système n'occasionnerait pas de changement sensible dans le ton d'orchestre actuel ; car en prenant le nombre 32 pour celui des vibrations de l'*Ut* à l'unisson du 32 *pieds* de l'orgue, on ne ferait que changer la série :

en celle-ci :
31, 62, 124, 248, 496, etc.
32, 64, 128, 256, 512, etc.

D'après un calcul rigoureux (1), de Prony établit que l'*Ut* de la série des puissances de 2 ne surpasse celui de l'autre série que de $\frac{55}{100}$ de demi-ton, et il choisit pour le *son fixe* l'*Ut* de la *clef*, double octave de l'*Ut* grave du violoncelle. Ce *son fixe* correspond à 512 vibrations par seconde, et voici comment on peut l'obtenir « sans être obligé de recourir à un type préexistant, et par le simple calcul de la tension que doit avoir une corde métallique donnée : il faut prendre une corde en fer du poids d'environ $\frac{5}{4}$ de gramme par mètre courant, et la faire vibrer entre deux points fixes placés à la distance l'un de l'autre de 6 à 7 décimètres, sous une tension dont on voit en note la valeur (2). Si l'on veut avoir le *La* à vide du violon, on fera

---

(1) Instruction élémentaire sur les moyens de calculer les intervalles musicaux, page 94.

(2) P étant cette tension, on a : $P = \dfrac{(512)^2 \cdot lp}{9{,}8088} = \dfrac{(512)^2 \cdot l^2 \Pi}{9{,}8088}$.

l représentant la longueur de la corde entre les points fixes ; p son poids entre les mêmes points ; Π son poids sur l'unité de longueur.

$$\text{Log. vulgaire}\left(\frac{(512)^2}{9{,}8088}\right) = 4{,}4269242550.$$

L'unité de longueur est le mètre ; l'unité de poids est le gramme.

résonner cette corde sur les $\frac{3}{5}$ de la longueur qui correspond à l'*Ut* de la *clef*, en lui conservant la même tension. »

§. 29. Tout ce que nous avons dit sur la graduation des cordes (§. 24 et suivants) suppose l'existence d'un instrument propre à en mesurer l'épaisseur. Cet instrument existe, et beaucoup d'artistes en font usage : il est représenté, fig. 4, en vraie grandeur, et consiste en deux branches de cuivre larges et plates formant un angle très-aigu et réunies au sommet de l'angle.

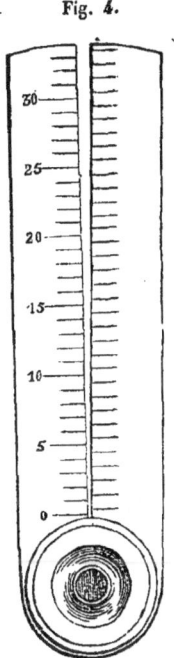

Fig. 4.

Ces branches sont divisées en parties égales. Dans notre figure, c'est la branche de gauche qui porte la division principale, et les lignes tracées sur la branche de droite servent à évaluer les demi-divisions qu'avec un peu d'attention il est encore possible de subdiviser à vue.

Pour graduer les cordes d'un violon, d'un violoncelle, d'une harpe, etc. au moyen de cet appareil, on les place perpendiculairement au limbe de l'instrument dans l'espace vide formé par l'écartement des branches, et l'on examine à quel point de la division elles correspondent. Par exemple : si une 1re corde marque $7\frac{1}{2}$ soit $\frac{15}{2}$ divisions, et qu'on désire connaître l'épaisseur d'une autre corde de même longueur sonnant la quinte supérieure de celle-là, on prendra les $\frac{2}{3}$ de $\frac{15}{2}$, ce qui donne 5 pour le n° de la division du limbe qui correspond à l'épaisseur cherchée.

Cet instrument est encore précieux pour retrouver à volonté des cordes de même calibre que celles qu'une expérience antérieure a fait juger bien graduées. C'est ordinairement de cette manière que les musiciens se servent de l'appareil représenté fig. 4.

Le *calibre* dont se servent les harpistes ne diffère de celui-ci que par la graduation. Par exemple, celui qui est affecté aux harpes d'Erard, porte sur l'une de ses branches 5 traits embrassant 4 octaves du *Fa* grave au *Fa* aigu; et sur l'autre branche, 5 traits embrassant aussi 4 octaves d'*Ut* en *Ut*, à la quinte supérieure des *Fa* de la première branche. Les épaisseurs des cordes intermédiaires y sont indiquées par des points.

Il est à peine nécessaire de faire remarquer qu'un *calibre* tel que celui que nous venons de décrire, ne donne pas rigoureusement le diamètre d'une corde, puisque les branches forment un angle. Mais l'erreur qui en résulte est d'autant plus faible que l'angle des branches est lui-même plus petit, et elle est négligeable dans la pratique. Un défaut peut-être plus sensible résulte de la possibilité de forcer la corde dans la rainure, et de lui attribuer ainsi un diamètre moindre que celui qu'elle a réellement.

§. 30. L'appareil représenté fig. 5, construit par feu Savart (v. la note de la p. 16), est exempt des causes d'erreur que nous venons de signaler. Comme le précédent il est en cuivre, et notre dessin le donne en vraie grandeur. En A se voit l'extrémité d'une chanterelle de violoncelle engagée entre deux petits cylindres d'acier qui font saillie de 5 à 6 millimètres environ au-dessus du plan de l'instrument, et s'écartent ou se rapprochent suivant l'épaisseur plus ou moins grande de la corde. Un ressort très-doux en cuivre appuie contre une longue aiguille dont la pointe indique les divisions marquées sur un arc de cercle gradué.

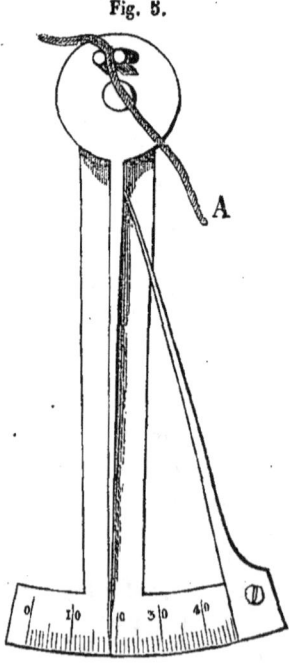

Fig. 5.

Vingt divisions de la graduation correspondent à une épaisseur d'un millimètre; ainsi une seule division donne $\frac{1}{20}^{mm}$, soit $0^{mm},05$. Lorsqu'il n'y a point de corde entre les deux petits cylindres d'acier, l'aiguille est au 0 de la division.

Avec un peu d'attention il est facile d'apprécier l'épaisseur d'un cheveu au moyen de cet instrument qui remplacerait avantageusement le *calibre* dont se servent les musiciens.

§. 31. Il ne suffit pas qu'un violon ou qu'un violoncelle soient bien construits et que les cordes en soient bien proportionnées pour qu'il produise de beaux sons, il faut encore que rien ne vienne neutraliser ces bonnes qualités. Par exemple: qu'un chevalet soit mal coupé pour l'instrument, ou mal posé, il n'en faut pas davantage pour empêcher les vibrations de se distribuer convenablement. Les bornes d'un résumé ne nous permettent pas d'entrer dans de plus grands détails à cet égard; nous nous contenterons de dire qu'un chevalet, supposé bien taillé, doit être posé de manière à diviser en deux parties égales l'angle des cordes qui reposent sur lui; de cette façon il sera dans sa position d'équilibre.

Quant à l'*âme* des instruments à cordes, elle est destinée bien moins à servir de support qu'à communiquer les vibrations de la *table*, au *fond* de l'instrument, ainsi que l'a démontré F. Savart. Sa position est des plus importantes; les luthiers la placent dans les violons, à 4 millimètres derrière le chevalet, et à 18 du point central de la table (1).

§. 32. Enfin nous ajouterons, en faveur des personnes qui voudraient filer elles-mêmes leurs cordes, que les cordes à boyau destinées à recevoir de la cannetille ne doivent être ni souffrées ni huilées; qu'il faut les tendre sur le métier (au point convenable suivant leur longueur et leur diamètre) pendant plusieurs jours, et surtout qu'il faut choisir un temps très-sec pour faire cette opération; qu'il faut les démonter également par un temps sec, et les filer de suite. Avec ces précautions on n'aura point à craindre de voir le fil de laiton tourner autour de la corde à boyau sous l'impulsion de l'archet, ce qui arriverait infailliblement si la corde n'avait pas été tendue avant le filage, ou si cette opération avait été pratiquée par un temps humide (2).

Objections des musiciens contre la théorie des vibrations transversales des cordes. Calcul de la gamme chromatique.

§. 33. Le savant directeur du conservatoire de Bruxelles, M. Fétis, a reproduit, dans un remarquable article de la *Gazette musicale* du 3 janvier 1847, et depuis, dans la

---

(1) Manuel de musique de Choron de A. de La Fage, tome 5, page 243.

(2) Lorsque le fil de laiton tourne autour de la corde, il en résulte un sifflement des plus désagréables, et l'on est obligé de prendre une nouvelle corde. Il est cependant possible de remédier à ce défaut au moyen d'un vernis (copal dissous dans de l'esprit de vin concentré) dont on enduit la corde. Le vernis remplit le vide qui existe entre le fil de laiton et la corde, et en se solidifiant il empêche le fil de tourner. Ce palliatif réussit avec les cordes de violon et de violoncelle; on pourrait l'essayer sur celles de contrebasse auxquelles l'accident que nous signalons arrive assez souvent. Il en résulterait une économie réelle, car les cordes filées de contrebasse ne coûtent pas moins de 4 à 5 fr.

3ᵉ édition d'un ouvrage intitulé : *la musique mise à la portée de tout le monde*, les principales objections que depuis longtemps les praticiens font *contre* la théorie admise dans les traités de physique. Ces objections peuvent se résumer en peu de mots.

Suivant la théorie des acousticiens, notre gamme majeure contiendrait deux tons inégaux : le ton majeur *Ut-Ré* représenté par le rapport 9 : 8, et le ton mineur *Ré-Mi* représenté par le rapport 10 : 9. S'il en était ainsi, il en résulterait que le demi-ton diatonique *Ut-Ré*♭ serait plus grand que le demi-ton chromatique *Ut-Ut*♯ dans le rapport de 81 à 80. Or, tous les praticiens sont d'accord pour reconnaître que c'est précisément le contraire qui est la vérité, c'est-à-dire que le demi-ton chromatique *Ut-Ut*♯ est réellement plus grand que le demi-ton diatonique *Ut-Ré*♭.

M. Fétis fait remarquer que des savants de premier ordre, tels que d'Alembert, le physicien Charles, de Prony, F. Savart, ont avoué qu'il est possible que des faits inconnus jusqu'ici renversent l'édifice des calculs qu'on a crus exacts, et que la théorie des véritables rapports des intervalles musicaux est peut-être encore à faire. M. Fétis ne se borne pas à critiquer la théorie admise par les physiciens, il annonce une théorie mathématique nouvelle, qu'il se propose d'exposer dans la *philosophie de la musique*, ouvrage qu'il publiera prochainement, théorie dont personne, dit-il, n'a même aperçu les principes, et qui, lorsqu'elle sera connue, mettra d'accord la doctrine mathématique et la pratique de l'art (1).

Quoi qu'il en soit, l'objection reproduite par M. Fétis est très-solide, et comme elle touche au système musical tout entier, nous allons entrer dans les développements nécessaires pour qu'elle soit bien comprise du lecteur.

§. 34. Faisons voir en premier lieu que, suivant la doctrine des acousticiens, notre gamme a deux tons inégaux. Pour cela, reprenons les nombres synchrones donnés §. 16, et écrivons-les au-dessous des sons de la gamme :

Ut_1	$Ré$	Mi	Fa	Sol	La	Si	Ut_2
1	$\frac{9}{8}$	$\frac{5}{4}$	$\frac{4}{3}$	$\frac{3}{2}$	$\frac{5}{3}$	$\frac{15}{8}$	2

Nous avons dit au §. cité que ces nombres sont de simples rapports, dont le terme commun de comparaison est l'unité qui correspond au son *Ut*, premier son de cette gamme.

Pour évaluer les rapports constituants des intervalles partiels, il suffit de diviser la fraction qui correspond au point d'arrivée par celle qui correspond au point de départ ; par exemple, pour connaître le rapport de l'intervalle *Ré-Mi*, il faut diviser la fraction $\frac{5}{4}$ par la fraction $\frac{9}{8}$, ce qui donne :

$$\frac{5}{4} : \frac{9}{8} = \frac{5}{4} \times \frac{8}{9} = \frac{40}{36} = \frac{10}{9}$$

---

(1) M. Fétis ne connaîtrait-il point les travaux de M. le colonel N. Savart sur l'influence de l'élasticité dans les cordes vibrantes ? et n'aurait-il pas remarqué que, dans son *Traité théorique et pratique de composition musicale*, M. A. Barbereau, partant de L'ÉCHELLE DES QUINTES, comme TYPE DU SYSTÈME MUSICAL, en déduit très-naturellement : 1° la gamme majeure, 2° la gamme mineure, 3° toute la classification des accords ? Or l'adoption de l'échelle des quintes implique le rejet de la gamme admise par les acousticiens.

Ce nombre $\frac{10}{9}$ exprime non pas une distance, un intervalle, mais le rapport du nombre des vibrations de la note *Mi* au nombre des vibrations de la note *Ré* exécutées dans le même temps.

En opérant de la même manière sur chaque intervalle partiel *Ut-Ré*, *Ré-Mi*, *Mi-Fa*, *etc.*, on aura le tableau suivant qui met en évidence que, suivant la théorie des physiciens, notre gamme majeure contient deux tons inégaux, l'un représenté par $\frac{9}{8}$, l'autre par $\frac{10}{9}$.

L'intervalle, (1) ou pour parler avec exactitude, le rapport entre le ton majeur et le ton mineur est : $\frac{81}{80}$, nombre qui exprime le quotient de la fraction $\frac{9}{8}$ par la fraction $\frac{10}{9}$; ce rapport s'appelle un *comma*.

GAMME MAJEURE
SUIVANT LA THÉORIE DES PHYSICIENS.

Ut_1	$Ré$	Mi	Fa	Sol	La	Si	Ut_2
1	$\frac{9}{8}$	$\frac{5}{4}$	$\frac{4}{3}$	$\frac{3}{2}$	$\frac{5}{3}$	$\frac{15}{8}$	2
	$\frac{9}{8}$	$\frac{10}{9}$	$\frac{16}{15}$	$\frac{9}{8}$	$\frac{10}{9}$	$\frac{9}{8}$	$\frac{16}{15}$
	ton maj.	ton min.	semi-ton majeur	ton maj.	ton min.	ton maj.	semi-ton majeur

§. 35. Le *comma* $\frac{81}{80}$ est le rapport constituant du plus petit intervalle que l'on considère en musique ; encore cet intervalle n'a-t-il qu'une valeur théorique, et n'est-il appréciable que pour une oreille très-exercée (2). Aussi lorsque deux sons diffèrent de moins de ce comma, peut-on les regarder comme sensiblement à l'unisson.

---

(1) L'expression *intervalle* appliquée à un *rapport* de nombres de vibrations, expression qui se retrouve dans tous les traités de physique, a le défaut d'être un véritable non-sens. Euler le premier (*Tentamen novæ theoriæ musicæ*, 1739) a établi la distinction qu'il faut faire entre les *rapports des sons* et la *mesure des intervalles*.

« A l'exception de Surremain de Missery, trop bon géomètre pour partager l'erreur commune, tous les auteurs français qui ont écrit sur la musique n'ont pas dit un seul mot qui ait rapport à la véritable mesure des intervalles, et quand ils ont à les comparer comme *quantités mensurables*, ils emploient les rapports des nombres relatifs de vibrations ; ce qui est un véritable non-sens, car $\frac{3}{2}$ par exemple, est bien le *rapport constituant* de l'intervalle de *quinte* ; mais il ne lui est ni égal ni proportionnel. Si cette égalité ou proportionnalité avait lieu, il faudrait que la double quinte fût exprimée par $\frac{6}{2}$, la triple quinte par $\frac{9}{2}$, et ainsi de suite. Cette absurde mesure des intervalles musicaux se retrouverait dans la mesure des édifices si un architecte, pour énoncer la différence de *grandeur absolue* entre une colonne corinthienne et une colonne toscane, disait que cette différence est celle de $\frac{1}{10}$ à $\frac{1}{7}$, parce que la proportion entre le diamètre de la colonne et sa hauteur est $\frac{1}{10}$ pour l'ordre corinthien, et $\frac{1}{7}$ pour l'ordre toscan. (Montferrier, *Dictionnaire des sciences mathématiques*, 3ᵉ vol., art. *intervalle*.

(2) En évaluant le comma $\frac{81}{80}$ en demi-tons moyens, on trouve $0^d,22$ où la dernière décimale est forcée ; c'est un peu moins d'un neuvième de ton. Nous expliquons plus loin le principe de ce mode d'évaluation des intervalles.

§. 36. Il n'en est pas de même de l'intervalle qui existe entre le ton mineur $\frac{10}{9}$ et le semi-ton majeur $\frac{16}{15}$. L'oreille le distingue très-bien. Son rapport constituant est : $\frac{10}{9} : \frac{16}{15} = \frac{150}{144} = \frac{25}{24}$. On lui a donné le nom de *semi-ton mineur*, et c'est le plus petit intervalle dont on se sert dans la pratique. Il résulte de là que le ton mineur est décomposable en deux parties qui sont : 1° le semi-ton majeur $\frac{16}{15}$, 2° le semi-ton mineur $\frac{25}{24}$, car on a : $\frac{10}{9} = \frac{16}{15} \times \frac{25}{24}$.

§. 37. En prenant le rapport du semi-ton majeur au semi-ton mineur on a : $\frac{16}{15} : \frac{25}{24} = \frac{128}{125}$.

Ce dernier rapport, suivant les acousticiens, exprime une limite d'intervalle, c'est-à-dire qu'ils considèrent comme identiques deux sons dont les nombres de vibrations sont respectivement 128 et 125 (1). Ce nouveau *comma* les guide dans le choix des demi-tons qui doivent composer la *gamme chromatique*, c'est-à-dire la gamme formée par l'intercalation d'un son, entre chaque *ton* de la gamme diatonique.

§. 38. Voici comment s'effectue cette intercalation : on élève le son inférieur d'un semi-ton mineur en multipliant le nombre constituant qui lui appartient par le rapport $\frac{25}{24}$, c'est ce qu'on nomme *diéser ce son*; cela fait, on abaisse le son supérieur de la même quantité, en multipliant son nombre constituant par $\frac{24}{25}$, par cette opération on *bémolise* ce son ; on a ainsi deux sons auxquels on fait subir ultérieurement une altération égale et inverse, au moyen du comma $\frac{128}{125}$, ce qui les ramène sensiblement à l'identité. Les exemples suivants éclairciront cette règle :

1ᵉʳ Exemple. Soit à intercaler un son entre $Ut = 1$ et $Ré = \frac{9}{8}$ dont l'intervalle est d'un ton majeur.

On a d'abord : $Ut\sharp = 1 \times \frac{25}{24} = \frac{25}{24}$.

Puis : $Ré\flat = \frac{9}{8} \times \frac{24}{25} = \frac{27}{25}$.

Prenant le rapport de ces deux sons on a :
$$\frac{27}{25} : \frac{25}{24} = \frac{648}{625} = \frac{129,5}{125}$$

quantité supérieure au comma $\frac{128}{125}$, d'où il résulte que les deux sons $Ut\sharp = \frac{25}{24}$, et $Ré\flat = \frac{27}{25}$ ne peuvent être pris l'un pour l'autre. On a donc par ordre de grandeur :

Ut	$Ut\sharp$	$Ré\flat$	$Ré$
1	$\frac{25}{24}$	$\frac{27}{25}$	$\frac{9}{8}$

Ce dernier tableau met en évidence ce que nous avons dit §. 33, savoir que, suivant la doctrine des acousticiens, le demi-ton chromatique est plus petit que le

---

(1) Le comma $\frac{128}{125}$ exprime un intervalle d'environ $\frac{2}{5}$ de demi-ton moyen.

demi-ton diatonique, ce qui est contredit par la pratique. Nous verrons bientôt comment on peut faire disparaître cette anomalie. Ce n'est pas tout : il nous reste à expliquer comment on rapproche les deux sons $Ut\sharp = \frac{25}{24}$ et $Ré\flat = \frac{27}{25}$, de manière à les ramener à la presqu'identité. Il suffit pour cela d'élever l'$Ut\sharp$ d'une quantité exprimée par le comma $\frac{128}{125}$ et d'abaisser le $Ré\flat$ au moyen du rapport inverse $\frac{125}{128}$, on obtient ainsi :

$$\frac{25}{24} \times \frac{128}{125} = \frac{16}{15} ; \text{ et } \frac{27}{25} \times \frac{125}{128} = \frac{135}{128}.$$

En cherchant le rapport de l'$Ut\sharp$ et du $Ré\flat$ ainsi altérés, on trouve $\frac{2048}{2025}$, fraction qui, évaluée en décimales, donne : 1,0113. Or, le comma $\frac{128}{125}$ également réduit en décimales, donne : 1,024 ; ce qui montre que les deux sons se trouvent maintenant à un degré de rapprochement au-dessous de la limite exprimée par le comma $\frac{128}{125}$ (voir §. 37) ; on peut donc sans erreur sensible prendre pour le son intercalaire qui doit être à la fois un $Ut\sharp$ et un $Ré\flat$, soit le rapport $\frac{135}{128}$, soit le rapport $\frac{16}{15}$. On a choisi ce dernier à cause de la plus grande simplicité de ses termes. Nous avons ainsi pour les trois premiers termes de la gamme chromatique :

Ut	$Ut\sharp$ / $Ré\flat$	$Ré$
1	$\frac{16}{15}$	$\frac{9}{8}$

2ᵉ Exemple. Soit maintenant à intercaler un son entre $Ré = \frac{9}{8}$ et $Mi = \frac{5}{4}$ dont l'intervalle est d'un ton mineur : en opérant comme dans l'exemple précédent, on a

$$Ré\sharp = \frac{9}{8} \times \frac{25}{24} = \frac{75}{64},$$

$$\text{Et : } Mi\flat = \frac{5}{4} \times \frac{24}{25} = \frac{6}{5}.$$

Prenant le rapport de ces quantités, il vient :

$$\frac{6}{5} : \frac{75}{64} = \frac{384}{375} = \frac{128}{125},$$

ce qui est précisément le comma que l'on considère comme limite d'intervalle ; on peut donc poser : $Ré\sharp = Mi\flat = \frac{6}{5}$.

En continuant d'opérer de la même manière, et réunissant tous les résultats, on a pour l'échelle chromatique (1) le tableau suivant :

Ut_1	$Ut\sharp$ / $Ré\flat$	$Ré$	$Ré\sharp$ / $Mi\flat$	Mi	Fa	$Fa\sharp$ / $Sol\flat$	Sol	$Sol\sharp$ / $La\flat$	La	$La\sharp$ / $Si\flat$	Si	Ut_2
1	$\frac{16}{15}$	$\frac{9}{8}$	$\frac{6}{5}$	$\frac{5}{4}$	$\frac{4}{3}$	$\frac{45}{32}$	$\frac{3}{2}$	$\frac{8}{5}$	$\frac{5}{3}$	$\frac{16}{9}$	$\frac{15}{8}$	2

(1) Voir le 5ᵉ volume du *Dictionnaire des sciences mathématiques*, publié par M. de Montferrier, on y trouvera tous ces calculs amplement détaillés à l'article *intervalle*.

Le son du milieu de l'échelle $\frac{45}{42}$ étant exprimé par des nombres un peu grands, on a trouvé qu'au lieu d'altérer les deux sons $Fa\sharp$ et $Sol\flat$ au moyen du comma $\frac{128}{125}$, il serait plus exact de prendre une moyenne proportionnelle entre ces deux sons pour lesquels le calcul donne $\frac{25}{18}$, $\frac{36}{25}$. Cette moyenne est :

$$\sqrt{\left(\frac{25}{18} \times \frac{36}{25}\right)} = \sqrt{2}$$

et l'on voit que de cette manière l'intervalle d'octave est exactement partagé en deux parties égales par le son du milieu (1).

Voici le tableau complet de l'échelle chromatique tel qu'il est donné dans le 3ᵉ volume du *Dictionnaire des sciences mathématiques* de M. de Montferrier.

SONS.	NOMBRES RELATIFS DES VIBRATIONS.	
	EXACTS.	EN DÉCIMALES.
Ut₁............	1	1,000000
Ut♯ ou Ré♭.....	$\frac{16}{15}$	1,006666
Ré	$\frac{9}{8}$	1,125000
Ré♯ ou Mi♭.....	$\frac{6}{5}$	1,200000
Mi	$\frac{5}{4}$	1,250000
Fa	$\frac{4}{3}$	1,333333
Fa♯	$\sqrt{2}$	1,414215
Sol	$\frac{3}{2}$	1,500000
Sol♯ ou La♭ ...	$\frac{8}{5}$	1,600000
La	$\frac{5}{3}$	1,666666
La♯ ou Si♭.....	$\frac{16}{9}$	1,777777
Si	$\frac{15}{8}$	1,875000
Ut₂	2	2,000000

(1) Le son du milieu de la gamme chromatique dont le premier terme est un *Ut*, est un *Fa♯*, le *Sol♭* ne doit *jamais* figurer dans cette gamme ; nous dirons ailleurs pourquoi. M. Barbereau est le seul compositeur théoricien qui ait énoncé formellement cette vérité. (Voir le 1ᵉʳ volume de son *Traité théorique et pratique de composition musicale*, p. 16. Paris, Schonenberger, édit. de musique.)

§. 39. Nous avons donné §§. 34, 35 et 36 les rapports constituants du ton majeur, du ton mineur, et du semi-ton majeur; en opérant de la même manière, c'est-à-dire en divisant le nombre correspondant au point d'arrivée par celui qui correspond au point de départ d'un intervalle, on trouve pour les rapports constituants des intervalles les plus usuels :

NOMS DES INTERVALLES.	NOMBRES CONSTITUANTS.
Octave......................	$\frac{2}{1}$
Quinte......................	$\frac{3}{2}$
Quarte......................	$\frac{4}{3}$
Tierce majeure............	$\frac{5}{4}$
Tierce mineure............	$\frac{6}{5}$
Ton majeur................	$\frac{9}{8}$
Ton mineur................	$\frac{10}{9}$
Semi-ton majeur.........	$\frac{16}{15}$
Semi-ton mineur.........	$\frac{25}{24}$

Tétracorde de Pythagore.

§. 40. Déjà nous avons formulé les objections des musiciens contre la théorie généralement admise qui est celle que nous venons d'exposer ; il nous reste à faire connaître les faits qui, suivant M. Fétis, ont mis la théorie en opposition avec la pratique. « Pour caractériser notre gamme diatonique moderne, dit M. Fétis (1), il faut revenir aux nombres donnés par les Pythagoriciens, qui ayant trouvé le ton égal à $\frac{9}{8}$, composèrent le tétracorde ou quarte juste, de deux de ces tons et d'un intervalle, appelé *limma*, égal à $\frac{256}{243}$, et plus petit que la moitié du ton, dans le rapport très-approchant de 128 à 129, le demi-ton vrai $\sqrt{\frac{3}{8}}$ étant une quantité irrationnelle. Cette division de la quarte juste :

Ut____Ré____Mi____Fa
  1 ton. 1 ton. Limma.

est parfaitement vraie, car $\frac{9}{8} \times \frac{9}{8} \times \frac{256}{243} = \frac{4}{3}$ qui forme le rapport de *Fa* à *Ut*, §. 16.

___

(1) *Gazette musicale de Paris*, 3 janvier 1847.

» Le limma, égal comme je le ferai voir tout-à-l'heure, au demi-ton mineur attractif, est le reste de la division du ton, dont l'autre partie, appelée *apotóme* par les Grecs, avait pour valeur $\frac{2187}{2048}$; car $\frac{2187}{2048} \times \frac{256}{243} = \frac{9}{8}$.

» A l'égard de l'octave, les Pythagoriciens la composaient de deux tétracordes, entre lesquels un ton était intercalé de cette manière :

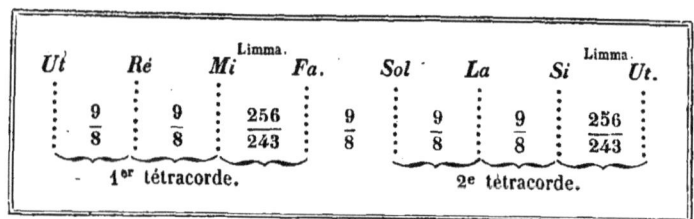

» Cette théorie admise par tous les Pythagoriciens, ainsi que par les néo-platoniciens, fut transmise au moyen-âge par Boëce, dont le Traité de musique fut le guide de tous ceux qui écrivirent sur l'arithmétique musicale jusqu'au 16e siècle. Toutefois, Aristoxène de Tarente, disciple d'Aristote et savant musicien, qui vécut au temps d'Alexandre-le-Grand, s'étant déclaré contre la doctrine de Pythagore, enseigna que l'octave est composée de six tons qui se divisent en douze demi-tons égaux, et que l'oreille seule est juge de la justesse de ces intervalles, dont les nombres ne peuvent fournir la mesure. Cette fausse doctrine empirique trouva beaucoup de partisans, et les musiciens grecs se partagèrent en Pythagoriciens et Aristoxéniens. Chez les modernes, l'abbé Réqueno et M. de Momigny ont essayé de faire revivre la doctrine d'Aristoxène, le premier en appelant à son aide le monocorde, l'autre en niant l'utilité de cet instrument. Si cette doctrine était vraie, l'opération des accordeurs de piano connue sous le nom de *tempérament*, serait parfaitement inutile.

» J'ai dit précédemment que les théories des Pythagoriciens et d'Aristoxène partagèrent les musiciens de l'antiquité, et que la première seule fut connue des théoriciens du moyen-âge. Cependant dès le 2e siècle de l'ère chrétienne, Didyme, théoricien grec d'Alexandrie, et, après lui, le célèbre astronome Claude Ptolémée, avaient imaginé une autre espèce de système diatonique qu'ils appelaient *synton*, c'est-à-dire *serré*, dans lequel il y avait deux tons inégaux, dont un majeur et un mineur, et un demi-ton majeur pour chaque tétracorde (1), voici la disposition de ce système diatonique :

	Mi	Fa	Sol	La
	Si	Ut	Ré	Mi
		$\frac{16}{15}$	$\frac{9}{8}$	$\frac{10}{9}$

---

(1) Ptolémée, *Harm.* lib. II. cap. 14.

» Cette division pouvait être admise sans inconvénient pour la musique grecque et pour les tons du plain-chant, qui sont établis sur les sons invariables d'une gamme unique, dont aucun intervalle n'est attractif. Je pense même que les proportions de Didyme et de Ptolémée représentaient mieux l'absence d'affinité des sons de ces tonalités que les nombres des Pythagoriciens qui sont ceux de la tonalité attractive de la musique moderne.

» Zarlino, célèbre théoricien italien du 16e siècle, fut de cet avis, car il établit ces mêmes proportions de Didyme et de Ptolémée dans son livre intitulé : *Ragionamenti musicali* (1), comme règle de la gamme diatonique. Cette nouveauté fit une sensation très-vive, et fut attaquée avec animosité par Vincent Galilée, père de l'illustre physicien (2). Partant de son principe de l'inégalité des tons, Ptolémée fut le premier qui fixa les proportions de la tierce mineure à $\frac{6}{5}$, et celles de la tierce majeure à $\frac{5}{4}$. A l'égard de la sixte mineure, comme *Mi-Ut*, et de la sixte majeure, *Ut-La*, intervalles inconnus chez les anciens, Zarlino a trouvé la première égale à $\frac{8}{5}$, et la seconde à $\frac{5}{3}$. La première édition du livre de ce théoricien célèbre parut à Venise en 1571; c'est donc à dater de cette époque que la doctrine de Ptolémée, complétée par Zarlino, fut substituée à celle d'Eratosthène, de Philolaüs et des autres Pythagoriciens, et qu'elle devint celle de la plupart des géomètres et des physiciens qui ont écrit sur la musique jusqu'à ce jour; car depuis près de trois siècles cette même doctrine n'a pas fait un pas, et ses disciples ont fermé l'oreille à toutes les objections des musiciens contre la formule de la gamme diatonique que nous avons donnée page 24.

» Ainsi qu'on le voit, le demi-ton mineur n'apparaît pas dans la gamme diatonique suivant ce système, et conséquemment il n'y a pas d'attraction possible entre les sons; mais, par une circonstance bizarre qui mérite toute notre attention, c'est précisément au moment où l'on abandonne les nombres pythagoriciens, qui sont l'expression juste de cette attraction dans le genre diatonique, que Monteverde crée par l'harmonie la nécessité invincible de l'égalité des tons, sans laquelle les demi-tons attractifs ne peuvent exister entre *Mi-Fa* et *Si-Ut*.

» Il est résulté de cette doctrine de l'inégalité des tons, que les mathématiciens ont dû faire des demi-tons majeurs de ceux qui sont formés par les bémols, comme *Ut-Ré*♭, *Fa-Sol*♭, *La-Si*♭, dans la proportion de 16 à 15, et qu'ils ont considéré les demi-tons formés par les dièses comme des demi-tons mineurs, comme : *Ut-Ut*♯, *Fa-Fa*♯, *La-La*♯, etc., dans la proportion de 25 à 24; quoiqu'il n'y ait aucune attraction entre ces sons, et qu'ils ne forment point, à proprement parler, d'intervalles harmoniques. De là il est résulté que pour les géomètres *Ré*♭ est plus élevé que *Ut*♯ dans la proportion du comma $\frac{128}{125}$, ce qui est en contradiction manifeste avec les attractions de ces sons. Ce que les mathématiciens ont pris pour le demi-ton majeur est donc en réalité le demi ton mineur, et leur demi-ton mineur est le véritable demi-ton majeur. »

---

(1) *Ragionam.* 4ª *proposta.* fol. 198 de l'édition de Venise, 1589.
(2) *Dialogo della musica antica e della moderna*, p. 6 et suivantes.

M. Fétis, outre l'attraction introduite par le semi-ton mineur, considère encore d'autres intervalles attractifs plus petits qu'il appelle *minimes*, et qui se rapprochent du tiers du ton; ces attractions ont lieu dans les agrégations de sons qui ont des tendances de résolution vers plusieurs tons; les demi-tons qui y séparent les notes altérées de celles sur lesquelles elles doivent se résoudre sont moindres que mineurs, c'est-à-dire *minimes*.

Enfin, dans les accords dont plusieurs notes sont altérées et qui conséquemment ont des attractions multiples dont les unes sont ascendantes et les autres descendantes, les intervalles diminuent encore entre les notes altérées et les notes résolutives. M. Fétis dit avoir constaté par de nombreuses expériences faites avec les instruments de Scheibler et de Cagniard de la Tour, que ces intervalles ne dépassent pas le tiers de ton (1).

Calcul des nombres synchrones des sons de l'échelle diatonique fondée sur le tétracorde de Pythagore.

§. 41. On a vu page 29 que la gamme majeure constituée au moyen de deux tétracordes pythagoriques réunis par un ton dans le rapport de 9 à 8, ne contient que cette seule espèce de ton, et en outre un intervalle nommé *limma* dont le rapport constituant $\frac{256}{243}$ est moindre que le semi-ton majeur $\frac{16}{15}$, dans le rapport de 80 à 81. En ajoutant à cette définition que le limma se place entre les degrés (III, IV) et (VII, VIII) de cette échelle, on a tout ce qu'il faut pour calculer les nombres synchrones des sons de cette gamme. Voici ce calcul:

Degrés.........	I.	II.	III.	IV.
Noms des sons..	Ut_1 —ton.—	$Ré$ —ton.—	Mi —limma.—	Fa
Nomb. synchr.	1	$1 \times \frac{9}{8} = \frac{9}{8}$	$\frac{9}{8} \times \frac{9}{8} = \frac{81}{64}$	$\frac{81}{64} \times \frac{256}{243} = \frac{4}{3}$

Premier tétracorde.

Degrés.........	V.	VI.	VII.	VIII.
Noms des sons..	Sol —ton.—	La —ton.—	Si —limma.—	Ut_2
Nomb. synchr.	$\frac{4}{3} \times \frac{9}{8} = \frac{3}{2}$	$\frac{3}{2} \times \frac{9}{8} = \frac{27}{16}$	$\frac{27}{16} \times \frac{9}{8} = \frac{243}{128}$	$\frac{243}{128} \times \frac{256}{243} = 2$

Second tétracorde.

---

(1) Toute cette doctrine de M. Fétis mérite d'être prise en sérieuse considération; aussi avons-nous cru devoir citer *in extenso* la plus grande partie de l'article publié dans la *Gazette musicale* de Paris, du 3 janvier 1847, non seulement parce que la question qui divise les musiciens et les acousticiens y est présentée avec une grande netteté, mais encore et surtout parce que le célèbre critique y dévoile l'origine de cette fâcheuse anomalie et y propose les moyens de la faire disparaître.

En comparant cette échelle avec celle des physiciens, on voit qu'elle n'en diffère que par les degrés III, VI et VII qui forment respectivement, avec le point de départ Ut_1, les intervalles de tierce majeure, sixte majeure et septième majeure. Dans la gamme fondée sur le tétracorde pythagorique, ces intervalles sont plus élevés que dans l'autre dans le rapport 81 : 80, et par conséquent les demi-tons Mi-Fa, Si-Ut y sont attractifs, ce qui précisément caractérise notre tonalité. Cette raison suffit pour faire prévaloir les nombres de Pythagore sur ceux de Didyme et de Ptolémée. (Voir §. 40.)

La gamme diatonique fondée sur le tétracorde pythagorique est tirée de l'échelle générale des quintes.

§. 42. Cette proposition a besoin d'être développée pour les personnes auxquelles l'acoustique est peu familière ; et cela est d'autant plus nécessaire aujourd'hui que les progrès ultérieurs de la musique dépendent de lois puisées dans la série générale que nous venons de mentionner, série dont le savant compositeur M. A. Barbereau a le premier signalé la haute importance (1).

On a vu §. 16 que le rapport constituant de l'intervalle de quinte est $\frac{3}{2}$; ce nombre doublé donne le rapport du même intervalle accru d'une octave, c'est-à-dire que le son Ut_1, étant représenté par l'unité, le nombre 3 représente le Sol_2 douzième supérieure du son Ut_1.

En multipliant le nombre 3 par $\frac{3}{2}$, on obtient la quinte du son Sol_2, c'est-à-dire $Ré_3$, ainsi $3 \times \frac{3}{2} = \frac{9}{2}$ représente $Ré_3$; par conséquent si l'on double ce dernier nombre, on aura 9 ou 3^2 pour représenter $Ré_4$.

En continuant à opérer de la même manière on aura la série des quintes ou plutôt des douzièmes au-dessus du son Ut_1. Pour avoir la série des douzièmes inférieures, il suffira de diviser l'unité par les diverses puissances de 3 ; ainsi $\frac{1}{3}$ représentera la note Fa à la douzième au-dessous du son Ut_1, ce que nous exprimons par la notation connue Fa_{-2}.

De même $\frac{1}{9}$ ou $\frac{1}{3^2}$ représentera le $Si\flat$ à la douzième au-dessous de Fa_{-2}, savoir $Si\flat_{-4}$, et ainsi de suite ; en réunissant tous les résultats on aura pour la série générale de tous les sons possibles la progression géométrique suivante :

...... $La\flat_{-7}$ Mi_{-5} $Si\flat_{-4}$ Fa_{-2} Ut_1 Sol_2 $Ré_4$ La_5 Mi_7 Si_8 etc.

...... : $\frac{1}{3^4}$: $\frac{1}{3^3}$: $\frac{1}{3^2}$: $\frac{1}{3}$: $1 = 3^0$: 3^1 : 3^2 : 3^3 : 3^4 : 3^5 etc.

Il est facile de voir que sept sons consécutifs de cette série correspondent à ceux d'une gamme diatonique majeure, seulement il s'agit de les ramener dans la même octave ; il suffit pour cela de diviser ou de multiplier convenablement par une

---

(1) *Traité théorique et pratique de composition musicale* par A. Barbereau. 1845, Paris, chez Schoenenberger, éditeur de musique.

puissance de 2. On a de cette manière pour les nombres synchrones de la gamme diatonique :

Ut_1	$Ré$	Mi	Fa	Sol	La	Si	Ut_2
1	$\dfrac{3^2}{2^3}$	$\dfrac{3^4}{2^6}$	$\dfrac{2^2}{3}$	$\dfrac{3}{2}$	$\dfrac{3^3}{2^4}$	$\dfrac{3^5}{2^7}$	2

Ou en effectuant les calculs :

$$1 \quad \frac{9}{8} \quad \frac{81}{64} \quad \frac{4}{3} \quad \frac{3}{2} \quad \frac{27}{16} \quad \frac{243}{128} \quad 2$$

⌊—— 1er tétracorde. ——⌋ ton. ⌊—— 2e tétracorde. ——⌋

On voit qu'on retombe ainsi sur la gamme que donne l'assemblage de deux tétracordes pythagoriques (voir §. 41), et c'est là ce que nous voulions faire remarquer. Le son $Ut_2 = 2$ n'est que la répercussion à l'octave du son Ut_1.

Tempérament.

§. 43. On nomme ainsi l'opération au moyen de laquelle on intercale un son unique entre deux sons distants d'un intervalle d'un ton, de telle sorte que ce son intercalaire puisse servir tout à la fois à exprimer la note inférieure diésée et la note supérieure bémolisée. Déjà on a vu l'exemple d'une telle opération dans le calcul de la gamme chromatique. (Voir §. 38).

Les bornes d'un résumé nous interdisent de traiter la question du tempérament dans toute sa généralité ; nous renvoyons le lecteur qui voudrait approfondir cette question à l'ouvrage de Chladni (1) et surtout à celui de Marpurg (2).

Il y a une infinité de manières de *tempérer*, aussi s'est-on beaucoup disputé sur le choix de la meilleure méthode. Aujourd'hui on est généralement d'accord pour préférer le *tempérament égal* qui est effectivement celui qui satisfait le mieux à toutes les exigences de l'organe auditif dans l'état actuel de la musique, où les modulations sont fréquentes et tous les tons presqu'également usités. Du reste, tous les *tempéraments* sont fondés sur le même principe, savoir que l'octave ne peut subir aucune espèce d'altération sans que l'oreille n'en soit choquée, tandis que les autres intervalles peuvent être modifiés dans de certaines limites, sans que la discordance soit sensible.

Le *tempérament égal* consiste dans l'affaiblissement égal de toutes les quintes ; on y diminue un peu le rapport $\frac{3}{2}$, de manière que sa douzième puissance soit égale à 2^7.

Le calcul donne pour $\left(\dfrac{3}{2}\right)^{12}$ un nombre qui surpasse 2^7, et l'expérience est

---

(1) *Traité d'acoustique* par Chladni. 1809, Paris, chez Courcier.
(2) Verſuch über die muſikaliſche Temperatur. Breſlau, 1776.

d'accord avec le calcul, car si l'on accorde un orgue ou un piano par quintes justes, on trouve pour la 12e quinte un son notablement plus élevé que la 7e octave du point de départ. Par exemple, si l'on parcourt le cycle des 12 quintes justes :

$$Ut_1 \quad Sol \quad Ré \quad La \quad Mi \quad Si \quad Fa\sharp \quad Ut\sharp \quad Sol\sharp \quad \begin{matrix} Ré\sharp \\ Mi\flat \end{matrix} \quad \begin{matrix} La\sharp \\ Si\flat \end{matrix} \quad \begin{matrix} Mi\sharp \\ Fa \end{matrix} \quad \begin{matrix} Si\sharp \\ Ut_2 \end{matrix}$$

et si on les ramène dans une même octave, le dernier son obtenu $Si\sharp$ surpasse l'Ut_2 d'une quantité trop grande pour que l'oreille puisse les confondre. Il en résulte un *comma* égal à $\frac{531441}{524288}$ qu'on appelle *comma pythagorique* ou *comma maxime*, que dans le *tempérament égal* on répartit également sur toutes les quintes.

On peut lire, page 43 de l'*Instruction élémentaire* de Prony *sur les moyens de calculer les intervalles musicaux*, une note sur le *tempérament* que les facteurs des 16e et 17e siècles employaient pour l'orgue et le clavecin ; ils sacrifiaient les modulations peu employées à celles d'un usage plus fréquent. Un tempérament de cette espèce ne serait plus admissible aujourd'hui.

« Comme il y a partout une seule vérité et une infinité d'erreurs, dit Chladni, ainsi il n'y a qu'un seul tempérament égal, mais autant qu'on veut de *tempéraments inégaux*. Voilà les principes pour juger de leur valeur relative, ou, si l'on veut, de leurs défauts.

» 1° Plus il y a de quintes exactes et plus le tempérament est mauvais, parce qu'alors ce petit nombre de quintes, entre lesquelles on répartit le comma pythagorique, deviennent moins supportables.

» 2° C'est le même cas si le comma pythagorique est plus inégalement réparti.

» 3° Les tempéraments les plus mauvais sont ceux où il y a des quintes haussées, parce qu'alors quelques autres quintes supporteront, outre le comma pythagorique, l'excès des quintes haussées.

» Le tempérament de Kirnberger est un des plus mauvais, parce qu'il contient 9 quintes exactes, et que le comma pythagorique y est réparti très-inégalement sur 3 quintes. Il faut remarquer cela, parce que l'autorité de Kirnberger, d'ailleurs justement célèbre comme harmoniste, a fait que plusieurs auteurs ont adopté des principes faux. »

Un préjugé généralement répandu, même parmi les artistes, veut que le tempérament n'existe que pour les instruments à sons fixes. Ainsi, par exemple, on entend dire tous les jours qu'un chanteur, qu'un violoniste, exécutant un solo ne *tempèrent* point ; c'est une erreur, tout chanteur, tout instrumentiste tempère à son insu, ce qui tient à la nature même de la série qui donne tous les sons possibles, série infinie où aucun son ne se reproduit deux fois. Par le *tempérament*, l'homme identifie des sons qui diffèrent dans la réalité absolue, et quelques termes de l'échelle générale lui suffisent pour constituer le système musical qui appartient à son organisation.

Influence de l'élasticité dans les cordes vibrantes, loi remarquable découverte par M. le colonel N. Savart (1).

§. 44. « Dans la question de mécanique désignée sous le nom de *problème des cordes vibrantes*, on considère la suite d'éléments qui composent une corde, comme autant de petits pendules oscillant de part et d'autre de leur position de repos, en vertu, non de la pesanteur, mais de la force qui produit la tension. On arrive ainsi à déterminer la durée des oscillations par des moyens analogues à ceux dont on fait usage dans la théorie du pendule ordinaire.

» On voit par la nature de ces considérations que, dans le problème des cordes vibrantes, il n'est pas tenu compte des forces inhérentes à la matière dont la corde est formée; lesquelles forces cependant doivent être mises en jeu par le fait même des oscillations, et peuvent, on le conçoit, modifier plus ou moins le mouvement qui aurait lieu si la tension et l'inertie agissaient seules.

» Cette observation laisse entrevoir un moyen d'apprécier le rôle que jouent les forces moléculaires dans le phénomène des cordes en vibration; car il suffira, pour faire la part de leur influence, de comparer les résultats de l'expérience à ceux de la théorie; les différences, s'il y en a, devront être attribuées à l'action de ces forces. »

Telle est la base du travail du colonel Savart que nous ne pouvons suivre dans la description de l'appareil qui lui a servi à faire ses expériences.

Rien de plus facile en apparence que de faire vibrer une corde ou un fil métallique entre deux points fixes, après avoir déterminé son poids et la longueur qu'elle a entre les points d'attache, puis de la soumettre à des tensions variables, et de comparer le son obtenu à celui qu'assigne la théorie mathématique. Mais dans la pratique il se présente une foule de difficultés, car il faut placer la corde dans une position rigoureusement verticale; il faut que les vibrations de la corde entre les points fixes ne puissent point se propager au-delà de ces points, et, si l'on veut pousser les tensions jusqu'à leur extrême limite, c'est-à-dire jusqu'à ce qu'elles produisent la rupture de la corde, il faut que cette rupture soit causée uniquement par la tension et par aucune autre cause; il faut donc éviter les plis, les ligatures et l'action des pinces. Or, le colonel Savart est parvenu à satisfaire à toutes ces conditions, et cela avec un succès tel, que, sur une centaine de cordes de toute nature, pas une seule ne s'est rompue aux attaches.

Il faut lire tous ces détails dans le mémoire même de l'auteur pour se faire une idée du soin et de la précision qui caractérisent les travaux de cet habile physicien. Certes, ce n'est ni aux expériences du colonel Savart, ni à celles de son frère, en-

---

(1) Le beau travail du colonel N. Savart a été inséré dans le tome VI (septembre 1842) des *Annales de chimie et de physique*. Le court extrait que nous en donnons en fait connaître le but et les conclusions.

levé trop tôt à la science, que peut s'adresser le reproche de M. Fétis sur le manque de soin et de précision des acousticiens dans leurs expériences (1).

Nous donnons en note quelques extraits du mémoire du colonel Savart, dont la conclusion générale est celle-ci :

« *Pour avoir le nombre de vibrations que produit une corde tendue, il faut considérer cette corde dans deux états différents. On la suppose d'abord non élastique, mais soumise à la tension; on la suppose ensuite non tendue mais élastique. La somme des carrés des nombres de vibrations pris dans chacune de ces hypothèses est égale au carré du nombre de vibrations qu'exécutera la corde quand elle sera à la fois élastique et tendue.* » (2)

Résonnance multiple. — Son résultant ou résonnance sous-multiple. — Son ronflant. — Sons harmoniques. — Instruments à vent.

§. 45. Lorsque, par le moyen d'un tuyau d'orgue, d'une corde de contrebasse ou de violoncelle, on produit un son grave, on distingue, outre le son principal que nous représenterons par l'unité, plusieurs autres sons, nommément : la 12ᵉ et la 17ᵉ, c'est-à-dire l'octave aigue de la quinte, et la double octave de la tierce majeure du son principal; avec un peu plus d'attention on perçoit encore les sons 2 et 4, c'est-

---

(1) « L'imperfection des appareils d'expérimentation et le défaut de soin et de précision dans les expériences ont introduit dans la science de l'acoustique bien des erreurs d'autant plus graves, que les mathématiciens s'emparant de faits mal constatés pour les soumettre au calcul, et les considérant comme des vérités démontrées, en ont tiré des conséquences qui paraissent être en opposition directe avec d'autres faits démontrés dans la pratique de la musique (*) ». (*La musique mise à la portée de tout le monde*, par F. J. Fétis, page 129 de la 3ᵉ édition authentique. Paris, 1847, chez Brandus et Cⁱᵉ.)

(*) Nous ne partageons nullement l'opinion énoncée ici par M. Fétis; nous déclarons, au contraire, que des expérimentateurs tels que Sauveur, Chladni, Biot, Arago, Dulong, les deux frères Savart, Wollaston, etc., nous inspirent tout autant de confiance qu'on peut raisonnablement en accorder à L'EXPÉRIENCE ELLE-MÊME. Il est vrai que nous ne pensons point qu'à l'aide de l'expérience seule on puisse s'élever aux grandes lois de la nature, ou, pour parler le langage de Kant et de Wronski, qu'on puisse s'élever à la VÉRITÉ par le moyen des sens.

(2) l étant la longueur d'une corde, p son poids, P le poids qui la tend, n le nombre de vibrations que la corde exécute dans une seconde,

on a : $n = \sqrt{\dfrac{gP}{lp}}$. Faisant $\dfrac{P}{p} = t$ et $\sqrt{t} = t'$ il viendra : $n = t'\sqrt{\dfrac{g}{l}}$.

Or, si l'on ne considère que des cordes de même longueur, $\sqrt{\dfrac{g}{l}}$ sera un facteur constant. Si on le représente par c, l'expression de n sera transformée en la suivante : $n = ct'$, équation qui ne renferme plus que deux variables. Le colonel Savart nomme *tension* le rapport t de P à p. Ceci posé on voit :

1° Que les nombres de vibrations sont proportionnels aux racines carrées des tensions; 2° que, pour une tension nulle, la corde ne peut donner de vibrations; 3° que, pour une même tension, le nombre des vibrations reste le même, quel que soit poids de la corde, et par conséquent quel que soit son diamètre. Telles sont les déductions de la théorie auxquelles M. Savart a comparé les résultats de ses expériences. Or il est facile de comprendre que l'élasticité doit modifier ces résultats ; par exemple, il n'est pas vrai que pour une tension nulle, la corde ne peut donner de vibra-

à-dire l'octave et la double octave ; et enfin certaines personnes entendent les sons 6 et 7 et même des sons encore plus aigus; du reste ces effets varient avec la nature de l'instrument.

Tous ces sons correspondent aux parties aliquotes du corps sonore, et une expérience très-curieuse met ce fait hors de doute. Cette expérience, facile à répéter, consiste à tendre, à côté d'une corde principale 1, des cordes plus courtes représentées par les fractions $\frac{1}{2}$, $\frac{1}{3}$, $\frac{1}{4}$, $\frac{1}{5}$, etc…. En faisant vibrer la corde principale, on voit frémir toutes les autres, et elles résonnent quoique faiblement. On peut rendre très-sensible le frémissement de ces cordes en plaçant à cheval sur chacune d'elles un petit chevron de papier. Les chevrons, par le frémissement des cordes, s'agitent et même sont lancés à terre.

Les sons qui accompagnent ainsi un son principal se nomment *sons secondaires* ou *concomitants*. Mais la plupart des auteurs modernes les appellent *sons harmoniques*, ce qui tend à jeter de la confusion dans les idées, les sons harmoniques proprement dits étant fort distincts des sons concomitants, ainsi qu'on le verra ci-après.

Puisque l'organe auditif perçoit en même temps qu'un son principal représenté par 1, une série de sons secondaires représentés par 2, 3, 4, 5, 6, 7. L'analogie porte à croire que si les autres sons 8, 9, 10, 11, etc..... ne sont point perçus, c'est uniquement en raison de leur acuité et de leur trop faible résonnance.

---

tions. Dans l'appareil de M. Savart, la longueur des cordes était constante et égale à $0^{decim},805$, en prenant le décimètre pour unité de longueur. Cette valeur introduite dans celle de :

$$c = \sqrt{\frac{g}{l}},$$ donne, g étant égal à 98,088, $c = 11,039$ et par conséquent $n = 11,039 t'$.

Équation d'où l'on tirera le nombre de vibrations qu'exécuterait, sous une tension donnée, une corde quelconque placée sur l'appareil, dans la supposition où les forces moléculaires n'auraient aucune influence sur ce nombre de vibrations.

Si, dans cette équation, on attribue à t' les valeurs successives $0m, 2m, 3m, \dots$ m étant un nombre pris arbitrairement, on aura, pour les valeurs correspondantes de t, $0, m^2, 4m^2, 9m^2 \dots$ et pour celles de P, $0, m^2p, 4m^2p, 9m^2p \dots$

C'est de cette manière que le colonel Savart calculait les poids P exprimés en kilogrammes, à l'aide desquels il tendait les cordes. Il résultait de là, pour les calculs et pour la représentation géométrique des faits, une régularité qu'on n'aurait pas obtenue en prenant pour P des valeurs purement arbitraires.

La corde soumise à l'expérience étant placée sur l'appareil, les opérations consistaient; 1° à charger successivement la corde de poids déterminés ; 2° à la faire vibrer sous chacune de ces charges; 3° à noter chaque fois le son qu'elle rendait lorsqu'on l'ébranlait avec un archet. Pour avoir le poids exact de la longueur de la corde ou du fil métallique, l'expérimentateur pesait une longueur considérable de ce fil, et en déduisait celui qui appartenait à la longueur voulue. Des fils de cuivre rouge, de laiton du commerce, de fer, de fer recuit, d'acier, et enfin des fils de plomb ont été soumis ainsi à l'expérience. M. le colonel Savart cherchant une représentation graphique des résultats obtenus, a trouvé qu'en représentant par N les nombres réels de vibrations, par n ceux que donnent la théorie, et par v le nombre de vibrations de la verge pour une tension nulle, on pouvait considérer N comme l'ordonnée d'une hyperbole rapportée à son centre et à ses axes, mais dont les abscisses sont comptées sur l'axe idéal, et dont v est le demi-axe réel ; quant à n, c'est l'ordonnée de l'asymptote correspondant à N. D'où il résulte que l'on a : $N^2 = n^2 + v^2$. L'équation de l'asymptote de cette branche d'hyperbole est $n = 11,039 t'$. (Voir le tome VI, septembre 1842, des *Annales de chimie et de physique*.)

Choron (1) propose, pour rendre sensible la résonnance de l'un quelconque des aliquotes, de tendre sur une même table, auprès de la corde principale, un certain nombre de cordes à l'unisson de cet aliquote. Il pense qu'au moment où la corde principale serait mise en vibration, le frémissement d'un grand nombre de cordes à l'unisson entre elles donnerait un résultat sensible. Cette expérience facile n'a pas été tentée, mais il est infiniment probable qu'elle réussirait.

On explique le phénomène de la résonnance multiple en admettant la superposition de différents modes de division du corps sonore; mais « il serait possible, dit M. Lamé (2) qu'il dépendît de notre organisation. Néanmoins on conçoit qu'une corde puisse se subdiviser en plusieurs parties qui vibrent séparément, en même temps que le mouvement de totalité a lieu. »

Non seulement cette subdivision est *possible*, mais la théorie mathématique l'indique comme une conséquence *forcée* de l'expression analytique la plus générale des mouvements vibratoires; et il n'est pas plus difficile d'admettre la coexistence de divers modes de vibrations dans un corps sonore que dans la membrane même du tympan (3); or, les expériences de Chladni et de F. Savart, sur la résonnance des plaques et des membranes, montrent irrécusablement la coexistence de pareils mouvements dans ces corps solides.

La figure 6, bien que ne présentant qu'un cas particulier, peut donner une idée de la coexistence de ces divers modes de vibrations dans une même corde.

Fig. 6.

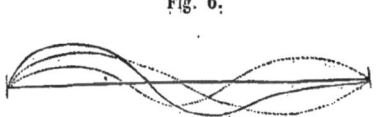

Sauveur, à qui l'on doit un grand nombre d'expériences curieuses sur la résonnance multiple, a imposé le nom de *nœuds* aux points de division de la corde, et le nom de *ventres* aux parties intermédiaires. Depuis, on a donné par extension les noms de *ligne nodale*, de *surface nodale*, à l'ensemble des points d'une surface ou d'un solide qui restent dans un repos relatif pendant que les autres parties frémissent.

§. 46. *Son résultant* ou *Résonnance sous-multiple* (4). Le phénomène du son résultant a été observé et décrit par le célèbre virtuose italien Tartini. Il consiste en ce

---

(1) *Manuel de musique*, V^e vol. page 15.

(2) *Cours de physique* de l'école polytechnique. Tome II, page 63.

(3) Choron, dans le manuel déjà cité, en rendant compte du phénomène de la résonnance multiple, dit que la supposition que la corde vibrante se subdivise en ses aliquotes, n'est pas confirmée par l'expérience, et qu'elle est contraire aux lois de la mécanique. C'est là une erreur grave que nous relevons à cause de l'autorité qui s'attache au nom de l'illustre fondateur du conservatoire de musique classique et religieuse.

(4) L'expression très-juste de *résonnance sous-multiple*, pour désigner le phénomène du *son résultant*, a été proposée par Choron.

que si l'on fait entendre simultanément deux sons aigus qui aient entre eux un rapport simple, on perçoit, outre l'accord formé par les deux sons, un troisième son plus grave. Par exemple, en faisant vibrer au moyen d'un violon la tierce majeure $Ut_1 — Mi_1$, le son plus grave qui en résulte est un Ut_{-1}, à la double octave au-dessous de celui que prononce l'instrument. L'expérience réussit aussi très-bien en faisant entendre deux sons soutenus au moyen de deux hautbois ou de deux clarinettes, ou mieux encore de deux tuyaux d'orgue. Lorsque les deux instruments prononcent la quinte $Ut_1 — Sol_1$, le son *résultant* est simplement l'octave grave Ut_0 de la note Ut_1.

Voici comment on explique ce phénomène :

Remarquons d'abord que si l'on représente par l'unité le nombre de vibrations de la note Ut_1 pendant l'unité de temps, le nombre synchrone correspondant à la note Mi_1 sera $\frac{5}{4}$ (voir §. 16), ce qui veut dire que 4 vibrations de la note Ut_1 correspondent à 5 vibrations de la note Mi_1 ; or, s'il en est ainsi, il est évident qu'à la quatrième vibration de la note Ut_1, il s'établit une coïncidence avec les vibrations de la note Mi_1 ; ces coïncidences, qui reparaissent ainsi de 4 en 4 vibrations de la note Ut_1 produisent un nouveau son, nécessairement plus grave, et qui, dans le cas particulier que nous examinons, est un Ut_{-1} à la double octave au-dessous du son Ut_1, puisqu'il est le résultat d'un nombre de vibrations quatre fois moindre.

Dans le cas où les sons produits simultanément sont : Ut_1 et Sol_1, les nombres synchrones de vibrations étant respectivement : 1 et $\frac{3}{2}$, c'est-à-dire 2 vibrations de la note Ut_1 pour 3 vibrations de la note Sol_1, il est clair que les coïncidences s'établiront à chaque deuxième vibration du son Ut_1, et que par conséquent le son résultant aura pour nombre synchrone la fraction $\frac{1}{2}$, ce qui représente l'octave grave du son Ut_1 (1).

Si les sons que l'on fait entendre simultanément sont tels que les coïncidences de vibrations soient fort éloignées, il pourra arriver qu'au lieu d'un son, on aura un bruit ou *battement*. Ce phénomène est bien connu des organistes, et il se produit chaque fois que l'on fait vibrer ensemble deux tuyaux qui donnent des sons très-rapprochés. Les coïncidences de vibrations s'établissant moins de 15 fois par seconde, par exemple, le son résultant est au-dessous de la limite des sons graves que l'oreille peut apprécier, il en résulte un renflement très-sensible ou *battement* à des intervalles de temps égaux.

Les accordeurs d'orgues mettent à profit ce phénomène pour accorder plusieurs tuyaux à l'unisson ; car s'il y a la moindre différence dans le degré du

---

(1) En général $\frac{p}{q}$ et $\frac{r}{s}$ étant les nombres synchrones de deux sons, pour savoir quel doit être le son résultant produit par leur simultanéité, il suffit de réduire ces fractions au même dénominateur, ce qui donne : $\frac{ps}{qs}$, $\frac{rq}{qs}$; on cherche ensuite le plus grand commun diviseur entre les numérateurs ps et rq, soit n, ce plus grand commun diviseur, le son résultant aura pour nombre synchrone : $\frac{n}{qs}$.

son, les battements ont lieu, et ils cessent aussitôt que l'unisson est obtenu (1).

§. 47. *Son ronflant.* — Chladni a obtenu d'une corde métallique un son plus grave d'une quinte que le son ordinaire de la corde entière. Pour répéter cette expérience, il faut fixer la corde à ses deux extrémités ; appuyer ensuite le point milieu de cette corde sur un chevalet, enfin soulever la corde en la tenant par son milieu et la laisser retomber. Les chocs successifs du milieu de la corde contre l'arête du chevalet, produisent le son grave que Chladni désigne par l'épithète de *ronflant :* ce son est rauque, désagréable, et par conséquent impropre à la musique.

§. 48. *Sons harmoniques.* — C'est une espèce singulière de sons que l'on tire de la harpe et des instruments d'archet. « Ils naissent, dit Berlioz (2), (en parlant de ceux que l'on tire du violon) quand on effleure les cordes avec les doigts de la main gauche, de manière à les diviser dans leur longueur sans que la pression des doigts soit assez forte pour les mettre en contact avec la *touche*, comme pour les sons ordinaires. Ils ont un caractère singulier de douceur mystérieuse, et l'extrême acuité de quelques-uns donne au violon, dans le haut, une étendue immense. Ils sont *naturels* ou *artificiels*. Les sons harmoniques naturels se font entendre si on effleure certains points des cordes à vide ; les sons harmoniques artificiels s'obtiennent très-distinctement sur toute l'étendue de la gamme au moyen du premier doigt qui, fortement appuyé sur la corde pendant que les autres doigts l'effleurent, sert de sillet mobile. » Le violoncelle se prête encore mieux que le violon à la production des sons harmoniques ; du reste ils s'y produisent par le même mécanisme.

Les points d'une corde que l'on doit effleurer pour obtenir les sons harmoniques, ne sont nullement arbitraires ; ils correspondent aux aliquotes même de la corde. Il arrive ainsi que, les deux parties de la corde étant commensurables, et vibrant simultanément, parce que les vibrations imprimées à l'une des parties peuvent se communiquer à l'autre vu la légèreté de l'obstacle, le son obtenu est celui qui correspond à leur plus grand commun diviseur. Par exemple, si l'on pose légèrement le doigt au tiers d'une corde de violoncelle, et qu'on en fasse vibrer les $\frac{2}{3}$ restants au moyen de l'archet, le son produit ne sera pas celui qui appartient naturellement à la longueur $\frac{2}{3}$, lorsque cette partie vibre seule, mais bien celui qui serait produit par le $\frac{1}{3}$ de la corde (sauf la différence du timbre), parce que dans cette circonstance la corde entière se divise en 3 parties égales qui vibrent comme cordes particulières, ce dont on peut s'assurer, ainsi que l'a fait Sauveur, en plaçant un chevalet mobile à

---

(1) Dans le *Recueil de problèmes de physique*, publié par M. E. Bary, Paris, chez L. Hachette, 1838, on rencontre plusieurs problèmes d'acoustique. L'énoncé de l'un de ces problèmes se rapporte au phénomène du *son résultant* ; le voici : « Trois sons forts et soutenus se faisant entendre à la fois, quels seraient les sons plus graves qui résulteraient de leur coexistence ? On peut supposer les trois corps sonores placés aux trois sommets d'un triangle équilatéral dont le centre serait occupé par l'oreille. On peut généraliser ce problème et supposer n corps sonores placés aux n sommets d'un polygone régulier dont le centre est occupé par l'observateur, et demander les sons résultants dus à des coïncidences binaires, ternaires, quaternaires, etc.

(2) *Grand traité d'instrumentation et d'orchestration modernes*, par H. Berlioz. Œuvre 10. Paris, Schonenberger.

la fin du 1er tiers de la corde et des chevrons de papier à l'extrémité du 2e tiers et dans les intervalles de ces points; en ébranlant le 1er tiers de la corde, les deux autres tiers entrent aussitôt en vibration, et le chevron placé au second tiers reste immobile, tandis que les autres s'agitent ou même sont renversés.

Sauveur vérifiait, par cette expérience, sa théorie de la formation des sons concomitants, qui admet l'existence simultanée de tous ces sons dans les vibrations d'une seule corde, théorie conforme aux lois de la mécanique rationnelle, et l'une des mieux établies de toute la physique.

§. 49. *Instruments à vent.* — La production du son dans les tuyaux d'orgue, et en général dans tous les instruments à vent, est principalement due aux vibrations *longitudinales* (1) de la colonne d'air renfermée entre leurs parois ; ce qui le prouve, c'est que des tuyaux de *même longueur*, mais de matières, de largeurs et d'épaisseurs diverses, produisent des *sons de même hauteur*. « Comment, s'écrie le profond mathématicien Léonard Euler, comment pourrait-il se faire que des tubes si différents eussent le même mouvement vibratoire ? Ceux qui admettent que les tubes qui composent les instruments à vent prennent eux-mêmes un mouvement vibratoire, sont en contradiction avec les propriétés connues des tubes. Quant à l'opinion de ceux qui croient que la surface intérieure des tubes entre seule en vibration, elle est en opposition avec l'effet de la diversité de matière, qui suffit pour la renverser. La cause des sons des instruments à vent doit donc être telle, qu'elle ne dépende que de la seule longueur des tubes. »

§. 50. Malgré cette assertion si formelle d'Euler, l'expérience prouve que les parois qui enveloppent une masse d'air ont une influence sur ses vibrations, bien qu'il soit certain que la production du son dans les instruments à vent soit principalement due aux vibrations longitudinales de la colonne d'air renfermée entre leurs parois. » L'on sait depuis longtemps, dit M. Pouillet (2), que le son du cor et de la trompette dépend de la matière de l'instrument et du degré d'écrouissage qu'elle a reçu. Un cor, par exemple, qui serait recuit au feu, sans être altéré dans sa forme, ne rendrait plus que des sons étouffés. Les facteurs d'orgues connaissent aussi cette in-

---

(1) Les cordes à boyau et les tiges métalliques sont susceptibles aussi de vibrer *longitudinalement*. Pour produire ces vibrations dans les cordes, il faut les frotter dans le sens de leur longueur avec un archet tenu sous un angle fort aigu, ou mieux avec un morceau de drap saupoudré de colophane. Les sons produits de cette manière sont beaucoup plus aigus que ceux dus aux vibrations transversales, et un fait, cité par Berlioz à la fin de l'article consacré à la contrebasse dans son grand traité d'instrumentation, prouve qu'il y a là une source précieuse d'effets tout nouveaux. Voici comment l'habile compositeur rapporte le fait en question : « Un artiste piémontais, M. Langlois, qui s'est fait entendre à Paris, il y a une quinzaine d'années, obtenait, avec l'archet, en serrant la corde haute de la contrebasse entre le pouce et l'index de la main gauche, au lieu de la presser sur la touche, et en montant ainsi jusqu'auprès du chevalet, des sons aigus très-singuliers et d'une force incroyable. Si l'on avait besoin de faire produire à l'orchestre un grand cri féminin, aucun instrument ne le pourrait jeter mieux que les contrebasses employées de la sorte. Je doute que nos artistes connaissent le mécanisme de M. Langlois pour les sons aigus, mais il leur serait facile de se le rendre familier en peu de temps. »

(2) *Eléments de physique expérimentale et de météorologie.*

fluence de la matière des tuyaux sur les qualités des sons, et ils assurent que, pour faire un mauvais instrument, il suffirait d'altérer très-peu la nature de l'étain qu'ils emploient dans les jeux de métal, ou la nature du bois dans les jeux de bois. Ces observations sont pleinement confirmées par les nombreuses expériences que F. Savart a faites avec des tuyaux de parchemin plus ou moins tendu ou de papier plus ou moins humide. Savart a constaté : 1° que dans un tuyau prismatique carré ayant un pied de hauteur et neuf lignes de côté, le son peut baisser de plus d'une octave quand on humecte de plus en plus le papier qui forme les parois ; ce papier est collé sur les arêtes solides du prisme comme sur une espèce de cadre ; 2° que le son peut par ce moyen s'abaisser d'autant plus que les tuyaux sont plus courts : ainsi, il s'abaisse facilement de plus de deux octaves dans les tuyaux cubiques ; 3° qu'il suffit même de faire en papier ou en parchemin une partie seulement de la paroi d'un tuyau pour faire sensiblement baisser le ton. »

Il résulte des observations et des expériences que nous venons de rapporter, que la matière des tubes influe sur l'intensité et le timbre des sons, et que, dans le cas particulier de parois flexibles et perméables, l'humidité agit notablement sur le ton ou degré du son ; à quoi il faut ajouter que la température et la pression atmosphérique ont l'une et l'autre leur influence propre. Tous les musiciens savent en effet que, par une forte chaleur et par un ciel serein, le son des instruments à vent est plus aigu que par un temps brumeux accompagné d'un froid intense.

§. 51. Mais, en thèse générale, on peut admettre que les tuyaux cylindriques ou prismatiques d'une longueur convenable (10 à 12 fois leur diamètre) et d'une matière suffisamment rigide, donnent le même *son fondamental;* on nomme ainsi le son le plus grave du tuyau. En représentant par 1 ce son fondamental dans un *tuyau ouvert,* les autres sons suivront la série des nombres naturels 1, 2, 3, 4, 5...., et de quelque manière que l'on s'y prenne pour produire le son, on n'en obtiendra jamais d'autres, à moins de boucher en partie l'orifice du tuyau, et de changer artificiellement la ongueur de la colonne d'air comprise entre ses parois.

C'est à Daniel Bernouilli que l'on doit la théorie physique et mathématique des vibrations de l'air dans les tuyaux. Ce savant s'est assuré que la colonne d'air renfermée entre les parois des tubes se divise effectivement en 2, 3, 4, 5... parties égales vibrant indépendamment et en sens inverse l'une de l'autre, lorsque, sous l'influence variable du souffle, ces tubes rendent des sons qui correspondent à la série des nombres naturels. Ainsi, par exemple, Bernouilli a fait voir que quand un tuyau rend le son 2, on peut le couper par le milieu, et en enlever la moitié sans que le son éprouve d'altération ; de même que, s'il rend le son 3, on peut lui enlever successivement le premier tiers, puis les deux premiers tiers, sans faire varier la hauteur du son.

Il résulte de ces expériences décisives que la colonne d'air se divise spontanément en 2, 3, 4.... parties égales, suivant la force du souffle, chacune de ces parties vibrant comme si elle était seule, et nécessairement en sens inverse de la partie voisine. Il existe ainsi dans la longueur de la colonne d'air des *nœuds* et des *ventres* de vibrations, c'est-à-dire des couches d'air à l'état de repos, et d'autres couches où les oscillations ont le plus d'amplitude. Daniel Bernouilli a imposé le nom de *concamération* à la portion d'air comprise entre deux nœuds de vibration. La position du ventre de vibration est évidemment au milieu de la distance qui sépare ces points extrêmes : c'est en ce milieu que les oscillations ont le plus d'amplitude, et la couche d'air correspondante n'éprouve ni dilatation ni condensation pendant toute la durée d'une vibration. Quant aux autres couches, l'amplitude de leurs oscillations va en diminuant du ventre vers les nœuds, et les deux moitiés de la masse d'air qu'ils limitent, sont alternativement dans deux états opposés de condensation et de dilatation.

§. 52. Si l'on pratique des ouvertures en tous les points du tube que la théorie indique correspondre à des ventres de vibration, le son ne change point ; et si l'on pousse un piston dans le tube, et qu'on l'arrête aux points désignés comme nœuds de vibration, il en est encore de même.

§. 53. Les sons naturels d'un *tuyau fermé* par un bout diffèrent de ceux d'un tuyau ouvert ; et, en désignant par 1 le son fondamental d'un pareil tuyau, les autres sons suivent la série des nombres impairs 3, 5, 7, 9... Un fait très-remarquable c'est que le son fondamental d'un *tuyau fermé* est à l'octave grave du son fondamental d'un *tuyau ouvert* de même longueur ; ce qui tient à ce que dans un tuyau fermé le mouvement du son va se réfléchir sur le fond du tuyau pour revenir vers l'embouchure, d'où il résulte que l'*onde sonore*, productrice de ce son fondamental, a une *longueur double* de celle du tuyau. Cette réflexion du mouvement du son sur le fond du tuyau, explique aussi pourquoi un tuyau fermé donne la série des nombres impairs ; mais les bornes de ce résumé ne nous permettent que cette seule indication, qui, d'ailleurs, peut suffire pour un lecteur attentif.

§. 54. Les instruments à vent sont très-nombreux et de formes très-diverses, mais on peut ramener à un petit nombre les modes de production du son dans ces appareils. Dans les uns, le courant d'air affluent produit par le souffle, ou mécaniquement par le vent d'un soufflet, est dirigé sur une ouverture dont les bords sont taillés en biseau ; l'air s'y brise, vibre et communique ses vibrations à l'air contenu dans le tube. Les jeux de flûte dans l'orgue, la flûte traversière, la flûte à bec, etc., se rapportent à ce premier mode.

§. 55. Dans les autres le corps sonore est une *anche*, dont la partie vibrante peut être alongée ou raccourcie à volonté. Par exemple, dans l'orgue, les *jeux d'anches* parlent au moyen de *languettes* métalliques dont la partie vibrante peut être augmentée ou diminuée au moyen de tiges appelées *rasettes*. A chaque anche correspond une pareille tige qui la presse sur une partie de sa longueur, et qu'on peut élever ou abaisser pour accorder l'anche. La condition essentielle pour qu'une anche *parle bien*, c'est que la masse d'air du tuyau se mette facilement à l'unisson avec elle. Or, cette condition pouvant être remplie d'une infinité de manières différentes, il en est résulté une grande variété dans les formes des tuyaux, formes qui toutes ont une influence sur l'éclat et le timbre du son produit. M. Weber, en Allemagne, et M. Grénié, en France, ont fait de nombreuses expériences sur les jeux d'anches et réalisé de notables perfectionnements. Disons en passant que c'est à ce mode de production du son que se rapporte le jeu d'orgue connu sous le nom de *voix hu-*

maine. A ce même mode se rapportent aussi le hautbois, le basson, la clarinette, etc., dont les anches, diversement ajustées, sont soumises à la pression des lèvres qui tiennent lieu de *rasette*. Le tube de ces instruments modifie les sons sous le rapport de leur timbre et leur intensité.

§. 56. Enfin, pour produire le son dans les instruments en cuivre, tels que cors, trompettes, trombonnes, etc., il ne suffit pas de souffler, il faut encore articuler une syllabe, telle que *tou* ou *dou*, selon qu'on veut attaquer le son avec force ou avec douceur, l'intensité de cette articulation est accrue d'une manière surprenante par les tubes de ces instruments, à peu près comme les porte-voix augmentent le son de la voix humaine.

§. 57. Félix Savart, et après lui, M. Fermond, ont reconnu, par de nombreuses expériences, qu'il se produit vers l'embouchure des instruments à vent des mouvements d'une grande complication. Ces expériences sont très-curieuses et jettent une grande lumière sur le phénomène des vibrations aériennes.

Selon F. Savart (1), si l'on introduit un rayon solaire dans un tuyau d'orgue en verre, renfermé dans une chambre où l'on a fait l'obscurité, et si l'on verse par l'embouchure du tuyau, tandis que le son se produit, une limaille fine et légère, comme celle du liége ou du peuplier, on voit cette poussière suspendue dans la masse d'air, en suivre tous les mouvements, et les indiquer avec une netteté singulière; toutes ces petites parcelles décrivent une espèce d'hélice dont les tours, d'abord très-rapprochés près de l'embouchure, s'écartent ensuite au point de devenir presque parallèles à l'axe du tube, vers son orifice opposé à la bouche.

F. Savart a reconnu l'existence des spirales non seulement dans les tuyaux, mais aussi dans de grandes masses d'air, dans l'air libre, et même dans les corps solides.

Son réfléchi. — Echo. — Voûtes elliptiques. — Salles de spectacles. — Porte-voix. — Cornet acoustique.

§. 58. Le son peut être réfléchi par les obstacles qui lui sont opposés, et cette réflexion se fait comme celle de la chaleur et de la lumière; c'est-à-dire que si l'on appelle *rayon sonore* une ligne dirigée dans le sens du mouvement du son, l'angle du rayon réfléchi sera égal à l'angle du rayon incident. C'est là ce qui produit l'*écho*; mais, pour qu'on puisse l'entendre, il faut être placé à une distance de l'obstacle, telle qu'il s'écoule plus d'un dixième de seconde entre l'audition du premier son et l'audition de sa réflexion, sans quoi le son principal se confond avec l'écho, et il n'en résulte qu'une simple résonnance, ce qui tient à ce que l'oreille ne peut percevoir distinctement que dix sons environ dans une seconde de temps. D'après ce que nous avons dit, §. 10, sur la vitesse avec laquelle le son se propage dans l'air, cette distance ne doit pas être moindre que 17 mètres à peu près.

---

(1) *Annales de chimie et de physique*, tome XXIV, 1823. Voir aussi une lettre de M. N. Savart, insérée dans le compte-rendu des séances de l'académie des sciences, du 16 octobre 1843.

§. 59. Il existe des échos multiples, c'est-à-dire des échos qui renvoient à l'oreille le même son à des époques différentes, et avec différents degrés d'intensité. On cite celui de Genetay, à deux lieues de Rouen ; l'écho quintuple du Lurley, au bord du Rhin, à un quart de lieue de St.-Goar ; celui du tombeau de Metella, cité par Gassendi, qui répète huit fois le premier vers de l'Enéïde ; celui du château Simonètta, causé par deux murs parallèles, qui, suivant Chladni, répète un mot jusqu'à quarante fois. Il serait facile de multiplier ces citations.

M. Pouillet fait remarquer qu'il n'est nullement nécessaire que la surface réfléchissante soit dure et polie, et cite à l'appui de cette remarque les échos formés par les nuages, et surtout ceux formés par les voiles d'un navire éloigné lorsqu'elles sont bien tendues, échos qui s'observent souvent à la mer. Enfin, suivant le même auteur, l'inégalité de température et par suite de densité de l'atmosphère pendant le jour, quand le soleil est dans toute sa force, inégalité causée par la diversité de nature et la variété des pentes du terrain, par l'évaporation, par les ombres, etc., occasionne une foule de courants chauds ascendants et de courants froids descendants qui produisent des réflexions multipliées du son à chaque passage d'un courant à l'autre, ce qui atténue le son direct d'une manière très-sensible pendant le jour, quoique le son réfléchi ne soit pas assez fort pour former écho. C'est ce qui explique, comme l'a fait remarquer M. de Humboldt, pourquoi le son se propage toujours à de plus grandes distances la nuit que le jour, même au milieu des forêts de l'Amérique, où les animaux, silencieux pendant le jour, troublent et agitent l'atmosphère de mille bruits confus pendant la nuit.

§. 60. *Les voûtes elliptiques* offrent une curieuse application de la réflexion des ondes sonores ; ces voûtes ont la propriété de faire concourir en un même point les sons partis d'un autre point. Tous ceux qui ont visité le conservatoire des arts et métiers à Paris, ont pu observer ce phénomène dans l'une des salles de cet établissement. En parlant, même très-bas, à l'un des angles de cette salle, une personne placée à l'angle opposé entend distinctement ce qui se dit, et peut transmettre sa réponse, pendant que les visiteurs dispersés dans la salle demeurent étrangers à la conversation. Chladni dit avoir observé à Muyden, non loin d'Amsterdam, un écho causé par un mur demi-elliptique ; le son produit à l'un des foyers de cette ellipse reparaît à l'autre foyer avec un accroissement d'intensité et paraît sortir de terre, ce qu'il faut attribuer, suivant Chladni, à une légère inclinaison du mur en dedans.

§. 61. La construction de salles de spectacle et de concert, de locaux destinés aux assemblées délibérantes, etc., disposés de la manière la plus favorable à l'audition distincte, exigerait, de la part des architectes, une étude approfondie des lois de la propagation et de la réflexion du son ; malheureusement, malgré les traités spéciaux sur cette matière (1), il semble que la plupart des architectes abandonnent au hasard l'accomplissement de cette condition qui, cependant, est la principale (2).

---

(1) Chladni cite, comme l'un des meilleurs traités sur ce sujet, l'ouvrage de J. G. Rhode. (Theorie der Verbreitung des Schalles für Baukünstler. Berlin, 1800).
(2) La construction récente de la salle provisoire des séances de l'Assemblée nationale est une preuve frappante, entre mille, de la justesse de cette critique.

Selon J. G. Rhode, il est plus facile d'arranger des salles d'une manière favorable à la propagation naturelle du son, que d'obtenir des renforcements par des moyens artificiels; mais dans les salles très-grandes cette propagation naturelle n'est pas suffisante. Toutefois, en prenant 70 pieds comme la distance à laquelle une voix ordinaire est encore perceptible, on pourrait construire une salle de spectacle contenant environ 2,000 personnes, en ne comptant que sur la propagation directe du son, mais on devrait éviter les décorations trop saillantes des parois, les loges latérales près du théâtre, qu'on remplacerait par des parois droites ou mieux divergentes, il faudrait changer la mauvaise disposition actuelle des coulisses qui absorbent tout le son qui se répand vers les côtés, et les remplacer par des appareils disposés de façon à réfléchir le son en avant. Le plafond ne devrait pas être trop haut; on pourrait le faire parallèle au parterre, et s'élevant peu à peu vers la partie de la salle la plus éloignée du théâtre. Chladni cite comme exemple le grand théâtre de Parme. — La plus mauvaise disposition est celle où le son doit faire une action rétrograde, d'où résulte une résonnance désagréable ou même un écho. De toutes les formes qu'on peut donner à une salle, la forme elliptique est la plus désavantageuse; la forme ronde ne convient pas non plus à cause des réflexions multipliées; mais la forme parabolique des parois et du plafond, passant insensiblement à la ligne droite, est très-convenable, et un orateur, placé au foyer de la parabole (dont la propriété est de réfléchir tous les sons parallèlement à son axe) serait parfaitement entendu de toute la salle.

§. 62. *Le porte-voix* est un instrument bien connu, dont la forme conique a pour effet d'envoyer dans une même direction un grand nombre de rayons sonores. Le *cornet acoustique* en est en quelque sorte l'inverse; il concentre en un point les rayons sonores divergents, et remplit ainsi, à l'égard de l'oreille, une fonction analogue à celle que les lentilles convexes remplissent à l'égard de la vue.

Analyse d'un bruit. — Timbre.

§. 63. Dans un mémoire inséré dans le n° 25 des comptes-rendus hebdomadaires des séances de l'académie des sciences, M. le colonel du génie N. Savart établit que, lorsque des ondes sonores, partant d'un corps en vibration, viennent frapper une surface plane et sont ensuite réfléchies suivant un axe dirigé vers leur point de départ, il se forme le long de cet axe, par la rencontre des ondes directes et des ondes réfléchies, ou, en d'autres termes, par suite des *interférences*, comme un système d'ondes qui semblent privées du mouvement de transport; c'est-à-dire que l'oreille, en parcourant les divers points de cette droite, y reconnaît des nœuds, des ventres et des points intermédiaires où l'intensité du son augmente à mesure qu'on s'approche davantage d'un ventre. Les ondes fixes sont égales aux ondes directes; mais la première onde, près de la paroi, est beaucoup plus courte que les autres.

Il existe à la fois autant de systèmes d'ondes sonores que le corps vibrant a d'harmoniques, et chacun d'eux est soumis aux mêmes lois que le premier. Les *interférences* comme celles des ondes lumineuses, n'ont lieu que pour des ondes sonores de même longueur.

Ces lois remarquables s'appliquent à un bruit quelconque, de telle sorte qu'il devient possible d'analyser non seulement un son musical, c'est-à-dire d'en *séparer tous les harmoniques*, ou *sons concomitants*, mais qu'on peut de même *séparer tous les sons qui causent un bruit confus*, tel, par exemple, que le bruit d'une voiture roulant sur le pavé, le bruit d'une chute d'eau, le bruit formé par la réunion de tous les bruits qui se font dans une grande ville; enfin le bruit de la mer qui, en particulier, fournit des sons d'une intensité fort remarquable. C'est là un résultat qui paraîtra presqu'incroyable, et cependant le moyen d'expérimentation est tellement simple, que chacun peut s'assurer de la vérité du fait après un certain nombre d'essais préliminaires destinés à acquérir l'habitude de distinguer, au milieu du bruit, les sons produits par la réflexion.

Pour répéter ces expériences, il convient de prendre pour surface réfléchissante une paroi à peu près verticale, cette position de la surface permettant de s'en approcher et de s'en éloigner commodément : un mur, un battant de porte, un carreau de vitre satisfont à cette condition; la distance de l'oreille à la paroi peut varier entre zéro et 2 ou 3 mètres; plus loin le son devient trop grave pour être saisi facilement. Quant au bruit lui-même, il suffit qu'il dure assez pour permettre les observations.

Pour mesurer la distance de l'oreille à la paroi, M. Savart faisait usage d'une règle divisée placée normalement à la paroi, en appuyant contre elle l'extrémité de la règle qui portait le zéro. Cette règle étant ainsi dirigée vers la source du bruit, l'observateur se plaçait en face, et en approchait la tête de manière à présenter une oreille du côté de la paroi, tandis qu'il tenait bouchée l'oreille opposée. Au moyen d'une équerre dont un des côtés glissait le long de la règle et dont l'autre s'appuyait à la tête, derrière le pavillon de l'oreille ouverte, il obtenait la distance de cet organe à la paroi, distance indiquée par la division correspondant au pied de l'équerre.

§. 64. En opérant de cette manière on pourra, pendant qu'une corde rend un son prolongé, en séparer successivement et dans un ordre régulier tous les harmoniques ou sons concomitants, en transportant l'oreille en plusieurs points de l'axe de réflexion. — On pourra faire la même analyse sur le son produit par un timbre, une cloche, etc. Cet examen de chacun des harmoniques qui accompagnent nécessairement un son, fournit un procédé pour analyser les causes qui différencient les *timbres* des divers instruments, causes encore inconnues, car lorsqu'on dit que le *timbre* provient de l'*influence-propre* du corps sonore et de la *manière* de produire le son, on reste à la surface de la question. Les expériences du colonel Savart rendent infiniment probable cette opinion que *le timbre est dû surtout à ce qui accompagne le son principal*, c'est-à-dire, aux *harmoniques* ou *sons concomitants;* une foule de faits viennent corroborer cette manière de voir. Nous n'en citerons qu'un seul bien connu des violonistes et de violoncellistes, c'est que les sons que l'on tire des instruments à corde en approchant l'archet du chevalet sont d'un *timbre âpre et métallique*, tandis que ceux que l'on obtient en jouant sur la touche sont d'un *timbre doux et effacé;* or, en changeant ainsi la position de l'archet, on ne fait autre chose que de changer la série des sons qui accompagnent le son principal.

Vibrations des solides en général. — Vibrations des plaques en particulier.

§. 65. De l'ensemble des travaux des physiciens et des géomètres sur l'acoustique, il résulte 1° que tous les corps en vibrant changent instantanément de formes pour revenir à leur forme primitive par une série d'oscillations dont la durée dépend de leur élasticité propre ; 2° que le mouvement vibratoire s'opère dans leur intérieur par ondes alternativement condensées et dilatées ; 3° qu'à cet égard les corps solides se comportent comme les liquides et les gaz ; 4° que dans l'intérieur des corps solides, il s'établit des *surfaces nodales* séparant les parties vibrantes, surfaces manifestées à l'extérieur par des *lignes nodales*, intersections des surfaces nodales avec la surface même du corps.

Ces surfaces et ces lignes sont sans contredit le moyen le plus efficace d'étudier la structure intérieure des corps et les variations de leur élasticité dans tous les sens ; c'est ce que les travaux importants de Chladni, et surtout ceux de F. Savart mettent hors de doute, mais ces travaux appartenant à l'acoutisque générale, nous ne pouvons ici que les mentionner. Toutefois, avant de terminer, nous allons dire un mot des vibrations des plaques qui, bien que n'offrant qu'un cas particulier, pourront du moins donner une idée des mouvements singuliers qui ont lieu dans l'intérieur des corps, lorsque, par une cause quelconque, ils sont mis en vibration.

§. 66. Pour faire vibrer les plaques, on fixe solidement l'appareil représenté fig. 7, et on place la plaque entre la vis et le petit cône auquel elle correspond. Les extrémités de la vis et du petit cône sont garnies d'un morceau de liége, ce qui a pour but d'adoucir le frottement, et d'éviter la rupture de la plaque lorsqu'elle est de verre. Des plaques de métal ou de verre mince conviennent particulièrement pour ces expériences, mais on peut en prendre en bois, en terre cuite, ou en toute autre matière,

Fig. 7.

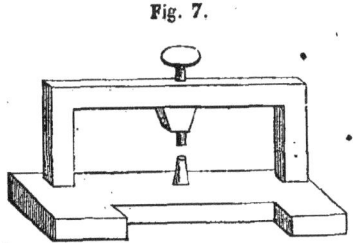

On presse la plaque entre la vis et le sommet du cône, et, au moyen d'un archet, on l'ébranle par le bord ; il est facile d'obtenir ainsi des sons purs et soutenus. Lorsque les bords des plaques sont tranchants, il faut les user au moyen de la lime, afin de ménager les crins de l'archet.

La grandeur des plaques est d'ailleurs arbitraire ; Chladni se servait de plaques de 3 à 6 pouces pour les figures les plus simples, et de plaques un peu plus grandes pour obtenir des figures plus compliquées.

Avant de tirer un son de la plaque, on saupoudre uniformément sa surface supérieure avec du sable fin et sec; aussitôt que le son est produit, on voit le sable sauter et retomber plusieurs fois; il est repoussé par les ventres de vibration de la plaque, et va s'accumuler sur les lignes nodales. Si la plaque est uniformément épaisse et homogène, les figures tracées sur le sable sont d'une régularité remarquable, et d'autant plus compliquées su. une même plaque, que le son qu'on en tire est plus aigu; on fait varier le son d'une plaque en changeant le point d'application de l'archet, ou le point de pression de la vis, ou en opérant ces deux changements à la fois. On peut aussi fixer plusieurs points de la plaque, ce qui a pour effet immanquable de faire passer une ou plusieurs lignes nodales par les points ainsi fixés d'avance; ce qui permet aussi de reproduire à volonté une figure déjà connue, lorsqu'on a observé et la direction des lignes nodales et le point d'application de l'archet. Il est clair que ce point d'application correspond toujours à un ventre de vibration.

On peut donner aux plaques toutes les formes imaginables; les figures jointes au présent article présentent quelques-uns des résultats que l'on obtient avec des plaques carrées et avec des plaques circulaires. Mais il faudrait un très-grand nombre de planches pour reproduire toutes celles que Chladni et F. Savart ont obtenues, seulement avec des plaques de ces deux formes. Qu'on juge, d'après cela, de l'infinie variété de formes qui correspondent à des plaques rectangulaires, polygonales, elliptiques, etc., etc.

Exemples des figures les plus simples obtenues au moyen de plaques carrées.

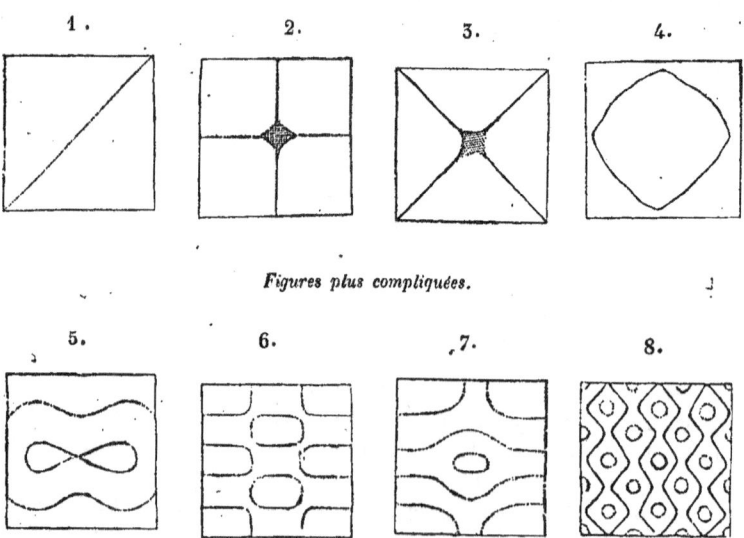

Figures plus compliquées.

Figures obtenues avec des plaques circulaires.

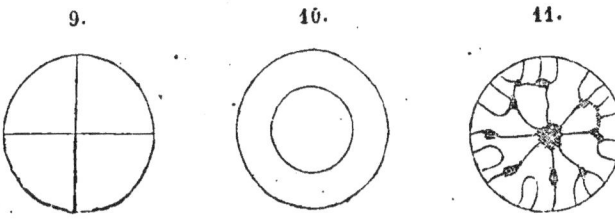

Des organes de la phonation et de l'audition.

§. 67. *Organe vocal.* — Sans faire intervenir ici aucune description anatomique, il suffira, pour le but que nous nous proposons, d'indiquer brièvement les deux opinions principales entre lesquelles aujourd'hui les savants sont partagés.

Suivant F. Savart (1) et la plupart des physiciens, le passage rapide de l'air dans le larynx, à travers les fentes de la glotte, y produit le son, comme dans un petit appareil, appelé *réclame*, qui sert aux chasseurs pour imiter la voix des oiseaux.

« Cet appareil, dit M. Lamé (2), se compose essentiellement d'une sorte de tambour de petite dimension, dont les faces sont percées de deux trous correspondants; en le plaçant entre les lèvres, et aspirant l'air extérieur avec plus ou moins de force, on produit des sons variés. Si l'on fixe cet instrument à l'extrémité d'un tube qui communique avec une soufflerie, on peut, en faisant varier la vitesse du courant d'air, obtenir une série continue de sons, qui embrasse une étendue de deux octaves environ; l'acuité ou la gravité de cette série dépend uniquement du diamètre des trous.

» Il faut admettre que le courant d'air qui traverse les deux ouvertures, dilate et condense successivement la petite masse d'air contenue dans le tambour. Une partie de cet air est d'abord entraînée au dehors en plus grande quantité que celle affluente, ce qui diminue l'élasticité du gaz intérieur; puis l'excès de la pression de l'atmosphère réagit pour diminuer la vitesse du courant, et retenir dans le tambour une plus grande masse de fluide que dans l'état d'équilibre, jusqu'à ce que l'accroissement de la force élastique reproduise l'effet inverse. C'est à la succession rapide de ces alternatives que l'on doit attribuer les sons du *réclame.* »

» Il y a une analogie évidente entre ce petit appareil et l'organe vocal : les deux fentes que forment les lèvres de la glotte tiennent lieu des deux orifices; les ventricules constituent le tambour; la soufflerie est représentée par l'appareil pulmonaire. La partie inférieure du larynx sert de porte-vent, et la colonne d'air qu'elle renferme vibre sans doute elle-même à l'unisson des sons produits dans la glotte. Enfin,

---

(1) *Annales de physique et de chimie.* T. XXX, p. 64.
(2) *Cours de physique de l'école polytechnique*, tome II, p. 97.

le gosier, la bouche et les fosses nasales font subir à l'intensité et au timbre des sons le même genre de modification que le tube supérieur des tuyaux à anche. »

§. 68. L'autre théorie, plus ancienne, assimile l'organe vocal à un instrument à anche. Emise en 1700 par Dodart, cette théorie a été perfectionnée par Ferrein; suivant ces deux physiologistes, *la glotte seule fait la voix et tous les tons.* »

Les travaux du célèbre Müller sont venus confirmer cette manière de voir. Ce savant physiologiste s'est livré sur les languettes membraneuses et sur le larynx à des expériences très-nombreuses et très-variées. Il résulte de son travail que *l'organe vocal de l'homme est une anche à deux lèvres membraneuses;* mais une anche d'une perfection telle que nul instrument de musique ne lui est complètement comparable. Elle peut donner tous les sons de l'échelle musicale avec un seul tuyau.

Cet organe, à la fois si simple et si parfait, peut engendrer deux registres de sons. On les a appelés sons de *poitrine* et sons de *fausset*.

Suivant Müller et Lehfeldt, les ligaments inférieurs de la glotte, susceptibles de plusieurs modes de vibrations, vibrent dans leur totalité par la voix de poitrine, et leurs bords seulement par la voix de fausset. G. Weber, comparant les sons de fausset avec les sons flûtés des cordes, pense qu'ils sont dus à ce que les cordes vocales vibrent avec des nœuds.

Toute cette théorie est exposée avec de grands développements dans *l'hygiène du chanteur*, opuscule de M. le docteur L. A. Segond (1), auquel nous renvoyons le lecteur qui désirerait connaître à fond cette doctrine qui est celle des plus célèbres physiologistes de l'époque, et qui a sur la théorie de F. Savart l'avantage d'une plus grande généralité, car elle s'applique à l'appareil vocal des ruminants, des oiseaux et des reptiles, dont les uns n'ont point de ventricules, et les autres ni ventricules ni épiglotte, mais qui, tous, ont deux languettes membraneuses susceptibles de tensions et de vibrations variées.

§. 69. *Organe de l'ouïe.* — Chez l'homme, cet organe présente à l'extérieur un *pavillon* dont les replis et les contours ne sont que l'épanouissement d'un canal appelé *conduit auditif*. Ce pavillon paraît avoir pour fonction la concentration des ondes sonores vers l'intérieur de l'oreille.

Le conduit auditif se termine à une petite profondeur *par la membrane du tympan*, qui est mince, très-élastique, et susceptible de vibrer à l'unisson de tous les sons possibles, ainsi que l'a fait voir F. Savart. Derrière cette membrane est la *caisse du tympan*, cavité osseuse remplie d'air, qui communique avec l'arrière-bouche par la *trompe d'Eustache*. Dans cette caisse on remarque deux ouvertures fermées par des membranes, l'une située vers la partie supérieure, nommée *fenêtre ovale*, l'autre, placée au fond, nommée *fenêtre ronde*. Enfin, dans la caisse du tympan est suspendue la *chaîne des osselets*, formée de quatre petits os que leurs formes ont fait appeler *le marteau, l'enclume, le lenticulaire* et *l'étrier*. Le marteau est fixé à la membrane du tympan, et l'étrier aboutit à la fenêtre ovale. Cet ensemble constitue *l'oreille externe*.

(1) Paris, 1846, chez Labé, libraire de la faculté de médecine.

L'oreille interne se nomme *labyrinthe* et contient : 1° le *vestibule*, cavité osseuse située derrière la fenêtre ovale ; 2° le *limaçon*, conduit osseux, courbé en spirale, séparé de la caisse du tympan par la fenêtre ronde, et débouchant dans le vestibule ; 3° trois canaux osseux semi-circulaires communiquant avec le vestibule par leurs deux extrémités.

Le labyrinthe est entièrement rempli d'un liquide transparent dans lequel viennent flotter les derniers filets du *nerf acoustique*, et c'est par l'intermédiaire de ce liquide que les ondulations sonores sont communiquées au cerveau, centre commun de toutes les sensations.

L'expérience prouve que toute l'oreille externe peut être détruite sans qu'il en résulte une surdité complète, pourvu que l'oreille interne reste intacte.

Logarithmes acoustiques.

§. 70. On a vu, dans la note de la page 24, que le rapport des nombres relatifs de vibrations ne saurait mesurer *l'intervalle* qui existe entre deux sons. Nous allons montrer que le logarithme d'un tel rapport est au contraire très-propre à mesurer cet intervalle.

Pour cela, considérons une série de sons équidistants ; par exemple, la série :

$$Ut \quad \begin{matrix}Ut\sharp\\ R\acute{e}\flat\end{matrix} \quad R\acute{e} \quad \begin{matrix}R\acute{e}\sharp\\ Mi\flat\end{matrix} \quad Mi \quad Fa$$

$$1 = (\sqrt[12]{2})^0 \quad (\sqrt[12]{2})^1 \quad (\sqrt[12]{2})^2 \quad (\sqrt[12]{2})^3 \quad (\sqrt[12]{2})^4 \quad (\sqrt[12]{2})^5 \ldots$$

qui exprime une série ascendante de sons, distants d'un demi-ton moyen. Il est évident que si l'on prend le demi-ton moyen pour unité d'intervalle, chaque exposant 0, 1, 2, 3... indique exactement la distance, *l'intervalle*, qui sépare le terme correspondant du premier de la série. Il est tout aussi évident que l'intervalle entre deux sons quelconques de cette série, est exprimé par la différence des exposants ; par exemple, l'intervalle $Ut\sharp$—Fa est exprimé par 5—1 ou 4 demi-tons moyens.

Telle est l'idée fondamentale des logarithmes acoustiques, qui établissent un lien entre l'acoustique et la musique proprement dite. Prony a calculé deux tables de logarithmes acoustiques, l'une, en prenant pour unité d'intervalle le demi-ton moyen ; l'autre, en prenant pour cette unité l'octave. Nous dirons ci-après quelle est la véritable mesure des intervalles musicaux ; et les lois fondées sur cette mesure, lois qui embrassent toute la science harmonique, en démontreront irréfragablement la parfaite convenance.

ÉTAT FUTUR

DE

L'ACOUSTIQUE MUSICALE.

DÉTERMINATION DE LA VRAIE GAMME DIATONIQUE,

PAR

Hoëné WRONSKI.

EXTRAIT DE LA REVUE PROGRESSIVE.

Le comte Camille Durutte, compositeur, ancien élève de l'École polytechnique, à M. A. S. de Montferrier, directeur de la REVUE PROGRESSIVE.

Metz, le 8 Novembre 1853.

MONSIEUR,

C'est avec le plus vif intérêt que j'ai lu, dans la *Revue progressive*, divers articles de MM. Francis Lacombe, A. Constant et Henri de Bagnols, concernant les travaux philosophiques de Hoëné Wronski, votre illustre parent. — Depuis longtemps, antérieurement à mes relations avec le grand philosophe, plusieurs articles de votre excellent *Dictionnaire des Sciences mathématiques* m'avaient fait entrevoir l'immense portée des travaux de Wronski, et inspiré le vif désir de connaître l'homme. Ce désir fut satisfait, et je pus me convaincre, par une correspondance suivie, et surtout par de longs et intimes entretiens, que vous n'aviez rien exagéré en écrivant, à la fin de l'article *Philosophie des mathématiques* de votre dictionnaire, les phrases que voici :

« Notre but n'ayant été que de faciliter l'étude des ouvrages de M. Wronski, et de faire entrevoir l'importance d'une philosophie qui vient enfin expliquer et compléter la science du géomètre, cette science qui règle les substances de l'univers, nous devons maintenant renvoyer aux ouvrages eux-mêmes. Si les grandes choses qu'ils contiennent sont encore méconnues, elles n'en sont pas moins produites, et M. Wronski peut s'écrier avec Keppler: « *Je livre mes ouvrages; ils seront compris par l'âge présent ou par la* » *prospérité, peu m'importe; Dieu n'a-t-il pas attendu six mille ans un contempla-* » *teur tel que moi de ses œuvres.* »

Honneur à vous, monsieur ! L'histoire des sciences inscrira cette remarquable appréciation à côté de celle de l'illustre Lagrange, le seul membre de l'Institut de France qui, à l'époque de l'apparition de la *loi suprême* des mathématiques (1810), entrevit la portée infinie de cette loi, et formula ainsi son opinion dans un rapport devenu célèbre :

« CE QUI A FRAPPÉ VOS commissaires dans le mémoire de l'auteur, c'est qu'il tire de sa formule toutes celles que l'on connaît pour le développement des fonctions (c'est-à-dire toutes les mathématiques modernes), et qu'elles n'en sont que des CAS PARTICULIERS. »

Toutefois, quelle que fût l'importance de ses travaux mathématiques, qui seuls suffiraient à la gloire de plusieurs générations de savants, Wronski, vous ne l'ignorez pas, monsieur, Wronski ne considérait ces travaux que comme la *garantie*, en quelque sorte matérielle, de la certitude absolue de ses principes philosophiques; car il avait compris qu'une philosophie, pour se légitimer à l'époque présente, devait, avant tout, fonder péremptoirement *les sciences*. Cette tâche immense a été merveilleusement accomplie ; et, certes, quand toute l'œuvre de Wronski aura vu le jour, on ne pourra comprendre qu'un seul homme ait pu l'accomplir dans le court espace d'un demi-siècle.

Parmi les nombreux manuscrits laissés par Wronski, il en est un qu'il m'a légué, et qui a pour titre : *Philsophie absolue de la musique*. Cet écrit, assez étendu, contient des vues nouvelles et fécondes qui, s'il plaît à Dieu, ne seront perdues ni pour l'art, ni pour la science.

Déjà, en 1850, Wronski m'avait envoyé un extrait de cet ouvrage, extrait contenant la délimitation numérique de la *vraie gamme diatonique*. Or, comme cette question est à *l'ordre du jour* par suite de la récente publication du TESTAMENT MUSICAL du célèbre directeur du Conservatoire de Bruxelles, et, comme M. Fétis, en proposant une théorie différente de la théorie fautive généralement admise par les physiciens, paraît devoir contribuer à épaissir les ténèbres qui enveloppent cette grave question musicale, je crois qu'il est de mon devoir, dans l'intérêt de l'art et de la science, et afin d'épargner aux physiciens expérimentateurs de nouvelles et bien inutiles recherches ; bien inutiles, parce qu'un pareil résultat est absolument inaccessible à *l'expérience*, je crois, dis-je, qu'il est de mon devoir de publier la lettre que Wronski m'écrivait en 1850, en réponse à celle où je lui donnai communication de la *loi créatrice des accords*, que je venais de découvrir récemment. Voici cette lettre :

A Monsieur le comte Camille Durutte, ancien élève de l'Ecole polytechnique, à Metz.

Paris, le 3 janvier 1850.

« Monsieur,

« J'ai reçu votre savante lettre du 27 décembre dernier ; j'y ai admiré la génèse ou la génération créatrice des accords musicaux. C'est un chef-d'œuvre qui vous fera beaucoup d'honneur.

» Je ne puis, dans ce moment, vous envoyer tout ce que je désire vous faire parvenir. Je me borne à vous adresser, en attendant, un petit extrait de mon *Apodictique* pour vous faire connaître la *vraie gamme diatonique* tant cherchée inutilement, et qui doit maintenant vous servir de base dans tous vos calculs acoustiques.

Voici cet extrait :

« L'absolue perfection philosophique des beaux-arts, comme celle des sciences, ne peut s'obtenir que par l'application de la LOI DE CRÉATION à la déduction de leurs principes fondamentaux ; déduction qui constitue leur philosophie absolue et spéciale.

. . . .

» Nous alléguerons ici *la philosophie de la musique* . . . .

» Un des grands résultats de cette décisive philosophie est la détermination numérique et entièrement *à priori* de la vraie gamme diatonique, qui sert de base à tous les autres résultats. — La voici, en distinguant les semi-tons par des parenthèses :

do	(do)	ré	(ré)	mi	fa	(fa)	sol	(sol)	la	(la)	si	do
1	$\frac{16}{17}$	$\frac{8}{9}$	$\frac{72}{85}$	$\frac{4}{5}$	$\frac{3}{4}$	$\frac{12}{17}$	$\frac{2}{3}$	$\frac{32}{51}$	$\frac{16}{27}$	$\frac{48}{85}$	$\frac{9}{17}$	$\frac{1}{2}$
	$\frac{16}{17}$	$\frac{17}{18}$	$\frac{81}{85}$	$\frac{17}{18}$	$\frac{15}{16}$	$\frac{16}{17}$	$\frac{17}{18}$	$\frac{16}{17}$	$\frac{17}{18}$	$\frac{81}{85}$	$\frac{15}{16}$	$\frac{17}{18}$

» Il se trouve ainsi, entièrement *à priori*, que les seuls nombres musicaux, dans la gamme diatonique, et par conséquent chromatique, sont les nombres premiers 1, 2, 3, 5, 17, et que les nombres 7, 11, 13 sont exclus de la musique ; ce qui offre la belle analogie de cette génération absolue de la gamme avec celle du cercle, où, d'après le célèbre théorème de Gauss, les mêmes nombres sont, les uns admis, et les autres exclus, pour l'inscription des polygones réguliers. — Le théorème de Gauss est notoirement :

$$x = 2^n + 1 ;$$

x étant le nombre des côtés du polygone, et n un nombre entier quelconque, pourvu que x soit un nombre premier.

» Les nombres x qui dépassent le nombre 17, servent à la génération de la gamme enharmonique et des gammes supérieures qui ne sont pas encore connues, et qui peut-être ne seront jamais connues sur notre globe.

» Il se trouve de plus que cette gamme absolue, telle qu'elle est engendrée *à priori* par la loi de création elle-même, offre immédiatement des intervalles égaux [1] ou ne

---

[1] Dans la *Gazette musicale* de Paris du 18 septembre 1853, M. Fétis produit comme argument victorieux contre l'inégalité des tons de la gamme, ce raisonnement du praticien violoniste : « Que je joue dans la gamme d'*ut* majeur ou dans celle de *ré* majeur, le *ré*, troisième corde de mon violon, est à vide, et mon premier doigt, fixé invariablement à la même place, pour faire le *mi*, soit que je joue dans la gamme d'*ut* ou dans celle de *ré*, produit toujours le même intervalle. Il est donc impossible que le ton *ré-mi* soit mineur dans la gamme d'*ut*, et majeur dans celle de *ré*. » — Cette objection serait sérieuse, en effet, s'il était possible de distinguer, par l'ouïe, la différence qui

différant que d'un *comma;* ce qui exclut de la musique toute nécessité d'un tempérament quelconque, en tirant ainsi, pour moyenne des ces intervalles égaux formant le semi-ton, le nombre $\frac{16}{17}$, et non $\frac{15}{16}$, comme on l'a fait jusqu'à ce jour. Il se trouve par là même, comme un des premiers résultats pratiques, qu'en rejetant ainsi tout tempérament, les instruments à sons fixes, tels que les orgues, pianos, etc., doivent dorénavant être accordés d'après cette détermination absolue de la gamme, pour être propres à rendre, le mieux possible, toutes les nuances de la musique moderne, et surtout celles de ses progrès ultérieurs.

» NOTA. La *loi de création* dont il s'agit ici comme *principe* de cette haute philosophie de la musique, est découverte par la philosophie absolue elle-même, formant le *messianisme;* et elle a déjà présidé à la réforme définitive des sciences mathématiques et à celles des sciences historiques, comme on le voit dans l'ouvrage intitulé : *Prodrome du messianisme.*

» *Signé,* H. WRONSKI. »

Cette précieuse lettre, entièrement de la main de Wronski, est l'une des premières qu'il m'ait écrites (j'en possède près de cent), et ce n'est pas la moins intéressante. Vous jugerez sans doute, monsieur, qu'il est opportun de la publier, en ce moment surtout, où la question de la *gamme* vient d'être agitée de nouveau par un professeur éminent, dont les opinons sont considérées comme des oracles par beaucoup d'artistes qui, absorbés par la pratique, n'ont ni le temps, ni même la volonté d'approfondir les questions fondamentales de leur art.

J'ai l'honneur d'être, monsieur, etc.

Le comte CAMILLE DURUTTE,
Exécuteur testamentaire de H. Wronski.

---

existe entre le *ton majeur* et le *ton mineur* des physiciens; or, cette distinction est absolument impossible par l'audition de l'homme. Bien plus, c'est précisément cette partie de l'octave formant un intervalle entre deux tons dont les durées des vibrations sont dans le rapport de 81 à 80, nommée *comma vulgaire,* que l'on a toujours considérée comme la limite de la distinction de tonalité, limite qui forme à peu près la cinquante-sixième partie de l'octave. Les tons de la gamme sont donc *sensiblement* égaux, leur différence ne pouvant être perçue par l'audition de l'homme.

(*Note de M. Durutte.*)

LOIS GÉNÉRALES

DU

SYSTÈME HARMONIQUE

FONDÉES

SUR LA VRAIE MESURE DES INTERVALLES.

LIVRE PREMIER.

LOI DE LA STRUCTURE DES ACCORDS.

CHAPITRE PREMIER.

DES INTERVALLES ET DE LEUR VRAIE MESURE.

§. 1. La relation de distance entre deux sons, c'est là ce qu'on entend par le mot *intervalle*. Mais il faut bien comprendre que cette désignation ne s'applique pas à deux sons pris au hasard ; en effet, si l'oreille humaine est capable de percevoir une infinité de sons, elle est loin de pouvoir les distinguer les uns des autres, et le nombre de ceux qu'elle est capable de discerner ainsi dans les limites d'une octave, ne s'élève pas à plus de 31 dans l'état actuel de la musique. Ces 31 sons (soumis à une dépendance réciproque et à un certain rapport symétrique) (1) constituent le système musical moderne.

Ainsi que l'a très-bien vu Choron, *l'intervalle* en musique ne peut être que la distance entre deux sons de l'échelle du système, qui est la somme des échelles de tous les modes particuliers (2).

---

(1) A. Barbereau, *Traité théorique et pratique de composition musicale*. Tom. I. ch. II, p. 14.
(2) *Manuel de musique* par Choron et A. de Lafage, tome Ier, pag. 34 et 35.

En effet, parmi le nombre infini de distances concevables entre deux sons, le musicien n'a besoin de *nommer* que celles qu'il est capable d'*apprécier*. C'est ce que Choron exprime en disant que tout intervalle est distance, mais que toute distance n'est pas intervalle.

§. 2. Selon la doctrine la plus exacte, les intervalles principaux sont au nombre de sept, désignés par les noms suivants : *seconde, tierce, quarte, quinte, sixte, septième* et *octave;* chacun d'eux admettant plusieurs espèces qui répondent à différents degrés d'extension que l'on exprime par les mots : *diminué, mineur, juste, majeur, augmenté*. Ainsi, par exemple, l'intervalle de seconde a trois espèces ; 1re seconde mineure, comme *Ré—Mi♭*; 2e seconde majeure, comme *Ré—Mi♮*; 3e seconde augmentée, comme *Ré—Mi♯*.

§. 3. L'intervalle de deux sons successifs est appelé *intervalle mélodique* pour le distinguer de celui qui existe entre deux sons simultanés qui prend le nom d'*intervalle harmonique*.

§. 4. Les intervalles harmoniques considérés sous le rapport de leur nature, ont été classés en deux catégories générales, formées, la première des intervalles *consonnants*, et la seconde des intervalles *dissonants* (1).

Le tableau suivant résume l'état actuel de la classification des intervalles envisagés sous le rapport de leur nature.

TABLEAU DES INTERVALLES.

Consonnances...	parfaites.........	octave.
		quinte juste, quarte juste.
	imparfaites......	tierces majeure et mineure.
		sixtes majeure et mineure.
	* appellatives...	quarte majeure.
		Quinte mineure.
Dissonances.....	absolues..........	secondes majeure et mineure.
		septièmes majeure et mineure.
		neuvièmes (ou secondes accrues d'une octave), majeure et mineure.
	attractives.......	seconde augmentée.
		tierces diminuée, augmentée.
		quartes diminuée, augmentée.
		quintes diminuée, augmentée.
		sixtes diminuée, augmentée.
		septième diminuée.
		octaves diminuée, augmentée.

(1) Barbereau, Ier vol. p. 13, fait remarquer que le mot *dissonnant* ne veut pas dire *discordant* ou *mal sonnant*, mais bien *sonnant deux fois*.

(*) Nous avons suivi, à peu de chose près, la classification développée par M. Fétis dans le *Manuel des compositeurs*. Deuxième édition, pages 9 et 10.

STRUCTURE DES ACCORDS.

§. 5. Beaucoup d'auteurs se contentent de faire deux catégories des intervalles envisagés sous le rapport de leur nature harmonique, la première catégorie comprenant les consonnances et la seconde les dissonances ; et ils n'établissent de sous-division que dans la première. Du reste, ces auteurs placent la quarte majeure et la quinte mineure parmi les dissonances (1).

§. 6. La nature harmonique de la quarte juste a été longtemps un sujet de discussion entre les auteurs didactiques ; mais, de nos jours, les harmonistes les plus instruits, tels que Choron, Fétis, Barbereau, se sont rangés de l'avis de Zarlin et d'Artusi qui classaient la quarte parmi les consonnances.

Albrechtsberger, dans sa *Méthode élémentaire d'harmonie et de composition*, dont Choron a donné une excellente traduction, soutient que la quarte juste est *consonnante* lorsqu'elle se trouve jointe à la sixte mineure ou majeure ; et qu'elle est *dissonante* quand elle est jointe avec la quinte. Cette étrange théorie a été réfutée par le traducteur ; la quarte jointe à la quinte est dissonante non comme quarte, mais comme seconde de la quinte ; d'où il suit que la quarte est par elle-même consonnante. Au reste, ajoute Choron (2), « il faut encore ici faire une observation, c'est que la qualité harmonique des intervalles ne dépend pas proprement de leur grandeur, c'est-à-dire de la distance des sons dont ils sont formés, mais de leur situation ou des degrés de l'échelle sur lesquels ils sont placés, c'est-à-dire par conséquent de la qualité mélodique essentielle de ces mêmes tons. En vertu de cette loi, la quarte jouit d'une harmonie différente, selon les degrés auxquels elle appartient, et son emploi se règle d'après cette considération. » (3)

---

(1) Les dénominations d'*augmentée* et de *diminuée* appliquées à la quarte *Fa—Si* et à la quinte *Si—Fa* sont évidemment vicieuses, puisque ces intervalles se trouvent entre deux sons de la gamme diatonique. La véritable quarte augmentée est *Fa—Si♯* ; et la véritable quinte diminuée est *Si—Fa♭* ; ces deux intervalles sont employés dans l'harmonie moderne ; on peut en voir un exemple dans le premier volume du *Traité de composition* de A. Barbereau, page 243, fig. 338, mesures 16 et 19.

(2) *Méthodes d'harmonie et de composition*, par J.-G. Albrechtsberger ; nouvelle édition, Paris, 1830, traduites de l'allemand, avec des notes par M. Choron. (Voir la note des pages 10 et 11 de cet ouvrage.)

(3) Nous renvoyons aussi le lecteur au grand ouvrage de Gottfried Weber (Theorie der Tonsetzkunst).

De la Mesure usitée des intervalles.

§. 7. Les intervalles se mesurent en tons et demi-tons, le ton lui-même étant formé de deux demi-tons de natures différentes ; savoir : 1° le demi-ton diatonique formé par deux notes dont le nom est différent, comme : Si—Ut, Mi—Fa, Fa♯—Sol, Sol—La♭, etc., et 2° le demi-ton chromatique, dont les deux notes, diversement accidentées, portent cependant le même nom, comme : Ut—Ut♯, Mi♭—Mi♮, Fa♯—Fa×, etc., ces deux demi-tons diffèrent de grandeur dans la réalité absolue, et on ne les ramène à l'identité que pour faciliter l'exécution sur les instruments à sons fixes. Nous avons établi, dans le *Résumé d'acoustique* (voir §§. 40 et 41), que le demi-ton diatonique est le plus petit des deux, et nous avons montré, au même endroit, que la distinction de deux espèces de tons, le ton majeur et le ton mineur est essentiellement erronée, et tient à la fausse doctrine admise par les physiciens.

§. 8. Tout ceci bien compris, nous devons faire remarquer que le demi-ton diatonique pris seul, est impropre à servir de mesure d'intervalle, et qu'il en est de même pour le demi-ton chromatique.

Car, d'une part, deux demi-tons diatoniques, au lieu de constituer un ton, forment un intervalle de tierce diminuée ; exemple : Ut—Ré♭—Mi♭♭, intervalle moindre que le ton.

Et d'autre part, deux demi-tons chromatiques donnent une distance plus grande que le ton, et dont les deux notes portent le même nom ; exemple : Ut—Ut♯—Ut×.

Il faut donc, de toute nécessité, l'association du demi-ton diatonique et du demi-ton chromatique, pour mesurer les intervalles selon la mesure usitée, c'est-à-dire, qu'au fond on se sert de deux unités différentes.

Ce raisonnement n'est infirmé ni par l'égalité des demi-tons sur les instruments à sons fixes, accordés généralement aujourd'hui suivant le tempérament égal, ni même par l'opération instinctive du chanteur qui *tempère*, pour ne point sortir des limites d'un certain mode ; car, un certain mode, ou 2 ou 3 modes enchaînés sans solution de continuité, ne constituent pas le système musical actuel complet, et bien moins encore le *système musical absolu*, qui seul, peut donner la sanction scientifique aux lois de tous les systèmes particuliers qu'il embrasse, en les coordonnant.

Toutefois, la manière actuelle d'évaluer les intervalles par tons et demi-tons a pu suffire, aussi longtemps qu'on est resté dans l'empirisme, et que l'esprit humain ne s'était pas élevé à la conception du système musical absolu; mais, depuis qu'il a fait cette conquête décisive pour l'art, il devient nécessaire d'employer la mesure qui sert de base à ce système (1), mesure qui rend inutile l'emploi des deux espèces de demi-tons dans l'évaluation des distances, ainsi que nous allons l'expliquer ci-après.

Formation des diverses espèces de gammes au moyen de l'échelle des quintes.

§. 9. Remarquons d'abord que la quinte prise dans les deux sens, c'est-à-dire en montant et en descendant, à partir d'un son dont le degré a été fixé d'avance, permet de retrouver tous les sons du système d'une manière uniforme et éminemment simple.

Ainsi le nombre des sons du système musical, en usage de nos jours, restant fixé à 31, comme l'établit M. Barbereau dans le premier volume de son *Traité de composition*, on les retrouve tous en procédant par la série régulière suivante :

		Sol♭♭,	Ré♭♭,	La♭♭,	Mi♭♭,	Si♭♭;
Fa♭,	Ut♭,	Sol♭,	Ré♭,	La♭,	Mi♭,	Si♭;
Fa♮,	Ut♮,	Sol♮,	Ré♮,	La♮,	Mi♮,	Si♮;
Fa♯,	Ut♯,	Sol♯,	Ré♯,	La♯,	Mi♯,	Si♯;
Fa×,	Ut×,	Sol×,	Ré×,	La×.		

Cette série continue, comprise dans une seule octave, est divisée en cinq régions, dont la 1re contient les notes affectées du double bémol; la 2e celles affectées du bémol simple; la 3e les notes

---

(1) M. A. Barbereau a fait à Paris, en 1847, une exposition publique de sá *Conception fondamentale* devant un auditoire composé d'artistes et de savants. Cette Conception (qui est précisément l'échelle générale des quintes, mentionnée dans la note de la page 25 de notre *Résumé d'acoustique*), rend seule possible l'établissement de véritables lois dans le domaine de la musique.

naturelles; la 4ᵉ les notes diésées, et la 5ᵉ les notes affectées du double dièse.

Au moyen d'une légère diminution dans la grandeur des quintes (*Tempérament égal*), on ramène ces 31 sons à 12, mais cette identification n'existe pas pour leur notation, qui, pour chaque son, dépend du mode auquel il se trouve lié. C'est ainsi, par exemple, que le son absolu qui, sur le clavier d'un piano à six octaves, correspond à la touche du milieu, est représenté en *Ut* majeur par la note *Fa* et en *Ut♯* majeur par la note *Mi♯* mais il serait superflu d'insister sur ces notions qui doivent être familières à tous les musiciens.

§. 10. Avant de passer à l'évaluation des intervalles en quintes, il est nécessaire d'exposer l'origine de la gamme diatonique majeure, et aussi celle de la gamme diatonique mineure. Nous le ferons d'après M. Barbereau, dont le *Traité de composition musicale* est non seulement le plus complet de tous ceux qui ont paru jusqu'à ce jour, mais encore le premier où le système musical est enfin posé sur sa véritable base. Voici d'abord la reproduction en notes, du tableau des 31 sons formant le système actuellement en usage.

Fig. 1.

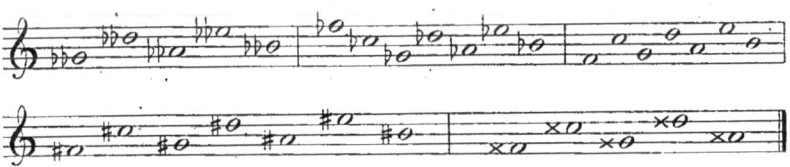

Le tableau est disposé en cinq régions ou catégories, et en série régulière procédant par quinte supérieure ou quarte inférieure; de telle sorte, que tous les sons sont compris dans l'étendue d'une octave.

§. 11. « Une gamme diatonique majeure se forme toujours de sept sons consécutifs pris sur un point quelconque de ce système. Le deuxième de ces sept sons est celui qu'on nomme la *tonique* ou le premier degré de cette gamme, et à partir duquel on dispose les autres en série progressive ascendante et descendante. Ainsi les sept notes consécutives  donnent la tonalité majeure de *Ré*♭, seconde note de cette série, à partir de laquelle les autres notes, prises comme elle, telles qu'elles sont écrites, ou dans l'octave voisine, peuvent être rangées progressivement, de manière à former la gamme ou échelle diatonique :

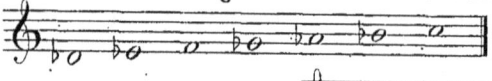

De même les sept notes consécutives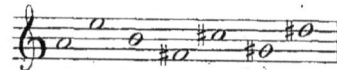

donnent la tonalité majeure de *Mi*, etc., etc. Le premier son de la série par quintes est toujours le quatrième de celle par degrés conjoints en montant. »

§. 12. » Une gamme diatonique mineure se compose également de sept sons, mais avec cette condition que le troisième doit être remplacé par celui qui porterait le n° 10, à compter du premier ; ce qui donne pour numéros d'ordre, par quintes, les chiffres 1, 2, 4, 5, 6, 7, 10, quel que soit le son auquel on affecte le n° 1 ; comme dans les exemples *a* et *b* de la fig. 2.

» Dans la gamme mineure, la tonique est toujours la quatrième quinte, à partir de la note désignée par le chiffre 1. Celle-ci est toujours la sixième note de la gamme disposée en série graduelle ascendante : ainsi l'exemple *a* donne la tonalité mineure de *La* (a_2) ; et l'exemple *b* celle de *Fa*♯ (b_2).

» Ces notions démontrent la nécessité d'écrire chaque son avec le signe graphique convenable à la série de laquelle il fait partie. Car, dans l'exemple *a*, si l'on écrivait *La*♭ au lieu de *Sol*♯, il en résulterait la série *c* de la fig. 3 qui n'appartient à aucun ordre possible de gamme, comme on peut s'en convaincre en le disposant diatoniquement, comme *d*, où la note *Sol* n'est pas exprimée. (V. §. 11.)

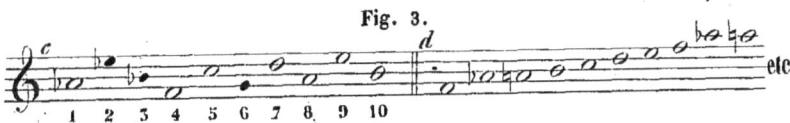

Fig. 3.

§. 13. » La gamme mineure est quelquefois employée d'après un type différent du précédent, et dans lequel on évite, pour les deux notes les plus aiguës, *Fa*, *Sol*♯ (a_2 fig. 2), l'éloignement assez grand de 1 à 10 qui leur correspond dans le tableau par quintes (*a* fig. 2), ce qui donne un intervalle de seconde augmentée qui offre une certaine difficulté d'intonation. Cette considération a donné lieu aux deux modifications suivantes de la moitié la plus aiguë de la gamme mineure. Il est facile d'y remarquer qu'en montant comme en descendant, ce sont les deux avant-derniers intervalles qu'on modifie, en conservant le dernier (*k*) d'après le type primitif.

» De cette manière l'intervalle de seconde augmentée disparaît, et le parcours sur l'échelle des quintes ne donne jamais entre deux sons consécutifs une différence plus grande que le nombre 5.

§. 14. » Pour former les éléments d'une gamme chromatique, on ajoute aux sept sons d'une gamme diatonique majeure, disposés en progression de quintes, quatre sons à gauche et cinq à droite, comme l'indique la fig. 4.

Fig. 4. *Gamme diatonique d'Ut majeur.*

» Parmi les 16 sons de cette nouvelle série, on met à part les huit qui se trouvent du son 5 au son 12, puis on leur ajoute la série additionnelle de gauche 1, 2, 3, 4, ou les quatre extrêmes de droite 13, 14, 15, 16, ce qui donne, dans l'un et l'autre cas, une échelle de douze sons (de 1 à 12, ou de 5 à 16), que l'on dispose par demi-tons comme dans les figures 5 et 6.

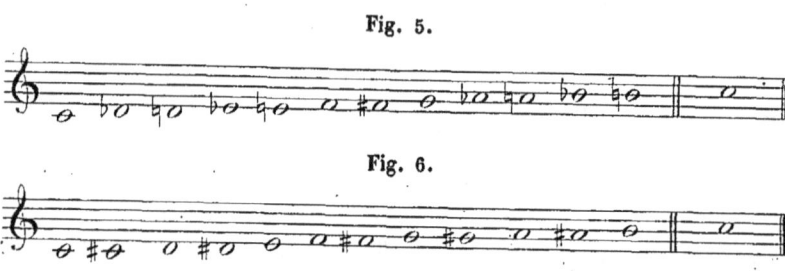

» Ces deux modes de disposition de la gamme chromatique, qu'on rencontre ordinairement dans les livres élémentaires, et notamment dans les méthodes d'instruments, sont les plus simples, mais non pas les seuls à employer ; car on peut aussi la former en prenant une partie des sons additionnels dans la série de gauche, et le reste dans la série de droite. »

Dans cette exposition de la formation de diverses espèces de gammes, on voit que M. Barbereau se sert implicitement de la quinte comme unité d'intervalle.

§. 15. D'après la constitution de la gamme majeure, on voit que le TYPE de cette gamme est parfaitement régulier, et que la gamme diatonique n'est rien de plus qu'un *certain arrangement* (*) des sons de cette échelle primitive, laquelle embrasse six quintes.

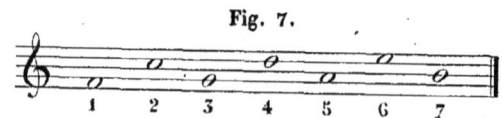

§. 16. L'examen de la loi de formation de la gamme chromatique (voir §. 14) convaincra le lecteur que dans une telle gamme, et quel que soit le mode, la *tonique*, la *sous-dominante* et la *dominante* ne

---

(*) On a vu, §. 11, comment la *gamme diatonique* se déduit du type régulier, et par suite on a pu se rendre compte de la position des demi-tons dans cette gamme. (Voir note I à la fin de l'ouvrage).

reçoivent jamais le signe de l'altération descendante; et qu'en mode majeur la note *sensible* et la note *médiante* ne reçoivent jamais le signe de l'altération ascendante. Enfin, qu'en mode mineur, la seconde et la quinte ne reçoivent pas l'altération ascendante.

Ces lois sont généralement observées par les compositeurs; mais il n'est pas rare de rencontrer, dans des ouvrages destinés à l'enseignement, la gamme chromatique présentée sous la forme suivante, où la dominante se trouve altérée par abaissement.

Gamme chromatique erronée, dite par bémols, extraite des principes de musique du Conservatoire de Paris (1).

En l'absence de la véritable théorie de la formation des échelles, il a paru tout simple que puisqu'on avait une gamme chromatique par dièses, on en eut aussi une par bémols, et l'on ne s'est pas aperçu de l'énorme bévue que l'on commettait en écrivant un *Sol♭* en *Ut*. (2).

Evaluation des intervalles en quintes.

§. 17. Après avoir rappelé le mode ordinaire d'évaluation des intervalles, et signalé le vice dont ce mode est entaché, nous avons exposé la formation des diverses espèces de gammes au moyen de l'échelle des quintes, c'est-à-dire, en nous servant implicitement de la mesure réelle des distances musicales; mais cette sorte d'anticipation sur ce qui va suivre, loin de jeter de la confusion dans les idées, n'a pu que préparer le lecteur aux développements dans lesquels nous allons entrer maintenant.

Déjà au §. 9 nous avons montré qu'au moyen de l'intervalle de quinte, on retrouve tous les sons du système de la manière la plus simple; nous avons fait voir également que les demi-tons diatonique et chromatique, chacun d'eux étant pris isolément, ne jouissent

---

(1) Les principes de musique que nous citons ont été rédigés par Gossec, revus et approuvés par Agus, Catel, Cherubini, Langlé, Lesueur, Mehul et Rigel. Du reste, cette gamme chromatique erronée se trouve reproduite dans la plupart des solféges modernes.

(2) Voir la note II.

point de cette propriété; et pour les autres intervalles, savoir : le ton, la tierce majeure, la tierce mineure, il est évident qu'ils n'en jouissent pas non plus. Le demi-ton moyen, à la vérité, partage avec la quinte tempérée la propriété de diviser l'octave en 12 parties égales; mais ce demi-ton ne permet de retrouver que les sons de la gamme chromatique, et nullement les 31 sons du système général compris entre le Sol♭♭ et le La×; tandis que la quinte juste (1) jouit non seulement de cette propriété, mais permet encore d'atteindre successivement à tous les sons possibles, ce qui est évidemment le caractère inhérent à l'intervalle générateur par excellence.

Cet intervalle de quinte, convenablement modifié entre deux limites qui sont, d'une part : la quinte tempérée suivant le tempérament égal, c'est-à-dire abaissée de la douzième partie du comma pythagorique (voir §. 43 du *Résumé d'acoustique*); et d'autre part, la quinte juste; cet intervalle, disons-nous, permet l'accomplissement *graduel* de tous les systèmes musicaux de plus en plus compliqués auxquels l'homme pourra s'élever et s'élevera effectivement en vertu de la loi de son développement.

On objectera peut-être que l'oreille humaine, ou pour parler plus exactement, la faculté de la perception des rapports des sons, n'est pas susceptible de perfectionnement; mais une telle négation n'est notoirement rien moins qu'une erreur. Pour s'en convaincre, il suffira de comparer l'état de la musique au moyen-âge à son état actuel : dans l'enfance de l'art on n'avait nulle idée des harmonies à tendances multiples, qui abondent dans les compositions de Mozart, Beethoven, Rossini, Weber, Mendelssohn, Spohr, etc.

Dans un beau livre, destiné à donner la sanction scientifique à sa conception fondamentale, M. Barbereau expose (2) toutes les raisons qui assignent à l'intervalle de quinte la fonction génératrice que nous venons de lui reconnaître. Nous ne nous arrêterons donc pas plus longtemps sur ce sujet, ce qui précède devant suffire amplement pour le but que nous nous proposons. D'ailleurs, la loi générale de la

---

(1) On a pu voir (§§. 40, 41 du *Résumé d'acoustique*) que la gamme diatonique, construite au moyen de l'échelle des quintes justes, satisfait aux exigences principales de la tonalité moderne, et que la gamme admise par les physiciens est loin de remplir cette condition.

(2) Cet ouvrage est en grande partie terminé, et paraîtra probablement dans le courant de cette année.

structure des accords, et celle de leur enchaînement qui s'en déduit, lois que nous produisons dans le présent ouvrage afin de répondre dignement à l'invitation expresse de nous occuper du système musical qui nous a été fait par le savant compositeur français que nous venons de nommer, ces lois générales, disons-nous, sont la plus forte preuve de la parfaite convenance de la nouvelle unité de mesure des intervalles musicaux.

§. 18. Le mode d'évaluation des intervalles en quintes est des plus simples ; il suffit en effet d'assigner à chacun des 31 sons du système actuellement en usage, le numéro d'ordre qui lui appartient dans la série, la différence entre deux de ces numéros exprimera en *quintes* l'intervalle des sons correspondants. On pourrait prendre pour point de départ le son *Sol*$\flat\flat$, et en désignant ce son par 0, le son extrême *La*$\times$ porterait le n° 30 qui indiquerait ainsi immédiatement qu'il y a 30 quintes entre ces sons extrêmes; mais une raison de symétrie nous a fait choisir un autre point de départ, savoir : le son *Ré*, point milieu du système. C'est à ce son que nous assignons l'indice 0, et les sons à droite et à gauche de ce point de départ sont désignés par la suite des nombres entiers 1, 2, 3... jusqu'au nombre 15 inclusivement, les sons à la droite du *Ré* étant affectés du signe de l'addition (+) qui s'énonce *plus*, et les sons à la gauche du *Ré* du signe de la soustraction (—) qui s'énonce *moins*. On a de cette manière le tableau suivant (1) :

Sol$\flat\flat$	*Ré*$\flat\flat$	......	*Fa*	*Ut*	*Sol*	*Ré*	*La*	*Mi*	*Si*	......	*Ré*$\times$	*La*$\times$
—15	—14	......	—3	—2	—1	0	+1	+2	+3	......	+14	+15

On voit que la note *Ré* se trouve ainsi placée non seulement au centre de tout le système, mais encore au centre de la gamme d'*Ut* majeur, type de toutes les gammes majeures.

§. 19. En examinant le tableau précédent, on voit que le chiffre

---

(1) L'échelle générale des quintes étant :

$$\left(\tfrac{3}{2}\right)^{-\infty} : \ldots \left(\tfrac{3}{2}\right)^{-3} : \left(\tfrac{3}{2}\right)^{-2} : \left(\tfrac{3}{2}\right)^{-1} : \left(\tfrac{3}{2}\right)^{0} : \left(\tfrac{3}{2}\right)^{1} : \left(\tfrac{3}{2}\right)^{2} : \left(\tfrac{3}{2}\right)^{3} \ldots \left(\tfrac{3}{2}\right)^{+\infty}$$

on voit que nos chiffres sont les exposants de 31 termes consécutifs pris au centre de cette série infinie.

placé au-dessous de chaque son mesure en *quintes* la distance de ce son au point central *Ré*, et que son signe indique sa position à *droite* ou à *gauche* de ce point central, selon qu'il est positif ou négatif.

Si maintenant, on veut évaluer la distance entre deux sons quelconques de l'échelle des sons, il suffit de retrancher le chiffre qui correspond au point de départ de l'intervalle, de celui qui correspond au point d'arrivée. Par exemple, pour connaître en quintes la distance du $Si = +3$ au $Ré \times = 14$, il faut retrancher 3 de 14, et la différence *positive* $+11$ indique que le son $Ré \times$ est placé à 11 quintes à *droite* du *Si*.

Au contraire, si le point de départ de l'intervalle est $Ré \times$, et le point d'arrivée le son *Si*, la différence négative $3 - 14 = -11$ indique que la position du *Si* est à 11 quintes à *gauche* du $Ré \times$.

Pour deux sons placés de côtés différents par rapport au centre, la règle à suivre reste la même : par exemple, la distance du son $Fa = -3$ au son $Si = +3$ est positive, et de $3 - (-3) = +6$ quintes ; tandis que la distance du *Si* au *Fa* est négative et de $-3 - (+3) = -6$ quintes (1).

§. 20. Avant de donner le tableau d'évaluation en quintes des intervalles usités, il est nécessaire de faire remarquer 1° que dans l'échelle générale donnée §. 18, aucun son ne se trouve répété (2). 2° Que rien n'indique dans quelle octave ces sons se trouvent, c'est pourquoi nous les nommerons *sons absolus*.

Si l'on avait besoin d'indiquer le sens ascendant ou descendant d'un intervalle mélodique le signe + ou — placé devant le chiffre qui mesure en quinte la grandeur de l'intervalle, exprimerait parfaitement cette circonstance ; mais comme la considération de la direction d'un intervalle suppose toujours que les deux sons qui le forment sont entendus successivement, cette considération est inutile pour les intervalles harmoniques ; dès lors nous pouvons sans in-

---

(1) Les personnes étrangères à l'usage des signes algébriques trouveront dans l'*instruction préliminaire* placée au commencement de ce volume, ce qui leur est nécessaire pour la parfaite intelligence de la partie mathématique de cet ouvrage.

(2) Il n'en est pas de même dans les séries empiriques ; par exemple, dans la suite des nombres entiers : 1, 2, 3, 4, 5, 6..... où un même son se trouve répété à toutes les octaves ; cette seule remarque aurait dû faire douter les physiciens de l'exactitude de ces nombres, car ces répétitions sont évidemment inutiles, et dans une véritable loi il ne doit se trouver que le strict nécessaire. (*Lex parcimoniæ*.)

convénient faire exprimer aux signes + et — le *renversement* d'un intervalle harmonique. Ainsi, par exemple, l'intervalle de tierce majeure étant exprimé par + 4, son renversement qui donne la sixte mineure, sera exprimé par — 4.

Nous compterons d'ailleurs les intervalles suivant l'usage de tous les harmonistes, à partir de la note grave.

TABLEAU
DES INTERVALLES ET DE LEURS RENVERSEMENTS ÉVALUÉS EN QUINTES.

NOMS DES INTERVALLES.	VALEUR EN QUINTES.	NOMS DES INTERVALLES.	VALEUR EN QUINTES.
Quinte juste............	+1	Demi-ton chromatique	+7
Quarte juste............	—1	Octave diminuée........	—7
Seconde majeure.......	+2	Quinte augmentée.....	+8
Septième mineure.....	—2	Quarte diminuée.......	—8
Sixte majeure..........	+3	Seconde augmentée....	+9
Tierce mineure........	—3	Septième diminuée....	—9
Tierce majeure........	+4	Sixte augmentée.......	+10
Sixte mineure..........	—4	Tierce diminuée.......	—10
Septième majeure......	+5	Tierce augmentée.....	+11
Seconde mineure	—5	Sixte diminuée........	—11
Quarte majeure........	+6	Enharmonie. {Ut♭, Si♯. / Si♯, Ut♭.}	±12
Quinte mineure.......	—6		

Nous aurons constamment besoin, dans la suite de cet ouvrage, de recourir à ce tableau d'évaluation des intervalles; il est donc nécessaire, sinon de l'apprendre par cœur, du moins de lire avec attention le chapitre suivant, consacré à l'examen des particularités qu'il présente, et destiné à familiariser le lecteur avec le nouveau mode de mesure musicale qui a servi à le former.

Nous n'avons, du reste, nullement besoin d'une nomenclature spéciale; car l'évaluation en quintes d'un intervalle quelconque est chose tellement facile, qu'il y aurait aujourd'hui plus d'inconvénients que d'avantages à se servir de nouveaux noms. D'ailleurs, une nomenclature en rapport avec la nouvelle mesure se formera et s'établira tout naturellement, lorsque les nouveaux principes seront généralement connus et dès lors nécessairement admis par tous les musiciens.

CHAPITRE II.

PARTICULARITÉS QUE PRÉSENTENT LES INTERVALLES LORSQU'ON LES ÉVALUE EN QUINTES.

§. 21. Nous ferons observer en premier lieu que tous les intervalles possibles entre deux sons d'une gamme diatonique majeure se trouvent dans la première colonne à gauche dans le tableau précédent, et que la seconde colonne donne leur évaluation en quintes.

Parmi ces intervalles, la quarte majeure, et son renversement la quinte mineure, embrassent l'une et l'autre six quintes, c'est-à-dire toute l'étendue de la gamme majeure (voir §. 15). De plus cet intervalle constitue notoirement le premier degré d'attraction. La résolution naturelle de cet intervalle attractif, connue d'ailleurs de tous les musiciens harmonistes, étant la suivante :

nous ferons remarquer avec Barbereau que, dans cette résolution, les deux sons *Fa* et *Si* font des mouvements égaux et en sens inverses sur l'échelle des quintes, la note *Si* rétrogradant de 5 quintes pour se résoudre sur *Ut* ; et la note *Fa* au contraire avançant de la même quantité pour se résoudre sur la note *Mi*.

§. 22. Une seconde remarque qui n'aura sans doute pas échappé au lecteur, c'est que dans les colonnes 3 et 4 se trouvent tous les intervalles qui sortent des limites de la gamme majeure. Ce sont ceux que, d'après Choron et M. Fétis, nous avons caractérisé par l'épithète d'*attractifs* dans le tableau de la page 54.

Le degré d'attraction, variable d'un intervalle à l'autre, est marqué, pour chacun d'eux, par sa mesure même. Mais il y a une limite à ces divers degrés d'attraction ; ainsi, par exemple, l'intervalle qui constitue l'*enharmonie*, telle que la donnent douze quintes justes, est absolument inacceptable pour notre organe auditif ; aussi ramène-t-on cet intervalle à l'*unisson* au moyen du tempérament.

On peut maintenant comprendre pourquoi Barbereau assigne une étendue de 11 quintes, et pas davantage, à la gamme chromatique. (Voir §. 14.)

C'est qu'en prenant une quinte de plus à partir du *Fa* vers la droite, on rencontre le *Mi*♯ qui enharmoniquement reproduit le *Fa*, ce qui fait un double emploi en employant le tempérament, et constitue, au contraire, un intervalle *faux* si l'on ne tempère point.

§. 23. On peut résumer ce qui précède dans les trois points principaux suivants : 1° que 6 quintes embrassent toute l'étendue de la gamme majeure diatonique, et que c'est à ce point (6 quintes) que se manifeste le premier degré d'attraction entre deux sons. 2° Que la gamme chromatique embrasse 11 quintes. 3° Que 12 quintes donnent l'*enharmonie* qui se ramène à l'unisson au moyen du tempérament.

§. 24. Il est à peine nécessaire de faire remarquer que la question de la grandeur des deux espèces de demi-tons, question résolue en sens inverses par les acousticiens et les musiciens, se trouve actuellement et définitivement résolue en faveur de ces derniers, puisque le demi-ton diatonique a pour mesure 5 quintes, et que le demi-ton chromatique en demande 7.

§. 25. De la mesure même du demi-ton chromatique on peut conclure que pour diéser une note, il faut ajouter 7 au chiffre qui lui correspond dans le tableau des quintes; et que pour la bémoliser, il faut retrancher 7 de ce chiffre.

Comparaison entre l'évaluation des intervalles en quintes, et leur évaluation en demi-tons moyens.

§. 26. Nous avons dit, §. 17, que la quinte tempérée selon le tempérament égal et le demi-ton moyen, jouissent tous deux de la propriété de diviser l'octave en douze parties égales; il résulte de là qu'il y a beaucoup d'analogie entre les modes d'évaluation des intervalles fondés sur ces deux mesures.

D'une part, c'est la quinte qui est représentée par l'unité; d'autre part, c'est le demi-ton moyen qui a cette détermination. Or, si l'on compare les mesures des intervalles selon ces deux modes différents, on trouve : 1° que le ton, ou seconde majeure, se forme

STRUCTURE DES ACCORDS.

de deux demi-tons moyens, comme : *Ut—Ut♯—Ré*, et aussi de deux quintes, comme : *Ut Sol Ré*.

2° Que la tierce majeure est formée de quatre demi-tons moyens, comme : *Ut—Ut♯—Ré—Ré♯—Mi*; et aussi de quatre quintes, comme : *Ut Sol Ré La Mi*.

3° Que la tierce mineure est formée de trois demi-tons moyens, comme : *Ut—Réb—Ré♮—Mib*, et aussi de trois quintes descendantes, comme : *Ut Fa Sib Mib*.

L'analogie est rompue pour la quarte qui embrasse 5 demi-tons moyens, et ne donne qu'une seule quinte négative (c'est-à-dire prise à gauche du point de départ sur l'échelle générale); elle l'est encore à l'égard de la quinte qui, exprimée par 1 dans le nouveau mode d'évaluation, l'est par 7 en demi-tons moyens. Mais elle subsiste pour tous les autres intervalles ; par exemple : la quinte augmentée est composée de 8 demi-tons moyens et aussi de 8 quintes; la sixte augmentée contient 10 unités de l'une ou de l'autre espèce; enfin, ainsi que nous l'avons dit en commençant ce chapitre, la quinte moyenne et le demi-ton moyen partagent l'octave en 12 parties égales; mais il est nécessaire de procéder alternativement par quintes ascendantes et quartes descendantes, ou *vice versâ*, afin de rester dans une même octave.

Les relations principales entre les deux modes d'évaluation se trouvent résumées dans les figures suivantes :

Fig. 8.

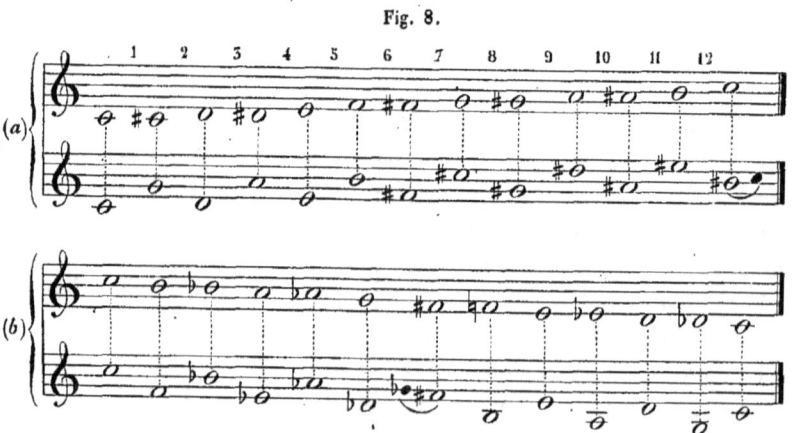

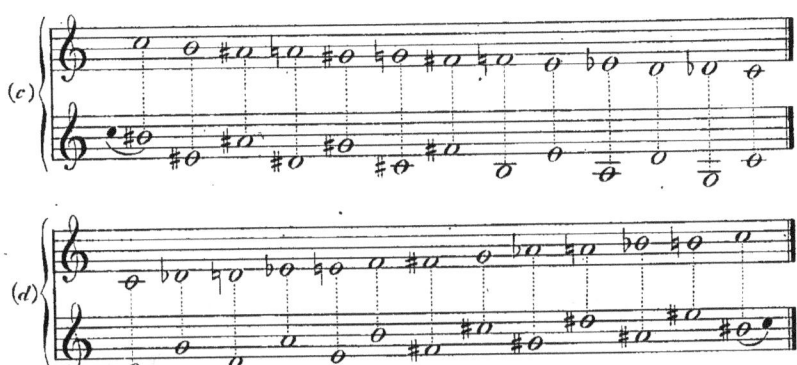

Première Remarque. Dans le paragraphe qu'on vient de lire, le demi-ton diatonique est supposé identiquement égal au demi-ton chromatique; car c'est cette identification qui constitue le demi-ton moyen. Pour exprimer graphiquement cette circonstance, il eut fallu, à la rigueur, employer une notation spéciale; nous avons toutefois cru devoir, pour plus de simplicité, conserver le mode ordinaire de représentation qui, moyennant la présente remarque, ne peut donner lieu à aucune méprise.

Seconde Remarque. Pour évaluer en demi-tons moyens une série quelconque formée de quintes et de quartes, il suffit de considérer l'équation suivante :

$$7x + 5y = z \quad (\alpha)$$

dans laquelle x représente un certain nombre de quintes, y un certain nombre de quartes, et z le nombre de demi-tons moyens qui résulte de leur association. En prenant pour x et y des nombres entiers de mêmes signes, on exprimera que les quintes et les quartes doivent se prendre dans le même sens; en attribuant au contraire à x et à y des signes opposés, on exprimera que les quintes et les quartes doivent se prendre en sens inverses. La valeur positive ou négative qui en résultera pour z indiquera le sens des demi-tons moyens; par exemple, on peut convenir que le signe $+$ indiquera toujours le sens ascendant, et le signe $-$ le sens descendant.

Si dans l'équation (α) on pose $x = y = 1$, il vient $z = 12$; ce qui signifie qu'au moyen d'une quinte et d'une quarte ascendantes toutes deux, on forme 12 demi-tons moyens, c'est-à-dire l'octave. Ce qui est évident; exemple :

Soit $x = 1$ avec $y = -1$, on a : $z = 2$, ce qui donne la seconde majeure ascendante, qui se forme de deux demi-tons moyens ou d'une quinte ascendante suivie d'une quarte descendante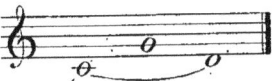

En posant $x = -1$ avec $y = 2$, on a : $z = 3$; ce qui correspond à la tierce mineure ascendante, qui se forme de trois demi-tons moyens ou de deux quartes ascendantes combinées avec une quinte descendante, comme :

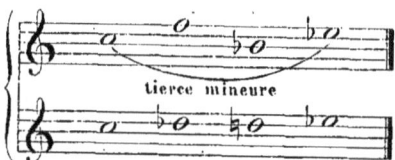

Toutefois l'équation (α) est beaucoup trop générale puisqu'elle embrasse toutes les séries possibles de quintes et de quartes régulières ou irrégulières, dont elle donne toujours l'évaluation rigoureuse en demi-tons moyens. Pour en limiter les solutions aux seules séries régulières formées de quintes et de quartes alternativement ascendantes et descendantes, il faut la combiner avec l'une des trois relations suivantes :

$$(1) \quad x = -y; \quad (2) \quad x = -y + 1; \quad (3) \quad x = -y - 1.$$

La relation (1) combinée avec (α) donne :

$$7x - 5x = z \text{ ou } 2x = z$$

ce qui correspond à un nombre pair de demi-tons moyens formé d'un même nombre de quintes ascendantes et de quartes descendantes, ou *vice versâ*, ce qui est précisément le cas des séries (*a*) (*b*) (*c*) (*d*) de la fig. 8.

Nous ne nous étendrons pas davantage sur ce sujet, le lecteur pouvant facilement résoudre lui-même toute question du même genre, au moyen des indications que nous venons de donner.

Troisième Remarque. On pourrait représenter géométriquement la quinte moyenne et le demi-ton moyen, respectivement par des arcs de cercle de 30 et de 210 degrés qui, sur un cercle divisé en 360 parties, sont soustendus par les côtés des deux duodécagones réguliers inscrits l'un convexe et l'autre étoilé, la quarte correspondrait à l'arc de 150 degrés qui, avec celui de 210, forme le cercle entier représentant l'octave. (Voir la note II à la fin de l'ouvrage).

CHAPITRE III.

DES ACCORDS.

§. 27. La simultanéité de plusieurs sons, telle est la forme extérieure de ce qu'on nomme un *accord*; mais cette définition n'exprime rien sur le *contenu* de l'*être harmonique* désigné par le nom d'accord. On comprend, en effet, que des sons simultanés quelconques ne constituent pas un accord véritable, et qu'il doit exister entre eux des rapports déterminés de nombre et de distance.

Jusqu'à ce jour, la *loi générale de la structure des accords* a échappé à tous les théoriciens qui ont dû se borner, dans l'ignorance où ils étaient de la véritable unité de mesure musicale, à la simple constatation des faits, à mesure qu'ils étaient produits par le génie des grands maîtres. Mais, même sous ce rapport, nous devons dire que la plupart des traités sont restés fort en deçà de la pratique, en n'inscrivant dans les catalogues qu'une partie des agrégations employées comme *accords* par les compositeurs. Toutefois, plusieurs essais de classification plus ou moins heureux ont été faits ; et Rameau, en ramenant à un seul type les diverses agrégations formées des mêmes sons, a rendu un véritable service à la science musicale.

Nous n'entrerons pas dans l'examen des divers systèmes de classification des accords. Celui qui a pour base la superposition progressive des tierces, a seul à nos yeux une valeur réelle, c'est celui que Barbereau a suivi dans son *Traité de composition*, en bornant néanmoins cette superposition aux agrégations de trois, quatre et cinq sons.

« Plusieurs théoriciens, dit Barbereau, ont étendu ce principe d'échelonnement des tierces jusqu'à la formation des accords de onzième et de treizième ; mais les restrictions nombreuses auxquelles sont soumises ces deux agrégations, ont fait chercher des méthodes *artificielles*, au moyen desquelles on les ramène aux trois premières espèces, en tenant compte de leurs diverses modifications sous les noms de prolongation, retard, suspension, notes de passage, etc., etc. »

Nous examinerons la valeur des méthodes artificielles dont parle ici Barbereau, lorsque nous serons en possession de la *loi de structure des accords*. Mais avant de produire cette loi, il est nécessaire de donner le tableau des accords connus, et nous suivrons à cet effet la nomenclature adoptée par Barbereau qui classe les accords en deux grandes catégories, l'une formant l'*harmonie naturelle* qui comprend tous les accords dont les notes appliquées sur l'échelle générale des quintes n'embrassent pas, entre leurs deux notes ex-

STRUCTURE DES ACCORDS.

trêmes, une étendue plus grande que celle qui est assignée aux gammes majeure et mineure, et l'autre formant l'*harmonie altérée*, qui embrasse en mode majeur une étendue plus grande que six quintes, mais moindre que quatorze quintes; et en mode mineur une etendue de plus de neuf quintes, mais moindre que quatorze quintes.

TABLEAU

Dans lequel tous les accords ont pour NOTE FONDAMENTALE *la note* SOL.

HARMONIE NATURELLE.

ACCORDS DE 3 SONS.
1. Accord parfait majeur . . . .
2. Accord parfait mineur. . . . .
3. Accord de quinte mineure . . . .

ACCORDS DE 4 SONS.
4. Accord de septième dominante *ou* septième de première espèce . . . .
5. Accord de septième de seconde espèce . . . .
6. Accord de septième de troisième espèce . . .
7. Accord de septième de quatrième espèce . .

ACC. DE 5 SONS.
8. Accord de neuvième dominante majeure . . .
9. Accord de neuvième dominante mineure. . .

HARMONIE ALTÉRÉE.

ACC. DE 3 SONS.
10. Accord de quinte augmentée. . . . .

74 LIVRE PREMIER.

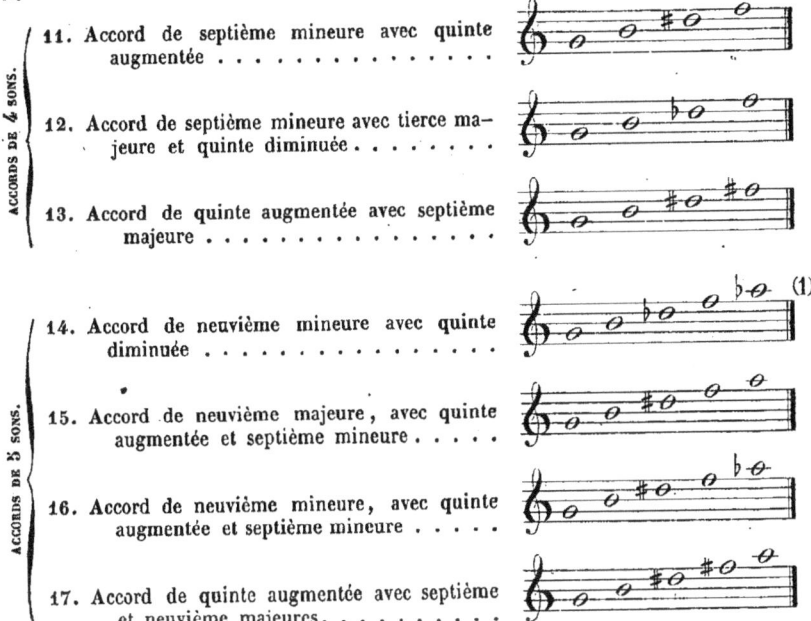

ACCORDS DE 4 SONS.
11. Accord de septième mineure avec quinte augmentée . . . .

12. Accord de septième mineure avec tierce majeure et quinte diminuée . . . .

13. Accord de quinte augmentée avec septième majeure . . . .

ACCORDS DE 5 SONS.
14. Accord de neuvième mineure avec quinte diminuée . . . . (1)

15. Accord de neuvième majeure, avec quinte augmentée et septième mineure . . . . .

16. Accord de neuvième mineure, avec quinte augmentée et septième mineure . . . . .

17. Accord de quinte augmentée avec septième et neuvième majeures . . . .

§. 28. Pour mesurer en quintes l'étendue embrassée par les notes d'un accord, il faut partir de celle de ces notes qui se trouve *à la gauche* de toutes les autres sur l'échelle générale des quintes, et procéder en marchant *vers la droite* par une série de quintes, ou plutôt de quintes et de quartes alternativement ascendantes et descendantes, jusqu'à ce qu'on ait atteint celle des notes de l'accord qui se trouve à la *droite* de tous les autres sur cette échelle générale.

Pour premier exemple, prenons l'accord de quinte augmentée *Sol*, *Si*, *Ré*♯, on procédera ainsi :

On voit qu'à partir de la note *Sol*, qui se trouve à la gauche de toutes les autres sur l'échelle des quintes, jusqu'à la note *Ré*♯ qui

---

(1) Nous devons faire remarquer que l'accord de neuvième mineure avec quinte diminuée ne s'emploie jamais avec sa note fondamentale, et qu'il n'est classé parmi les accords de 5 sons que par rapport à cette fondamentale dont les autres termes sont des fonctions ; ainsi dans la pratique l'accord n'a en réalité que 4 sons.

occupe l'extrémité opposée, il y a 8 quintes; or, la gamme mineure embrassant 9 quintes, il en résulte que cet accord appartient à *l'harmonie naturelle* du mode mineur. Mais en mode majeur, il appartient à *l'harmonie altérée*, puisque la gamme majeure n'embrasse que 6 quintes.

Soit, pour second exemple, l'accord de neuvième dominante mineure avec quinte augmentée: *Sol, Si, Ré♯, Fa, La♭*, on aura, en appliquant les notes de cet accord sur l'échelle générale, le tableau suivant:

qui met en évidence que cet accord embrasse 13 quintes, et qu'ainsi il appartient essentiellement à *l'harmonie altérée*. Les deux exemples que nous venons de donner doivent suffire pour guider le lecteur dans toutes les évaluations du même genre.

§. 29. Euler (1) base la classification des accords sur le nombre de sons dont ils se composent, et il les nomme: *bi-sones, tri-sones, quadri-sones, multi-sones*, suivant qu'ils renferment deux, trois, quatre, ou plusieurs sons; mais les praticiens ne commencent à compter les accords qu'à partir de l'association de 3 sons, et ne considèrent les accords *bi-sones* que comme de simples *intervalles harmoniques* ou *éléments d'accords*.

« Toute harmonie qui se compose de plus de deux sons, dit M. Fétis (2), prend le nom d'*accord*. Tout accord complet, conforme à l'unité tonale, qui n'est formé que de trois sons, ne renferme que des consonnances et s'appelle accord *consonnant*.

» Les accords qui ne peuvent être complets qu'avec quatre ou un plus grand nombre de sons, appartiennent à la classe des accords *dissonants*, parce qu'ils contiennent inévitablement un choc de deux sons voisins, ou le renversement de ce choc. ».

Cette définition implique: 1° qu'il faut au moins trois sons pour

---

(1) *Tentamen novæ theoriæ musicæ*. Cet ouvrage a été traduit en français, aussi bien que tous les autres ouvrages d'Euler, par MM. Dubois et Drapiez, Moreau, Weiler, Steichen et Madou, examinateurs permanents et professeurs à l'école militaire de Belgique, et Ph. Vandermælen, fondateur de l'établissement géographique de Bruxelles.

(2) *Manuel des compositeurs*, deuxième édition, livre second, page 23.

constituer un accord ; 2° que la dissonance n'apparaît dans un accord que lorsqu'il est formé de quatre sons au moins ; (et la suite de la définition prouve que par dissonance M. Fétis entend deux sons voisins dans l'ordre diatonique, c'est-à-dire formés de deux ou de cinq quintes.)

Nous admettons avec le savant directeur du Conservatoire de Bruxelles qu'il faut au moins trois sons pour constituer un accord complet ; nous admettons aussi que la dissonance n'apparaît que lorsqu'un accord est formé de 4 sons au moins, si, par dissonance, M. Fétis n'entend parler en effet que des secondes majeure et mineure, des septièmes majeure et mineure, et enfin des deux neuvièmes, ou secondes accrues d'une octave.

Mais il est évident que la *dissonance attractive* de quinte augmentée apparaît déjà dans un accord de trois sons, savoir : l'accord de quinte augmentée qui, comme nous l'avons dit §. 28, appartient en mode majeur à l'harmonie altérée, mais qui, en mode mineur, fait partie de l'harmonie naturelle, et par conséquent est conforme à l'unité tonale de ce mode.

§. 30. La définition de ce qu'on doit entendre, en général, par le mot *accord*, telle qu'elle est donnée par M. Fétis, vaut toutes celles que l'on trouve dans les traités d'harmonie qui ont paru avant le sien. Evidemment cette définition n'apprend rien sur la *loi générale* qui relie tous les accords en un seul faisceau ; et assurément cette loi générale ne résulte pas davantage des descriptions individuelles des accords admis dans la pratique, données par chaque auteur d'une manière différente, selon le système qu'il a adopté.

Bientôt nous ferons connaître cette loi *générale de la structure des accords*, mais il est nécessaire d'en faire précéder l'exposition de quelques observations sur les modes principaux de *combinaisons* des sons entre eux ; c'est ce que nous allons faire immédiatement.

Des modes principaux de combinaison des sons.

§. 31. Ces modes sont au nombre de trois, savoir :

1° *L'ordre des quintes*, constituant la loi générale ou suprême du système musical.

2° *L'ordre diatonique*, constitutif des échelles des modes majeur et mineur, déduit du premier ordre au moyen de la combinaison des deux intervalles de seconde majeure (2 quintes), et de seconde mineure (5 quintes).

3° *L'ordre des tierces*, constitutif des *accords*, est déduit aussi du premier ordre au moyen de la combinaison des intervalles de tierce majeure (4 quintes) et de tierce mineure (3 quintes).

Dans l'ordre des quintes, l'unité de mesure apparaît toute seule, et chaque son se forme du précédent par un procédé toujours uniforme.

Dans l'ordre diatonique, le *concours* de deux sortes d'intervalles est nécessaire ; remarquons que la somme de ces intervalles évalués en quintes $2 + 5 = 7$, nombre des éléments de chaque gamme diatonique.

Dans l'ordre des tierces, constitutif des accords, on remarque aussi le *concours* de deux intervalles, savoir : la tierce mineure $= 3$ quintes en valeur absolue, et la tierce majeure $= 4$ quintes, dont la somme reconstruit encore le nombre 7.

§. 32. Observons qu'à chacun des trois modes possibles de décomposition du nombre 7 en deux nombres entiers : $7 = 1 + 6$, $7 = 2 + 5$, $7 = 3 + 4$, correspondent trois ordres de faits distincts (1).

Le premier mode associe la quinte juste à la quarte majeure, c'est-à-dire l'intervalle *générateur* des sons à celui qui exprime la *limite* de la gamme diatonique ; l'un qui sert de *mesure*, et atteint *tous* les sons du système ; l'autre qui *distingue*, et constitue les *éléments* d'une seule famille de sons ; et, sous le point de vue harmonique, ce premier mode réunit deux intervalles qui ont des qualités opposées, la quinte juste donnant le sentiment du repos, et la quarte majeure impliquant celui du mouvement, puisque cette dernière exige impérieusement une résolution (Voir §. 24.)

Le second mode associe la seconde majeure $= 2$ à la seconde mi-

---

(1) Ces trois relations considérées comme simple évaluation d'intervalle, montrent que le demi-ton chromatique, exprimé par 7, peut être atteint soit par une quinte juste $= 1$, jointe à une quarte majeure $= 6$; soit par une seconde majeure $= 2$, jointe à une septième majeure $= 5$; soit enfin par une sixte mineure $= 3$, jointe à une tierce majeure $= 4$.

Mais lorsqu'on considère le nombre 7 non plus comme mesure d'un intervalle, mais bien comme exprimant la *somme des éléments* du système, alors ces mêmes relations ont une autre signification, qui est celle que nous développons dans le texte.

neure = 5 (en valeur absolue). Or, ces intervalles sont précisément ceux qui servent à former la gamme diatonique. Ce second mode caractérise donc l'ordre diatonique qui est essentiellement *mélodique*.

Ce qui confirme encore cette détermination, c'est que les deux intervalles que nous examinons en ce moment forment deux *dissonances absolues* quand on les considère harmoniquement.

Enfin le troisième mode unit la tierce mineure = 3 quintes en valeur absolue, à la tierce majeure = 4 quintes, c'est-à-dire deux intervalles consonnants possédant un caractère harmonique *mixte*, car ils ne donnent évidemment point le sentiment d'un repos complet comme la quinte, et n'exigent aucune résolution ultérieure comme la quarte majeure ou son renversement la quinte mineure. Or, c'est précisément ce caractère *mixte* (1), mal défini par l'épithète d'*imparfaites* donnée à ces consonnances, qui les rend éminemment propres à constituer les *accords*. Nous devons ajouter que ces consonnances mixtes produisent des sensations d'un *caractère opposé*, et que leur rapport de nombre et de position imprime aux accords un cachet de douceur ou d'énergie, de tristesse ou de gaîté, suivant la prédominance de l'un de ces intervalles sur l'autre. C'est ainsi, par exemple, que l'accord parfait majeur, formé de deux tierces superposées, dont la première est majeure et la seconde mineure, produit une sensation en quelque sorte d'une nature contraire de celle produite par l'accord parfait mineur, dans lequel l'*ordre* de superposition des tierces est inverse (2).

Algorithme des accords.

§. 33. De même que nous avons (§. 18) assigné à chaque son un *nombre* pour le représenter, de même il est nécessaire de caractériser chaque accord par une *formule* propre à le distinguer de tous

---

(1) Eu égard à leur qualité *dynamique*.
(2) Choron nomme avec beaucoup de justesse *accords libres* les accords parfaits majeur et mineur, parce que ces accords pris en bloc aussi bien que dans leurs divers termes, marchent librement, c'est-à-dire qu'aucun de leurs sons n'est obligé à telle ou telle marche déterminée, et qu'ils peuvent prendre tous les mouvements qui ne produisent point de succession vicieuse sous d'autres rapports. (*Manuel complet de musique vocale et instrumentale*, par A. E. Choron et J. A. de Lafage, tome II, page 143.)

STRUCTURE DES ACCORDS.

les autres, et indiquant tout à la fois et le genre et l'espèce de cet accord.

Pour atteindre ce but, le mode le plus simple et le plus convenable consiste à représenter la fondamentale de l'accord par une lettre telle que x, et à former successivement les autres termes, en ajoutant à cette lettre le chiffre qui indique en quintes l'éloignement du terme que l'on considère à cette même fondamentale, en ayant soin de prendre ce chiffre avec le signe $+$ lorsque le terme cherché est à droite de la fondamentale, et de l'affecter du signe $-$ lorsqu'il est à sa gauche. Cela fait, l'addition de tous les termes, y compris la fondamentale, donnera une certaine fonction $\varphi(x)$, propre à caractériser complètement le genre et l'espèce de l'accord (1).

Soit, pour premier exemple, x la fondamentale d'un accord parfait majeur, sa tierce sera évidemment $x+4$, et sa quinte $x+1$; et la somme des trois termes de l'accord donnera pour la fonction $\varphi(x)$,

$$\varphi(x) = 3x + 5. \quad (A)$$

Dans cette relation, le coefficient 3 du premier terme indique l'espèce de l'accord, c'est-à-dire, indique qu'il s'agit d'un accord de 3 sons; et le terme tout connu $+5$, caractérise l'espèce.

Avant de passer outre, nous allons faire voir, en faveur des personnes étrangères au calcul algébrique, que la formule (A) représente bien effectivement la somme de tous les accords parfaits majeurs possibles. A cet effet prenons quelques termes consécutifs de l'échelle générale des sons, avec les chiffres qui leur correspondent :

..... $Si\flat$ Fa Ut Sol $Ré$ La Mi Si $Fa\sharp$ .....
..... -4 -3 -2 -1 0 $+1$ $+2$ $+3$ $+4$, etc.

Si l'on prend les trois termes de l'accord parfait majeur Ut-Mi-Sol, et qu'on en fasse la somme, on aura :

$$Ut = -2$$
$$Mi = +2$$
$$Sol = -1$$

dont la somme est....... $[-1]$

Or, si dans l'équation (A) on fait simplement $x = -2$, le second membre de cette équation donnera également pour somme : -1, et on aura : $\varphi(x=-2) = [-1]$.

---

(1) On voit que cette somme est précisément le logarithme du produit des termes qui, dans la progression des quintes, correspondent aux termes ou fonctions de l'accord, en prenant pour base des logarithmes le rapport $\frac{3}{2}$.

Prenons dans le tableau des quintes les trois termes $Si\flat = -4$, $Ré = 0$, $Fa = -3$, qui constituent l'accord parfait majeur dont $Si\flat$ est la fondamentale. La somme de ces termes donne : $[-7]$.

Or, si dans la formule (A) on pose simplement $x = -4$, on aura :
$$\varphi\,(x = -4) = [-7].\ (^*)$$

§. 34. Pour donner un second et dernier exemple de notre mode de représentation des accords, cherchons la formule qui correspond à l'accord de septième dominante en général, accord formé à partir de sa fondamentale, de tierce majeure, quinte juste, et septième mineure; ainsi qu'on peut s'en assurer au moyen du tableau des accords donné §. 28.

Or, si l'on représente par z la fondamentale de cet accord, sa tierce majeure sera $z + 4$, sa quinte $z + 1$, et sa septième mineure $z - 2$, dont la somme algébrique est une certaine fonction :
$$\varphi\,(z) = 4\,z + 3.\ (B)$$

Posons dans cette formule $z = Sol = -1$, on a :
$$\varphi\,(z = -1) = [-1].$$

Et effectivement si l'on prend les quatre termes de l'accord de septième dominante dont Sol est la fondamentale, et qu'on ajoute algébriquement leurs valeurs telles qu'elles résultent du tableau donné page 64, on trouve :

$$\begin{aligned} Sol &= -1 \\ Si &= +3 \\ Ré &= -0 \\ Fa &= -3 \end{aligned}$$

dont la somme est bien la même, savoir : -1.

Si dans la relation (B) on pose : $z = La\flat = -6$, il vient : $\varphi(z = -6) = [-21]$, ce qu'il est facile de vérifier. Ici il s'agit de l'accord de septième dominante dont $La\flat$ est la fondamentale; or les divers termes de cet accord ont pour valeurs respectives :

$$La\flat = -6,\quad Ut = -2,\quad Mi\flat = -5,\quad Sol\flat = -8;$$

dont la somme est bien effectivement égale à -21.

Le lecteur peut à son gré multiplier ces vérifications, ou même former les sommes générales des autres accords de la classification;

(*) Afin de ne point confondre les sommes effectuées au moyen des divers termes d'un accord avec les simples sons du tableau général des quintes, nous les mettons entre des parenthèses de cette forme [ ].

mais qu'on remarque bien que les formules (A) et (B) ont été obtenues *à posteriori*, c'est-à-dire au moyen de la connaissance de la structure des accords qu'elles représentent; et que si la loi de la structure des accords est connue, on doit pouvoir les en déduire comme cas particuliers : c'est ce que nous ferons au chapitre IV.

Cette loi générale de la structure des accords est exposée au chapitre suivant; elle embrasse tous les accords en les reliant en un seul faisceau; elle en caractérise nettement les genres et les espèces, et en fixe irrévocablement le nombre.

Nous ne nous arrêterons pas ici à en démontrer l'extrême importance, tout artiste de quelque valeur doit la sentir; d'ailleurs nous préférons donner cette démonstration par les faits harmoniques eux-mêmes, seule manière de convaincre les incrédules, c'est-à-dire ceux qui nient l'*utilité* ou même la *possibilité* d'une union quelconque entre l'art et la science : quant à nous, nous ne craignons pas d'affirmer qu'au point de développement où l'art musical est parvenu, cette union est non seulement *possible* mais *indispensable*, sous peine, pour la musique, de retomber dans un grossier matérialisme, vers lequel, du reste, semblent se diriger les efforts de quelques artistes qui oublient que le but de l'art est placé dans la région hyperphysique, et qu'il ne s'agit pas seulement de chatouiller agréablement l'oreille ou d'ébranler fortement les nerfs, mais qu'il s'agit surtout et toujours de plaire au moi véritable, au moi intérieur, à l'*âme* enfin, en qui réside la spontanéité créatrice, parce qu'elle est immortelle, et qui seule, par conséquent, peut donner la sanction de l'immortalité aux œuvres qui en sont dignes.

CHAPITRE IV.

LOI GÉNÉRALE DE LA STRUCTURE DES ACCORDS.

§. 35. Nous donnons ici *à priori* cette loi générale, sauf à en déduire ensuite tous les accords connus, ainsi que ceux qui restent à connaître.

Dans les exemples particuliers traités §§. 33, 34, on a vu que nous caractérisons un accord par la somme de ses divers termes ou fonctions (1). On verra plus loin qu'on peut, au moyen de cette somme, retrouver tous les termes d'un accord, d'où il résulte qu'une telle somme le caractérise parfaitement.

En représentant par $\varphi_m(x)$ la somme des termes d'un accord composé de m sons, par x la fondamentale de cet accord, par t et t', deux nombres indéterminés, par $+4$ la valeur de la tierce majeure, par -3 la valeur de la tierce mineure, on a les deux relations suivantes.

$$\varphi_m(x) = mx + 4t - 3t'. \quad (A_m)$$

$$t + t' = \frac{m.(m-1)}{1.2} \quad (\Omega_m)$$

La relation (A_m) signifie que la somme des termes ou fonctions d'un accord est égale à autant de fois sa fondamentale qu'il y a de sons dans l'accord, plus un certain nombre de tierces majeures associées à un certain nombre de tierces mineures.

La relation (Ω_m) établit que la somme des quantités indéterminées t et t' est toujours égale au nombre de combinaisons 2 à 2 que l'on peut faire avec m choses.

Examen du cas où $m = 1$ *qui correspond à un seul son.*

(35)'. Si dans les formules précédentes on suppose $m = 1$, ce qui est le cas d'un son unique, d'ailleurs arbitraire et représenté par x, ces formules deviennent :

$$\varphi_1(x) = x + 4t - 3t' \quad (A_1)$$
$$t + t' = 0. \quad (\Omega_1)$$

Il est clair que la seconde équation est satisfaite en posant : $t = 0$, avec $t' = 0$, auquel cas la première se réduit à : $\varphi_1(x) = x$. Ce qui signifie que la somme des termes de l'accord est réduite à sa fondamentale. Remarquons toutefois que la seconde équation peut être satisfaite aussi en posant :

$$t = N \mp \text{ avec } t' = \mp N,$$

N étant un nombre quelconque; et qu'alors la première relation devient :

$$\varphi_1(x) = x \pm N,$$

relation dans laquelle le nombre N doit être pris avec le double signe, parce qu'il

---

(1) Nous adoptons le mot de fonction employé par M. Barbereau pour désigner les termes d'un accord, avec d'autant plus de raison, que pour nous un accord est une fonction de sa fondamentale, aussi bien que les divers termes ou éléments qui entrent dans sa composition.

n'y a pas de raison pour faire l'hypothèse $t = +N$ avec $t' = -N$; plutôt que l'hypothèse inverse $t = -N$ avec $t' = +N$. Dans ce cas, la fonction $\varphi_1(x)$ exprime un son appartenant à la série chromatique dont x est le point de départ. Par exemple, en posant $t = 1$ avec $t' = -1$, on a : $\varphi_1(x) = +7$, ce qui indique le son x dièsé. De même, en posant $t = 2$ avec $t' = -2$, il vient $\varphi_1(x) x = x + 14$ qui correspond au son x affecté du double dièse, etc. Comme d'ailleurs le son x est quelconque, il en résulte qu'on peut atteindre *successivement* de cette manière à tous les sons possibles. La fonction $\varphi_1(x)$ correspond par conséquent à une série quelconque de *sons successifs*, ce qui constitue la *mélodie*.

Examen du cas où $m = 2$. *Accords de 2 sons ou intervalles harmoniques.*

(35)″. Si, dans les formules (A_m) et (Ω_n), on pose $m = 2$, ce qui est le cas des accords de 2 sons ou intervalles harmoniques, les formules deviennent :

$$\varphi_2(x) = 2x + 4t - 3t' \quad (A_2)$$
$$t + t' = 1, \quad (\Omega_2)$$

En posant $t = 1$ avec $t' = 0$, la seconde équation est satisfaite, et la première devient :

$$\varphi_2(x) = 2x + 4 .$$

qui caractérise bien l'*accord* ou l'*intervalle harmonique* de tierce majeure, dont les deux termes sont en effet : x, et $x + 4$ et dont notre $\varphi_2(x)$ donne la somme.

Si l'on pose au contraire : $t = 0$ avec $t' = 1$, on a l'*accord* de tierce mineure :

$$\varphi_2(x) = 2x - 3 \text{ dont les termes sont } x, \text{ et } x - 3.$$

Soit $t = -1$ avec $t' = +2$, ce qui satisfait aussi à la relation $t + t' = 1$, il en résulte pour $\varphi_2(x)$: $\varphi_2(x) = 2x - 10$, ce qui correspond à l'intervalle de tierce diminuée, car le son x étant le point de départ d'un tel intervalle, il résulte du tableau de la page 64 que son point d'arrivée est : $x - 10$; or, la somme de ces deux termes donne bien : $2x - 10$.

L'hypothèse inverse, savoir : $t = +2$ et $t' = -1$ qui satisfait aussi à la condition $t + t' = 1$, donne ; $\varphi_2(x) = 2x + 11$. C'est l'intervalle harmonique de tierce augmentée dont les deux termes sont : x et $x + 11$, ainsi qu'on peut s'en assurer au moyen du tableau que nous venons de citer.

Nous devons faire ici une observation, c'est que bien qu'on puisse tirer des deux formules :
$$\varphi_2(x) = 2x + 4t - 3t'$$
$$t + t' = 1,$$

tous les intervalles harmoniques possibles, on n'a pas toujours pour t et t' des nombres entiers. Par exemple, pour avoir la seconde majeure, il faut poser : $t = \frac{5}{7}$ avec $t' = \frac{2}{7}$, fractions dont la somme reproduit l'unité, ce qui satisfait à la seconde équation, et donne pour la première : $\varphi_2(x) = 2x + 2$, qui caractérise bien effectivement la seconde majeure, dont les deux termes sont : x et $x + 2$.

(35)‴. On s'assure facilement qu'il n'existe pour t et t' que deux couples de valeurs entières et positives, pouvant satisfaire aux deux équations qui caractérisent les intervalles harmoniques en général, qu'il faut se garder de confondre avec les *accords naturels* de deux sons.

Ces deux équations, ainsi qu'on vient de le voir, sont :
$$\varphi_2(x) = 2x + 4t - 3t'.$$
$$t + t' = 1.$$

Or, par la nature même de la question, la quantité $4t - 3t'$ est nécessairement un nombre entier n qui peut d'ailleurs être positif ou négatif. En effet, le point de départ d'un intervalle étant représenté par x, son point d'arrivée est $x + n$, et si n était fractionnaire, on ne tomberait sur aucun des sons du tableau général des quintes. Mais l'intervalle harmonique résultant de la simultanéité des deux sons, est exprimé par la somme des termes x et $x + n$, savoir par : $2x + n$, et comme le second membre de l'équation $\varphi_2(x) = 2x + 4t - 3t'$ exprime la même chose, il s'ensuit que l'on a identiquement : $4t - 3t' = n$.

Cette dernière équation combinée avec l'équation de condition : $t + t' = 1$, donne pour t et t' les valeurs suivantes :
$$t = \frac{n+3}{7}, \quad t' = \frac{4-n}{7}.$$

Or, pour que t et t' soient entiers, il faut que n soit de l'une des formes :
$$n = 7\theta - 3, \quad n = 7\theta' + 4,$$
formes qui rentrent l'une dans l'autre, l'indéterminée θ de la première représentant le quotient en plus de n par 7, et l'indéterminée θ' le quotient en moins de la même division. Il suffit donc de poser :
$$n = 7\theta - 3,$$

Cette valeur de n, substituée dans celles de t et t', donne :
$$t = \theta \quad t' = 1 - \theta.$$

Sous cette dernière forme, il est évident qu'on ne peut rendre t et t' entiers et positifs en même temps qu'en posant : $\theta = 0$, ou $\theta = 1$; ce qui fait retomber sur les deux couples trouvés plus haut :
$$\left.\begin{array}{l}t = 0 \\ t' = 1\end{array}\right\} \quad \text{et} \quad \left.\begin{array}{l}t = 1 \\ t' = 0\end{array}\right\}$$
qui correspondent aux intervalles de tierce mineure et de tierce majeure, qui sont les seuls *accords naturels* de 2 sons représentés par les formules :
$$\varphi_2(x) = 2x - 3,$$
$$\text{et} \quad \varphi_2(x) = 2x + 4.$$

REMARQUE. Les deux termes d'un intervalle quelconque étant x et $x + n$, représentons par $f(x)$ le produit de ces deux quantités, on aura :
$$f(x) = x^2 + nx.$$

Or, si l'on prend la différentielle des deux membres, il vient :
$$df(x) = 2x\,dx + n\,dx;$$

et en divisant par dx :

$$\frac{df(x)}{dx} = 2x + n.$$

relation dont le second membre est précisément la somme des deux termes x, et $x + n$, somme que nous avons représentée plus haut par $\varphi_2(x)$, on a donc identiquement :

$$\varphi_2(x) = \frac{df(x)}{dx}$$

Il résulte de cette remarque qu'au moyen d'une seule intégration on peut retrouver le produit des deux termes d'un intervalle harmonique, lequel produit décomposé en ses deux facteurs, fait connaître chaque terme en particulier.

Par exemple, si l'on a : $\varphi_2(x)$, ou plutôt : $\frac{df(x)}{dx} = 2x + 4$; d'où : $df(x) = 2x\,dx + 4dx$, on aura en intégrant : $f(x) = x^2 + 4x = x(x+4)$.

Il est donc possible, par la simple connaissance de la somme de plusieurs termes, de retrouver les éléments de cette somme, qui pour nous correspondent aux diverses fonctions d'un accord. Nous reviendrons sur ce sujet.

ACCORDS PROPREMENT DITS.

Accords de trois sons.

§. 36. En posant $m = 3$ dans nos formules générales (A_m) et (Ω_m) du §. 35, ces formules deviennent :

$$\Phi_3(x) = 3x + 4t - 3t'. \quad (A_3)$$
$$t + t' = 3. \quad (\Omega_3)$$

et sous cette forme elles conviennent à tous les accords de trois sons, dont elles expriment la structure.

La relation (Ω_3) nous apprend que dans tout accord de trois sons, le nombre des tierces mineures ajouté au nombre des tierces majeures, forme une somme constante et égale à 3.

Or, il est facile de voir qu'on peut satisfaire à l'équation $t + t' = 3$ de quatre manières différentes avec des couples de valeurs entières et positives pour t et t', c'est-à-dire en comptant les tierces à partir de leur origine, quelle qu'elle soit, dans le sens qui leur appartient véritablement, c'est-à-dire vers la droite pour les tierces majeures et vers la gauche pour les tierces mineures, sur le tableau général des quintes ; sens caractérisé dans la formule (A_3) par le signe $+$ qui affecte le coefficient de t, et par le signe $-$ qui affecte celui de t'.

86 LIVRE PREMIER.

Les quatre couples de valeurs en question sont les suivants :

1° $t=2$ avec $t'=1$.
2° $t=1$ ..... $t'=2$.
3° $t=0$ ..... $t'=3$.
4° $t=3$ ..... $t'=0$.

1° Accord parfait majeur.

§. 37. Le premier couple $t=2$, $t'=1$, substitué dans l'équation (A_3), donne : $\mathcal{C}_3(x) = 3x + 5$, qui est précisément la formule trouvée page 79 pour l'accord parfait majeur. D'après les valeurs de t et de t' qui donnent cette formule, on voit que dans un accord parfait majeur on compte deux tierces majeures et une tierce mineure, ce qui, suivant les idées reçues, paraît un paradoxe, et pourtant est rigoureusement vrai, ainsi que nous allons le faire voir.

Qu'on se souvienne d'abord qu'un *accord* est un arrangement de sons pris dans *l'ordre des tierces* (voir page 77), et que la tierce majeure et la tierce mineure sont les *éléments immédiats* des accords. Cela posé, prenons un accord parfait majeur quelconque, l'accord *Ut, Mi, Sol*, par exemple, et cherchons à retrouver les fonctions de tierce et de quinte de cet accord, c'est-à-dire le *Mi* et le *Sol* en partant de la fondamentale *Ut*.

Quant au *Mi*, on le trouve immédiatement à partir de la note *Ut* au moyen d'une tierce majeure (+ 4 quintes). Mais pour retrouver la note *Sol* toujours en partant de la note *Ut* et en *restant dans l'ordre des tierces constitutif des accords*, il est évident qu'il faut repasser par la note *Mi*, et qu'ainsi la tierce majeure *Ut-Mi* reparaît une seconde fois, tandis que la tierce mineure *Mi-Sol* ne paraît qu'une seule fois dans ce mode d'évaluation.

Il résulte de là que dans l'accord parfait majeur la *quinte* ne peut être prise *immédiatement* à partir de la fondamentale, mais seulement *médiatement* au moyen des deux espèces de tierces. On a résumé toute cette explication dans la figure suivante (voir le tableau ci-contre).

STRUCTURE DE L'ACCORD PARFAIT MAJEUR.

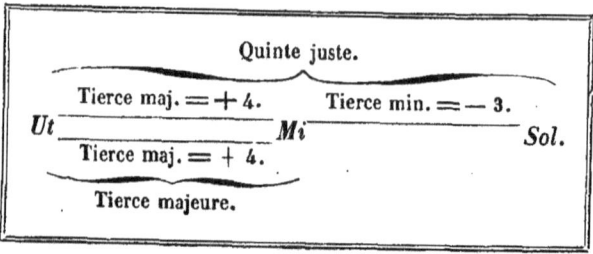

2° Accord parfait mineur.

§. 38. Si dans les formules :

$$\varphi_s(x) = 3x + 4t - 3t' \quad (A_s)$$
$$t + t' = 3. \quad (\Omega_s)$$

on pose $t=1$ avec $t'=2$, la relation (Ω_s) est satisfaite, et (A_s) devient :

$$\varphi_s(x) = 3x - 2,$$

formule qui convient à tous les accords parfaits mineurs dont elle présente la somme des termes. Nous nous contenterons d'en donner une seule vérification; faisons, par exemple, $x = Ut = -2$, il vient :

$$\varphi_s(x = -2) = [-8],$$

ce qui signifie que la somme des termes de l'accord parfait mineur dont Ut est la fondamentale, est égale à -8; et en effet on a :

$$Ut = -2, \quad Mi\flat = -5, \quad Sol = -1,$$

dont la somme est bien effectivement égale à -8.

L'hypothèse $t = 1$ avec $t' = 2$ qui vient de nous donner la formule générale qui appartient aux accords parfaits mineurs, signifie que dans ces accords il y a deux tierces mineures et une seule tierce majeure, ou si l'on veut que la tierce mineure compte pour deux vis-à-vis de la tierce majeure. On peut se rendre compte de ce fait par la figure suivante :

STRUCTURE DE L'ACCORD PARFAIT MINEUR.

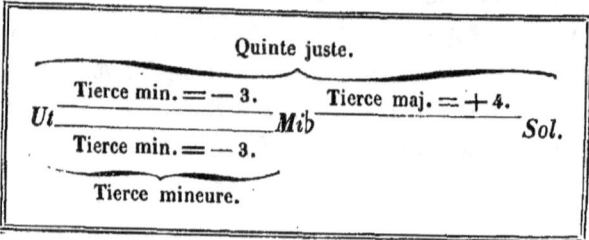

REMARQUE. On peut conclure de l'évaluation de la quinte juste au moyen d'une tierce majeure et d'une tierce mineure, ainsi qu'on vient de le voir dans la description des accords parfaits majeur et mineur, que cet intervalle harmonique ne constitue pas un véritable *accord* de deux sons, puisqu'il n'apparaît pour la première fois dans un *accord* (1) que lorsque cet accord est formé de trois sons au moins; lors donc que, dans l'harmonie à *deux parties*, on voit apparaître l'intervalle de quinte, on doit le considérer comme un accord *incomplet* de trois sons, c'est-à-dire comme un accord parfait majeur ou mineur privé de sa tierce. Tous les harmonistes connaissent les précautions qu'il faut prendre pour employer convenablement l'intervalle de quinte, qui ne peut d'ailleurs se pratiquer plusieurs fois de suite, et qu'à deux parties on ne peut renverser, c'est-à-dire faire paraître à l'état de quarte que comme note de passage ou comme ligature. Or, il n'en est point ainsi des tierces majeure et mineure, lesquelles peuvent s'employer plusieurs fois de suite dans l'harmonie à deux parties, tant à l'état direct que dans leurs renversements, c'est-à-dire à l'état de sixtes.

5° *Accord de quinte mineure.*

§. 39. En posant $t = 0$ avec $t' = 3$ dans les équations (A_3) et (Ω_3) du §. 36, on a: $\quad \varphi_3(x) = 3x - 9$,

équation qui caractérise tous les accords de quinte mineure. Dans cette espèce d'accords de trois sons il n'existe point de tierce majeure, mais deux tierces mineures superposées, ce qui, selon notre mode d'évaluation, donne trois tierces mineures, en partant de la fondamentale pour retrouver les deux autres fonctions de l'accord et en restant dans l'ordre des tierces.

STRUCTURE DE L'ACCORD DE QUINTE MINEURE,
plus connu sous le nom d'accord de quinte diminuée.

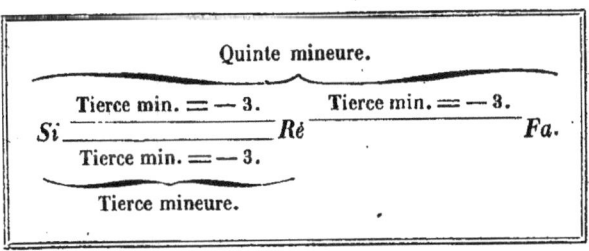

---

(1) Les *véritables accords* dans chaque genre correspondent aux valeurs entières et positives des indéterminés t et t'; en d'autres termes, les sons d'un accord se trouvent dans un *arrangement de tierces* prises à l'état direct, et non autrement.

4° Accord de quinte augmentée.

§. 40. L'hypothèse $t = 3$ avec $t' = 0$ nous donne un accord de trois sons composé entièrement de tierces majeures, savoir l'accord de quinte augmentée, et les formules (A_s), (Ω_s) du §. 36, deviennent dans ce cas : $\varphi_s(x) = 3x + 12$ avec $t + t' = 3$ qui est satisfaite par notre présente hypothèse. Il est d'ailleurs facile de vérifier que la forme que prend l'équation générale (A_s) dans le cas particulier qui nous occupe, convient à tout accord de quinte augmentée. Cette vérification peut se faire par le procédé déjà employé aux §§. 33 et 34 du chapitre précédent. Nous pouvons donc nous borner à donner ici le tableau de l'accord de quinte augmentée dont l'équation :

$$\varphi_s(x) = 3x + 4t - 3t'$$

indique la structure lorsqu'on y pose $t = 3$ avec $t' = 0$.

STUCTURE DE L'ACCORD DE QUINTE AUGMENTÉE.

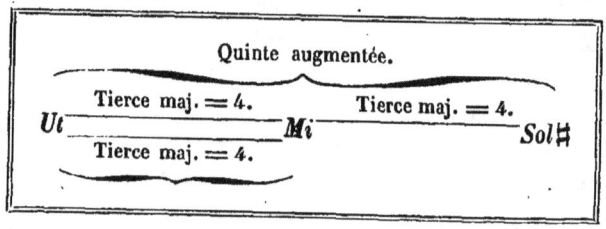

RÉSUMÉ.

§. 41. Nous sommes maintenant en possession des quatre espèces principales d'accords de trois sons, et ces quatre accords sont contenus dans les relations :

$$\varphi_s(x) = 3x + 4t - 3t' \quad (A_s)$$
$$t + t' = 3. \quad (\Omega_s)$$

qui
Ils correspondent aux valeurs entières et positives de t et t' satisferont à la condition exprimée par l'équation (Ω_s). Ainsi :

Dans *l'accord parfait majeur* on a .... $t = 2$ avec $t' = 1$;
Dans *l'accord parfait mineur* .... $t = 1$ ..... $t' = 2$;
Dans *l'accord de quinte mineure* (1)......... $t = 0$ ..... $t' = 3$;
Enfin, dans *l'accord de quinte augmentée* .... $t = 3$ ..... $t' = 0$.

---

(1) Cet accord est plus connu sous la dénomination vicieuse d'*accord de quinte diminuée*.

Ces quatre espèces d'accords sont les *accords naturels* de trois sons, parce que leurs termes extrêmes n'embrassent pas, sur l'échelle générale des quintes, une étendue plus grande que l'étendue même des gammes majeure ou mineure. L'accord de quinte augmentée, le plus étendu des quatre, est en effet contenu dans les limites de l'échelle du mode mineur, et ce n'est qu'en mode majeur qu'il fait partie de l'*harmonie altérée*, ainsi que nous l'avons fait voir §. 28.

Accords de trois sons appartenant à l'harmonie altérée.

§. 42. La plupart des auteurs de traités d'harmonie ne décrivent d'autres accords de trois sons que ceux que nous venons d'examiner : il en existe d'autres cependant, savoir ceux qui proviennent de l'altération des notes des accords de trois sons formant l'harmonie naturelle. On en peut voir quelques exemples dans le chapitre VIII du *Manuel des Compositeurs* de M. Fétis ; mais Choron est entré à cet égard dans de plus grands détails, et a indiqué la marche à suivre pour déterminer en chaque classe d'accords, les divers genres et les diverses espèces qu'elle renferme.

« L'accord de tierce et quinte, dit cet auteur, compte un grand nombre d'espèces qui diffèrent par celle des intervalles qui entrent dans sa composition. Pour déterminer le nombre et la conformation, il faut se rappeler que nous avons reconnu quatre espèces de quintes et autant de tierces. Chacune des espèces de la première peut être combinée avec chacune des espèces de la seconde. Ainsi, en ordonnant par rapport à la quinte, on aura d'abord quatre genres d'accords parfaits, savoir :

   1. L'accord parfait avec quinte majeure.
   2. —   —   mineure.
   3. —   —   augmentée.
   4. —   —   diminuée.

Pour ne nous arrêter ici qu'à ceux qui sont usités, le premier genre nous donnera trois espèces, savoir :

   1. L'accord parf. avec quinte maj. (*) et tierce maj.; ex. : *Ut Mi Sol*.
   2. —   —   min.; ex. : *La Ut Mi*.
   3. —   —   aug.; ex. : *Fa La♯ Ut*.

(*) Choron désigne par *quinte majeure* la quinte juste, parce que cette quinte est l'intervalle le plus grand de même genre qui entre dans la gamme diatonique majeure.

STRUCTURE DES ACCORDS.

Le second genre nous en donnera trois, savoir :

1. L'accord parf. avec quinte min. et tierce maj.; ex. : *Si Ré♯ Fa.*
2.   —   —   min.; ex. : *Si Ré Fa.*
3.   —   —   dim.; ex.; *Si Ré♭ Fa.*

Le premier et le troisième sont peu usités; mais le premier entre dans la composition d'un accord dissonnant usité; le second donne un premier dérivé (renversement) très-usité.

Le troisième genre donnera encore trois espèces plus ou moins usitées, savoir :

1. L'accord parf. avec quinte augm. et tierce maj.; ex. : *Ut Mi Sol♯.*
2.   —   —   min.; ex. : *Ut Mi♭ Sol♯.*
3.   —   —   aug.; ex. : *Fa La♯ Ut♯.*

Quant au quatrième genre, il ne donne que des produits tellement peu usités, que nous croyons inutile d'en faire mention. »

Nous avons cité ce passage afin de fixer l'attention du lecteur sur les accords de trois sons qui appartiennent à l'*harmonie altérée;* on va voir qu'il y en a beaucoup moins que Choron ne le croyait, et que plusieurs de ces agrégations sont en réalité de véritables accords altérés incomplets de quatre sons.

§. 43. Ici se présente naturellement la question suivante : *A quels caractères peut-on reconnaître, parmi toutes les agrégations obtenues par le procédé indiqué par Choron, celles qui constituent de* VÉRITABLES ACCORDS DE TROIS SONS ?

En disant simplement que telle de ces agrégations est très-usitée, telle autre moins, et une troisième très-peu, Choron semble admettre que toutes sont praticables et pratiquées, ce qui est loin d'être exact. Il est vrai que ce remarquable théoricien ne pouvait se prononcer catégoriquement sur cette question, puisqu'il ignorait la *loi générale de structure des accords,* loi qui seule peut donner une solution satisfaisante du problème que nous venons de poser. Et qu'on veuille bien remarquer que les théoriciens sont divisés sur la présente question; par exemple : pour l'agrégation *Si♮ Ré♭ Fa*, Choron et Fétis (1) admettent que c'est un accord de trois sons *altéré,* nommément : l'accord parfait du 4ᵉ degré du mode mineur de *Fa*;

---

(1) *Manuel des Compositeurs*, page 99, §. 162.

Reicha et Barbereau, au contraire, considèrent cette même agrégation, comme un accord de septième dominante dont la quinte a été altérée par abaissement, et dont on a supprimé la fondamentale (1).

Nous le répétons, notre *loi générale de structure des accords* peut seule prononcer entre ces deux opinions contraires soutenues par des auteurs dont les ouvrages font autorité en matière musicale.

§. 44. Puisque nous avons cité l'accord *Si♮ Ré♭ Fa*, nous commencerons par lui l'examen des agrégations de trois sons dont nous avons donné l'énumération §. 42, d'après le Manuel de Choron et A. de la Fage.

A cet effet, reprenons les formules qui embrassent tous les accords de trois sons, savoir :
$$\varphi_s(x) = 3x + 4t - 3t'. \quad (A_s).$$
$$t + t' = 3. \quad (\Omega_s).$$

Or, si l'accord que nous avons en vue est réellement un *accord de trois sons*, sa structure doit être écrite dans nos formules. Dans cette hypothèse, *Si♮* serait la note fondamentale, et en la représentant par x, on aurait pour les divers termes ou fonctions de l'accord :

fondamentale .... $= x$
tierce diminuée .... $= x - 10$ (*)
quinte mineure........ $= x - 6$

et pour la somme des termes.......... $\varphi_s(x) = 3x - 16.$

Maintenant, si l'on égale le second membre de cette équation au second membre de l'équation (A_s), il vient :
$$4t - 3t' = -16,$$
relation qui, combinée avec $t + t' = 3$, donne $t = -1$ avec $t' = +4$.

La valeur négative de t indique que dans l'évaluation *en tierces* des diverses fonctions de l'accord, il faudra porter la tierce majeure dans un *sens opposé* à son sens naturel, c'est-à-dire vers la gauche à partir de la fondamentale, sur le tableau général des quintes; tandis que la valeur positive de t' indique que les quatre tierces mineures doivent être portées dans leur sens naturel, c'est-à-dire aussi vers la gauche à partir de la même fondamentale.

---
(1) Barbereau, *Traité théorique et pratique de composition musicale*, tome Ier, page 230, §. 279.
(*) Voir le tableau du § 20.

Cette conclusion pouvait du reste se tirer de l'inspection seule de l'agrégation *Si♮ Ré♭ Fa*, du moins en ce qui regarde le sens des tierces, puisque les fonctions *Ré♭* et *Fa* sont placées à la gauche de la fondamentale *Si♮*, dans le tableau général des quintes. (Voir §. 10, page 58).

Mais qui ne voit que la nécessité de porter la tierce majeure *dans un sens opposé à son sens naturel* (ce qui en fait une sixte), qui ne voit, disons-nous, que cette nécessité est la meilleure preuve que l'accord que nous examinons n'a point pour fondamentale la note *Si♮*?

Du reste, notre calcul donne une évaluation exacte des diverses fonctions de l'agrégation, au moyen d'une *tierce majeure négative*, et de quatre tierces mineures, ainsi qu'on peut le voir par le tableau suivant, dans lequel on a annulé les sons qui n'appartiennent point à l'agrégat, et qui servent uniquement à son évaluation en tierces, à partir de sa fondamentale hypothétique *Si♮*.

ÉVALUATION DE L'AGRÉGATION
DE TIERCE DIMINUÉE ET QUINTE MINEURE, CONSIDÉRÉE COMME ACCORD DE TROIS SONS.

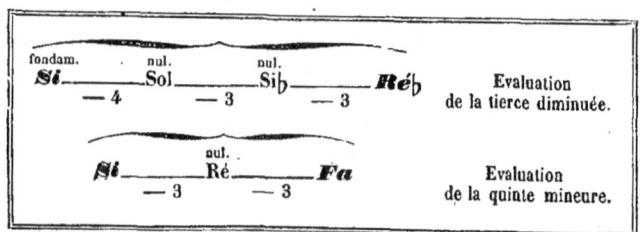

On voit que ce tableau est conforme à notre calcul, et que l'accord hypothétique *Si♮ Ré♭ Fa* se forme effectivement de quatre tierces mineures et d'une tierce majeure *négative*, lorsque l'on prend la note *Si♮* pour sa fondamentale.

Faisons actuellement l'hypothèse admise par Reicha et Barbereau, savoir que l'accord *Si♮ Ré♭ Fa* a pour fondamentale la note *Sol*, et qu'ainsi c'est un accord incomplet de quatre sons. Il faut, dans ce cas, procéder de la manière suivante pour former la somme de ses termes, c'est-à-dire la $\varphi_4(x)$ qui lui correspond :

Fondamentale .... $= x$.
Tierce majeure...... $= x + 4$.
Quinte mineure ..... $= x - 6$.
Septième mineure .. $= x - 2$.

Somme des termes..... $\varphi_4(x) = 4x - 4$.

En supprimant la fondamentale x, cette somme est simplement : $3x - 4$ (s). Remarquons que cette somme est plus simple que celle obtenue dans la première hypothèse. Cela posé, faisons $m = 4$ dans les formules générales du §. 35, ces formules deviendront :

$$\varphi_4(x) = 4x + 4t - 4t'. \quad (A_4)$$
$$t + t' = 6. \quad (\Omega_4)$$

Et si l'on supprime la fondamentale, la première de ces équations aura pour second membre :

$$3x + 4t - 3t'. \quad (s')$$

Egalant les expressions (s) et (s'), on a :

$$4t - 3t' = -4,$$

laquelle combinée avec : $t + t' = 6$, donne les valeurs :

$$t = 2 \quad t' = 4 ;$$

valeurs positives toutes deux, c'est-à-dire donnant l'évaluation des diverses fonctions de l'accord au moyen de tierces majeures et mineures prises dans *leur sens naturel*.

Voici, du reste, le tableau d'évaluation de l'accord *Si*♮ *Ré*♭ *Fa* ; à partir de sa note fondamentale *Sol* ; tableau dans lequel on a annulé, comme dans le précédent, les sons qui servent simplement à l'évaluation des fonctions, et qui ne font point partie de l'accord.

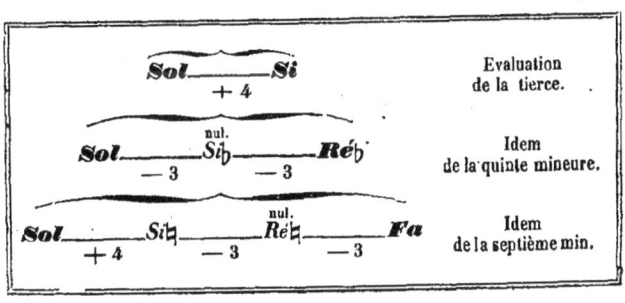

STRUCTURE DES ACCORDS.

On voit qu'ici on atteint à tous les termes de l'accord à partir de la fondamentale *Sol.* au moyen de deux tierces majeures *prises dans leur sens naturel*, et de quatre tierces mineures prises aussi *dans leur sens naturel.* D'où nous concluons que Reicha et Barbereau sont dans le vrai en considérant l'agrégation de *tierce diminuée* et *quinte mineure*, comme un accord incomplet de quatre sons.

Nous avons cru devoir nous étendre longuement sur ce premier exemple, afin de mettre dans tout son jour le parti qu'on peut tirer de nos formules pour la décision de toutes les questions du genre de celle que nous venons de traiter.

Nous pourrions dès à présent énoncer la règle au moyen de laquelle on peut distinguer si une agrégation quelconque de sons est, ou n'est pas un *accord véritable;* mais il convient de passer d'abord en revue tous les accords connus, et de les comparer à nos formules (A_m) et (Ω_m). A cet effet, nous allons continuer l'examen des agrégations de trois sons appartenant à l'harmonie altérée dont nous avons donné le dénombrement d'après Choron, §. 42.

Agrégat formé de tierce augmentée et de quinte juste.

Exemple : *Ut Mi♯ Sol.*

§. 45. Choron, qui regarde cet agrégat comme un accord de trois sons, le classe parmi les accords de tierce et quinte dissonants mixtes qui sont, conformément à la théorie adoptée par cet auteur, « des accords qui n'appartiennent point au mode principal, mais qui supposent ou déterminent une transition dans un des modes relatifs de ce mode principal, et qui, en outre, sont impraticables par eux-mêmes, et ne s'emploient que dans leurs dérivés. (1) »

Choron ne donne pas l'exemple de l'emploi de cet agrégat et se contente de dire qu'il ne sert que transitoirement; mais dans le *Manuel des Compositeurs*, deuxième édition, page 94, §. 172, M. Fétis est plus explicite; voici comment il s'exprime :

---

(1) *Manuel de musique*, tome II, pag. 192 et 193.

« L'altération ascendante de la tierce de l'accord parfait n'est possible que dans le passage de la tonique d'un ton majeur à une des notes de l'harmonie de la dominante d'un autre ton. » Et voici les exemples qui se rapportent à ce passage :

DÉMONSTRATION.

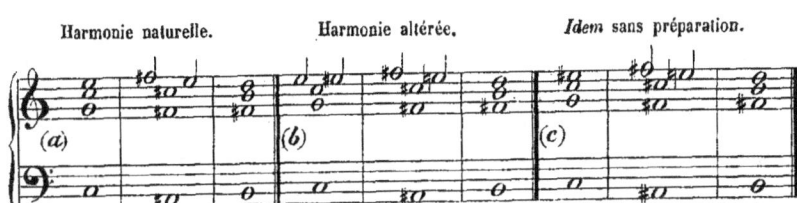

» Les renversements de cette altération produisent la tierce diminuée avec sixte diminuée, et la sixte augmentée avec la quarte juste.

DÉMONSTRATION.

La *dureté* de ceux de ces exemples, où l'altération est employée *sans préparation*, (c) (f) et (i), frappera tous les lecteurs, mais (g) et (h) ne valent guère mieux.

Nous ferons remarquer aussi que M. Fétis emploie l'agrégat Ut Mi♮ Sol à l'état direct, et qu'en ce point il est en contradiction avec Choron qui ne l'admet que dans ses dérivés, assertion d'ailleurs tout-à-fait gratuite de la part de ce dernier. Mais il y a une autre assertion que nous ne pouvons passer sous silence, parce qu'elle est contraire à la loi de la tonalité. Selon le savant directeur du Conservatoire de Bruxelles, *l'accord* Ut Mi♮ Sol *n'est possible que dans le passage de la tonique d'un ton majeur à une des notes de l'harmonie de la dominante d'un autre ton*. Or, nous le demandons à tout harmoniste compétent, n'est-il pas évident que dans les exemples donnés par M. Fétis, l'accord *Ut Mi Sol*, qui devient par l'altération *Ut Mi♮ Sol*, est bien plutôt accord du quatrième degré en *Sol* majeur, ou du sixième degré en *Mi* mineur, que premier degré du ton d'*Ut*? (en supposant toutefois que cet agrégat soit un véritable accord de trois sons.)

Si, comme le veut M. Fétis, ces exemples partent du ton d'*Ut* majeur, il faut en conclure que la note *Mi♮* fait partie de la gamme chromatique de ce ton, ce qui n'est pas; tandis que ce *Mi♮* appartient notoirement à la gamme chromatique de *Sol* majeur ou de son relatif *Mi* mineur. D'ailleurs, la proximité seule des tons de *Sol* majeur ou *Mi* mineur, et de *Si* mineur où aboutissent tous les exemples cités, indépendamment de la considération de la gamme chromatique, aurait pu amener M. Fétis à la même conclusion, savoir: que l'accord altéré *Ut Mi♮ Sol* est un quatrième degré en majeur, ou un sixième degré en mineur; tout ceci encore une fois dans l'hypothèse que l'agrégat en question est bien effectivement un *accord de trois sons*, question qui vaut la peine d'être examinée.

(45)' Pour savoir à quoi nous en tenir à cet égard, formons la somme générale d'un accord de trois sons formé de tierce augmentée et quinte juste à partir de sa note fondamentale x.

Les termes d'un tel accord seront:

$$\begin{aligned}
\text{fondamentale} &= x \\
\text{tierce augmentée} &= x + 11 \ (*)\\
\text{quinte juste} &= x + 1 \\
\hline
\text{Somme} \quad \varphi_3(x) &= 3x + 12.
\end{aligned}$$

En comparant cette somme avec la formule:

$$\varphi_3(x) = 3x + 4t - 3t' \quad (A_3)$$

(*) Voir le tableau du §. 20.

qui caractérise, ainsi qu'on l'a dit §. 36, la somme générale de tout accord de trois sons, on a : $4t - 3t' = 12$,

relation qui, combinée avec : $t + t' = 3$ (Ω_s) commune à tous les accords de la même classe, donne pour t et t' les valeurs :

$$t = 3 \text{ avec } t' = 0.$$

Mais si l'on se reporte au §. 40, on verra que ces valeurs des indéterminées t et t' correspondent dans les accords de trois sons à l'accord de quinte augmentée.

Voyons si ces mêmes valeurs conviennent à l'agrégation *Ut Mi♯ Sol*.

Pour atteindre successivement aux sons *Mi♯* et *Sol*, en partant de la fondamentale *Ut*, voici le chemin le plus court en procédant par tierces :

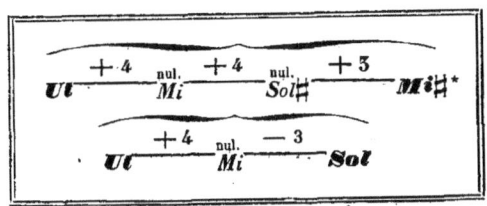

On voit qu'ici il y a effectivement trois tierces majeures directes, et de plus deux tierces mineures, l'une directe, l'autre inverse, ce qui fait qu'elles disparaissent dans la somme. Or, si l'on admettait qu'on pût introduire, dans la constitution d'un accord, les tierces majeure et mineure dans un *sens opposé à leur sens naturel*, on pourrait justifier toute espèce d'agrégation de sons, et toutes seraient de véritables accords, ce qui évidemment est absurde.

Les *véritables accords* dans chaque classe correspondent aux valeurs entières et positives de t et t' satisfaisant à la relation (Ω_m). Seulement, lorsqu'un accord appartient à l'*harmonie naturelle*, son évaluation en tierces se fait sans notes intermédiaires étrangères à l'accord ; et lorsqu'il fait partie de l'*harmonie altérée*, on ne peut atteindre à ses diverses fonctions en partant de sa fondamentale, qu'en passant par des notes étrangères à l'accord ; mais, dans l'un et l'autre cas, les tierces doivent être comptées dans le sens qui leur appartient naturellement, ainsi que nous l'avons déjà dit plusieurs fois.

Il résulte, de l'analyse qu'on vient de lire, que l'agrégat *Ut Mi♯ Sol* n'est point un véritable accord de trois sons, puisque dans son évaluation en tierces, on voit apparaître une *tierce mineure inverse*, ou, si l'on veut, une *sixte majeure*.

§. 46. On pourrait chercher directement quelle est la fondamentale de l'agrégat *Ut Mi♯ Sol* ; mais cette recherche nous entraînerait

---

(*) L'intervalle *Sol♯__Mi♯* est une tierce mineure prise dans un *sens inverse*, c'est-à-dire vers la *droite*, sur le tableau général des quintes, c'est pourquoi nous le représentons par $+3$.

trop loin, c'est pourquoi nous nous contenterons ici de faire voir que cette fondamentale est *La*, et qu'ainsi notre accord est un accord de 4 sons incomplet, savoir : un accord de septième de seconde espèce dont on a altéré la quinte et supprimé la note fondamentale.

Sans entrer ici dans les détails du calcul qui, d'ailleurs, ne présente aucune difficulté, nous nous bornons à présenter le tableau de l'accord dans cette nouvelle hypothèse.

ÉVALUATION DES TERMES DE L'ACCORD DE SEPTIÈME DE SECONDE ESPÈCE AVEC QUINTE AUGMENTÉE.

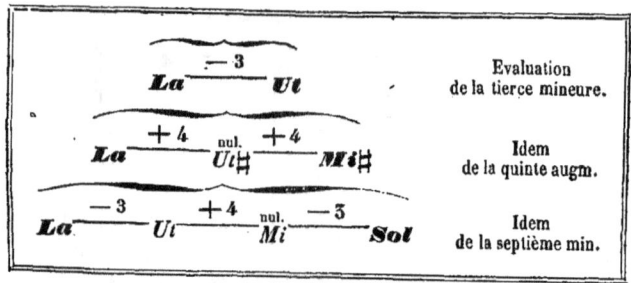

On voit, que dans cette évaluation, il n'entre que de véritables tierces de chaque espèce.

En disant d'une manière absolue que « dans toute succession ascendante de deux notes séparées par l'intervalle d'un ton, la première de ces notes peut être accidentellement élevée d'un demi-ton par un dièse étranger à la tonalité de l'accord, ou par la suppression d'un bémol, » (1) M. Fétis a été conduit à altérer par exhaussement la tierce d'un accord parfait majeur (voir §. 45) *sans égard à la tonalité de cet accord*, et, par suite, à présenter comme admissibles des harmonies d'une dureté insupportable ; et cependant cet auteur est pénétré de l'importance de la loi de tonalité, puisqu'il dit quelques pages avant celle qui contient le malencontreux exemple que nous citons : « A mesure qu'on avance dans la science de l'harmonie, on acquiert la conviction que son principe absolu réside dans les rapports de tonalité des sons résultant d'un certain ordre nécessaire entre eux, d'où naissent leurs fonctions, leurs attractions, leurs antipathies, et enfin leurs lois d'agrégation et de succession. »

(1) *Manuel des Compositeurs*, page 90, §. 162.

Ces lois, M. Fétis en comprenait toute l'importance, mais il les ignorait, car c'est M. Barbereau le premier qui a donné le vrai principe de la tonalité, comme on peut s'en convaincre en lisant le premier volume de son *Traité théorique et pratique de composition musicale*, notamment les chapitres II, VI, VII, XI et XII auxquels nous renvoyons le lecteur.

Voici un exemple de l'emploi de l'accord de septième de seconde espèce, avec altération ascendante de la quinte, accord peu employé, mais qui n'a rien de choquant lorsqu'on a soin de préparer l'altération.

Fig. 9.

Quant à l'accord parfait majeur avec *tierce haussée*, il nous est impossible de l'admettre, surtout sur les degrés 1 et 5 et nous croyons que les exemples cités § 45, ne sont pas de nature à le recommander.

§. 47. Mais rien ne s'oppose à l'altération ascendante de la *quinte* dans l'accord parfait mineur, et l'agrégation qui en résulte est un *véritable accord*. En voici deux exemples.

Fig. 10.

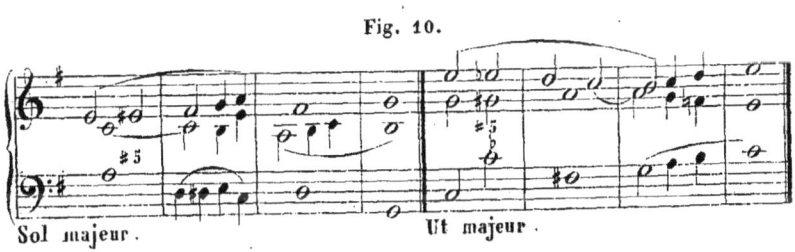

(*) Nous adoptons le chiffrage inférieur employé par M. Barbereau dans son grand *Traité de composition*, $\frac{7}{\sharp 5}$ signifie accord de septième avec quinte augmentée, placé sur le second degré de la gamme.

STRUCTURE DES ACCORDS.

L'accord de tierce mineure et quinte augmentée, est composé comme l'accord parfait majeur, de deux tierces majeures et d'une tierce mineure; mais il en diffère par la distribution de ces tierces, et surtout par cette circonstance qu'on ne peut atteindre à sa quinte, (en restant dans l'ordre des tierces) qu'en passant par une note étrangère à l'agrégation, ce qui est le caractère *des accords altérés*.

STRUCTURE DE L'ACCORD
DE TIERCE MINEURE ET QUINTE AUGMENTÉE.

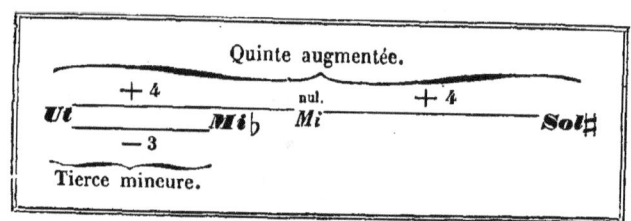

§. 48. Cet accord, ainsi que le montre la fig. 10, peut s'employer sur le second degré en mode majeur en haussant la quinte de l'accord parfait qui appartient naturellement à ce degré; il peut résulter aussi des altérations simultanées et inverses de la tierce et de la quinte d'un accord parfait majeur; mais on ne pourrait, en mode majeur, le pratiquer sur les degrés 3 et 6 sans sortir des limites de la tonalité. En mode mineur, il ne peut se placer convenablement que sur le quatrième degré de la gamme.

Accord de tierce majeure et quinte mineure.

Exemple : *Si Ré♯ Fa.*

§. 49. En mode majeur, cette agrégation fait partie des accords de septième et de neuvième dominante avec quinte augmentée, comme :

Sol Si Ré♯ Fa ;   *Sol Si Ré♯ Fa La♭ ;*
Sol Si Ré♯ Fa La ;   en *Ut* majeur.

En mode mineur, elle fait partie d'un accord de quatre sons qui a son siége sur le second degré de la gamme; ex.: *Si Ré♯ Fa La,* en *La* mineur. Comme *accord de trois sons,* cette agrégation ne peut

102   LIVRE PREMIER.

s'employer que sur le second degré de la gamme mineure; sa structure se rapporte à celle de l'accord parfait mineur, du moins quant au nombre des tierces de chaque espèce (voir §. 38); mais nullement quant à leur distribution. De plus, comme c'est un accord altéré, il faut passer par une note étrangère à l'agrégation pour évaluer sa quinte mineure.

STRUCTURE DE L'ACCORD
DE TIERCE MAJEURE ET QUINTE MINEURE.

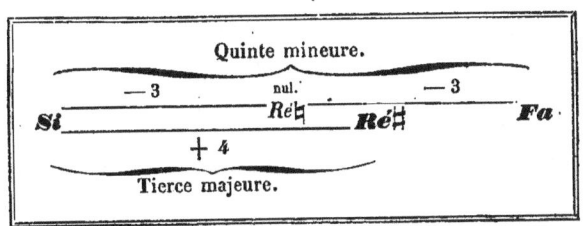

Voici des exemples de l'emploi de cet accord en mode mineur.

Fig. 11.

§. 50. En mode majeur, l'agrégation que nous examinons appartient, comme nous l'avons dit plus haut, à des accords de 4 et de 5 sons dont la figure 12 présente des exemples bien connus:

Fig. 12.

STRUCTURE DES ACCORDS.

Le dernier exemple de la fig. 12 présente l'accord de neuvième mineure avec quinte altérée, sans note fondamentale, accord qui, à raison de l'altération ascendante de la quinte, ainsi que le fait remarquer Barbereau (1), ne peut être employé que dans le mode majeur, comme cinquième degré et rarement comme deuxième degré. Mais nous ne pouvons ici qu'effleurer la question de l'emploi des accords; lorsque nous parlerons de leur enchaînement, nous traiterons ce sujet dans tous les détails qu'il comporte.

Agrégation de tierce et quinte augmentée.

Exemple : *Fa La♮ Ut♯.*

§. 51. Cette agrégation, mentionnée par Choron (voir §. 42.) dans le catalogue des accords altérés de trois sons, n'est point un véritable accord de cette classe, car il est impossible d'en faire l'évaluation à partir de la fondamentale *Fa*, au moyen de trois tierces prises dans leur sens naturel (2).

Il ne faut pourtant point conclure de là que l'agrégation *Fa La♮ Ut♯* ne peut être employée dans une harmonie à trois parties; une telle conclusion serait infirmée par les faits; la seule conclusion légitime, c'est que l'agrégation de tierce et quinte augmentées ne forme pas un élément *nécessaire* parmi toutes les associations possibles entre trois sons, mais seulement une combinaison purement *contingente*, dont l'emploi reste subordonné à la loi de la tonalité; les combinaisons de ce genre appartiennent à la classe des notes étrangères aux accords, connues des harmonistes sous les noms de *notes de passage, appogiatures, prolongations, anticipations,* etc., et ne sont que des transformations de l'harmonie naturelle et altérée.

On voit, fig. 13 et 14, l'emploi de l'agrégation qui nous occupe. Dans la première figure, elle est présentée sous forme de *notes de passages*, dans la seconde, sous forme d'*appogiatures*.

---

(1) *Traité de composition*, tome I, page 242, §. 273.

(2) En opérant pour l'agrégat en question comme nous l'avons fait §. 44 pour celui de tierce diminuée et quinte mineure, on est conduit aux deux équations suivantes : $4t - 3t' = 19$, $t + t' = 5$; qui fournissent pour t et t' les valeurs $t = 4$, $t' = -1$. Il entre donc ici une tierce mineure inverse; ou, en d'autres termes, une sixte majeure.

C'est par une raison semblable que nous avons été conduits à rejeter l'agrégat *Ut Mi♮ Sol.* [Voir la discussion concernant cet agrégat, pages 97 et 98, sous la marque (45').]

Fig. 13.

Fig. 14.

§. 52. Nous avons épuisé les trois premières classes d'accords de trois sons du catalogue de Choron (1); il ne nous reste plus qu'à examiner ceux de la quatrième classe, formés de la combinaison des diverses espèces de tierces avec la véritable quinte diminuée (*Sol♯—Ré♭*), intervalle harmonique qu'à un très-petit nombre d'exceptions près, on ne rencontre que dans les compositions des auteurs les plus modernes (2).

Mais cet intervalle formé de sons distants de 13 quintes sur l'échelle générale, appartient essentiellement aux accords altérés de 4 et 5 sons, et ne peut apparaître dans un véritable accord de trois sons. C'est ce dont il est facile de s'assurer en comparant à nos formules (A_3) et (Ω_3) du §. 36, les produits que l'on obtient par la combinaison de la quinte diminuée avec les diverses espèces de tierces; toujours on trouvera qu'il est impossible d'en faire l'évaluation, sans introduire des tierces négatives, c'est-à-dire des sixtes.

---

(1) Voyez page 90, §. 42.
(2) On trouve des exemples de l'emploi de cet intervalle dans les traités déjà cités plusieurs fois de MM. Fétis et Barbereau.

De l'altération de l'octave dans l'accord de tierce et quinte.

§. 53. On rencontre fréquemment l'altération ascendante de l'octave dans l'accord parfait majeur, porté à 4 parties par le redoublement de la note fondamentale de l'accord. Choron cite un exemple du célèbre Emmanuel Bach; un exemple plus connu est le début de l'allégro de l'ouverture de Don Juan, où Mozart a présenté l'agrégation altérée que nous avons en vue, à trois parties seulement, en supprimant la quinte de l'accord du premier degré de *Ré* majeur.

Suivant la position de la note altérée par rapport à la fondamentale de l'accord, il en résulte un intervalle d'octave augmentée ou diminuée (1). Mais cet intervalle ne fait partie *d'aucun véritable accord*, et appartient à la classe des combinaisons purement contingentes que nous avons signalées plus haut (§. 54). Il faut, en effet, au moins sept tierces véritables pour faire l'évaluation du seul intervalle d'octave augmentée, ce qui suppose un accord composé de 8 sons (2).

§. 54. Quant à l'altération descendante de la fondamentale de l'accord parfait majeur, elle est impraticable, parce qu'elle introduit nécessairement un son étranger à la tonalité. Par exemple, dans les accords parfaits des degrés 1, 4 et 5 en *Ut* majeur, cette altération aménerait un *Ut*♭, un *Fa*♭, un *Sol*♭; tous sons étrangers à la tonalité d'*Ut*.

Par la même raison, il est défendu d'altérer par abaissement les fondamentales des accords parfaits majeurs des degrés 5 et 6, en mode mineur.

---

(1) $\pm$ 7 quintes, suivant notre mode d'évaluation des intervalles.
(2) Pour se rendre compte de ce fait, il suffit de considérer l'équation indéterminée:
$$4t - 3t' = 7,$$
équation qui donne tous les modes possibles d'évaluation de l'intervalle d'octave augmentée au moyen d'une série de tierces majeures et mineures. En résolvant cette équation, on trouve:
$$t = 1 + 3\theta \text{ et } t' = -1 + 4\theta,$$
valeurs qui mettent en évidence que pour que t et t' soient entiers et positifs tous deux, il faut donner à θ des valeurs entières et positives à partir de l'unité. En posant: $\theta = 1$, il vient:
$$t = 4 \text{ avec } t' = 3,$$
ce qui nous apprend qu'au moyen de 4 tierces majeures et de 3 tierces mineures, en tout 7 tierces, on peut évaluer l'intervalle d'octave augmentée; en voici une vérification:

Ut___Mi___Sol___Si___Ré___Fa___La___Ut♯
+4   −3   +4   −3   −3   +4   +4.

106 LIVRE PREMIER.

De l'altération de la fondamentale dans l'accord parfait mineur.

§. 55. Il est permis d'abaisser la fondamentale d'un accord parfait mineur, spécialement celle de l'accord parfait mineur du sixième degré, en mode majeur. Par cette modification, dont la plupart des auteurs didactiques ont négligé de faire mention, l'accord mineur est momentanément transformé en un accord de quinte augmentée (1).

On voit fig. 15, un exemple de l'emploi de cette altération, nous l'empruntons à l'un des chefs-d'œuvre de Rossini.

Fig. 15.

§. 56. L'altération ascendante de la fondamentale d'un accord parfait mineur, est praticable et pratiquée; mais l'agrégation qui en résulte ne doit pas être considérée comme formant un *véritable accord de trois sons*, ainsi que nous l'avons démontré §. 44. Suivant les cas, elle offre trois termes d'un accord altéré de quatre ou de cinq sons, nommément de l'accord de septième de première espèce avec quinte mineure, placé sur le second degré de la gamme; ou de l'accord de neuvième dominante mineure avec quinte mineure, placé aussi sur le second degré. Quelquefois l'agrégation ne doit être considérée que

---

(1) On peut voir, page 92, §. 169 de la deuxième édition du *Manuel des Compositeurs* par M. Fétis, des exemples de cette altération de l'accord parfait mineur.

STRUCTURE DES ACCORDS.

comme le produit fortuit d'une note de passage chromatique non modulante.

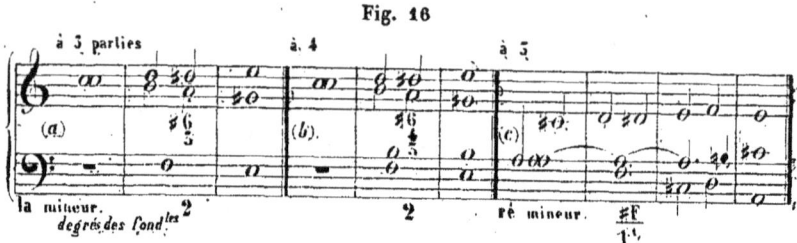

Fig. 16

Dans les deux premiers exemples de la fig. 16 l'agrégation Ré♯ Fa La, a pour note fondamentale Si; dans le troisième (c), elle ne forme pas un accord proprement dit, mais une simple altération de l'accord du premier degré en Ré mineur, par l'introduction d'une note de passage chromatique non modulante (1).

Dans la fig. 17, nous avons placé la note diésée à la basse, afin de donner des exemples variés de l'agrégation Ré♯ Fa La.

Fig. 17.

---

(1) « L'oreille est dominée, dans l'appréciation de la tonalité, par un sentiment de stabilité ou d'*inertie* qui la porte à ne reconnaître, dans une suite de sons ou d'accords, le caractère de modulation que lorsqu'il y est déterminé par des signes bien évidents; et, dans le cas contraire, à rapporter plutôt à la tonalité déjà établie les notes accidentelles étrangères à la composition primitive de cette tonalité, lorsqu'elles sont choisies et enchaînées selon certaines règles. Telle est la loi qui sert de base à la formation de la gamme chromatique, à l'admission des notes accidentelles et de l'harmonie altérée. »   (Barbereau, tome I, chap. XVI, §. 175).

Pour la parfaite intelligence de ce passage du Traité de Barbereau, voir la règle donnée, page 60, §. 14, pour la formation de la gamme chromatique, on en déduira facilement que la note Ré♯ appartient à l'échelle chromatique du ton de Ré, aussi bien en mode mineur qu'en mode majeur.

En (*a*) l'harmonie est à 3 parties; en (*b*) elle est à 4 parties, et notre agrégation *Ré♯ Fa La* qui apparaît dans les mesures 3 et 4, appartient à l'accord de neuvième mineure avec quinte abaissée, et sans note fondamentale. Le chiffrage inférieur indique que cette fondamentale est la note *Si*, second degré de l'échelle de *La*.

Dans le second livre du présent ouvrage, nous ferons connaître d'autres usages des accords de septième et de neuvième dominante avec quinte abaissée, accords qui s'emploient en mode majeur aussi bien qu'en mode mineur, mais sur lesquels nous ne pouvons insister dans ce premier livre, spécialement consacré à la recherche des agrégations de sons qui, dans chaque classe, doivent être considérées comme des *accords véritables*.

Lorsque nous serons en possession de tous les accords, il sera temps de faire connaître le principe général de leur enchaînement, et, par suite, l'emploi de chacun d'eux en particulier. Toutefois, nous continuerons de donner un certain nombre d'exemples concernant l'emploi des accords déduits de nos formules, parce qu'une simple description serait par trop aride, et que, dans certains cas, les personnes peu familiarisées avec les combinaisons harmoniques, pourraient éprouver quelque difficulté à se rendre compte de l'utilité de la convenance, ou même de la possibilité de l'emploi des accords.

De l'altération de la fondamentale dans l'accord de quinte mineure.

§. 57. La fondamentale de l'accord de quinte mineure qui est le second degré de la gamme en mode mineur, ne peut être haussée, parce qu'une telle modification introduirait un son étranger à la tonalité; mais elle peut être abaissée, et il en résulte une harmonie fort belle et très-usitée, dont la figure 18 offre plusieurs exemples.

Fig. 18.

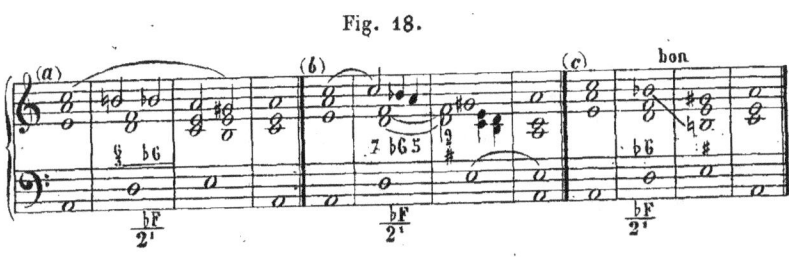

STRUCTURE DES ACCORDS. 109

La fausse relation qui se voit en (c) est non seulement permise, mais forcée à 4 parties.

Dans ces trois exemples l'accord est employé dans son premier renversement, selon l'usage généralement suivi par tous les compositeurs; cependant rien ne s'oppose à son emploi à l'état direct, et l'harmonie suivante est certes très-admissible :

Fig. 19.

De l'altération de la fondamentale dans l'accord de quinte augmentée.

§. 58. L'altération descendante de la fondamentale en question est impraticable, parce qu'elle introduit un son étranger à la tonalité.

Il n'en est pas de même de l'altération ascendante de cette note, au moyen de laquelle l'accord de quinte augmentée est changé en un accord parfait mineur transitif, où il entre deux sons appartenant à l'échelle chromatique du mode. En voici un premier exemple :

Fig. 20.

Il résulte ici de cette altération au commencement de la seconde mesure, une suspension ascendante ou inférieure de la fondamentale de l'accord *La Ut♯ Mi* qui occupe la seconde moitié de cette même mesure.

La figure 21 présente un nouvel exemple plus étendu, sous forme

15

110 LIVRE PREMIER.

de marche harmonique, dans lequel l'altération ascendante de la fondamentale de l'accord de quinte augmentée se rencontre trois fois.

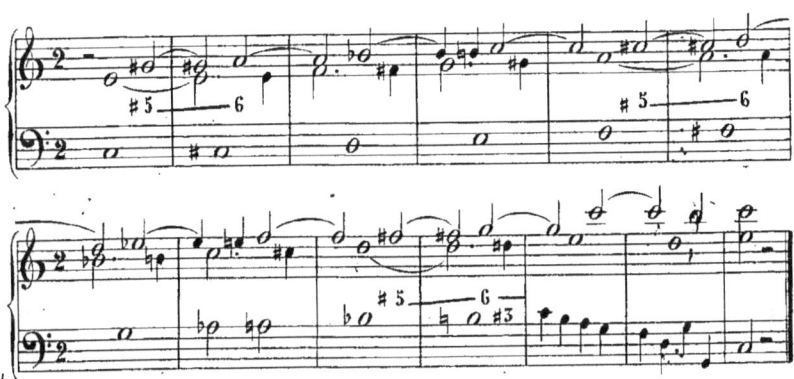

Fig. 21.

De l'altération de la quinte dans les accords de trois sons.

§. 59. Nous n'avons plus à revenir sur l'altération ascendante de la quinte dans les accords parfaits majeur et mineur, d'où résultent les deux espèces d'accords de quinte augmentée dont nous avons donné la structure §§. 40 et 47, mais il nous reste à parler de cette même altération ascendante de la quinte appliquée aux accords de quinte mineure et de quinte augmentée, et enfin de l'altération descendante, appliquée à la quinte des divers accords de trois sons.

§. 60. En premier lieu, pour ce qui concerne l'accord de quinte mineure, on peut en hausser la quinte, pourvu que cette note ainsi altérée soit immédiatement suivie de la note sensible marchant à la tonique comme en (*a*) fig. 22; ou du moins, pourvu qu'à partir de cette note altérée, on arrive à la tonique par une série de demi-tons ascendants, comme en (*b*).

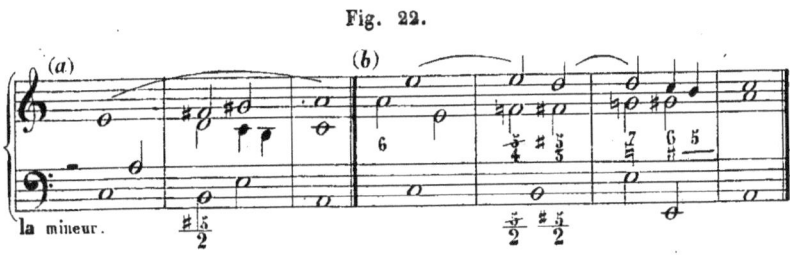

Fig. 22.

Par cette modification l'accord de quinte mineure est transformé en un accord parfait mineur transitif.

En second lieu, pour ce qui concerne l'accord de quinte augmentée, si l'on observe que sa quinte est déjà le produit d'une altération ascendante en mode majeur, et qu'elle est note sensible en mode mineur, il paraîtra naturel de lui donner soit immédiatement, soit du moins médiatement sa résolution, et par conséquent de ne point admettre d'altération ultérieure de cette fonction de l'accord; toutefois, ce raisonnement n'est que spécieux, on ne pourrait l'appliquer à toutes les dissonnances sans être en contradiction avec la pratique des grands maîtres, c'est-à-dire avec le *sentiment musical*. Mais la considération décisive dans le cas qui nous occupe, c'est que l'agrégation telle que *Réb Fa La♯*, qui résulterait de l'agrandissement de la quinte augmentée, ne peut être évaluée au moyen des formules (A_s) et (Ω_s) du §. 36, à moins d'introduire une tierce mineure inverse, c'est-à-dire une sixte majeure dans l'évaluation de la fonction de quinte bis-augmentée *Réb La♯* (1).

Ainsi une agrégation telle que *Réb Fa La♯*, n'est point un véritable accord de trois sons: et comme elle embrasse sur l'échelle générale une étendue de 15 quintes, maximum de distance entre des sons pouvant appartenir à une même tonalité (2), ce ne serait que dans un seul cas particulier qu'elle pourrait être employée *passagèrement*, encore est-t-il douteux que ce cas ait jamais été réalisé (*), autrement que par la simple substitution enharmonique du *La♯* au *Si♭*, dans l'accord parfait mineur *Si♭ Réb Fa*, dans le but de changer cet accord en son homophone *La♯ Ut♯ Mi♯*, substitution de laquelle

---

(1) On a en effet pour l'agrégation que nous examinons : $\varphi_3(x) = 3x + 19$ et $t + t' = 3$. Or, comme ici : $4t - 3t' = 19$, on en déduit : $t = 4$ et $t' = -1$.

· (2) Dans un certain nombre d'exemplaires de cet ouvrage, on a imprimé par erreur le mot *quatorze* au lieu du mot *quinze* au commencement de la page 75; nous prions le lecteur de corriger cette faute, s'il y a lieu.

(*) Il serait à désirer que l'on s'entendît pour désigner par le nom de *quinte majeure* celle qu'on nomme ordinairement *quinte augmentée*, alors on aurait par ordre de grandeur :

1° La quinte diminuée, ex. : $(Sol♯\_Réb) = -13$ quintes justes.
2° La quinte mineure, ex. : $(Si\_Fa) = -6$ quintes justes.
3° La quinte juste, ex. : $(Ut\_Sol) = +1$.
4° La quinte majeure, ex. : $(Ut\_Sol♯) = +8$ quintes justes.
5° La quinte augmentée, ex. : $(Réb\_La♯) = +15$ quintes justes.

il ne résulte aucun changement dans la nature et dans la tendance des fonctions de l'accord, et qu'il ne faut pas confondre avec d'autres substitutions enharmoniques dont l'effet est d'opérer un tel changement.

De l'altération descendante de la quinte dans les accords de trois sons.

§. 61. L'altération descendante de la quinte est impraticable dans les accords parfaits majeurs des premier et quatrième degrés en mode majeur, et aussi dans l'accord du sixième degré en mode mineur, parce qu'elle introduit un son étranger à la tonalité; mais elle peut avoir lieu dans l'accord majeur du cinquième degré de l'un et de l'autre mode. L'agrégation qui en résulte est la même que celle décrite page 102, §. 49. La fig. 23 en présente une réalisation à l'extrémité de la seconde mesure, où cette modification chromatique amène une modulation. Tout le reste de l'exemple n'a d'autre but que de compléter le sens harmonique, pour éviter la sécheresse des exemples isolés.

Fig. 23.

§. 62. Dans l'accord parfait mineur, l'altération descendante de la quinte a pour effet la transformation de cet accord en celui de quinte mineure, ce qui, généralement, amène une modulation soit passagère, soit formelle, dans l'un des tons relatifs du ton principal. Toutefois, lorsque la modification en question s'applique à l'accord mineur du second degré en mode majeur, comme cela a lieu à l'extrémité de la seconde mesure de la figure 24, il n'y a point de modulation, puisque le siège de l'accord n'a point varié.

On sait que l'accord de quinte mineure appartient à l'harmonie naturelle du mode mineur, où sa fondamentale occupe le second degré de l'échelle diatonique; mais il est permis d'employer cet accord en mode majeur, comme modification chromatique, ce qui contribue à jeter de la variété dans l'harmonie.

Fig. 24.

§. 63. Dans l'accord de quinte mineure, (soit qu'il appartienne à l'harmonie naturelle du mode mineur, ou bien qu'il soit le produit de l'altération descendante de la quinte d'un accord parfait mineur), il est impossible d'abaisser la quinte, sans sortir des limites de la tonalité, et l'agrégation qui résulte d'une telle altération n'est point un accord de trois sons (1).

Ce n'est que dans les accords de 4 et de 5 sons que l'on voit apparaître la véritable quinte diminuée, par exemple dans l'accord de neuvième dominante mineure avec quinte augmentée.

§. 64. Il nous reste à appliquer l'altération descendante à la quinte d'un accord de quinte augmentée. Or, de deux choses l'une : ou l'accord de quinte augmentée que l'on veut altérer ainsi appartient à l'harmonie altérée du mode majeur, ou à l'harmonie naturelle du mode mineur. (Voir §. 28).

Dans le premier cas, l'altération descendante impliquerait contradiction, il serait absurde en effet d'écrire,

---

(1) L'agrégation de tierce mineure et quinte diminuée donne: $\varphi_3(x) = 3x - 16$. On a donc dans ce cas: $4t - 3t' = -16$, équation qui combinée avec $t + t' = 3$, commune à toutes les agrégations de trois sons, donne: $t = -1$ avec $t' = +4$. On voit qu'ici il entre une *tierce majeure négative*, ou autrement une *sixte mineure*, dans l'évaluation de l'agrégation.

à moins que ce ne fut dans le but de faciliter l'exécution sur quelqu'instrument et cela dans une harmonie d'une toute autre nature, où le *Sol♯* serait mis à la place d'un *La♭*.

Dans le second cas, celui où l'accord de quinte augmentée appartient à l'harmonie naturelle du mode mineur, l'altération en question est possible. En voici un exemple présentant une modulation de *La* mineur en *Mi* mineur.

Fig. 25.

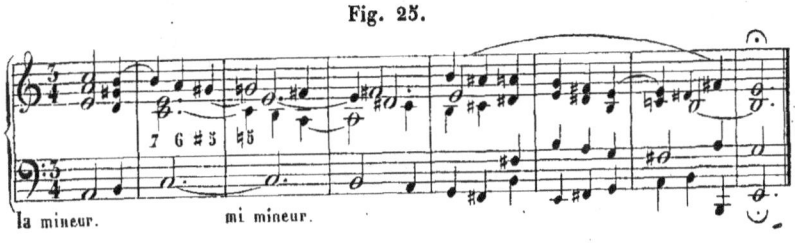

Des altérations simultanées de la fondamentale et de la quinte, dans les accords de trois sons.

§. 65. Abstraction faite de toute application, les chances possibles sont au nombre de quatre:

1° La fondamentale et la quinte toutes deux haussées.
2° La fondamentale et la quinte toutes deux abaissées.
3° La fondamentale haussée, et la quinte abaissée.
4° La fondamentale abaissée, et la quinte haussée.

Mais il s'en faut de beaucoup que ces quatre chances soient également applicables à tous les accords de trois sons. Il n'en est même pas un seul qui les admette toutes les quatre. C'est ainsi que précédemment on a vu, que les diverses chances que présente la combinaison des espèces de la tierce avec les espèces de la quinte, sont loin d'être toutes de véritables accords de trois sons. Si l'espèce de panthéisme musical, impliqué dans le passage du Manuel de musique de Choron, cité §. 42, était conforme à la vérité, il en résulterait que le système musical n'existerait pas, et que le hasard serait le régulateur suprême de l'art, absurdité que nous croyons inutile de réfuter.

STRUCTURE DES ACCORDS.

Nous aurions pu nous borner à déduire de nos formules (A_3) et (Ω_3) du §. 36, tous les accords possibles de trois sons, sans nous engager ultérieurement dans l'examen des agrégations résultant de l'altération de leurs diverses fonctions, agrégations qui ne fournissent aucun nouvel accord; mais nous avons cru qu'il valait mieux, au risque de nous répéter, envisager la même question sous ses diverses faces parce que d'une part, il en résulte de nouvelles lumières sur l'emploi même des accords, et d'autre part une précieuse vérification de l'exactitude et de la généralité de nos formules.

Afin de n'oublier aucune des chances possibles, appliquons successivement à chaque accord de trois sons les quatre modifications simultanées énumérées plus haut.

§. 66. Dans l'accord parfait majeur, la fondamentale et la quinte peuvent être haussées séparément. L'altération ascendante de la fondamentale seule (1), produit un accord de quinte mineure qui se résoud très-naturellement sur l'accord de septième dominante, comme on peut le voir par l'exemple suivant emprunté à la coda de l'ouverture de la *Flûte enchantée*, où Mozart a répété le même passage six fois de suite:

Fig. 26.

Quant à l'altération ascendante de la quinte seule, elle produit l'accord de quinte augmentée décrit §. 40, et sur lequel nous n'avons pas à revenir. Or, il semble que rien ne s'oppose à l'emploi simultané des deux altérations ascendantes de la fondamentale et de la quinte, et cependant le *sentiment musical* ne permet point d'attaquer simultanément ces deux altérations; tout ce que l'on peut faire consiste en ceci : hausser d'abord la quinte, et, pendant la durée de l'accord de quinte augmentée qui résulte de cette altération, hausser la fondamentale; puis, résoudre successivement ces deux

---

(1) Ne pas confondre cette altération avec celle qui produit l'agrégation de tierce majeure, quinte juste et octave augmentée, examinée §. 53.

notes altérées, dans le même ordre où elles se sont présentées ainsi que nous l'avons fait page 109, fig. 20. Quant à l'explication rationnelle du rejet de l'attaque simultanée des deux altérations ascendantes de la fondamentale et de la quinte de l'accord parfait majeur, il serait nécessaire de connaître déjà la *nature* même des accords et les *lois* de leur enchaînement pour en comprendre toute la portée; remarquons toutefois, qu'en passant brusquement de l'accord *Ut Mi Sol* à l'accord *Ut* dièse *Mi Sol* dièse, on franchit sur l'échelle générale des sons, un intervalle de quatorze quintes, savoir : sept quintes pour passer de l'*Ut* naturel à l'*Ut* dièse, et sept également, pour passer du *Sol* naturel au *Sol* dièse; or, on comprend qu'en répartissant cette différence de quatorze unités entre deux accords successifs, comme nous l'avons fait dans l'exemple cité, le *sentiment musical* admette plus facilement un tel enchaînement harmonique.

Toutefois, cette raison n'est que secondaire, car c'est surtout *parce qu'il n'existe aucune attraction* entre l'*Ut* naturel et l'*Ut* dièse, non plus qu'entre le *Sol* naturel et le *Sol* dièse que cette succession paraît étrange. En effet, on verra plus loin que l'accord *Ré* bémol *Fa La* bémol peut succéder très-naturellement à l'accord *Ut Mi Sol*, bien que les sommes de ces accords diffèrent de 15 quintes, précisément parce que les sons *Ut Mi Sol ont une tendance naturelle* vers les sons *Ré* bémol *Fa* et *La* bémol.

Il est inutile d'examiner le cas des altérations simultanées descendantes des fonctions de fondamentale et de quinte dans l'accord parfait majeur, puisque nous savons déjà que dans cet accord, la fondamentale ne peut être abaissée. (Voir le §. 54.)

Il ne nous reste donc que le cas de l'exhaussement de la fondamentale, combinée avec l'abaissement de la quinte. Or, bien que les deux fonctions ainsi altérées en sens inverses puissent encore appartenir à une même tonalité, (leur distance étant inférieure à quinze quintes), l'agrégation qui en résulte ne constitue point un véritable accord de trois sons (1), mais bien un accord altéré incomplet de 4 ou de 5 sons, dont nous aurons l'occasion de parler plus loin.

---

(1) A cause de l'impossibilité d'évaluer sa *quinte diminuée* embrassant 13 quintes, sans avoir recours à une tierce majeure négative ou sixte mineure.

STRUCTURE DES ACCORDS.

§. 67. *Dans l'accord parfait mineur*, il n'y a lieu à examiner ni le cas des altérations simultanées ascendantes de la quinte, ni celui de l'altération descendante de la quinte, parce que, dans ces deux cas, il en résulte entre la fondamentale et la tierce de l'accord, un intervalle de tierce diminuée, qui ne peut exister entre ces deux fonctions, dans aucun accord de trois sons (voir le §. 44), ni même, ainsi qu'on peut déjà le déduire de nos formules, entre la fondamentale et la tierce d'aucun accord, à quelque classe qu'il appartienne.

§. 68. Mais il est permis d'abaisser simultanément la fondamentale et la quinte d'un accord parfait mineur, d'où résulte un accord majeur très-fréquemment employé. Par exemple, dans le ton d'*Ut* majeur, on obtient de cette manière les accords: *Ré♭ Fa La♭*, *La♭ Ut Mi♭*, qu'il faut considérer comme des modifications des accords mineurs des degrés 2 et 6, et nullement comme les accords des tons de *Ré♭* ou de *La♭* que l'on introduirait ainsi brusquement au sein de la tonalité d'*Ut*; il existe une foule d'exemples de l'emploi de ces accords, exemples dans lesquels il n'y a point de modulation, mais simplement une modification de l'harmonie naturelle, par l'emploi des cordes chromatiques qui, dans chaque ton, accompagnent les sept sons de la gamme diatonique (voir §. 14.) (*).

La fig. 27 présente, dès la seconde mesure, l'accord *Ré♭ Fa La♭*, provenant des altérations descendantes simultanées de la fondamentale et de la quinte de l'accord parfait mineur du second degré de l'échelle. Dans la quatrième mesure se trouve l'accord *La♭ Ut Mi♭*, provenant de deux altérations semblables dans l'accord parfait mineur du sixième degré. Or, bien qu'il y ait quinze unités de diffé-

Fig. 27.

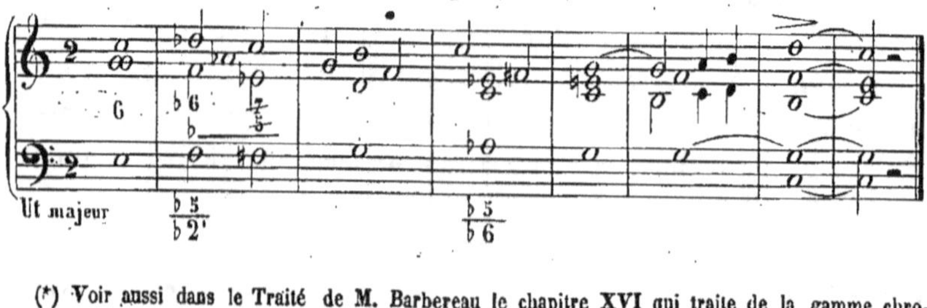

(*) Voir aussi dans le Traité de M. Barbereau le chapitre XVI qui traite de la gamme chromatique et des notes altérées non modulantes.

rence entre les sommes des accords 1 et ♭2, l'oreille admet une telle succession, parce que chacun des sons de l'accord du premier degré a *une tendance naturelle* vers l'un des sons de l'accord altéré du second degré.

§. 69. Il faut savoir en effet, que dans l'échelle générale des sons, chacun d'eux est en équilibre entre deux attractions égales et contraires, et que les sons vers lesquels chaque son est ainsi attiré se trouvent placés à cinq quintes de distance dans l'un et dans l'autre sens.

Cette loi, vaguement soupçonnée par les musiciens ou plutôt reconnue par leur *sentiment*, et appliquée par eux dans la résolution des accords dissonants appellatifs, a un caractère de généralité que M. Barbereau le premier a mis en évidence.

Par exemple : le son isolé *Ut* naturel a une tendance rétrograde vers le son *Ré* bémol, et une tendance progressive vers le son *Si* naturel (1) ; le *Mi* naturel a une tendance rétrograde vers le *Fa* naturel, et une tendance progressive vers le *Ré* dièse, etc., etc.

Placé de cette manière dans une sorte d'équilibre instable, chaque son obéit à l'une ou à l'autre tendance, selon les circonstances mélodiques ou harmoniques au milieu desquelles il se trouve placé ; et c'est l'appréciation plus ou moins nette de toutes ces circonstances, et, pour ainsi dire, l'évaluation individuelle de leur poids, et celle de leur résultante, dans cette sorte de balance musicale, qui dénote chez le compositeur, l'énergie plus ou moins grande de ce que l'on pourrait nommer le *sens harmonique*, sens, *sui generis*, auquel on doit les découvertes dont l'art s'est progressivement enrichi jusqu'à nos jours.

Déjà l'on a vu §. 21 que lorsque deux sons éloignés de six quintes, coexistent, les deux tendances opposées se manifestent à la fois ; d'où résulte une première catégorie de sons compris entre ces limites, et constituant l'échelle diatonique majeure. Cette échelle, reconnue d'abord et depuis longtemps par le *sentiment musical*, est aujourd'hui sanctionnée par la *science véritable*, celle au moyen de

---

(1) Nous nommons *rétrograde* la tendance vers les sons placés à la gauche d'un son donné sur l'échelle générale des quintes, et *progressive* la tendance opposée.

laquelle l'immortel auteur du Messianisme, philosophe et mathématicien sans rival, a posé la philosophie, et par suite toutes les sciences, sur une base désormais inébranlable (1). Nous ferons connaître dans cet ouvrage la LOI DE CRÉATION découverte par M. Hoëné Wronski, loi qu'il a déduite de la réalité même de l'absolu; et peut-être la frappante conformité de la constitution du système musical, avec cette loi absolue, engagera-t-elle quelque lecteur à étudier la doctrine nouvelle, qui présente comme garantie positive, la solution de tous les grands problèmes des mathématiques pures et appliquées; garantie qui, certes, ne pouvait être et n'a effectivement jamais été offerte par l'auteur d'aucun autre système philosophique.

§. 70. Mais revenons à l'examen des altérations simultanées dans les accords de 3 sons, et, afin de terminer ce qui concerne les altérations simultanées de la fondamentale et de la quinte, dans l'accord parfait mineur, remarquons que puisque dans cet accord la fondamentale ne peut être haussée sans qu'aussitôt l'agrégation ne sorte de la classe des accords de trois sons, à cause de la tierce diminuée qui se trouve alors entre la fondamentale altérée et la tierce restée intacte (voir §§. 44 et 56), il en résulte que nous n'avons plus à considérer que le seul cas de l'altération descendante de la fondamentale, combinée avec l'altération ascendante de la quinte. Or, ici encore on sort de la classe des accords de trois sons, puisque

---

(1) M. Hoëné Wronski est l'auteur de la *Philosophie des mathématiques et de la loi suprême des mathématiques*, loi reconnue par l'illustre Lagrange, ainsi que cela résulte clairement du rapport de l'Institut du 15 octobre 1810, signé Lagrange et Lacroix.

M. Wronski a publié en France un grand nombre d'ouvrages scientifiques et philosophiques, et tout récemment le *Messianisme*, dans le premier volume duquel se trouve la LOI DE CRÉATION DE TOUT SYSTÈME DE RÉALITÉS, loi qui est la base de toutes les découvertes de l'auteur, découvertes que M. de Montferrier, le savant auteur du *Dictionnaire des sciences mathématiques*, caractérisait ainsi longtemps avant la production du Messianisme : « La *doctrine absolue* a conduit M. Wronski à
» toutes ses découvertes. Nous n'en connaissons malheureusement que quelques résultats, les plus
» grands, à la vérité, et les plus profonds de tous ceux auxquels le génie de l'homme ait pu
» parvenir jusqu'à ce jour, mais qui ne laissent qu'entrevoir à notre faible intelligence le champ
» inconnu des vérités qui les a produites. » Disons-le bien haut, honneur à Lagrange, honneur à Montferrier ! ces hommes de cœur, ces vrais savants, ont confessé la vérité aux dépens même de leur amour-propre. Quant à ceux qui ont persécuté M. Wronski, qui ont provoqué ou souffert la destruction d'une partie de ses ouvrages, qui gardent depuis 30 ans sur ses découvertes un silence systématique, tout en le pillant sans pudeur; le jugement de la postérité les attend, il ne nous appartient pas de le devancer.

la quinte bis-augmentée = 15 quintes qui existe alors entre les fonctions altérées, ne peut avoir lieu dans cette classe d'accords, ainsi que nous l'avons établi §. 60.

§. 71. En appliquant à l'*accord normal de quinte mineure*, (celui qui a son siége sur le second degré de la gamme en mode mineur), les quatre modifications simultanées énumérées §. 65, on trouve qu'une seule de ces quatre chances lui est applicable, savoir : la quatrième. Les trois premières doivent être écartées, parce qu'elles introduisent des sons étrangers à la tonalité. Voici un exemple du cas admissible qui consiste dans la combinaison de l'abaissement de la fondamentale de l'accord, avec l'exhaussement de sa quinte, ce qui a pour effet de transformer l'accord de quinte mineure (*Si Ré Fa*) en un accord de quinte augmentée (*Si♭ Ré Fa♯*).

Fig. 28.

Si l'on rapporte la succession harmonique de cet exemple à la gamme diatonique de *La* mineur, on trouve une modulation de *La* mineur en *Ré* mineur, et le retour en *La* mineur, comme il est indiqué dans la ligne A. Mais en rapportant cette harmonie à la gamme chromatique, on a le chiffrage inférieur qui se voit ligne B, chiffrage qui suppose le maintien d'une seule tonalité, ce qui est plus simple et plus exact.

Indépendamment de la double altération pratiquée dans l'accord de quinte mineure (1) au second temps de la seconde mesure,

---

(1) A l'égard de la double altération dont nous parlons ici, sans affirmer positivement qu'elle n'a *jamais* été pratiquée, nous pouvons du moins assurer que c'est un cas *excessivement rare*. Peut-être aurait-on quelque chance d'en trouver la réalisation dans le *clavecin bien tempéré* de S. Bach, ou dans *l'Art de la fugue* du même auteur.

fig. 28, on remarquera au même temps de la mesure suivante, l'accord majeur du premier degré, suivi au troisième temps, de l'accord mineur du quatrième degré de la gamme. Pour les modifications chromatiques des accords de trois sons, le lecteur peut consulter le chapitre XVI du premier volume du *Traité de composition* de M. Barbereau, ouvrage déjà cité plusieurs fois, et que nous citerons souvent encore, à cause de son immense supériorité sur tous les Traités connus.

§. 72. *Dans l'accord de quinte augmentée*, il n'y a d'admissible parmi les quatre chances énumérées §. 65, que la troisième, savoir : la combinaison de l'exhaussement de la fondamentale, avec l'abaissement de la quinte; les trois autres chances introduisant un ou deux sons étrangers à la tonalité.

Par cette modification, l'accord de quinte augmentée est transformé en une agrégation identique quant a la structure à l'accord de quinte mineure, mais qui, généralement, par suite de l'enchaînement des tonalités, ne peut être qu'un accord de septième dominante privé de sa note fondamentale.

On en voit un exemple. fig. 29 à l'extrémité de la seconde mesure.

Fig. 29.

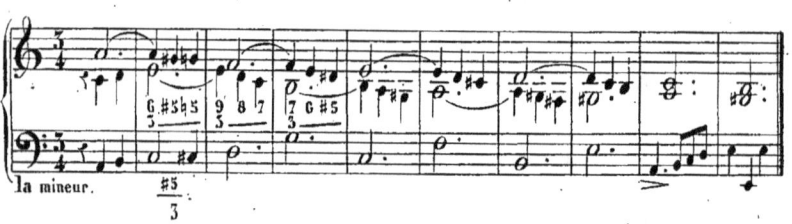

DE L'ALTÉRATION DE LA TIERCE DANS LES ACCORDS DE TROIS SONS.

1° *Dans l'accord parfait majeur.*

§. 73. On ne peut hausser la tierce d'un accord parfait majeur, sans qu'aussitôt on ne sorte de la classe des accords de trois sons.

Cela résulte évidemment de l'analyse consignée page 95 et suivantes, sous le §. 45; nous y renvoyons le lecteur.

§. 74. Quant à l'altération descendante de la même fonction dans le même accord, ce qui le transforme en un accord parfait mineur, elle peut se pratiquer et se pratique effectivement, savoir, en mode majeur, dans les accords des degrés 1 et 4; et en mode mineur, dans l'accord du cinquième degré, et cela, sans qu'il en résulte nécessairement une modulation. C'est un moyen excellent et très-usité de toucher passagèrement aux cordes chromatiques de l'échelle.

L'abaissement de la tierce dans l'accord parfait de la dominante, en mode majeur, peut également se pratiquer; mais généralement il implique une transition. Par exemple, une telle altération dans l'accord du cinquième degré en *Ut* majeur, annoncerait une transition en *Fa* majeur, ou en *Ré* mineur, ou même en *Sol* mineur.

§. 75. Dans le mode mineur, on ne pourrait abaisser la tierce de l'accord parfait majeur du sixième degré, sans sortir immédiatement du ton. Par exemple, dans le ton de *La* mineur, cette altération introduirait un *La*♭, qui devant se résoudre sur un *Sol*♮, assignerait pour siége à l'accord altéré, le quatrième degré en *Ut* majeur. Car un *La*♭ ne saurait exister dans aucune combinaison harmonique, en *La*♮ mineur.

2° *Dans l'accord parfait mineur.*

§. 76. La tierce d'un accord parfait mineur ne peut être abaissée, parce que cette opération introduirait entre cette fonction et la fondamentale, un intervalle de *tierce diminuée*, qui ne peut exister entre ces deux fonctions, non seulement dans la classe des accords de trois sons, mais même dans aucune classe d'accords. L'accord parfait mineur ainsi altéré ne présenterait donc qu'un fragment d'accord de 4 ou de 5 sons (voir le §. 44, page 92).

§. 77. Mais l'altération ascendante de la tierce est au contraire très-praticable et très-usitée: elle a pour effet, la transformation de l'accord parfait mineur en un accord parfait majeur transitif.

C'est ainsi qu'en mode majeur on emploie fréquemment l'accord du second degré avec la tierce majeure; et, qu'en mode mineur, on rend majeur les accords des degrés 1 et 4. (*)

(*) Dans le mode mineur on pratique aussi un accord parfait majeur sur le second degré; mais, dans ce cas, il y a deux altérations ascendantes simultanées, celle de la quinte et celle de la tierce, l'accord normal de ce degré étant celui de quinte mineure. Un autre accord parfait majeur transitif se pratique encore en mode mineur, mais seulement dans le premier renversement : il se rencontre dans une suite de sixtes descendantes, et a pour siége le septième degré abaissé.

3° *Dans l'accord de quinte mineure avec tierce mineure.*

§. 78. La tierce de cet accord ne peut être altérée par abaissement (Voir §. 44); mais on peut la hausser, et il en résulte l'*accord de quinte mineure avec tierce majeure* dont nous avons donné la description ainsi que des exemples §. 49.

4° *Dans l'accord de quinte augmentée avec tierce majeure.*

§. 79. La tierce de cet accord ne peut recevoir l'altération chromatique ascendante, parce que l'intervalle de *tierce augmentée* ne peut exister entre la fondamentale et la tierce d'aucun accord (voir §§. 45 et 51); mais elle peut recevoir l'altération descendante, et il en résulte l'accord de *quinte augmentée* avec *tierce mineure*, dont la description a été donnée §§. 47 et 48.

DE LA COMBINAISON DE L'ALTÉRATION DE LA TIERCE AVEC L'ALTÉRATION DES AUTRES FONCTIONS DANS LES ACCORDS DE TROIS SONS.

§. 80. La première tierce d'un accord de trois sons ne pouvant jamais être que majeure ou mineure, ainsi que cela résulte des §§. 44, 45 et 51, et la quinte ne pouvant être que mineure, juste ou majeure, vulgairement *augmentée* (voir la note de la page 111), il s'ensuit que dans le nombre des agrégations résultant des altérations simultanées de la tierce et de l'une des autres fonctions, ou même de toutes les deux à la fois, on ne doit admettre dans la classe des accords de trois sons que celles qui satisfont à ces conditions. Or, il est facile de voir que ces altérations simultanées ne nous fournissent aucun accord qui n'ait été examiné précédemment. Par exemple, l'altération descendante de la tierce combinée avec l'altération descendante de la quinte, dans l'accord parfait majeur, produit l'accord de quinte mineure; de même l'abaissement de la tierce combinée avec l'élévation de la quinte, produit l'accord de *quinte augmentée avec tierce mineure*, traité §§. 47 et 48.

Dans *l'accord parfait mineur*, l'altération ascendante de la tierce peut être combinée avec l'altération ascendante ou descendante de la quinte, ce qui reproduit deux accords connus, savoir : celui de *quinte augmentée avec tierce majeure*, et celui de *quinte mineure avec tierce majeure*.

Cette même altération ascendante de la tierce, combinée avec l'altération ascendante de la fondamentale, reproduit un accord de quinte mineure.

Dans *l'accord de quinte mineure*, l'altération ascendante de la tierce, combinée avec celle ascendante de la quinte, reproduit un accord parfait majeur, très-employé sur le second degré en mode mineur.

Enfin, dans l'accord de *quinte augmentée avec tierce majeure*, l'altération descendante de la tierce, combinée avec l'altération descendante de la quinte, reproduit un accord parfait mineur.

La plupart des altérations des accords de trois sons dont nous venons d'entretenir le lecteur, sont assez connues pour que nous ayons cru pouvoir nous dispenser d'en présenter de nouveaux exemples après ceux que nous avons consignés dans les figures 10 à 29 inclusivement. Nous nous bornerons, en terminant cette partie, à une seule citation empruntée au *Pater noster* de Chérubini.

Dans la conclusion de ce chef-d'œuvre, écrit dans le ton de *Sol majeur*, *l'accord mineur du 4ᵉ degré*, soutenu pianissimo par les voix pendant deux mesures, est *immédiatement suivi de l'accord majeur* de ce même degré auquel succède l'accord de la tonique. Nous citons ce passage, non comme un exemple à suivre, mais comme une de ces exceptions que le génie seul sait employer à propos.

Fig. 50.

REMARQUE.

A l'exception de deux accords, savoir : celui de *quinte augmentée avec tierce mineure*, et celui de *quinte mineure avec tierce majeure*, tous les autres accords altérés que nous venons d'examiner appartiennent à l'harmonie altérée par *déplacement*, et non à l'harmonie altérée par *formation*. Cette distinction importante, introduite dans la science par M. Barbereau, consiste essentiellement en ce que l'harmonie altérée par *déplacement*, ne se compose que d'accords qui ne renferment aucune altération lorsqu'ils sont placés sur les degrés qui leur appartiennent dans la gamme diatonique, et, qu'au contraire, les accords altérés par *formation*, n'ont aucun lieu, dans l'un et dans l'autre mode, qui permette leur notation sans employer un ou plusieurs accidents.

Bien qu'employés par quelques harmonistes avancés, les deux accords signalés au commencement de la présente remarque, ont été confondus jusqu'à présent parmi les agrégations de sons purement contingentes; c'est-à-dire n'ayant aucun caractère de nécessité. Il appartenait à notre *loi de structure des accords* de les tirer en quelque sorte du cahos, pour les élever au rang de *véritables accords*. On verra plus loin, que la loi absolument générale découverte par M. Hoëné Wronski, LA LOI DE CRÉATION DE TOUT SYSTÈME DE RÉALITÉS, confirme pleinement cette déduction de notre loi particulière.

CHAPITRE V.

CLASSIFICATION DES ACCORDS DE TROIS SONS.

§. 81. Comme récapitulation du chapitre précédent, nous allons donner le tableau des accords de trois sons, en les classant, non pas encore suivant l'ordre absolu que leur assigne la grande LOI DE CRÉATION signalée plus haut, mais en les rapportant selon leur structure individuelle, soit à l'*harmonie naturelle*, soit à l'*harmonie altérée*.

Nous avons dit, chapitre III, §. 27, que l'*harmonie naturelle* comprend tous les accords dont les notes appliquées sur l'échelle générale des quintes, n'embrassent pas, entre leurs deux notes extrêmes, une étendue plus grande que celle qui est assignée aux gammes majeure et mineure, savoir : six quintes pour le mode majeur et neuf quintes pour le mode mineur.

Nous ajoutions que l'*harmonie altérée* est formée dans chaque mode par les accords qui dépassent ces limites, sans excéder pourtant l'étendue de quinze quintes, maximum de distance entre deux sons appartenant à une même tonalité (1).

Tout ceci bien compris, la lecture des tableaux suivants ne présente aucune difficulté. Afin de les rendre plus utiles, nous avons indiqué le siége des fondamentales de chaque espèce d'accord dans l'un et dans l'autre mode; et pour qu'ils puissent servir pour tous les tons, nous avons indiqué par le signe + l'altération chromatique ascendante, et par le signe — l'altération chromatique descendante, en plaçant ces signes devant le chiffre indicateur de la fonction qui subit l'altération. Le chiffrage absolu, employé avec plus ou moins d'extension par les auteurs français et allemands, a pris récemment entre les mains de M. Barbereau une forme d'une simplicité telle, que nous doutons qu'il soit possible de le simplifier ultérieurement sans lui faire perdre quelque chose de sa clarté. Voici quelques explications sur ce chiffrage qui suffiront pour la lecture de nos tableaux des accords de trois sons, et pour celle des autres tableaux du même genre que nous donnerons plus loin.

Quelques éclaircissements sur le chiffrage absolu.

1° Un chiffre seul, indique le siége de la fondamentale de l'accord que l'on considère; en d'autres termes, le degré occupé par cette fondamentale dans l'échelle diatonique ascendante.

2° Un chiffre placé au-dessus d'un autre chiffre dont il est séparé par un trait horizontal, indique une fonction de l'accord qui a pour siége le chiffre placé au-dessous du trait, l'état de cette fonction est marqué par l'un des signes absolus (+) ou (—). Par exemple, $\frac{+3}{2}$ exprime l'accord du second degré, dont la tierce a été haussée d'un demi-ton chromatique.

3° Plusieurs chiffres placés au-dessus d'un autre dont ils sont séparés par un trait horizontal, indiquent autant de fonctions de l'accord qui a pour siége le chiffre placé en dénominateur; l'état de ces fonctions est d'ailleurs marqué par les signes absolus (+) ou (—).

4° La fondamentale elle-même d'un accord pouvant subir l'altération ascendante ou descendante, peut être précédée de l'un des signes qui indiquent cette circonstance.

5° Le renversement d'un accord est marqué par un chiffre plus petit placé un peu au-dessus et à droite du chiffre affecté à la fondamentale. Par exemple, $\frac{-3}{4}{}^i$

---

(1) Voir la note 2 de la page 111.

indique, en mode majeur, l'accord du quatrième degré dans son second renversement. — Le signe — placé devant la fonction de tierce, exprime l'abaissement de cette fonction.

6° Dans les accords de 4 et de 5 sons, on retranche fréquemment la fondamentale ou la quinte, plus rarement la tierce ; dans ceux de trois sons le retranchement de la fondamentale est très-rare dans l'harmonie moderne; mais celui de la quinte se pratique souvent lorsqu'on écrit à trois parties. Pour indiquer cette circonstance, on se sert des lettres *f.r.*, *q.r.*, ou *t.r.* (abréviations des mots *fondamentale retranchée*, *quinte retranchée*, *tierce retranchée*), que l'on place vis-à-vis le chiffre indicateur de la fonction que l'on retranche.

Quant aux circonstances où le chiffrage absolu devra être adopté, il est évident que ce sera toutes les fois qu'on voudra généraliser un fait harmonique; dans ce cas, les signes absolus + et — devront être préférés aux signes relatifs ♯, ♮, ♭. Au contraire, lorsqu'on voudra appliquer le chiffrage analytique à un exemple écrit dans un ton déterminé, les signes relatifs auront l'avantage. C'est de ces derniers signes que nous avons fait usage pour le chiffrage inférieur des exemples du chapitre précédent.

Le lecteur trouvera dans les deux tableaux qui suivent tous les accords de trois sons dont il est possible de faire usage tant en mode majeur qu'en mode mineur. Dans ces tableaux figurent quelques accords qui impliquent au moins une modulation passagère dans l'un des tons relatifs du ton principal; nous avons cru devoir les admettre, parce qu'ils sont d'un puissant secours pour varier l'harmonie, et parce qu'il dépend entièrement de la volonté du compositeur de rendre ces modulations relatives assez peu explicites, pour que l'impression générale de la première tonalité ne soit pas effacée, mais seulement momentanément suspendue. On obtiendra ce résultat en évitant de faire une cadence formelle dans l'un de ces relatifs, et en ne s'en servant que pour ramener avec plus d'effet les cordes essentielles de la tonalité primitive. Pour distinguer des autres accords ceux qui impliquent une modulation relative, nous avons mis entre parenthèses les chiffres qui les caractérisent.

N° 1.

TABLEAU GÉNÉRAL

DES ACCORDS DE TROIS SONS DANS LEUR POSITION NORMALE.

HARMONIE NATURELLE.	DEGRÉS DES FONDAMENTALES.	
NOMS DES ACCORDS.	MODE MAJEUR.	MODE MINEUR.
Accord parfait majeur............	1 4 5	5 6
Accord parfait mineur............	2 3 6	1 4
Accord de tierce et quinte mineures, dit accord de quinte diminuée............................	7*	2
Accord de tierce et quinte majeures, dit accord de quinte augmentée............................		3

HARMONIE ALTÉRÉE par formation.	DEGRÉS DES FONDAMENTALES.	
NOMS DES ACCORDS.	MODE MAJEUR.	MODE MINEUR.
Accord de tierce et quinte majeures (dit accord de quinte augmentée).......................	$\frac{+5}{1}$ $\frac{+5}{5}$ -6	
Accord de tierce majeure et quinte mineure.......................	$\frac{-5}{+5}$ $\frac{+3^{**}}{7}$	$\frac{+3}{2}$
Accord de tierce mineure et quinte majeure.......................	$\frac{+5}{2}$ $\frac{+5}{-3}{1}$ $\frac{+5}{-3}{4}$	$\frac{+5}{4}$

(*) Ce n'est que dans les marches harmoniques que l'on admet l'accord de tierce et quinte mineures sur le septième degré de la gamme, en mode majeur. Dans les autres cas, cette agrégation est un véritable accord de septième dominante privé de fondamentale.

(**) En mode majeur, cet accord est, à proprement parler, un accord de 4 sons sans fondamentale. Voir à cet égard le §. 50 du chapitre IV.

STRUCTURE DES ACCORDS.

N° 2.

TABLEAU GÉNÉRAL

DES ACCORDS DE TROIS SONS FORMANT L'HARMONIE ALTÉRÉE SOIT PAR DÉPLACEMENT SEUL, SOIT PAR FORMATION ET DÉPLACEMENT A LA FOIS.

HARMONIE ALTÉRÉE par déplacement. NOMS DES ACCORDS.	DEGRÉS DES FONDAMENTALES.	
	MODE MAJEUR.	MODE MINEUR.
Accord parfait majeur	$\dfrac{+3}{2} \quad -2 \quad -6$ $\left(\dfrac{+3}{3}\right) \left(\dfrac{+3}{6}\right) \left(\dfrac{+5}{+3}{7}\right)$	$\dfrac{+3}{1} \quad -2 \quad \dfrac{+5}{+3}{2} \quad \dfrac{+3}{4}$ $\dfrac{-5}{3^1} \quad -7^1$
Accord parfait mineur........	$\dfrac{--3}{1} \quad \dfrac{-3}{4} \quad \left(\dfrac{-3}{5}\right)$	$\dfrac{+5}{2} \quad \dfrac{-3}{5}$
Accord de tierce et quinte mineures (dit accord de quinte diminuée).................	$\dfrac{-5}{2} \quad \dfrac{-5}{6} \quad \left(\dfrac{-5}{3}\right)$	$+6^1$
Accord de tierce et quinte majeures (dit acc. de quinte augmentée)	$\dfrac{+5}{4} \quad -2$	$\dfrac{+5}{6}$

HARMONIE ALTÉRÉE par formation et déplacement. NOMS DES ACCORDS.	DEGRÉS DES FONDAMENTALES.	
	MODE MAJEUR.	MODE MINEUR.
Accord de tierce et quinte majeures (dit accord de quinte augmentée)..........	$\dfrac{\begin{smallmatrix}+5\\+3\end{smallmatrix}}{2}$	$\left(\dfrac{+5}{-2}\right)$
Accord de tierce majeure et quinte mineure.............	$\dfrac{\begin{smallmatrix}-5\\+3\end{smallmatrix}}{2} \quad \left(\dfrac{\begin{smallmatrix}-5\\+3\end{smallmatrix}}{3}\right) \quad \left(\dfrac{\begin{smallmatrix}-5\\+3\end{smallmatrix}}{6}\right)$	$\left(\dfrac{\begin{smallmatrix}-5\\+\end{smallmatrix}}{5}\right)$
Accord de tierce mineure et quinte majeure.............	$\left(\dfrac{\begin{smallmatrix}+5\\-3\end{smallmatrix}}{5}\right)$	

Nous devons faire remarquer que dans les deux tableaux qu'on vient de voir, le mode mineur est rapporté à son premier type, savoir à celui dont la formation a été exposée chapitre Ier, §. 12, et que c'est pour cette raison que nous avons classé parmi les accords altérés par déplacement, tous ceux qui impliquent l'altération ascendante du sixième degré, ou l'altération descendante du septième degré de l'échelle.

Si l'on voulait classer les accords de trois sons du mode mineur, en les rapportant au second type de ce mode, dans lequel les degrés 6 et 7 sont inversement modifiés selon que l'échelle est ascendante ou descendante, il suffirait d'inscrire à la suite des accords formant l'harmonie naturelle du mode mineur, tableau n° 1, tous ceux du tableau n° 2 qui proviennent de la considération de ce second type, dont la formation a été exposée §. 13, à la suite de celle du premier.

§. 82. Abstraction faite de toutes les considérations étrangères à leur structure, considérations dont on a tenu compte dans les tableaux qui précèdent, on peut résumer tout le chapitre IV de la manière suivante :

TABLEAU
DES SEULS VÉRITABLES ACCORDS DE TROIS SONS.

1° Accord parfait majeur.
2° Accord parfait mineur.
3° Accord de tierce et quinte mineures (dit accord de quinte diminuée).
4° Accord de tierce et quinte majeures (dit accord de quinte augmentée).
5° Accord de tierce majeure et quinte mineure.
6° Accord de tierce mineure et quinte majeure.

Ce tableau comprend deux accords de plus qu'on n'en compte ordinairement dans la classe des accords de trois sons. Jusqu'ici ces accords ont été confondus parmi les agrégations purement contingentes auxquels on voudrait à tort attribuer une fonction harmonique plus élevée. Notre loi de structure des accords est venue les tirer de ce cahos, en démontrant d'une manière irréfragable qu'ils possèdent tous les caractères des *véritables accords*, caractères qui ne se retrouvent dans aucune des agrégations dont la première tierce, à partir de la fondamentale, est ou augmentée ou diminuée.

STRUCTURE DES ACCORDS.

Nous avons d'ailleurs fait remarquer §§. 51 et 53 que ces agrégations contingentes restent à la libre disposition du compositeur, pourvu qu'il respecte la loi de la tonalité que l'on n'enfreint jamais impunément.

Classification mathématique des accords de trois sons.

(82)' Nous avons dit, au début du chapitre IV, qu'un accord est complètement déterminé par la somme algébrique de ses termes, parce qu'il est toujours possible de reconstruire les éléments de cette somme qui correspondent aux divers termes ou fonctions de l'accord. Il est évident, en effet, que la somme algébrique dont nous parlons détermine complètement un accord, si aucun autre accord de la même classe (1) ne présente une somme identique. Mais, lorsque deux accords appartenant à une même classe, présentent cette identité dans la somme algébrique de leurs termes, il devient nécessaire de recourir à une autre fonction de leur fondamentale x, pour les distinguer l'un de l'autre. Or, la fonction la plus convenable pour atteindre le but que l'on se propose, est celle qui résulte du produit des termes, produit qu'il est toujours possible de déduire de la somme donnée, en s'appuyant sur notre loi de structure des accords.

Si l'on se reporte au §. 41, page 89, il semble qu'il ne saurait y avoir que quatre accords de trois sons, puisqu'il n'y a que quatre couples de valeurs entières et positives de t et t' pouvant satisfaire à l'équation de condition : $t + t' = 3$; et cependant il résulte évidemment des §§. 47, 48 et 49 que l'agrégation de *tierce mineure* et *quinte majeure* (2), ainsi que celle de *tierce majeure* et *quinte mineure*, sont de VÉRITABLES ACCORDS DE TROIS SONS.

Pour faire disparaître l'espèce de contradiction qui semble résulter du rapprochement des divers paragraphes cités, il suffit de remarquer que les sommes $\varphi_3(x)$ qui correspondent à *l'accord parfait majeur*, et à *l'accord de tierce mineure et quinte majeure*, sont identiques. (Voir les §§. 37 et 47.)

De même les sommes $\varphi_3(x)$ qui correspondent à *l'accord parfait mineur* et à *l'accord de tierce majeure et quinte mineure*, sont également identiques. (Voir les §§. 38 et 49).

Cela posé, et pour procéder avec ordre, occupons-nous en premier lieu de la fonction de x commune à *l'accord parfait majeur* (*Ut Mi Sol*), et à *l'accord de tierce mineure et quinte majeure* (*Ut Mi♭ Sol♯*). Cette fonction commune, résultant de la somme algébrique des termes, pour chacun de ces accords, est la suivante :

$$\varphi_3(x) = 3x + 5,$$

---

(1) Chaque classe d'accords est formée de tous ceux qui sont composés d'un même nombre de sons.

(2) Pour nous conformer au langage reçu, nous avons encore nommé *quinte augmentée* l'intervalle *Ut Sol* dièse dans le tableau de la page 101 ; mais désormais, conformément à ce qui a été dit dans la note de la page 111, nous nommerons cet intervalle *quinte majeure*.

et provient de l'hypothèse $m = 3$ avec $t = 2$ et $t' = 1$, dans les formules générales (A_m) et (Ω_m) du §. 35.

Or, que signifie l'hypothèse $t = 2$ avec $t' = 1$?

Rien autre chose, sinon que pour évaluer les termes de l'accord, à partir de sa fondamentale x, il faut le *concours* de deux tierces majeures et d'une seule tierce mineure, sans que *rien* indique laquelle de ces tierces doit précéder l'autre. Dès lors on comprend qu'il faut faire successivement les deux suppositions, c'est-à-dire qu'il faut tenir compte de *l'ordre* dans lequel ces tierces peuvent être rangées.

x étant la fondamentale de l'accord, on a: $x + 4$, et $x + 4 - 3$, ou $x + 1$ pour la tierce et la quinte de l'accord, dans la supposition que la première tierce est majeure.

Et dans celle que c'est la tierce mineure qui occupe cette place, on a: $x - 3$, et $x + 4 + 4$ ou $x + 8$ pour la tierce et la quinte de l'accord, en évaluant ces fonctions à partir de la fondamentale x.

Maintenant, si l'on désigne par $F(x)$ le produit des termes dans la première supposition qui donne *l'accord parfait majeur*, on aura en effectuant ce produit:
$$F(x) = x^3 + 5x^2 + 4x.$$

De même, en désignant par $f(x)$ le produit des termes du second accord, savoir de celui de *tierce mineure* et *quinte majeure*, on aura:
$$f(x) = x^3 + 5x^2 - 24x.$$

Les polynômes $F(x)$ et $f(x)$ caractérisent et séparent complètement les deux accords qui ont pour somme commune: $\varphi_3(x) = 3x + 5$.

On trouverait de la même manière que *l'accord parfait mineur* et *l'accord de tierce majeure et quinte mineure* qui ont pour somme commune: $\varphi_3(x) = 3x - 2$, sont caractérisés et complètement séparés, le premier par le polynôme:
$$x^3 - 2x^2 - 3x,$$

Et le second par le polynôme: $x^3 - 2x^2 - 24x$.

On voit que ces deux derniers polynômes ne diffèrent, comme les deux précédents, que par leurs troisièmes termes.

Il ne nous reste plus à considérer que *l'accord de tierce et quinte mineures*, et *l'accord de tierce et quinte majeures*; mais ces deux accords étant formés uniquement, le premier de tierces mineures, et le second de tierces majeures, la somme de leurs termes qui est $\varphi_3(x) = 3x - 9$ pour l'un, et $\varphi_3(x) = 3x + 12$ pour l'autre, suffit pour le caractériser et les isoler complètement, en supposant toutefois que l'on sache que le nombre -9 provient de l'hypothèse $t = 0$, $t' = 3$; et que le nombre $+12$ provient de l'hypothèse inverse $t = 3$ avec $t' = 0$ introduite successivement dans les formules générales des accords de trois sons:
$$\varphi_3(x) = 3x + 4t - 3t', \quad t + t' = 3.$$

Au moyen de cette connaissance, il est facile de construire, pour chacun de ces accords, le polynôme du troisième degré correspondant au produit de ses termes. Ce polynôme est:

$x(x-3)(x-6) = x^3 - 9x^2 + 18x$ pour *l'accord de tierce et quinte mineures*,

et $x(x+4)(x+8) = x^3 + 12x^2 + 32x$ pour *l'accord de tierce et quinte majeures*.

STRUCTURE DES ACCORDS.

En rapprochant les uns des autres les six polynômes que nous venons de construire, on a le tableau suivant :

CLASSIFICATION
MATHÉMATIQUE DES ACCORDS DE TROIS SONS.

NOMS DES ACCORDS.	PRODUIT INDIQUÉ.	PRODUIT EFFECTUÉ.	SOMME DES TERMES.
Acc. parfait majeur...	$x.(x+4)(x+1)$	$= x^3 + 5x^2 + 4x$	
Acc. de tierce mineure et quinte majeure...	$x.(x-3)(x+8)$	$= x^3 + 5x^2 - 24x$	$\varphi_3(x) = 3x + 5$
Acc. parfait mineur..	$x.(x-3)(x+1)$	$= x^3 - 2x^2 - 3x$	
Acc. de tierce majeure et quinte mineure..	$x.(x+4)(x-6)$	$= x^3 - 2x^2 - 24x$	$\varphi_3(x) = 3x - 2$
Acc. de tierce et quinte mineures............	$x.(x-5)(x-6)$	$= x^3 - 9x^2 + 18x$	$\varphi_3(x) = 3x - 9$
Acc. de tierce et quinte majeures............	$x.(x+4)(x+8)$	$= x^3 + 12x^2 + 32x$	$\varphi_3(x) = 3x + 12$

En comparant ces polynômes, on voit immédiatement que ceux dont les seconds termes sont identiques, ont aussi des sommes identiques, ce qui indique que dans leur évaluation il entre de part et d'autre un même nombre de tierces majeures et un même nombre de tierces mineures; c'est ainsi que *l'accord parfait majeur* et *l'accord de tierce mineure* et *quinte majeure* comptent l'un et l'autre *deux* tierces majeures et *une seule* tierce mineure dans leur évaluation ; mais dans l'un la première tierce est majeure ; et dans l'autre cette tierce est mineure, d'où il résulte que la quinte du premier accord est juste, et qu'elle est majeure dans le second accord.

De même *l'accord parfait mineur* et *l'accord de tierce majeure* et *quinte mineure* correspondent à des polynômes dont les seconds termes sont identiques, aussi ces deux accords ont-ils également des sommes de termes identiques, ce qui tient à ce que dans l'évaluation des fonctions de tierce et de quinte de ces deux accords il entre de part et d'autre *une* tierce majeure et *deux* tierces mineures. Mais dans l'un, la tierce mineure apparaissant la première, il en résulte que la quinte est juste ; et dans l'autre, la tierce majeure occupant cette première place, il reste deux tierces mineures pour l'évaluation de la quinte, ce qui fait que cette quinte est mineure.

Lorsqu'on n'a à sa disposition que le polynôme résultant du produit des termes d'un accord de trois sons, il suffit, pour connaître le nombre de tierces de chaque espèce qui entrent dans l'évaluation de cet accord, de poser les deux équations :

$$4t - 3t' = \text{le coefficient du second terme avec son signe.}$$

Et : $t + t' = 3$. On déterminera ainsi immédiatement t et t'.

Du reste, la décomposition en facteurs de l'un quelconque des six polynômes contenus dans le tableau précédent, ne présente aucune difficulté, et donne directement la structure de chaque terme de l'accord.

Mais lorsqu'on ne veut pas effectuer cette décomposition, l'inspection seule du polynôme suffit encore pour se faire une idée de l'accord qu'il représente. Et en effet, si le coefficient du terme en x est positif, on peut déjà conclure avec certitude que les fonctions de tierce et de quinte de l'accord représenté par le polynôme, se trouvent du *même côté* de la fondamentale x, sur l'échelle générale des quintes, puisque le coefficient du terme en x résulte du produit des seconds termes des binômes qui servent à évaluer les fonctions de tierce et de quinte dont nous parlons. Le signe du second terme vient d'ailleurs achever la détermination, en indiquant *de quel côté* de la fondamentale x se trouvent les deux autres fonctions de l'accord; car si le coefficient du second terme est positif, il est évident que ces fonctions sont placées toutes deux *à droite* de la fondamentale; que si, au contraire, le dernier terme étant positif, le second est négatif, on peut affirmer que ces mêmes fonctions sont placées toutes deux *à gauche* de la fondamentale. Or, dans le premier cas, il est évident que la première tierce de l'accord est *majeure*, et dans le second cas, il est tout aussi évident que cette première tierce est *mineure*.

Ayant ainsi déterminé la nature de la première tierce, il suffira, pour connaître la grandeur de la quinte, de diviser le coefficient du terme en x par la valeur numérique de la tierce; le quotient donnera l'évaluation de la quinte de l'accord.

Par exemple, le polynôme proposé étant :

$$x^3 - 9x^2 + 18x.$$

On voit immédiatement par le signe du terme en x, que les fonctions de tierce et de quinte sont placées *d'un même côté* par rapport à la fondamentale; et le signe *moins* qui affecte le coefficient du second terme, indique clairement que les fonctions cherchées sont *à gauche* de la fondamentale x sur l'échelle générale des quintes; il résulte de là que la première tierce est *mineure*, c'est-à-dire qu'elle est égale à -3, et en divisant $+18$ par -3, on a pour quotient -6, qui exprime la distance de la quinte de l'accord à sa fondamentale x. Les trois termes de l'accord en question sont par conséquent : x, $x-3$, et $x-6$.

L'accord est ainsi complètement connu, c'est celui de *tierce et quinte mineures*.

Il nous reste à examiner le cas où le terme en x est négatif. Il semble, lorsque cette circonstance se présente, qu'il ne soit pas aussi facile de déterminer les fonctions de l'accord par la seule inspection du polynôme qui le représente; on va voir qu'il est cependant possible d'y parvenir. Et d'abord, remarquons que le signe

STRUCTURE DE L'ACCORD.

moins qui affecte le coefficient du terme en x, est un indice certain que les fonctions de tierce et de quinte se trouvent de *côtés opposés* par rapport à la fondamentale de l'accord. En second lieu, on peut encore inférer du signe du coefficient du second terme, laquelle des deux fonctions, de celle placée à droite ou à gauche de la fondamentale, l'emporte sur l'autre en étendue. Mais ce que le signe du second terme ne saurait nullement nous apprendre, c'est la situation de la première tierce par rapport à la fondamentale, ou, ce qui revient au même, si cette tierce est majeure ou mineure.

Ayant ainsi reconnu l'insuffisance des signes pour achever, par l'inspection seule du polynôme, la détermination des fonctions de l'accord, lorsque le terme en x est négatif, il faut aller plus loin, et consulter la valeur numérique des coefficients; or, celui du terme en x étant le produit de la valeur de la tierce par celle de la quinte, sachant d'ailleurs que la *tierce mineure* $= -3$, et que la *tierce majeure* $= +4$, il est évident que si ce coefficient est -3, la valeur de la quinte ne saurait être que $+1$. C'est en effet ce qui a lieu dans le polynôme:

$$x^3 - 2x^2 - 3x,$$

qui représente *l'accord parfait mineur*. La décomposition de ce polynôme peut donc se faire immédiatement par la seule inspection des termes.

Mais il reste encore les deux polynômes:

$$x^3 + 5x^2 - 24x. \quad (\alpha)$$
$$x^3 - 2x^2 - 24x. \quad (\beta)$$

Or, si l'on veut bien remarquer que dans tout accord de trois sons la première tierce est ou mineure $= -3$, ou majeure $= +4$, on en conclura que dans la décomposition en deux facteurs du coefficient -24, l'un de ces facteurs doit être ou -3, ou $+4$, puisque la quantité -24 est le produit de la valeur numérique de la tierce de l'accord par la valeur numérique de sa quinte.

Cela posé, si l'on divise -24 par -3, le quotient $+8$ exprimera la grandeur de la quinte, et comme d'ailleurs on a:

$$-3 + 8 = +5,$$

coefficient du second terme dans le polynôme (α), il en résulte évidemment que ce polynôme est le produit des trois termes x, $x-3$, $x+8$, et que par conséquent il représente un *accord de tierce mineure et quinte majeure*.

Si, au contraire, on divise le coefficient -24 par $+4$, valeur numérique de la tierce majeure, le quotient -6 sera la valeur numérique de la quinte, et comme d'ailleurs on a: $\quad +4 - 6 = -2,$

coefficient du second terme dans le polynôme (β), on est assuré que ce polynôme est le produit des trois termes x, $x+4$, $x-6$, et que par conséquent il représente un *accord de tierce majeure et quinte mineure*.

Les détails dans lesquels nous venons d'entrer paraîtront peut-être un peu minutieux au lecteur en possession des notions les plus élémentaires de l'algèbre; mais comme nous écrivons principalement pour les artistes, nous avons pensé qu'une simple indication serait insuffisante. Nous espérons que le temps n'est pas éloigné, où toutes les personnes qui cultivent les arts libéraux, posséderont au moins les notions les plus essentielles de l'algèbre et de la géométrie. Alors il ne sera plus permis de soutenir cette thèse étrange, à savoir *que l'art et la science s'excluent*, opinion née d'hier, triste symptôme du désordre intellectuel qui domine l'époque actuelle.

REMARQUE.

En représentant par $f(x)$ le produit des termes d'un accord de trois sons, termes de la forme x, $x+a$, $x+b$, il est évident que leur somme, que nous avons désignée par $\varphi_3(x)$ n'est autre chose que :
$$\frac{f''(x)}{1.2} \quad \text{ou} \quad \frac{d^2 f(x)}{1.2 dx^2}.$$

En posant donc : $\dfrac{d^2 f(x)}{1.2 dx^2} = 3x + 4t - 3t'$

avec l'équation de condition $t + t' = 3$ qui, ainsi que nous l'avons dit plusieurs fois, doit être satisfaite en nombres entiers et positifs, on pourra, au moyen de deux intégrations successives, remonter à la fonction qui résulte du produit des termes de l'accord, et dont la forme est :
$$f(x) = x^3 + (4t - 3t').x^2 + Cx.$$

Le coefficient du terme en x^2 est toujours déterminé lorsque l'on connaît t et t', mais il n'en est pas de même de celui du terme en x, que nous avons désigné par C.

Pour parvenir aux deux déterminations qui appartiennent à ce coefficient dans l'hypothèse : $t = 2$ avec $t' = 1$, ou dans l'hypothèse inverse : $t = 1$ avec $t' = 2$, il est nécessaire de tenir compte du mode de distribution des deux espèces de tierces dans chaque cas particulier, sans quoi l'on n'arriverait qu'à une seule détermination de C, et précisément à celle qui correspond, dans chacune des hypothèses en question, au cas le plus particulier.

Ainsi, par exemple, lorsque l'on a $t = 2$ avec $t' = 1$, au lieu d'obtenir le polynôme qui correspond à *l'accord parfait majeur* et celui qui correspond à *l'accord de tierce mineure et quinte majeure*, on n'obtiendrait que ce dernier.

De même, dans l'hypothèse inverse : $t = 1$ avec $t' = 2$, au lieu de retrouver le polynôme correspondant à *l'accord parfait mineur* et celui qui caractérise *l'accord de tierce majeure* et *quinte mineure*, on n'obtiendrait encore que ce dernier polynôme. De telle sorte que *l'accord parfait majeur* et *l'accord parfait mineur* qui, dans l'harmonie musicale, sont des *instruments d'universalité*, échapperaient à l'intégration si l'on écartait la considération des chances possibles dans l'ordre de distribution des tierces.

Mais lorsque l'on a : $t = 0$ avec $t' = 3$, ou bien $t = 3$ avec $t' = 0$, il ne saurait y avoir de doute sur la valeur qui convient au coefficient C, qui n'est susceptible dans l'une et dans l'autre hypothèse que d'une seule détermination.

CHAPITRE VI.

ACCORDS DE QUATRE SONS.

La marche toujours uniforme que nous avons à suivre, et les grands développements dans lesquels nous avons cru devoir entrer à l'égard de la structure des accords de trois sons, nous permettent plus de rapidité dans l'exposition de celle des accords de 4 et de 5 sons ; toutefois, nous nous efforcerons de ne point sacrifier la clarté au laconisme, et surtout de ne rien omettre d'essentiel.

§. 83. Il suffit d'écrire dans nos formules générales du §. 35, que le nombre des sons de l'accord est égal à *quatre*, pour en déduire avec la plus grande facilité la structure de tous les accords de 4 sons.

On trouve ainsi que, dans tous les accords de cette classe, *la somme des termes est égale à 4 fois la fondamentale, plus un certain nombre de tierces majeures associées à un certain nombre de tierces mineures, avec cette condition essentielle que le nombre total de ces tierces soit constamment égal à six.*

Ici, comme dans la classe des accords de 3 sons, on doit évaluer chaque fonction en partant de la fondamentale, et n'employer dans cette évaluation que de *véritables tierces* de chaque espèce.

Nous avons dit §. 36, et nous répétons ici, qu'une *tierce majeure* est évaluée, à partir d'un son quelconque, par 4 quintes prises *à droite* du point de départ sur l'échelle générale des quintes, et qu'une *tierce mineure*, au contraire, est évaluée au moyen de 3 quintes prises *à gauche* du point de départ, sur la même échelle.

Tout ceci bien entendu, nous commencerons l'examen des accords de 4 sons par ceux qui appartiennent à l'*harmonie naturelle* (1). Voici d'abord les accords bien connus qui font partie de cette harmonie :

1º L'accord de septième de première espèce, ou septième dominante.
2º L'accord de septième de seconde espèce.
3º L'accord de septième de troisième espèce.
4º L'accord de septième de quatrième espèce.

(1) Voyez le §. 28.

Ce sont là les accords de 4 sons appartenant à l'harmonie naturelle que nous avons consignés dans le tableau de la page 73. Il faut y ajouter *l'accord de septième diminuée* que Reicha et Barbereau considèrent comme un accord de neuvième dominante mineure sans fondamentale, que beaucoup d'autres théoriciens, notamment Marpurg, et, d'après lui, Choron et Adrien de Lafage, comptent parmi les accords de septième, mais qui ne serait, suivant M. Fétis, que le produit de la substitution du sixième degré du mode mineur à la dominante, dans *l'accord de sixte et quinte mineures*, premier renversement de *l'accord de septième dominante*.

Nous devons le déclarer, notre *loi de structure des accords* donne raison sur ce point à la théorie de Marpurg ; et il nous semble que ceux qui sont d'une opinion contraire, tombent dans le défaut signalé par le judicieux Choron dans une note de sa traduction des méthodes d'harmonie et de composition de F. G. Albrechtsberger (1).

Accord de septième de première espèce ou septième dominante.

§. 84. De tous les accords de 4 sons, celui-ci est le plus important : il est formé, à partir de sa note fondamentale des intervalles de *tierce majeure, quinte juste* et *septième mineure* (2).

En évaluant en tierces majeures et mineures la quinte et la septième de l'accord, selon le mode d'évaluation que nous avons adopté, on trouve qu'il entre dans l'évaluation des diverses fonctions de cet accord *six tierces* dont *trois majeures* et *trois mineures*, c'est ce que le tableau suivant met en évidence.

---

(1) « Les accords, dit Choron, doivent être considérés sous deux points de vue : 1° *quant à leur structure*, c'est-à-dire quant au nombre et à l'arrangement des sons dont ils sont composés ; 2° *quant à leur nature*, c'est-à-dire quant à leur qualité harmonique résultante de celle des intervalles qu'ils renferment. Ces deux propriétés sont totalement distinctes et indépendantes l'une de l'autre. Tous les systèmes d'harmonie sont plus ou moins fondés sur l'une ou l'autre de ces deux considérations, et c'est à l'omission de l'une d'elles, ou à la confusion de toutes les deux, qu'il faut attribuer les imperfections des divers systèmes, etc.

(2) Cet accord est celui qui porte le n° 4 dans le tableau de la page 73.

STRUCTURE
DE L'ACCORD DE SEPTIÈME DOMINANTE.

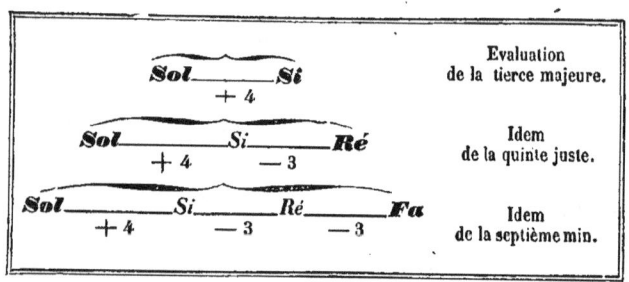

Cet accord, comme nous l'avons déjà dit, appartient à l'*harmonie naturelle* dans l'un et dans l'autre mode, puisqu'il n'embrasse que six quintes entre ses notes extrêmes sur l'échelle générale. Cette étendue est précisément la même que celle assignée à l'échelle diatonique majeure. (Voir le §. 15, page 61.)

Le siége de la fondamentale de cet accord est la dominante ou cinquième degré de l'échelle diatonique ascendante dans les deux modes, et c'est pour cela qu'on lui a donné le nom *d'accord de septième de dominante*, et par abbréviation, *d'accord de septième dominante*.

Cet accord est très-agréable, et s'emploie sans préparation. C'est pourquoi Choron le classe parmi les accords consonnants ou quasi-consonnants de quatre sons. M. Fétis le nomme *accord dissonnant naturel de septième de la dominante*. Selon cet auteur, il a été introduit dans le domaine musical par le compositeur vénitien Monteverde au commencement du dix-septième siècle. On peut lire dans le troisième livre du *Traité complet de la théorie et de la pratique de l'harmonie* un extrait du madrigal où Monteverde l'a employé pour la première fois.

Sa résolution normale a lieu sur l'accord parfait du premier degré. Dans cette résolution, la fonction de tierce, qui est note sensible du ton, doit monter à la tonique, et la fonction de septième doit descendre sur le troisième degré de l'échelle. Telle est la règle générale dont on peut voir des applications dans toutes les compositions publiées depuis près de deux siècles et demi.

Mais il y a bien des exceptions à cette règle, surtout lorsque l'accord de septième dominante est employé dans ses dérivés ou renversements (1). Le lecteur trouvera de grands détails sur l'emploi de l'accord qui nous occupe dans les traités de Reicha, M. Fétis, Choron, et surtout dans le chapitre XVIII du premier volume du Traité de M. Barbereau, où la plupart des cas qui peuvent se rencontrer dans la pratique ont été consignés.

Du reste nous donnerons, lorsque nous traiterons de l'enchaînement des accords, de nombreux exemples de l'emploi de l'accord de septième dominante, parmi lesquels les harmonistes en remarqueront d'entièrement nouveaux. En attendant, nous allons signaler brièvement les divers emplois de l'accord en question, qui déjà se rencontrent dans les exemples précédents, depuis la fig. 9, page 100, jusqu'à la fig. 29, page 121.

Emploi de l'accord de septième dominante à l'état direct.

1° On voit, fig. 9, au quatrième temps de l'avant-dernière mesure, l'accord de septième dominante *Si Ré♮ Fa♮ La*, employé à l'état direct, et résolu dans la mesure suivante sur l'accord parfait du premier degré, en *Mi* mineur. Dans cette résolution la fonction de tierce *Ré♮* monte à la tonique *Mi*, et la note septième *La* descend diatoniquement sur la note *Sol*, troisième degré de l'échelle, suivant la règle énoncée plus haut.

2° On voit, fig. 10, l'accord de septième dominante du ton de *Sol*, à savoir : *Ré Fa♮ La Ut*, employé à l'état direct, au quatrième temps de la troisième mesure, et résolu dans la mesure suivante sur l'accord majeur de la tonique. Dans cet exemple, écrit à trois parties, la quinte de l'accord a été supprimée, ce qui se fait très-fréquemment.

3° Page 104, fig. 14, l'accord de septième dominante du ton d'*Ut* apparaît à quatre parties et à l'état direct dans l'avant-dernière mesure, et reçoit sa résolution normale sur l'accord de la tonique, dans la mesure suivante.

4° Page 109, fig. 19, dans la dernière mesure, l'accord de septième dominante est employé à trois parties à l'état direct, avec suppression de la quinte, et résolu régulièrement sur l'accord de la tonique.

5° Page 113, fig. 24, on voit dans l'avant-dernière mesure l'accord direct de

---

(1) Un accord est renversé lorsque la note de basse est une autre note que la fondamentale.
Choron veut que l'on nomme *dérivés* les faces d'un accord qui correspondent à l'emploi de l'une des fonctions consonnantes dans la basse, telles que la tierce ou la quinte de l'accord direct ; et *renversement* la face de l'accord qui correspond à l'emploi de la dissonance dans la basse. Cette distinction n'est point généralement admise.

septième dominante en *Sol* majeur, et sa résolution normale sur l'accord de la tonique dans la mesure suivante.

6° Page 114, fig. 25, l'accord *Si Ré♯ Fa♯ La*, septième dominante du ton de *Mi*, est employé à 4 parties et à l'état direct, au troisième temps de l'avant-dernière mesure; sa résolution normale a lieu sur la tonique dans la mesure suivante.

Emploi de l'accord de septième dominante dans ses renversements.

Page 107, fig. 17 (*b*), on trouve à l'extrémité de la seconde mesure, l'accord *La Ut♯ Mi Sol*, septième dominante du ton de *Ré*, employé dans son *premier renversement*, c'est-à-dire avec sa tierce dans la basse. Cet accord reçoit sa résolution normale au premier temps de la mesure suivante; la tierce *Ut♯* monte au *Ré*, et la note septième *Sol*, qui occupe la partie supérieure, descend au *Fa♯*.

Le *premier renversement* de l'accord de septième dominante est connu sous le nom *d'accord de sixte et quinte mineures*, qui a l'avantage d'indiquer les distances de la note de basse à la fondamentale et à la septième de l'accord. Pour ne rien omettre, on devrait dire : *accord de sixte, quinte et tierce mineures*.

Page 109, fig. 19, mesure 3, l'accord *Mi Sol♯ Si Ré* paraît dans le premier renversement; mais la fonction de quinte, tierce de la note de basse, a été retranchée; il reçoit encore ici sa résolution normale au second temps de la même mesure.

Page 112, fig. 23, l'accord de septième dominante *Fa La Ut Mi♭* est employé dans le premier renversement au troisième temps de la cinquième mesure, mais la résolution de l'accord a lieu non sur l'accord de *Si♭* mais sur l'accord *Sol♭ Si♭ Ré♭*, accord parfait majeur transitif, provenant de l'abaissement de la fondamentale *Sol* dans l'accord de *tierce et quinte mineures*, qui a son siége sur le second degré du ton de *Fa* mineur; d'ailleurs les fonctions de *tierce* et de *septième* suivent leur marche habituelle, la première montant au *Si♭*, et la seconde (prolongée par un artifice harmonique sur le premier temps de la sixième mesure) faisant ultérieurement sa résolution sur le *Ré♭*. Le lecteur remarquera sans doute l'élégance de cette résolution de l'accord de septième dominante.

Page 121, fig. 29. Ici notre accord paraît au troisième temps de la seconde mesure sous forme *d'accord de tierce et quinte mineures* (*Ut♯ Mi Sol*); cela tient à ce que la note fondamentale *La* est supprimée, ce qui a lieu fort souvent à trois parties. Du reste, il est impossible de confondre l'accord incomplet qui résulte de cette suppression, avec celui de *tierce et quinte mineures*, à cause des fonctions harmoniques toutes différentes que remplissent les deux accords. L'accord de trois sons *Ut♯ Mi Sol* appartient en effet au ton de *Si* mineur, dans lequel il s'enchaîne habituellement avec l'accord de la dominante de ce ton, nommément avec l'accord : *Fa♯ La♯ Ut♯*, ou *Fa♯ La♯ Ut♯ Mi*; on voit qu'il n'existe rien de semblable dans notre exemple, dans lequel l'accord résolutif est celui de *Ré* mineur.

Page 104, fig. 14, au second temps de la troisième mesure, l'accord de septième dominante est employé à 3 parties sans *fondamentale* et sans *tierce*, de sorte qu'il n'en reste plus que la *quinte* et la *septième*; cette dernière ne se trouvant plus en regard de la fonction de tierce monte au lieu de descendre; quant à la *quinte*, elle occupe la partie grave, ce qui constitue le *second renversement* de l'accord; de plus, elle est doublée dans la partie moyenne.

Page 114, fig. 25. Ici l'accord de septième dominante est employé deux fois dans son *second renversement*, d'abord au troisième temps de la première mesure *sans fondamentale* avec *doublement de la quinte;* puis au second temps de la sixième mesure encore *sans fondamentale* avec la *quinte doublée*.

On se décide souvent à retrancher la fondamentale dans le second renversement de l'accord, pour avoir une marche de parties plus élégante.

Le *second renversement* de l'accord de septième dominante est connu sous le nom *d'accord de sixte sensible*, parce que la sixte de la note de basse est effectivement la note sensible.

Enfin, page 115, figure 26, l'accord Si♭ Ré Fa La♭, septième dominante du ton de Mi♭, se présente dans son *troisième renversement*, puisque la note La♭ occupe la partie inférieure. Il reçoit, au premier temps de la seconde mesure, sa résolution normale sur l'accord parfait majeur Mi♭ Sol Si♭. Remarquons en passant que l'harmonie, bien qu'écrite à deux parties, est néanmoins complète, grâce au dessin rhythmique adopté par Mozart.

Le *troisième renversement* de l'accord de septième dominante est connu sous le nom *d'accord de triton*, à cause de la *quarte majeure* ou *triton* qui existe entre la note septième qui occupe la partie grave, et la tierce de l'accord, intervalle caractéristique qui suffit à deux parties pour donner l'idée de l'accord de septième dominante.

L'extrême importance de l'accord de septième dominante nous décide à consigner ici quelques exemples de réalisation de ses diverses faces, avec la résolution normale sur l'accord parfait du premier degré.

Fig. 31.

1° *Accord de septième dominante à l'état direct*.

2° *Accord de septième dominante dans son premier renversement*, dit accord de sixte et quinte mineures.

STRUCTURE DES ACCORDS.

3° *Accord de septième dominante dans son* second renversement, ou *accord de sixte sensible.*

NB. Dans ce renversement il est permis de faire monter la note septième, et même de la doubler. Dans ce dernier cas elle se résout en descendant dans une partie, et en montant dans une autre.

4° *Accord de septième dominante dans son* troisième renversement *ou* accord de triton.

En examinant les exemples de la fig. 31, on verra que l'on a quelquefois doublé la fondamentale, la quinte, et même la note septième de l'accord, mais jamais sa tierce qui étant note sensible, doit monter à la tonique chaque fois que l'accord résolutif est celui du premier degré de l'échelle.

Tous les exemples de la fig. 31 conviennent aux deux modes, il suffit, sans rien changer au premier accord, de bémoliser la tierce du second, pour les transposer en *Ut* mineur.

Nota. Les points noirs indiquent dans la fig. 31 des fonctions retranchées, retranchemement forcé dans l'harmonie à 3 parties, puisque l'accord de septième dominante est formé de 4 sons; mais même à 4 parties, il arrive fréquemment qu'on retranche soit la fondamentale, soit la quinte, soit même la tierce, pour donner plus d'élégance à la marche des parties.

Dans l'exemple suivant l'accord de septième dominante est employé sous diverses faces.

Fig. 32.

Par les exemples que nous venons de donner, on voit que l'accord de septième dominante à l'état direct, résolu sur l'accord de la tonique également à l'état direct, est éminemment propre dans l'un et dans l'autre mode à amener la conclusion de la période harmonique, conclusion à laquelle les praticiens ont donné le nom de *cadence parfaite*. Dans cette formule notre accord est le pénultième. On voit encore que, soit à l'état direct, soit dans ses renversements, il se rencontre à chaque instant dans le courant de la période harmonique, entremêlé aux accords parfaits et aux accords dissonants, et que son rôle tient en quelque sorte le milieu entre les accords libres et les accords dissonants absolus, c'est-à-dire ceux qui sont assujettis à la préparation et à la résolution.

§. 85. L'accord de septième dominante est susceptible en effet de beaucoup de résolutions autres que celle que nous avons nommée *normale*, et qui a lieu sur la tonique. L'une des plus usitées se pratique sur l'accord parfait du sixième degré dans les deux modes.

Cette résolution de l'accord de septième dominante forme ce qu'on nomme une *cadence rompue*.

La figure 32 en offre deux exemples dans la première mesure; un autre exemple se voit page 117, figure 27, mesures 3 et 4. Seulement, l'accord du sixième degré au lieu d'être *La Ut Mi*, est: *La*♭ *Ut Mi*♭, accord provenant des altérations descendantes simultanées de la fondamentale et de la quinte dans l'accord naturel du sixième degré en *Ut* majeur, altérations qui rendent cette *cadence rompue* plus saillante. Du reste, il suffirait de ne point tenir compte des bémols pour avoir la *cadence rompue* ordinaire, propre au mode majeur. En transposant en *Ut* mineur tout l'exemple, on aurait au même endroit la *cadence rompue* propre au mode mineur. L'exemple de la fig. 27 n'est autre chose que cette dernière cadence rompue, transportée par l'altération de deux fonctions de l'accord du sixième degré, au sein de la tonalité d'*Ut* majeur.

§. 86. Une autre résolution fort remarquable de l'accord de septième dominante est celle qui se pratique sur un accord de septième de même espèce. Elle est d'un usage fréquent, d'un excellent effet, et peut s'effectuer de plusieurs manières différentes. Nous allons indiquer les plus saillantes, en les désignant selon l'usage par le nom de l'intervalle qui existe entre les fondamentales des deux accords qui se suivent. Ainsi, deux accords de septième dominante s'enchaînent bien: 1° par *quinte inférieure*, 2° par *tierce mineure inférieure*, 3° par *seconde majeure supérieure*, 4° par *tierce mineure supérieure*.

On verra dans notre second livre, spécialement consacré à l'enchaînement des accords, qu'il est possible d'enchaîner deux accords de septième dominante *à tous les intervalles naturels soit ascendants, soit descendants*, et que les compositeurs les plus avancés ont pratiqué la plupart de ces enchaînements dont les traités ne font aucune mention (1), et qui découlent tout naturellement de nos principes.

Mais nous devons borner ici, du moins provisoirement, ce qui concerne l'accord de septième dominante, pour faire connaître la structure des autres accords de 4 sons.

Accord de septième de seconde espèce.

§. 87. Cet accord n'est autre chose qu'un accord parfait mineur surmonté d'une septième mineure. En évaluant les diverses fonctions d'après notre mode ordinaire, c'est-à-dire en partant pour chacune d'elles à partir de la fondamentale, et procédant par tierces, on trouve qu'il entre dans cette évaluation *quatre tierces mineures* et *deux tierces majeures*. C'est ce que le tableau suivant met en évidence.

STRUCTURE
DE L'ACCORD DE SEPTIÈME DE SECONDE ESPÈCE.

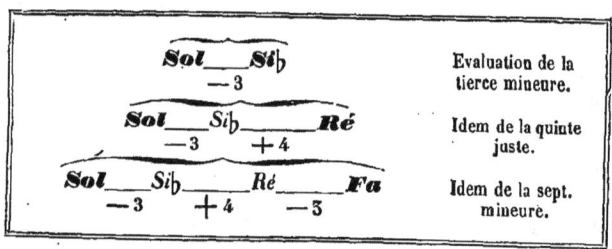

Le siége principal de la fondamentale de l'accord de septième de seconde espèce est le deuxième degré en mode majeur. Dans ce même mode, cet accord se place aussi sur le sixième degré, et même sur le troisième degré dans une marche harmonique.

En mode mineur, il a son siège sur le quatrième degré.

---

(1) Il faut toujours excepter le Traité de M. Barbereau, le *seul* qui soit à la hauteur de la pratique des grands maîtres, depuis J.-S. Bach jusqu'à F. Mendelssohn.

La note septième est soumise à la *préparation* et à la *résolution*, c'est-à-dire qu'elle doit se trouver à la même partie et à l'état de consonnance dans l'accord précédent, puis descendre d'un degré diatonique dans l'accord suivant. Telle est la règle formulée dans la plupart des traités d'harmonie, règle excellente mais incomplète, car la pratique de tous les maîtres est là pour attester 1° que la note septième de tout accord de septième peut aussi se *préparer* par la précession d'une note voisine dans l'ordre diatonique. 2° Que sa *résolution* peut avoir lieu par prolongation de son, lorsqu'elle a été préparée par la même note. Dans ce dernier cas, la quinte se retranche à quatre parties et on double la note septième. Dans toute autre circonstance le doublement de la note septième est interdit.

La fondamentale et la tierce peuvent se doubler mais non se retrancher, d'où il résulte que, dans l'harmonie à deux parties, ce sont ces deux fonctions qui donnent l'idée de l'accord complet. A plus de 4 parties on double la quinte.

Fig. 33.

STRUCTURE DES ACCORDS.

Quant à la résolution *normale* de l'accord de septième de seconde espèce qui a son siége sur le deuxième degré en mode majeur, elle a lieu à la *quinte inférieure* sur l'accord parfait majeur du cinquième degré, ou sur celui de septième dominante.

(La fig. 33 en offre des exemples, mesures 2 et 4.)

Ce même accord de septième se transforme souvent en celui de septième de première espèce placé sur le second degré de l'échelle, au moyen de l'altération ascendante de sa tierce, avant de faire sa résolution sur l'accord parfait du cinquième degré. Il se résout fréquemment aussi sur l'accord parfait du premier degré, auquel cas sa note septième se résout par prolongation de son.

(Voir les mesures 6 et 8 de la fig. 33.)

Quant aux accords de septième de seconde espèce placés sur les degrés 3 et 6 en mode majeur, leur résolution normale a lieu à la *quinte inférieure* sur un accord parfait, ou sur un accord de même espèce, comme dans la marche suivante, où ils sont enchaînés avec des accords de septième de toute espèce.

Fig. 34.

La résolution de l'accord de septième de seconde espèce qui a son siége sur le quatrième degré du mode mineur, se fait principalement à la tierce inférieure sur l'accord de quinte mineure, ou sur celui de septième de troisième espèce qui appartient au second degré de ce mode. (Voir fig. 33, mesure 16). Mais il s'enchaîne presqu'aussi fréquemment avec l'accord parfait majeur du cinquième degré, ou avec celui de septième dominante. Le premier de ces accords peut le précéder et le suivre; lorsqu'il précède l'accord $\frac{7}{4}$, la note septième ne peut être préparée par la même note, mais seulement par une note voisine dans l'ordre diatonique. (On voit un exemple de ce cas, fig. 34.)

Tous les renversements de l'accord de septième de seconde espèce sont usités, mais le second renversement s'emploie plus rarement que les autres à cause de sa dureté; d'ailleurs il exige, outre la préparation de la note septième, celle de la quarte qui existe alors entre la fonction de quinte mise dans la basse, et la fondamentale de l'accord qui occupe l'une des parties supérieures.

Enfin, dans la modulation du mode majeur au mode relatif mineur qui a le même nombre d'accidents à la clef, ou dans la modulation inverse, l'accord de septième de seconde espèce peut servir d'*accord mixte*, c'est-à-dire appartenant à la fois aux deux gammes. Par exemple, l'accord *Ré Fa La Ut*, accord de septième de seconde espèce du second degré en *Ut* majeur, appartient aussi au mode de *La* mineur, où il a son siége sur le quatrième degré; il sert alors de moyen de transition entre les deux tonalités que l'on veut enchaîner. (Notre fig. 34 en présente un exemple).

Accord de septième de troisième espèce.

§. 88. Cet accord qui a son siége sur le second degré en mode mineur, joue dans ce mode le même rôle que l'accord précédent en mode majeur. Il est soumis aux mêmes lois de préparation et de résolution. Sa structure présente *cinq* tierces mineures pour *une* seule tierce majeure; ainsi que le fait voir le tableau suivant:

**STRUCTURE
DE L'ACCORD DE SEPTIÈME DE TROISIÈME ESPÈCE.**

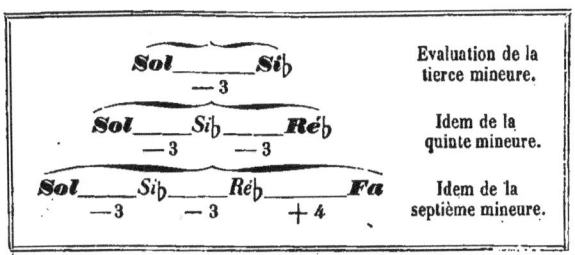

L'accord de septième de troisième espèce s'emploie dans tous ses renversements. Le second renversement est même d'un usage très-fréquent, et c'est là une différence remarquable dans l'emploi de cet accord comparé à celui de l'accord précédent.

Sa résolution *normale* a lieu à la quinte inférieure sur le cinquième degré; quant au doublement et au retranchement de ses notes, on suit, à peu de chose près, les mêmes règles que celles indiquées pour l'accord précédent. Par exemple, dans l'harmonie à 3 parties, on peut retrancher la quinte de l'accord, mais la note septième et la fondamentale ne se retranchent jamais, de sorte que l'accord se trouve réduit à ces deux seules fonctions dans l'harmonie à deux parties.

En transposant l'exemple donné, figure 33, en *Ut* mineur, et en y faisant les changements convenables dans la marche des modulations, changements indépendants d'ailleurs de l'emploi de l'accord qui nous occupe, on aura partout où se trouve dans la figure citée l'accord $\frac{7}{2}$ en mode majeur, l'accord qui joue le même rôle harmonique en mineur, et qui n'en diffère que par l'étendue de sa quinte.

Déjà, dans plusieurs des exemples qui précèdent, l'accord de septième de troisième espèce se présente sous diverses formes. Par exemple, page 114, fig. 25, il paraît deux fois dans le ton de *Mi* mineur, 1° à l'extrémité de la troisième mesure dans son troisième renversement; 2° au premier temps de l'avant-dernière mesure, dans son premier renversement. Dans les deux cas, il reçoit immédiatement sa résolution normale sur le cinquième degré.

Un autre exemple de l'emploi du même accord se voit page 120, fig. 28, au premier temps de la quatrième mesure, où nous avons présenté l'accord en question à l'état direct.

§. 89. L'accord de septième de troisième espèce se place encore sur le sixième degré haussé en mode mineur, et sur les deuxième et sixième degrés en mode majeur. Il fait alors partie de l'harmonie *altérée par déplacement*.

On voit, fig. 28, au second temps de la cinquième mesure, un exemple de l'emploi de cet accord sur le sixième degré haussé en *La* mineur. Il y est employé sur la pédale, sa quinte est retranchée, et sa résolution a lieu à la seconde inférieure sur l'accord de septième dominante.

§. 90. L'emploi de l'accord de septième de troisième espèce sur le second degré en mode majeur, se présente comme une altération descendante de la quinte de l'accord de septième de seconde espèce, qui appartient naturellement au second degré dans ce mode.

Cette altération bien connue est mentionnée dans plusieurs traités. Mais il n'en est pas de même de l'altération toute semblable qui peut s'appliquer à la quinte de l'accord de septième qui a son siége sur le sixième degré en mode majeur; inconnue à la majorité des praticiens, et par suite peu employée, la plupart des livres consacrés à l'enseignement de l'harmonie, la passent sous silence. On peut en voir l'emploi dans le premier volume du Traité de M. Barbereau, pages 218 et 219, fig. 313.

Voici, du reste, cet exemple, nous le donnons au moyen du chiffrage analytique sur lequel on trouve des explications, page 126. Chacune des cases représente une mesure.

Exemple de l'emploi de l'accord de septième de troisième espèce, sur le sixième degré en mode majeur.

5¹	$-\dfrac{7}{\dfrac{5}{6^1}}$	$+\dfrac{7}{5^1}$	1¹	$-\dfrac{7}{\dfrac{5}{2^1}}$	$+\dfrac{7}{5}$	1

L'accord qui nous occupe est placé dans la seconde mesure dans le premier renversement; il est précédé de l'accord parfait du cinquième degré dans son premier renversement, accord qui sert à préparer sa note septième; et il est suivi de l'accord de septième dominante aussi dans son premier renversement, accord qui contient la note résolutive de la dissonance. — Dans la cinquième case on trouve l'accord de septième de troisième espèce employé sur le second degré en mode majeur, préparé et résolu d'une manière semblable.

§. 91. En terminant ce que nous avons à dire, dans ce premier livre, sur *l'accord de septième de troisième espèce*, nous croyons devoir reproduire, après Reicha et Barbereau, l'avertissement de ne point confondre cet accord avec celui de *septième de sensible*, provenant de l'accord de neuvième dominante majeure dont on a supprimé la note fondamentale. Cet avertissement est d'autant plus nécessaire aujourd'hui, que plusieurs auteurs postérieurs à Reicha (1) semblent n'avoir pas compris cette importante distinction.

---

(1) Le *Traité complet et raisonné d'harmonie pratique* d'Antoine Reicha a paru à Paris chez Gambaro, en 1818.

STRUCTURE DES ACCORDS.

Voici d'abord le tableau comparatif des deux accords, tel que le donne Reicha, page 42 de son Traité :

EN UT MAJEUR.

L'accord : Si Ré Fa La *considéré comme provenant de neuvième dominante.*

1° Il ne se prépare point.
2° Il se résout sur l'accord de la tonique. Sa note fondamentale (qui est sous-entendue) est *Sol.*
3° Son emploi n'exige point une série d'accords.
4° La note neuvième (le *La*) ne peut se placer qu'au-dessus de *Si*, par conséquent elle ne peut se mettre à la basse.
5° La neuvième (le *La*) peut, sans inconvénient pour la marche des accords, être remplacée par le *Sol*, et changer l'accord en celui de septième dominante.

EN LA MINEUR.

L'accord : Si Ré Fa La *considéré comme accord de septième de troisième espèce.*

1° Il faut le préparer.
2° Il se résout sur l'accord de la quinte inférieure (la dominante). Sa note fondamentale est *Si.*
3° Il faut lui donner une série de trois accords au moins.
4° Le *La* (comme toutes les autres notes) peut se placer à la basse, ainsi que dans les parties supérieures.
5° Le *La*, dans cet accord, ne peut pas être changé en *Sol* sans que l'enchaînement de l'harmonie ne s'en ressente.

Voici maintenant comment s'exprime M. Barbereau sur le même sujet :

» L'agrégation $\begin{cases} La \\ Fa \\ Ré \\ Si \end{cases}$ considérée comme neuvième dominante majeure sans fondamentale, ne permet, dans la partie supérieure, que les notes *La* ou *Fa* dans toutes les positions; la note *Si* ne peut être doublée, car elle est note sensible; et la note à retrancher dans l'harmonie à trois parties est préférablement le *Ré*, quinte de l'accord dont *Sol* est la fondamentale.

» Considérée comme septième de troisième espèce, les notes de la partie supérieure sont, selon les renversements, *Si*, *Ré* ou *La*; la note *Si* (fondamentale) peut être doublée, et le *Fa* (quinte) est la note qu'on retranche dans l'harmonie à trois parties. »

On voit que ce passage du Traité de M. Barbereau est d'accord avec le tableau comparatif de Reicha. Remarquons en passant que la confusion qui existe chez plusieurs écrivains entre les deux accords dont on vient de faire ressortir les fonctions harmoniques si diverses, se retrouve quand il s'agit de l'accord de

quinte mineure $\begin{cases} Fa \\ Ré \\ Si \end{cases}$ et de l'accord de septième dominante $\begin{cases} Fa \\ Ré \\ Si \\ Sol \end{cases}$

employé sans note fondamentale. C'est là une grave erreur contre laquelle il était nécessaire de prémunir les jeunes compositeurs.

Accord de septième de quatrième espèce.

§. 92. Cet accord se forme à partir de sa note fondamentale de *tierce majeure, quinte juste* et *septième majeure.* En évaluant en tierces ces diverses fonctions, à partir de la fondamentale de l'accord, et selon notre mode habituel, on trouve qu'il entre *quatre* tierces majeures et *deux* tierces mineures dans la constitution de cet accord. C'est ce que le tableau suivant met en évidence.

TABLEAU DE STRUCTURE
DE L'ACCORD DE SEPTIÈME DE QUATRIÈME ESPÈCE.

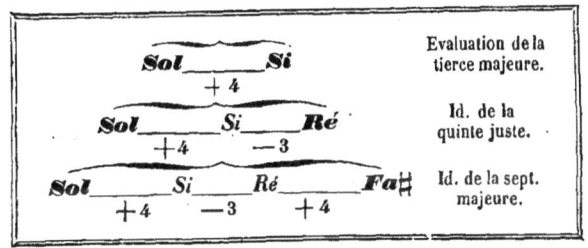

Le siége de cet accord est évidemment en mode majeur le premier et le quatrième degrés, et en mode mineur le sixième degré.

Il se distingue des autres accords de septième par l'intervalle de septième majeure qui se change en seconde mineure par le renversement, et qui rend cet accord plus dur qu'aucun autre accord de la même classe. Aussi est-il, comme les deux précédents, soumis à la préparation et à la résolution ; et tout ce qui a été dit à cet égard (§§. 87, 88), lui est-il applicable.

Il s'emploie à l'état direct et dans ses premier et troisième renversements; mais son second renversement est à peu près inusité, à cause de son effet vague et de la nécessité d'en préparer la quarte, outre la note septième qui, dans toutes les positions, doit être préparée et résolue.

En mode majeur, la résolution *normale* de cet accord est à la *quinte inférieure*, du moins pour celui qui se trouve sur le premier degré de l'échelle.

L'accord résolutif peut être l'accord parfait majeur du quatrième degré, ou l'accord de septième de quatrième espèce qui appartient à ce même degré. Dans ce dernier cas, on a deux accords de septième de quatrième espèce consécutifs, savoir : $\frac{7}{1}$ et $\frac{7}{4}$, le premier servant de préparation au second, qui, à son tour, contient la note résolutive de la fonction de septième de l'accord auquel il succède. Comme le premier accord a besoin de préparation, et que le second doit être résolu, on voit qu'il faut au moins une série de quatre accords pour employer cette succession.

§. 93. C'est le plus souvent dans une marche harmonique et entremêlé avec les autres accords de septième que l'on rencontre celui de septième de quatrième espèce. Voici un exemple d'une telle marche ; nous la donnons au moyen du chiffrage analytique. Les chiffres romains placés au-dessous, indiquent l'espèce de chaque accord de septième.

Marche harmonique avec des accords de septième de toute espèce.

Mode majeur.

1	$\frac{7}{+}$ $\frac{}{5}$	$\frac{7}{1}$	$\frac{7}{4}$	$\frac{7}{7}$	$\frac{7}{3}$	$\frac{7}{6}$	$\frac{7}{2}$	$\frac{7}{+}$ $\frac{}{5}$	1
	I.	IV.	IV.	III.	II.	II.	II.	I.	

Dans cette marche, l'accord de septième de quatrième espèce qui a son siége sur le premier degré, est préparé par l'acccord de septième dominante ou de première espèce ; il sert à son tour de préparation à l'accord $\frac{7}{4}$ qui se résout sur l'accord de septième de troisième espèce qui, dans une marche harmonique, peut s'employer sur le septième degré en mode majeur. A ce dernier accord succèdent trois accords de septième de seconde espèce, dont le dernier, placé sur le second degré de l'échelle, fait sa résolution comme les précédents à la quinte inférieure ; seulement l'accord résolutif est celui de septième dominante, lequel, en se résolvant sur l'accord parfait du premier degré, amène la conclusion de la période harmonique.

§. 94. Lorsqu'on emploie l'accord de septième de quatrième espèce sur le sixième degré en mineur, on le présente souvent comme deuxième accord de la série suivante :

1° Un accord parfait pour le préparer.
2° L'accord dissonant en question $\frac{7}{6}$.
3° L'accord de quinte mineure placé sur le deuxième degré ou celui de septième de troisième espèce qui a le même siége.
4° L'accord de septième dominante.
5° L'accord de la tonique.

§. 95. En mode majeur, et dans une formule de cadence parfaite, l'accord $\frac{7}{4}$ à l'état direct, se transforme souvent en accord de neuvième dominante majeure sans note fondamentale, au moyen de l'altération ascendante de la note de basse. Dans ce cas, la résolution immédiate de la note dissonante a lieu par prolongation de son, et cette note peut se doubler. Lorsqu'on emploie ce doublement, on retranche la *tierce* de l'accord et non sa *quinte*, comme pour les accords de septième, de seconde et de troisième espèces. (Voir §§. 87 et 88). C'est là une différence dans le mode de réalisation de notre accord, comparée à celle des deux accords qui précèdent, qui mérite d'être signalée.

Voici l'exemple de la cadence parfaite en mode majeur où se trouve la transformation que nous venons de signaler.

Formule de cadence parfaite.

1	1¹	$\frac{7}{4}$	$\frac{9}{7}$ $\frac{+}{2\,f.r.}$	1²	5	1

Ce tableau, donné au moyen du chiffrage analytique, convient par cela même pour tous les tons majeurs, et laisse indéterminé le nombre des parties. En voici une traduction en *Ut* majeur et à trois parties.

Formule de cadence parfaite.

Partie supérieure....	*Mi*	*Mi*	*Mi*	*Mi*	*Ré*	*Ut*
Partie moyenne	*Ut*	*Ut*	*Ut*	*Ut*	*Si*	*Ut*
Basse...............	*Ut*	*Mi*	*Fa*	*Fa*♯	*Sol*	*Ut*

§. 96. L'accord de septième de quatrième espèce $\frac{7}{4}$, se résout quelquefois en mode majeur sur celui de septième dominante. Cette résolution à la seconde majeure supérieure, (du moins en apparence, car ainsi que l'observe avec raison M. Barbereau, « une analyse plus approfondie pourrait nous montrer le second degré comme note génératrice de l'accord $\frac{7}{4}$, et alors la résolution sur la septième dominante serait normale », c'est-à-dire à la quinte inférieure), a été signalée par Reicha dans le chapitre de son Traité d'harmonie consacré aux résolutions exceptionnelles des accords dissonants. Du reste, elle était connue et pratiquée depuis longtemps; on la rencontre dans S. Bach, Hændel, Haydn, Mozart, etc.; mais nous l'avons déjà dit, les Traités d'harmonie sont restés fort en arrière de la pratique. Sans doute il était nécessaire que les *faits* se fussent produits avant que les auteurs didactiques ne les réduisissent en *règles*; et cette marche était obligatoire alors qu'il n'existait aucune véritable théorie harmonique. Mais un siècle et plus d'intervalle (1) entre la pratique des maîtres et les livres destinés à l'enseignement des jeunes compositeurs, nous paraît une marche un peu par trop prudente.

§. 97. Sans prétendre donner ici toutes les résolutions possibles de l'accord de septième de quatrième espèce, nous allons en signaler encore quelques-unes. Par exemple, celle de l'accord $\frac{7}{6}$ en mode mineur sur l'accord de sixte augmentée, et dont le lecteur peut voir un exemple, page 102, fig. 11. Une particularité de cet exemple, c'est que la note septième de l'accord dissonant est préparée par la précession d'une note voisine dans l'ordre diatonique (voir le §. 87).

Souvent l'accord $\frac{7}{4}$ en mode majeur, se résout à la tierce inférieure sur l'accord parfait mineur du second degré. On en voit un exemple, page 113, fig. 24, dans la deuxième mesure où l'accord $\frac{7}{4}$ est employé sans quinte, et résolu sur l'accord 2'.

Enfin, signalons encore avec M. Barbereau l'emploi de l'accord de septième de quatrième espèce sur le deuxième degré de la gamme

---

(1) Qu'on en juge: J.-S. Bach est né le 21 mars 1685, et il est mort le 28 juillet 1750. Eh bien! à une seule et récente exception près, signalée page 145, tous les Traités d'harmonie sont restés, sur l'ensemble de l'enchaînement harmonique, *fort en deçà* de la pratique de ce grand homme. Le fait est facile à vérifier, et ne sera contesté par aucun musicien *ayant lu* les œuvres de ce Michel-Ange de la musique, de cet homme qui, selon la juste expression du savant Marpurg, *réunissait en lui seul les talents et les perfections de plusieurs grands hommes.*

156 LIVRE PREMIER.

mineure, baissé d'un demi-ton chromatique. Voici en faveur des personnes qui ne connaîtraient point cet emploi de l'accord en question, un exemple tiré de l'ouvrage de ce grand harmoniste.

(Voir tome I, page 226, mesure 25 de la figure 322 du *Traité théorique et pratique de composition musicale.*)

Exemple de l'emploi de l'accord $\frac{7}{\flat 2}$ *en mode mineur.*

| 1^i | $\frac{7}{\flat 2^i}$ | $\frac{7}{\natural 2^i}+$ | 1^2 | 5 |

Dans cet exemple la note septième de l'accord $\frac{7}{\flat 2}$ est préparée par la même note dans l'accord précédent, et sa résolution a lieu par prolongation de son.

REMARQUE.

M. Fétis ne reconnaît, parmi les accords de quatre sons, comme *accord naturel* que le seul accord de septième dominante. Selon cet auteur, les accords de septième de seconde, troisième et quatrième espèces sont des *accords artificiels* provenant de la *substitution* réunie à la *prolongation*.

Cette théorie est spécieuse, mais elle ne peut soutenir un examen approfondi; elle suppose en effet la nécessité absolue de la préparation de la note septième par une note placée sur le même degré, et entendue d'abord à l'état de consonance.

Or, tous les harmonistes sont d'accord pour admettre la préparation de la note septième par une note voisine dans l'ordre diatonique. C'est là un *fait* consacré par la pratique des maîtres de toutes les écoles, et sanctionné par le sentiment musical. La conséquence évidente de ce fait c'est que l'explication que donne M. Fétis de l'origine des accords de septième autres que celui de septième dominante, est erronée.

Un autre *fait* plus significatif encore, c'est qu'une note septième arrivant ainsi par mouvement diatonique, peut *servir de préparation* à une dissonance, comme l'a très-bien fait voir M. Barbereau, tome 1er, pages 263 et 264 de son Traité.

Voici les paroles de ce maître que M. Fétis ne récusera pas, car il est d'accord avec tous les praticiens :

« On peut admettre, comme propre à préparer une suspension, la fonction de septième prise sans préparation et par intervalle de seconde inférieure après la fondamentale d'un accord de trois sons, quelle que soit l'espèce d'accord de septième qui résulte de l'adjonction de cette note. »

STRUCTURE DES ACCORDS.

La réputation méritée de M. Fétis d'une part, de l'autre les attaques réitérées de cet harmoniste contre la théorie des accords de septième de Kirnberger, Türck, F. Schneider, Reicha et Barbereau, nous imposaient en quelque sorte cette explication qui, nous l'espérons, ne sera pas sans quelqu'utilité pour le lecteur.

(97)'. En posant $m = 4$ dans les formules générales du §. 35, on obtient celles qui conviennent à tous les accords de 4 sons. Les voici :

$$\varphi_4(x) = 4x + 4t - 3t' \qquad (A_4)$$
$$t + t' = 6 \qquad (\Omega_4)$$

Cette dernière relation qui doit être satisfaite en nombres entiers positifs, exprime que dans la structure de tout accord de quatre sons il entre six tierces. On peut vérifier déjà que cette condition est remplie pour les accords de septième de 1re, 2e, 3e et 4e espèce au moyen des tableaux de structure de ces accords dans le présent chapitre. Les valeurs de t et t' qui se rapportent à chacun de ces accords sont les suivantes :

1° Pour l'accord de septième dominante : $t = 3$ avec $t' = 3$, ce qui donne pour la somme des termes de cet accord :

$$\varphi_4(x) = 4x + 3.$$

2° Pour l'accord de septième de seconde espèce $t = 2$ avec $t' = 4$, et par suite :

$$\varphi_4(x) = 4x - 4.$$

3° Pour l'accord de septième de troisième espèce, $t = 1$ avec $t' = 5$, et par conséquent :
$$\varphi_4(x) = 4x - 11.$$

4° Enfin pour l'accord de septième de quatrième espèce : $t = 4$ avec $t' = 2$, et par conséquent :
$$\varphi_4(x) = 4x + 10,$$

il est facile de vérifier directement l'exactitude de ces quatre relations.

Mais l'équation (Ω_4) admet plus de 4 couples de valeurs entières et positives de t et t', elle peut effectivement se vérifier par les sept couples suivants :

$$\begin{Bmatrix} t=0 \\ t'=6 \end{Bmatrix} \begin{Bmatrix} t=1 \\ t'=5 \end{Bmatrix} \begin{Bmatrix} t=2 \\ t'=4 \end{Bmatrix} \begin{Bmatrix} t=3 \\ t'=3 \end{Bmatrix} \begin{Bmatrix} t=4 \\ t'=2 \end{Bmatrix} \begin{Bmatrix} t=5 \\ t'=1 \end{Bmatrix} \begin{Bmatrix} t=6 \\ t'=0 \end{Bmatrix}$$

Il nous reste donc à examiner les trois couples :

$$\begin{Bmatrix} t=0 \\ t'=6 \end{Bmatrix} \begin{Bmatrix} t=5 \\ t'=1 \end{Bmatrix} \begin{Bmatrix} t=6 \\ t'=0 \end{Bmatrix}$$

Après cet examen, qui ne portera encore que sur les accords appartenant à l'*harmonie naturelle*, et dont le caractère mathématique est que l'on peut faire l'évaluation de leurs fonctions, à partir de la fondamentale, sans passer par des sons étrangers à l'agrégation : après cet examen, disons-nous, nous aurons encore à rechercher les accords de l'*harmonie altérée*, dont les sommes sont identiques aux sommes $\varphi_4(x)$ obtenues au moyen des diverses hypothèses sur t et t' qui vérifient la relation (Ω_4), et qui se trouvent ainsi conjugués avec les accords de l'harmonie naturelle.

CHAPITRE VII.

DES ACCORDS DE QUATRE SONS QUI APPARTIENNENT A L'HARMONIE NATURELLE EN MODE MINEUR, ET A L'HARMONIE ALTÉRÉE EN MODE MAJEUR.

§. 98. Ces accords sont les trois suivants:

1° L'accord de septième diminuée formé de *trois tierces mineures* superposées, ou encore : formé à partir de la note la plus grave, de *tierce mineure, quinte mineure* et *septième diminuée.*

Exemple : $\begin{cases} Fa \\ Ré \\ Si \\ Sol\sharp \end{cases}$

2° L'accord de *tierce, quinte* et *septième majeures.*

Exemple : $\begin{cases} Si \\ Sol\sharp \\ Mi \\ Ut \end{cases}$

3° L'accord formé à partir de la fondamentale, des intervalles de *tierce mineure, quinte juste* et *septième majeure.*

Exemple : $\begin{cases} Sol\sharp \\ Mi \\ Ut \\ La \end{cases}$

En évaluant l'étendue embrassée par les notes de ces trois accords sur l'échelle générale des quintes, par le moyen indiqué au chapitre III, on voit que le premier de ces accords, qui est le plus étendu, embrasse *neuf quintes*, tandis que les deux autres n'en embrassent que *huit*. Or, *neuf quintes* c'est précisément l'étendue embrassée par l'échelle du mode mineur, et on a vu que l'échelle du mode majeur n'est que de *six quintes*. Il résulte évidemment de là que les trois accords que nous examinons en ce moment, appartiennent à l'*harmonie altérée* en mode majeur; mais, qu'en mode mineur, ils font partie de l'*harmonie naturelle.*

Nous allons examiner séparément chacun de ces accords, en suivant l'ordre dans lequel nous les avons placés.

Accord de septième diminuée.

§. 99. Voici d'abord le tableau de structure de cet accord.

STRUCTURE DE L'ACCORD DE SEPTIÈME DIMINUÉE.

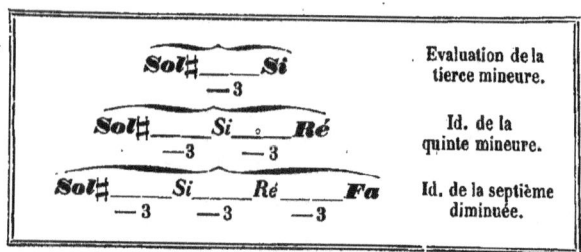

§. 100. Eu égard à sa structure, *l'accord de septième diminuée* est, dans la classe des accords de quatre sons, ce que *l'accord de quinte mineure* (voir §. 39, page 88) est dans celle de trois sons. Il n'entre effectivement dans la composition de l'une et de l'autre de ces agrégations que la seule tierce mineure.

Rapportés à l'échelle générale des quintes, on trouve que ces accords embrassent, entre leurs notes extrêmes, l'un toute l'étendue de l'échelle diatonique du mode majeur ou six quintes, c'est l'accord de quinte mineure; et l'autre, toute l'étendue de l'échelle du mode mineur, ou neuf quintes, c'est l'accord de septième diminuée.

En examinant avec plus d'attention cette échelle générale (page 58, fig. 1), et partant de l'agrégation de tierce et quinte mineure :
{ *Fa*
{ *Ré* qui est placée vers son centre, on trouve que cette agré-
{ *Si*   gation est commune à deux accords de septième diminuée
placés symétriquement par rapport à la note centrale *Ré;* ces accords sont les suivants :

{ *La♭*   { *Fa*
{ *Fa*   { *Ré*   qui peuvent devenir identiques au moyen de l'en-
{ *Ré*   { *Si*   harmonie, en changeant le *La♭* en *Sol♯,* et *vice*
{ *Si*   { *Sol♯* *versà.*

Il résulte de là que deux accords de septième diminuée qui ont trois sons communs, peuvent s'identifier; mais il y a plus, et l'on va voir qu'il suffit, pour que cette identification soit possible, que les sons de deux accords de septième diminuée, fassent partie de la même série de tierces mineures ; et, comme d'ailleurs il n'existe que trois séries différentes de tierces de cette espèce, on en conclura qu'il n'existe aussi que trois accords de septième diminuée dans notre système musical. C'est ce que les harmonistes savent depuis longtemps, et cette transformation d'un accord de septième diminuée appartenant à un ton, en un accord homophone appartenant à un autre ton, est un des moyens les plus usités pour unir deux gammes en apparence très-éloignées, mais qui, en réalité, appartiennent à une même famille de tons, lorsque l'accord de septième diminuée que l'on transforme ainsi occupe la même place, par rapport à la tonique dans chacune des gammes que l'on veut unir (1).

On obtient très-simplement les trois séries différentes de tierces mineures qu'il est possible de tirer de l'échelle des 31 sons du système musical donnée page 58, fig. 1. Il suffit, pour établir la première de ces séries, de partir de la note *La*×, *pôle positif* de l'échelle en question, et de procéder par tierces mineures en marchant vers son *pôle négatif*, c'est-à-dire vers le *Sol*♭♭. On trouve de cette manière la série suivante de 11 notes, qu'il faut lire de droite à gauche, puisque la tierce mineure est caractérisée par le nombre — 3,

PREMIÈRE SÉRIE DE TIERCES MINEURES.

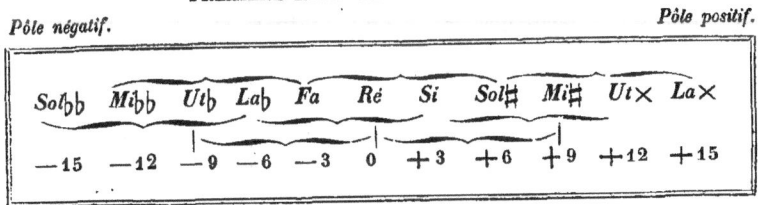

(1) Par exemple, en partant de l'accord { *La*♭ / *Fa* / *Ré* / *Si* } placé sur la *note sensible* en *Ut*, mineur qu'on transforme en : { *Fa* / *Ré* / *Si* / *Sol*♯ } on unira deux tons appartenant à une même famille, si l'on regarde le *Sol*♯ comme étant aussi *note sensible*. On pourrait passer de cette manière du ton d'*Ut* mineur au ton de *La* mineur, qui sont deux sons faisant partie de la même famille, comme nous l'expliquerons ci-après. Si, au contraire, on donnait des siéges différents à ces deux accords, par exemple, si l'on considérait le premier comme placé sur la *note sensible* en *Ut* mineur, et le second, l'accord transformé, comme placé sur un quatrième degré haussé (supposition très-permise) il en résulterait une modulation excellente en elle-même, mais les tons que l'on unirait ainsi appartiendraient à deux familles différentes. On passerait par exemple du ton d'*Ut* mineur au ton de *Ré* majeur ou de *Ré* mineur, dont l'un appartient à la famille d'*Ut* majeur et les deux autres à celle de *Fa* majeur.

STRUCTURE DES ACCORDS.

Or, si l'on remarque qu'*enharmoniquement* on a :

$$Sol\flat\flat = Fa = Mi\sharp$$
$$Mi\flat\flat = Ré = Ut\times$$
$$Ut\flat = Si = La\times$$
$$La\flat = Sol\sharp$$

Il devient évident que les divers accords de septième diminuée indiqués par les accolades, peuvent tous se transformer l'un dans l'autre, et que par conséquent cette première série ne présente, dans notre système tempéré, qu'un seul et même accord de septième diminuée.

Pour avoir la seconde série, il faut partir de l'avant-dernière note de l'échelle des 31 sons, savoir du $Ré\times$, et procéder comme dans la première série. On obtient ainsi dix notes rangées par tierces mineures.

SECONDE SÉRIE DE TIERCES MINEURES.

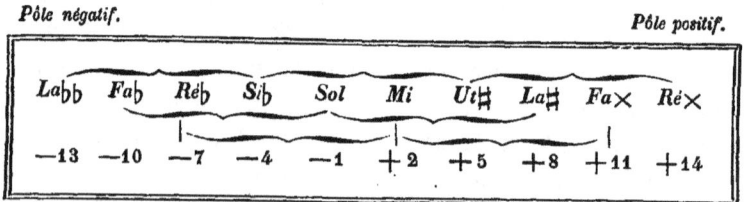

Il est facile de voir que les divers accords de septième diminuée compris entre les accolades, peuvent se transformer l'un dans l'autre, et qu'ils n'ont rien de commun avec ceux que l'on tire de la première série. Enfin la troisième série s'obtient en partant de la note $Sol\times$, et en procédant comme précédemment. Elle est composée de 10 notes comme la seconde.

TROISIÈME SÉRIE DE TIERCES MINEURES.

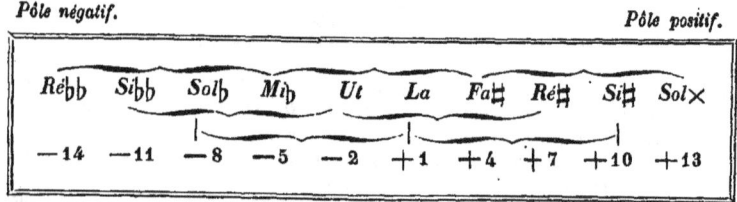

En comparant cette troisième série aux deux précédentes, on voit qu'elle en est totalement distincte, et que comme dans celles-là les divers accords de septième diminuée compris entre les accolades, peuvent se ramener à l'identité au moyen de la substitution enharmonique. Cette substitution, appliquée à un accord de septième diminuée, a toujours pour résultat un changement dans la nature et dans la tendance des fonctions de l'accord. Appliquée à d'autres accords attractifs, elle y produit un effet analogue; mais, lorsqu'il n'est question que d'accords parfaits, ou d'accords dissonants absolus, elle n'a d'autre effet que le changement d'un ton surchargé de dièses ou de bémols en un ton homophone bémolisé ou diésé; et une telle substitution enharmonique ne change rien à la nature et à la tendance des fonctions des accords. Parfois le compositeur se décide à faire momentanément usage de l'enharmonie pour faciliter l'exécution soit vocale soit instrumentale.

Mais, pour en revenir à la substitution enharmonique ayant pour effet le changement de nature et de tendance des fonctions dans les accords attractifs, nous pouvons indiquer dès à présent, parmi les accords précédemment décrits, ceux qui admettent une telle substitution ; ce sont les suivants :

1° *L'accord de tierce et quinte mineures*, connu sous le nom d'accord de quinte diminuée (voir §. 39).

2° *L'accord de tierce et quinte majeures*, connu sous le nom d'accord de quinte augmentée (voir §. 40).

3° *L'accord de tierce mineure et quinte majeure* (voir §. 47).

4° *L'accord de tierce majeure et quinte mineure* (voir §. 49).

5° Enfin *l'accord de septième dominante* (voir §. 84).

Mais nous devons, du moins quant à présent, nous borner à cette simple indication.

De la résolution de l'accord de septième diminuée.

§. 101. Si l'on se reporte à la structure de l'accord de septième diminuée, et que l'on examine les intervalles *harmoniques attractifs* qui résultent du rapport des sons pris deux à deux, on trouve d'abord *l'intervalle de septième diminuée* entre la fondamentale et la note septième ; puis deux intervalles de *quinte mineure*, l'un entre la fondamentale et la quinte de l'accord, et l'autre entre la tierce et la note septième. Il y a donc dans l'accord que nous étudions deux espèces d'intervalles attractifs : celui de *septième diminuée*, qui donne son nom à l'accord ; et celui de *quinte mineure*, qui, ainsi que nous l'avons dit au début du chapitre II, constitue le premier degré d'attraction.

L'intervalle harmonique de *septième diminuée* constitue un degré d'attraction plus énergique que celui de *quinte mineure*, c'est là un fait reconnu par tous les praticiens, et le nom même imposé à l'accord n'est autre chose que l'énoncé de ce fait. Cet intervalle prépondérant fait sa résolution sur la quinte juste qui, donnant le sentiment du repos, vient rétablir l'équilibre harmonique.

Dans cette résolution, les sons de l'intervalle dissonant obéissent à la loi d'attraction signalée par M. Barbereau, loi que nous avons fait connaître précédemment (voir page 118, §. 69) : chacun d'eux se dirige vers un son situé à cinq quintes, ou ce qui revient au même, à $\frac{1}{2}$ ton diatonique de la position qu'il occupait. Ces mouvements se font en sens inverses, de manière que l'on se trouve ramené vers le centre de la gamme mineure, dont les fonctions de fondamentale et de septième de l'accord dissonant occupent les deux extrémités.

EXEMPLE.

☞ *Fa* *Ut* *Sol* *Ré* **La** **Mi** *Si* *Fa*♯ *Ut*♯ **Sol**♯

Cette résolution de l'intervalle de septième diminuée sur la quinte juste, ne nous fait connaître encore que deux termes de l'accord résolutif : il s'agit de trouver le troisième. Or, il paraît naturel que, puisqu'on a déjà deux termes de l'accord parfait du premier degré de la gamme mineure embrassée par les notes extrêmes de l'accord dissonant, le troisième terme soit la tierce de cet accord, et c'est ce que paraît confirmer l'intervalle de quinte mineure $\left\{ \begin{array}{c} Fa \\ Si \end{array} \right.$ qui, régulièrement résolu, donne la tierce majeure $\left\{ \begin{array}{c} Mi \\ Ut \end{array} \right.$ qui contient outre le son *Mi*, déjà obtenu par la résolution de la septième diminuée, le nouveau son *Ut*♮ qui, joint aux deux autres, achève de constituer l'accord parfait mineur $\left\{ \begin{array}{c} Mi \\ Ut. \\ La \end{array} \right.$ Et c'est bien là effectivement la résolution la plus naturelle de l'accord de septième diminuée.

Toutefois, ce n'est pas la seule possible, car si l'on considère l'autre intervalle de quinte mineure $\begin{cases} Ré \\ Sol\natural \end{cases}$ qui existe entre la fondamentale et la quinte de l'accord, la résolution naturelle de cet intervalle donne la tierce majeure $\begin{cases} Ut\sharp \\ La \end{cases}$ qui reproduit le son *La* déjà obtenu par la résolution de l'intervalle harmonique de septième diminuée, plus un nouveau son *Ut*♯ qui, joint à la quinte $\begin{cases} Mi \\ La \end{cases}$ complète l'accord parfait majeur: $\begin{cases} Mi \\ Ut\sharp \\ La \end{cases}$

Evidemment on ne peut obéir simultanément aux deux tendances impliquées dans la coexistence au sein de l'accord de septième diminuée, des deux intervalles de quinte mineure; et, *s'il n'y avait aucun raison* de satisfaire à l'une de ces tendances plutôt qu'à l'autre, l'accord de résolution se réduirait à un simple intervalle harmonique de quinte juste. Mais il n'en est point ainsi, *car il y a toujours une raison déterminante* pour adopter une version plutôt que l'autre ; et la présence des deux intervalles de quinte mineure dans notre accord, loin d'impliquer contradiction, ne fait que manifester la possibilité de résoudre l'accord dissonant, soit sur un accord parfait mineur, soit sur un accord parfait majeur, qui l'un et l'autre, et l'un aussi bien que l'autre, s'accordent avec la résolution de l'intervalle de septième diminuée sur la quinte juste.

Il reste à examiner dans quels cas il faut adopter l'accord parfait mineur ou l'accord parfait majeur pour l'accord résolutif. Or, c'est ce qui résulte toujours de la considération simultanée du mode et de la position de la fondamentale de l'accord dissonant dans son échelle diatonique. Par exemple, si l'on se trouve en mode mineur, et que la fondamentale de l'accord de septième diminuée soit la note sensible, il est évident que l'accord résolutif doit être l'accord parfait mineur du premier degré, et qu'il ne faut point tenir compte de l'intervalle attractif de quinte mineure qui existe entre la fondamentale et la quinte de l'accord de septième, mais bien de celui qui se trouve entre sa tierce et sa note septième. D'où il résulte

STRUCTURE DES ACCORDS. 165

qu'en écrivant à trois parties, on devra supprimer la quinte de l'accord plutôt que la tierce (à moins qu'on ne veuille se servir du second renversement qui suppose la quinte dans la partie grave) et l'on aura de cette manière un groupe où toutes les tendances seront régulièrement satisfaites, comme dans l'exemple suivant:

Emploi de l'accord de septième diminuée sur la note sensible en mode mineur et à 3 parties.

Partie supérieure..	Fa	Mi	Partie supérieure..	Sol♯	La
Partie moyenne....	Si	Ut	Partie moyenne....	Fa	Mi
Basse.............	Sol♯ état dir.	La	Basse.............	Si 1. dérivé.	Ut

A quatre parties, la quinte *Ré* reparaît, mais sa tendance sur l'*Ut*♮ se trouve absorbée par la prédominence du mode au sein duquel l'accord est placé, et par la tendance de l'intervalle de quinte mineure $\begin{matrix} Fa \\ Si \end{matrix}$ qui, avec le mode, concourt à amener un *Ut*♮ pour la tierce de l'accord parfait.

Nota. On voit, page 100, fig. 10, au second temps de la seconde mesure, l'accord de septième diminuée en *Mi* mineur employé à 3 parties avec suppression de la quinte, conformément au tableau précédent.

Dans la fig. 23, page 112, l'accord de septième diminuée employé sur la note sensible du ton de *Ré* mineur au premier temps de la neuvième mesure, s'y voit avec ses quatre notes, la quinte y occupe la troisième partie.

§. 102. On peut donner à l'accord naturel de septième diminuée du mode mineur une autre résolution que celle dont nous venons de citer des exemples. Cette autre résolution n'est en quelque sorte qu'une manière détournée d'arriver à la précédente. Elle consiste à prendre entre l'accord dissonant et celui du premier degré qui offre sa résolution normale, l'accord du quatrième degré dans son second renversement. Dans cette harmonie qu'on rencontre fort souvent chez les anciens compositeurs, la note sensible placée à la basse, fait sa résolution sur la tonique *avant* la note septième de l'accord qui se résout par prolongation de son; et ce n'est qu'au troisième accord que la fonction de septième, devenue note fonda-

166 LIVRE PREMIER.

mentale de l'accord intermédiaire 4^2, fait sa résolution, en descendant de $\frac{1}{2}$ ton diatonique sur la quinte de l'accord parfait du premier degré.

Exemple en La mineur.

Partie supérieure ...	Ré	Ré	Ut
Parties	Si	La	La
Moyennes	Fa	Fa	Mi
Basse	Sol♯	La	La

En voici un exemple tiré du célèbre *Miserere* de Leo (1) :

Fig. 35.

§. 103. On peut encore faire suivre l'accord naturel de septième diminuée en mode mineur, de l'accord parfait majeur du sixième degré. Dans ce cas, comme dans le précédent, la note septième se résout par prolongation de son, et ce n'est qu'ultérieurement qu'elle descend d'un demi-ton diatonique. En voici un exemple :

Fig. 36.

(1) Leonardo Leo, l'une des gloires de l'école napolitaine et de l'art musical, né à Naples en 1694, mort en 1745, était par conséquent contemporain de J.-S. Bach. Choron a publié à Paris une édition de son *Miserere* à deux chœurs. Les principaux ouvrages de ce maître sont, pour l'église, outre le *Miserere*, *l'Oratorio di Santa Elena*; et pour la scène : *Caio-Gracco*, *Tamerlano*, *Bajazette*, *Timocrate*, *Argene*, *Catone in Utica*, *la Clemenza di Tito*, *Siface*. Le caractère de la musique de Leo est le grandiose, son style est d'une pureté admirable, et sous tous les rapports c'est un des meilleurs modèles à offrir aux jeunes compositeurs assez studieux pour sortir du cercle étroit des études de composition, telles qu'on les fait de nos jours en France et en Italie.

STRUCTURE DES ACCORDS.

§. 104. Si l'on place un accord de septième diminuée ailleurs que sur la note sensible du mode mineur, on entre dans le domaine de l'harmonie *altérée*; par exemple, quand on l'emploie sur le quatrième degré haussé dans l'un et dans l'autre mode, ou sur la note sensible en mode majeur. Dans ces positions, la résolution a lieu sur un accord parfait majeur, et c'est ici le cas où il est donné satisfaction à l'attraction manifestée par l'intervalle de quinte mineure qui existe entre la fondamentale et la quinte de l'accord. (Voir §. 101.) Quant à l'autre intervalle attractif de quinte mineure (entre la tierce et la note septième), il ne peut recevoir sa résolution, et il est comme annulé; aussi en résulte-t-il une certaine liberté de mouvement pour la fonction de tierce, et est-ce cette fonction qu'on retranche préférablement à toute autre dans l'harmonie à trois parties. Les exemples de ce retranchement abondent dans les œuvres des maîtres; en voici un tiré de l'air de *Barbarina* dans l'opéra *le Nozze di Figaro* de Mozart.

Fig. 37.

REMARQUE.

Lorsqu'on ne retranche point la fonction de tierce dans l'accord de septième diminuée qui se pratique sur le quatrième degré haussé en mode mineur, il est nécessaire de donner l'altération chromatique ascendante à deux notes de l'échelle diatonique du mode, nommément aux quatrième et sixième degrés. Sans l'exhaussement du sixième degré on n'aurait plus un accord de septième diminuée ordinaire, mais une agrégation de *tierce diminuée*, *quinte mineure et septième diminuée*, dont nous parlerons plus loin, et dont on peut voir déjà des exemples dans les figures précédentes, à savoir : page 107, fig. 17 (*b*), au second temps de la troisième mesure; page 117, fig. 27, au second temps de la deuxième mesure; page 120, fig. 28, au premier temps de la troisième mesure; et enfin page 120, fig. 28, au 1er temps de la 3me mesure. A 4 parties cet accord altéré est même souvent préférable à celui de septième diminuée proprement dit, précisément à cause de la nécessité d'altérer le sixième degré de l'échelle diatonique, ce qui amène une marche mélodique peu naturelle dans la partie qui contient la tierce de l'accord de septième diminuée. Qu'on essaye, par exemple, de mettre un *La*♮ au second temps de la figure 27 que nous venons de citer, on aura la succession mélodique suivante dans la seconde partie : *Sol* | *La*♭ | *La*♮ | *Sol* || laquelle, bien que pratiquée fréquemment, est certainement moins naturelle que la suivante : *Sol* | *La*♭ | *Sol* || que nous avons préférée.

§. 105. L'accord de septième diminuée sur le quatrième degré haussé en majeur ou en mineur, est fréquemment suivi de celui du premier degré dans son second renversement. Cette harmonie se rencontre dans une formule de cadence parfaite devenue banale, et que, pour cette raison, nous nous bornons à indiquer au moyen du chiffrage analytique.

Formule de cadence parfaite.

Mode majeur.

$\dfrac{-7}{+4}$	$\dfrac{\natural 3}{1^2}$	5	1
NB.			

Mode mineur.

$\dfrac{\begin{array}{c}7\\+3\end{array}}{+4}$	1^2	$\dfrac{+3}{5}$	1
NB.			

NB. Ceux qui regardent l'accord de septième diminuée comme provenant d'un accord de neuvième dominante mineure sans fondamentale, doivent indiquer de la manière suivante celui qui se voit dans la première case de chacun des exemples précédents : $\dfrac{\begin{array}{c}-9\\7\\+\end{array}}{2^{\mathrm{t}} fr.}$ pour le mode majeur ; et $\dfrac{\begin{array}{c}9\\7\\+5\\+\end{array}}{2^{\mathrm{t}} fr.}$ pour le mode mineur.

§. 106. L'emploi de l'accord de septième diminuée sur la note sensible en mode majeur, n'offre rien de particulier. Dans cette position il fait partie de l'harmonie altérée par formation, et se résout sur l'accord parfait de la tonique, de la même manière que l'accord $\dfrac{-7}{+4}$ dans le même mode, se résout sur l'accord parfait de la dominante. (Voir §. 104).

§. 107. Enfin, mentionnons encore l'emploi de l'accord de septième diminuée sur le sixième degré haussé (1) en mode majeur,

---

(1) Ou sur le quatrième degré haussé si, comme Reicha et Barbereau, l'on considère l'accord de septième diminuée comme provenant d'un accord de neuvième dominante mineure dont on a supprimé la note fondamentale.

STRUCTURE DE L'ACCORD.

en le faisant précéder et suivre de celui de septième dominante, comme dans l'exemple suivant, où chaque case représente une mesure et où la même harmonie est présentée deux fois de suite avec une distribution différente des notes dans les parties supérieures.

Partie supérieure.....	Si	La♯	Si	Ré	Ut♯	Ré
Parties intermédiaires....	Fa	Mi	Fa	Si	La♯	Si
	Ré	Ut♯	Ré	Fa	Mi	Fa
Basse...................	Sol	Sol	Sol	Sol	Sol	Sol

Cette manière d'employer l'accord de septième diminuée se rencontre fréquemment dans la musique moderne. On voit que la note septième y est préparée, et qu'elle se résout par une prolongation de son.

Courte digression sur les modulations enharmoniques et sur les trois familles de tons de notre système musical.

L'accord de septième diminuée offrant par sa structure un moyen très-facile et très-usité d'effectuer les modulations dites *enharmoniques* (voir §. 99 et 100), nous pensons que c'est ici le lieu de leur consacrer quelques lignes, et aussi de faire connaître *les trois familles de tons* indiquées par le célèbre théoricien allemand G. Weber [1], mais dont les traités d'harmonie qui ont paru en France avant celui de M. Barbereau ne parlent point.

Le plus souvent les modulations enharmoniques ne sont qu'un calcul pour faciliter l'exécution instrumentale, calcul au moyen duquel les tons trop chargés de bémols sont remplacés par des tons diésés, et *vice versâ*. Mais très-souvent aussi un compositeur habile y trouve un puissant moyen d'effet, en amenant avec art des oppositions entre des tonalités de caractères différents. C'est ainsi, par exemple, que l'immortel auteur de Don Juan, pour caractériser l'entrée de deux nouveaux personnages, passe, au moyen de l'enharmonie du ton de *Si*♭ majeur au ton de *Ré* majeur dans la première partie du fameux sextuor au second acte. C'est encore ainsi que dans l'air de basse-taille n° 4 de son *Stabat mater*, Rossini passe en quelques mesures du ton initial de *La* mineur, dans celui de *Ré*♭ majeur, et immédiatement de ce dernier en *Ré*♮ mineur, pour rentrer dans le ton primitif, en touchant passagèrement au ton d'*Ut* majeur.

Bien que les deux exemples de modulations enharmoniques que nous venons de

---

[1] G. Weber. *Versuch einer geordneten Theorie der Tonsetzkunst.* Im Verlage der Hof-Musikhandlung von B. Schott's Sœhnen in Mainz, Paris und Antwerpen. 1830-1832.

citer ne soient point effectuées au moyen de l'accord de septième diminuée, elles le sont en vertu du principe qui sert à faire toutes les modulations de cette espèce, à savoir : la substitution enharmonique d'une note à une autre note.

Or, l'accord de septième diminuée pouvant toujours représenter un accord de même espèce par une telle substitution, *quelle que soit la note mise dans la basse;* de plus, chacune de ses notes prise pour basse pouvant être considérée soit comme note sensible d'un ton mineur, soit comme quatrième degré haussé d'un ton majeur ou mineur, il en résulte la possibilité de faire huit modulations distinctes avec un seul accord de septième diminuée, et par suite 24 modulations avec les trois accords réellement différents de l'espèce qui nous occupe reconnus plus haut (voir §. 100). Et comme d'ailleurs ces trois accords distincts peuvent toujours s'enchaîner immédiatement, il est évident qu'on possède un moyen d'union entre tous les tons du système par l'emploi de la substitution enharmonique dans l'accord de septième diminuée. Mais, afin de ne point s'égarer dans l'enchaînement des tons, il est nécessaire d'en connaître les grandes familles. Par ces mots nous entendons une division naturelle de tous les tons du système en trois grandes classes, et nous n'entendons point parler du petit groupe des cinq tons relatifs dont chaque ton est entouré, (le seul dont on s'occupe dans les traités d'harmonie), groupe qui, du reste, a bien son importance, mais une importance secondaire par rapport à la grande division que nous avons en vue (1). Ces trois grandes familles sont : 1° la famille de FA ; 2° la famille d'UT ; 3° la famille de SOL.

(Nota. Les tons majeurs sont indiqués en grands caractères et les tons mineurs en petits.)

1° *Famille de FA.*

Pôle négatif.   *Pôle positif.*

UT♭   la♭   LA♭   fa   FA   ré   RÉ   si   SI

2° *Famille d'UT.*

Pôle négatif.   *Pôle positif.*

SOL♭   mi♭   MI♭   ut   UT   la   LA   fa♯   FA♯

3° *Famille de SOL.*

Pôle négatif.   *Pôle positif.*

RÉ♭   si♭   SI♭   sol   SOL   mi   MI   ut♯   UT♯

Chacune de ces familles est limitée à droite et à gauche, c'est-à-dire vers les dièses et vers les bémols, par des tons pouvant s'identifier au moyen de l'enharmo-

---

(1) Ces trois grandes familles sont à la musique ce qu'est au genre humain parti d'une souche commune la division en trois races, la caucasienne, l'éthiopienne et la mongole, reconnue par la science moderne qui semble avoir pour mission de vérifier progressivement la vérité déposée dans la Bible, conformément à ces étonnantes paroles de l'évangile dont l'auteur du Messianisme a révélé toute la profondeur : « *Spiritus veritatis testimonium perhibebit de me.* » Ce rapprochement entre l'espèce humaine et le système des tons musicaux fera sourire quelques lecteurs ; il est pourtant d'une justesse mathématique et conforme à une loi qui plane au-dessus de tout système de réalités, *la loi de création*, signalée déjà page 119, qui contient le germe de la science véritable, science divine, infinie, digne de l'homme qui, créé à l'image de Dieu, a besoin, pour accomplir ses hautes destinées, de quelque chose de plus que de la seule méthode expérimentale.

STRUCTURE DES ACCORDS. 171

nie. Un ton majeur s'y trouve toujours placé entre deux tons mineurs, l'un à sa gauche qui porte son nom, l'autre à sa droite, qui compte le même nombre d'accidents à la clé. Enfin, on peut remarquer encore que le petit groupe des cinq tons relatifs d'un ton déterminé, dont nous parlions tout-à-l'heure, se trouve disséminé parmi les trois grandes familles des tons, ce qui établit un lien entre ces trois familles.

Des accords de septième majeure, 1° avec tierce et quinte majeures, 2° avec tierce mineure et quinte juste.

§. 108. Le premier de ces accords fait partie du tableau des accords connus que nous avons donné au chapitre III. Il s'y trouve placé sous le n° 13, avec la désignation *d'accord de quinte augmentée avec septième majeure*. Nous nous sommes expliqués dans la note de la page 111 sur le nom qui convient à l'intervalle de quinte désigné ordinairement par l'épithète d'*augmentée*, nous y renvoyons le lecteur. — Il est évident que cet accord, qui, en mode majeur, appartient à *l'harmonie altérée* (comme nous l'avons fait remarquer §. 98), n'est dans ce mode qu'une altération de celui de septième de quatrième espèce, comme le prouvent les exemples suivants :

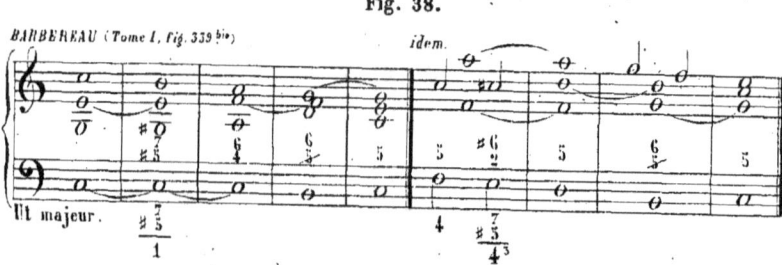

Fig. 38.

Mais, en mode mineur, l'accord en question fait partie de l'*harmonie naturelle*. (Voir §. 98.)

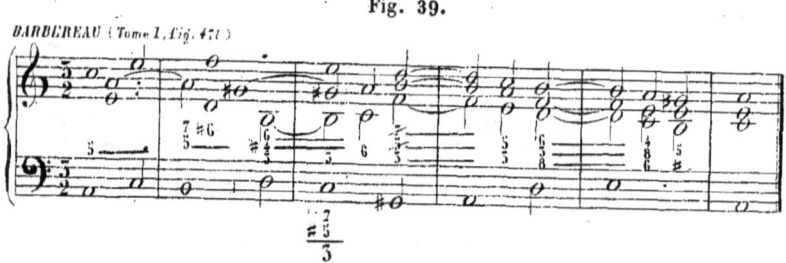

Fig. 39.

Dans la fig. 39, il est employé dans cette acception à la 3ᵉ mesure.

A la vérité, le profond harmoniste que nous citons ne considère point cette agrégation employée sous cette forme, comme un accord véritable, mais simplement comme un produit harmonique artificiel, provenant du retard de la fondamentale et de la tierce dans l'accord du premier degré; aussi écrit-il ainsi son chiffrage inférieur: $\frac{f\,t}{1^{\imath}}$

Il est incontestable, en effet, que l'agrégation de septième majeure avec tierce et quinte majeures, employée comme dans la fig. 39, se rattache directement à la théorie des suspensions *ascendantes* ou *inférieures*. Mais est-ce là une raison pour lui refuser le nom d'accord? Nous ne le pensons pas. D'abord parce qu'en mode majeur, sur les premier et quatrième degrés, et en mode mineur sur le sixième, elle s'emploie dans une toute autre acception, comme le montre la fig. 38; en second lieu parce que, parmi les agrégations suspensives inférieures, celles qui sont purement *contingentes* doivent avoir leur type parmi les agrégations *nécessaires* du système, c'est-à-dire parmi les véritables accords, de la même manière que les agrégations suspensives de toute espèce ont le leur dans les accords de septième de seconde, troisième et quatrième espèces. Enfin, et cette dernière raison nous paraît devoir trancher la question, parce que sa structure est écrite dans nos formules générales qui embrassent tous les accords connus, et qui non seulement permettent de distinguer, dans chaque classe, les accords naturels des accords altérés, mais offrent en outre une règle sûre pour décider si une agrégation est ou n'est pas un accord véritable. Par ces motifs, *l'agrégation de septième majeure avec tierce et quinte majeures*, est pour nous un *accord véritable*, dont le tableau suivant offre la structure.

STRUCTURE
DE L'ACCORD DE SEPTIÈME MAJEURE AVEC TIERCE ET QUINTE MAJEURES.

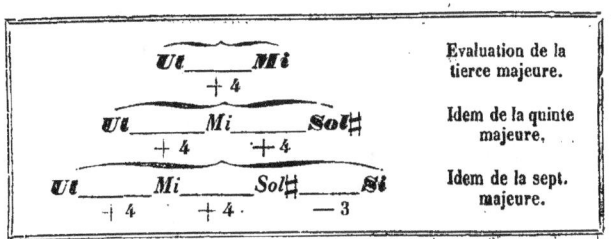

On voit qu'il entre cinq tierces majeures, et une seule tierce mineure dans cette évaluation.

§. 109. On peut appliquer à l'agrégation de septième majeure avec tierce mineure et quinte juste les considérations présentées pour l'admission de l'agrégation précédente parmi les véritables accords de quatre sons. On doit donc la considérer aussi comme un véritable accord faisant partie de l'*harmonie naturelle* du mode mineur, mais appartenant à l'*harmonie altérée* en mode majeur. Dans le mode mineur cet accord a son siége sur le premier degré, et s'emploie sous forme de suspension ascendante ou inférieure, comme dans les exemples suivants :

Fig. 40.

Il n'est pas permis de placer la note septième de cet accord *au-dessous* de sa fondamentale. Ainsi l'harmonie suivante serait fautive.

Pour corriger la dureté de ce dernier exemple, il suffirait de supprimer la note fondamentale *La;* alors l'agrégation ne présenterait plus que trois sons, et ne serait en réalité autre chose que *l'accord de tierce et quinte majeures*, dont nous avons donné la structure §. 40, page 89, où nous la désignons encore par son nom vulgaire mais inexact *d'accord de quinte augmentée*.

§. 110. En mode majeur, *l'accord de septième majeure avec tierce mineure et quinte juste*, peut se pratiquer sur le quatrième degré, en altérant par abaissement la sixième note de l'échelle diatonique ascendante.

174   LIVRE PREMIER.

Dans la figure 41, notre accord apparaît au premier temps de la seconde mesure, et fait sa résolution sur celui de septième de troisième espèce employé sur le second degré en mode majeur comme accord altéré par déplacement.

§. 111. La structure de *l'accord de septième majeure avec tierce mineure et quinte juste* se rapporte à celle de l'accord de septième dominante avec lequel il est conjugué par la somme de ses termes, car il entre dans son évaluation, comme dans celle de l'accord de septième de première espèce, 3 tierces majeures et 3 tierces mineures; mais la distribution de ces tierces y est toute différente. Dans l'accord de septième dominante, la première tierce, à partir de la fondamentale, est majeure, et celles qui lui sont superposées sont mineures; ici, la disposition est inverse, c'est la première tierce qui est mineure, et celles qui lui sont superposées qui sont majeures, comme le montre le tableau suivant:

STRUCTURE DE L'ACCORD
DE SEPTIÈME MAJEURE AVEC TIERCE MINEURE ET QUINTE JUSTE.

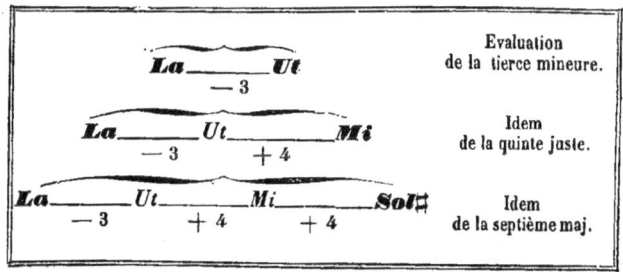

Un coup-d'œil jeté sur le tableau de structure de l'accord de septième dominante, donné page 139, sous le §. 84, convaincra le lecteur de la disposition inverse des tierces majeure et mineure dans cet accord et dans celui de *septième majeure avec tierce mineure et quinte juste* (1), accord qui clot la liste de ceux de quatre sons appartenant encore à l'*harmonie naturelle*, ou plutôt qui, avec celui examiné précédemment, forme la transition entre ce genre d'accords et ceux qui constituent l'*harmonie altérée* proprement dite, auxquels nous consacrons le chapitre suivant.

REMARQUE.

(111)' En consultant les formules placées page 157, sous la marque (97)', il semble qu'il nous reste un accord de 4 sons, savoir celui pour lequel on a : $t = 6$ avec $t' = 0$, c'est-à-dire un accord qui ne compte que des tierces majeures. Cet accord qu'indique et que doit indiquer le calcul, ne peut être admis à cause du tempérament. Effectivement un tel accord serait semblable à celui-ci : *Ut Mi Sol♯ Si♯*; or, puisqu'enharmoniquement on a : $Ut♮ = Si♯$, cet accord n'est plus dans notre système musical un accord de 4 sons, mais bien un accord de 3 sons, nommément celui de tierce et quinte majeures, porté à 4 parties par le doublement de la note fondamentale *Ut*.

CHAPITRE VIII.

DES ACCORDS DE QUATRE SONS APPARTENANT A L'HARMONIE ALTÉRÉE DANS LES DEUX MODES.

§. 112. Dans l'examen de ces accords, nous suivrons l'ordre établi dans les deux chapitres précédents, c'est-à-dire que nous étudierons successivement ceux qui sont conjugués par leurs sommes avec les accords de 4 sons de l'harmonie naturelle que nous venons de passer en revue, et, de cette manière, il ne nous en échappera aucun,

(1) x étant la fondamentale de l'accord de septième majeure avec tierce mineure et quinte juste, on a pour la fonction de tierce : $x - 3$, pour celle de quinte : $x + 1$, et enfin pour celle de septième majeure : $x + 5$. La somme de ces fonctions, y compris la fondamentale, est donc : $\varphi_1(x) = 4x + 3$ qui est identiquement celle trouvée page 80, §. 34, pour l'accord de septième dominante. L'accord que nous examinons est donc conjugué par la somme de ses termes avec celui de septième de première espèce; mais si de la somme on passe au produit des termes, on obtient deux polynômes très-différents.

puisqu'évidemment les accords de l'harmonie altérée ne peuvent avoir d'autres sommes que celles qui résultent des sept hypothèses satisfaisant en nombres entiers positifs à la relation (Ω_4), qui se voit page 157, sous la marque (97)'. La différence essentielle entre les accords de 4 sons appartenant à l'*harmonie naturelle*, et ceux de la même classe appartenant à l'*harmonie altérée*, consiste (ainsi que nous l'avons dit page 98 (45)', en ce que pour ces derniers, il faut passer par des sons étrangers à l'agrégation pour atteindre à leurs diverses fonctions, en partant de la fondamentale de l'accord et procédant par tierces, ces tierces étant comptées dans le sens qui leur appartient naturellement, savoir : la tierce majeure vers la droite, et la tierce mineure vers la gauche, sur l'échelle générale des quintes.

Accords altérés conjugués par leur somme avec celui de septième dominante.

1° Accord de septième de seconde espèce avec quinte haussée.

§. 113. Cet accord a été décrit page 99, à l'occasion de l'agrégation de *tierce augmentée et quinte juste,* prise à tort par Choron et Fétis pour un accord altéré de trois sons, et qui en réalité est un accord de 4 sons sans fondamentale, nommément : *un accord de septième de seconde espèce avec quinte haussée*, comme nous l'avons prouvé rigoureusement §§. 45 et 46.

Déjà nous avons donné un exemple de l'emploi de cet accord, page 100, fig. 9, à l'extrémité de la première mesure ; mais il est probable que beaucoup d'harmonistes, préoccupés de théories sinon erronées, du moins incomplètes, n'auront vu dans ce premier exemple qu'une simple note de passage chromatique : il ne sera donc pas inutile d'en présenter un nouvel exemple, duquel il résulte clairement qu'il fait partie des accords altérés au même titre que l'accord de septième dominante avec quinte haussée, ou celui de septième de quatrième espèce avec une altération semblable de la même fonction, accords admis par les théoriciens les plus exacts.

Voici cet exemple.

STRUCTURE DES ACCORDS.

Fig. 42.

Assurément, si l'on compare sans prévention les diverses agrégations de septième avec quinte haussée, qui se voient mesures 1, 2, 3 et 5 de ce dernier exemple, on conviendra que toutes méritent au même titre le nom d'*accord*. En les rapprochant les unes des autres, comme nous venons de le faire, il nous semble que cette vérité saute aux yeux, et qu'il faut être aveuglé par une fausse théorie pour soutenir le contraire. Du reste, notre loi de structure des accords, indépendamment de toute application, suffit à elle seule pour mettre hors de doute la vérité que nous nous efforçons de rendre *palpable*, s'il est permis de s'exprimer ainsi.

§. 114. La résolution *normale* (à la quinte inférieure) de l'accord de septième de seconde espèce avec quinte haussée, se voit au premier temps de la quatrième mesure de la figure 42, où l'accord résolutif est celui de septième dominante.

Cette résolution n'est pas la seule possible; en voici une autre *à la seconde supérieure*, sur un accord parfait majeur.

Fig. 43.

Ici l'accord altéré a pour siége le quatrième degré en mode mineur; et l'accord résolutif est l'accord parfait majeur de la dominante.

Dans cet exemple, comme dans le précédent, l'intervalle harmo-

178 LIVRE PREMIER.

nique attractif de *sixte augmentée* qui existe entre la note septième et la quinte haussée de l'accord altéré, se résout sur l'octave, ce qui est la résolution naturelle de cet intervalle, qui offre un degré d'attraction plus énergique encore que ceux de quinte mineure et de septième diminuée dont nous avons parlé précédemment. (Voir les §§. 21 et 101.)

§. 115. On voit par ce qui précède que l'accord de septième de seconde espèce avec quinte haussée, peut se pratiquer sur le second degré en mode majeur et sur le quatrième en mode mineur, c'est-à-dire précisément sur le degré qui, dans chaque mode, est le principal siége de l'accord de septième de seconde espèce proprement dit (voir page 145, §. 87.) Mais on ne pourrait l'employer en mode majeur sur les degrés 3 et 6 qui admettent aussi l'accord naturel de septième de seconde espèce, parce que l'altération ascendante de la quinte amènerait une note étrangère à la tonalité.

Par exemple, en *Ut* majeur son emploi sur le sixième degré introduirait un *Mi*♮, et en le plaçant sur le troisième degré, on amènerait un *Si*♮; c'est-à-dire deux sons étrangers à la tonalité d'*Ut* dont l'échelle chromatique se termine au *La*♮ du côté positif de l'échelle générale des quintes. (Voir page 60, §. 14.)

§. 116. Enfin, l'accord altéré que nous étudions peut, comme tous les autres accords, se placer sur la pédale, et sa note septième, lorsque cette pédale est la tonique, se résout par prolongation de son, comme dans l'exemple suivant:

Fig. 44.

§. 117. On peut également pratiquer notre accord sur la *pédale-dominante*, soit en mode majeur, soit en mode mineur. Dans ce cas, comme la pédale est étrangère à l'agrégation, rien n'empêche de donner à l'intervalle harmonique de *sixte augmentée* existant entre la note septième et la quinte de l'accord, sa résolution naturelle sur l'octave. Afin d'abréger, nous laissons au lecteur le soin de réaliser cette harmonie ; ce qui, du reste, n'offre aucune difficulté. Il faut seulement avoir la précaution de placer la quinte de l'accord au-dessus de la note septième pour éviter le mauvais effet de l'intervalle de *tierce diminuée*, lequel se remplace avantageusement par celui de *sixte augmentée* qui en est le renversement. Toutefois, en écartant à distance de dixième les fonctions de quinte et de septième de l'accord, on peut sans inconvénient placer la dernière de ces fonctions au-dessus de la première.

2° Accord de septième majeure, avec tierce majeure et quinte mineure.

Ex. : *Sol Si Ré♭ Fa♯*.

§. 118. Cet accord n'est pas connu, aussi ne figure-t-il pas au tableau de la page 73. On pourrait lui donner le nom *d'accord de septième de quatrième espèce avec quinte abaissée*. Cependant nous n'avons pas cru devoir le désigner ainsi à cause de l'impossibilité de l'employer en mode majeur sur les degrés 1 et 4, et en mode mineur sur le degré 6 (c'est-à-dire sur les degrés qui dans chaque mode appartiennent à l'accord naturel de septième de quatrième espèce), sans introduire des sons étrangers à la tonalité. Nous aurions craint en le désignant ainsi, de donner au lecteur une idée erronée de son emploi.

Il est douteux que cet accord ait jamais été employé ; et à la vérité il ne paraît pas facile à manier à cause de son extrême dureté. Néanmoins ce n'est pas là une raison suffisante pour l'exclure, car on sait que beaucoup d'accords, très-durs lorsqu'ils ne sont pas convenablement préparés et résolus, contribuent au contraire à relever et à enrichir l'harmonie lorsqu'ils sont traités suivant les règles. Pour l'admettre, au contraire, nous avons une très-bonne raison à savoir qu'il est implicitement contenu dans nos formules générales qui embrassent et relient tous les accords connus, sans en excepter un seul, et que d'ailleurs son étendue sur l'échelle générale des quintes n'est que de 11 unités, c'est-à-dire inférieure de 4 unités au maximum

180 LIVRE PREMIER.

d'écartement de deux sons *pouvant* appartenir à une même tonalité. (Voir dans le chapitre III le §. 27, et aussi dans le chapitre IV le le §. 60, pages 110 et 111).

§. 119. Comme l'accord précédent, *l'accord de septième majeure avec tierce majeure et quinte mineure*, est conjugué par sa somme avec celui de septième dominante, c'est-à-dire qu'il entre dans sa structure trois tierces majeures et trois tierces mineures ; mais ces tierces sont autrement distribuées que dans les accords que nous venons de nommer.

C'est cette différence de distribution qui le distingue de tous ceux qui présentent la même somme algébrique et qui lui imprime son caractère spécial.

STRUCTURE DE L'ACCORD
DE SEPTIÈME MAJEURE AVEC TIERCE MAJEURE ET QUINTE MINEURE.

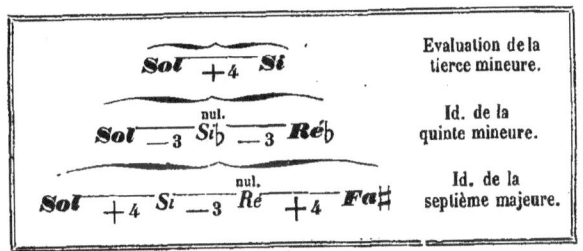

La nécessité de passer par des sons étrangers à l'agrégation pour faire cette évaluation, est un des caractères distinctifs des *accords altérés*, ainsi que nous l'avons dit déjà plusieurs fois dans des cas semblables. (Par exemple, page 98, sous la marque (45)'.

Fig. 45.

STRUCTURE DES ACCORDS.

§. 120. Quant au siége de cet accord, il ne peut, ainsi que nous l'avons dit plus haut, se pratiquer sur aucun des degrés qui naturellement admettent l'accord de septième de quatrième espèce, mais rien n'empêche de l'employer sur les degrés 2 et 5 dans l'un et dans l'autre mode, comme on le voit fig. 45.

Dans l'exemple (*a*) l'accord est employé sur le second degré en *mode majeur;* en (*b*) il a son siége sur le cinquième degré en *mode mineur ;* mais il est facile de voir que l'exemple (*a*) peut se transposer en mineur, et l'exemple (*b*) en majeur, et qu'ainsi notre accord peut dans les deux modes s'employer sur les degrés 2 et 5.

Assurément les exemples que nous venons de présenter sont admissibles pour les oreilles les plus délicates, et nous pensons qu'au lieu de repousser le nouvel accord altéré de *septième majeure avec tierce majeure et quinte mineure*, les harmonistes jugeront qu'il y a lieu de l'admettre dans le sanctuaire harmonique.

Quelle que soit du reste l'opinion des théoriciens de nos jours sur l'agrégation qui nous occupe, nous ne craignons pas d'affirmer qu'elle doit être considérée comme un *véritable accord* par les raisons données au §. 118, et les harmonistes futurs ne nous démentiront pas, parce que les principes sur lesquels nous nous fondons ont toute la certitude des vérités mathématiques.

REMARQUE.

Parmi les agrégations de 4 sons que l'on peut former au moyen de six tierces, dont trois majeures et trois mineures (agrégations qui présentent nécessairement la même somme de termes que l'accord de septième dominante), il en est deux qui ne doivent point figurer dans le catalogue des accords de quatre sons, parce que, bien que satisfaisant toutes deux aux relations générales (A_4) (Ω_4) données pages 157, sous la marque (97)', elles embrassent sur l'échelle générale des quintes une étendue plus grande que le maximum d'écartement (15 quintes), assigné à deux sons pouvant appartenir à une même tonalité. Ces deux agrégations sont formées à partir de la note fondamentale, la première de : *tierce majeure, quinte majeure et septième diminuée*, comme : *Ut Mi Sol♯ Si♭♭;* la seconde de : *tierce mineure, quinte mineure et septième augmentée*, comme : *Sol Si♭ Ré♭ Fa*✕.

La première de ces agrégations embrasse 17 quintes sur l'échelle générale, et reproduit enharmoniquement l'accord : *La Ut Mi Sol♯*, traité §§. 109, 110 et 111.

La seconde embrasse 18 quintes, et reproduit enharmoniquement un accord de trois sons, savoir : *l'accord de tierce et quinte mineures*, dont nous avons donné la structure au chapitre IV ; §. 39. L'intervalle de septième augmentée, comme : $Sol \overline{+12} Fa\times$ se confond dans notre système tempéré avec l'octave, l'accord *Sol Si♭ Ré♭ Fa*× n'est donc rien de plus que l'accord de tierce et quinte mineures *Sol Si♭ Ré♭* porté à quatre parties par le doublement de la fondamentale *Sol*.

§. 121. Après avoir fait connaître les accords conjugués par la somme de leurs termes avec celui de septième dominante, mais essentiellement différents de cet accord par une autre distribution des éléments constitutifs, il convient de montrer comment les accords naturels de 4 sons, autres que celui de septième dominante, peuvent se changer en ce dernier accord par l'altération d'une ou de plusieurs de leurs fonctions. Nous nous trouverons ainsi ramenés, par une espèce de cercle, à notre point de départ, *l'accord de septième de première espèce.*

L'accord naturel de 4 sons qui se présente le premier est celui de *septième de seconde espèce* dont on a donné la structure §. 87. Il est facile de voir qu'il suffit de donner l'altération chromatique ascendante à la fonction de tierce de cet accord pour le changer en celui de septième de première espèce. Déjà même nous avons signalé cette transformation page 147, dans l'article consacré à l'accord de septième de seconde espèce. En voici du reste un exemple fort usité, et que, pour cette raison, nous donnons au moyen du chiffrage analytique.

MODE MAJEUR.

Indication des accords et de leur position dans l'échelle du mode.	1	$\dfrac{7}{2^i}$	$\dfrac{+\,\overset{7}{3}}{2^i}$	5
Espèce des accords de septième.		II.	I.	

§. 122. *L'accord de septième de troisième espèce* qui a son siége sur le second degré en mineur, et dont nous avons traité fort au long §§. 88, 89, 90 et 91, se transforme aussi en celui de septième de première espèce ; mais pour cela il faut donner l'altération chroma-

STRUCTURE DES ACCORDS.

tique ascendante simultanément à la fonction de tierce et à la fonction de quinte de cet accord. Moyennant cette double altération, la formule précédente peut se transposer en mode mineur.

MODE MINEUR.

Indication des accords et de leur position dans l'échelle du mode.	1	$\dfrac{7}{2^1}$	$\dfrac{\overset{7}{+5}}{\underset{2^1}{+3}}$	$\dfrac{+3}{5}$
Espèce des accords de septième.		III.	I.	

§. 123. *L'accord de septième de quatrième espèce*, traité §§. 92, 93, 94, 95, 96, 97 se prête à une transformation analogue. Il suffit effectivement d'abaisser d'un demi-ton chromatique sa note septième pour le changer en un accord de septième de première espèce. En voici un exemple :

MODULATION D'UT MAJEUR EN RÉ MINEUR.

Partie supérieure.....	Ut	Si	Sib	La	La
Parties intermédiaires....	Sol Mi	Sol Mi	Sol Mi	Sol Mi	Fa Ré
Basse.................	Ut	Ut	Ut	Ut♯	Ré
Espèce des accords de septième.		IV.	I.	I.	

C'est là une harmonie fort usitée. On voit que la note septième de l'accord $\tfrac{7}{4}$ est préparée par la précession d'une note voisine dans l'ordre diatonique. (Voir à l'égard de ce mode de préparation de la dissonance de septième dans les accords de septième de toute espèce, le §. 87.)

§. 124. *L'accord de septième diminuée* ne se prête pas moins bien que les accords précédents au genre de transformation que nous avons en vue ; on peut même dire qu'il s'y prête encore mieux, car on peut en faire un accord de septième dominante, soit en abaissant chromatiquement l'un quelconque de ses termes, soit en haussant trois de ses notes à la fois. Il faut seulement avoir soin de faire les changements enharmoniques convenables pour que l'agrégation résultant de telles altérations, représente graphiquement un accord de septième dominante. Dans les changements de cette espèce, il convient souvent de substituer le demi-ton diatonique au demi-ton chromatique, afin d'éviter de la manière la plus simple les tons surchargés d'accidents.

Par exemple, en partant de l'accord de septième diminuée : $\left\{\begin{array}{l}La\flat\\Fa\\Ré\\Si\end{array}\right.$ si l'on abaisse chromatiquement la note grave Si, cet accord est transformé en :
$\left\{\begin{array}{l}La\flat\\Fa\\Ré\\Si\flat\end{array}\right.$ c'est-à-dire en un accord de septième dominante à l'état direct, sans qu'aucun changement enharmonique soit ultérieurement nécessaire pour l'amener à cet état.

Mais, si au lieu d'abaisser la note grave, on abaisse au contraire la tierce (le $Ré$) on a l'agrégation : $\left\{\begin{array}{l}La\flat\\Fa\\Ré\flat\\Si\end{array}\right.$ qui, pour représenter graphiquement un accord de septième dominante, a besoin du changement enharmonique du $Si\natural$ en $Ut\flat$, ce qui donne : $\left\{\begin{array}{l}La\flat\\Fa\\Ré\flat\\Ut\flat\end{array}\right.$ troisième renversement de l'accord de septième dominante: $\left\{\begin{array}{l}Ut\flat\\La\flat\\Fa\\Ré\flat\end{array}\right.$.

De même en haussant chromatiquement la tierce, la quinte et la note septième de l'accord : $\left\{\begin{array}{l}La\flat\\Fa\\Ré\\Si\end{array}\right.$ on obtient immédiatement l'accord de septième dominante : $\left\{\begin{array}{l}La\flat\\Fa\natural\\Ré\natural\\Si\end{array}\right.$ mais il n'en est plus de même si l'on applique cette triple altération aux trois notes inférieures : il vient alors : $\left\{\begin{array}{l}La\flat\\Fa\sharp\\Ré\sharp\\Si\sharp\end{array}\right.$ qui ne devient un accord de septième dominante qu'en changeant le $La\flat$ en $Sol\sharp$, ce qui donne : $\left\{\begin{array}{l}Sol\sharp\\Fa\sharp\\Ré\sharp\\Si\sharp\end{array}\right.$ premier renversement d'un accord de septième dominante dont $Sol\sharp$ est la note fondamentale. Ce dernier accord revient enharmoniquement à celui-ci : $\left\{\begin{array}{l}La\flat\\Sol\flat\\Mi\flat\\Ut\end{array}\right.$ 1er renversement de l'accord de septième dominante du ton de $Ré\flat$. On parvient directement à ce dernier accord en partant de l'accord de septième diminuée : $\left\{\begin{array}{l}La\flat\\Fa\\Ré\\Si\end{array}\right.$ en faisant monter les trois notes inférieures d'un demi-ton diatonique, on retombe ainsi dans une harmonie semblable à celle dont nous avons donné un exemple §. 107.

§. 125. Il ne nous reste plus à examiner que *les deux accords de septième majeure*, le premier *avec tierce et quinte majeures*, le second *avec tierce mineure et quinte juste*, et à les considérer sous le rapport de leur faculté de transformation en *accords de septième de première espèce* par l'altération chromatique de quelques-unes de leurs fonctions. (Voir pour ces accords les §§. 98, 108, 109, 110 et 111.)

En ce qui concerne le premier de ces accords, il suffit, pour opérer la transformation que nous avons en vue, d'abaisser simultanément sa note septième et sa quinte. — Pour obtenir un résultat analogue avec le second accord, il faut combiner l'altération chromatique descendante de sa note septième, avec l'altération chromatique ascendante de sa note fondamentale. Il nous serait facile de donner des exemples de ces modifications, mais vu leur usage restreint et surtout vu l'étendue avec laquelle nous avons traité des altérations tendant à transformer les autres accords de l'harmonie naturelle en accords de septième dominante, nous nous bornerons à cette simple indication, laissant au lecteur curieux des faits harmoniques le soin de les chercher dans les ouvrages des maîtres, ou de les réaliser lui-même dans une période harmonique.

CLASSIFICATION MATHÉMATIQUE
DES ACCORDS DE 4 SONS CONJUGUÉS PAR LA SOMME DE LEURS TERMES AVEC L'ACCORD DE SEPTIÈME DOMINANTE.

Somme de termes commune à tous ces accords.
$$\varphi_4(x) = 4x + 3.$$

NOMS DES ACCORDS.	PRODUIT DES TERMES.	
	Indiqué.	Effectué.
1° Acc. de septième de première espèce ou sept. dominante. (h. n. dans les 2 modes.)	$x(x+4)(x+1)(x-2) =$	$x^4 + 3x^3 - 6x^2 - 8x.$
2° Acc. de septième maj. avec tierce min. et quinte juste. (h. n. en mode mineur.) (h. a. en mode majeur.)	$x(x-3)(x+1)(x+5) =$	$x^4 + 3x^3 - 13x^2 - 15x.$
3° Acc. de septième de seconde espèce avec quinte haussée. (h. a.)	$x(x-3)(x+8)(x-2) =$	$x^4 + 3x^3 - 34x^2 + 48x.$
4° Acc. de sept. maj. avec tierce maj. et quinte min. ou acc. de septième de 4ᵉ espèce avec quinte abaissée. (h. a.)	$x(x+4)(x-6)(x+5) =$	$x^4 + 3x^3 - 54x^2 - 120x.$

Nota. Les initiales (h. n.), (h. a.), placées à la suite du nom d'un accord signifient : *harmonie naturelle, harmonie altérée.*

(125)'. Afin de présenter sous un même point de vue tous les accords conjugués par la somme de leurs termes avec l'accord de septième dominante le plus important sans contredit des accords de quatre sons, nous les avons réunis dans le tableau précédent qui offre leur classification mathématique. Dans ce tableau nous avons placé en regard du nom de chaque accord le polynôme du 4e degré correspondant au produit des termes, polynôme qui caractérise et isole complètement chaque accord.

(125)'' Nous avons établi (§§. 45, 51, 76 et 79), que *dans tout accord* la première tierce, celle qui se trouve entre la fondamentale et la fonction de tierce, doit être ou *majeure* ou *mineure*, et qu'elle ne peut être ni *diminuée* ni *augmentée*. Quant à la grandeur de la quinte, on peut voir par le tableau de la page 133 que, pour les accords de trois sons, cet intervalle est ou *mineur*, ou *juste*, ou *majeur*, et jamais diminué $= -13$ quintes, ou augmenté $= +15$ quintes (voir la note de la page 111). Eh bien ! nous allons montrer que dans les accords de 4 sons, l'intervalle de quinte *existant entre la note fondamentale et la fonction de quinte*, ne peut aussi jamais être que *mineure*, *juste* ou *majeure*.

Pour le faire voir nous devons rappeler au lecteur que dans l'évaluation d'un intervalle quelconque existant entre la fondamentale d'un accord et l'une des autres fonctions, on ne doit employer que les éléments immédiats des accords, qui sont : *la tierce majeure* $= +4$ et la tierce mineure $= -3$. Cela posé, si l'on représente par θ le nombre de tierces majeures entrant dans l'évaluation d'un intervalle, et par θ' le nombre de tierces mineures qu'il faut associer aux tierces majeures pour effectuer cette évaluation, on aura :

1° Pour l'intervalle de *quinte diminuée* :
$$4\theta - 3\theta' = -13,$$
d'où l'on déduit facilement : $\theta = 3\lambda - 1$ et $\theta' = 4\lambda + 3$.

Or, comme θ et θ' doivent être entiers positifs, il est évident qu'on ne peut donner à l'indéterminée λ aucune valeur négative, ni même faire l'hypothèse $\lambda = 0$. La plus petite valeur de λ est donc $\lambda = 1$, cette hypothèse donne : $\theta = 2$ avec $\theta' = 7$, d'où $\theta + \theta' = 9$. Ainsi, pour évaluer le seul intervalle de quinte diminuée, il faut 9 tierces, c'est-à-dire trois tierces de plus qu'il n'en doit entrer dans l'évaluation totale d'un accord de quatre sons. (Voir les formules (A_4) (Ω_4) données page 157 sous la marque (97)'.

2° Pour l'intervalle de *quinte augmentée* on a : $4\theta - 3\theta' = 15$, équation de laquelle on déduit pour θ et θ' $\theta = 3\lambda$, $\theta' = 4\lambda - 5$. Or les moindres valeurs positives des indéterminées θ, θ' correspondent à l'hypothèse : $\lambda = 2$ et donnent : $\theta = 6$ avec $\theta' = 3$, et par conséquent $\theta + \theta' = 9$. On voit donc que dans l'évaluation de l'intervalle de quinte augmentée au moyen de *véritables tierces tant majeures que mineures*, il entre, comme pour l'intervalle de quinte diminuée, trois tierces de plus qu'il n'en faut pour l'évaluation complète de tous les intervalles constitutifs d'un accord de 4 sons. Il est donc bien établi que la quinte d'aucun accord de 4 sons ne peut être *diminuée*, c'est-à-dire embrasser 13 quintes négatives, ni *augmentée*,

STRUCTURE DES ACCORDS.

c'est-à-dire embrasser 15 quintes positives. Mais on aurait tort de conclure de là qu'un tel intervalle ne peut exister entre d'autres fonctions des accords altérés de 4 sons, par exemple entre la fonction de tierce et celle de septième; il ne s'agit en effet ici que de la grandeur de l'intervalle de quinte mesurant la distance entre la *fondamentale* et la *fonction de quinte* de l'accord.

Accords altérés, conjugués par la somme de leurs termes avec l'accord naturel de septième de seconde espèce.

§. 126. La structure de l'accord naturel de septième de seconde espèce a été donnée au chapitre VI, §. 87. Dans cet accord la tierce est mineure, la quinte est juste, et la septième est mineure. Les éléments qui le forment sont : *quatre tierces mineures et deux tierces majeures* combinées d'une certaine manière.

Pour trouver les accords conjugués par la somme de leurs termes avec cet accord naturel, il ne s'agit que de faire toutes les *combinaisons admissibles* avec ces six éléments, c'est-à-dire avec 4 tierces mineures et 2 tierces majeures. Or, nous savons d'après ce qui précède que dans tout accord de 4 sons la première tierce, à partir de la fondamentale, ne peut être que *mineure* ou *majeure*; 2° que *l'intervalle de quinte* existant entre la fondamentale et la fonction de quinte de l'accord, ne peut être que *mineure*, *juste* ou *majeure*. Nous avons par conséquent à combiner successivement les deux espèces de tierces, avec les trois espèces de quintes, ce qui offre six chances; mais nous allons voir qu'il n'en résulte point six accords distincts.

§. 127. Et d'abord en combinant la tierce mineure avec la quinte mineure, ce qui donne : *tierce* $= -3$, et *quinte mineure* $= -3-3 = -6$, il nous reste trois tierces pour évaluer l'*intervalle de septième*, savoir : deux tierces majeures et une tierce mineure, ou : $+4+4-3 = 5$. La grandeur de cet intervalle de septième étant de cinq quintes, il en résulte que c'est une septième majeure. Cette première combinaison nous donne par conséquent un accord dont la tierce est mineure ainsi que la quinte, et dont la septième est majeure Par exemple :
$\begin{cases} Fa\sharp \\ R\acute{e}b \\ Si\flat \\ Sol \end{cases}$
Et c'est bien là un *véritable accord altéré* conjugué par la somme algébrique de ses termes avec l'accord naturel de septième de seconde espèce, puisqu'il est formé d'un même nombre de tierces majeures et mineures que

188 LIVRE PREMIER.

cet accord naturel. D'ailleurs son étendue sur l'échelle des quintes n'étant que de 11 unités, il se trouve dans les limites convenables pour que les sons qui le forment puissent appartenir à une même tonalité. Nous verrons ci-après sur quels degrés il est possible de le pratiquer; mais voici d'abord son tableau de structure :

STRUCTURE
DE L'ACCORD DE SEPTIÈME MAJEURE AVEC TIERCE ET QUINTE MINEURES.

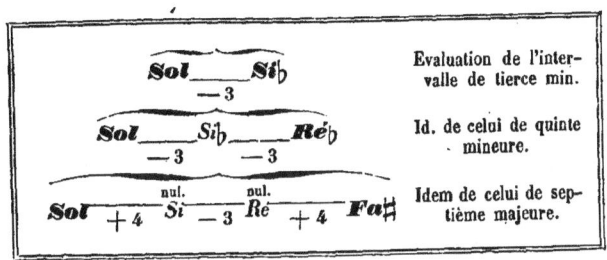

§. 128. Dans le 1er volume du *Traité théorique et pratique de composition musicale*, par M. A. Barbereau, on trouve au chapitre XXXIV, consacré aux suspensions ascendantes ou inférieures, l'exemple suivant :

Une ronde ou 2 blanches par mesure.	1er temps.	2e temps.	1er temps.	2e temps.
Partie supérieure......		Si♮ ⌒ Si♮		Ut
Parties intermédiaires.	{ Fa { Ré		Mi♭ Ut	
Basse	Sol		Sol♭	
Chiffrage analytique.	Ton d'*Ut* mineur. 7 + 5		Ton de *Si♭* majeur. ♮ 7 − 5 3 2²	

Le premier accord de cet exemple est celui de septième dominante en *Ut* mineur; et l'agrégation qui apparaît au 1er temps de la seconde mesure, présente la suspension ascendante ou inférieure de la fondamentale *Ut* dans l'accord de quinte mineure { Sol♭
Mi♭
Ut } employé dans son second renversement, et transporté au sein de la tonalité de *Si♭*

majeur par l'altération chromatique descendante du sixième degré de l'échelle du mode, (déplacement permis ainsi que nous l'avons dit précédemment page 149, §. 89). Or, l'agrégation qui se voit au premier temps de la seconde mesure de l'exemple ci-dessus, est précisément notre *accord de septième majeure avec tierce et quinte mineures*, placé sur le second degré du mode majeur où il fait partie de l'harmonie altérée tout à la fois par *formation et déplacement*.

L'exemple que nous venons de citer établit la possibilité de l'emploi de *l'accord de septième majeure avec tierce et quinte mineures*, et lui assigne pour siège le second degré de l'échelle, c'est tout ce que nous voulions constater. Toutefois, nous engageons le lecteur harmoniste à en essayer la réalisation sur le second degré en mode mineur. Quant aux degrés 1 et 4 en majeur et 6 en mineur, bien qu'ayant naturellement la septième majeure, ils ne peuvent servir de siège à notre accord, à cause de la nature de sa quinte qui amènerait sur ces degrés des sons étrangers à la tonalité.

§. 129. Revenons maintenant aux combinaisons que donnent les éléments constitutifs de l'accord naturel de septième de seconde espèce, qui sont : *deux tierces majeures et quatre tierces mineures*. Parmi ces combinaisons celle qui suppose la tierce mineure $= -3$, et la quinte juste $= +4-3$, donne pour l'intervalle de septième $+4-3-3 = -2$, c'est-à-dire une septième mineure. On retombe ainsi sur l'accord de septième de seconde espèce lui-même.

§. 130. En combinant la tierce mineure $=-3$ avec la quinte majeure $= 4+4$, il nous reste, pour l'évaluation de la distance de la fonction de septième à la fondamentale, trois tierces mineures dont la somme $-3-3-3 = -9$ constitue l'intervalle de septième diminuée. Conséquemment la présente combinaison nous donne une agrégation telle que : $\begin{cases} Fa\flat \\ Ré\sharp \\ Si\flat \\ Sol \end{cases}$ mais comme elle embrasse 17 quintes sur l'échelle générale, elle doit être exclue du catalogue des accords. Il est d'ailleurs facile de voir qu'elle rentre enharmoniquement dans une combinaison déjà examinée, car si l'on remplace le *Fa♭* par son homophone *Mi♮*, et que l'on prenne cette dernière note pour fondamentale de l'agrégation, on a :

$\left\{\begin{array}{l}Ré\sharp\\Si\flat\\Sol\\Mi\end{array}\right.$ qui n'est autre chose que *l'accord de septième majeure avec tierce et quinte mineures*, décrit §. 127.

§. 131. Passant enfin aux combinaisons de la tierce majeure avec les trois espèces de la quinte, on a d'abord:

Tierce majeure $= + 4$:
Quinte mineure $= - 3 - 3 = - 6$,

et par conséquent il nous reste, pour évaluer l'intervalle de septième de l'agrégation, *une* tierce majeure et *deux* tierces mineures, ou: $+ 4 - 3 - 3 = - 2$, ce qui donne une septième mineure. Par suite la forme de l'agrégation est: $\left\{\begin{array}{l}Fa\\Ré\flat\\Si\\Sol\end{array}\right.$, or, c'est là un des accords connus, celui qui dans le tableau donné au chapitre III, sous le §. 27, porte le n° 13, et est désigné sous le nom *d'accord de septième mineure avec tierce majeure et quinte diminuée*. En changeant l'épithète de *diminuée* appliquée à la quinte, en celle de *mineure*, on aura la désignation exacte de l'accord en question, accord bien connu qui se pratique presque toujours dans son second renversement, et que l'on désigne ordinairement sous le nom *d'accord de sixte augmentée avec quarte*.

« On peut l'obtenir, dit Barbereau (1), par l'altération ascendante de la fonction de tierce dans l'accord de septième de troisième espèce. On peut aussi le faire dériver de l'accord de septième de première espèce par l'altération descendante de sa quinte. » Le même auteur fait remarquer qu'on obtient une agrégation toute semblable en haussant la quinte de l'accord de neuvième dominante majeure, et retranchant sa fondamentale; mais l'impression tonale des deux accords est essentiellement différente et ne permet pas de les confondre. En effet, soit qu'on le dérive de l'accord de septième de troisième ou de première espèce, sa fondamentale est le second degré en mode mineur ou en mode majeur, tandis qu'en le dérivant de l'accord de neuvième dominante majeure, il a son siège sur la dominante. Dans les deux premières hypothèses, sa résolution normale (à la quinte inférieure) a lieu sur l'accord majeur de la dominante, tandis que

---

(1) Tome I, chapitre XXVIII.

STRUCTURE DES ACCORDS.

dans la troisième supposition cette résolution se fait sur l'accord de la tonique et en mode majeur seulement.

Voici quelques exemples de l'emploi de l'accord de *sixte augmentée avec quarte*, en mode mineur.

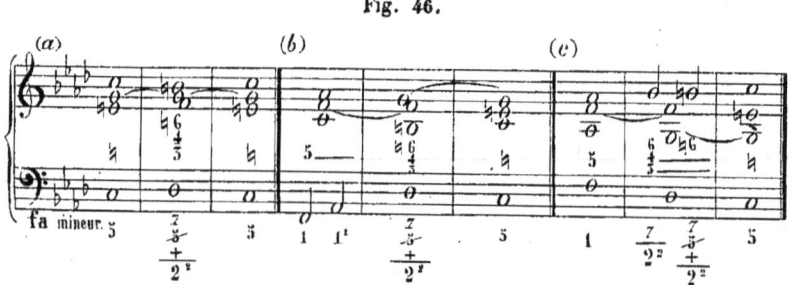

Fig. 46.

En (*a*) l'accord dissonant est précédé et suivi de l'accord parfait majeur de la dominante, ce qui permet la préparation de la quarte majeure entre la note de basse *Ré♭* et la fondamentale *Sol*. En (*b*) il est précédé de l'accord parfait du premier degré et suivi de celui du cinquième, la préparation de la quarte n'est donc pas possible; mais on remarquera que la note septième *Fa* étant préparée par l'accord précédent, l'attaque simultanée de cette note et de la fondamentale n'a point lieu; or, c'est cette *attaque simultanée* qui *surtout* doit être évitée. — En (*c*) l'accord est précédé de celui de septième de troisième espèce placé sur le même degré, dont il présente ainsi une altération. Dans ces trois exemples la résolution a lieu à la *quinte inférieure* sur l'accord parfait majeur de la dominante.

Le lecteur, en parcourant les exemples harmoniques répandus dans le courant de cet ouvrage, rencontrera fréquemment *l'accord de sixte augmentée avec quarte*. Nous allons signaler les cas les plus saillants. Page 106, fig. 15, dans le passage emprunté au *Guillaume-Tell* de Rossini, l'accord en question occupe la seconde moitié de l'avant-dernière mesure; la première partie de cette même mesure contenant un accord de septième dominante dans son premier renversement, nommément celui dont la note fondamentale est à la tierce mineure au-dessus de celle de l'accord altéré; d'où il résulte que l'intervalle de sixte augmentée est amenée par un double mouvement chromatique et contraire entre la basse et le chant. Page 107, fig. 16 (*b*), on voit le même accord au deuxième temps de la seconde mesure; comme dans l'exemple précédent, il fait sa résolution normale sur l'accord du cinquième degré. Page 174, fig. 41, dans la dernière mesure, l'accord paraît au 1er temps et reçoit sa résolution normale au 2e temps. Dans cet exemple, non seulement la quarte (entre la note de basse et la fondamentale de l'accord), est préparée; mais la note septième l'est également. Page 177, fig. 42, l'accord de sixte augmentée avec quarte, se remarque à l'extrémité de la septième mesure, et se résout au premier temps de la mesure suivante sur l'accord parfait du premier degré dans son second renversement, ce qui est, entre notes fondamentales, une révolution *à la seconde inférieure*, très-propre à un acte de cadence parfaite, comme on le voit par notre exemple. On aura remarqué que dans plusieurs de ces exemples l'accord : $\dfrac{\genfrac{}{}{0pt}{}{7}{-5}}{\genfrac{}{}{0pt}{}{+}{2^2}}$ est employé en mode majeur.

§. 132. On a vu plus haut que l'agrégation de septième mineure avec tierce majeure et quinte mineure, peut provenir non seulement de l'altération descendante de la quinte dans un accord de septième de première espèce, ou de l'altération ascendante de la tierce dans un accord de septième de troisième espèce, mais encore de *l'altération ascendante de la quinte* dans un accord de neuvième dominante majeure dont on retranche la note fondamentale (voir §. 131). Afin de faire juger de la différence d'impression tonale qui résulte de ces deux acceptions de la même agrégation de sons, nous les plaçons en regard l'une de l'autre dans la figure 47. En (a), à l'extrémité de la première mesure, *l'accord de septième mineure avec tierce majeure et quinte mineure*, paraît comme altération d'un accord de septième de première espèce, placé sur le second degré en *Fa* mineur. En (b) aussi, à l'extrémité de la première mesure, il se montre comme altération d'un accord de neuvième dominante majeure, placé sur le cinquième degré en *La♭* majeur.

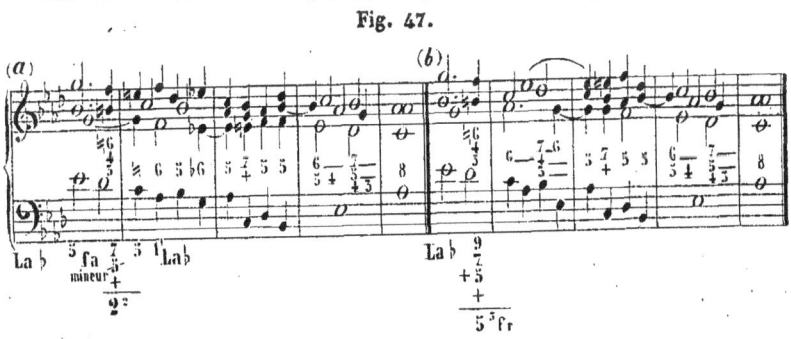

Fig. 47.

§. 133. Bien que le second renversement de *l'accord altéré de septième mineure avec tierce majeure et quinte mineure*, soit de beaucoup le plus usité, on pratique cependant aussi cet accord dans ses autres positions; son troisième renversement se rencontre même avec quelque fréquence dans la musique moderne; mais l'état direct de l'accord et son premier dérivé sont moins usités. Dans l'emploi du troisième renversement, on a soin de placer la fonction de tierce au-dessus de celle de quinte, afin d'éviter l'intervalle harmonique de *tierce diminuée* et de le remplacer par celui de *sixte augmentée*, qui en est le renversement et qui présente moins de dureté.

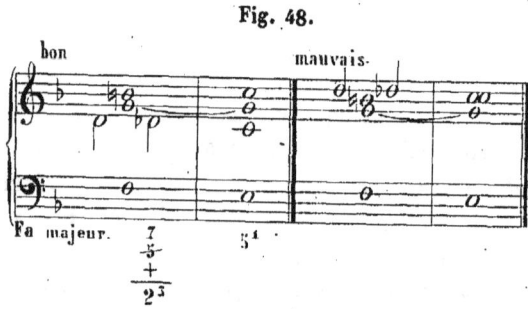

Fig. 48.

§. 134. Revenons actuellement aux éléments constitutifs de l'accord de septième de seconde espèce (2 tierces majeures et 4 tierces mineures) et formons une agrégation dont la tierce soit majeure $= +4$, et la quinte juste $= +4-3=1$, il nous restera trois tierces mineures pour évaluer la septième qui, par conséquent, sera diminuée,

et la forme de l'agrégation sera : $\begin{cases} Fa\flat \\ Ré \\ Si \\ Sol \end{cases}$. Comme elle n'embrasse que 13 quintes sur l'échelle générale, et qu'elle satisfait aux conditions imposées à tous les accords

de 4 sons, il semble que ce soit encore là un *véritable accord altéré*; et pourtant cette agrégation présente une particularité indiquant qu'elle ne doit pas être inscrite au catalogue des accords de 4 sons. Cette particularité consiste en ce que *présentant la même somme algébrique de termes que l'accord naturel de septième de seconde espèce, ou qui revient au même, étant formée des mêmes éléments, elle rentre enharmoniquement dans cet accord naturel.*

Constatons d'abord que l'agrégation : $\begin{cases} Fa\flat \\ Ré \\ Si \\ Sol \end{cases}$ reproduit enharmoniquement un accord de septième de seconde espèce. Pour cela il suffit de remplacer le $Fa\flat$

par son homophone *Mi*♮ ;
on a de cette manière :
$\begin{cases} Mi \\ Ré \\ Si \\ Sol \end{cases}$
qui n'est rien de plus que le 1ᵉʳ dérivé de l'accord de septième de 2ᵉ espèce :
$\begin{cases} Ré \\ Si \\ Sol \\ Mi \end{cases}$

C'est ainsi que précédemment (voir page 181 la remarque) en examinant les agrégations *conjuguées par la somme algébrique de leurs termes* avec l'accord naturel de septième de première espèce, nous en avons trouvé une qui reproduit *enharmoniquement* l'accord de septième majeure avec tierce mineure et quinte juste, accord formé des mêmes éléments que celui de 7ᵉ dominante. A la vérité celle-là embrassait sur l'échelle des quintes une étendue de plus de 15 unités, tandis que l'agrégation $\begin{cases} Fa♭ \\ Ré \\ Si \\ Sol \end{cases}$ n'en embrasse que 13 ; mais il suffit qu'étant formée des mêmes éléments, elle rentre enharmoniquement dans l'accord principal du système dont elle fait partie pour qu'on ne doive pas la compter comme une individualité distincte. Déjà *dans le système des intervalles* on trouve quelque chose de pareil dans l'identification, au moyen du tempérament, d'un son distant de 12 quintes d'un son pris pour point de départ avec la septième octave de ce son initial, bien que dans la réalité absolue 12 quintes justes donnent un son plus élevé. (Voir dans le Résumé d'acoustique l'article *Tempérament.)*

Peut-être objectera-t-on que, si l'on rejette une agrégation de sons, parce qu'elle rentre enharmoniquement dans un accord moins complexe, c'est-à-dire embrassant une moindre étendue sur l'échelle des quintes, il faudrait par la même raison rejeter *l'accord de sixte augmentée avec quinte juste,* tel que :
$\begin{cases} Mi♯ \\ Ré \\ Si \\ Sol \end{cases}$
lequel *enharmoniquement* revient à l'accord de septième de 1ʳᵉ espèce :
$\begin{cases} Fa \\ Ré \\ Si \\ Sol. \end{cases}$

Mais cette objection n'a aucune solidité ; d'abord parce que ces deux dernières agrégations n'offrent pas la même somme algébrique de termes, c'est-à-dire ne sont point composées des mêmes éléments, et en second lieu parce que *l'accord de sixte augmentée avec quinte juste* n'est même pas originairement un accord de 4 sons, mais un accord de 5 sons privé de sa fondamentale, ainsi qu'on le verra plus loin. Il est facile de voir que l'agrégation :
$\begin{cases} Mi♯ \\ Ré \\ Si \\ Sol \end{cases}$
ne saurait être un accord de quatre sons, en la mettant sous la forme :

STRUCTURE DES ACCORDS.

$\begin{cases} Ré \\ Si \\ Sol \\ Mi\sharp \end{cases}$ qui montre que dans un tel accord la fonction de tierce serait à distance de *tierce diminuée* = — 10 quïntes de la note fondamentale, ce qui ne peut avoir lieu dans aucune classe d'accords, ainsi que nous l'avons dit précédemment.

Une observation bien propre à faire adopter notre manière de voir à l'égard de *l'agrégation de septième diminuée avec tierce majeure et quinte juste*, c'est que ni en mode majeur ni en mode mineur une telle agrégation ne pourrait s'effectuer sur les degrés 1, 2, 4, 5 et 6, (c'est-à-dire sur ceux qui sont les siéges principaux des accords, sans qu'il en résulte l'introduction d'un son étranger à la tonalité. Cette impossibilité n'existe point, il est vrai, pour les degrés 3, +4 et 7 en mode majeur; toutefois nous ne pensons pas que l'on admette jamais des harmonies telles que les suivantes, en prenant même toutes les précautions possibles pour en sauver la dureté.

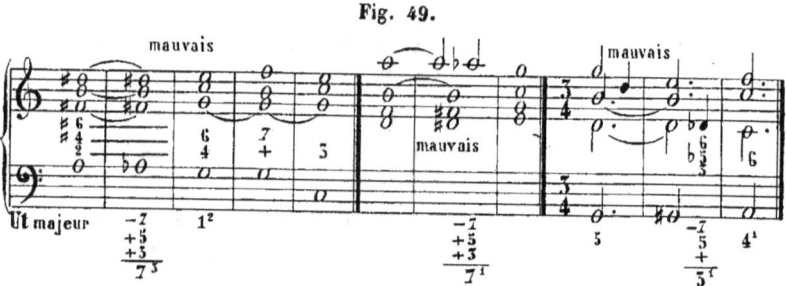

Fig. 49.

§. 135. Parmi les agrégations formées des mêmes éléments que l'accord de septième de seconde espèce, il ne peut s'en trouver aucune dans laquelle les distances des fonctions de tierce et de quinte à la note fondamentale soient majeures toutes deux, puisqu'une telle agrégation exigerait au moins l'emploi de *trois* tierces majeures, et que nous savons qu'il n'en entre que *deux* de cette espèce dans l'accord de septième de seconde espèce. Or, cette combinaison étant la seule qui nous restât à examiner, il en résulte que nous sommes en possession du groupe entier des accords de quatre sons formés au moyen de *deux tierces majeures combinées avec quatre tierces mineures*, groupe dont le principal accord est celui de septième de seconde espèce, et dont le tableau suivant présente la classification mathématique.

CLASSIFICATION MATHÉMATIQUE

DES ACCORDS DE 4 SONS CONJUGUÉS PAR LA SOMME DE LEURS TERMES AVEC L'ACCORD DE SEPTIÈME DE SECONDE ESPÈCE.

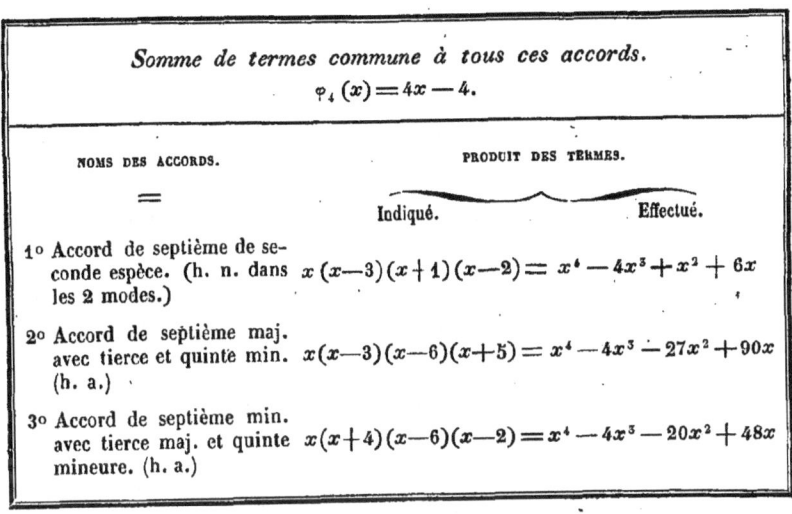

Accords altérés conjugués par la somme algébrique de leurs termes avec l'accord naturel de septième de troisième espèce.

§. 136. Si le lecteur se reporte page 148, au §. 88, il verra que l'accord naturel qui domine le groupe d'accords que nous avons à constituer maintenant, est formé au moyen de 5 *tierces mineures* associées à *une seule tierce majeure;* et que, dans cet accord naturel, la tierce, la quinte et la septième sont mineures. On a par cette première combinaison entre les éléments constitutifs (cinq tierces mineures et une seule tierce majeure) un accord de la forme : ce qui est notre accord naturel de septième de troisième espèce, porté au tableau de la page 73, sous le n° 6.

§. 137. Essayons actuellement la combinaison de la tierce mineure avec la quinte juste. Or, ce dernier intervalle employant une tierce majeure et une tierce mineure, il ne nous reste plus que trois tierces mineures pour constituer l'intervalle de septième qui sera par conséquent évalué par : $-3-3-3=-9$, ce qui est la mesure de l'intervalle de septième diminuée ; il résulte de là que l'agrégation fournie par cette combinaison aura la forme : $\left\{\begin{array}{l} Fa\flat \\ Ré \\ Si\flat \\ Sol \end{array}\right.$

Au premier abord, on pourrait croire que c'est là un accord nouveau ; mais si l'on remarque qu'enharmoniquement le *Fa*♭ revient au *Mi*♮, et si l'on met cette dernière note à la place de la première, l'agrégation $\left\{\begin{array}{l} Mi \\ Ré \\ Si\flat \\ Sol \end{array}\right.$ qui n'est autre chose que le premier dérivé d'un accord de septième de troisième espèce ayant *Mi* pour fondamentale, accord que l'on aura dans son état direct en plaçant ce *Mi* à la partie grave de la manière suivante : $\left\{\begin{array}{l} Ré \\ Si\flat \\ Sol \\ Mi \end{array}\right.$ Cette seconde combinaison nous ramène donc à notre point de départ, et par cette raison ne peut être employée sous la forme d'accord de *septième diminuée avec tierce mineure et quinte juste*, mais seulement sous la forme plus simple d'accord de *septième mineure avec tierce et quinte mineures*, ce qui est l'accord de septième de troisième espèce lui-même. Voyez §. 134, ce qui a été dit dans un cas absolument semblable).

§. 138. La combinaison de la tierce mineure avec la quinte majeure ne peut être tentée, puisque la quinte majeure suppose que l'on dispose de deux tierces majeures, et que nous n'avons qu'une seule tierce de cette espèce à notre disposition.

§. 139. Les combinaisons de la *tierce majeure* avec *les trois espèces de la quinte* ne nous fournissent qu'une seule agrégation conjuguée par la somme de ses termes avec l'accord de septième de troisième espèce, nommément celle qui est formée de *tierce majeure, quinte mineure et septième diminuée*. Il est évident qu'il est inutile d'essayer les combinaisons de la *tierce majeure* avec la *quinte juste* et avec la *quinte majeure*, puisque nous ne pouvons disposer que d'une seule tierce majeure, laquelle est employée à constituer la fonction de tierce.

On peut considérer cette agrégation unique comme provenant de l'altération ascendante de la tierce dans l'accord de septième diminuée :

(*a*) Accord de septième diminuée : $\left\{\begin{array}{l} La\flat \\ Fa \\ Ré \\ Si \end{array}\right.$ (*a'*) Acc. de septième diminuée avec tierce majeure : $\left\{\begin{array}{l} La\flat \\ Fa \\ Ré\sharp \\ Si \end{array}\right.$

26

LIVRE PREMIER.

Ou bien si, avec Reicha et Barbereau, on regarde l'accord de septième diminuée comme un accord de neuvième dominante mineure sans fondamentale, on devra considérer l'agrégation (a') comme provenant de l'altération ascendante de la quinte dans ce dernier accord; c'est sous cette forme qu'elle paraît au tableau des accords connus, donné chapitre III.

M. Barbereau en donne plusieurs exemples dans son grand ouvrage, tant à 4 parties sans note fondamentale, qu'à 5 parties en conservant cette note. La figure suivante, où le lecteur admirera l'excellente disposition des parties, est empruntée à ce maître.

Fig. 50.

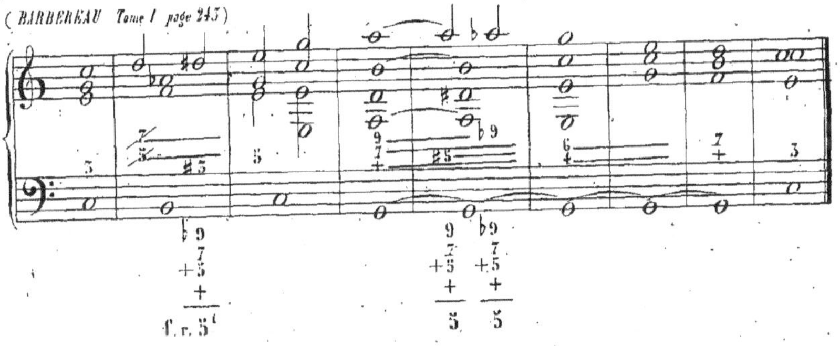

Il est facile de voir que l'accord qui nous occupe ne peut s'employer qu'en mode majeur. Dans la figure 50, il paraît au deuxième temps de la seconde mesure comme accord de 4 sons, et sous cette forme on peut lui donner le nom *d'accord de septième diminuée avec tierce haussée;* dans la cinquième mesure il y a une note de plus, et là il est évident qu'il appartient à l'accord de *neuvième dominante mineure avec quinte haussée;* mais rien n'empêche de considérer notre agrégation comme un accord de 4 sons, lorsqu'on l'emploie comme dans la deuxième mesure, d'autant plus qu'il est contenu dans les formules qui donnent tous les accords de 4 sons. On verra plus loin que l'agrégation : $\begin{Bmatrix} La\flat \\ Fa \\ Ré\sharp \\ Si \\ Sol \end{Bmatrix}$ est contenue également dans les formules générales qui donnent tous les accords possibles de 5 sons. Du reste l'analogie

STRUCTURE DES ACCORDS.

des fonctions harmoniques des accords de *septième diminuée avec tierce haussée* et de *neuvième dominante mineure avec quinte haussée* est évidente, mais il ne faut pas confondre les considérations concernant la *structure* des accords, avec celles qui concernent leur *nature*. (Voir à cet égard la note de la page 138.)

§. 140. Il nous reste à donner le tableau de structure de *l'accord altéré de septième diminuée avec tierce haussée* (1), accord qui embrasse sur l'échelle générale des quintes une étendue de 13 unités.

STRUCTURE
DE L'ACCORD DE SEPTIÈME DIMINUÉE AVEC TIERCE HAUSSÉE.

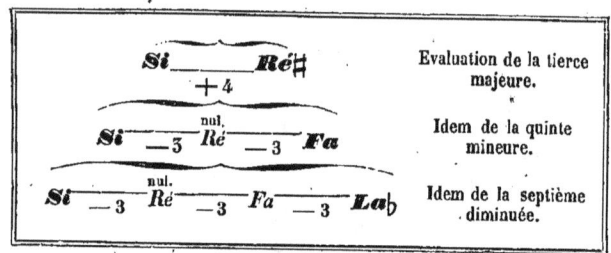

On voit qu'il entre dans l'évaluation de cet accord altéré *cinq tierces mineures et une seule tierce majeure*, et qu'ainsi il est formé des mêmes éléments que l'accord naturel de septième de troisième espèce, mais avec une distribution toute différente de ces éléments. (Voir page 148, §. 88, le tableau de structure de l'accord de septième de troisième espèce.)

(140)′ En récapitulant ce qui précède, on trouve qu'il n'existe qu'un seul accord altéré formé des mêmes éléments que l'accord naturel de septième de troisième espèce, ce qui réduit à deux le nombre des accords de 4 sons que l'on peut former avec *cinq tierces mineures et une seule tierce majeure*. La somme algébrique des termes commune à ces deux accords est :

$$\varphi_4(x) = 4x - 11.$$

et les polynômes individuels du quatrième degré résultant du produit de leurs termes sont :

1° Pour l'accord de septième de troisième espèce. (b. n.) $x(x-3)(x-6)(x-2) = x^4 - 11x^3 + 36x^2 - 36x$

2° Pour l'accord de septième diminuée avec tierce majeure et quinte mineure. $x(x+4)(x-6)(x-9) = x^4 - 11x^3 - 6x^2 + 216x.$

---

(1) M. Fétis parle aussi de l'accord de septième diminué avec tierce haussée dans son *Manuel des Compositeurs*.

Accords altérés conjugués par la somme algébrique de leurs termes avec l'accord naturel de septième de quatrième espèce.

§. 141. Les éléments constitutifs de l'accord naturel de septième de quatrième espèce sont : *quatre tierces majeures* et *deux tierces mineures*, ainsi qu'on peut le voir, page 152, §. 92. Or, il s'agit de trouver tous les accords qu'il est possible de former avec ces mêmes éléments. Pour y parvenir, il suffira de combiner 1° *la tierce majeure*, et 2° *la tierce mineure*, successivement avec les trois espèces de la quinte, c'est-à-dire avec la *quinte mineure*, *juste* et *majeure*. On voit que ces combinaisons offrent six chances. Quant à la grandeur de la *septième* de l'accord, ou pour parler plus exactement, quant à la distance du quatrième son de l'accord à sa note fondamentale, elle sera la conséquence des distances à cette note assignées d'avance aux deux *fonctions de tierce* et de *quinte*, et son évaluation se fera au moyen de la somme des tierces restées en dehors de l'évaluation de ces deux dernières fonctions.

§. 142. Supposons d'abord la tierce *majeure*, c'est-à-dire $= +4$ et la quinte *mineure*, c'est-à-dire $= -3 -3 = -6$, il nous restera pour la distance du quatrième son à la fondamentale *trois tierces majeures*, et par suite : $4 + 4 + 4 = 12$, c'est-à-dire un intervalle de *septième augmentée* pour la distance cherchée. On aura donc dans la présente hypothèse une agrégation de la forme : $\begin{cases} Fa\times \\ Ré\flat \\ Si \\ Sol \end{cases}$ qui, enharmoniquement, n'est rien de plus qu'un accord de trois sons, puisque $Fa\times = Sol$. Cette première hypothèse doit donc être écartée.

§. 143. Soit en second lieu, la tierce *majeure* $= +4$ et la quinte *juste* $= 4 - 3$, il nous restera pour l'évaluation de la distance du quatrième terme de l'accord à la note fondamentale *deux tierces majeures et une tierce mineure*, ou : $4 + 4 - 3 = 5$, ce qui constitue un intervalle de *septième majeure*. La présente hypothèse nous ramène donc à *l'accord de septième de quatrième espèce*, auquel nous avons consacré un assez long article à la fin du chapitre VI, et sur lequel nous n'avons pas à revenir ici.

§. 144. La troisième hypothèse est celle qui résulte de la combinaison de la tierce *majeure* $= +4$ avec la quinte *majeure* $= +4 + 4 = +8$; elle nous laisse, pour évaluer la distance du quatrième son à la fondamentale, *une tierce majeure* et 2 *tierces mineures*, ou : $4-3-3=-2$, ce qui donne un intervalle de *septième mineure*.

Cette troisième hypothèse nous donne donc une agrégation dans laquelle la tierce est *majeure*, la quinte *majeure*, et la septième *mineure*. Cette agrégation est par conséquent de la forme : $\begin{cases} Fa \\ Ré\sharp \\ Si \\ Sol \end{cases}$ elle constitue un véritable accord altéré porté au tableau des accords connus (voir page 74) sous le n° 11, et désigné sous le nom *d'accord de septième mineure avec quinte augmentée*, auquel nous substituerons celui plus exact *d'accord de septième mineure avec tierce et quintes majeures*.

Cet accord, fort usité dans le style moderne, est considéré avec raison par les théoriciens les plus exacts comme provenant de l'altération ascendante de la fonction de quinte dans l'accord de septième dominante. Voici le tableau de structure de cet accord, qui embrasse 10 quintes sur l'échelle générale des sons, ce qui le classe parmi les accords altérés.

STRUCTURE DE L'ACCORD
DE SEPTIÈME MINEURE AVEC TIERCE ET QUINTE MAJEURES.

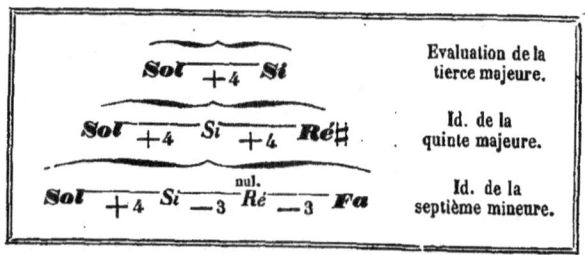

On voit qu'il entre dans l'évaluation de cet accord *quatre tierces majeures* et *deux tierces mineures*, comme dans l'accord naturel de septième de quatrième espèce, mais que la distribution de ces tierces y est toute différente.

On peut voir plusieurs exemples de l'emploi de cet accord bien connu dans les figures précédentes, par exemple, page 102, fig. 12, où il est employé dans son premier renversement. — Page 177, fig. 42, à l'extrémité de la première mesure et page 178, fig. 44, aussi à l'extrémité de la première mesure. Dans ces divers exemples, la résolution de l'accord est *normale*, c'est-à-dire à la quinte inférieure entre les fondamentales; on remarquera aussi que partout la quinte est placée *au-dessus* de la note septième pour éviter l'intervalle de *tierce diminuée* qui résulterait de la disposition inverse entre ces deux fonctions de l'accord.

§. 145. Passant aux combinaisons de la *tierce mineure* avec les trois espèces de la quinte, on voit d'abord que parmi ces combinaisons, celle qui suppose la quinte *mineure* doit être écartée, puisque nous ne pouvons disposer que de *deux* tierces mineures, et qu'il en faut *trois* pour évaluer les distances des fonctions de tierce et de quinte à la fondamentale dans la présente hypothèse.

§. 146. La *tierce mineure* $= -3$, associée à la *quinte juste* $= 4 - 3$, nous laisse pour l'évaluation de la distance du quatrième son à la fondamentale, trois tierces majeures, ou : $4 + 4 + 4 = 12$, ce qui est une *septième augmentée*, comme : $\overgroup{Sol + 12\,Fa\times}$. Or, un tel intervalle dans notre système tempéré se confond avec l'octave, et par conséquent la présente hypothèse qui est la cinquième, ne nous donne point un accord de quatre sons, mais nous ramène enharmoniquement sur un accord de trois sons, nommément : sur un accord parfait mineur.

§. 147. Reste la combinaison de la *tierce mineure* $= -3$ avec la *quinte majeure* $= +4 + 4$, qui nous laisse pour l'évaluation de l'intervalle de septième la somme : $4 + 4 - 3 = 5$, c'est-à-dire une *septième majeure*. L'agrégation de sons donnée par cette sixième et dernière hypothèse est par conséquent de la forme : $\left\{\begin{array}{l} Fa\sharp\sharp \\ Ré\sharp\sharp \\ Si\flat \\ Sol \end{array}\right.$ elle embrasse onze quintes sur l'échelle générale des sons, et par conséquent elle est en deçà des limites assignées à deux sons pouvant appartenir à une même tonalité (1); d'ailleurs elle ne rentre dans aucun accord connu, elle constitue donc un *nouvel accord altéré* formé au moyen des mêmes éléments harmoniques que l'accord naturel de septième de quatrième espèce, mais avec une disposition toute différente de ces éléments, comme on peut s'en convaincre en comparant le tableau de structure du nouvel accord altéré, qui se voit ci-après page 205, avec celui du susdit accord naturel, donné page 152, §. 92.

---

(1) Nous avons dit précédemment que cette limite est de 15 quintes, du *Ré*♭ au *La*♯ pour la tonalité d'*Ut*, par exemple.

STRUCTURE DES ACCORDS.

§. 148. Nous ne connaissons aucun exemple de l'emploi de cet accord, et nous perdrions probablement beaucoup de temps à en chercher la réalisation dans quelque auteur classique. Les exemples suivants paraîtront hardis sans doute, parce que l'accord est nouveau; mais comme en définitive son emploi n'a rien de contraire à la loi de la tonalité, nous pensons que les Harmonistes (du moins ceux qui ne repoussent point systématiquement les innovations) les admettront sans difficulté.

Fig. 51.

Fig. 52.

Fig. 51 (*a*) Notre accord apparaît au 2ᵉ temps de la 2ᵉ mesure, comme provenant de deux altérations ascendantes simultanées, savoir: celles des fonctions de quinte et de septième, dans l'accord naturel de septième de seconde espèce, placé sur le second degré de l'échelle du mode. Du reste, sa résolution a lieu à la quinte inférieure, sur l'accord de septième dominante. Il se comporte donc à l'égard de sa résolution, comme l'accord naturel de septième de seconde espèce lui-même; seulement sa note septième au lieu de descendre est forcée de monter.

On ne pourrait l'employer ni sur le 6ᵉ ni sur le 3ᵉ degrés en mode majeur, à cause de la nature de sa quinte qui amènerait un son étranger à la tonalité dans l'un et dans l'autre cas.

En mode mineur il est possible de le placer sur le 4ᵉ degré de l'échelle, comme on le voit fig. 51 (*b*), où le nouvel accord altéré apparaît au second temps de la seconde mesure, comme provenant encore de deux altérations ascendantes simultanées dans l'accord de septième de seconde espèce dont le siége en mode mineur est notoirement le 4ᵉ degré de l'échelle. — Dans cet exemple, sa résolution a lieu à la tierce mineure inférieure sur l'accord de quinte mineure.

NOTA. L'extrême dureté de cet accord altéré n'en permettrait pas l'emploi dans un mouvement lent; ainsi, l'indication du mouvement, donnée en tête des deux exemples précédents, ne doit pas être considérée comme arbitraire.

Pour exprimer le mode d'emploi de l'accord altéré que nous étudions, on pourrait lui donner le nom *d'accord de septième de seconde espèce avec quinte et septième haussées*; toutefois, celui *d'accord de septième majeure avec tierce mineure et quinte majeure* qui ne préjuge rien sur le mode d'emploi de l'accord doit être préféré en thèse générale. Il peut arriver en effet que l'accord altéré en question se trouve précédé par un accord tout différent de celui de septième de seconde espèce, et, dans ce cas, un nom qui le rattacherait à cet accord naturel aurait le défaut d'une manifeste impropriété. Dans la fig. 52, par exemple, notre accord altéré est préparé par l'accord de septième diminuée :
{ *Sol*
Mi
Ut♮
La♯ }
et ses fonctions de quinte et de septième se présentent sous forme de notes suspensives ascendantes.

Le lecteur aura remarqué sans doute *que l'accord de septième majeure avec tierce mineure et quinte majeure*, est un accord *mixte*, c'est-à-dire un accord pouvant servir à unir deux tons, nommément les tons majeur et mineur qui ont à la clé le même nombre d'accidents. C'est ce que nous avons exprimé au moyen du double chiffrage inférieur de la fig. 52, lignes A et B.

STRUCTURE DES ACCORDS.

STRUCTURE DE L'ACCORD
DE SEPTIÈME MAJEURE AVEC TIERCE MINEURE ET QUINTE MAJEURE.

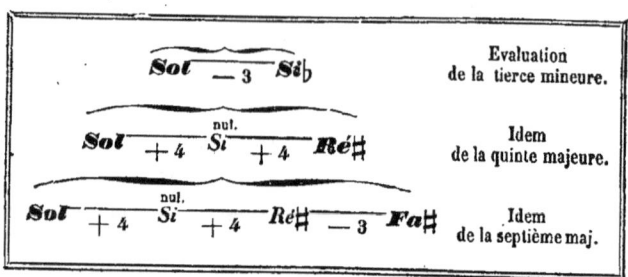

CLASSIFICATION MATHÉMATIQUE.

(148′) En récapitulant tout ce que nous venons de dire au sujet des accords construits comme l'accord naturel de septième de quatrième espèce, par *quatre tierces majeures* associées à *deux tierces mineures*, on trouve que ces accords sont au nombre de trois, y compris l'accord naturel-type. Le tableau suivant donne la somme de termes qui leur est commune, et les polynômes du 4ᵉ degré qui appartiennent à chacun d'eux en particulier.

CLASSIFICATION MATHÉMATIQUE
Des accords de quatre sons, conjugués par la somme de leurs termes avec l'accord de septième de quatrième espèce.

Somme de termes commune à ces accords: $\varphi_4(x) = 4x + 10$.		
	PRODUIT DES TERMES.	
	Indiqué.	Effectué.
1° Accord de septième de quatrième espèce. (h. n.)......	$x(x+4)(x+1)(x+5) =$	$x^4 + 10x^3 + 29x^2 + 20x$
2° Accord de sept. mineure, avec tierce et quinte maj. connu sous le nom d'accord de septième dominante avec quinte haussée (h. a.)......	$x(x+4)(x+8)(x-2) =$	$x^4 + 10x^3 + 8x^2 - 64x$
3° Accord de septième majeure avec tierce mineure et quinte majeure (h. a.)............	$x(x-3)(x+8)(x+5) =$	$x^4 + 10x^3 + x^2 - 120x$

REMARQUE.

Nous connaissons maintenant tous les accords de 4 sons, tant ceux qui, dans cette classe d'accords forment l'*harmonie naturelle*, que ceux qui forment l'*harmonie altérée*. On a pu voir, par ce qui précède, que ceux de cette seconde catégorie sont toujours conjugués par la somme algébrique de leurs termes, ou, ce qui revient au même, par le nombre de tierces majeures et de tierces mineures qui entrent dans leur structure, avec les accords de la première catégorie; mais que les divers accords de l'harmonie naturelle ne comptent pas un même nombre d'accords conjugués. L'accord naturel qui en compte le plus est celui de *septième de première espèce* ou *accord de septième dominante;* après cet accord viennent ceux de *septième, de seconde et de quatrième espèce* qui chacun comptent deux accords conjugués; puis *l'accord de septième de troisième espèce* qui n'en a qu'un seul. Enfin (et c'est sur ce point que nous appelons principalement l'attention du lecteur), il existe deux accords de quatre sons, appartenant à l'harmonie naturelle en mode mineur, mais faisant partie de l'harmonie altérée en mode majeur, qui sont isolés par leur structure, et sous ce rapport seuls de leur espèce. Ce sont, d'une part : *l'accord de septième majeure avec tierce et quinte majeures;* et d'autre part : *l'accord de septième diminuée*, décrits l'un et l'autre au chapitre VII, depuis le § 99 jusqu'au §. 108 inclusivement.

Le premier de ces accords est formé au moyen de *cinq* tierces majeures et *d'une seule* tierce mineure. C'est, dans la classe des accords de quatre sons, celui qui est construit avec le plus grand nombre possible de tierces majeures. On peut voir effectivement, page 175, sous la marque $(111)'$, qu'un accord de 4 sons ne peut être construit uniquement avec des tierces majeures, et que dans notre système musical un tel accord n'est rien de plus qu'un accord de trois sons, nommément l'*accord de tierce et quinte majeures*, porté à quatre parties par le doublement de sa fondamentale. Du reste, le lecteur peut se convaincre facilement qu'au moyen des éléments constitutifs de *l'accord de septième majeure avec tierce et quinte majeures*, savoir : cinq tierces majeures et une seule tierce mineure, il n'est possible de former aucun autre accord que l'accord de septième majeure avec tierce et quinte majeures lui-même, et qu'ainsi cet accord est seul de son espèce. Quant à *l'accord de septième diminuée* qui correspond à l'hypothèse : $t = o$ avec $t' = 6$ dans la formule $t + t' = 6$ commune à tous les accords de 4 sons, il est évident *à priori*, qu'aucun accord différent ne saurait être constitué au moyen de l'élément unique qui entre dans sa composition. Cet accord est, dans la classe des accords de quatre sons, ce qu'est *l'accord de tierce et quinte mineures* dans celle de trois sons. Mais nous ne pouvons dévoiler encore le caractère *absolu* qui appartient aux accords en vertu de leur structure au moyen de leurs éléments *primitifs*, et nous devons d'abord, conformément à la marche que nous avons adoptée, donner la classification de ceux de quatre sons en les rapportant à l'*harmonie naturelle* ou à l'*harmonie altérée*, selon l'étendue embrassée par leurs termes extrêmes sur l'échelle générale

STRUCTURE DES ACCORDS.

des quintes, c'est-à-dire selon qu'ils sont compris entre les limites assignées aux gammes majeure et mineure, ou selon qu'ils dépassent ces limites. (Voir chapitre V, le §. 81.) Cette classification, qui a une grande importance pratique, fait l'objet du chapitre suivant.

CHAPITRE IX.

CLASSIFICATION DES ACCORDS DE QUATRE SONS.

§. 149. Dans les trois chapitres précédents, nous avons tiré de nos formules générales (A_m) (Ω_m) pour le cas où $m = 4$, tous les accords de quatre sons que comporte le système musical moderne, tant ceux qui, dans cette classe d'accords, constituent *l'harmonie naturelle*, que ceux qui forment *l'harmonie altérée*. De plus, nous avons signalé au chapitre VII, trois accords qui forment en quelque sorte la transition entre le système naturel et le système des accords altérés proprement dits, puisque ces trois accords appartiennent à l'harmonie naturelle en mode mineur, et à l'harmonie altérée en mode majeur. On a pu se convaincre *que tous les accords de quatre sons* signalés dans les traités d'harmonie, ont été effectivement déduits de nos formules, et qu'en outre ces mêmes formules nous ont fourni *plusieurs accords nouveaux*. Cela posé, avant de donner, pour la présente classe d'accords les tableaux qui indiquent pour chacun d'eux le siége de leur fondamentale au sein des échelles diatoniques des modes majeur et mineur, nous allons placer sous les yeux du lecteur la nomenclature de tous ces accords, en les rapportant, suivant l'étendue embrassée sur l'échelle des quintes par leurs termes extrêmes, soit à *l'harmonie naturelle*, soit à *l'harmonie altérée*, conformément à la classification adoptée par le profond musicien qui a élevé l'harmonie au rang d'une science véritable par la découverte de l'unité de mesure des intervalles.

LIVRE PREMIER.

TABLEAU

DES ACCORDS DE QUATRE SONS.

Accords naturels proprement dits. (Au nombre de quatre.)

1° A. Accord de septième dominante ou accord de septième de 1re espèce.
2° B. Accord de septième de seconde espèce.
3° C. Accord de septième de troisième espèce.
4° D. Accord de septième de quatrième espèce.

Accords mixtes. (Au nombre de trois.)

5° E. Accord de septième diminuée.
6° F. Accord de septième majeure avec tierce et quinte majeures.
7° A'. Accord de septième majeure avec tierce mineure et quinte juste.

Accords altérés proprement dits. (Au nombre de sept.)

8° A''. Accord de septième de seconde espèce avec quinte haussée, ou : accord de septième mineure, avec tierce mineure et quinte majeure.
9° A'''. Accord de septième de quatrième espèce avec quinte abaissée, ou : accord de septième majeure, avec tierce majeure et quinte mineure.
10° B'. Accord de septième mineure avec tierce majeure et quinte mineure dont le second renversement forme l'accord de sixte augmentée avec quarte.
11° B''. Accord de septième majeure avec tierce et quinte mineures.
12° C'. Accord de septième diminuée avec tierce majeure et quinte mineure.
13° D'. Accord de septième mineure avec tierce et quinte majeures, connu sous le nom d'accord de septième dominante avec quinte haussée.
14° D''. Accord de septième majeure avec tierce mineure et quinte majeure.

NOTA. Dans ce tableau les lettres accentuées indiquent les accords conjugués par la somme de leurs termes, c'est-à-dire formés au moyen des mêmes éléments que ceux auxquels sont affectées les mêmes lettres non-accentuées; ainsi : A', A'', A''', indiquent des accords formés des mêmes éléments que l'accord de septième dominante, désigné par la lettre A. — B', B'' indiquent des accords conjugués par leur structure avec B, etc. Les quatre accords naturels proprement dits, c'est-à-dire ceux qui appartiennent à l'harmonie naturelle dans les deux modes, sont les accords principaux de chaque groupe d'accords conjugués; et parmi les accords mixtes, c'est-à-dire appartenant à l'harmonie naturelle en mode mineur et à l'harmonie altérée en mode majeur, il en est deux, savoir E, et F, entièrement distincts des autres par leur composition.

Nous devons faire observer aussi que plusieurs des accords du tableau précédent se trouvent ici pour la première fois, ce sont ceux qui portent les n°⁸ 8, 9, 11 et 14; et même, les accords n°⁸ 6 et 7 ne sont point formellement reconnus comme de véritables accords par les théoriciens. Notre loi de structure pouvait seule déterminer positivement le nombre des accords de la présente classe, et faire connaître la structure intime de chacun d'eux.

Pour l'intelligence des tableaux suivants, il est nécessaire de se rappeler que nous entendons 1° par *harmonie altérée par formation*, celle qui est composée d'accords n'ayant aucun lieu dans l'un et dans l'autre mode, qui permette leur notation sans employer un ou plusieurs accédents; 2° par *harmonie altérée par déplacement seul*, celle qui résulte du déplacement des accords naturels; 3° enfin par *harmonie altérée par formation et déplacement à la fois*, celle qui provient du déplacement des accords altérés par formation. Quant au chiffrage absolu dont nous avons fait usage dans ces tableaux, nous en avons donné une explication suffisante au chapitre V, immédiatement avant les tableaux consacrés aux accords de trois sons. — Les lettres (m. h.) placées à droite d'un chiffre, indiquent que l'accord en question ne peut s'employer que dans une *marche harmonique*.

N° I.

TABLEAU

DES ACCORDS NATURELS DE QUATRE SONS,

Avec l'indication du siège de leurs fondamentales au sein des échelles des modes majeur et mineur.

HARMONIE NATURELLE.	DEGRÉS DES FONDAMENTALES.	
Noms des accords.	Mode majeur.	Mode mineur.
A. Accord de septième dominante, *ou accord de première espèce.*	5	5
B. Accord de septième de seconde espèce....	2 6 3 (m. h.)	4
C. Accord de septième de troisième espèce...	7 (m. h.)	2
D. Accord de septième de quatrième espèce.	1 4	6
E. Accord de septième diminuée		7
F. Accord de septième majeure, avec tierce et quinte majeures ....,........		3
A'. Accord de septième majeure, avec tierce mineure et quinte juste.....................		1

II.

TABLEAU

DES ACCORDS DE QUATRE SONS ALTÉRÉS PAR FORMATION.

HARMONIE ALTÉRÉE PAR FORMATION. Noms des accords.	DEGRÉS DES FONDAMENTALES. Mode majeur.	Mode mineur.
A'' Accord de septième mineure avec tierce mineure et quinte majeure, *ou* accord de septième de seconde espèce avec quinte haussée.	$\begin{array}{c} 7 \\ +5 \\ 3 \\ \hline \mathbf{2} \end{array}$	$\begin{array}{c} 7 \\ +5 \\ 3 \\ \hline \mathbf{4} \end{array}$
A''' Accord de septième majeure avec tierce majeure et quinte mineure, *ou* accord de septième de quatrième espèce avec quinte abaissée.	$\begin{array}{c} +7 \\ -5 \\ +3 \\ \hline \mathbf{2} \end{array}$	$\begin{array}{c} +7 \\ 5 \\ +3 \\ \hline \mathbf{2} \end{array}$
B' Accord de septième mineure avec tierce majeure et quinte mineure, dont le second renversement forme l'accord connu de sixte augmentée avec quarte.		$\begin{array}{c} 7 \\ 5 \\ +3 \\ \hline \mathbf{2}^2 \text{ et } \mathbf{2}^3 \end{array}$
B'' Accord de septième majeure avec tierce et quinte mineures.	$\begin{array}{c} +7 \\ -5 \\ 3 \\ \hline \mathbf{2}^2 \end{array}$	$\begin{array}{c} +7 \\ 5 \\ 3 \\ \hline \mathbf{2}^2 \end{array}$
C' Accord de septième diminuée avec tierce majeure et quinte mineure, *ou* accord de septième diminuée avec tierce haussée.	$\begin{array}{c} -7 \\ 5 \\ +3 \\ \hline \mathbf{7} \end{array}$	
D' Accord de septième mineure avec tierce et quinte majeures, connu sous le nom d'accord de septième dominante avec quinte haussée.	$\begin{array}{c} 7 \\ +5 \\ + \\ \hline \mathbf{5} \end{array}$	
D'' Accord de septième majeure avec tierce mineure et quinte majeure.	$\begin{array}{c} +7 \\ +5 \\ 3 \\ \hline \mathbf{2} \end{array}$	$\begin{array}{c} +7 \\ +5 \\ 3 \\ \hline \mathbf{4} \end{array}$

STRUCTURE DES ACCORDS.

N° III.

TABLEAU
DES ACCORDS DE QUATRE SONS ALTÉRÉS PAR SIMPLE DÉPLACEMENT.

HARMONIE ALTÉRÉE PAR DÉPLACEMENT SEUL.	DEGRÉS DES FONDAMENTALES.	
Noms des accords.	Mode majeur.	Mode mineur.
A. Accord de septième dominante, *ou* accord de septième de première espèce.	$\begin{array}{c}7\\5\\+3\\\hline \mathbf{2}\end{array}\ \begin{array}{c}-7\\5\\3\\\hline \mathbf{1}\end{array}\ \begin{array}{c}7\\5\\+3\\\hline \mathbf{6}\end{array}\ \left(\begin{array}{c}7\\5\\+3\\\hline \mathbf{3}\end{array}\right)\left(\begin{array}{c}7\\+5\\+3\\\hline \mathbf{7}\end{array}\right)$	$\begin{array}{c}7\\+5\\+3\\\hline \mathbf{2}\end{array}\ \begin{array}{c}7\\5\\+3\\\hline \mathbf{4}\end{array}\ \left(\begin{array}{c}7\\5\\+3\\\hline \mathbf{1}\end{array}\right)\left(\begin{array}{c}7\\5\\+3\\\hline -\mathbf{7}_{\text{m.b.}}\end{array}\right)$
B. Accord de septième de seconde espèce.		$\begin{array}{c}7\\+5\\3\\\hline \mathbf{2}\end{array}\ \left(\begin{array}{c}-7\\5\\3\\\hline \mathbf{1}_{\text{m.b.}}\end{array}\right)$
C. Accord de septième de troisième espèce.	$\begin{array}{c}7\\-5\\3\\\hline \mathbf{2}\end{array}\ \begin{array}{c}7\\-5\\5\\\hline \mathbf{6}\end{array}$	$\begin{array}{c}7\\5\\3\\\hline +\mathbf{6}\end{array}$
D. Accord de septième de quatrième espèce.		$\left(\begin{array}{c}7\\-5\\3\\\hline \mathbf{3}_{\text{m.b.}}\end{array}\right)$
E. Accord de septième diminuée.	$\begin{array}{c}-7\\5\\3\\\hline +\mathbf{4}\end{array}\ \begin{array}{c}7\\5\\+3\\\hline +\mathbf{2}\end{array}\ \begin{array}{c}7\\5\\+3\\\hline +\mathbf{6}\end{array}$	$\begin{array}{c}7\\5\\+3\\\hline +\mathbf{4}\end{array}$
F. Accord de septième majeure avec tierce et quinte majeures.	$\begin{array}{c}7\\+5\\3\\\hline \mathbf{1}\end{array}\ \begin{array}{c}7\\+5\\3\\\hline \mathbf{4}\end{array}$	$\begin{array}{c}7\\+5\\3\\\hline \mathbf{6}\end{array}$
A'. Accord de septième majeure avec tierce mineure et quinte juste.	$\begin{array}{c}7\\5\\-3\\\hline \mathbf{4}\end{array}$	$\begin{array}{c}+7\\+5\\3\\\hline \mathbf{2}\end{array}\ \begin{array}{c}+7\\5\\3\\\hline \mathbf{4}\end{array}$

N° IV.

TABLEAU

DES ACCORDS ALTÉRÉS A LA FOIS PAR FORMATION ET DÉPLACEMENT.

HARMONIE ALTÉRÉE. PAR FORMATION	DEGRÉS DES FONDAMENTALES.	
Noms des accords.	Mode majeur.	Mode mineur.
A″ Accord de septième mineure avec tierce mineure et quinte majeure, *ou* accord de septième de seconde espèce avec quinte haussée.	$\dfrac{\begin{array}{c}-7\\+5\\-3\end{array}}{1} \quad \dfrac{\begin{array}{c}-7\\+5\\-3\end{array}}{4}$	
A‴ Accord de septième majeure avec tierce majeure et quinte mineure, *ou* accord de septième de quatrième espèce avec quinte abaissée.	$\dfrac{\begin{array}{c}+7\\-5\\+\end{array}}{2} \quad \dfrac{\begin{array}{c}+7\\-5\\+3\end{array}}{6}$	$\dfrac{\begin{array}{c}+7\\-5\\+\end{array}}{5}$
B′ Accord de septième mineure avec tierce majeure et quinte mineure, dont le second renversement forme l'accord connu de sixte augmentée avec quarte.	$\dfrac{\begin{array}{c}7\\-5\\+3\end{array}}{2^2 \text{ et } 2^3} \quad \dfrac{\begin{array}{c}7\\-5\\3\end{array}}{5}$	
B″ Accord de septième majeure avec tierce et quinte mineures.	?	?
C′ Accord de septième diminuée avec tierce majeure et quinte mineure, *ou* accord de septième diminuée avec tierce haussée.	$\dfrac{\begin{array}{c}-7\\5\\+3\end{array}}{+4}$	$\dfrac{\begin{array}{c}7\\5\\+3\end{array}}{+4}$
D′ Accord de septième mineure avec tierce et quinte majeures, connu sous le nom d'accord de septième dominante avec quinte haussée.	$\dfrac{\begin{array}{c}-7\\+5\\3\end{array}}{1} \quad \dfrac{\begin{array}{c}7\\+5\\+3\end{array}}{2}$	
D″ Accord de septième majeure avec tierce mineure et quinte majeure.	?	?

STRUCTURE DES ACCORDS.

Les exemples répandus dans les chapitres VI, VII et VIII peuvent suffire pour établir par le fait la possibilité de l'emploi de chacun des 14 accords de 4 sons, dont nos formules nous ont fait connaître l'existence et la structure : mais, lorsque nous traiterons directement la question de l'enchaînement des accords, nous aurons soin de produire de nouveaux exemples, et nous nous engageons spécialement à réaliser, parmi les indications contenues dans les tableaux précédents, celles qui doivent paraître les plus difficiles, savoir celles qui se rapportent au déplacement des accords altérés par formation. Que le lecteur tenté de nier la possibilité de l'emploi de certains accords dans les positions indiquées par nos tableaux, suspende donc son jugement, car il prononcerait sur ce qu'il ignore; et en vérité ce n'est pas pour le vain plaisir d'ajouter un tome de plus à la volumineuse collection des Traités d'Harmonie que nous avons pris la peine de rédiger le présent ouvrage.

Classification des accords de quatre sons.

(149) A l'exception de *l'accord de septième diminuée* et de celui *de septième majeure avec tierce et quinte majeures,* accords isolés par leur structure, ainsi que nous l'avons constaté dans la *remarque* page 206, on trouve au chapitre VIII en quatre tableaux séparés la classification mathématique de tous les autres accords de quatre sons. Il suffira donc de rapprocher ces tableaux, et d'y joindre les formules qui appartiennent aux deux accords isolés que nous venons de nommer, pour avoir le tableau général formant la classification mathématique des accords de 4 sons. En conséquence il ne nous reste plus qu'à produire ici les formules qui caractérisent respectivement ces deux accords en question. Les voici:

1° Pour *l'accord de septième diminuée* dont les termes sont évidemment :

$$x, \; x-3, \; x-6, \; x-9;$$

on a pour la somme des termes; $\varphi_4(x) = 4x - 18$.

et pour leur produit : $x(x-3)(x-6)(x-9) = x^4 - 18x^3 + 99x^2 - 162x$.

2° Pour *l'accord de septième majeure avec tierce et quinte majeures*, dont les termes sont :

$$x, \; x+4, \; x+8, \; x+5,$$

on a pour la somme des termes : $\varphi_4(x) = 4x + 17$;

et pour leur produit : $x(x+4)(x+8)(x+5) = x^4 + 17x^3 + 92x^2 + 160x$.

CHAPITRE X.

DES ACCORDS DE CINQ SONS EN GÉNÉRAL.

§. 150. Si le lecteur se reporte page 73 au tableau général des accords connus, il verra que dans la classe des accords de 5 sons, on compte comme appartenant à *l'harmonie naturelle* les accords n°ˢ 8 et 9, c'est-à-dire : *l'accord de neuvième dominante majeure*, et *l'accord de neuvième dominante mineure*. Le premier de ces accords appartient exclusivement au mode majeur ; le second qui embrasse neuf quintes sur l'échelle des sons, appartient à l'harmonie naturelle du mode mineur ; mais il peut se transporter au sein du mode majeur, et dans ce cas il fait partie de *l'harmonie altérée par simple déplacement*.

Dans *l'harmonie altérée* proprement dite, le tableau cité contient quatre accords de cinq sons, savoir ceux qui portent les n°ˢ 14, 15, 16 et 17. Suivant ce tableau, il y aurait donc en tout six accords de cinq sons, mais sur ce point, comme sur tout le reste, il s'en faut de beaucoup que les théoriciens soient d'accord. La plupart s'en tiennent aux deux accords de neuvième dominante majeure et mineure ; Catel voit toute l'harmonie dans le seul *accord de neuvième dominante majeure* qui, dit-il, contient tous les autres. M. Fétis, au contraire, ne considère les accords de neuvième que comme le résultat de la substitution du sixième degré de la gamme à la dominante, dans l'accord de septième dominante ; de telle sorte que l'accord de neuvième dominante majeure complet provient, suivant cet harmoniste, de la substitution de la note *La* à la note *Sol* dans l'accord de septième dominante porté à cinq parties par le doublement de la note fondamentale de la manière suivante :

Accord de septième à 5 voix.	Note substituée.
Sol	*La*
Fa	*Fa*
Ré	*Ré*
Si	*Si*
Sol	*Sol*

STRUCTURE DES ACCORDS.

En substituant de la même manière le $La\flat$ à la note Sol, on forme

l'accord de neuvième dominante mineure : $\begin{cases} La\flat \ (1) \\ Fa \\ Ré \\ Si \\ Sol \end{cases}$

Malgré *l'apparente facilité* qui résulte de l'opinion de M. Fétis pour l'explication de quelques faits harmoniques, cette opinion ne saurait faire autorité ; déduite d'un *fait*, elle ne peut valoir comme LOI. Aussi ne nous y arrêterons-nous pas davantage, et allons-nous aborder directement la question de la structure des accords de cinq sons, en nous fondant, du moins implicitement, sur nos formules générales.

REMARQUE. Si l'on pose $m = 5$ dans les formules (A_m) (Ω_m) du §. 35, ces formules deviennent :

$$\varphi_5(x) = 5x + 4t - 3t'. \quad (A_5).$$

$$t + t' = 10. \quad (\Omega_5).$$

La dernière équation peut être satisfaite de onze manières différentes par des couples de valeurs entières et positives pour t et t'.

Voici ces onze couples :

$\begin{matrix} t=10 \\ t'=0 \end{matrix} \begin{matrix} t=9 \\ t'=1 \end{matrix} \begin{matrix} t=8 \\ t'=2 \end{matrix} \begin{matrix} t=7 \\ t'=3 \end{matrix} \begin{matrix} t=6 \\ t'=4 \end{matrix} \begin{matrix} t=5 \\ t'=5 \end{matrix} \begin{matrix} t=4 \\ t'=6 \end{matrix} \begin{matrix} t=3 \\ t'=7 \end{matrix} \begin{matrix} t=2 \\ t'=8 \end{matrix} \begin{matrix} t=1 \\ t'=9 \end{matrix} \begin{matrix} t=0 \\ t'=10 \end{matrix}$

---

(1) Voici le raisonnement de M. Fétis :

« J'ai fait voir que dans la résolution de l'accord de septième qui conduit à la cadence parfaite, la meilleure disposition de cet accord, soit à quatre voix, soit à cinq, est celle qui double l'octave du son grave, et fournit par là le moyen de compléter l'harmonie de l'accord parfait. Or, un fait harmonique, contemporain de l'introduction de l'accord dissonant naturel (l'accord de septième dominante) dans la musique, et la formation de la tonalité moderne, a démontré que l'oreille admet la substitution du sixième degré à la dominante, qui forme cette octave de l'accord de septième, d'où résulte la double dissonance de septième et de neuvième dans l'accord. »

On voit que M. Fétis ne déduit pas l'accord de neuvième dominante d'une division arbitraire du monocorde, mais bien d'un *fait* admis par l'oreille qui admet la substitution du sixième degré à la dominante dans l'accord de septième. Catel avait dit : « la similitude qui existe entre ces deux accords » (ceux de septième et de neuvième) prouve leur identité et démontre clairement qu'ils ont la même » origine, » d'où M. Fétis conclut avec assurance que l'accord de neuvième a son origine dans celui de septième ; il aurait pu avec tout autant de raison conclure la proposition inverse, savoir que : l'accord de septième provient de celui de neuvième, comme le veut Catel, d'autant plus que ce dernier accord contient toutes les notes du premier. Ces propositions ne sont vraies ni l'une ni l'autre, et bien qu'il y ait beaucoup d'analogie entre leurs fonctions harmoniques, et que tous deux soient formés du concours égal d'un certain nombre de tierces majeures et de tierces mineures, ces accords n'appartiennent même pas à la même classe systématique, ainsi qu'on le verra par la suite lorsque nous donnerons leur classification absolue.

Or, si l'on considère 1° que la *gamme enharmonique* n'embrasse sur l'échelle générale des quintes que quinze unités, du *Ré*♭ au *La*♯, par exemple; et 2° qu'un accord de cinq sons, uniquement formé de tierces majeures, aurait son cinquième terme, c'est-à-dire sa fonction de neuvième à distance de 16 quintes de sa fondamentale, on comprendra qu'un tel accord est impossible: il n'existe donc point d'accord de cinq sons uniquement formé de tierces majeures. L'hypothèse $t = 10$ avec $t' = 0$ doit donc être écartée.

L'hypothèse inverse : $t = 0$ avec $t' = 10$, c'est-à-dire l'hypothèse d'un accord de cinq sons constitué uniquement au moyen de la tierce mineure, doit évidemment aussi être écartée. Dans ce cas, en effet, la fonction de neuvième serait à distance de 12 quintes à gauche de la fondamentale de l'accord sur l'échelle générale des quintes; or, 12 quintes constituent *l'enharmonie*, c'est-à-dire reproduisent le son duquel on part (voir l'article *Tempérament* du Résumé d'acoustique, pages 33 et 34), on retombe par conséquent au moyen de l'enharmonie sur un accord de 4 sons, nommément sur l'accord de septième diminuée. Ainsi il n'existe point d'accord de 5 sons uniquement constitué au moyen de la tierce mineure.

De ce qui précède, il résulte clairement que les onze couples de valeurs entières et positives de t et t' pouvant satisfaire à la relation (Ω_5) se trouvent réduits à neuf couples. Nous verrons ultérieurement que cette réduction peut être poussée encore plus loin.

Afin de procéder avec ordre, nous commencerons par la recherche des *accords naturels* proprement dits; nous passerons ensuite à celle des *accords mixtes*, c'est-à-dire des accords qui, appartenant à l'harmonie naturelle en mode mineur, font partie de l'harmonie altérée en mode majeur; enfin, nous terminerons par la recherche des accords qui appartiennent à l'harmonie altérée dans les deux modes.

DES ACCORDS DE 5 SONS APPARTENANT A L'HARMONIE NATURELLE DANS LES DEUX MODES.

§. 151. L'examen des tableaux de structure des *accords naturels* soit de trois, soit de quatre sons, met en évidence, conformément à ce que nous en disons page 98, *1° que l'évaluation des distances des diverses fonctions à la note fondamentale s'y fait toujours sans notes intermédiaires étrangères à l'accord ; 2° que dans cette évaluation les tierces superposées ont une valeur dépendante de leur position.* Par exemple, *dans tous les accords naturels de trois sons*, le premier intervalle de tierce, celui qui existe entre la fondamentale et la fonction de tierce, compte pour *deux;* tandis que dans dans ces mêmes accords, l'intervalle de tierce qui existe entre la fonction de tierce et celle de quinte ne compte que pour un *un*, c'est-à-dire ne paraît qu'une seule fois dans l'évaluation. De même, *dans tous les accords naturels de quatre sons*, la première tierce compte pour *trois*, la seconde pour *deux* et la troisième ne compte que pour *un*. Cette règle s'étend évidemment à *tous les accords naturels possibles*, et, en l'appliquant à ceux de cinq sons, on voit immédiatement que le premier intervalle de tierce, celui qui existe entre la fondamentale et la fonction de tierce, compte pour *quatre*, c'est-à-dire revient quatre fois dans l'évaluation totale; que la tierce superposée à cette première tierce, paraît *trois fois* dans cette même évaluation; la troisième tierce *deux fois*, et enfin la quatrième tierce *une* seule fois.

Cette remarque va nous servir à déterminer avec précision 1° le nombre d'accords de 5 sons qui appartiennent à l'harmonie naturelle; 2° la structure individuelle de ces divers accords. Nous savons en effet par notre formule (Ω_5) que dans tous les accords de 5 sons, le nombre total des tierces, tant majeures que mineures, est constant et égal à 10; or, pour connaître d'une part le maximum du nombre de tierces majeures correspondant naturellement au minimum du nombre de tierces mineures; et d'autre part, le maximum du nombre de tierces mineures correspondant au minimum du nombre de tierces majeures, entre lesquelles deux limites seront nécessairement compris tous les accords naturels cherchés, il suffit de fixer un son quelconque, le son *Ut*, par exemple, et de le prendre pour note fondamentale; puis de placer au-dessus de cette note soit une tierce majeure, soit une tierce mineure, selon que l'on cherche le maximum des tierces majeures ou celui des tierces mineures qui peuvent entrer dans un accord de cinq sons.

Supposons qu'on cherche le maximum du nombre des tierces majeures, et conséquemment le minimum du nombre des tierces mineures, il est évident qu'en plaçant au-dessus de la note prise pour fondamentale une note distante de l'intervalle de tierce majeure, on donne à cet intervalle la plus grande valeur relative, puisqu'il reparaîtra dans l'évaluation des trois autres fonctions de l'accord. Dans cette position, cet intervalle de tierce majeure compte donc déjà pour *quatre*. Nous avons donc :

Fonction de tierce........ **Mi** } intervalle de tierce majeure qui en vaut quatre par position.
Fondamentale .... **Ut** }

Au-dessus de cette première tierce plaçons-en une seconde. Evidemment cette seconde tierce ne peut être majeure, car il en résulterait entre la fondamentale et la fonction de quinte un intervalle de quinte majeure (vulgairement quinte augmentée) mesuré par 8 unités sur l'échelle des quintes, ce qui surpasse de deux unités les limites de l'échelle diatonique majeure ; il faut donc que la seconde tierce soit mineure, ce qui donne les trois termes :

Fonction de quinte..... **Sol** } intervalle de tierce mineure qui en vaut trois par position.
Fonction de tierce....... **Mi** } intervalle de tierce majeure qui en vaut quatre par position.
Fondamentale .... **Ut** }

Il nous reste deux tierces à superposer pour compléter notre accord de neuvième ; or ces deux tierces ne peuvent être majeures toutes deux, car il en résulterait un intervalle de quinte majeure entre la fonction de quinte de l'accord et celle de neuvième, et un intervalle de neuvième augmentée (seconde augmentée accrue d'une octave) entre la fondamentale et la fonction de neuvième, intervalles qui n'existent point dans les limites de l'échelle diatonique majeure. Mais si les deux tierces qu'il nous reste à superposer ne peuvent être majeures toutes deux, l'une d'elles du moins peut l'être, et il est évident qu'en la plaçant entre la fonction de quinte et celle de septième, nous lui donnerons la plus grande valeur de position, d'où il résulte que l'accord de neuvième formé au moyen du plus grand nombre possible de tierces majeures, dans les limites de l'échelle diatonique majeure, est de la forme :

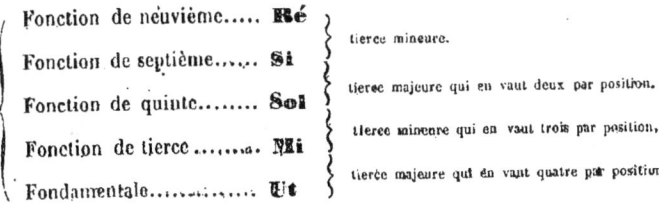

STRUCTURE DES ACCORDS.

Cette agrégation dont le siège en mode majeur est évidemment le premier et le quatrième degrés, est un *accord de neuvième et septième majeures avec tierce majeure et quinte juste*. On voit qu'il entre dans sa constitution six tierces majeures et quatre tierces mineures, en tout dix tierces (1).

§. 152. En procédant d'une manière toute semblable en commençant par la tierce mineure, et prenant pour point de départ la note *Si* (afin de rester dans la gamme d'*Ut* majeur, car on sent bien que le point de départ est arbitraire), on trouvera que l'agréga-

tion :
$\begin{cases} Ut \\ La \\ Fa \\ Ré \\ Si \end{cases}$
formée à partir de la fondamentale de tierce mineure, quinte mineure, septième mineure et neuvième mineure, on trouvera, disons-nous, que cette agrégation constitue, dans les limites de l'échelle diatonique majeure,

l'accord naturel de 5 sons formé au moyen du *maximum* de tierces mineures et conséquemment aussi au moyen du *minimum* de tierces majeures. Dans le présent accord il entre huit tierces mineures pour deux tierces majeures. Le siège de ce nouvel accord est évidemment le septième degré en mode majeur, et le second degré en mode mineur. On désignerait exactement ledit accord en le nommant *accord de neuvième mineure, avec tierce, quinte et septième mineures* (2).

§. 153. Les autres accords naturels de 5 sons sont compris entre les limites que nous venons d'assigner. C'est ainsi que sur les degrés 2 et 6 en mode majeur et sur le 4ᵉ degré du mode mineur (1ᵉʳ type),

on trouve l'acccord :
$\begin{cases} Mi \\ Ut \\ La \\ Fa \\ Ré \end{cases}$
formé au moyen de quatre tierces majeures et de six tierces mineures. L'accord de neuvième dominante mineure, dont le siège est le cinquième degré en

mode mineur, est aussi formé au moyen du même nombre d'éléments primitifs, mais avec une autre disposition de ces éléments, comme il est facile de le reconnaître en comparant l'acccord :

---

(1) L'hypothèse $t = 6$ avec $t' = 4$ correspond à cet accord naturel, ainsi qu'aux accords altérés formés au moyen des mêmes éléments primitifs avec une autre disposition, si toutefois il est possible de construire de tels accords altérés, ce que nous examinerons plus loin. La somme commune à tous ces accords problématiques, ainsi qu'à l'accord naturel déjà connu, est : $\varphi_5(x) = 5x + 12$.

(2) Ici on a : $t = 2$ $t' = 8$ et par conséquent $\varphi_5(x) = 5x - 16$.

{ *Fa* avec celui qui se trouve naturellement sur les degrés 2 et 6
Ré en majeur et sur le quatrième degré en mineur, lequel dif-
Si fère essentiellement de l'accord connu de neuvième domi-
Sol♯ nante mineure, par la nature de l'intervalle de neuvième et
Mi encore par celle de l'intervalle de tierce. — Une autre distinction
à faire entre ces deux accords, distinction qui résulte de l'ordre dif-
férent de superposition des tierces, et qui n'est au fond qu'une autre
manière d'exprimer le même fait, c'est que *l'accord de neuvième do-*

minante mineure : { *Fa* ne fait point partie de l'harmonie naturelle
Ré du mode majeur, et qu'on ne peut l'intro-
Si duire dans ce mode qu'au moyen de l'em-
Sol♯ ploi des cordes chromatiques ; tandis qu'en
Mi

mode mineur, il a notoirement son siége sur la dominante (1).

§. 154. Sur le troisième degré en mode majeur se trouve naturellement un accord de neuvième dans la constitution duquel il entre
seulement *trois* tierces majeures, et par conséquent *sept* tierces mineures (2). Dans le ton d'*Ut* { *Fa* en mode mineur on la retrouve
majeur, cette agrégation est : *Ré* sur le second degré en em-
Si ployant le second type de ce
Sol mode. (Voir page 60, le §. 13.)
Mi

En *La* mineur, par { *Ut*
exemple, on aurait : *La* agrégation en tout semblable à la pré-
Fa♯ cédente.
Ré
Si

§. 155. Sur le cinquième degré du mode majeur se trouve *l'ac-*
cord bien connu *de neuvième dominante majeure*, accord dans la constitution duquel il entre *cinq* tierces majeures et *cinq* tierces mineures ;
les éléments primitifs et opposés qui constituent les accords, *con-*
courent donc d'une manière égale à la formation de cet accord remarquable. On peut voir, chapitre VI, à l'article consacré à *l'accord de*
septième dominante, que cet accord naturel est aussi le produit du
concours égal d'un certain nombre de tierces majeures et de tierces

---

(1) Les valeurs de t et de t' sont pour les deux accords dont il vient d'être question : $t=4$ avec $t'=6$, et par suite la somme $\varphi_5(x)$ commune à ces deux accords est : $\varphi_5(x)=5x-2$.

(2) Pour cet accord on a : $t=3$ avec $t'=7$ et par conséquent : $\varphi_5(x)=5x-9$.

mineures, du moins d'après notre mode d'évaluation, c'est-à-dire en partant de la fondamentale autant de fois qu'il y a de sons échelonnés par tierces au-dessus de cette même fondamentale.

L'accord de neuvième dominante majeure est presqu'exclusivement affecté au mode majeur, cependant il est possible de l'employer en mode mineur (2ᵉ type) sur le 4ᵉ degré.

On trouve aussi sur le premier degré en mineur un accord, nommément en *la* mineur l'accord : $\begin{cases} Si \\ Sol\sharp \\ Mi \\ Ut \\ La \end{cases}$ dans la composition duquel il entre, comme dans l'accord de neuvième dominante majeure, 5 tierces majeures et 5 tierces mineures, cet accord est donc conjugué par la somme algébrique de ses termes avec l'accord naturel de neuvième dominante majeure; mais il en diffère essentiellement par l'ordre de superposition des tierces, ordre d'après lequel dans le présent accord l'intervalle de septième est majeur, et celui de tierce est mineur ; ce qui est l'inverse de ce qui a lieu dans l'accord naturel de neuvième dominante majeure, et introduit dans l'accord en question un intervalle de *quinte majeure* entre la fonction de tierce et la fonction de septième, intervalle qui exclut cet accord de l'harmonie naturelle proprement dite, et le range parmi les accords mixtes, c'est-à-dire parmi ceux qui appartiennent à l'harmonie naturelle en mode mineur, mais à l'harmonie altérée en mode majeur (1).

§. 156. En résumant tout ce que nous venons de dire concernant les accords de cinq sons appartenant à l'*harmonie naturelle* proprement dite, celle qui est formée d'accords qui n'embrassent pas entre leurs notes extrêmes, lorsque ces notes sont rapportées à l'échelle générale des quintes, une étendue de plus de six quintes, on trouve les 5 accords suivants :

1° *L'accord de neuvième et septième majeures, avec quinte juste et tierce majeure* (2), dont le siège en mode majeur se trouve sur les degrés

---

(1) Puisqu'on a $t = 5$ avec $t' = 5$ pour l'accord de neuvième dominante majeure, ainsi que pour l'accord mixte propre au premier degré du mode mineur, on a en substituant ces valeurs dans la formule : $\varphi_5(x) = 5x + 4t - 3t'$
la détermination suivante : $\varphi_5(x) = 5x + 5$
pour les deux accords formés au moyen de 5 tierces majeures combinées avec 5 tierces mineures. Nous verrons plus loin si, parmi les accords altérés proprement dits, il en existe qui soient constitués au moyen des mêmes éléments.

(2) Les intervalles sont comptés, selon l'usage, à partir de la note fondamentale.

1 et 4; et en mode mineur sur le 3ᵉ degré, en employant la gamme descendante du second type de ce mode.

2° *L'accord de neuvième majeure avec septième mineure, quinte juste et tierce mineure*, qui a son siége sur les degrés 2 et 6 en mode majeur ; et en mode mineur, sur le 4ᵉ degré en employant le premier type de ce mode.

3° *L'accord de neuvième et septième mineures, avec quinte juste et tierce mineure*, qui a son siége sur le 3ᵉ degré en mode majeur ; et sur le 2ᵉ degré en mode mineur (2ᵉ type).

4° *L'accord de neuvième dominante majeure*, le plus important de tous, dont le siége est sur le 5ᵉ degré en mode majeur ; et qu'on retrouve en mode mineur sur le 4ᵉ degré, en employant la gamme ascendante du second type de ce mode.

5° *L'accord de neuvième et septième mineures avec tierce et quinte mineures*, qui a son siége sur le septième degré en mode majeur ; et sur le second degré en mode mineur, en employant le premier type de ce mode ; ou sur la note sensible, en employant la gamme ascendante second type.

§. 157. Parmi ces 5 accords, constituant l'harmonie naturelle dans la présente classe, celui de neuvième dominante majeure est, sans contredit, le plus important et le plus fréquemment employé, au point que la plupart des théoriciens ne regardent les quatre autres que comme des *agrégations suspensives* appartenant *exclusivement* aux temps forts, ou à la partie forte des temps faibles. Mais c'est là une erreur, et nous allons prouver par des exemples que ces accords peuvent s'employer sur toutes les parties de la mesure.

Afin de procéder par ordre, nous commencerons par *l'accord de neuvième et septième majeures avec tierce majeure et quinte juste*. Or, si cet accord paraît souvent sous forme d'agrégation suspensive, comme dans l'harmonie suivante :

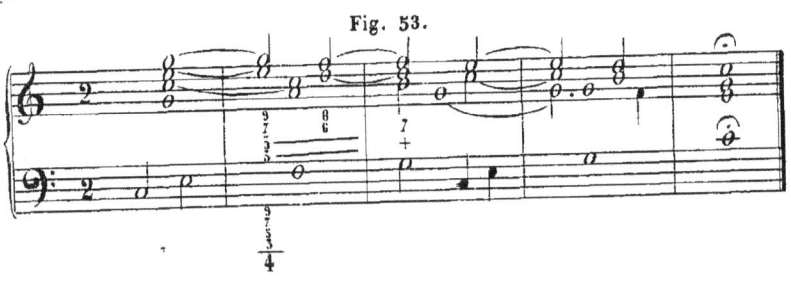

Fig. 53.

Rien ne s'oppose à son emploi sur le temps faible, en en préparant les fonctions de neuvième et de septième, non plus par des notes placées sur les mêmes degrés que ces fonctions, comme dans la figure 53, mais en amenant ces dissonances par le mouvement diatonique; auquel cas on peut même les faire servir à la préparation de deux fonctions de l'accord suivant. En voici un exemple:

Lorsqu'on écrit à quatre parties, la quinte de l'accord se supprime. Souvent aussi, dans l'harmonie à cinq parties, on préfère employer l'altération chromatique ascendante de cette quinte, afin d'appeler plus énergiquement l'accord résolutif; dans ce cas, *l'accord naturel de neuvième et septième majeures, avec tierce majeure et quinte juste,* se trouve remplacé par *l'accord mixte de neuvième et septième majeures, avec tierce et quinte majeures,* accord qui fait partie de l'harmonie naturelle en mode mineur, mais qui appartient à l'harmonie altérée en mode majeur, et dont nous traiterons au chapitre suivant.

§. 158. Passant actuellement au second des accords naturels de 5 sons énumérés plus haut, celui qui a son siége sur les degrés 2 et 6 en majeur, et sur le 4ᵉ degré en mineur, nommément a *l'accord de neuvième majeure avec septième mineure, quinte juste et tierce mineure,* la figure 55 montre qu'il peut se placer soit sur le temps fort, soit sur le temps faible de la mesure.

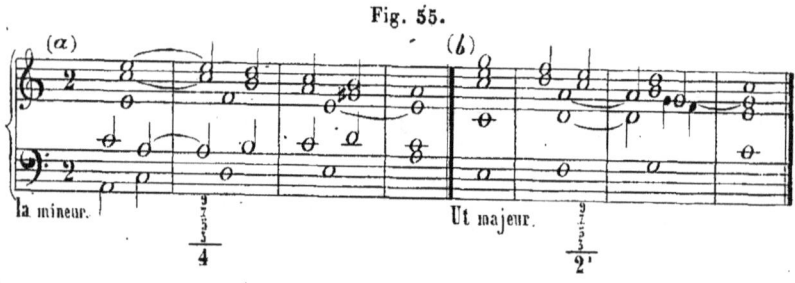

224 LIVRE PREMIER.

En (a) notre accord paraît au temps fort de la seconde mesure, sous forme d'agrégation suspensive; en (b), au contraire, il paraît au temps faible de la seconde mesure; et les notes dissonantes, amenées et résolues diatoniquement, ressemblent à des notes de passage.

§. 159. Le troisième des accords naturels de cinq sons, savoir: *L'accord de neuvième et septième mineures, avec tierce mineure et quinte juste*, a son siége en mode majeur, sur le troisième degré de l'échelle ascendante (voir §. 156); mais le caractère essentiellement transitif de ce troisième degré, n'en permet guère l'emploi que dans une marche harmonique. Par exemple, dans la marche suivante, où la basse monte diatoniquement de la tonique à la dominante, marche qu'il nous suffira d'indiquer au moyen des noms des notes de la basse, en écrivant au-dessus de ces noms le chiffrage harmonique en usage parmi les compositeurs.

MARCHE HARMONIQUE.

Chiffrage harmonique.	5 6	9 8 7 6 5 6	9 8 7 6 5 6	9 8 7 6 5 ♯5 6	9 6 7 7 4 + +	3
Noms des notes de basse.	Ut	Ré	Mi	Fa	Sol	Ut

Quant à l'emploi du présent accord sur le second degré du mode mineur (second type), on pourrait le tenter de la manière suivante à quatre parties, en retranchant l'une des fonctions de l'accord, savoir la fonction de septième.

Fig. 56.

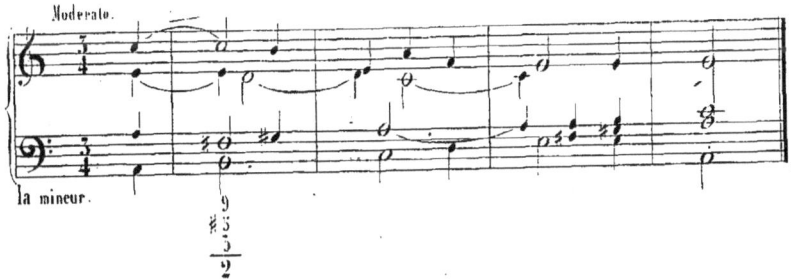

§. 160. Le quatrième des accords naturels de cinq sons, celui de neuvième dominante majeure, possède, comme l'accord de septième dominante, la faculté de s'employer sans préparation. Son siége est notoirement le cinquième degré en mode majeur, et, dans le même mode, il peut encore se placer sur le second degré, auquel cas il fait partie de l'harmonie altérée par simple déplacement. Bien connu des harmonistes et décrit dans tous les traités, nous croyons pouvoir nous dispenser d'en donner des exemples, du moins en mode majeur; nous nous contenterons donc de renvoyer le lecteur à la page 198, fig. 50, où il se voit avec toutes ses notes, dans la quatrième mesure, sur la dominante, dans le ton d'*Ut* majeur. Toutefois, nous ne voulons pas quitter ce sujet sans montrer la possibilité de l'emploi du présent accord, en mode mineur, nommément sur le quatrième degré, en employant la gamme ascendante du second type. En voici deux exemples :

Fig. 57.

En (*a*) l'accord de neuvième dominante majeure se voit au premier temps de la seconde mesure; la fonction de neuvième étant préparée par l'accord précédent, on a pu la placer au-dessous de la tierce; la quinte de l'accord est supprimée.

L'exemple (*b*) présente une modulation du ton d'*Ut* majeur à son relatif *la* mineur. L'accord de neuvième dominante majeure y joue un double rôle, car il appartient au second degré en le rapportant au ton majeur; et au quatrième degré, en le rapportant au ton mineur relatif; il sert donc d'intermédiaire entre les deux toniques. Ici la note neuvième arrive sans préparation, aussi l'avons-nous placée à la partie supérieure. Du reste, l'harmonie n'étant qu'à quatre parties, la quinte a été supprimée.

§. 161. Ainsi que nous l'avons dit plus haut, *l'accord de neuvième dominante majeure* est, de tous les accords de cinq sons, le plus important et le plus usité. Son tableau de structure, que nous allons mettre sous les yeux du lecteur, montre qu'il est formé au moyen de cinq tierces majeures associées à cinq tierces mineures, et qu'ainsi les deux éléments primordiaux et opposés qui servent à constituer les accords, concourent d'une manière égale à sa formation.

TABLEAU DE STRUCTURE
DE L'ACCORD DE NEUVIÈME DOMINANTE MAJEURE.

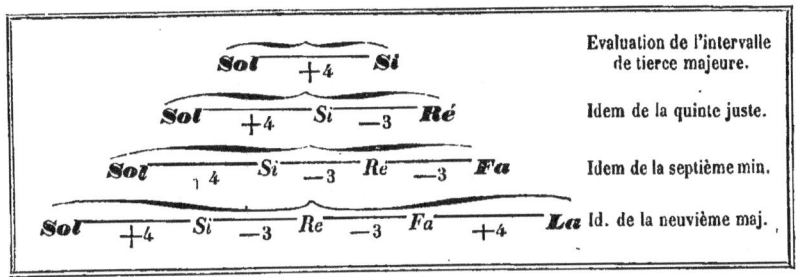

Mais ce qui rend surtout si remarquable le présent accord de neuvième dominante majeure, c'est qu'il présente la RÉUNION SYSTÉMATIQUE de *l'accord parfait majeur* et de *l'accord parfait mineur*, réunion qui s'opère au moyen de la *quinte*, c'est-à-dire au moyen de *l'élément neutre* ou *fondamental* du système harmonique, lequel élément fondamental se trouve ainsi reproduit d'une manière systématique dans le présent accord, ce qui est le caractère propre des objets formant la CLÔTURE d'un système, ainsi qu'on le verra par la LOI DE CRÉATION DE TOUT SYSTÈME DE RÉALITÉS, loi que nous reproduirons dans la suite de cet ouvrage, telle que M. Hoëné Wronski l'a exposée *in abstracto* dans la deuxième partie du tome Ier de la *Réforme absolue du savoir humain*, nommément dans la *réforme des mathématiques*.

La figure suivante met en évidence la susdite réunion systématique des deux accords principaux de l'harmonie, savoir : de *l'accord parfait majeur* et de *l'accord parfait mineur*, de laquelle provient en réalité *l'accord de neuvième dominante majeure*.

ACCORD DE NEUVIÈME DOMINANTE MAJEURE.

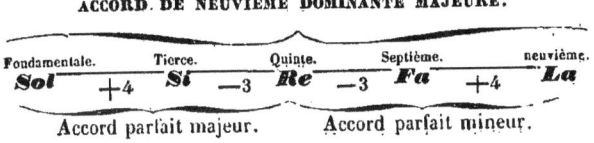

STRUCTURE DES ACCORDS.

Il est facile de voir que la *quinte*, c'est-à-dire l'élément fondamental du système harmonique, se trouve ici reproduite d'une manière élaborée, au moyen des deux éléments primordiaux et opposés, la *tierce majeure* et la *tierce mineure*; et que, non seulement, il y a accord entre les fonctions respectives de ces deux éléments primordiaux, mais de plus une véritable *identité systématique* entre ces fonctions, telle qu'elle est établie dans l'élément fondamental, duquel proprement se dégagent les deux éléments hétérogènes qui commencent le système, et vers lequel on se trouve ici ramené par une espèce de cercle formant la couronne du système entier, la PARITÉ CORONALE, selon l'expression si profondément juste adoptée par le philosophe polonais pour désigner la classe des objets qui forment la clôture d'un système quelconque.

§. 162. Le cinquième et dernier accord naturel de 5 sons, savoir : *l'accord de neuvième et septième mineures avec tierce et quinte mineures*, se trouve sur la note sensible en majeur, et sur le second degré (1er type) en mineur. Ce n'est même que dans cette dernière position, et dans une marche harmonique, qu'il se rencontre avec quelque fréquence; aussi nous bornerons-nous à citer un seul exemple de son emploi.

(1) *Marches d'harmonie pratiquées dans la composition, produisant des suites régulières de consonances et de dissonances*, par L. Chérubini. Paris, chez Troupenas et Comp^e. — Mayence, chez les fils B. Schott. — Milan, chez Ricordi.

228   LIVRE PREMIER.

..Dans cette marche harmonique, le présent *accord de neuvième et septième mineures avec tierce et quinte mineures*, se voit dans la sixième mesure au 1ᵉʳ temps, sous forme d'accord suspensif. Le lecteur aura remarqué sans doute que dans chacune des mesures de la fig. 58, à partir de la seconde, apparaît l'un des accords naturels de 5 sons dont il a été question précédemment, nommément au 1ᵉʳ temps de la seconde mesure : *l'accord de neuvième majeure avec tierce mineure, quinte juste et septième mineure*; au 1ᵉʳ temps de la troisième mesure, *l'accord de neuvième dominante majeure*; enfin, mesures 4 et 5, deux accords semblables de *neuvième et septième majeures avec tierce majeure et quinte juste* placés le premier sur le premier degré, et le second sur le quatrième degré en *Ut* majeur. Dans l'avant-dernière mesure on trouve *l'accord de neuvième dominante mineure* dont nous parlerons bientôt.

§. 163. Souvent les accords de neuvième font leur résolution sur des accords de septième : dans ce cas les fonctions de neuvième et de septième des accords de 5 sons se résolvent en descendant diatoniquement sur les fonctions de septième et de quinte des accords de 4 sons, et par suite la fonction de septième de ces derniers accords est amenée par le mouvement diatonique descendant. Le fragment suivant de l'introduction du premier chœur de la *Fête d'Alexandre*, de Hændel, en offre plusieurs exemples.

Fig. 59.

STRUCTURE DES ACCORDS.

REMARQUE. Parmi les accords naturels dont nous venons d'étudier la structure, le seul qui puisse absolument se passer de préparation est *l'accord de neuvième dominante majeure;* pour les quatre autres, les fonctions de neuvième et de septième demandent à être préparées, soit par des notes placées sur les mêmes degrés dans l'accord précédent, soit du moins par leur précession par des notes voisines dans l'ordre diatonique.

La même remarque s'applique aux accords naturels de quatre sons, parmi lesquels le seul *accord de septième dominante* n'a besoin d'aucune espèce de préparation.

CHAPITRE XI.

DES ACCORDS DE 5 SONS QUI APPARTIENNENT A L'HARMONIE NATURELLE EN MODE MINEUR, ET A L'HARMONIE ALTÉRÉE EN MODE MAJEUR.

§. 164. Il résulte de la définition des *accords mixtes*, telle qu'elle est impliquée dans le titre même du présent chapitre, que le *maximum* d'écartement entre leurs termes extrêmes, lorsqu'on les rapporte à l'échelle générale des sons, est de neuf quintes, c'est-à-dire égale à l'étendue embrassée sur cette échelle générale par la gamme mineure du 1er type. (Voir page 59, le §. 12).

Quant au *minimum* de cet écartement, il ne peut être inférieur à sept quintes, puisque l'échelle du mode majeur en embrasse six; toutefois ce *minimum* ne saurait être égal à cette limite de sept quintes, attendu que ce nombre mesure le demi-ton chromatique, intervalle qui ne peut exister dans aucun accord proprement dit (voir la note 2 de la page 105); ce *minimum* se trouve donc fixé à huit unités, c'est-à-dire à l'étendue embrassée par la gamme mineure du 2e type. (Voir page 60, le §. 13.)

Ainsi, c'est entre les limites très-rapprochées de huit et de neuf quintes d'étendue que sont renfermés tous les accords mixtes possibles, et par conséquent aussi *les accords mixtes de cinq sons* que nous avons à étudier actuellement.

§. 165. Pour déterminer avec précision ces accords mixtes, il suffit d'échelonner quatre tierces au-dessus de chacun des sons de la gamme mineure; en ayant soin de faire intervenir dans cette opération, les deux types du mode mineur. Parmi tous les accords que l'on obtient par ce procédé, les accords mixtes sont ceux dans lesquels il entre, soit l'intervalle de quinte majeure (vulgairement quinte augmentée), soit celui de neuvième augmentée (seconde augmentée accrue d'une octave); soit enfin le renversement de la seconde augmentée, c'est-à-dire l'intervalle de septième diminuée; car ce sont précisément ces intervalles qui sont mesurés par huit et neuf quintes, limites assignées à l'étendue des accords mixtes. Le tableau suivant fait connaître tous ces accords, du moins ceux qui appartiennent à la classe des accords de cinq sons.

TABLEAU
DES ACCORDS MIXTES DE CINQ SONS.

En *La* mineur.	Si Sol♮ Mi Ut La	Ré Si Sol♮ Mi Ut	Fa Ré Si Sol♮ Mi	Sol♮ Mi Ut La Fa	Sol♮ Mi Ut La Fa♮	La Fa Ré Si Sol♮
Chiffrage analytique.	9 +7 5 3 1	9 7 +5 3 3 --	9 7 5 +3 5	+9 7 5 3 6	+9 7 5 3 +6	9 7 5 3 +7
Type du mode mineur auquel ils appartiennent.	1ᵉʳ et 2ᵉ	1ᵉʳ et 2ᵉ	1ᵉʳ et 2ᵉ	1ᵉʳ	2ᵉ	1ᵉʳ

Ce tableau nous montre six accords mixtes différents, parmi lesquels trois sont communs à l'un et à l'autre type du mode mineur; deux appartiennent exclusivement au premier type; et un seul exclusivement au second type. Nous allons examiner ces divers accords dans l'ordre même qu'indique le présent tableau.

Accord de neuvième et septième majeures, avec tierce mineure et quinte juste.

§. 166. Le présent accord, comme celui de neuvième dominante majeure, décrit §. 161, est formé au moyen de la superposition des deux principaux accords de trois sons, savoir de l'accord parfait mineur et de l'accord parfait majeur; mais il en diffère par l'ordre suivant lequel ces accords sont superposés. Ici, c'est l'accord parfait majeur qui est placé au-dessus de l'accord parfait mineur, et par conséquent c'est la fondamentale de ce dernier accord qui est aussi la fondamentale de toute l'agrégation; dans l'accord naturel de neuvième dominante majeure, au contraire, c'est la fondamentale de l'accord parfait majeur qui remplit cette fonction.

ACCORD DE NEUVIÈME ET SEPTIÈME MAJEURES, AVEC TIERCE MINEURE ET QUINTE JUSTE.

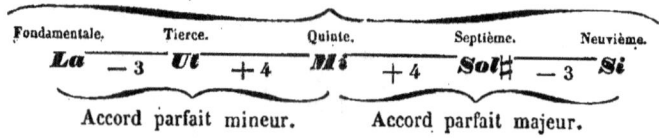

Il résulte de l'origine même de cet accord qu'il est formé comme l'accord naturel de neuvième dominante majeure, au moyen de cinq tierces mineures associées à cinq tierces majeures, selon notre mode habituel d'évaluation des diverses fonctions, à partir de la fondamentale; ou, ce qui revient au même, il en résulte qu'il est conjugué par la somme algébrique de ses termes avec le susdit accord naturel.

§. 167. Placé sur le premier degré en mode mineur, où il fait partie de *l'harmonie naturelle*, il est praticable en mode majeur sur les degrés 2, 4 et 6 au moyen de l'emploi des cordes chromatiques. Voici un premier exemple de son emploi sur le 1ᵉʳ degré du mode mineur ou sur le 2ᵉ degré du mode majeur.

252 — LIVRE PREMIER.

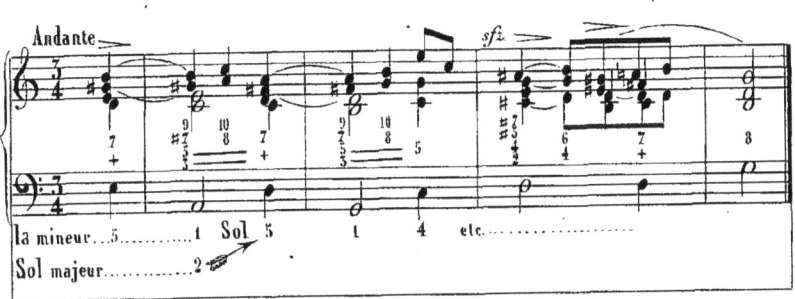

Fig. 60.

Dans la figure 60 notre accord se montre sous forme de double suspension inférieure ou ascendante, avec notes réelles, placées, suivant les règles, *au-dessous* des notes suspensives, et arrivant par mouvement contraire, c'est-à-dire en sens inverse des notes suspendues.

§. 168. Dans l'exemple suivant, l'accord en question paraît sous forme de suspension double supérieure ou descendante, dans l'accord de septième de troisième espèce transporté par l'altération chromatique descendante du sixième degré, au sein de la tonalité d'*Ut* majeur, d'où il résulte qu'elle est employée sur le 4° degré de ce mode, ainsi que l'indique notre chiffrage analytique.

fig. 61.

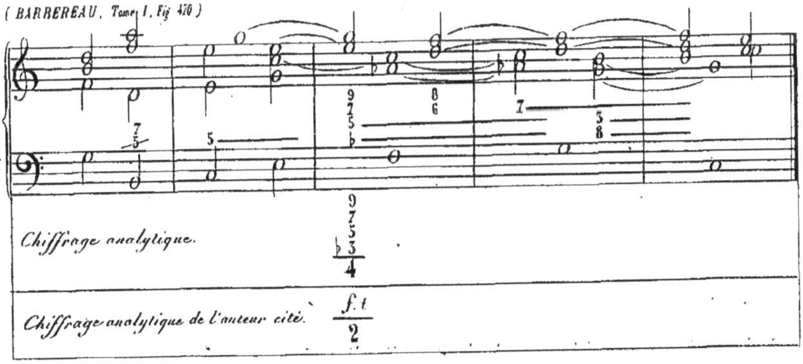

(1) Voir dans le *Traité de composition* de A. Barbereau, la *Théorie des suspensions ascendantes ou inférieures*, tome Ier, chapitre XXXIV; et aussi le chapitre XXXV, consacré aux *suspensions composées*.

STRUCTURE DES ACCORDS.

REMARQUE. En chiffrant $\frac{ft}{2}$, l'agrégation suspensive formant notre accord de neuvième et septième majeures, avec tierce mineure et quinte juste, M. Barbereau indique que ladite agrégation forme une suspension double dans l'accord de septième du second degré, nommément la suspension simultanée de la fondamentale et de la tierce dudit accord de septième.

§. 169. L'emploi des *appogiatures doubles* peut donner naissance à *l'accord mixte de neuvième et septième majeures avec tierce mineure et quinte juste*, nommément quand on pratique à la fois les *appogiatures inférieures* des fonctions de fondamentale et de tierce dans l'accord parfait mineur, pendant que ces mêmes fonctions sont soutenues dans d'autres parties harmoniques.

Fig. 62.

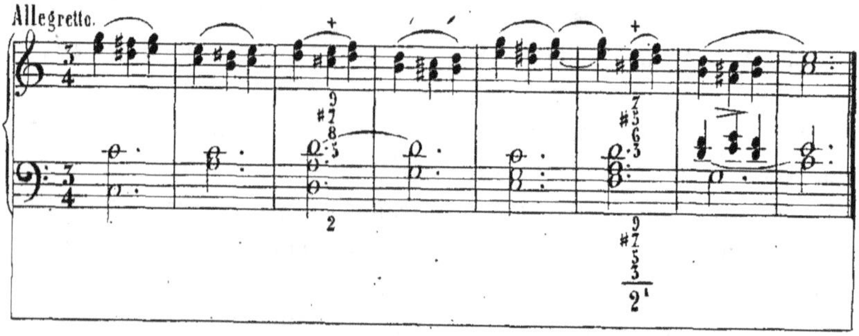

Du reste, le peu d'importance du présent accord mixte peut nous dispenser d'en donner le tableau de structure, d'autant mieux que le lecteur peut lui-même dresser ce tableau, s'il le juge convenable, et que déjà cette structure est suffisamment accusée dans la figure du §. 166.

Accord mixte de neuvième et septième majeures, avec tierce et quinte majeures.

§. 170. Cet accord qui, comme le précédent, appartient aux deux types du mode mineur, où son siége se trouve sur le troisième degré de l'échelle diatonique ascendante, se forme au moyen de la superposition de *l'accord de tierce et quinte mineures* (§. 39) à *l'accord de tierce et quinte majeures* (§. 40), ce que rend sensible la figure suivante :

234   LIVRE PREMIER.

ACCORD MIXTE DE NEUVIÈME ET SEPTIÈME MAJEURES, AVEC TIERCE ET QUINTE MAJEURES.

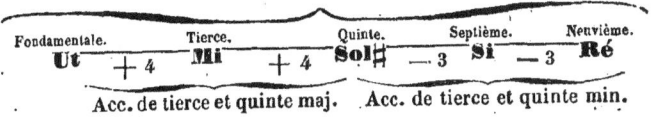

§. 171. D'après notre mode d'évaluation des diverses fonctions, à partir de la fondamentale, il est facile de s'assurer que le présent accord est formé par le concours de sept tierces majeures et de trois tierces mineures. Voici d'ailleurs le tableau de structure que nous donnons à cause de l'importance assez grande de la présente agrégation dans la musique moderne.

STRUCTURE DE L'ACCORD MIXTE DE NEUVIÈME ET SEPTIÈME MAJEURES AVEC TIERCE ET QUINTE MAJEURES.

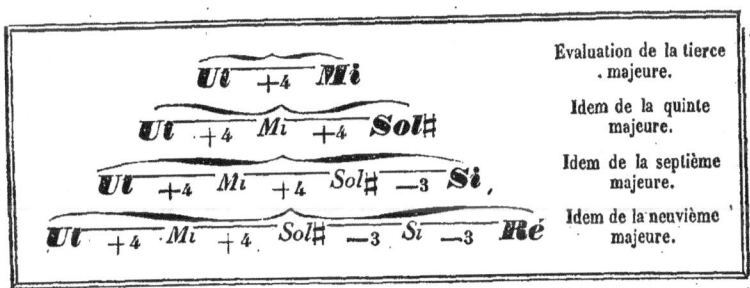

§. 172. Cet accord s'emploie dans la musique moderne plutôt comme *accord altéré* sur les degrés 1 et 4 de l'échelle du mode majeur, que comme *accord naturel* sur le troisième degré de l'échelle du mode mineur. En voici un premier exemple à cinq parties, que le lecteur traduira facilement en notation musicale, ou qu'il pourra même exécuter directement sur le piano.

STRUCTURE DES ACCORDS.

UNE RONDE ou 2 BLANCHES PAR MESURE.	1ᵉʳ temps.	2ᵉ temps.	1ᵉʳ temps.	2ᵉ temps.	1ᵉʳ temps.	2ᵉ temps.	1ᵉʳ temps.	2ᵉ temps.
Premier soprano............	Mi	Ré	Ut	La	Sol	La	Sol	Ut
Second soprano............	Ut	Si	La	Fa	Fa			Mi
Ténor...................	Mi			Fa		Ré		Mi
Première basse............	Sol	Sol♯	La	Ut	Si			Ut
2ᵉ basse formant pédale.....	Ut___		___Ut___		___Ut___			___Ut
Chiffrage analytique........	**1**	$\begin{matrix}9\\7\\+5\\3\\\mathbf{1}\end{matrix}$	**4** ²		etc.			

Il est à peine nécessaire d'ajouter que le *Mi*, première note du soprano, est celui qui s'écrit dans le quatrième interligne de la portée en clé de Sol; et que l'*Ut* de la seconde basse est celui qui se place dans le second interligne de la portée armée de la clé *Fa*. Les autres parties sont échelonnées entre ces deux parties extrêmes.

Voici maintenant un exemple de l'emploi du même accord sur le quatrième degré de l'échelle du mode majeur. Afin d'abréger, nous le donnons au moyen du chiffrage usité parmi les compositeurs, en plaçant les chiffres au-dessus des noms des notes de la basse; la disposition de l'harmonie se trouve même indiquée par l'ordre de superposition des chiffres.

Une ronde ou deux blanches par mesure.	10 8 3___ 5	9 7 +5	8 6 3___ 6	7♯ 9♭ 5 ___	5___ 3___ 9 8 5 6 7	8 8 5 3
Notes de basse dans le ton d'*Ut* maj.	Fa		Fa	Fa♯	Sol.	Ut.

256 LIVRE PREMIER.

§. 173. Il nous reste à donner un exemple de l'emploi du présent *accord de neuvième et septième majeures, avec tierce et quinte majeures*, sur le troisième degré de l'échelle du mode mineur, c'est-à-dire dans la position où cet accord fait partie de *l'harmonie naturelle*. Ce cas, moins usité que les deux précédents, ne se pratique guère autrement que sous forme d'agrégation suspensive, comme dans l'exemple suivant :

Fig. 63.

Accord de neuvième dominante mineure.

§. 174. Cet accord est le plus important des accords mixtes de cinq sons. Il a son siège sur la dominante de l'échelle du mode mineur, où il fait partie de *l'harmonie naturelle;* mais il se pratique aussi très-fréquemment sur le second degré dans les deux modes, et sur la dominante du mode majeur. Souvent on en retranche la note fondamentale, auquel cas on obtient *l'accord de septième diminuée*, qui se prête si merveilleusement aux modulations, et dont nous avons traité assez longuement au chapitre VII. Tout accord de septième diminuée peut en effet être rapporté à un accord de neuvième dominante mineure ; cependant, lorsqu'on ne s'occupe que de la structure des accords, abstraction faite de leur nature harmonique, il est nécessaire de classer l'accord de septième diminuée parmi ceux de 4 sons, ainsi que nous l'avons dit chap. VI, §. 83.

Nous ne reviendrons pas ici sur *l'accord de septième diminuée*, ou si l'on veut sur *l'accord de neuvième dominante mineure privé de fondamentale*, et nous parlerons exclusivement de l'accord complet de neuvième dominante mineure.

§. 175. Suivant notre mode d'évaluation, il entre dans la structure du présent accord mixte, *quatre* tierces majeures associées à *six* tierces mineures, comme on peut le voir par le tableau suivant :

TABLEAU DE STRUCTURE
DE L'ACCORD DE NEUVIÈME DOMINANTE MINEURE.

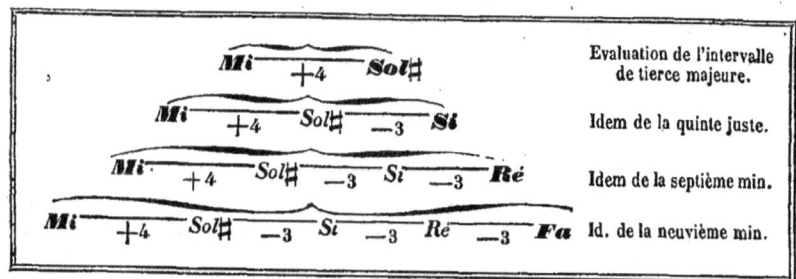

§. 176. On peut considérer *l'accord de neuvième dominante mineure* comme formé d'une tierce majeure surmontée de trois tierces mineures; mais la meilleure manière de l'envisager, c'est de le concevoir comme présentant la réunion systématique de deux accords naturels de trois sons, savoir : de *l'accord parfait majeur*, et de *l'accord de tierce et quinte mineures* (accord de quinte diminuée.)

ACCORD DE NEUVIÈME DOMINANTE MINEURE.

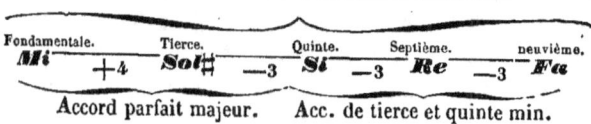

Dans cette réunion systématique, c'est l'accord parfait majeur qui sert de support à l'autre.

§. 177. L'accord de neuvième dominante mineure est pour le mode mineur, ce qu'est l'accord de neuvième dominante majeure pour le mode opposé. Le siége principal de chacun de ces accords est la dominante du mode auquel il appartient naturellement. La résolution a lieu sur l'accord parfait de la tonique; et, dans l'un comme dans l'autre, la fonction de neuvième n'exige aucune préparation.

§. 178. Cependant cette fonction de neuvième a une allure plus libre dans l'accord de neuvième dominante du mode mineur que dans celui qui appartient au mode opposé. Dans ce dernier accord, en effet, outre l'obligation d'éloigner la fonction de neuvième à distance de neuvième au moins *au-dessus* de la note fondamentale, il faut encore avoir soin de la placer aussi *au-dessus* des fonctions de tierce et de quinte, toutes les fois du moins qu'elle n'est point préparée par une note placée sur le même degré dans l'accord précédent : or, cette seconde partie de la règle ne s'applique pas à la fonction de neuvième de l'accord de neuvième dominante mineure, dans lequel, pourvu que cette fonction soit placée à distance de neuvième *au-dessus* de la note fondamentale, on peut indifféremment, et dans tous les cas, l'écrire soit au-dessus, soit au-dessous des fonctions de tierce et de quinte. Cette règle observée par tous les compositeurs, ne se trouve pourtant formellement énoncée que dans le seul Traité de composition de M. Barbereau (tome Ier, chapitre XX). On dit bien à la vérité que la fonction de neuvième doit être placée à distance de neuvième au moins, *au-dessus* de la note fondamentale, mais on ne parle pas de sa position à l'égard des autres fonctions ; on ne dit pas non plus que la fonction de septième peut occuper toutes les places, et par conséquent s'écrire dans la partie supérieure, et cela aussi bien dans l'accord de neuvième dominante majeure que dans celui de neuvième dominante mineure.

On peut voir, page 146, figure 33, au premier temps de la 14e mesure, un exemple de cette disposition dans l'accord de neuvième de la dominante, en *Ut* majeur.

§. 179. On a vu §. 91, pages 150 et 151, que la fonction de neuvième de l'accord de neuvième dominante majeure, ne peut se placer à la basse; il n'en est pas de même de la fonction de neuvième de l'accord de neuvième dominante mineure, ladite fonction peut s'écrire à la basse, pourvu qu'on retranche la note fondamentale de l'accord. Voici des exemples de cette disposition; nous les empruntons à la page 43 du *Traité complet et raisonné d'harmonie pratique* d'Antoine Reicha.

Fig. 64.

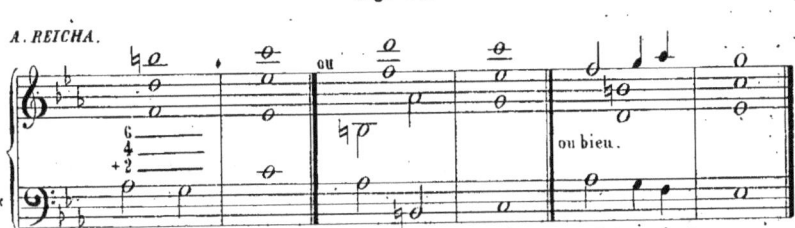

STRUCTURE DES ACCORDS.

REMARQUE. Nous citons ici avec intention le savant professeur bohême, parce qu'immédiatement après ces exemples, il signale l'harmonie suivante comme fautive :

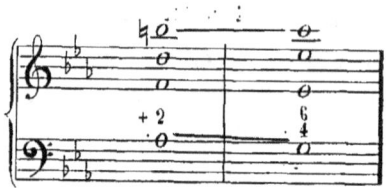

Cette harmonie *serait fautive*, dit cet auteur, *parce que le second accord se trouverait dans son second renversement, et que la basse ferait une quarte qui ne serait pas préparée*. Or, c'est là une erreur d'autant plus grave que, placée sous l'autorité d'un nom justement célèbre dans l'enseignement de l'harmonie, elle ne peut qu'entraver les progrès des élèves, et leur donner des idées fausses sur l'enchaînement des accords. La raison alléguée par Reicha n'a en effet aucune valeur, car la quarte consonnante qui existe entre la basse et l'une des parties supérieures dans le second renversement de l'accord parfait, ne doit être préparée que lorsque la préparation est possible, comme par exemple dans les cas suivants :

Mais quand l'accord qui précède le second renversement d'un accord parfait ne permet pas la préparation de la quarte, l'impossibilité de cette préparation n'implique nullement l'impossibilité de l'enchaînement même des accords ; et, pourvu que l'on ait soin de faire arriver la quarte par mouvement diatonique, et de procéder dans chaque partie par les moindres intervalles mélodiques, on satisfera amplement à toutes les exigences de l'oreille, dans tous les cas où la succession ne sera pas contraire aux lois de l'enchaînement harmonique.

A l'appui de ce que nous venons de dire, nous citerons la succession suivante, devenue banale à force d'être répétée.

La préparation de la quarte dans l'accord 1^2 est ici impossible, et cependant cette série d'accords est excellente malgré l'attaque de cette quarte. Du reste, la pratique de tous les compositeurs, avant et après Reicha, est en flagrante contradiction avec la règle restrictive que ce professeur impose arbitrairement à l'emploi du 4ᵉ renversement de l'accord de neuvième dominante mineure. Par exemple, dans le *clavecin bien tempéré* de J. S. Bach, on trouve, dès les premières pages, des

240 LIVRE PREMIER.

exemples de l'harmonie proscrite par Reicha ; le suivant est tiré de la première fugue du recueil.

Fig. 65.

Et qu'on ne croie pas que ce soit là un cas exceptionnel, une *incorrection* propre au seul S. Bach (1). Il nous serait facile de produire de nombreux exemples de la même harmonie tirés des œuvres de Haydn et de Mozart, que la critique n'a pas encore osé, que nous sachions, taxer d'incorrection harmonique. En faveur des personnes que l'autorité de S. Bach ne rassurerait pas complètement, nous citerons un exemple, emprunté à l'*Ave verum* de Mozart, le voici :

Fig. 66.

1) Certains critiques français regardent sérieusement J. S. Bach, c'est-à-dire le plus grand harmoniste qui ait jamais existé, comme un auteur *très-incorrect*. « *Jocularem audaciam !* »

STRUCTURE DES ACCORDS. 241

C'est donc avec toute raison que, dans son *Traité théorique et pratique de composition musicale*, si supérieur sous tous les rapports au Traité de Reicha, M. Barbereau s'est écarté, sur le sujet qui nous occupe, de la doctrine de son maître, pour se conformer à la pratique des grands compositeurs de toutes les écoles. On voit, fig. 67, deux exemples tirés de cet ouvrage ; ils sont plus explicites encore que les passages cités de S. Bach et de Mozart, puisque la quarte s'y trouve attaquée entre les parties extrêmes de l'harmonie.

Fig. 67.

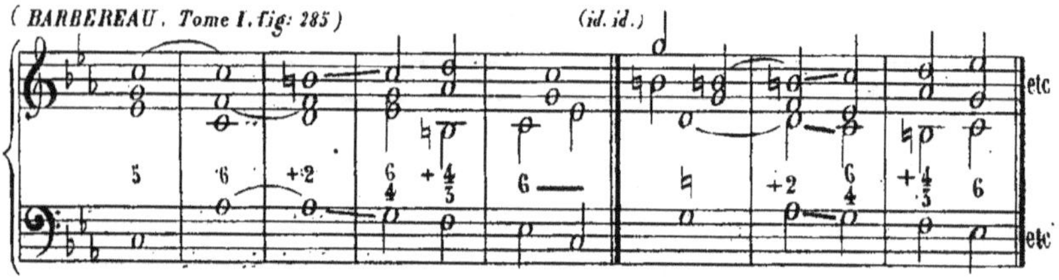

§. 180. Lorsque l'on écrit à quatre parties seulement, la note de l'accord de neuvième dominante mineure que l'on supprime le plus fréquemment, c'est la note fondamentale : on vient d'en voir plusieurs exemples dans les figures qui précèdent. — Si l'on conserve la note fondamentale, c'est la quinte que l'on supprime à 4 parties, quelquefois la note septième.

Voir page 100, fig. 9, un exemple de la suppression de la quinte au commencement de l'avant-dernière mesure.

A 5 parties on peut employer toutes les notes de l'accord ; quelquefois cependant on préfère en doubler une pour en supprimer une autre ; par exemple, on supprimera la quinte, et on doublera la note fondamentale ; comme dans le passage suivant de la seconde des *six sonates pour l'orgue*, (opus 65, par F. Mendelssohn-Bartholdy).

Fig. 68.

242 LIVRE PREMIER.

NOTA. On voit ici la note neuvième le (*Si♭*) attaquée dans la partie supérieure par un saut ascendant de septième diminuée, en même temps que la note fondamentale (le *La*) est prise par un saut descendant de quinte dans la partie grave. Nous devons faire remarquer aussi la résolution de l'accord de neuvième mineure sur celui de septième de troisième espèce au second temps de la mesure, accord dissonant qui se résout au troisième temps sur l'accord de septième dominante. Pendant la durée de ces divers accords, la note fondamentale (*La*) de l'accord de neuvième mineure, redoublée dans la troisième partie, se prolonge, et devient successivement *note septième*, *fondamentale* et *quinte* des accords suivants. La suprême élégance du dessin des parties n'a pas besoin d'être signalée.

En rapprochant de ce qui précède ceux des nombreux paragraphes du chapitre VII qui se rapportent à *l'accord de septième diminuée*, lequel, ainsi que nous l'avons dit §. 174, peut toujours être considéré comme un *accord de neuvième dominante mineure* sans fondamentale, le lecteur se fera une juste idée des grandes ressources harmoniques qu'offre le présent accord de neuvième dominante mineure, sur lequel la plupart des traités ne contiennent qu'une doctrine, sinon tout-à-fait erronée, du moins très-insuffisante.

Accord de neuvième augmentée et septième majeure, avec tierce majeure et quinte juste.

§. 181. Cet accord mixte est formé de la réunion de *l'accord parfait majeur* et de *l'accord de tierce et quinte majeures*, ce dernier accord étant superposé au premier.

ACCORD DE NEUVIÈME AUGMENTÉE ET SEPTIÈME MAJEURE AVEC TIERCE MAJEURE ET QUINTE JUSTE.

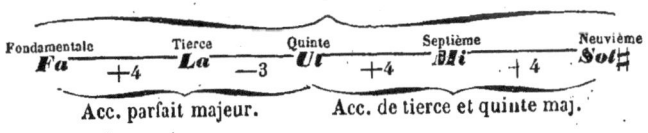

Il résulte de cette génération que la fondamentale de l'accord parfait majeur est aussi la fondamentale du nouvel accord.

§. 182. Selon notre mode d'évaluation, il entre dans la structure de cet accord *sept* tierces majeures et *trois* tierces mineures

REMARQUE. En posant : $t = 7$ avec $t' = 3$ dans la formule : $\varphi_5(x) = 5x + 4t - 3t'$, il vient pour la somme des termes : $\varphi_5(x) = 5x + 19$; ce qui est bien effectivement la somme des quantités x, $x+4$, $x+1$, $x+5$ et $x+9$ qui correspondent res-

STRUCTURE DES ACCORDS.

pectivement aux fonctions de fondamentale, tierce, quinte, septième et neuvième de la présente agrégation.

Le produit de ces termes, qui caractérise spécialement le nouvel accord, est :
$$x(x+4)(x+1)(x+5)(x+9) = x^5 + 19x^4 + 119x^3 + 218x^2 + 180x.$$

§. 183. Bien qu'elle se présente quelquefois dans la musique moderne, la présente agrégation n'est pas encore admise au rang des accords véritables ; à cet égard, notre loi générale de structure est formelle et ne peut nous laisser aucun doute ; et cette loi attribue à l'agrégation en question une réalité comparable à celle de l'accord mixte de tierce et quinte majeures, admis depuis longtemps par tous les harmonistes.

§. 184. Le siége du nouvel accord est le sixième degré en mode mineur (1er type), dans lequel mode il fait partie de *l'harmonie naturelle*. Dans le mode opposé, c'est-à-dire en mode majeur, il se place sur les degrés 1 et 4, et il appartient alors à *l'harmonie altérée*. Du reste, son extrême dureté exige que l'on en prépare les fonctions de septième et de neuvième.

Les exemples suivants donnent une idée de la manière de traiter *l'accord de neuvième augmentée et septième majeure, avec tierce majeure et quinte juste*, lequel, quoique très-dur lorsqu'on l'attaque sans préparation, peut servir à donner beaucoup de relief et d'élégance à l'harmonie, lorsqu'on a soin d'en préparer et d'en résoudre convenablement les fonctions de septième et de neuvième.

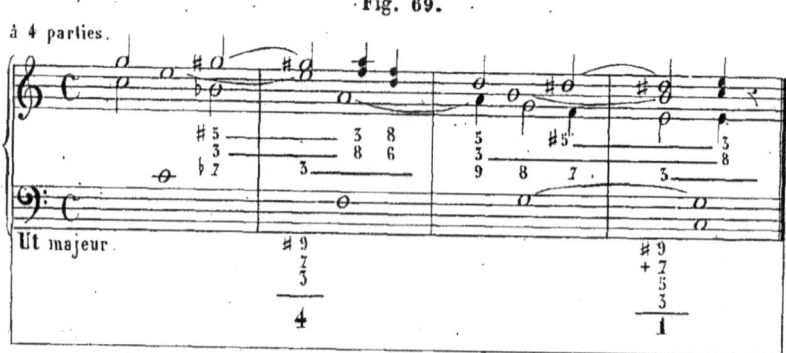

Fig. 69.

Nota. Cet exemple étant écrit à quatre parties, on a supprimé la quinte de l'accord en question, du moins dans la seconde mesure ; car nous avons conservé cette

244 LIVRE PREMIER.

quinte dans la dernière mesure, afin de montrer que son retranchement n'est pas une condition de la réalisation même de l'accord.

Voici maintenant un exemple de l'emploi du même accord sur le sixième degré du mode mineur.

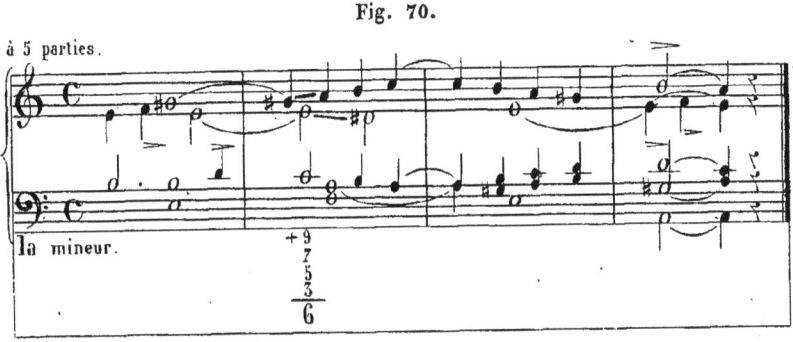

Fig. 70.

Nota. Dans ce dernier exemple notre accord paraît au premier temps de la seconde mesure. La note neuvième, qui occupe la partie supérieure, se résout en montant, tandis que la note septième, placée dans la seconde partie, se résout en descendant, et seulement après la résolution de la fonction de neuvième. D'ailleurs les deux fonctions dissonantes sont préparées par l'accord placé dans la première mesure.

Nous bornerons là, du moins provisoirement, ce que nous avons à dire du quatrième des accords mixtes de 5 sons, surlequel nous pourrons revenir dans la suite de cet ouvrage; et afin d'abréger, nous laissons au lecteur le soin d'établir lui-même le tableau de structure dudit accord, ce qui du reste ne présente aucune difficulté.

Accord de neuvième majeure et septième mineure, avec tierce et quinte mineures.

§. 185. L'accord dont nous avons à parler actuellement, se rencontre naturellement sur le sixième degré de l'échelle ascendante du seconde type du mode mineur, échelle au sein de laquelle, par conséquent, il fait partie de *l'harmonie naturelle*. Il présente la réunion systématique de *l'accord de tierce et quinte mineures* et de *l'accord de tierce et quinte majeures*, ou, pour parler le langage reçu, bien qu'inexact, il présente la réunion systématique de *l'accord de quinte diminuée* et de *l'accord de quinte augmentée*.

STRUCTURE DES ACCORDS.

ACCORD DE NEUVIÈME MAJEURE ET SEPTIÈME MINEURE, AVEC TIERCE ET QUINTE MINEURES.

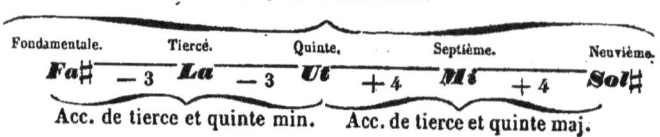

§. 186. Il est facile de s'assurer que, pour faire l'évaluation des intervalles du nouvel accord mixte, selon notre mode habituel, il faut employer *sept* tierces mineures et *trois* tierces majeures; d'où il résulte qu'il est formé des mêmes éléments que les deux accords naturels dont il est question page 220, §. 154 (1).

§. 187. C'est seulement en mode mineur et sur le sixième degré de l'échelle ascendante du second type de ce mode, que *l'accord de neuvième majeure, avec tierce quinte et septième mineures* appartient à *l'harmonie naturelle*; mais il peut se déplacer, et même il se pratique plus facilement sur le second degré en mode mineur 1er type, et surtout sur le second degré en mode majeur; ce qui entraîne nécessairement l'emploi de l'une des cordes chromatiques de ces modes. Dans ces diverses positions, les fonctions de neuvième et de septième doivent être préparées, et même la fonction de neuvième doit être placée dans la partie supérieure. Elle s'y présente comme note suspensive ascendante, retardant la tierce d'un accord de quatre sons, nommément d'un accord de septième de troisième espèce.

Fig. 71.

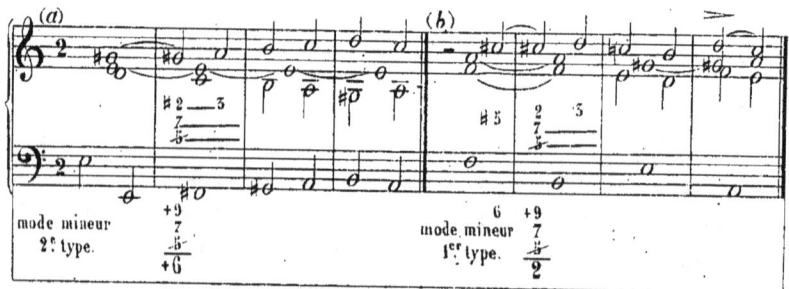

(1) La somme de termes, commune aux deux accords naturels cités et au présent accord mixte, est:
$$\varphi_5(x) = 5x - 9.$$
Quant au produit des termes qui caractérise et isole le nouvel accord, on a évidemment:
$$x(x-3)(x-6)(x-2)(x+2) = x^5 - 9x^4 + 14x^3 + 36x^2 - 72x.$$

246 LIVRE PREMIER.

Nota. En (*a*) le présent accord est employé sur le degré +6 du mode mineur, second type; En (*b*), il est placé sur le degré 2 même mode, premier type. l'harmonie n'étant qu'à quatre parties, on a supprimé la tierce de l'agrégation. Cette même tierce peut s'employer à 5 parties, ainsi qu'on le verra ci-après.

§. 188. On trouve, au chapitre XXXIV, tome I, *du Traité de composition musicale* de A. Barbereau, page 302, l'emploi du présent accord de neuvième sur le second degré de l'échelle du mode majeur, à 4 et à 5 parties. Les exemples suivants sont extraits de cet ouvrage:

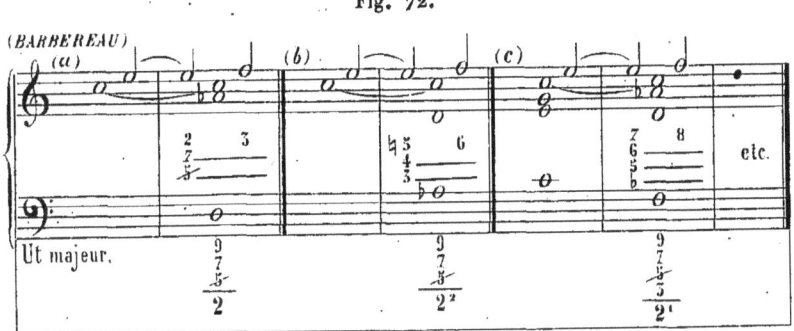

Fig. 72.

En (*a*) et en (*b*), notre accord est employé sans tierce; en (*c*), il l'est avec toutes ses notes. En (*a*), l'état de l'accord est direct; en (*b*), il est dans son second renversement; enfin, en (*c*) il est dans son premier renversement.

§. 189. Le troisième renversement de *l'accord de neuvième majeure avec tierce, quinte et septième mineures*, est susceptible d'être employé avec effet, en plaçant toujours la fonction de neuvième à la partie supérieure, sous forme de suspension inférieure de la tierce d'un accord de septième de troisième espèce. En voici un exemple à 4 parties:

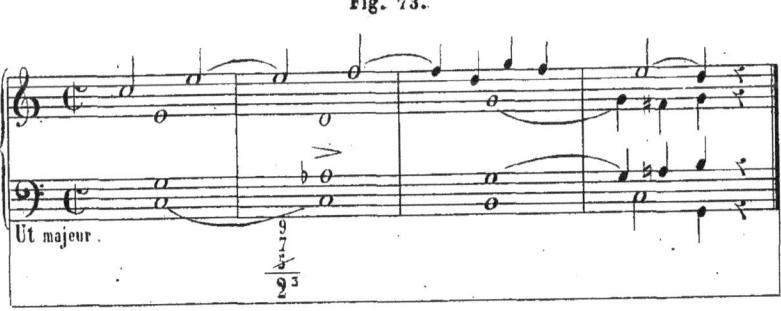

Fig. 73.

STRUCTURE DES ACCORDS.

§. 190. Le quatrième renversement ne pourrait guère s'employer qu'au moyen de l'artifice rhythmique de la *syncopation*. Cette simple indication pourra suffire au lecteur harmoniste.

Accord mixte de neuvième mineure et septième diminuée,
avec tierce et quinte mineures.

§. 191. Cet accord qui, se trouve naturellement sur la note sensible en mode mineure (1er type), présente la réunion systématique de *l'accord parfait mineur* et de *l'accord de tierce et quinte mineures*, ce dernier servant de support à l'autre.

Dans l'évaluation totale des diverses fonctions du présent accord, à partir de la fondamentale, on compte *neuf* tierces mineures pour *une seule* tierce majeure (1). Il entre conséquemment dans la structure le *maximum* du nombre de tierces mineures, et par suite le *minimum* du nombre de tierces majeures qui peuvent former des accords de 5 sons. (Voir page 215, la remarque).

ACCORD DE NEUVIÈME MINEURE ET SEPTIÈME DIMINUÉE, AVEC TIERCE ET QUINTE MINEURES.

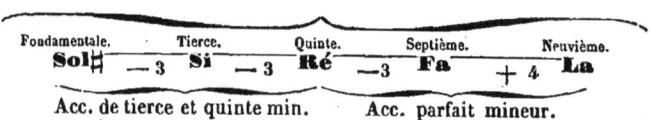

§. 192. Autant il paraît difficile, pour ne pas dire impossible, d'employer le quatrième renversement des autres accords de neuvième, sans supprimer une ou plusieurs de leurs fonctions, autant, au contraire, le présent accord se prête bien à ce renversement. Sous ce rapport, on peut dire qu'il présente une sorte de finalité dans la classe d'accords à laquelle il appartient. Depuis longtemps les compositeurs le pratiquent, mais les théoriciens français modernes ne le regardent pas comme l'un des éléments nécessaires du système des accords de 5 sons, mais seulement comme une agrégation fortuite

---

(1) La somme des termes du présent accord est : $\varphi^5(x) = 5x - 23$;
Et leur produit :
$x.(x-3)(x-6)(x-9)(x-5) = x^5 - 23x^4 + 189x^3 - 657x^2 + 810x$.
C'est ce produit qui distingue cet accord de tous ceux formés au moyen des mêmes éléments.

provenant de la prolongation de l'accord de septième diminuée de la note sensible, sur la tonique placée à la basse comme pédale. Telle n'était pas la doctrine de la célèbre école de musique du Palatinat, fondée en 1776, par l'abbé Vogler, école qui a formé tant de grands compositeurs : et il suffit de parcourir les œuvres de J. S. Bach pour comprendre que telle n'était pas non plus la manière de voir de *ce maître des maîtres*. On lit, par exemple, au début du sublime huitième prélude, dans *le clavecin bien tempéré*, le passage suivant, où l'accord en question paraît sans quinte au premier temps de la troisième mesure :

Selon la théorie française moderne (1), il y aurait ici une faute grossière ; car, si la note Mi♭ placée à la basse, ne fait point partie de l'accord, elle n'est rien de plus qu'un retard de la note Ré♮ qui se voit au second temps ; mais alors comment admettre le Ré♮ qui se trouve placé au premier temps, *au-dessus* de ladite note suspensive, et frappé en même temps qu'elle ? Il n'y a pas de milieu, ou la théorie française moderne, sur l'accord en question est erronée, ou J. S. Bach a fait ici une faute, que le plus mince écolier du célèbre Conservatoire ne commettrait certainement pas.

Dans la conclusion du prélude dont on vient de voir le début, l'accord mixte qui nous occupe reparaît dans l'avant-dernière mesure ; voici cette conclusion :

---

(1) Quand nous parlons des théoriciens français modernes, nous exceptons toujours M. Barbereau, qui expie sa supériorité incontestable, en restant dans l'isolement au sein de ce Paris que les organes de la presse décorent fastueusement du titre de *capitale des arts*.

STRUCTURE DES ACCORDS.

Fig. 75.

(J. S. BACH. preludio VIII)

§. 193. D'après ce qui précède, on pourrait croire que la fonction de neuvième de *l'accord de neuvième mineure et septième diminuée, avec tierce et quinte mineures*, est exclusivement réalisable dans la basse; il n'en est rien cependant, non seulement cette fonction peut occuper la partie supérieure de l'harmonie, mais elle peut même être doublée, lorsqu'elle fait partie de l'accord suivant; dans ce cas, elle se résout par prolongation de son. Il est du reste bien entendu qu'elle doit être préparée.

L'exemple suivant qui, dans l'ouvrage de M. Barbereau, se rapporte à la *pédale supérieure et intermédiaire*, en est une preuve:

Fig. 76.

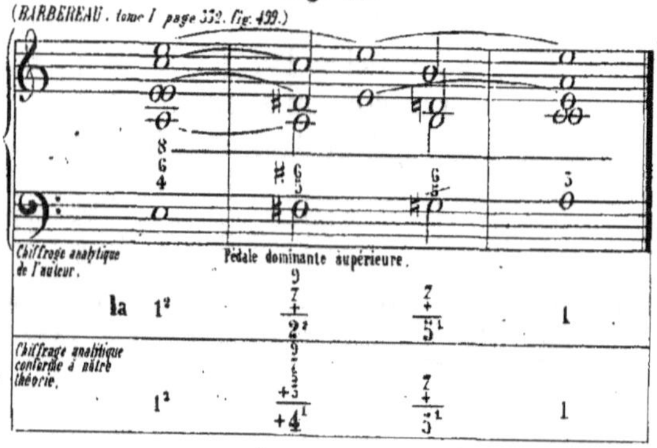

§. 194. Ce que nous venons de dire concernant le mode d'emploi du sixième et dernier des *accords mixtes* de cinq sons portés au tableau de la page 230, peut suffire pour le but que nous nous proposons ; mais, avant de passer à l'étude des *accord altérés*, nous devons arrêter un moment l'attention du lecteur sur une agrégation qui, bien que n'embrassant qu'une étendue de neuf quintes sur l'échelle générale des sons, c'est-à-dire, une étendue égale à celle même embrassée par la gamme du mode mineur (1er type), ne peut pourtant être réalisée sur aucun degré de cette gamme, sans l'introduction de l'une au moins des cordes chromatiques. Cette agrégation, constituant un véritable accord, que l'on désignera exactement en lui donnant le nom *d'accord de neuvième augmentée et septième majeure, avec tierce et quinte majeures*, cette agrégation, disons-nous, doit être considérée comme formée par la RÉUNION SYSTÉMATIQUE de *l'accord parfait mineur*, et de *l'accord de tierce et quinte majeures*, ce dernier accord servant de support à l'autre, et par conséquent fournissant la fondamentale à l'accord de cinq sons qui résulte de la susdite réunion systématique.

ACCORD DE NEUVIÈME AUGMENTÉE ET SEPTIÈME MAJEURE,
AVEC TIERCE ET QUINTE MAJEURES.

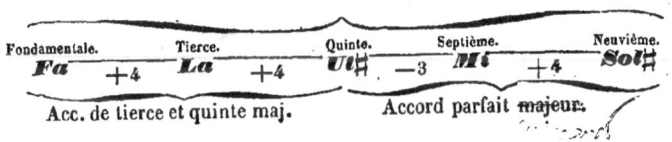

§. 195. Dans l'évaluation des diverses fonctions de cet accord, selon notre mode habituel, il entre *huit tierces majeures et deux tierces mineures*, ainsi qu'on peut le voir par le tableau de la page suivante (1).

---

(1) En posant fondamentale $= x$, on aura pour la tierce majeure : $x + 4$; — pour la quinte majeure : $x + 8$; pour la septième majeure : $x + 5$; et enfin pour la neuvième augmentée : $x + 9$: la somme de ces cinq termes sera : $\varphi_5(x) = 5x + 26$. On peut tirer immédiatement cette somme de la formule : $\varphi_5(x) = 5x + 4t - 3t'$ en posant : $t = 8$ avec $t' = 2$.

Quant au produit des termes, produit qui caractérise et isole l'accord en question, il est :
$$x(x+4)(x+8)(x+5)(x+9) = x^5 + 26.x^4 + 245.x^3 + 988.x^2 + 1440.x$$

STRUCTURE DES ACCORDS.

STRUCTURE DE L'ACCORD DE NEUVIÈME AUGMENTÉE ET SEPTIÈME MAJEURE, AVEC TIERCE ET QUINTE MAJEURES.

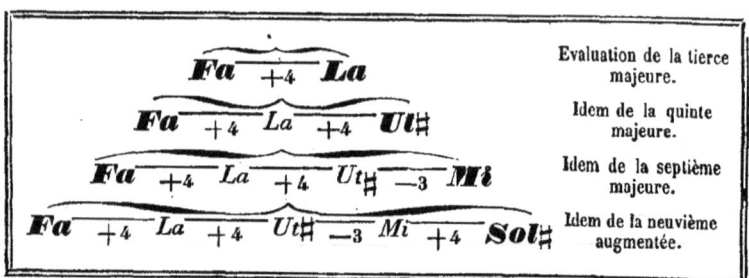

On voit par ce tableau de structure que l'évaluation des distances des diverses fonctions de l'accord en question à la fondamentale, s'opère sans notes intermédiaires étrangères à l'agrégation, ce qui ne permet pas de le classer parmi les *accords altérés* proprement dits, lesquels (comme nous l'avons dit page 98, sous la marque (45)', et répété au commencement du chapitre VIII), se distinguent des *accords naturels* et des *accords mixtes*, non seulement par l'étendue plus grande qu'ils embrassent sur l'échelle des quintes, mais encore et surtout par la nécessité où l'on se trouve de passer par un ou plusieurs sons étrangers, pour effectuer, au moyen de la tierce majeure et de la tierce mineure, l'évaluation des distances de leurs diverses fonctions à leur note fondamentale, au-dessus de laquelle lesdites fonctions sont progressivement échelonnées.

Il résulte de là que *l'accord de neuvième augmentée et septième majeure, avec tierce et quinte majeures*, doit être considéré comme un septième accord mixte de cinq sons, formant en quelque sorte la transition entre les *accords mixtes* et les *accords altérés*.

§. 196. L'extrême dureté du présent accord en rend l'emploi fort difficile ; il est même probable qu'on en chercherait vainement la réalisation dans quelque auteur classique. Quoi qu'il en soit, nous allons montrer par le fait la possibilité de cette réalisation, moyennant la préparation et la résolution successives des fonctions dissonantes.

252 LIVRE PREMIER.

Fig. 77.

CHAPITRE XII.

ACCORDS DE 5 SONS APPARTENANT A L'HARMONIE ALTÉRÉE DANS LES DEUX MODES.

§. 197. Les accords altérés de la présente classe, comme ceux des deux classes précédentes, c'est-à-dire comme les accords altérés de trois et de quatre sons, embrassent entre leurs termes extrêmes, lorsqu'on les rapporte sur l'échelle générale des quintes, une étendue *minimum* de 10 quintes, et une étendue *maximum* de 15 quintes. (Voyez chapitre V, le §. 84; voyez aussi au chapitre VIII, le §. 112.)

Ces accords altérés sont formés des mêmes éléments primordiaux que les accords *naturels* et que les accords *mixtes* de cinq sons; et, par conséquent, ils sont conjugués par la somme algébrique de leurs termes avec ces mêmes accords. Seulement les tierces majeures et les tierces mineures qui entrent dans leur composition, sont distribuées d'une manière différente.

§. 198. C'est vainement qu'on essaierait de former *tous* les accords altérés de la présente classe, par la superposition des accords de trois sons, dont la classification a été donnée au chapitre V. On peut bien, il est vrai, former ainsi tous les accords *naturels*, et même tous les accords *mixtes* de cinq sons; mais, parmi les accords *altérés*, il en existe qu'il serait absolument impossible d'obtenir de cette manière. Par exemple, il est évident que les accords de *neuvième dominante majeure et mineure, avec quinte haussée*, échappent à ce mode de formation, puisque l'intervalle de *tierce diminuée* qui, dans ces deux accords, existe entre les fonctions de *quinte* et de *septième*, ne se trouve dans aucun véritable accord de trois sons entre la *fondamentale* et la *tierce* qui, par la superposition, deviennent respectivement fonctions de *quinte* et de *septième* dans l'accord de cinq sons que l'on construit ainsi. Il résulte de là que la superposition des six accords de trois sons en les combinant deux à deux, n'est pas le véritable procédé génétique des accords de cinq sons, bien qu'on puisse par ce procédé en reconstruire un grand nombre. La véritable genèse des accords de cinq sons, comme celle de tous les accords possibles, est écrite dans nos formules générales du §. 35; aussi est-ce de ces mêmes formules que nous allons tirer les accords *altérés* de la présente classe, les seuls qu'il nous reste à faire connaître.

§. 199. Nous avons dit précédemment que, dans la structure de tous les accords possibles de cinq sons, le nombre total des tierces, tant majeures que mineures, est constant et égal à 10; et nous avons montré, dans la REMARQUE de la page 215, qu'en thèse générale, cette condition peut être satisfaite de onze manières distinctes; mais, qu'en tenant compte des limites assignées au système musical moderne, plusieurs des onze hypothèses susdites doivent être écartées. Déjà même, dans la REMARQUE citée, l'élimination des deux agrégations construites uniquement avec dix tierces d'une seule espèce, a été effectuée. Cette première élimination réduisait à neuf les onze hypothèses primitives. Or, il nous reste à opérer une dernière réduction, conformément à ce que nous avons promis à la fin de la REMARQUE en question. Cette dernière et décisive réduction porte exclusivement sur les agrégations de cinq sons formées au moyen de *neuf tierces majeures* et *d'une seule tierce mineure*. On peut s'assurer déjà que cette hypothèse ne se trouve réalisée dans aucun des accords *naturels*, ni dans aucun des accords *mixtes* de la présente classe; d'où il suit que si de pareils accords existaient effectivement dans notre système musical moderne, ils appartiendraient exclusivement à *l'harmonie altérée*. Or, si l'on observe que dans les deux classes précédentes, dans la classe des accords de trois sons et dans celle des accords de quatre sons, tout accord *altéré* est *conjugué* soit avec un accord *naturel*, soit avec un accord *mixte*, on sera porté à penser qu'il doit encore en être de même dans la présente classe d'accords. Toutefois, comme une telle induction analogique ne constitue rien de plus qu'une probabilité, il est nécessaire de s'assurer directement si, parmi les agrégations qu'il est possible de former au moyen de *neuf tierces majeures* et *d'une seule mineure*, il en existe d'admissibles dans le système musical moderne. Or, rien n'est plus facile que la construction des agrégations en question; car, puisqu'on ne peut disposer que *d'une seule* tierce mineure, cette tierce, dans chaque agrégation, ne doit entrer dans la construction que *d'un seul* des quatre intervalles de *tierce*, *quinte*, *septième* et *neuvième*, exprimant les distances aux quatre fonctions correspondantes, à partir de la note fondamentale de l'agrégation. D'où il résulte qu'il n'existe que quatre agrégations distinctes possibles, avec les éléments dont on peut disposer.

1° Plaçons d'abord la *tierce mineure* entre la fondamentale et la fonction de *tierce*, l'intervalle de quinte sera *majeur*, celui de septième sera *augmenté*, et enfin celui de neuvième sera *bis-augmenté*.

On aura ainsi :
$$\begin{cases} \text{tierce mineure} \ldots & = -3 & = -3 \\ \text{quinte majeure} \ldots & = 4+4 & = 8 \\ \text{septième augmentée} \ldots & = 4+4+4 & = 12 \\ \text{neuvième bis-augmentée} & = 4+4+4+4 & = 16 \end{cases}$$

Et l'agrégation sera semblable à celle-ci :

$$\overbrace{Sol \quad Si\flat \quad Ré\sharp \quad Fa\times \quad La\times}$$

Une telle agrégation excède de 4 quintes, les limites assignées à deux sons pouvant appartenir à la même tonalité, et comme d'ailleurs on a, à cause du *tempérament*: $Fa \times = Sol$, il ne reste plus que quatre sons distincts, savoir :

$$\overbrace{Sol \quad Si\flat \quad Ré\sharp} \quad . \quad La\times$$

STRUCTURE DES ACCORDS.

Lesquels peuvent se ramener au moyen de l'enharmonie à :

$$\overbrace{Sol \quad Si\flat \quad Mi\flat \quad . \quad Ut\flat.}$$

Cette dernière agrégation, disposée par tierces à partir de la note $Ut\flat$, donne :

$$\overbrace{Ut\flat \quad Mi\flat \quad Sol \quad Si\flat}$$

qui reproduit l'un des accords de la classe de ceux de 4 sons, nommément *l'accord de septième majeure avec tierce et quinte majeures* décrit §. 108.

2° Si maintenant nous faisons entrer la seule *tierce mineure* qui soit à notre disposition dans la construction de l'intervalle de *quinte*, cet intervalle sera $= 4 - 3 = 1$, c'est-à-dire la *quinte juste*. La *tierce* de l'agrégation sera *majeure*; la *septième*, *augmentée*; et la *neuvième*, *bis-augmentée*.

On aura donc :
$$\begin{cases} \text{tierce majeure} & = 4 & = 4 \\ \text{quinte juste} & = 4 - 3 & = 1 \\ \text{septième augmentée} & = 4 + 4 + 4 & = 12 \\ \text{neuvième bis-augmentée} & = 4 + 4 + 4 + 4 & = 16 \end{cases}$$

Et l'agrégation sera de la forme de celle-ci :

$$\overbrace{Sol \quad Si \quad Ré \quad Fa\times \quad La\times}$$

qui *enharmoniquement* reproduit l'accord parfait majeur.

$$\overbrace{Sol \quad Si \quad Ré.}$$

3° Plaçons actuellement notre *tierce mineure* dans l'intervalle de *septième*, il en résultera que cet intervalle sera *majeur*,

Et l'on aura :
$$\begin{cases} \text{tierce majeure} & = 4 & = 4 \\ \text{quinte majeure} & = 4 + 4 & = 8 \\ \text{septième majeure} & = 4 + 4 - 3 & = 5 \\ \text{neuvième bis-augmentée} & = 4 + 4 + 4 + 4 & = 16 \end{cases}$$

Ce qui donne une agrégation de la forme suivante :

$$\overbrace{Sol \quad Si \quad Ré\sharp \quad Fa\sharp \quad La\times}$$

qui *enharmoniquement* rentre comme la première dans *l'accord de septième majeure avec tierce et quinte majeures* décrit §. 108, puisque l'on a : $La \times = Si$.

4° Enfin, plaçons notre unique *tierce mineure* dans l'intervalle de *neuvième*; il en résultera que cet intervalle sera *augmenté*; et comme les trois autres sont uniquement constitués au moyen de *tierces majeures*,

On aura :
- tierce majeure ..... $= \quad 4 \quad = 4$
- quinte majeure .... $= \quad 4+4 \quad = 8$
- septième augmentée .. $= \quad 4+4+4 = 12$
- neuvième augmentée .. $= 4+4+4-3 = 9$

Et l'agrégation sera de la forme suivante :

$$\overline{Sol \quad Si \quad Ré\sharp \quad Fa\times \quad La\sharp}$$

qui ne présente que quatre sons distincts, puisque $Fa\times = Sol$.

Ces quatre sons :

$$\overline{Sol \quad Si \quad Ré\sharp \quad La\sharp}$$

reviennent enharmoniquement aux quatre suivants :

$$\overline{Sol \quad Ut\flat \quad Mi\flat \quad Si\flat}$$

Lesquels, en partant de la note $Ut\flat$, donnent l'agrégation :

$$\overline{Ut\flat \quad Mi\flat \quad Sol \quad Si\flat}$$

c'est-à-dire encore une fois *l'accord de septième majeure avec tierce et quinte majeures*.

Il résulte clairement de cette analyse que, dans le système musical moderne, il n'existe aucun accord de cinq sons formé au moyen de *neuf tierces majeures et d'une seule tierce mineure*. C'est donc là une troisième et dernière hypothèse à écarter, parmi les onze dont il est question dans la REMARQUE citée plus haut; de sorte qu'il ne nous reste en réalité que huit combinaisons au lieu de onze. Or, toutes ces huit combinaisons se trouvent réalisées déjà dans les accords *naturels* et *mixtes* de la présente classe; d'où il suit que les accords *altérés* qui nous restent à traiter, sont conjugués par leur structure, c'est-à-dire par le nombre des éléments primordiaux et opposés qui entrent dans leur composition, avec les accords naturels et mixtes, auxquels nous allons effectivement les rattacher, comme nous l'avons fait dans les deux classes précédentes, et en suivant l'ordre même dans lequel nous avons produit ces accords de cinq sons, *naturels* et *mixtes*.

STRUCTURE DES ACCORDS.

1° *Accords altérés conjugués par la somme algébrique de leurs termes, avec l'accord naturel de neuvième et septième majeures, avec tierce majeure et quinte juste.*

§. 200. Ici l'accord principal du groupe que nous voulons constituer, c'est-à-dire l'accord naturel, est formé par le concours de *six tierces majeures* et de *quatre tierces mineures* (voy. §. 151). Or, pour déterminer tous les accords conjugués avec cet accord naturel, il suffira de combiner d'abord *la tierce majeure,* puis *la tierce mineure,* avec les trois espèces de *la quinte* et de *la septième,* ce qui présente 18 chances formant autant d'agrégations dans lesquelles *l'espèce de la neuvième* résultera naturellement de la somme des éléments disponibles, après la formation des intervalles de tierce, quinte et septième qui fixent respectivement les fonctions de tierce, quinte et septième de l'agrégation.

Nous allons analyser séparément chacune de ces 18 combinaisons, dans l'ordre marqué dans le tableau suivant, où l'intervalle de tierce est généralement désigné par la lettre T; celui de quinte, par la lettre Q; et celui de septième, par la lettre S. Chacune de ces lettres y est suivie de l'une des initiales *d, m, M,* indiquant l'état de l'intervalle suivant qu'il est *diminué, mineur,* ou *majeur.* Quant à l'intervalle de neuvième, il suffit ici de le désigner en général par la lettre N, sans joindre à cette lettre l'indication de la grandeur de l'intervalle, grandeur que nous ne manquerons pas de déterminer dans chaque cas particulier.

Nous donnons une fois pour toutes le tableau suivant, qui doit nous servir de guide pour la construction de tous les accords *altérés* de la présente classe.

NUMÉROS D'ORDRE.	ÉTAT DE L'INTERVALLE de tierce.	ÉTAT DE L'INTERVALLE de quinte.	ÉTAT DE L'INTERVALLE de septième.	NEUVIÈME.
1	TM	Qm	Sd	N
2	TM	Qm	Sm	N
3	TM	Qm	SM	N
4	TM	Qj	Sd	N
5	TM	Qj	Sm	N
6	TM	Qj	SM	N
7	TM	QM	Sd	N
8	TM	QM	Sm	N
9	TM	QM	SM	N
10	Tm	Qm	Sd	N
11	Tm	Qm	Sm	N
12	Tm	Qm	SM	N
13	Tm	Qj	Sd	N
14	Tm	Qj	Sm	N
15	Tm	Qj	SM	N
16	Tm	QM	Sd	N
17	Tm	QM	Sm	N
18	Tm	QM	SM	N

Parmi ces 18 combinaisons (qui conviennent d'ailleurs à tous les accords possibles de cinq sons), on devra rejeter celles dont les notes appliquées sur l'échelle générale des quintes, embrasseront une étendue plus grande que 15 unités; comme aussi celles qui,

STRUCTURE DES ACCORDS.

enharmoniquement, rentreront dans les classes d'accords de trois et de quatre sons, étudiées précédemment.

Comparons maintenant les 18 combinaisons du tableau précédent aux données actuelles qui sont d'une part : *six tierces majeures*, et d'autre part : *quatre tierces mineures*.

N° 1. On voit immédiatement que cette première hypothèse doit être écartée, parce que la *quinte mineure* exige deux tierces mineures, et que la *septième diminuée* en exige trois, ce qui fait en tout cinq tierces mineures; or, nous n'avons à notre disposition que quatre tierces de cette espèce.

N° 2. Cette hypothèse est également inadmissible, parce qu'après la formation des intervalles de tierce majeure, quinte mineure, et septième mineure, il nous reste *quatre tierces majeures* ou 16 quintes pour l'établissement de la fonction de neuvième, qui par conséquent est distante de la fondamentale d'un intervalle de *neuvième bis-augmentée*, tel que $\overline{Réb \;\; +16 \;\; Mi\sharp}$; intervalle qui excède d'une unité les limites assignées à deux notes pouvant appartenir à une même tonalité, et qui d'ailleurs reproduit enharmoniquement l'intervalle de *tierce majeure*; d'où il suit que la présente agrégation rentre dans la classe précédente, dans celle des accords de quatre sons, nommément dans l'accord décrit page 190, §. 131.

N° 3. Ici la tierce *majeure* $= 4$; la quinte *mineure* $= -3-3$; et la septième *majeure* $= 4 - 3 + 4$;] il reste donc à notre disposition trois tierces majeures et une tierce mineure, dont la somme :

$$4 - 3 + 4 + 4 = 9$$

forme l'intervalle de neuvième *augmentée*. Il en résulte une agrégation de la forme suivante :

$$\overline{Sol \quad Si \quad Réb \quad Fa\sharp \quad La\sharp}$$

laquelle ne dépassant pas les limites voulues, et ne rentrant enharmoniquement dans aucun des accords de trois ou de quatre sons, doit par conséquent être considérée comme un *véritable accord altéré de cinq sons*.

N° 4. Ici, après la formation des fonctions de tierce, quinte et septième, il nous reste encore quatre tierces majeures formant un intervalle de 16 quintes, intervalle qui reproduit enharmoniquement

260   LIVRE PREMIER.

celui de tierce majeure; il résulte de là que la présente hypothèse n'offre en réalité qu'une agrégation de quatre sons, telle, par exemple, que :

$$\overline{Sol\ Si\ Ré\ Fa\flat}$$

Or, nous avons fait voir, chapitre VIII, §. 134, que cette agrégation n'est rien de plus que le premier dérivé de l'accord de septième de seconde espèce; ce qu'on voit immédiatement en remplaçant le *Fa♭* par son homophone *Mi♮*.

Le N° 5, dans lequel l'intervalle de tierce est *majeur*, celui de quinte, *juste*, et celui de septième, *mineur*, nous offre, pour la formation de l'intervalle de neuvième *trois tierces majeures et une tierce mineure*, d'où résulte une distance de *neuf quintes* constituant l'intervalle de *seconde augmentée* ou *neuvième augmentée*, car l'accroissement d'une octave ne change rien à la nature de l'intervalle.

Nous avons donc une agrégation telle que :

$$\overline{Sol\ Si\ Ré\ Fa\ La\sharp}$$

qu'on peut considérer comme un accord de neuvième dominante dont on a haussé la fonction de neuvième. Or, cette agrégation n'embrassant que onze unités sur l'échelle des quintes, et ne rentrant dans aucun des accords des classes précédentes, doit être considérée comme un *véritable accord altéré* de cinq sons.

N° 6. Ici nous retrouvons *l'accord naturel de neuvième et septième majeures, avec tierce majeure et quinte juste*, c'est-à-dire l'accord principal du groupe qui nous occupe; accord dont il est question aux paragraphes 151 et 157.

N° 7. Cette hypothèse doit être écartée, parce que l'agrégation qui en résulte, embrasse sur l'échelle des quintes une étendue de 18 unités, ce que le lecteur peut vérifier très-facilement.

N° 8. Après la formation des intervalles de *tierce majeure*, *quinte majeure* et *septième mineure*; il reste pour l'intervalle de neuvième *deux tierces majeures et deux tierces mineures*, savoir : $4 + 4 - 3 - 3 = 2$, ce qui constitue un intervalle de *neuvième majeure*. L'agrégation est donc de la forme suivante :

$$\overline{Sol\ Si\ Ré\sharp\ Fa\ La.}$$

STRUCTURE DES ACCORDS.

Or, c'est là notoirement l'accord de neuvième dominante majeure avec quinte haussée dont on peut voir un exemple, page 198, figure 50. Cet accord est déjà reconnu par la plupart des praticiens.

N° 9. Ici la tierce est *majeure*, la quinte *majeure* et la septième encore *majeure*; l'intervalle de neuvième est formé d'*une seule* tierce majeure et de *trois* tierces mineures, ce qui le constitue intervalle de *neuvième mineure*. Il résulte de là un *accord altéré* encore inconnu des praticiens, mais susceptible d'être employé avec effet, comme nous le ferons voir plus loin. Cet accord peut être considéré comme provenant des altérations ascendantes simultanées de la quinte et de la septième, dans l'accord de neuvième dominante mineure; il est par conséquent de la forme suivante :

$$\text{Sol} \quad \text{Si} \quad \text{Ré}\sharp \quad \text{Fa}\sharp \quad \text{La}\flat$$

L'existence d'un pareil *accord* paraîtra probablement une monstruosité à la plupart des harmonistes de notre époque; mais il ne dépend pas de nous de le faire disparaître, car notre LOI DE STRUCTURE DES ACCORDS est ABSOLUE, et comme telle elle ne donne pas seulement tous les accords reçus, mais elle donne en réalité tous les accords possibles. Quant à l'emploi même de tous ces accords, il est soumis à une autre LOI que nous ferons connaître dans le deuxième livre du présent ouvrage.

N° 10. Ici commencent, dans le tableau ci-dessus, les agrégations dont la fonction de tierce est à distance de tierce mineure de la fondamentale. Il est facile de voir que ce n° 10 doit être écarté, puisque, pour l'établissement des fonctions de *tierce*, *quinte* et *septième*, il faudrait pouvoir disposer de *six* tierces mineures, tandis que nous n'en avons que *quatre* à notre disposition.

N° 11. Ici l'on a : Tm, Qm, Sm, N. Or, l'établissement des trois fonctions désignées par les lettres T, Q, S, exige déjà *cinq* tierces mineures; cette agrégation ne saurait donc nous convenir.

N° 12. Cette hypothèse, savoir : Tm, Qm, SM, donne, pour l'intervalle de neuvième, une *neuvième bis-augmentée* qui déjà embrasse 16 unités sur l'échelle des quintes, et le lecteur s'assurera facilement que la présente agrégation embrasse 22 unités sur ladite échelle; elle n'est donc pas admissible.

N° 13. Cette hypothèse, savoir : Tm, Qj, Sd, demande *cinq* tierces mineures pour l'établissement des fonctions désignées par les lettres T, Q, S ; or, nous ne pouvons disposer que de *quatre* tierces mineures.

N° 14. On a : Tm, Qj, Sm ; l'intervalle de neuvième qui résulte ici de la somme de *quatre* tierces majeures, dépasse d'une unité les limites voulues ; et l'agrégation totale embrasse 19 quintes sur l'échelle générale, sans rentrer d'ailleurs dans aucun accord des classes précédentes ; cette hypothèse ne nous fournit donc rien.

N° 15. On a : Tm, Qj, SM. Cette hypothèse laisse disponibles pour la formation de l'intervalle de neuvième, *trois tierces majeures et une seule tierce mineure*, dont la somme $4 + 4 + 4 - 3 = 9$, constitue une *neuvième augmentée*. L'agrégation en question a donc la forme suivante :

$$\overbrace{Fa \quad La\flat \quad Ut \quad Mi \quad Sol\sharp}$$

dans laquelle la fonction de neuvième reproduit *enharmoniquement* celle de tierce ; d'où il résulte que la présente agrégation n'est, dans notre système moderne, rien de plus qu'un accord de quatre sons, nommément *l'accord mixte de septième majeure avec tierce mineure et quinte juste*, accord traité au chapitre VII, §§. 109, 110 et 111.

N° 16. Tm, QM, Sd. L'application à cette hypothèse de nos données qui sont : *six tierces majeures et quatre tierces mineures*, donne une agrégation embrassant 25 quintes sur l'échelle des sons, et ne pouvant d'ailleurs être ramenée à aucun accord des classes précédentes, cette hypothèse ne nous fournit donc rien.

N° 17. Tm, QM, Sm. Ici il nous reste de disponibles, après la constitution des fonctions de tierce, quinte et septième, *trois tierces majeures et une tierce mineure*, comme dans le n° 15 ; d'où il suit que l'intervalle de neuvième est *augmenté*. Il en résulte une agrégation semblable à celle-ci :

$$\overbrace{Ré \quad Fa \quad La\sharp \quad Ut\flat \quad Mi\sharp}$$

dans laquelle la fonction de neuvième reproduit, comme dans le n° 15, celle de tierce. L'agrégation rentre donc dans la classe de celles de 4 sons, et il n'y a lieu à considérer que les sons :

$$\overbrace{Ré \quad Fa \quad La\sharp \quad Ut\flat}$$

STRUCTURE DES ACCORDS.

Or, si l'on observe que l'on a enharmoniquement $Ut\flat = Si$, la présente agrégation devient d'abord :

$$\overline{Ré \quad Fa \quad La\sharp \quad Si},$$

et enfin :

$$\overline{Si \quad Ré \quad Fa \quad La\sharp}$$

en plaçant la note Si la première. Sous cette dernière forme on retombe sur *l'accord de septième majeure avec tierce et quinte mineures*, accord altéré de 4 sons, conjugué par les éléments qui le constituent avec l'accord naturel de septième de seconde espèce. (Voir chapitre VIII, §§. 126, 127 et 128).

N° 18. Tm, QM, SM. En appliquant nos données à cette dernière hypothèse, il reste de disponibles, pour la formation de l'intervalle de neuvième, *deux tierces majeures* et *deux tierces mineures*, dont la somme $4 + 4 - 3 - 3 = 2$, donne une *neuvième majeure*; et par conséquent la présente agrégation est de la forme suivante :

$$\overline{Ré \quad Fa \quad La\sharp \quad Ut\sharp \quad Mi}$$

Cette agrégation ne rentre dans aucun accord connu; d'ailleurs elle n'embrasse que onze quintes sur l'échelle des sons; elle constitue donc un *nouvel accord altéré de cinq sons*, que l'on désignera exactement par le nom *d'accord de neuvième et de septième majeures, avec tierce mineure et quinte majeure*. Nous montrerons plus loin la manière d'employer cet accord, aussi bien que tous ceux que nous venons de découvrir, et dont voici la nomenclature.

ACCORDS DE CINQ SONS FORMÉS AU MOYEN DE SIX TIERCES MAJEURES ASSOCIÉES A QUATRE TIERCES MINEURES.

A. *Accord naturel de neuvième et septième majeures, avec tierce majeure et quinte juste.* (h. n.)

A'. *Accord de neuvième majeure, avec tierce majeure, quinte majeure et septième mineure.* Cet accord est connu sous le nom *d'accord de neuvième dominante majeure avec quinte haussée* (h. a.)

A''. *Accord de neuvième augmentée, avec tierce majeure, quinte juste et septième mineure;* ou *accord de neuvième dominante avec neuvième haussée.* (h. a. Cet accord n'est pas connu).

A'''. *Accord de neuvième mineure, avec tierce, quinte et septième majeures;* provenant des altérations ascendantes simultanées des fonctions de quinte et septième, dans l'accord de neuvième dominante mineure (h. a. encore inconnu).

A^{IV}. *Accord de neuvième majeure, avec tierce mineure, quinte et septième majeures* (h. a. encore inconnu).

A^{V}. *Accord de neuvième augmentée, avec tierce majeure, quinte mineure et septième majeure* (h. a. encore inconnu).

Dans la nomenclature précédente, les accords ont été rangés à peu près suivant leur degré d'altération ; ils sont tous conjugués avec l'accord naturel désigné par la lettre A.

§. 201. Avant de donner la classification mathématique des *accords altérés* que nous venons de découvrir, nous allons présenter quelques exemples pratiques de l'emploi de ces divers accords.

1° En ce qui concerne l'accord naturel A, on en voit des exemples pages 222 et 223, figures 53 et 54.

2° L'accord désigné par A^{I} est employé, page 198, au premier temps de la cinquième mesure de la figure 50.

3° Quant à l'accord A^{II}, qui présente l'altération ascendante de la fonction de neuvième dans l'accord naturel de neuvième dominante majeure, c'est là un *accord nouveau* dont il est nécessaire de donner au moins un exemple ; le voici :

Fig. 78.

Dans cette figure, l'harmonie n'étant qu'à 4 parties, on a supprimé la fonction de tierce dans l'accord altéré de neuvième dominante qui se voit dans la première mesure. A 5 parties on peut rétablir cette fonction supprimée.

4° L'accord désigné par A^{III} est aussi un *nouvel accord altéré*, présentant les altérations ascendantes simultanées des fonctions de quinte et de septième dans l'accord de neuvième dominante mineure. L'exemple suivant pourra suffire, du moins pour montrer la possibilité de son emploi.

STRUCTURE DES ACCORDS.

Fig. 79.

5° *L'accord de neuvième majeure, avec tierce mineure, quinte et septième majeures*, désigné ci-dessus par A^{iv}, n'est point encore connu. On peut le placer sur le second degré en mode majeur, et sur le quatrième degré en mode mineur; l'exemple suivant se rapporte à son emploi dans ce dernier mode.

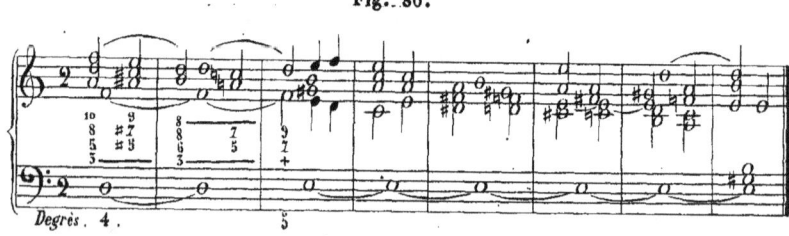

Fig. 80.

N° 6. L'agrégation A^{v}, savoir : *Sol Si Ré♭ Fa♯ La♯* malgré son extrême dureté, doit être comptée parmi les *accords altérés* de la présente classe. Le siège de cet accord inconnu est la dominante, et même ce siège est exclusif, car sur tout autre degré on sortirait des limites tonales.

Voici un essai de l'emploi de cet accord :

Fig. 81.

266 LIVRE PREMIER.

L'articulation simultanée de toutes les notes serait intolérable, il faut de toute nécessité attaquer séparément les diverses fonctions de l'agrégation, et aussi en résoudre les fonctions dissonantes les unes après les autres, car la résolution simultanée de ces fonctions serait impraticable.

Dans la figure 81 la note neuvième de l'accord en question se résout par prolongation de son sur son homophone enharmonique.

CLASSIFICATION MATHÉMATIQUE

DES ACCORDS DE CINQ SONS CONJUGUÉS PAR LA SOMME DE LEURS TERMES AVEC L'ACCORD NATUREL DE NEUVIÈME ET SEPTIÈME MAJEURES, AVEC TIERCE MAJEURE ET QUINTE JUSTE.

Somme de termes commune à tous ces accords.
$$\varphi_5(x) = 5x + 12.$$

NOMS DES ACCORDS.	PRODUIT DES TERMES.	
	indiqué.	effectué.
A. *Accord de neuvième et septième majeures, avec tierce majeure et quinte juste.* (h. n.)	$x(x+4)(x+1)(x+5)(x+2)$	$= x^5 + 12x^4 + 49x^3 + 78x^2 + 40x$
A'. *Acc. de neuvième majeure, avec tierce majeure, quinte majeure et septième mineure*, connu sous le nom d'accord de neuvième dominante majeure avec quinte haussée. (h. a.)	$x(x+4)(x+8)(x-2)(x+2)$	$= x^5 + 12x^4 + 28x^3 - 4x^2 - 128x$
A''. *Acc. de neuvième augmentée, avec tierce majeure, quinte juste et septième mineure.* Accord nouveau provenant de l'altération ascendante de la fonction de neuvième, dans l'accord de neuvième dominante majeur.	$x(x+4)(x+1)(x-2)(x+9)$	$= x^5 + 12x^4 + 21x^3 - 71x^2 - 72x$
A'''. *Accord de neuvième mineure avec tierce, quinte et septième majeures*; provenant des altérations ascendantes simultanées des fonctions de quinte et de septième dans l'accord de neuvième dominante majeur. (Acc. nouveau. (h. a.)	$x(x+4)(x+8)(x+5)(x-5)$	$= x^5 + 12x^4 + 7x^3 - 300x^2 - 800x$
A^{IV}. *Accord de neuvième majeure, avec tierce mineure, quinte et septième majeures.* (Accord nouveau. (h. a.)	$x(x-3)(x+8)(x+5)(x+2)$	$= x^5 + 12x^4 + 21x^3 - 118x^2 - 240x$
A^{V}. *Acc. de neuvième augmentée avec tierce majeure, quinte mineure et septième majeure.* (Accord nouveau. h. a.)	$x(x+4)(x-6)(x+5)(x+9)$	$= x^5 + 12x^4 - 7x^3 - 426x^2 - 1080x$

Accords conjugués par la somme algébrique de leurs termes avec l'accord de neuvième dominante mineure.

§. 202. L'accord qui domine ici le groupe que nous allons constituer a été décrit §§. 174 et suivant.

Les éléments qui entrent dans sa structure sont : *quatre tierces majeures et six tierces mineures.* Déjà on a vu §§. 153, 156 et 158 que l'accord naturel de neuvième majeure avec tierce mineure, quinte juste et septième mineure, est formé de ces mêmes éléments primordiaux. Or, il s'agit de savoir s'il est possible d'en construire encore d'autres avec ces éléments. Pour cela, il faut recourir au tableau de la page 258, et lui appliquer nos données actuelles.

Le N° 1 de ce tableau fournit une agrégation qui embrasse 18 unités sur l'échelle des quintes, sans rentrer enharmoniquement dans aucun accord des classes précédentes, d'où il suit que cette première hypothèse ne nous fournit rien.

Le N° 2 savoir : TM, Qm, Sm, donne pour l'intervalle de neuvième :
$$4 + 4 - 3 - 3 = 2,$$
ce qui constitue un intervalle de neuvième majeure ; il résulte de là un accord de la forme suivante :

$$\overbrace{Sol \ Si \ Ré♭ \ Fa \ La}$$

qu'on peut considérer comme provenant de l'altération descendante de la fonction de quinte, dans l'accord de neuvième dominante majeure. C'est là un *nouvel accord altéré* très-praticable sur les degrés 2 et 5 en mode majeur, dont nos formules enrichissent l'harmonie.

Le N° 3 savoir : TM, Qm, SM, donne pour l'intervalle de neuvième :
$$4 - 3 - 3 - 3 = -5,$$
c'est-à-dire une neuvième mineure. L'agrégation est donc ici de la forme :

$$\overbrace{Sol \ Si \ Ré♭ \ Fa♯ \ La♭}$$

Elle constitue un *nouvel accord altéré* beaucoup plus compliqué que le précédent. On trouvera plus loin l'exemple de l'emploi de cet accord, qui offre une nouvelle preuve de ce que les accords de cinq sons ne peuvent pas tous se former au moyen de la superposition de deux accords de trois sons.

N° 4. Les fonctions de *tierce*, *quinte* et *septième* sont ici déterminées par l'hypothèse : TM, Qj, Sd ; et *l'espèce* de la neuvième, qui résulte de la somme des éléments disponibles, savoir :

$$4 + 4 - 3 - 3 = 2$$

est la *neuvième majeure*, l'agrégation est donc de la forme suivante :

$$\overline{Mi \quad Sol\sharp \quad Si \quad Ré\flat \quad Fa\sharp}$$

que l'on peut considérer comme un accord de neuvième dominante majeure, dont la fonction de septième a subi l'altération descendante.

Cette agrégation qui n'embrasse que 13 unités sur l'échelle des quintes, et qui ne rentre d'ailleurs dans aucun des accords déterminés précédemment, doit être rangée parmi les *accords altérés* de cinq sons. C'est un accord nouveau, exclusivement praticable en mode majeur, et sur les seuls degrés 3, +4, et 7. Il est facile de voir que sur les degrés 1, 2, 4, 5 et 6, la *fonction de septième* sortirait des limites de la tonalité.

N° 5. Ici la tierce est *majeure*, la quinte *juste*, et la septième, *mineure* ; il suit de là qu'il reste de disponibles, pour former l'intervalle de neuvième, *une tierce majeure et trois tierces mineures*, dont la somme : $\quad 4 - 3 - 3 - 3 = -5$

forme l'intervalle de *neuvième mineure*. On obtient donc *l'accord de neuvième dominante mineure*, c'est-à-dire l'accord-type du groupe qui nous occupe. Nous avons pris cet accord pour type, plutôt que *l'accord naturel de neuvième majeure avec tierce mineure, quinte juste et septième mineure*, propre aux degrés 2 et 6 en mode majeur, et au 4° degré du mode mineur (1er type), parce que *l'accord de neuvième dominante mineure* est le plus connu et le plus usité des deux. (Voir les §§. 174, 175, 176, 177, 178, 179 et 180.)

N° 6. On a : TM, Qj, SM ; la construction de ces trois intervalles exige 1° l'emploi des *quatre tierces majeures* dont nous pouvons disposer, et 2° l'emploi de *deux de nos six tierces mineures*. Il ne nous reste donc que des tierces mineures, savoir 4 tierces de cette espèce pour former l'intervalle de neuvième, qui reproduit ainsi *enharmoniquement* la note fondamentale même de l'agrégation. Nous retombons donc ici sur un accord de la classe de ceux de 4 sons, nommément sur *l'accord naturel de septième majeure*, *avec tierce majeure et quinte juste*.

N° 7. Cette hypothèse, savoir : TM, QM, Sd, donne une agrégation qui embrasse 17 quintes sur l'échelle générale, et qui par conséquent n'est pas admissible.

N° 8. Ici on retombe *enharmoniquement* sur *l'accord de septième dominante avec quinte haussée*, traité §. 144.

N° 9. On a : TM, QM et SM ; or, pour réaliser les trois fonctions correspondantes, il faudrait pouvoir disposer de *cinq* tierces majeures, et nous n'avons à notre disposition que *quatre* tierces de cette espèce.

N° 10. Tm, Qm, Sd ; ici, les *six tierces mineures* dont nous disposons sont toutes employées dans la construction des seules *fonctions de tierce, quinte et septième* ; il nous reste donc pour déterminer la *fonction de neuvième, quatre tierces majeures*, ou 16 quintes, ce qui excède les limites voulues.

N° 11. On retombe sur l'accord de septième de troisième espèce, traité §. 88.

N° 12. Savoir : Tm, Qm, SM, nous laisse, après la détermination des fonctions de *tierce, quinte* et *septième, deux tierces majeures* et *deux tierces mineures*, dont la somme : $4 + 4 - 3 - 3 = 2$ constitue la seconde ou *neuvième majeure*. L'agrégation qui résulte de la présente hypothèse a donc la forme suivante :

$$\overline{Ré \quad Fa \quad La\flat \quad Ut\sharp \quad Mi}$$

Et comme cette agrégation n'embrasse que onze quintes sur l'échelle des sons, et qu'elle ne rentre dans aucun des accords déterminés précédemment, elle doit être considérée comme un *nouvel accord altéré* que l'on désignera exactement en le nommant : *accord de neuvième et septième majeures, avec tierce et quinte mineures*. Nous donnerons ci-après des exemples de l'emploi de ce nouvel accord altéré sur les degrés 2 et 6 en mode majeur, et 2 en mode mineur.

N° 13. Tm, Qj, Sd, N. L'application de nos données à cette hypothèse, nous fournit une agrégation qui embrasse 18 quintes sur l'échelle générale, et qui reproduit enharmoniquement *l'accord de septième de troisième espèce*, décrit §. 88.

N° 14. Ici l'on a : Tm, Qj, Sm ; c'est l'hypothèse qui nous donne *l'accord naturel de neuvième majeure avec tierce mineure, quinte juste et septième mineure*, accord dont nous avons parlé précédemment. (Voir §§. 153 et 158).

N° 15. Après la formation des intervalles de *tierce mineure, quinte juste et septième majeure*, il nous reste pour l'intervalle de neuvième *une tierce majeure et trois tierces mineures*, dont la somme :

$$4-3-3-3=-5$$

nous donne une *neuvième mineure*. L'agrégation est donc telle que :

$$\overline{Ré \quad Fa \quad La \quad Ut\sharp \quad Mi\flat}$$

Elle embrasse 10 quintes sur l'échelle générale, et comme elle ne reproduit aucun des accords déterminés, elle constitue un *nouvel accord altéré* qui a son siége sur le second degré en mode majeur.

N° 16. Cette hypothèse fournit une agréation inadmissible, puisqu'elle embrasse 17 quintes sur l'échelle générale.

N° 17. Ici l'on a : Tm, QM, Sm. En y appliquant nos données, il reste pour l'intervalle de neuvième, *une tierce majeure et trois tierces mineures*, comme dans le n° 15 ci-dessus ; conséquemment la neuvième est *mineure*, et la forme de l'agrégation est :

$$\overline{Ré \quad Fa \quad La\sharp \quad Ut \quad Mi\flat}$$

Or, c'est encore là un *nouvel accord altéré* puisqu'il embrasse 13 quintes sur l'échelle générale des sons.

Enfin, le N° 18 et dernier du tableau nous fait retomber sur un accord altéré de la classe précédente, nommément sur le nouvel accord altéré provenant des altérations ascendantes simultanées des fonctions de quinte et de septième, dans l'accord naturel de septième de seconde espèce. (Voir chapitre VIII, §§. 147 et 148).

§. 203. En récapitulant tout ce qui précède, on trouve qu'il existe 7 accords conjugués avec celui de neuvième dominante mineure, ce qui, en comptant ce dernier accord, forme un groupe de huit accords formés des mêmes éléments. En voici la nomenclature.

B. *Accord de neuvième dominante mineure.* (Accord mixte.)

B[I] *Accord naturel de neuvième majeure, avec tierce mineure, quinte juste et septième mineure.* (h. n.)

B[II] *Accord de neuvième dominante majeure, avec quinte altérée par abaissement* (h. a.)

STRUCTURE DES ACCORDS.

B$'''$ *Accord de neuvième majeure, avec tierce majeure, quinte juste et septième diminuée*, provenant de *l'altération descendante de la fonction de septième dans l'accord de neuvième dominante majeure.* (h. a.)

B^{IV}. *Accord de neuvième et septième majeures, avec tierce et quinte mineures.* (h. a.)

B^{V}. *Accord de neuvième mineure, avec tierce mineure, quinte juste et septième majeure.* (h. a.)

B^{VI}. *Accord de neuvième mineure, avec tierce mineure, quinte majeure et septième mineure.* (h. a.)

B^{VII}. *Accord de neuvième mineure avec tierce majeure, quinte mineure et septième majeure.* (h. a.)

Dans ce tableau nous avons placé *l'accord de neuvième dominante mineure* en première ligne, bien que ce soit un accord *mixte*, parce qu'il est beaucoup plus connu et plus usité que l'accord *naturel* désigné par B$'$. Comme tous les accords de ce tableau, à l'exception des deux premiers, *sont entièrement inconnus*, il devient nécessaire, avant de donner leur classification mathématique, de présenter quelques exemples de leur emploi, du moins à partir de l'accord désigné par B$''$, car les deux premiers B et B$'$ ont été traités précédemment, savoir l'accord B, §§. 174 et suivants; et l'accord B$'$, §§. 153 et 158.

Emploi de l'accord de neuvième dominante majeure avec quinte abaissée.

§. 204. Cet accord altéré peut se pratiquer sur la dominante et sur le second degré en mode majeur. En voici un exemple à cinq parties, c'est-à-dire en employant toutes les notes de l'accord.

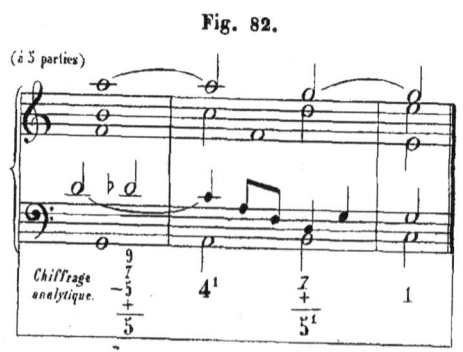

Fig. 82.

§. 305. A quatre parties, on supprime la fondamentale, et l'agrégation qui en résulte *ne rentre point dans l'un des accords de la*

272   LIVRE PREMIER.

classe précédente. C'est là une observation sur laquelle nous devons insister. On a effectivement. dans le cas de cette suppression, l'agrégation suivante :

$$\overbrace{\text{Si Reb Fa La}}$$

dans laquelle la *première tierce* est *diminuée*. Or, nous avons prouvé et rappelé à plusieurs reprises, nommément au chapitre IV, §§. 44 et 76 que, dans un accord quelconque, la *première tierce*, celle qui existe entre la fondamentale et la fonction de tierce, ne peut être *diminuée*. Il suit de là que l'agrégation de 4 sons résultant de la suppression de la note fondamentale, dans *l'accord altéré* en question, ne constitue point un accord véritable de quatre sons, mais bien un *accord altéré incomplet* de cinq sons.

Voici deux exemples de l'emploi de cet accord incomplet.

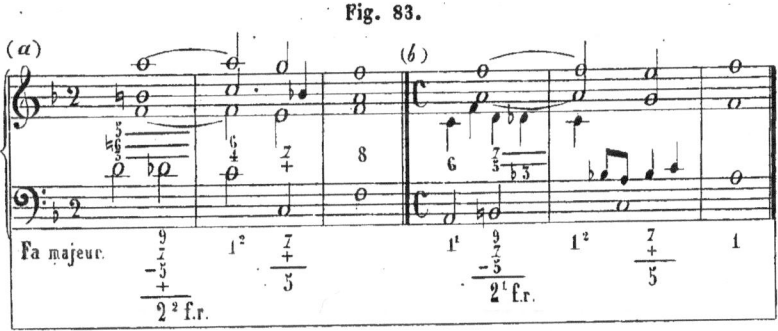

Fig. 83.

Ici notre accord est employé sur le second degré, bien que sa note fondamentale, qui est précisément ce même second degré, soit supprimée. Du reste, cette suppression n'est nullement une condition de l'emploi de notre accord sur le second degré de l'échelle du mode; on peut, sans inconvénient, écrire de la manière suivante à 5 parties réelles.

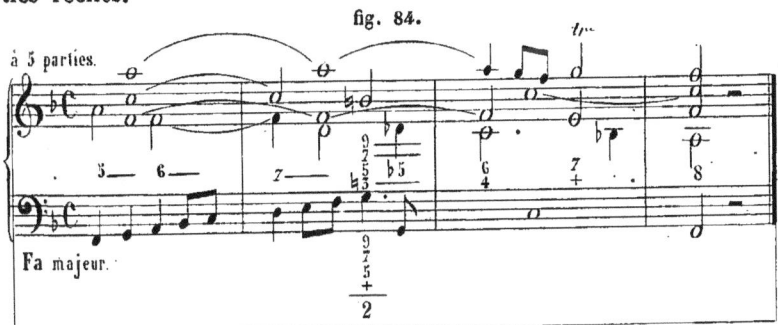

fig. 84.

STRUCTURE DES ACCORDS.   275

Emploi de l'accord de neuvième majeure, avec tierce majeure, quinte juste et septième diminuée, provenant de l'altération descendante de la note septième, dans l'accord de neuvième dominante majeure.

§. 206. B'''. Cet accord très-compliqué, très-dur, qui embrasse 13 quintes sur l'échelle des sons, ne peut, comme nous l'avons dit, se placer sur les degrés 1, 2, 4, 5 et 6, mais seulement sur les degrés 3, +4 et 7, pour effectuer une modulation. La note altérée y a le double caractère d'*anticipation* et de *substitution enharmonique*. C'est ainsi que dans l'exemple suivant :

Fig. 85.

Le La♭, qui se voit dans la seconde mesure, paraît être la *substitution enharmonique* de la note Sol♯, note *anticipée* sur l'accord de septième diminuée qui succède à notre accord altéré. On pourrait effectivement écrire Sol♯ au lieu de La♭, et effectuer une modulation toute différente, ou même rester dans le ton primitif de Fa majeur.

On voit par cet exemple et par plusieurs autres répandus dans le cours de cet ouvrage, que les *artifices harmoniques*, connus sous les noms de *notes de passage*, *retards*, *suspensions*, *anticipation*, *substitution enharmonique*, etc., ne sont pas simplement, comme on le croit, les *produits contingents* de la fantaisie de l'artiste, mais bien des *éléments nécessaires* du système harmonique, puisqu'on les trouve réalisés dans de véritables accords. (Voir à cet égard le §. 108, pages 171 et 172.)

Emploi de l'accord de neuvième et septième majeures, avec tierce et quinte mineures.

§. 207. B[IV]. Cet accord peut être considéré comme provenant des altérations ascendantes simultanées des fonctions de septième et de neuvième dans *l'accord naturel de neuvième et septième mineures, avec tierce et quinte mineures*, formant le cinquième et dernier des accords naturels de 5 sons; accord décrit chapitre X, §§. 152 et 162. Au §. 162 on peut même voir un exemple de l'emploi de cet accord naturel sur le second degré du mode mineur.

C'est aussi sur le second degré, principalement en mode mineur, et encore quoiqu'avec plus de difficulté, sur le septième degré en mode majeur, que l'on peut placer la fondamentale du présent accord altéré. Voici un exemple de son emploi sur le second degré en mode mineur :

Fig. 86.

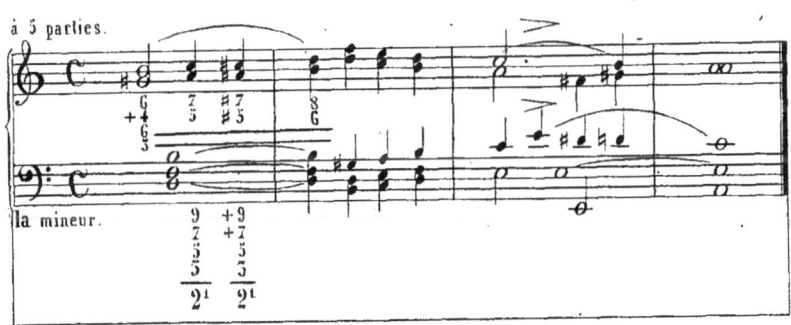

Dans cet exemple, les fonctions de septième et de neuvième de notre accord se présentent sous forme de *notes de passage chromatiques*.

Emploi de l'accord de neuvième mineure, avec tierce mineure, quinte juste et septième majeure.

§. 208. B[V]. Cet accord doit être considéré comme le produit de deux altérations en sens contraires, savoir : l'altération ascendante de la fonction de septième, et l'altération descendante de la fonction de neuvième, dans *l'accord naturel de neuvième majeure, avec tierce mineure, quinte juste et septième mineure*, accord formé des mêmes

STRUCTURE DES ACCORDS.

éléments primordiaux, et dont le siége est sur les degrés 2 et 6 en majeur et sur le 4° degré en mineur. (Voir chap. X, §. 153.)

L'accord altéré provenant de l'accord naturel que nous venons de nommer, peut se pratiquer en majeur sur les mêmes degrés 2 et 6 ; mais en mineur, son emploi sur le 4° degré introduirait un son étranger à la tonalité, nommément l'altération descendante de la dominante. Mais on peut, dans le mode mineur, le placer sur le premier degré.

Voici d'abord un exemple de son emploi en mode majeur sur le second degré.

Fig. 87.

Dans cette figure, l'accord altéré : $\dfrac{\begin{array}{r}-9\\+7\\5\\3\\\hline 2\end{array}}{}$ succède à l'accord naturel de neuvième du second degré, et sa résolution a lieu à la quinte inférieure, sur l'accord de septième dominante.

La figure suivante montre l'emploi du présent accord sur le 1er degré en mode mineur, ou sur le 6° degré du mode majeur, comme l'indique le double chiffrage analytique placé au-dessous de la basse.

Fig. 88.

C'est dans la première mesure de la figure 88 qu'apparaît l'accord altéré qui nous occupe. On voit, dans la troisième mesure, un accord altéré qui ne diffère de celui de la première mesure que par la nature de l'intervalle de tierce ; cet accord, dont nous parlerons bientôt, est conjugué avec l'accord naturel de neuvième dominante majeure.

Emploi de l'accord de neuvième mineure, avec tierce mineure, quinte majeure et septième mineure.

§. 209. B^{vi}. Cet accord, qui embrasse 13 quintes sur l'échelle générale des sons, ne peut se placer que sur les degrés 2 et 5 du mode majeur.

Voici un exemple de son emploi sur le second degré.

Fig. 89.

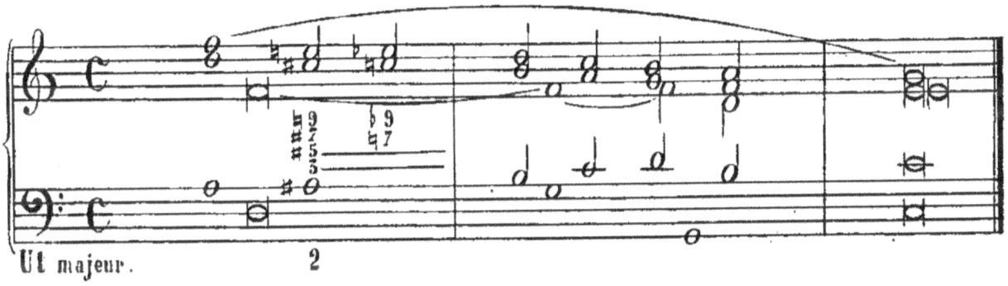

Ut majeur.

Ici, notre accord se présente à l'extrémité de la première mesure, après l'un des accords altérés examinés précédemment, nommément après *l'accord de neuvième majeure, avec tierce mineure, quinte et septième majeures.* (Voir pages 263 et 264, la nomenclature des accords formés au moyen de six tierces majeures associées à quatre tierces mineures ; et aussi l'exemple donné page 265 sous le n° 5.)

On ne pourrait employer le présent accord altéré sur le 4° degré, dans l'un et dans l'autre mode, à cause de l'inadmissibilité de l'altération descendante de la dominante qui, dans cette position, forme la fonction de neuvième dudit accord.

§. 210. En mode mineur, le cinquième degré ne pourrait, à cause de la nature de l'intervalle de quinte, être le siége de notre accord ; il faudrait en effet donner l'altération ascendante au second degré de l'échelle, altération inadmissible dans ce mode. Mais, en mode majeur, où cette impossibilité n'existe pas, on pourrait placer le présent accord sur le cinquième degré, en modulant passagèrement, d'abord dans le ton de la sous-dominante, puis dans le ton mineur du second degré, comme dans l'exemple suivant :

Fig. 90.

Dans la fig. 90, notre *accord de neuvième et septième mineures avec tierce mineure et quinte majeure* se trouve deux fois ; d'abord à l'extrémité de la première mesure, où il détermine une modulation passagère ; puis à l'extrémité de la troisième mesure. Il est à remarquer que dans cet exemple, l'emploi du susdit accord est tout différent de celui consigné dans l'exemple de la fig. 89, où les fonctions de neuvième et de septième sont amenées chromatiquement.

§. 211. Le sixième degré ne peut, dans l'un et dans l'autre mode, servir de siége au présent accord, à cause des notes étrangères à la tonalité qu'il faudrait introduire pour le réaliser dans cette position.

Emploi de l'accord de neuvième mineure et septième majeure, avec tierce majeure et quinte mineure.

§. 212. B[vii]. Cet accord, bien que n'embrassant que onze quintes sur l'échelle des sons, c'est-à-dire deux quintes de moins que l'accord précédent, présente pourtant une dureté beaucoup plus grande que lui ; une dureté telle, qu'il paraît presqu'impossible de l'employer avec toutes ses notes. C'est même là ce qui nous a décidé à le placer le dernier dans la nomenclature des accords conjugués avec celui de neuvième dominante mineure. (Voir §. 203.)

Déjà, page 267, sous le N° 3 qui correspond au présent accord, nous avons dit qu'il offre une nouvelle preuve de ce que les accords de cinq sons ne peuvent pas tous se former au moyen de la super-

278 LIVRE PREMIER.

position de deux accords de trois sons. Et en effet, l'intervalle de *tierce augmentée* qui s'y trouve entre la fonction de quinte et celle de septième, ne se rencontre dans aucun accord de trois sons, entre les fonctions de fondamentale et de tierce. — Une autre observation très-importante pour la pratique, c'est que la suppression de la note fondamentale, ne fait point rentrer l'agrégation qui en résulte dans l'un des accords de quatre sons, car la forme de l'accord complet étant :

$$\overbrace{Sol \quad Si \quad Ré♭ \quad Fa♯ \quad La♭}$$

il est évident que si l'on supprime la fondamentale *Sol*, l'agrégation :

$$\overbrace{Si \quad Ré♭ \quad Fa♯ \quad La♭}$$

dont la première tierce est *diminuée*, n'a pas pour fondamentale la note *Si*, mais bien la note *Sol*, comme l'accord complet. (Voir au chapitre IV, le §. 44.)

Voici un exemple de l'emploi de cet accord incomplet :

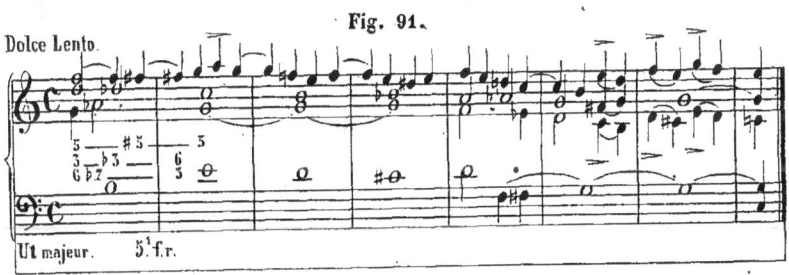

Dans cet exemple, les diverses fonctions de notre accord incomplet sont préparées successivement dans la première mesure. On a eu soin de placer la note *septième* au-dessus de la note *neuvième*, à distance de *sixte augmentée*. Quant à l'intervalle de *tierce diminuée Si–Ré♭* existant entre la note de basse et la seconde partie, outre sa préparation par la tierce mineure, cet intervalle est encore adouci par l'éloignement des parties à distance de dixième. Enfin, au début de la seconde mesure, on voit une suspension ascendante (avec note réelle), de la quinte de l'accord parfait majeur du premier degré.

Dans l'emploi de *l'accord de neuvième mineure et septième majeure, avec tierce majeure et quinte mineure*, les harmonistes devront supprimer la note fondamentale, par la même raison qu'ils suppriment cette note dans *l'accord de neuvième dominante mineure avec quinte abaissée*, accord bien connu dont nous parlerons plus loin ; cette note supprimée n'en est pas moins la source de laquelle émane l'agrégation des notes restantes (1).

§. 213. Dans la fig. 94, nous avons donné un exemple de l'emploi du présent *accord de neuvième mineure et septième majeure, avec tierce majeure et quinte mineure*, en prenant pour note fondadamentale la dominante du mode majeur. Mais on peut encore le placer sur d'autres degrés ; c'est ainsi que, dans l'exemple suivant, fig. 92, il est amené à l'extrémité de la première mesure, au moyen de *l'accord connu de sixte augmentée avec quinte juste*, accord qui a pour fondamentale le second degré de l'échelle.

Fig. 92.

On remarquera, dans la seconde mesure, le changement enharmonique que subit le *Si*♭, quinte de notre accord.

§. 214. Il nous reste à donner la classification mathématique des huit accords que nous venons de passer en revue, accords qui, tous, sont constitués comme *l'accord mixte de neuvième dominante mineure* au moyen de la combinaison de *quatre tierces majeures* et de *six tierces mineures*.

---

(1) Voir au chapitre III, tome Ier du Traité de composition de A. Barbereau, le tableau de accords, et spécialement les remarques qui suivent ce tableau.

CLASSIFICATION MATHÉMATIQUE

DES ACCORDS DE CINQ SONS CONJUGUÉS PAR LA SOMME DE LEURS TERMES AVEC L'ACCORD DE NEUVIÈME DOMINANTE MINEURE.

	Somme de termes communs à tous ces accords. $\varphi_5(x) = 5x - 2$.	
NOMS DES ACCORDS.	PRODUIT DES TERMES.	
	indiqué.	effectué.
B. Accord de neuvième dominante mineure. (a. m.)	$x(x+4)(x+1)(x-2)(x-5) =$	$x^5-2x^4-21x^3+22x^2+40x$
B'. Acc. naturel de neuvième majeure, avec tierce mineure, quinte juste et septième mineure. (h. n.)	$x(x-3)(x+1)(x-2)(x+2) =$	$x^5-2x^4-7x^3+8x^2+12x$
B''. Acc. de neuvième dominante maj. avec quinte abaissée. (h. a.)	$x(x+4)(x-6)(x-2)(x+2) =$	$x^5-2x^4-28x^3+8x^2+96x$
B'''. Accord de neuvième majeure avec tierce majeure, quinte juste et septième diminuée, provenant de l'abaissement de la fonction de septième dans l'accord de neuvième dominante maj. (h. a.)	$x(x+4)(x+1)(x-9)(x+2) =$	$x^5-2x^4-49x^3-118x^2-72x$
B^{iv}. Acc. de neuvième et septième majeures, avec tierce et quinte mineures. (h. a.)	$x(x-3)(x-6)(x+5)(x+2) =$	$x^5-2x^4-35x^3+36x^2+180x$
B^v. Acc. de neuvième mineure, avec tierce mineure, quinte juste et septième majeure. (h. a.)	$x(x-3)(x+1)(x+5)(x-5) =$	$x^5-2x^4-28x^3+50x^2+75x$
B^{vi}. Acc. de neuvième mineure, avec tierce mineure, quinte majeure et septième mineure. (h. a.)	$x(x-3)(x+8)(x-2)(x-5) =$	$x^5-2x^4-49x^3+218x^2-240x$
B^{vii}. Accord de neuvième mineure, avec tierce majeure, quinte mineure et septième maj. (h. a.)	$x(x+4)(x-6)(x+5)(x-5) =$	$x^5-2x^4-49x^3+50x^2+600x$

Accords conjugués par la somme algébrique de leurs termes, avec l'accord naturel de neuvième et septième mineures, avec tierce mineure et quinte juste. (Voir les §§. 154, 156 et 159.)

§. 215. L'accord naturel qui domine ici tout le groupe, est formé par le concours de *trois tierces majeures* et de *sept tierces mineures*. Telles sont les données qu'il faut comparer aux 18 combinaisons du tableau de la page 258. Or, en procédant absolument de la même manière que pour la formation des deux groupes qui précèdent, on trouve sept accords formés au moyen des présentes données, c'est-à-dire au moyen de *trois tierces majeures associées à sept tierces mineures.*

Afin d'abréger, nous ne passerons pas en revue les 18 combinaisons du tableau cité, et nous nous bornerons à donner la nomenclature des accords qu'il fournit, en ayant soin d'indiquer, pour chacun d'eux, le numéro d'ordre correspondant du tableau.

NOMENCLATURE DES ACCORDS DE CINQ SONS, FORMÉS AU MOYEN DE TROIS TIERCES MAJEURES ASSOCIÉES A SEPT TIERCES MINEURES.

C. *Accord naturel de neuvième et septième mineures, avec tierce mineure et quinte juste.* Ex. : $\overgroup{Mi\ Sol\ Si\ Ré\ Fa}$, provenant de l'application de nos données à l'hypothèse : Tm, Qj, Sm, N. N° 14 du tableau de la page 258.

C' *Accord de neuvième dominante mineure, avec quinte abaissée.* Accord connu. (Voir le tableau des accords usités, au chapitre III, où cet accord figure sous le N° 14).

Exemple de cet accord : $\overgroup{Sol\ Si\ Ré♭\ Fa\ La♭}$. Il provient de l'application de nos données à l'hypothèse : TM, Qm, Sm, N. N° 2 du tableau.

C'' *Accord mixte de neuvième majeure et septième mineure, avec tierce et quinte mineures.* Ex. : $\overgroup{Ré\ Fa\ La♭\ Ut\ Mi}$.

Cet accord est peu connu ; M. Barbereau l'a signalé au chapitre XXXIV, tome I, de son *Traité de Composition musicale*. Il n'embrasse que 8 quintes sur l'échelle générale des sons, aussi fait-il partie de l'harmonie naturelle en mode mineur (2° type), où il peut se placer sur le degré + 6. Mais il peut se déplacer et se pratiquer sur le second degré, mode mineur, et encore mieux sur le second degré en mode majeur. (Voir, pour l'emploi du présent accord, les §§. 186, 187, 188, 189 et 190).

Il provient de l'hypothèse : Tm, Qm, Sm, N ; N° 10 du tableau de la page 258.

C''' *Accord de neuvième majeure et septième diminuée, avec tierce mineure et quinte juste.* Ex. : $\overgroup{Mi\ Sol\ Si\ Ré♭\ Fa♯}$. Hypothèse : Tm, Qj, Sd, N ; N° 13 du tableau.

LIVRE PREMIER.

Cet accord inconnu embrasse onze quintes sur l'échelle des sons, il appartient par conséquent à l'harmonie altérée proprement dite.

C^{iv}. *Accord de neuvième mineure et septième majeure, avec tierce et quinte mineures.* Ex. : $\overline{Ré\ Fa\ La\flat\ Ut\sharp\ Mi\flat}$. Provenant de l'hypothèse : Tm, Qm, SM, N, N° 12 du tableau. Cet accord embrasse, comme le précédent, onze quintes sur l'échelle des sons, et appartient comme lui à l'harmonie altérée. Il est d'ailleurs encore inconnu.

C^{v}. *Accord de neuvième mineure et septième diminuée, avec tierce majeure et quinte juste.* Ex. : $\overline{Mi\ Sol\sharp\ Si\ Ré\flat}\ Fa$. Provenant de l'hypothèse : TM, Qj, Sd, N ; N° 4 du tableau.

Cet accord inconnu embrasse 13 quintes sur l'échelle des sons, et appartient essentiellement à l'harmonie altérée.

C^{vi}. *Accord de neuvième majeure et septième diminuée, avec tierce majeure et quinte mineure.* Ex. : $\overline{Si\ Ré\sharp\ Fa\ La\flat\ Ut\sharp}$. Provenant de l'hypothèse : TM, Qm, Sd ; N° 1 du tableau. Cet accord embrasse, comme le précédent, 13 quintes sur l'échelle des sons ; il appartient donc comme lui à l'harmonie altérée. Du reste, il est entièrement inconnu. Il est remarquable en ce qu'il présente la réunion systématique de *l'accord de tierce majeure et quinte mineure*, et de *l'accord de tierce mineure et quinte majeure*, c'est-à-dire des deux seuls accords de trois sons qui appartiennent exclusivement à l'harmonie altérée. (Voir page 130 le tableau des seuls véritables accords de trois sons.)

Exemples de l'emploi des accords formés au moyen de trois tierces majeures associées à sept tierces mineures.

§. 216. L'accord naturel désigné par C dans la nomenclature qui précède, a été traité précédemment aux §§. 154, 156 et 159. Dans le dernier de ces paragraphes on en voit deux exemples, le premier en mode majeur, sur le troisième degré de l'échelle, le second en mode mineur (second type) sur le second degré.

§ 217. L'accord désigné par C^{i} est connu depuis longtemps. Il s'emploie sans note fondamentale, et le plus souvent dans le second renversement ; mais il peut se pratiquer dans d'autres positions.

Afin de ne point multiplier inutilement les figures, nous prions le lecteur de recourir à celles que nous allons lui désigner.

STRUCTURE DES ACCORDS.

On trouve, page 117, fig. 27, deux exemples de l'emploi du présent accord; 1° au second temps de la seconde mesure, où la fonction de tierce est placée dans la basse; 2° au second temps de la quatrième mesure, où c'est la fonction de quinte, c'est-à-dire la fonction altérée qui occupe cette partie. Sous cette dernière forme, l'agrégation est souvent désignée sous le nom *d'accord de sixte augmentée avec tierce majeure et quinte juste.* La fondamentale supprimée dans ces deux exemples est la note *Ré*, second degré de l'échelle du mode.

Un autre exemple de l'emploi du même accord se voit page 120, fig. 28, au premier temps de la troisième mesure. L'accord y est placé dans son troisième renversement, et la fondamentale supprimée est la note *Mi*. — Page 166, fig. 36, au troisième temps de l'antépénultième mesure, notre accord paraît dans son premier renversement; la note fondamentale supprimée est *Si*. — Enfin, page 244, fig. 70, au quatrième temps de la seconde mesure, le même accord est placé dans son second renversement, c'est-à-dire dans sa position la plus usitée. La fondamentale supprimée est la note *Si*.

§. 218. L'accord désigné par C'', savoir *l'accord mixte de neuvième majeure et septième mineure, avec tierce et quintes mineures,* a été traité dans le chapitre précédent aux §§. 185, 186, 187, 188, 189 et 190. Le lecteur trouvera §. 187, fig. 71, deux exemples de l'emploi de cet accord en mode mineur; et §§. 188 et 189, fig. 72 et 73, des exemples de son emploi en mode majeur dans ses diverses positions. Les harmonistes avancés connnaissent sans doute et pratiquent cet accord, mais la plupart des traités d'harmonie n'en parlent point, ou bien le considèrent comme un simple artifice harmonique, résultant de la suspension inférieure de la tierce, dans l'accord de septième de troisième espèce, suspension que l'on suppose *avec* ou *sans* note réelle, suivant que l'on écrit à cinq parties, ou seulement à quatre. Nous avons donné §. 188, fig. 72, les exemples que M. Barbereau a consignés dans son Traité de Composition, où il considère le présent accord comme un simple artifice harmonique; toutefois cet excellent harmoniste ne suppose pas que la note neuvième doive *nécessairement* se résoudre en montant d'un demi-ton sur la tierce de l'accord de septième de troisième espèce, car il indique la seconde inférieure comme une résolution souvent plus naturelle de la note neuvième, lorsqu'on ne supprime point la fonction de tierce de l'agrégation (1). C'est ainsi que, dans l'exemple suivant, la note neu-

---

(1) A. Barbereau, Traité de Composition, tome I, page 502.

vième (*Mi*) se résout au second temps de la seconde mesure sur la fondamentale (*Ré*) de l'accord de septième de troisième espèce, si l'on considère le *Fa* qui occupe la seconde partie du premier temps, comme une simple broderie de la note neuvième.

Fig. 93.

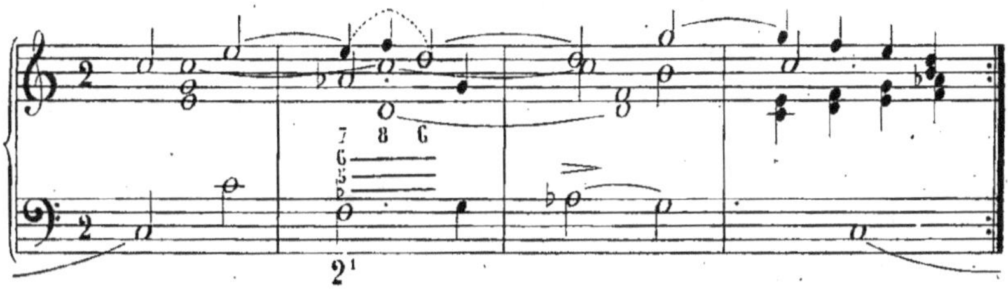

Emploi de l'accord de neuvième majeure et septième diminuée, avec tierce mineure et quinte juste.

Exemple : *Si Ré Fa♮ La♭ Ut♯*.

§. 219. Cet accord nouveau, désigné ci-dessus par la lettre C''', provient, comme on l'a vu, de l'application de nos données, [sept tierces mineures associées à trois tierces majeures], au N° 13 du tableau de la page 258.

Le siége de cet accord nouveau est le troisième degré en mode majeur, et le septième degré dans les deux modes.

Un seul exemple de son emploi pourra suffire, le voici :

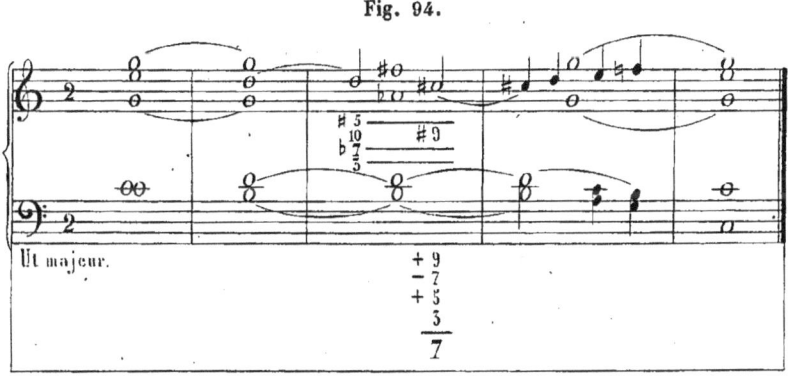

Fig. 94.

STRUCTURE DES ACCORDS.

Emploi de l'accord de neuvième mineure et septième majeure, avec tierce et quinte mineures.

Exemple : $\overbrace{Ré \ °Fa \ La\flat \ Ut\sharp \ Mi\flat}$.

§. 220. Cet accord, désigné par C^{iv}, paraît une altération de *l'accord naturel de neuvième et septième mineures, avec tierce et quinte mineures*, dont nous avons donné un exemple §. 162. Il suffit en effet de donner l'altération ascendante à la fonction de septième dudit accord naturel pour obtenir le présent accord altéré, lequel, vu son excessive dureté, ne paraît susceptible d'être employé que passagèrement et sous forme d'agrégation produite par l'emploi des notes de passage chromatiques, à peu près de la manière suivante :

Fig. 95.

On voit que, comme l'accord naturel dont il est l'altération, ce nouvel accord altéré se place sur le second degré en mode mineur.

Si l'on compare l'exemple de la figure 95 à celui donné page 274, fig. 86, lequel dernier concerne l'emploi de *l'accord de neuvième et et septième majeures, avec tierce et quinte mineures*, on verra que l'accord altéré qui nous occupe, a beaucoup d'analogie avec celui que nous venons de rappeler. Cela tient à ce que ces deux accords proviennent d'altérations opérées dans le même sens sur *l'accord naturel de neuvième et septième mineures, avec tierce et quinte mineures.*

Le présent accord C^{iv} provient effectivement de l'altération ascendante de la fonction de septième du susdit accord naturel, et l'accord B^{iv} provient de l'altération ascendante de cette même fonction, à laquelle se joint en outre l'altération semblable de la fonction de neuvième.

*Emploi de l'accord de neuvième mineure et septième diminuée,
avec tierce majeure et quinte juste.*

Ex.: $\overbrace{Si\ Ré\sharp\ Fa\sharp\ La\flat\ Ut.}$

§. 221. C^v. Cet accord nouveau provient de l'application de nos données $t'=7$ avec $t=3$, au n° 4 du tableau de la page 258.

On doit le considérer comme provenant de l'altération descendante de la fonction de septième, dans l'accord de neuvième dominante mineure. Toutefois, on ne peut le placer sur le cinquième degré de l'échelle du mode mineur, parce qu'il en résulterait l'introduction d'une note étrangère à la tonalité. Mais rien ne s'oppose à son emploi sur la note sensible, et sur le troisième degré du mode majeur.

On voit en (*a*), fig. 96, un exemple de son emploi sur la note sensible, et en (*b*) un exemple de son emploi sur le troisième degré.

Fig. 96.

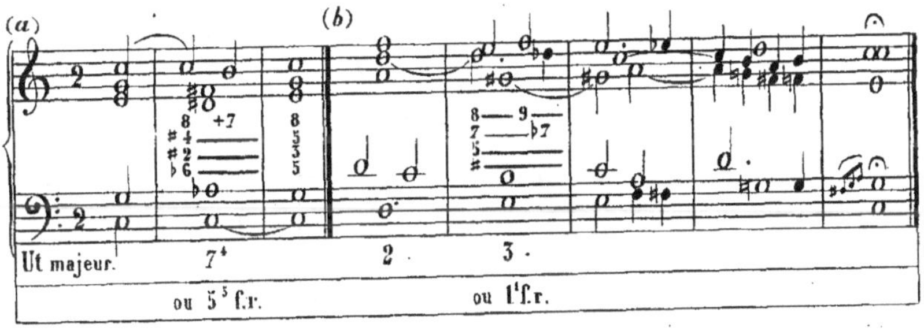

REMARQUE. Reicha, et surtout Barbereau, n'admettent pas que les degrés 3 et 7 puissent être fondamentales d'accords; suivant ces habiles harmonistes, les seuls degrés 1, 2, 4, 5 et 6 sont capables de remplir cette fonction. Si l'on adopte cette manière de voir, il faut considérer l'accord qui nous occupe comme un accord de six sons privé de sa note fondamentale, et alors au lieu de chiffrer 7^4 et 3, il faut écrire 5^s fr. et 1^t fr. pour indiquer à la fois le siége, le renversement de l'accord, et la suppression de la note fondamentale. Du reste, quelle que soit l'opinion que l'on adopte, il n'en résulte aucun changement dans le mode d'emploi de notre accord.

STRUCTURE DES ACCORDS.

Emploi de l'accord de neuvième majeure et septième diminuée, avec tierce majeure et quinte mineure.

Exemple : $\overbrace{Si \quad Ré\sharp \quad Fa\natural \quad La\flat \quad Ut\sharp}$

§. 222. Cet accord nouveau, qui embrasse 13 unités sur l'échelle des quintes, provient de l'application de nos données ($t'=7$ avec $t=3$), au n° 1 du tableau de la page 258. Ainsi que nous l'avons déjà fait remarquer, il présente la réunion systématique des deux accords de trois sons qui appartiennent exclusivement à l'harmonie altérée, nommément de *l'accord de tierce majeure et quinte mineure* et de *l'accord de tierce mineure et quinte majeure* qui, respectivement, sont conjugués par leur structure, le premier avec *l'accord parfait mineur*, et le second avec *l'accord parfait majeur*. (Voyez chapitre V, la classification des accords de trois sons).

Accord de neuvième majeure et septième diminuée, avec tierce majeure et quinte mineure.

Si	Ré♯	Fa♮	La♭	Ut♯
Acc. de tierce maj. et quinte min.		Acc. de tierce min et quinte maj.		

§. 223. On a vu, §. 161, que *l'accord de neuvième dominante majeure*, le principal des accords de cinq sons, est formé de la réunion systématique de *l'accord parfait majeur* et de *l'accord parfait mineur*.

Or, il est remarquable que le présent accord altéré, formé par la réunion systématique des deux accords altérés de trois sons conjugués par leur mode de structure avec les deux accords parfaits, il est remarquable, disons-nous, que cet accord altéré de cinq sons peut être ramené par *l'enharmonie* à l'accord naturel de neuvième dominante majeure.

Ainsi : $\overbrace{Si \quad Ré\sharp \quad Fa\natural \quad La\flat \quad Ut\sharp}$

devient : $\overbrace{Si \quad Ré\sharp \quad Mi\sharp \quad Sol\sharp \quad Ut\sharp}$

en posant $Fa\natural = Mi\sharp$ et $La\flat = Sol\sharp$; et, sous cette forme, il présente un renversement de l'accord de neuvième dominante majeure :

$\overbrace{Ut\sharp \quad Mi\sharp \quad Sol\sharp \quad Si \quad Ré\sharp}$

Il est facile de voir qu'on peut le ramener aussi à l'accord homophone : Ré♭ Fa La♭ Ut♭ Mi♭

Remarquons en passant que ces accords de neuvième dominante déterminent, le premier le ton de *Fa*♮ majeur, pôle positif de la famille d'*Ut* majeur, et le second, le ton de *Sol*♭ majeur, pôle négatif de la même famille de tons. (Voir, page 169, la digression sur les modulations enharmoniques et sur les trois familles de tons de notre système musical). On peut conclure de là que le présent accord altéré offre le moyen de moduler d'un ton majeur dans un autre ton majeur éloigné du premier de six accidents, soit vers les dièzes, soit vers les bémols. Mais on peut aussi employer notre accord, tel qu'il se présente naturellement, c'est-à-dire sans y faire aucun changement enharmonique, ce qui lui laisse son individualité et ne permet pas de le confondre avec l'accord de neuvième dominante majeure. Voici un exemple de cette manière de l'employer.

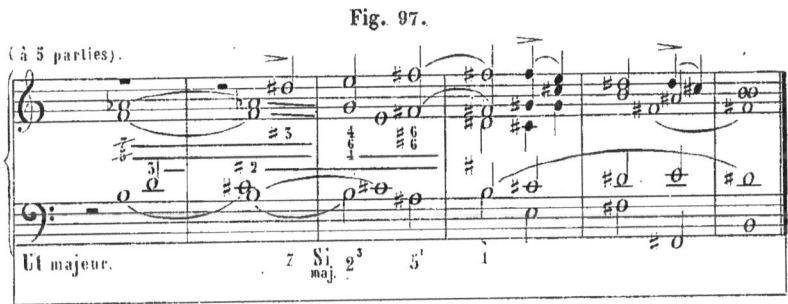

Fig. 97.

Nota. Dans cette modulation d'*Ut* majeur en *Si* majeur, les fonctions de quinte et de septième de notre accord altéré se résolvent selon leur véritable tendance, c'est-à-dire, en descendant d'un demi-ton diatonique, et la fonction de neuvième (l'*Ut*♯) se résout par prolongation de son. La tierce de l'accord (le *Ré*♯), placé à la partie supérieure, monte d'un demi-ton diatonique ; et l'accord qui succède à celui qui nous occupe est un accord de septième de troisième espèce. Il est sans doute superflu de faire remarquer qu'on aurait pu tout aussi bien moduler en *Si* mineur qu'en *Si* majeur, et que nous n'avons choisi cette dernière version que pour obtenir un effet plus saisissant. — Si au lieu de *Fa*♮ et *La*♭ on eût écrit *Mi*♯ et *Sol*♯, la tendance de ces notes substituées eût été de monter, et l'on eût été conduit au ton de *Fa*♮ majeur.

Toutefois, de ce que *l'accord de neuvième majeure et septième diminuée, avec tierce majeure et quinte mineure*, peut être transformé par l'enharmonie en un *accord de neuvième dominante majeure*, il résulte que la réciproque peut avoir lieu, c'est-à-dire qu'un *accord de neuvième dominante majeure* peut être transformé soit réellement, soit du moins virtuellement, en un accord *de neuvième majeure et septième diminuée, avec tierce majeure et quinte mineure*, ce qui fournit de nouvelles ressources harmoniques.

L'exemple suivant, fig. 98, présente une nouvelle résolution de *l'accord de neuvième dominante majeure*, employé sur le second degré de l'échelle, nommément sa résolution sur *l'accord de septième de troisième espèce* qui appartient à ce même second degré, résolution qui ne peut être légitimée que par la substitution *idéale* des enharmoniques de la tierce et de la quinte de l'accord naturel, ce qui transforme cet accord en celui de *neuvième majeure et septième diminuée, avec tierce majeure et quinte mineure*, et donne une tendance descendante à des fonctions qui, originairement, avaient une tendance ascendante.

Fig. 98.

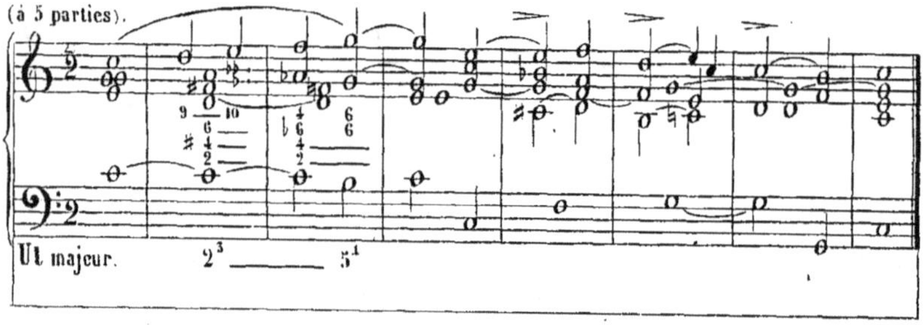

§. 224. Il nous reste à donner le tableau des polynômes qui caractérisent chacun des accords que nous venons d'étudier; le voici :

CLASSIFICATION MATHÉMATIQUE

DES ACCORDS CONJUGUÉS PAR LA SOMME DE LEURS TERMES AVEC L'ACCORD NATUREL DE NEUVIÈME ET SEPTIÈME MINEURES, AVEC TIERCE MINEURE ET QUINTE JUSTE.

Somme de termes commune à ces accords.
$$\varphi_5(x) = 5x - 9.$$

NOMS DES ACCORDS.	PRODUIT DES TERMES.	
	indiqué.	effectué.
C. *Accord de neuvième et septième mineures, avec tierce mineure et quinte juste.* (h. n.)	$x(x-3)(x+1)(x-2)(x-5) =$	$x^5-9x^4+21x^3+x^2-30x$
C'. *Accord de neuvième dominante mineure, avec quinte abaissée.* (h. a. accord connu.)	$x(x+4)(x-6)(x-2)(x-5) =$	$x^5-9x^4+148x^2-240x$
C''. *Accord de neuvième majeure et septième mineure, avec tierce et quinte mineures.* (Accord mixte encore peu connu.	$x(x-3)(x-6)(x-2)(x+2) =$	$x^5-9x^4+14x^3+36x^2-72x$
C'''. *Accord de neuvième majeure et septième diminuée, avec tierce mineure et quinte juste.* (Accord nouveau. h. a.)	$x(x-3)(x+1)(x-9)(x+2) =$	$x^5-9x^4-7x^3+57x^2+54x.$
C IV. *Accord de neuvième mineure et septième majeure, avec tierce et quinte mineures.* (Accord nouveau. h. a.)	$x(x-3)(x-6)(x+5)(x-5) =$	$x^5-9x^4-7x^3+225x^2-450x.$
C V. *Accord de neuvième mineure et septième diminuée, avec tierce majeure et quinte juste.* (Accord nouveau. h. a.)	$x(x+4)(x+1)(x-9)(x-5) =$	$x^5-9x^4-21x^3+169x^2+180x$
C VI. *Accord de neuvième majeure et septième diminuée, avec tierce majeure et quinte mineure.* (Accord nouveau. h. a.)	$x(x+4)(x-6)(x-9)(x+2) =$	$x^5-9x^4-28x^3+204x^2+432x$

Acccords conjugués par la somme algébrique de leurs termes, avec l'accord naturel de neuvième dominante majeure, et formés par conséquent par le concours de cinq tierces majeures et de cinq tierces mineures.

§. 225. En comparant les données actuelles au tableau de la page 258, lequel nous sert de guide dans la construction de tous les accords de cinq sons, on trouve huit accords distincts, y compris l'accord naturel de neuvième dominante majeure. Voici la nomenclature de ces huit accords, parmi lesquels cinq sont encore inconnus. Le lecteur pourra facilement, au moyen du tableau susdit, retrouver tous ces accords.

D. *Accord de neuvième dominante majeure.* (Accord connu.) Cet accord naturel embrasse 6 quintes sur l'échelle générale des sons; il provient de l'application de nos données au n° 5 du tableau de la page 258. Ex.: $\overline{Sol\ Si\ Ré\ Fa\ La}$.

D^I. *Accord de neuvième et septième majeures, avec tierce mineure et quinte juste.* Embrasse 8 quintes, ce qui le constitue *accord mixte*. Provient du n° 15 du tableau; peu connu. Ex.: $\overline{La\ Ut\ Mi\ Sol\sharp\ Si}$.

D^{II} *Accord de neuvième mineure et septième majeure, avec tierce majeure et quinte juste. Accord nouveau* embrassant 10 quintes sur l'échelle des sons, ce qui le constitue *accord altéré*. Provient du n° 6 du tableau. Ex. $\overline{Sol\ Si\ Ré\ Fa\sharp\ La\flat}$.

D^{III} *Accord de neuvième et septième majeures, avec tierce majeure et quinte mineure. Accord nouveau* embrassant 11 quintes sur l'échelle des sons, et par conséquent *accord altéré*; provient du n° 3 du tableau. Ex.: $\overline{Sol\ Si\ Ré\flat\ Fa\sharp\ La}$.

D^{IV} *Accord de neuvième majeure et septième mineure, avec tierce mineure et quinte majeure. Accord nouveau* embrassant 11 quintes comme le précédent, et par conséquent *accord altéré*; provient du n° 17 du tableau. Ex.: $\overline{Ré\ Fa\ La\sharp\ Ut\ Mi}$.

D^V *Accord de neuvième et septième mineures, avec tierce et quinte majeures. Accord connu* embrassant 13 quintes sur l'échelle des sons; provient de l'altération ascendante de la fonction de quinte dans l'accord de neuvième dominante mineure; cet accord altéré est donné par le n° 8 du tableau. Ex.: $\overline{Sol\ Si\ Ré\sharp\ Fa\ La\flat}$.

D^{VI} *Accord de neuvième mineure et septième majeure, avec tierce mineure et quinte majeure. Accord nouveau* embrassant 13 quintes comme le précédent, et par conséquent *accord altéré*; provient du n° 18 du tableau. Ex.: $\overline{Ré\ Fa\ La\sharp\ Ut\sharp\ Mi\flat}$.

D^VII *Accord de neuvième augmentée et septième mineure, avec tierce majeure et quinte mineure. Accord nouveau* embrassant 15 quintes sur l'échelle des sons; provient du n° 2 du tableau. Ex. : $\overline{Sol\ Si\ Ré\flat}\ \overline{Fa\ La\sharp}$.

De l'emploi des accords de cinq sons conjugués par leur mode de structure avec l'accord naturel de neuvième dominante majeure.

§. 226. *L'accord de neuvième dominante majeure*, désigné par la lettre D, est connu depuis longtemps, et tous les traités d'harmonie en parlent. On peut voir ci-dessus, §§. 160 et 161, son tableau de structure, et *l'origine absolue* de cet accord remarquable. De plus, comme il se pratique fréquemment à 4 parties sans note fondamentale, et qu'alors il est possible de le confondre avec *l'accord naturel de septième de troisième espèce*, nous avons donné, dans l'article qui concerne ce dernier accord, nommément au §. 91, le tableau comparatif de l'agrégation $\overline{Si\ Ré\ Fa\ La}$, considérée 1° comme provenant de *l'accord de neuvième dominante majeure*, et 2° comme *accord de septième de troisième espèce*.

§. 227. *L'accord de neuvième et septième majeures avec tierce mineure et quinte juste*, désigné ci-dessus par D', quoiqu'employé avec quelque fréquence, n'est pas encore reconnu comme un *véritable accord mixte*. On peut voir §§. 166, 167, 168 et 169 l'origine absolue de cet accord, ainsi que plusieurs exemples de son emploi.

§. 228. *L'accord de neuvième mineure et septième majeure, avec tierce majeure et quinte juste*, désigné par D″, est un *accord altéré tout nouveau*, que déjà nous avons signalé, et dont on peut voir un exemple page 275, figure 88, au quatrième temps de la troisième mesure. Dans cet exemple, l'accord en question se présente comme le produit de deux altérations en sens inverses, dans *l'accord de neuvième dominante majeure*, savoir : l'altération ascendante de la fonction de septième, et l'altération descendante de la fonction de neuvième de cet accord naturel. Mais il peut se présenter aussi comme provenant de l'altération ascendante de la seule fonction de septième, dans *l'accord mixte de neuvième dominante mineure*, et, dans ce cas, s'employer sur la dominante du mode mineur.

STRUCTURE DES ACCORDS.

Voici un exemple de ce cas:

Fig. 99.

Ici, comme dans la figure 88, notre accord altéré se résout tout naturellement sur l'accord parfait majeur qui émane de la même fondamentale.

Emploi de l'accord de neuvième et septième majeures, avec tierce majeure et quinte mineure.

Exemple : sol si ré♭ fa♯ la.

§. 229. Désigné § 225 par D''', cet *accord nouveau* peut s'employer sur le cinquième degré du mode majeur, au moyen de deux altérations en sens contraires opérées dans l'accord de neuvième dominante majeure. Il suffit en effet d'abaisser la fonction de quinte et de hausser la fonction de septième dudit accord naturel, pour obtenir notre nouvel accord altéré. Toutefois, cette double altération, amenant l'intervalle de tierce augmentée (douze termes sur l'échelle des quintes), ne peut s'effectuer simultanément, d'après le principe suivant démontré par Barbereau, et consistant en ce que : « Dans toute agrégation attractive dont les termes extrêmes peuvent être émis et résolus en même temps l'un et l'autre, deux termes successifs ne peuvent être éloignés l'un de l'autre de plus de quatre quintes (cinq termes), c'est-à-dire de l'intervalle de tierce majeure » (1).

Une autre précaution à prendre dans la pratique de l'accord qui

---

(1) Voir le 1er Mémoire de Barbereau, intitulé : *Etudes sur l'origine du système musical*, page LXV et suivantes.

294 LIVRE PREMIER.

nous occupe, c'est d'en supprimer la note fondamentale. Cette suppression est analogue à celle de la fondamentale de l'accord bien connu de sixte augmentée avec quinte juste, accord qui provient de l'altération descendante de la fonction de quinte, dans l'accord mixte de neuvième dominante mineure, comme l'avait pressenti Reicha, comme l'a démontré rigoureusement Barbereau dans le mémoire déjà cité, et comme d'ailleurs le prouvent irréfragablement nos formules générales.

Voici un premier exemple de l'emploi de *l'accord de neuvième et septième majeures avec tierce majeure et quinte mineure.*

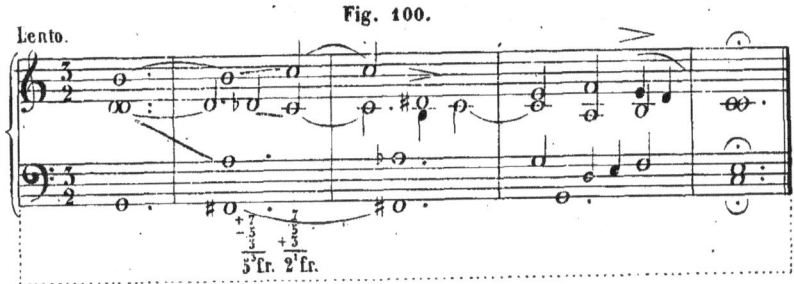

Fig. 100.

Ici notre accord paraît au deuxième temps de la seconde mesure; il est privé de sa note fondamentale; les notes altérées *fa*♯, *ré*♭ sont introduites successivement, et, au troisième temps de la même mesure, l'accord se transforme par la résolution de l'intervalle de sixte augmentée: {*si*♮, *ré*♭}, en celui de septième de première espèce sans fondamentale, sur le second degré du mode, etc.

Dans l'exemple précédent, l'accord D''' est employé dans son troisième renversement; en voici un autre où il est présenté dans son quatrième renversement, c'est-à-dire où la fonction de neuvième est placée dans la basse.

Fig. 101.

STRUCTURE DES ACCORDS. 295

Emploi de l'accord de neuvième majeure et septième mineure, avec tierce mineure et quinte majeure.

Exemple : ré fa la♯ ut mi.

§. 230. Cet *accord nouveau*, désigné §. 225 par D^{iv}, peut se placer sur le second degré en mode majeur, et sur le quatrième degré en mode mineur. L'intervalle de tierce augmentée qui s'y montre entre les fonctions de tierce et de quinte, doit, comme dans l'accord précédent, être préparé par l'attaque successive des fonctions qui le forment. L'exemple consigné dans la fig. 102, peut suffire pour indiquer le mode d'emploi de notre accord.

Fig. 102.

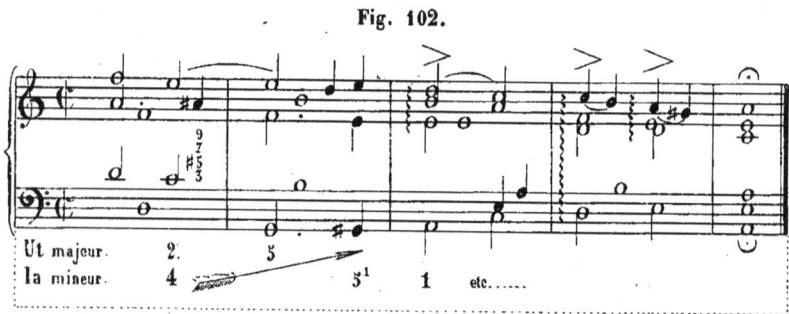

§. 231. *L'accord de neuvième et septième mineures avec tierce et quinte majeures*, ex. : sol si ré♯ fa la♭, désigné ci-dessus par D^v, est un accord altéré déjà connu, provenant de l'altération ascendante de la fonction de quinte, dans *l'accord mixte de neuvième dominante mineure*; mais il faut transporter cet accord mixte au sein du mode majeur soit sur la dominante, soit sur le second degré de ce mode, pour pouvoir opérer la susdite altération sur sa fonction de quinte. Tout ceci est trop simple pour que nous y insistions davantage, nous nous contenterons de faire observer que notre *loi de structure des accords*, qui est aussi leur véritable *loi génératrice*, nous signale successivement tous les accords déjà connus, en les reportant à la classe, au genre et à l'espèce, auxquels ils appartiennent réellement.

§. 232. Mais ce qu'il importe surtout de remarquer dans le présent accord altéré, c'est l'intervalle de 13 quintes *quarte maxime* existant entre les fonctions de neuvième et de quinte :

LA♭	mi♭	si♭	fa	.	.	.	.	si	.	.	.	RÉ♯
1	2	3	4	5	6	7	8	9	10	11	12	13	14

Cet intervalle constitue *l'attraction à quatorze termes,* qui enharmoniquement reproduit la quinte juste (la♭-ré♯ équivalent de la♭-mi♭). Barbereau établit avec évidence, dans son *Ier Mémoire sur l'origine du système musical* « que le sens auditif ne peut avoir conscience du rapport de quatorze termes (13 quintes), sans que sa susceptibilité n'atteigne sa limite extrême, et que cette agrégation exige pour être tolérée : 1° une durée brève ou moyenne ; 2° l'émission *successive* des deux sons qui forment l'attraction à quatorze termes. » (1).

Ainsi on n'écrira point :

Fig. 103.

mais on écrira de la manière suivante :

Fig. 104.

§. 233. En substituant un *mi*♭ au *ré*♯, et un *ut*♭ au *si*♮ dans l'accord qui nous occupe, on retombe sur *l'accord mixte de neuvième majeure et septième mineure, avec tierce et quinte mineures :*

fa la♭ ut♭ mi♭ sol

accord qui n'embrasse que 8 quintes sur l'échelle des sons, et qui est formé par le concours de *trois tierces majeures* et de *sept tierces*

---

(1) Études sur l'origine du système musical, par A. Barbereau, Ier Mémoire, pages LXXVII et LXXVIII.

STRUCTURE DES ACCORDS. 297

mineures. Nous en avons parlé précédemment, d'abord au §. 215, où il est désigné par la lettre C″ dans la nomenclature des accords formés des mêmes éléments primordiaux ; et ensuite au §. 218, où nous avons donné des exemples de l'emploi de cet accord mixte encore peu connu.

Emploi de l'accord de neuvième mineure et septième majeure, avec tierce mineure et quinte majeure.

Exemple : ré fa la♮ ut♯ mi♭

§. 234. Cet *accord nouveau*, désigné ci-dessus par D″, embrasse, comme le précédent, 13 unités sur l'échelle des quintes ; il contient donc aussi l'attraction à quatorze termes, ou la *quarte maxime*, dont les deux termes constitutifs ne peuvent être attaqués simultanément. Le siège de ce nouvel accord altéré est le second degré du mode majeur. Voici un exemple de son emploi à cinq parties réelles :

Fig. 105.

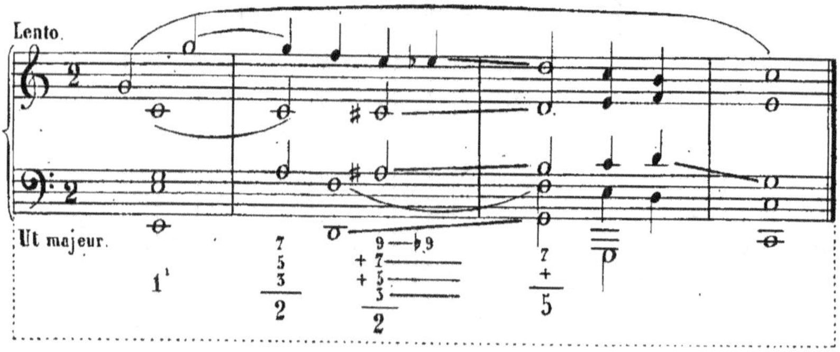

Dans cet exemple, notre accord est préparé, au commencement de la seconde mesure, par l'accord de septième de seconde espèce ; les trois fonctions dissonantes arrivent par une marche chromatique, et l'accord lui-même se résout régulièrement à la quinte inférieure.

A quatre parties on supprimerait l'une des fonctions de l'accord, soit la fondamentale, soit la tierce. A trois parties, on en retrancherait deux fonctions, par exemple la tierce et la septième ; mais dans tous les cas il faudra laisser subsister la quinte et la neuvième qui forment la *quarte maxime* ou *quinte minime*, c'est-à-dire l'inter-

298   LIVRE PREMIER.

valle caractérisque. Voici un dernier exemple à trois parties, où certes toute dureté a disparu.

Fig. 106.

Emploi de l'accord de neuvième augmentée et septième mineure, avec tierce majeure et quinte mineure.

Exemple: *sol si ré♭ fa la♯*.

§. 235. Cet *accord nouveau*, désigné par $D''_,$, embrasse sur l'échelle des quintes une étendue plus grande encore que les accords précédents. Il s'étend en effet depuis l'extrémité gauche de l'échelle chromatique (*ré♭*) jusqu'à l'extrémité droite (*la♯*) de la même échelle. C'est une étendue de quinze quintes ou seize termes. Il est vrai qu'on peut, au moyen de substitutions enharmoniques, le ramener dans la limite de dix quintes, ou onze termes, en posant: *ré♭ = ut♯* et *fa = mi♯*, ce qui donne l'agrégation suivante:

la♯   ut♯   mi♯   sol   si

Mais, sous cette forme, l'accord n'est plus formé par le concours de *cinq tierces majeures* et de *cinq tierces mineures*; il est composé de *deux tierces majeures et de huit tierces mineures*, d'où résulte un accord essentiellement différent, dont nous aurons l'occasion de parler plus loin, et que son mode de structure rattache à *l'accord naturel de neuvième et septième mineures, avec tierce et quinte mineures*, dont on a parlé au §. 152, et dont on peut voir l'emploi au §. 162.

Ainsi, la question n'est point de mettre en œuvre l'accord D^{vn}, sous la forme plus simple où il n'embrasse que *dix quintes*; il s'agit au contraire d'en faire usage sous sa forme originelle où il s'étend sur *quinze unités* de l'échelle des sons. Or, ce problème ne paraît pas facile à résoudre, et même sa solution serait tout-à-fait impossible, s'il fallait émettre et résoudre *simultanément* ses diverses fonctions (1). Mais il n'en est heureusement pas ainsi; il faut, au contraire, introduire et résoudre successivement les fonctions dissonantes, comme on l'a fait précédemment pour les accords D''' et D^{IV} qui embrassent onze quintes, et pour les accords D^V et D^{VI}, qui en embrassent treize. L'extrême dureté du présent accord D^{VII} ne permet même point de l'employer avec toutes ses notes; on devra supprimer la tierce (*si*) et redoubler la note fondamentale dans l'harmonie à cinq. Cette suppression de la tierce enlève à notre accord toute sa dureté, comme on peut s'en assurer par l'exemple suivant, écrit à quatre parties.

Fig. 107.

NB. On remarquera que dans cet exemple toutes les fonctions dissonantes se résolvent régulièrement, savoir: la neuvième en montant, et les fonctions de quinte et de septième en descendant d'un demi-ton diatonique.

(1) M. Barbereau établit en effet dans son *Premier Mémoire sur l'origine du système musical*, qu'au-delà de onze termes ou de dix quintes, (ce qui correspond à l'intervalle de sixte augmentée ou de tierce diminuée), l'oreille n'admet plus les circonstances qui accompagnent les rapports moins élevés, telles que la simultanéité d'émission et de résolution, la longue durée, la succession mélodique dans une même partie.

LIVRE PREMIER.

REMARQUE IMPORTANTE.

Réduit à quatre parties par la suppression de sa tierce, notre accord peut se ramener *enharmoniquement à l'accord naturel de septième de troisième espèce*, on a en effet : $\overbrace{sol \;.\; ré\flat \;\; fa \;\; la\sharp}$, équivalent enharmonique de : $\overbrace{sol \;.\; ré\flat \;\; fa \;\; si\flat}$, qui devient : $\overbrace{sol \;\; si\flat \;\; ré\flat \;\; fa}$, c'est-à-dire le susdit accord naturel dans le ton de *fa* mineur, il résulte de là que réciproquement, on peut transformer *l'accord naturel de septième de troisième espèce*, en notre *nouvel accord altéré* D^{vu}, privé de sa fonction de tierce, ce qui offre de nouvelles ressources modulatoires. Des transformations analogues existent depuis longtemps dans la science harmonique. C'est ainsi, par exemple, que *l'accord naturel de septième dominante*, qui appartient à la classe des accords de quatre sons, se transforme en celui de *sixte augmentée avec quinte juste*, lequel dernier appartient à la classe de ceux de cinq sons (1). Or, cet accord de sixte augmentée n'est autre chose que *l'accord de neuvième dominante mineure avec quinte abaissée*, on a donc aussi supprimé une fonction, savoir la fondamentale elle-même.

C'est peut-être ici le lieu de faire remarquer que la science harmonique, privée de notre LOI GÉNÉRATRICE DES ACCORDS, est impuissante à expliquer une foule de faits, que, par cette raison, elle classe dans le domaine de la pure fantaisie. Nous allons en donner une preuve éclatante, concernant une transformation enharmonique de l'accord que les harmonistes croient connaître le mieux, savoir de *l'accord naturel de septième dominante*, transformation *devinée par le génie de Mozart*, et absolument inexplicable par toutes les théories harmoniques généralement admises. Nous allons laisser parler le savant biographe de Mozart, M. Alexandre Oulibicheff, qui a pénétré si profondément dans la pensée de l'immortel compositeur. On lit, page 329 du tome II de la *Nouvelle Biographie de Mozart*, imprimé à Moscou en 1843, le passage suivant, qui se rapporte à la partition d'Idoménée :

« Notre deuxième et dernière remarque porte sur une modulation hardie, mais si hardie que nous n'oserions en assumer la responsabilité. Elle se trouve dans un récitatif, et comme les paroles n'y font rien, nous allons la reproduire sans texte :

Fig. 108.

---

(1) Voir page 284, la nomenclature des accords de cinq sons, formés au moyen de trois tierces majeures associées à sept tierces mineures, où l'accord de sixte augmentée dont nous parlons est désigné par la lettre C'. Voir aussi §. 217.

« Une progression harmonique dont toutes les cadences sont déterminées par des marches de basse fondamentale, descendante de tierce majeure, voilà certainement une progression fort singulière. Ajoutez-y que de la première à la seconde mesure, la septième monte et la sensible descend, ce qui n'est pas moins singulier dans une cadence. Du reste, l'exemple d'une progression ainsi construite, est le seul qui se trouve dans les œuvres de Mozart à moi connues. »

La *singularité harmonique* remarquée par M. Oulibicheff, est évidente pour tout le monde; et pourtant ce passage produit un excellent effet. D'où vient qu'aucune théorie connue n'en saurait donner une explication tant soit peu satisfaisante? C'est que Mozart dans cet endroit, comme dans beaucoup d'autres de ses inimitables chefs-d'œuvre, devançait son époque, et que, *sous la forme* d'un accord bien connu, il créait en réalité un *accord tout nouveau* dont, jusqu'à ce jour, la partition d'*Idoménée* a bien gardé le secret. Or, pour dévoiler ce mystère mozarien, remplaçons dans *l'accord de septième dominante* : fa♯ la♯ ut♯ mi, les notes *fa♯* et *la♯*, par leurs équivalents enharmoniques sol♭ et si♭ ; de plus, prenons pour fondamentale de l'accord la note inexprimée *la*, et *l'accord connu de septième dominante* se transformera en un accord de cinq sons : *la ut♯ mi sol♭ si♭* que déjà nous avons inscrit page 284, sous la lettre Cv, dans le tableau de nomenclature des accords de cinq sons formés au moyen de *trois tierces majeures* associées à *sept tierces mineures*, accord dont nous avons donné deux exemples, page 286, fig. 96, où nous avons conservé la fondamentale, afin qu'on ne nous accuse pas d'esquiver les difficultés. Toutefois, il est certain que cette suppression enlève à l'accord toute sa dureté; et l'exemple de Mozart atteste tout le parti qu'on en peut tirer au moyen du retranchement de cette fonction. Grâce à l'interprétation que nous venons de donner du passage d'*Idoménée*, toute *singularité* dans la succession harmonique a disparu. La basse, au lieu de procéder par *tierce majeure inférieure*, comme le croit M. Oulibicheff, avec tous les harmonistes, procède en réalité par quinte inférieure (*la-ré*); de plus, les dissonnances obéissent à leurs attractions naturelles. — On objectera peut-être que nous n'avons pas le droit d'introduire la fondamentale *la*, et qu'il suffit de transformer *l'accord de septième dominante* : fa♯ la♯ ut♯ mi en ut♯ mi sol♭ si♭, ce qui donne une agrégation de quatre sons, et nullement un *accord altéré de cinq sons*, comme nous le prétendons. La réponse est facile, et la voici : *C'est qu'il n'existe aucun accord de quatre sons, dont la fonction de quinte soit à distance de treize quintes, vers la gauche de la fondamentale.* Cette vérité a été rigoureusement démontrée page 186, sous la marque (125)."

Dans son *Traité complet de la théorie et de la pratique de l'harmonie*, le savant directeur du conservatoire de musique de Bruxelles signale quelques-unes des découvertes de Mozart dans le domaine de l'*enharmonie*; mais il n'y parle point du passage si remarquable cité par M. Oulibicheff. C'était pourtant là un bel exemple d'*enharmonie transcendante* à offrir à ses lecteurs, et d'autant plus digne de fixer l'attention, qu'il présentait une merveilleuse transformation de l'*accord naturel de septième dominante.* Il est vrai qu'une transformation pareille est difficilement conciliable avec l'opinion bien formelle de M. Fétis, à savoir que : « *les accords naturels ne possèdent point la faculté de se résoudre à volonté, dans un ton ou dans un autre.* » (Fétis, chap. IV, §. 279.) Suivant le célèbre professeur : « *l'altération multiple des intervalles des accords, est l'origine véritable de l'enharmonie transcendante* » (même chapitre). M. Fétis croit sans doute que cette altération multiple est *arbitraire*, puisqu'il ne nous dit rien de ses CONDITIONS. Eh bien, nous ne conseillons à personne de prendre pour guide le principe *indéterminé* de M. Fétis, véritable feu follet, qui plus d'une fois a égaré cet harmoniste. Et, puisque M. le directeur du conservatoire de Bruxelles revendique pour lui, *la découverte du principe de l'enharmonie transcendante,* nous nous permettrons, lorsque nous traiterons des ACCORDS MULTIPLES, d'examiner ce que vaut au fond le principe qu'il pose.

Puisque nous avons nommé les *accords multiples*, nous profiterons de l'espace qui nous est laissé pour faire remarquer que les transformations enharmoniques de *l'accord de septième diminuée* (accord de neuvième dominante mineure sans fondamentale), ainsi que la substitution de l'intervalle de *sixte augmentée* à celui de *septième mineure*, dans *l'accord de septième dominante,* ont été les premières et les principales créations des harmonistes dans le domaine des *accords multiples.* Là, comme partout ailleurs, Mozart a devancé ses contemporains ; après lui, Beethoven, Chérubini, Weber, Rossini, Spohr et Mendelssohn ont enrichi l'art musical : toutefois il reste encore beaucoup à faire. Ce n'est pas ici le lieu de signaler parmi les accords créés par notre *loi génératrice* ceux qui se prêtent à ces transformations multiples. Qu'il nous suffise de dire que, dans cette *loi suprême,* nous possédons l'instrument nécessaire et suffisant pour réaliser tous les accords que comporte notre tonalité actuelle ; et même pour faire connaître, au moins théoriquement, déjà, ceux que l'introduction de la *gamme enharmonique* rendra nécessaires, lorsque la sensibilité de l'homme aura dépassé le point où elle est actuellement arrêtée ; ce qui demandera peut-être encore un grand nombre de siècles, et ce qui, d'ailleurs, ne pourra avoir lieu qu'après l'entier accomplissement de notre système actuel de tonalité. Nous reviendrons bientôt sur ce sujet important.

§. 236. Il ne nous reste, pour en finir avec les accords formés, comme *l'accord naturel de neuvième dominante majeure,* par le concours de *cinq tierces majeures* et de *cinq tierces mineures,* qu'à produire le tableau des polynômes qui les caractérisent chacun en particulier. Voici ce tableau :

CLASSIFICATION MATHÉMATIQUE

DES ACCORDS CONJUGUÉS PAR LA SOMME DE LEURS TERMES AVEC L'ACCORD NATUREL DE NEUVIÈME DOMINANTE MAJEURE,

Et formés par conséquent par le concours de cinq tierces majeures et de cinq tierces mineures.

Somme de termes commune à ces accords.
$$\varphi_5(x) = 5x + 5.$$

NOMS DES ACCORDS.	PRODUIT DES TERMES	
	indiqué.	effectué.
D. *Accord de neuvième dominante majeure.* (Accord connu. h. n.)	$x(x+4)(x+1)(x-2)(x+2)$	$= x^5+5x^4-20x^2-16x.$
D'. *Accord de neuvième et septième majeures, avec tierce mineure et quinte juste.* Accord mixte peu connu.)	$x(x-3)(x+1)(x+5)(x+2)$	$= x^5+5x^4-7x^3-41x^2-30x.$
D''. *Accord de neuvième mineure et septième majeure, avec tierce majeure et quinte juste.* (Accord nouveau. h. a.)	$x(x+4)(x+1)(x+5)(x-5)$	$= x^5+5x^4-21x^3-125x^2-100x.$
D'''. *Accord de neuvième et et septième majeures, avec tierce majeure et quinte mineure.* (Accord nouveau. h. a.)	$x(x+4)(x-6)(x+5)(x+2)$	$= x^5+5x^4-28x^3-188x^2-240x.$
D IV. *Accord de neuvième majeure et septième mineure, avec tierce mineure et quinte majeure.* (Accord nouveau. h. a.)	$x(x-3)(x+8)(x-2)(x+2)$	$= x^5+5x^4-28x^3-20x^2+96x.$
D V. *Accord de neuvième et septième mineures, avec tierce et quinte majeures.* (Accord connu. h. a.)	$x(x+4)(x+8)(x-2)(x-5)$	$= x^5+5x^4-42x^3-104x^2+320x.$
D VI. *Accord de neuvième mineure et septième majeure, avec tierce mineure et quinte majeure.* (Accord nouveau. h. a.)	$x(x-3)(x+8)(x+5)(x-5)$	$= x^5+5x^4-49x^3-125x+600x.$
D VII. *Accord de neuvième augmentée et septième mineure, avec tierce majeure et quinte mineure.* (Accord nouveau. h. a.)	$x(x+4)(x-6)(x-2)(x+9)$	$= x^5+5x^4-56x^3-132x^2+432x.$

Accords conjugués par la somme algébrique de leurs termes avec l'accord naturel de neuvième et septième mineures avec tierce et quinte mineures, accords formés par le concours de deux tierces majeures et de huit tierces mineures. (Voyez chapitre X, les §§. 152 et 162.)

§. 237. En appliquant nos données actuelles (deux tierces majeures et huit tierces mineures) sur le tableau de la page 258 qui nous sert de guide dans la construction de tous les accords de cinq sons, on trouve quatre accords, y compris l'accord naturel type, formés au moyen de ces mêmes données.

Voici la nomenclature de ces quatre accords, parmi lesquels trois sont entièrement inconnus.

E. *Accord naturel de neuvième et septième mineures, avec tierce et quinte mineures.* Cet accord naturel embrasse 6 quintes sur l'échelle des sons, il provient de l'application de nos données actuelles, au n° 11 du tableau de la page 258. Cet accord a été traité ci-dessus, chapitre X, §§. 152 et 162; exemple : *si ré fa la ut.*

E¹ *Accord de neuvième mineure et septième diminuée, avec tierce mineure et quinte juste.* Accord nouveau qui embrasse 10 quintes, ce qui le constitue *accord altéré*, provient du n° 13 du tableau ; exemple : *mi sol si ré♭ fa.*

E" *Accord de neuvième majeure et septième diminuée, avec tierce et quinte mineures.* Accord nouveau qui embrasse 11 quintes sur l'échelle des sons, par conséquent *accord altéré*. Provient de l'application de nos données au n° 10 du tableau ; exemple : *si ré fa la♭ ut♯* ou *mi sol si♭ ré♭ fa♯.*

E'''. *Accord de neuvième mineure et septième diminuée, avec tierce majeure et quinte mineure.* Accord nouveau qui embrasse 13 quintes, par conséquent *accord altéré*. Provient de l'application de nos donntes au n° 1 du tableau ; exemple : *si ré♯ fa la♭ ut.*

Les autres numéros du tableau en question ne fournissent rien ou font retomber sur des accords de quatre sons.

De l'emploi des quatre accords précédents.

§ 238. E. L'accord désigné par E a été traité au chapitre X d'abord au §. 152., puis au §. 162, où nous avons cité un exemple de Chérubini.

§. 239. E'. L'accord désigné par E' peut être considéré comme provenant de l'altération descendante de la fonction de septième dans l'accord naturel *mi sol si ré fa*, dont nous avons parlé au chapitre X, §§. 154 et 159. Dans le dernier de ces paragraphes nous avons donné deux exemples de l'emploi du susdit accord naturel, l'un en mode majeur, l'autre en mode mineur. Voici un exemple où *l'accord altéré* qui nous occupe est employé avec toutes ses notes :

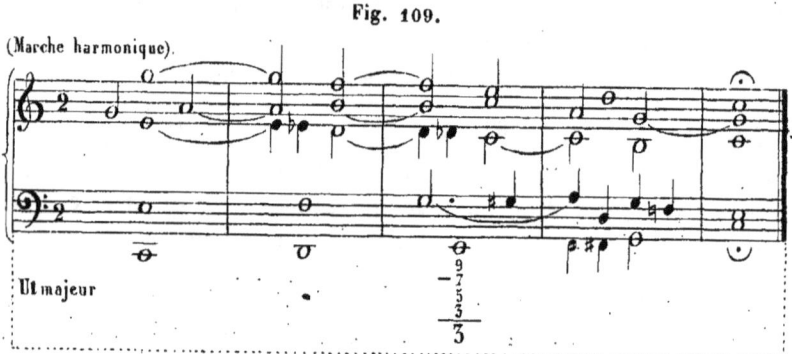

Fig. 109.

§. 240. En supprimant la note fondamentale de l'accord en question, on retombe sur un accord altéré bien connu, savoir sur *l'accord de sixte augmentée avec quarte*, accord altéré dont nous avons signalé (chapitre VIII, §. 131), trois faces distinctes, et dont nous découvrons ici une face toute nouvelle. Il est évident, en effet, que si l'on considère *l'accord de sixte augmentée avec quarte*, comme provenant de notre accord E' au moyen de la suppression de la fondamentale de ce nouvel accord, on pourra donner au susdit accord de sixte augmentée une nouvelle attribution tonale. Voici un exemple de cette nouvelle attribution :

Fig. 110.

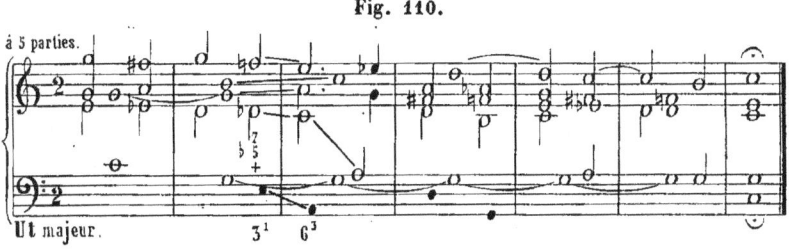

Notre accord E' paraît ici sans sa note fondamentale (*mi*), au second temps de la seconde mesure; et, ce qui prouve que la note (*mi*) est bien la fondamentale de l'accord, c'est la résolution qui a lieu *à la quinte inférieure* dans la mesure suivante, sur l'accord de septième de seconde espèce qui a son siége sur le sixième degré de l'échelle du mode. Dans cet exemple, comme dans tous ceux où l'on opère la suppression de la fondamentale, cette note *latente* remplit, comme on le voit, une *fonction régulative* très-importante. Nous aurons l'occasion, dans le chapitre consacré aux ACCORDS MULTIPLES, de revenir sur cette considération d'un grand intérêt pour l'avenir de la science harmonique.

§. 241. E″. *L'accord nouveau* désigné par E″, embrasse douze termes ou onze quintes sur l'échelle des sons; il est donc dans la catégorie des accords altérés dont les fonctions dissonantes veulent être préparées et résolues successivement. Remarquons d'abord que cet accord est formé par la *réunion systématique* de *l'accord naturel de tierce et quinte mineures*, et de *l'accord altéré de tierce mineure et quinte majeure*:

ACCORD DE NEUVIÈME MAJEURE ET SEPTIÈME DIMINUÉE,
AVEC TIERCE ET QUINTE MINEURES.

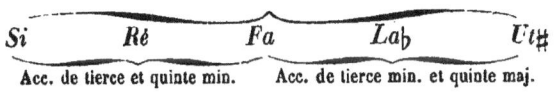

Par suite de ce mode de structure, cet accord peut se ramener *enharmoniquement à l'accord connu de neuvième dominante mineure*. Que l'on prenne en effet pour fondamentale *ut*♯, et que l'on pose: *fa* = *mi*♯, et *la*♭ = *sol*♯, on aura:

STRUCTURE DES ACCORDS. 307

ACCORD MIXTE DE NEUVIÈME DOMINANTE MINEURE.

ut♯ mi♯ sol♯ si ré ; ou : ré♭ fa la♭ ut♭ mi♭♭.

Il résulte de là que réciproquement *l'accord mixte de neuvième dominante mineure* peut se transformer par *l'enharmonie* en notre *nouvel accord altéré* E'', dont la fonction harmonique est entièrement différente. Le présent accord altéré E'' est donc, par rapport à *l'accord mixte de neuvième dominante mineure*, ce que *l'accord de neuvième majeure et septième diminuée, avec tierce majeure et quinte mineure*, désigné par C^{VI}, et traité précédemment (§§. 222 et 223), est par rapport à *l'accord naturel de neuvième dominante majeure*. Disons en passant que les deux accords C^{VI} et E'' présentent *l'accomplissement autogénique* des deux accords connus de neuvième dominante majeure et mineure, auxquels on peut les ramener par le moyen de l'enharmonie ; et ajoutons que ces accords connus appartiennent essentiellement à la THÉORIE harmonique, tandis que les accords altérés C^{VI} et E'' font partie de sa TECHNIE, comme on le saura un jour, quand la LOI DE CRÉATION sera généralement reconnue et appliquée à toutes les branches des connaissances humaines (1).

§. 242. La faculté que possède le présent accord E'' de se transformer, par l'enharmonie, en un *accord de neuvième dominante mineure* dont ut♯ ou ré♭ est la note fondamentale, donne lieu à la remarque que nous avons faite déjà §. 223, page 288, au sujet de *l'accord de neuvième majeure et septième diminuée, avec tierce majeure et quinte mineure*, à savoir que notre accord E'' nous donne ainsi le moyen de moduler vers le pôle positif ou vers le pôle négatif de la famille du ton d'*ut*. (Voir page 169, la digression sur les trois familles de tons de notre Système musical).

§. 243. Quand on n'opère aucun changement enharmonique sur les fonctions de notre accord, c'est-à-dire quand on lui laisse son individualité, on ne peut plus le confondre avec l'accord de neuvième dominante mineure. Alors il offre des ressources harmoniques toutes nouvelles que nous allons signaler rapidement ; et d'abord,

(1) Voir la note au bas de la page 119.

308 LIVRE PREMIER.

pour ôter toute dureté à l'agrégation, il convient d'en retrancher la fonction de tierce, dont on se servira pour amener diatoniquement la fonction dissonante de neuvième majeure. L'exemple suivant, qui offre une modulation d'*ut* mineur en *si* mineur, éclaircira notre pensée :

Fig. 111.

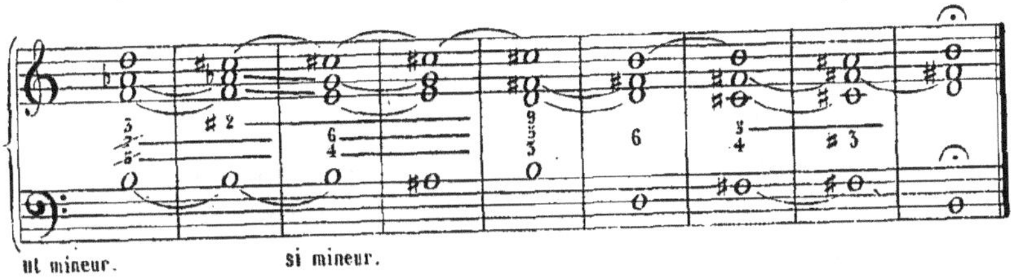

§. 244. Une autre résolution de l'accord E″ mérite d'être signalée, parce qu'elle peut servir à unir deux tons, l'un mineur, l'autre majeur qui diffèrent de six accidents à la clef, par exemple le ton d'*ut* mineur et le ton de LA majeur. Il suffit pour cela de transformer la fonction de septième de notre accord, en son équivalent enharmonique, au moment de la résolution de l'accord lui-même sur l'accord de septième dominante du nouveau ton majeur. On fera descendre la fonction de quinte d'un demi-ton diatonique sur la fondamentale de l'accord naturel de septième, et monter soit immédiatement, soit médiatement, et aussi d'un demi-ton diatonique, sa fonction de neuvième, placée dans la partie supérieure, sur celle de septième de l'accord dissonant naturel. Voici du reste la réalisation de cette harmonie :

Fig. 112.

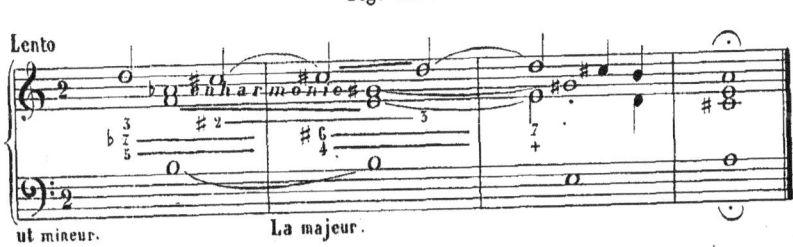

§. 245. Dans l'exemple précédent, la fonction de neuvième de notre *accord de neuvième majeure et septième diminuée*, avec tierce et

STRUCTURE DES ACCORDS.

quinte mineures, ne se résout que *médiatement* au deuxième temps de la seconde mesure. On peut voir ci-après, fig. (113)', la resolution immédiate de cette même fonction de neuvième, simultanément avec la résolution de la fonction de quinte; du reste, ces résolutions simultanées et en sens inverses des fonctions de quinte et de neuvième de notre accord E'', ne sont ici que l'objet accessoire de la fig. (113)'. L'objet principal sur lequel nous appelons maintenant l'attention du lecteur, est beaucoup plus important. Il s'agit, en effet, de l'explication rationnelle d'un fait harmonique d'ailleurs bien connu, mais qu'il ne paraît pas facile de justifier complètement par les théories généralement admises. Ce fait connu est tout simplement. *l'enchainement de deux accords de septième dominante, dont les fondamentales se succèdent par tierce mineure supérieure*, comme dans l'exemple suivant:

Fig. 113.

Comment justifier cette note sensible *mi*♯ qui de la première à la seconde mesure descend au *mi*♮, contrairement à sa tendance qui la porte vers le *fa*♯? Pour se tirer d'affaire, on dit que les deux accords de septième dominante ont deux notes communes, et l'on croit avoir tout expliqué. Ou bien, si l'on est plus profond harmoniste, à cette première raison, on ajoute la suivante, qui vaut infiniment mieux, à savoir que: si l'attraction $\begin{cases} mi\sharp \\ si \end{cases}$ du premier accord de septième ne reçoit pas sa résolution naturelle, c'est qu'elle est immédiatement remplacée par une attraction équivalente $\begin{cases} ré \\ sol\sharp \end{cases}$, d'où résulte une surprise pour l'oreille qui se trouve complètement satisfaite au moment de la résolution régulière du triton $\begin{cases} sol\sharp \\ ré \end{cases}$ sur la tierce $\begin{cases} ut\sharp \\ la \end{cases}$ de l'accord parfait majeur; et que d'ailleurs, la proximité des tons de *fa*♯ mineur et de LA majeur, sert de base à l'union des deux accords de septième dominante.

310 LIVRE PREMIER.

Certes, cette seconde explication paraît satisfaisante, et peu de faits harmoniques semblent même mieux justifiés ; ce qui est vrai *relativement*, c'est-à-dire quand on ne dépasse point la région de *l'harmonie immanente* (1). Mais en est-il de même dans un *sens absolu*? N'a-t-on pas tourné la difficulté au lieu de l'aborder de front? Et *la double irrégularité de la marche chromatique descendante de la note sensible et de la succession fondamentale par tierce mineure supérieure* a-t-elle donc reçu une explication valable aux yeux de la raison? Non, sans doute. Eh bien, on va voir qu'en s'élevant dans la région supérieure de *l'harmonie transcendante*, les deux susdites *irrégularités* disparaissent complètement.

Substituons *idéalement*, dans la première mesure de la fig. 113, un *fa♮* au *mi♯*, et un *la♭* au *sol♯*; substituons de même, dans la troisième mesure, un *ré♭* à l'*ut♯*, et un *fa♭* au MI♮; on aura le résultat suivant :

Fig. (113)^c.

Or, voici ce qu'il résulte de ces substitutions enharmoniques *idéales* : c'est qu'au lieu des notes sensibles *mi♯* et *ut♯* qui, dans la fig. 113 descendent chromatiquement sur *mi♮* et *ut♮*, contrairement à leurs attractions, nous avons les notes *fa♮* et *ré♭* qui en descendant

---

(1) La philosophie absolue désigne par le mot *immanent* ce qui existe sous les conditions du temps, et par le mot *transcendant* ce qui dépasse ces conditions, comme par exemple, l'idée de l'Etre suprême dans le déisme. Et elle désigne de plus, par le mot *transcendantal*, ce qui est engendré hors des conditions de temps, mais qui trouve son application sous ces conditions, comme par exemple, les catégories de l'entendement humain, considérées comme SAVOIR pur, formant en nous et *à priori* (par la *transcendance*) l'un des éléments distincts et hétérogènes de toute réalité, l'autre de ces éléments se trouvant formé par l'ÊTRE qui est hors de nous, et qui, dans tout ce qu'il y a de matériel, nous est donné *à posteriori* par la causalité de nos sens (*par l'expérience*). [Wronski, PROLÉGOMÈNES DU MESSIANISME, page 79.]

diatoniquement sur ces mêmes notes résolutives *mi*♮ et *ut*♮, ne font qu'obéir à leurs tendances attractives. Quant aux notes *la*♭ et *fa*♭, on ne les a substituées aux notes *sol*♯ et *mi*♮ que pour faire reconnaître la nature des accords qui *idéalement* prennent la place des accords *réels* de septième dominante. [Les substitutions enharmoniques de la fig. (113) ne sont là en effet que pour la démonstration, et, dans la pratique, on écrit et l'on doit écrire comme dans la fig. 113 ; de plus, il est facile de voir que les accords substitués ainsi idéalement à ceux de septième dominante, reproduisent notre accord altéré E″ privé de sa fonction de tierce]. Quant à la succession fondamentale, il se trouve qu'au lieu de la *succession irrégulière par tierce mineure supérieure*, nous avons la SUCCESSION NORMALE PAR QUINTE INFÉRIEURE, ce qui assurément est extrêmement remarquable.

En terminant cette discussion, nous prions le lecteur de relire la *remarque importante*, page 300, où il est question d'une résolution inusitée de *l'accord de septième dominante*, employée par Mozart dans l'opéra d'*Idoménée*. Ce rapprochement sera de nature à le convaincre de la merveilleuse aptitude de *l'accord dissonant naturel* aux transformations enharmoniques. Il pourra reconnaître aussi que la *possibilité* de pareilles transformations réside dans quelques-uns des ACCORDS NOUVEAUX que recèlent nos formules du §. 35, et que le rôle de ces nouveaux accords y est essentiellement *régulatif*. Le genre d'harmonie qui résulte d'un tel emploi régulatif des accords altérés, s'appellerait avec justesse *harmonie transcendantale*.

Le premier essai de ce genre d'harmonie a été fait il y a longtemps sur *l'accord de septième diminuée*, dont nous avons parlé fort au long au chapitre VII, mais on était loin de prévoir alors que tous les accords naturels ou mixtes se prêtaient à des modifications du même ordre.

§. 246. E‴. Il ne nous reste plus à examiner qu'un seul accord de cinq sons, à savoir : *l'accord de neuvième mineure et septième diminuée, avec tierce majeure et quinte mineure*, désigné §. 237 par E‴, et formé, comme les accords E, E′, E″ étudiés précédemment, par le concours de deux tierces majeures et de huit tierces mineures.

Remarquons d'abord que ce nouvel accord E‴ nous présente la

312   LIVRE PREMIER.

RÉUNION SYSTÉMATIQUE de *l'accord de quinte mineure avec tierce majeure*, et de *l'accord parfait mineur.*

ACCORD DE NEUVIÈME MINEURE ET SEPTIÈME DIMINUÉE,
AVEC QUINTE MINEURE ET TIERCE MAJEURE.

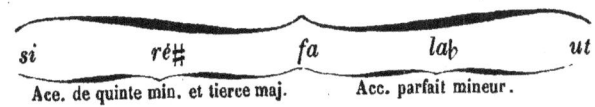

§. 247 La distance de 14 termes entre les fonctions de septième et de tierce (la♭-ré♯) ne permet point l'attaque simultanée de ces fonctions; l'organe auditif confonderait la *quarte maxime* qu'elles forment, avec la *quinte juste* (la♭-mi♭). Toutefois, on peut substituer enharmoniquement, à l'intervalle de quinte juste déjà entendu, la quarte maxime dont le sentiment musical ne prend conscience qu'au moment de la résolution ultérieure de cet intervalle, comme on va le voir immédiatement dans la *résolution normale* de l'accord en question. Pour obtenir cette résolution normale (celle à la quinte inférieure), il faut considérer le présent accord comme la transformation enharmonique de *l'accord* bien connu *de septième de seconde espèce*, et par conséquent comme propre à opérer l'union de deux tons qui diffèrent de trois accidents à la clef, et qui se trouvent entr'eux dans les mêmes rapports que les tons de Mi♭ majeur ou d'*ut* mineur avec le ton de *la* mineur.

Supprimons en effet la fondamentale *si* de notre accord E''', et remplaçons le *ré♯* par son équivalent enharmonique *mi♭*, on aura les sons *mi♭, fa, la♭, ut*, qui forment *l'accord de septième de seconde espèce*: *fa la♭ ut mi♭*, accord qui a son siége sur le second degré en Mi♭ majeur; ou sur le quatrième degré en *ut* mineur. Il résulte de là que, réciproquement, par la substitution du *ré♯* au *mi♭*, on transformera *l'accord naturel de septième de seconde espèce* en notre accord E''' privé de sa fondamentale. Mais, bien que *latente* ou plutôt *idéale*, cette fondamentale va nous servir de guide, en transportant le siége de notre accord naturel, transformé ainsi en accord altéré, sur le second degré de l'échelle du mode mineur de *la*; et en nous suggérant sa résolution *à la quinte inférieure* sur l'accord parfait majeur de la dominante de ce nouveau ton.

STRUCTURE DES ACCORDS.

Au moment de cette résolution, la fonction de septième (le *la*♭) de notre accord E''' se transformera enharmoniquement en *sol*♯; la sixte augmentée $\begin{cases} ré♯ \\ fa \end{cases}$ recevra sa résolution naturelle sur l'octave $\begin{cases} mi \\ mi \end{cases}$; et enfin la fonction de neuvième (*ut*) descendra d'un demi-ton diatonique sur la quinte (*si*) de l'accord parfait. Voici la réalisation de cette harmonie :

Fig. 114.

§. 248. *Autre résolution de l'accord* E'''. L'accord de neuvième mineure et septième diminuée, avec quinte mineure et tierce majeure, peut s'employer avec toutes ses notes, et se résoudre sur l'accord parfait de la tonique en mode majeur, comme dans les exemples (*a*) et (*b*) de la figure suivante :

L'exemple (*a*) présente une espèce de cadence parfaite ; l'exemple (*b*) offre l'emploi de notre accord sur la pédale de tonique. Mais, dans ces deux exemples, la véritable note fondamentale n'est pas exprimée, cette note est *sol* dominante du ton, et notre accord : $\overline{si\ ré♯\ fa\ la♭\ ut}$ est ici en réalité un accord plus compliqué, un accord de 6 sons privé de sa note fondamentale, nommément l'accord : *sol si ré♯ fa la♭ ut*. C'est ce qu'indique le chiffrage inférieur de l'exemple (*a*).

§. 249. Il nous reste à donner le tableau des polynômes qui caractérisent chacun des accords E, E', E'' et E''' que nous venons d'étudier; *accords formés par le concours de deux tierces majeures et de huit tierces mineures.* Voici ce tableau :

CLASSIFICATION MATHÉMATIQUE

DES ACCORDS CONJUGUÉS PAR LA SOMME DE LEURS TERMES, AVEC L'ACCORD NATUREL DE NEUVIÈME ET SEPTIÈME MINEURES AVEC TIERCE ET QUINTE MINEURES.

Somme de termes communs à tous ces accords.
$$\varphi_5(x) = 5x - 16.$$

NOMS DES ACCORDS.	PRODUIT DES TERMES.	
	indiqué.	effectué.
E. *Accord de neuvième et septième mineures, avec tierce et quinte min.* (h. n. peu connu).	$x(x-3)(x-6)(x-2)(x-5) =$	$x^5 - 16x^4 + 91x^3 - 216x^2 + 180x.$
E'. *Accord de neuvième min. et septième diminuée, avec tierce mineure et quinte juste.* (h. a. Acc. nouveau.)	$x(x-3)(x+1)(x-9)(x-5) =$	$x^5 - 16x^4 + 70x^3 - 48x^2 - 135x.$
E''. *Accord de neuvième majeure et septième diminuée, avec tierce et quinte mineures.* (h. a. Acc. nouveau.)	$x(x-3)(x-6)(x-9)(x+2) =$	$x^5 - 16x^4 + 63x^3 + 36x^2 - 524x.$
E'''. *Accord de neuvième min. et septième diminuée, avec tierce majeure et quinte mineure.* (h. a. Acc. nouveau.)	$x(x+4)(x-6)(x-9)(x-5) =$	$x^5 - 16x^4 + 49x^3 + 246x^2 - 1080x.$

Accords formés au moyen de sept tierces majeures, associées à trois tierces mineures.

§. 250. Nous connaissons déjà deux *accords mixtes* formés au moyen des présentes données; l'un est *l'accord de neuvième et septième majeures avec tierce et quinte majeures*, traité chapitre XI sous les §§. 171, 172 et 173; l'autre est *l'accord de neuvième augmentée et septième majeure, avec quinte juste et tierce majeure*, traité au même chapitre XI sous les §§. 181, 182, 183 et 184. Le premier de ces accords provient de l'application des données actuelles ($t = 7$ avec $t' = 3$), au n° 9 du tableau de la page 258; le second provient de l'application des mêmes données au n° 6 de ce tableau.

STRUCTURE DES ACCORDS.

L'harmonie naturelle ne présente aucun accord construit avec *sept tierces majeures et trois tierces mineures;* mais il est possible qu'il se trouve des *accords altérés* formés au moyen de ces éléments. Pour le savoir, il faut comparer ces éléments au tableau susdit. Or, il résulte de cette comparaison qu'il existe effectivement un *accord altéré* conjugué avec les deux *accords mixtes* formés au moyen de *sept tierces majeures* associées à *trois tierces mineures*. Cet unique accord altéré provient de l'application de nos données actuelles au n° 8 du tableau de la page 258, c'est *un accord nouveau*, nommément : *l'accord de neuvième augmentée et septième mineure, avec tierce et quinte majeure.* Tel, par exemple, que : *sol si ré♯ fa la♯*. Cet accord embrasse onze quintes sur l'échelle des sons. Il résulte de ce qui précéde qu'il n'existe que trois accords formés au moyen de nos présentes données, savoir deux *accords mixtes* et un *accord altéré*. Voici, du reste, le tableau de nomenclature de ces trois accords :

NOMENCLATURE DES ACCORDS FORMÉS AU MOYEN DE SEPT TIERCES MAJEURES ASSOCIÉES A TROIS TIERCES MINEURES.

F. *Accord de neuvième et septième majeures, avec tierce et quinte majeures.* (Accord mixte.)

F'. *Accord de neuvième augmentée et septième majeure, avec quinte juste et tierce majeure.* (Accord mixte).

F". *Accord de neuvième augmentée et septième mineure, avec tierce et quinte majeures.* (Accord altéré.)

Afin d'abréger, nous laissons au lecteur la recherche du mode de réalisation de l'accord F". — Voici maintenant la classification mathématique des trois accords F, F', F".

CLASSIFICATION MATHÉMATIQUE

DES ACCORDS DE CINQ SONS FORMÉS AU MOYEN DE SEPT TIERCES MAJEURES, ASSOCIÉES A TROIS TIERCES MINEURES.

Somme de termes commune à tous ces accords.
$\varphi_5(x) = 5x + 19.$

NOMS DES ACCORDS.	PRODUIT DES TERMES.	
	indiqué.	effectué.
F. *Accord de neuvième et septième majeures, avec tierce et quinte majeures.* (Acc. mixte.)	$x(x+4)(x+8)(x+5)(x+2) =$	$x^5+19x^4+126x^3+344x^2+320x.$
F'. *Accord de neuvième augmentée et septième majeure, avec quinte juste et tierce majeure.* (Acc. mixte.)	$x(x+4)(x+1)(x+5)(x+9) =$	$x^5+19x^4+119x^3+218x^2+180x.$
F''. *Accord de neuvième augmentée et septième mineure, avec tierce et quinte majeures.* (Acc. altéré nouveau.)	$x(x+4)(x+8)(x-2)(x+9) =$	$x^5+19x^4+98x^3+8x^2-576x.$

Accord unique formé au moyen d'une seule tierce majeure et de neuf tierces mineures.

§. 251. En appliquant les données actuelles ($t=1$ avec $t'=9$), sur le tableau de la page 258, on ne trouve qu'un seul accord de cette espèce, nous le désignerons par la lettre G. Il provient du n° 10 dudit tableau. C'est *l'accord de neuvième mineure et septième diminuée avec tierce et quinte mineures*, par exemple : sol♯ si ré fa la; cet accord mixte a été traité fort au long au chapitre XI, sous les §§. 191, 192 et 193, auxquels nous renvoyons le lecteur.

§. 251'. On a pour la somme des termes de cet accord isolé : $\varphi_5(x) = 5x - 23$. Et pour leur produit : $x(x-3)(x-6)(x-9)(x-5) = x^5-23x^4+189x^3-65x^2+810x.$

Accord unique formé au moyen de huit tierces majeures associées à deux tierces mineures.

§. 252. En comparant les présentes données ($t=8$ avec $t'=2$), au tableau de la page 258, on ne trouve qu'un seul accord de cette espèce; nous le désignerons par la lettre H; il correspond au n° 9 du tableau susdit, et il a été traité au chapitre XI, sous les §§. 194, 195 et 196, auxquels nous renvoyons le lecteur.

C'est *l'accord de neuvième augmentée et septième majeure, avec tierce et quinte majeures*, formé par la RÉUNION SYSTÉMATIQUE de *l'accord de tierce et quinte majeures et de l'accord parfait mineur* (1).

§. (252)'. La somme des termes du présent accord H, est :
$$\varphi_5(x) = 5x + 26$$
Et leur produit donne :
$$x(x+4)(x+8)(x+5)(x+9) = x^5 + 26x^4 + 245x^3 + 988x^2 + 1440x.$$

Résumé général des chapitres X, XI et XII concernant les accords de cinq sons.

§. 253. L'extrême importance des accords de cinq sons nous décide à donner ici le tableau général de leur nomenclature, en les distinguant, comme nous l'avons fait pour les accords de trois et de quatre sons, en *accords naturels, accords mixtes* et *accords altérés*, suivant l'étendue qu'ils embrassent sur l'échelle des quintes. Déjà nous avons dit à plusieurs reprises, et nous répétons ici pour la dernière fois, que par *accords naturels* nous entendons tous ceux dont les notes rapportées à l'échelle des quintes, n'embrassent pas une étendue de plus de *six quintes*, qui est l'étendue embrassée par L'ÉCHELLE DU MODE MAJEUR; que par *accords mixtes*, nous désignons ceux qui n'embrassent pas une étendue de plus de *neuf quintes*, c'est-à-dire L'ÉTENDUE DE L'ÉCHELLE DU MODE MINEUR; enfin, que par *accords altérés* nous désignons tous ceux qui s'étendent au-delà de neuf, mais qui ne dépassent point *quinze quintes*; qui est l'étendue assignée à la GAMME CHROMATIQUE. (Voir au chap. Ier, le §. 14.)

---

(1) Dans la figure donnée page 250, sous le §. 194, on a imprimé par erreur les mots : *accord parfait majeur*, au lieu de : *accord parfait mineur* au-dessous de l'agrégation de trois sons formée par les fonctions de quinte, septième et neuvième du présent accord. Nous prions le lecteur de corriger cette faute.

LA TONALITÉ, tel est donc notre guide dans l'emploi des formules générales (A_m) (Ω_m), données au chapitre IV, §. 35, comme l'expression de LA LOI ABSOLUE DE STRUCTURE DE TOUS LES ACCORDS POSSIBLES. C'est en effet la tonalité qui limite la *généralité* de ces formules; en d'autres termes, c'est elle qui nous indique ce qui s'y trouve de *réalisable* dans l'état *actuel* de la sensibilité humaine. Or, on peut juger, par le grand nombre *d'accords nouveaux* que nous avons tirés des susdites formules en restant dans les limites de notre tonalité, on peut juger, disons-nous, de ce qu'il reste à faire, pour *accomplir* dans tous ses détails le système actuel, qui ne s'étend point au-delà de la *gamme chromatique*. Ce n'est qu'alors, c'est-à-dire, ce n'est qu'après cet entier accomplissement, qu'on pourra tenter la *réalisation* de la GAMME ENHARMONIQUE qui, jusqu'à ce jour, n'a pu être qu'un objet de pure spéculation. Il est infiniment probable que cette *gamme enharmonique*, et même que beaucoup d'autres gammes d'un ordre supérieur se trouvent réalisées déjà dans ces mondes innombrables qui peuplent l'espace, surtout dans ces soleils qui, en apparence, n'ont de communication avec nous que par leurs lumières. Eh! qui sait si la musique n'établit pas entre ces mondes et le nôtre, une communication plus intime quoique plus difficile à saisir, parce que sa perception dépendrait non seulement d'une exquise sensibilité, mais encore de l'élévation et de la pureté de notre âme! Il est certain, du moins, qu'il se révèle quelque chose de semblable dans les profondeurs de notre sentiment à l'audition des œuvres vraiment *sublimes* (1).

Mais revenons, et donnons enfin le résumé des chapitres X, XI et XII qui traitent des accords de cinq sons. On trouve ce résumé dans le tableau suivant, avec l'indication des paragraphes qui concernent chaque genre d'accords, ainsi que chaque accord en particulier.

---

(1) Nous pourrions ici faire beaucoup de citations; contentons-nous d'indiquer: la *dernière scène de Don Juan*, l'*Ave verum*, et le *Requiem* de l'artiste prédestiné qui eut nom MOZART, et que l'on a si justement surnommé LE DIVIN.

STRUCTURE DES ACCORDS.

TABLEAU GÉNÉRAL DES ACCORDS DE CINQ SONS.

Accords naturels (au nombre de cinq.)
(Voir les §§. 151, 152, 153, 154, 155, 156.)

A. *Accord de neuvième et septième majeures, avec quinte juste et tierce majeure.* (Voir le §. 157.)

B'. *Accord de neuvième majeure et septième mineure, quinte juste et tierce mineure.* (Voir §. 158.)

C. *Accord de neuvième et septième mineures, avec quinte juste et tierce mineure.* (Voir §. 159.)

D. *Accord de neuvième dominante majeure.* (Voir §§. 160 et 161.)

E. *Accord de neuvième et septième mineures, avec tierce et quinte mineures.* (Voir §. 162.)

Accords mixtes. (Au nombre de sept.)
(Voir §§. 164 et 165.)

B. *Accord de neuvième dominante mineure.* (Voir §§. 174, 175, 176, 177, 178, 179 et 180.)

C''. *Accord de neuvième majeure et septième mineure, avec tierce et quinte mineures.* (Voir §§. 185, 186, 187, 188, 189 et 190.)

D'. *Accord de neuvième et septième majeures, avec quinte juste et tierce mineure.* (Voir §§. 166, 167, 168 et 169.)

F. *Accord de neuvième augmentée et septième majeure avec tierce majeure et quinte juste.* (Voir §§. 181, 182, 183 et 184).

F'. *Accord de neuvième et septième majeures, avec tierce et quinte majeures.* (Voir §§. 170, 171, 172 et 173.)

G. *Accord de neuvième mineure et septième diminuée, avec tierce et quinte mineures.* (Voir §§. 191, 192 et 193.)

H. *Accord de neuvième augmentée et septième majeure, avec tierce et quinte majeures.* (Voir §§. 194, 195 et 196.)

Accords altérés. (Au nombre de trente.)
(Voir §§. 197, 198, 199 et 200.)
(*Accords conjugués avec l'accord naturel* A.)

Ces accords sont formés au moyen de six tierces majeures associées à quatre tierces mineures.

A^I *Accord de neuvième majeure et septième mineure, avec tierce et quinte majeures.* Connu sous le nom *d'accord de neuvième dominante majeure avec quinte haussée.* (Voir §. 201, n° 2.)

A^{II} *Accord de neuvième augmentée et septième mineure, avec quinte juste et tierce majeure, ou accord de neuvième dominante avec neuvième haussée.* (Voir §. 201, n° 3.)

A^{III}. *Accord de neuvième mineure et septième majeure, avec tierce et quinte majeures.* Provenant des altérations ascendantes simultanées des fonctions de quinte et septième, dans l'accord de neuvième dominante mineure. (Voir §. 201, n° 4.)

A^{IV}. *Accord de neuvième et septième majeures, avec quinte majeure et tierce mineure.* (Voir §. 201, n° 5.)

A^V. *Accord de neuvième augmentée et septième majeure, avec quinte mineure et tierce majeure.* (Voir §. 201, n° 6.)

NOTA. La classification mathématique des accords A, A^I, A^{II}, A^{III}, A^{IV} et A^V se voit page 266, sous le même §. 201.

Accords conjugués avec l'accord mixte B, et avec l'accord naturel B^I.

(Voir les §§. 202 et 203.)

Ces accords sont formés au moyen de quatre tierces majeures associées à six tierces mineures.

B^{II} *Accord de neuvième dominante majeure avec quinte abaissée.* (Voir §§. 204 et 205.)

B^{III}. *Accord de neuvième majeure et septième diminuée, avec quinte juste et tierce majeure.* Provenant de l'altération descendante de la fonction de septième dans l'accord de neuvième dominante majeure. (Voir §. 206.)

B^{IV}. *Accord de neuvième et septième majeures, avec tierce et quinte mineures.* (Voir §. 207.)

B^V. *Accord de neuvième mineure et septième majeure, avec quinte juste et tierce mineure.* (Voir §. 208).

B^{VI}. *Accord de neuvième et septième mineures, avec quinte majeure et tierce mineure.* (Voir §§. 209, 210 et 211.)

B^{VII}. *Accord de neuvième mineure et septième majeure, avec quinte mineure et tierce majeure.* (Voir §. 212 et 213.)

STRUCTURE DES ACCORDS.

NOTA. La classification mathématique des accords B, B′, B″, B‴, B^IV, B^V, B^VI et B^VII, se voit page 280, sous le §. 214.

Accords conjugués avec l'accord naturel C et avec l'accord mixte C″.

(Voir §. 215.)

Ces accords sont formés au moyen de trois tierces majeures associées à sept tierces mineures.

C′ *Accord de neuvième dominante mineure, avec quinte abaissée.* (Voir §. 217.)

C‴. *Accord de neuvième majeure et septième diminuée, avec quinte juste et tierce mineure.* (Voir §. 219.)

C^IV. *Accord de neuvième mineure et septième majeure, avec tierce et quinte mineures.* (Voir §. 220.)

C^V. *Accord de neuvième mineure et septième diminuée, avec quinte juste et tierce majeure.* (Voir §. 221; voir aussi la remarque importante, page 300 et suivantes.)

C^VI. *Accord de neuvième majeure et septième diminuée, avec quinte mineure et tierce majeure.* (Voir §§. 222 et 223.)

NOTA. La classification mathématique des accords C, C′, C″, C‴, C^IV, C^V et C^VI, se voit page 290, sous le §. 224.

Accords conjugués avec l'accord naturel D, et avec l'accord mixte D′.

(Voir le §. 225.)

Ces accords sont formés par le concours de cinq tierces majeures et de cinq tierces mineures.

D″ *Accord de neuvième mineure et septième majeure, avec quinte juste et tierce majeure.* (Voir §. 228.)

D‴. *Accord de neuvième et septième majeures, avec quinte mineure et tierce majeure.* (Voir §. 229.)

D^IV. *Accord de neuvième majeure et septième mineure, avec quinte majeure et tierce mineure.* (Voir §. 230.)

D^V. *Accord de neuvième et septième mineures, avec tierce et quinte majeures.* (Voir §§. 231, 232 et 233.)

D^{vi}. *Accord de neuvième augmentée et septième mineure, avec quinte et tierce mineure.* (Voir §. 234.)

D^{vii}. *Accord de neuvième augmentée et septième mineure, avec quinte mineure et tierce majeure.* (Voir §. 235 et la *remarque importante*, page 300 et suivantes.)

NOTA. La classification mathématique des accords D, D$'$, D$''$, D$'''$, D^{iv}, D^{v}, D^{vi} et D^{vii}, se voit page 303 sous le §. 236.

Accords conjugués avec l'accord naturel E.
(Voir chapitre X, les §§. 152, 162 et 237.)

Ces accords sont formés au moyen de deux tierces majeures associées à huit tierces mineures.

E$'$ *Accord de neuvième mineure et septième diminuée, avec quinte juste et tierce mineure.* (Voir §§. 239 et 240.)

E$''$. *Accord de neuvième majeure et septième diminuée, avec tierce et quinte mineures.* (Voir §§. 241, 242, 243, 244, 245.)

E$'''$. *Accord de neuvième mineure et septième diminuée, avec quinte mineure et tierce majeure.* (Voir §§. 246, 247 et 248.)

NOTA. La classification mathématique des accords E, E$'$, E$''$ et E$'''$ a été donnée page 313 sous le §. 249.

Accord conjugué avec les accords mixtes F et F$'$.
(Voir §. 250.)

Cet accord est formé, comme les accords F et F$'$ au moyen de sept tierces majeures associées à trois tierces mineures.

F$''$. *Accord de neuvième augmentée et septième mineure, avec tierce et quinte majeures.* (Voir §. 250).

NOTA. La classification mathématique des accords F, F$'$ et F$''$, se voit page 316.

§. 254. Les accords mixtes G et H, formés, l'un (G) au moyen *d'une seule tierce majeure et de neuf tierces mineures ;* l'autre (H), au moyen de *huit tierces majeures et de deux tierces mineures,* ne sont conjugués avec aucun autre accord, soit naturel, soit altéré. Nous avons donné §§. (251)$'$ et (252)$'$ la somme algébrique et le produit des termes qui caractérisent chacun de ces accords mixtes.

CHAPITRE XIII.

DES ACCORDS DE SIX SONS EN GÉNÉRAL.

§. 255. Quelques théoriciens ont étendu le principe de l'échelonnement des tierces, dans la formation des accords, jusqu'aux accords de onzième et de treizième. Toutefois *les méthodes artificielles* (1), au moyen desquelles on ramène ces deux agrégations à celles de 3, 4 et 5 sons, ont prévalu, surtout dans ces derniers temps. C'est, suivant nous, avec grande raison que Barbereau qualifie d'*artificielles* les méthodes que l'on a substituées au principe si simple de l'échelonnement des tierces. Ces méthodes sont ingénieuses, cela est incontestable ; mais ont-elles levé toutes les difficultés ? En y recourant, n'a-t-on pas abandonné la voie directe, la *méthode rationnelle*, pour suivre une voie indirecte, *la méthode empirique?* La difficulté d'employer les accords de 6 et de 7 sons avec toutes leurs fonctions, les restrictions nombreuses auxquelles ils sont soumis dans la pratique, la complication qui résulte de leur admission dans le système général (complication moindre toutefois que celle des *méthodes artificielles* susdites), tout cela ne touche en rien à l'existence même de ces accords. Ils existent, et leur réalité est la même que celle des accords de 3, de 4 et de 5 sons. En effet, on admet comme base de la mélodie, la *succession* des 7 sons élémentaires formant l'échelle diatonique, et l'on n'admettrait pas comme base de l'harmonie la *simultanéité* de ces mêmes 7 sons élémentaires ? ou du moins on n'admettrait cette simultanéité que pour une partie de ces éléments ? Posée ainsi, la question nous semble par cela même résolue, car *il n'y a aucune raison*, pour restreindre la *simultanéité* élémentaire des sons plus que leur *succession élémentaire*.

Il est donc nécessaire de considérer des accords de 6 et de 7 sons. Pour former tous ceux de 6 sons, il suffira de comparer nos formules du § 35, dans le cas de $m = 6$, avec les 54 combinaisons du tableau suivant :

---

(1) Barbereau, Traité théorique et pratique de composition musicale, tome Ier, chapitre III, page 17.

TABLEAU

POUR LA STRUCTURE DES ACCORDS DE SIX SONS.

NUMÉROS D'ORDRE.	ÉTAT DE L'INTERVALLE de tierce.	ÉTAT DE L'INTERVALLE de quinte.	ÉTAT DE L'INTERVALLE de septième.	ÉTAT DE L'INTERVALLE de neuvième.	ONZIÈME.
1	TM	Qm	Sd	Nm	O
2	TM	Qm	Sd	NM	O
3	TM	Qm	Sd	NA	O
4	TM	Qm	Sm	Nm	O
5	TM	Qm	Sm	NM	O
6	TM	Qm	Sm	NA	O
7	TM	Qm	SM	Nm	O
8	TM	Qm	SM	NM	O
9	TM	Qm	SM	NA	O
10	TM	Qj	Sd	Nm	O
11	TM	Qj	Sd	NM	O
12	TM	Qj	Sd	NA	O
13	TM	Qj	Sm	Nm	O
14	TM	Qj	Sm	NM	O
15	TM	Qj	Sm	NA	O
16	TM	Qj	SM	Nm	O
17	TM	Qj	SM	NM	O
18	TM	Qj	SM	NA	O
19	TM	QM	Sd	Nm	O
20	TM	QM	Sd	NM	O
21	TM	QM	Sd	NA	O
22	TM	QM	Sm	Nm	O
23	TM	QM	Sm	NM	O
24	TM	QM	Sm	NA	O
25	TM	QM	SM	Nm	O
26	TM	QM	SM	NM	O
27	TM	QM	SM	NA	O

SUITE DU TABLEAU
POUR LA STRUCTURE DES ACCORDS DE SIX SONS.

NUMÉROS D'ORDRE.	ÉTAT DE L'INTERVALLE de tierce.	ÉTAT DE L'INTERVALLE de quinte.	ÉTAT DE D'INTERVALLE de septième.	ÉTAT DE L'INTERVALLE de neuvième.	ONZIÈME.
28	Tm	Qm	Sd	Nm	O
29	Tm	Qm	Sd	NM	O
30	Tm	Qm	Sd	NA	O
31	Tm	Qm	Sm	Nm	O
32	Tm	Qm	Sm	NM	O
33	Tm	Qm	Sm	NA	O
34	Tm	Qm	SM	Nm	O
35	Tm	Qm	SM	NM	O
36	Tm	Qm	SM	NA	O
37	Tm	Qj	Sd	Nm	O
38	Tm	Qj	Sd	NM	O
39	Tm	Qj	Sd	NA	O
40	Tm	Qj	Sm	Nm	O
41	Tm	Qj	Sm	NM	O
42	Tm	Qj	Sm	NA	O
43	Tm	Qj	SM	Nm	O
44	Tm	Qj	SM	NM	O
45	Tm	Qj	SM	NA	O
46	Tm	QM	Sd	Nm	O
47	Tm	QM	Sd	NM	O
48	Tm	QM	Sd	NA	O
49	Tm	QM	Sm	Nm	O
50	Tm	QM	Sm	NM	O
51	Tm	QM	Sm	NA	O
52	Tm	QM	SM	Nm	O
53	Tm	QM	SM	NM	O
54	Tm	QM	SM	NA	O

REMARQUE.

§. (255)' Dans le tableau précédent, la lettre T indique la fonction de tierce, Q celle de quinte, S celle de septième, N celle de neuvième; et les lettres m, M, d, J, A, placées à la droite des précédentes, indiquent l'état de l'intervalle, suivant qu'il est *mineur*, *majeur*, *diminué*, *juste* ou *augmenté*. La lettre O désigne généralement la fonction de *onzième*, dont la distance à la fondamentale doit être déterminée dans chaque cas particulier. Or, pour connaître les divers cas qui peuvent se présenter, il faut dans les formules (Am), (Ωm) du §. 35, poser $m = 6$. Par cette détermination ces formules deviennent:

$$\varphi_6(x) = 6x + 4t - 3t' \qquad (A_6).$$
$$t + t' = 15 \qquad (\Omega_6).$$

Cette dernière relation, qui doit être satisfaite en nombres entiers positifs, exprime que dans la structure de tout accord de 6 sons, il entre 15 tierces. Or, la relation (Ω_6) peut être satisfaite par les 16 couples suivants:

$$\begin{array}{llllllll}
t = 15 & t = 14 & t = 13 & t = 12 & t = 11 & t = 10 & t = 9 \\
t' = 0 & t' = 1 & t' = 2 & t' = 3 & t' = 4 & t' = 5 & t' = 6
\end{array}$$

$$\begin{array}{llllll}
t = 8 & t = 7 & t = 6 & t = 5 & t = 4 & t = 3 \\
t' = 7 & t' = 8 & t' = 9 & t' = 10 & t' = 11 & t' = 12
\end{array}$$

$$\begin{array}{lll}
t = 2 & t = 1 & t = 0 \\
t' = 13 & t' = 14 & t' = 15
\end{array}$$

Toutefois, plusieurs de ces couples doivent être écartés par suite des limites assignées à notre tonalité. Ainsi, par exemple, le premier et le dernier couples ne peuvent servir, parce que d'une part un accord de 6 sons, uniquement formé de tierces majeures, ne présenterait rien de plus que *l'accord connu de tierce et quinte majeures*; et que d'autre part, un accord de 6 sons, uniquement formé de tierces mineures, reproduirait *l'accord de septième diminuée*, comme il est facile de s'en assurer directement. Par l'élimination des deux couples susdits, le nombre total des hypothèses se trouve donc réduit de 16 à 14; mais cette réduction peut être poussée beaucoup plus loin. Sans entrer ici dans de minutieux détails, qu'il nous suffise de dire que: pour trouver tous les *accords naturels* et tous les *accords mixtes* de la présente classe, ainsi que tous les *accords altérés* formés des mêmes éléments, il suffira de considérer les neuf cas suivants:

$$\begin{array}{lllll}
t = 10 & t = 9 & t = 8 & t = 7 & t = 6 \\
t' = 5 & t' = 6 & t' = 7 & t' = 8 & t' = 9
\end{array}$$

$$\begin{array}{llll}
t = 5 & t = 4 & t = 3 & t = 2 \\
t' = 10 & t' = 11 & t' = 12 & t' = 13
\end{array}$$

§. 256. Pour obtenir tous les *accords naturels* et tous les *accords mixtes* de la présente classe, en écartant provisoirement les *accords altérés formés des mêmes éléments*, accords auxquels nous consacrerons un chapitre à part, le procédé le plus direct consiste à échelonner cinq tierces au-dessus de chaque degré des échelles des modes majeur et mineur. En opérant ainsi, on trouve NEUF ACCORDS TYPES correspondant aux neuf cas énumérés à la fin de la remarque précédente. Parmi ces *neuf types*, *six* sont des accords *naturels*, et *trois* des *accords mixtes*. Voici leur nomenclature :

ACCORDS NATURELS DE SIX SONS. (Au nombre de six.)

A. *Accord de onzième* (1), *avec neuvième et septième majeures, quinte juste et tierce majeure.* (Mode majeur, 1ᵉʳ degré, formé par le concours de huit tierces majeures et de sept tierces mineures.

Exemple : *ut—mi—sol—si—ré—fa.*
+4 −3 +4 −3 −3

B. *Accord de onzième, avec neuvième majeure, septième mineure, quinte juste et tierce mineure.* (Mode majeur, 2, 6, formé au moyen de 6 tierces majeures associées à 9 tierces mineures.)

Mode majeur.
2ᵉ degré. { *ré—fa—la—ut—mi—sol*
           −3 +4 −3 +4 −5
6ᵉ degré. { *la—ut—mi—sol—si—ré*
           −3 +4 −3 +4 −5

C. *Accord de onzième, avec neuvième et septième mineures, quinte juste et tierce mineure.* (Mode majeur 3 ; mode mineur

---

(1) L'intervalle de *onzième* n'est autre chose que celui de *quarte* accru d'une octave ; il a donc les mêmes modifications que la quarte. Il peut être *juste*, comme : (*ut-fa*) ; *majeur*, comme (*fa-si*) ; ou *mineur*, comme (*sol♯-ut*). Le mot *onzième*, sans autre indication, désigne la *quarte juste* accrue d'une octave.

328   LIVRE PREMIER.

2ᵉ type, 2,6, formé au moyen de 5 tierces majeures associées à 10 tierces mineures.

Mode majeur.   { mi—sol—si—ré—fa—la
3ᵉ degré.   −3 +4 −3 −3 +4

Mode mineur.
2ᵉ type.   { si—ré—fa♯—la—ut—mi
2ᵉ degré.   −3 +4 −3 −3 +4

D. *Accord de onzième majeure, avec neuvième et septième majeures, quinte juste et tierce majeure.* (Mode majeur, 4. Formés au moyen de 9 tierces majeures associées à 6 tierces mineures.)

Mode maj. 4.   { fa—la—ut—mi—sol—si
                  +4 −3 +4 −3 +4

E. *Accord de onzième, avec neuvième majeure et septième mineure, quinte juste et tierce majeure.* (Mode majeur 5; mode mineur, 2ᵉ type, 5. Formé au moyen de sept tierces majeures, associées à 8 tierces mineures.)

Mode majeur.   { sol—si—ré—fa—la—ut
5ᵉ degré.   +4 −3 −3 +4 −3

Mode mineur.
2ᵉ type. 5ᵉ degré. { mi—sol♯—si—ré—fa♯—la
                      +4 −3 −3 +4 −3

F. *Accord de onzième, avec neuvième et septième, tierce et quinte mineures.* (Mode majeur 7, mode mineur 1ᵉʳ type 2. Formé au moyen de 4 tierces majeures associées à 11 tierces mineures.)

Mode majeur 7.
Mode mineur 2. { si—ré—fa—la—ut—mi
1ᵉʳ type.   −3 −3 +4 −3 +4

Accords mixtes. (Au nombre de 10, parmi lesquels 3 accords-types.)

A' *Accord de onzième majeure, avec neuvième majeure, sep-*

STRUCTURE DES ACCORDS.

tième mineure, quinte juste et tierce mineure. (Mode mineur, 2ᵉ type 4. Formé comme l'accord naturel A, au moyen de 8 tierces majeures associées à 7 tierces mineures.)

Mode mineur. $\{$ ré—-fa♯—-la—-ut—-mi—-sol♯,
2ᵉ type 4.   +4   −3   −3   +4   +4

B' *Accord de onzième, avec neuvième et septième mineures, quinte juste et tierce majeure.* (Mode mineur, 1ᵉʳ type 5. Formé comme l'accord naturel B, au moyen de 6 tierces majeures associées à 9 tierces mineures.)

Mode mineur. $\{$ mi—-sol♯—-si—-ré—-fa—-la
1ᵉʳ type, 5.   +4   −3   −3   −3   +4

C' *Accord de onzième, avec neuvième majeure, septième, quinte, et tierce mineures.* (Mode mineur, 2ᵉ type, 6. Formé comme l'accord naturel C, au moyen de 5 tierces majeures associées à 10 tierces mineures.)

Mode mineur. $\{$ fa♯—-la—-ut—-mi—-sol♯—-si
2ᵉ type 6.   −3   −3   +4   +4   −3

D' *Accord de onzième, avec neuvième et septième, tierce et quinte majeures.* (Mode mineur, 1ᵉʳ type 3. Formé comme l'accord naturel D, au moyen de 9 tierces majeures associées à 6 tierces mineures.)

Mode mineur. $\{$ ut—-mi—-sol♯—-si—-ré—-fa
1ᵉʳ type. 3.   +4   +4   −3   −3   −3

E' *Accord de onzième, avec neuvième et septième majeures, quinte juste et tierce mineure.* (Mode mineur, 1ᵉʳ et 2ᵉ types 1. Formé comme l'accord naturel E au moyen de 7 tierces majeures associées à 8 tierces mineures.)

Mode mineur. } $\overbrace{la\text{---}ut\text{---}mi\text{---}sol\sharp\text{---}si\text{---}ré}$
1er et 2e types. 1. $\quad\;\;-3\;\;+4\;\;+4\;\;-3\;\;-3$

E″ *Accord de onzième majeure, avec neuvième majeure, septième mineure, quinte juste et tierce mineure.* (Mode mineur, 1er type, 4. Formé comme le précédent des mêmes éléments que l'accord naturel E.)

Mode mineur. } $\overbrace{ré\text{---}fa\text{---}la\text{---}ut\text{---}mi\text{---}sol\sharp}$
1er type. 4. $\quad\;-3\;\;+4\;\;-3\;\;+4\;\;+4$

NOTA. Les accords A′, B′, C′, D′, E′ et E″ formés des mêmes éléments primordiaux que les accords-types A, B, C, D, E, s'en distinguent par la distribution de ces éléments.

G. *Accord de onzième majeure, avec neuvième augmentée et septième majeure, quinte juste et tierce majeure.* (Mode mineur, 1er type, 6. Formé au moyen de 10 tierces majeures associées à 5 tierces mineures. C'est le premier des accords typiques propres au mode mineur.)

Mode mineur. } $\overbrace{fa\text{---}la\text{---}ut\text{---}mi\text{---}sol\sharp\text{---}si}$
1er type. 6. $\quad\;+4\;\;-3\;\;+4\;\;+4\;\;-3$

G′ *Accord de onzième majeure, avec neuvième et septième, quinte et tierce majeures.* (Mode mineur, 2e type, 3. Formé comme le précédent de 10 tierces majeures associées à 5 tierces mineures.)

Mode mineur. } $\overbrace{ut\text{---}mi\text{---}sol\sharp\text{---}si\text{---}ré\text{---}fa\sharp}$
2e type. 3. $\quad\;+4\;\;+4\;\;-3\;\;-3\;\;+4$

NOTA. Les accords G et G′, formés des mêmes éléments primordiaux, sont distincts par la distribution des tierces.

H. *Accord de onzième mineure, avec neuvième mineure, septième diminuée, quinte et tierce mineures.* (Mode mineur, 1er type, 7. Formé au moyen de 2 tierces majeures associées à 13 tierces mineures. C'est le second des accords typiques propres au mode mineur.

STRUCTURE DES ACCORDS.

Mode mineur.
1ᵉʳ type, 7.
$$\overbrace{sol\sharp\text{---}si\text{---}ré\text{---}fa\text{---}la\text{---}ut}$$
$${-3}\ \ {-3}\ \ {-3}\ \ {+4}\ \ {-3}$$

I. *Accord de onzième mineure, avec neuvième, septième, quinte et tierce mineures.* (Mode mineur, 2ᵉ type, 7.) Cet accord typique est formé au moyen de 3 tierces majeures associées à 12 tierces mineures. C'est le troisième des accords typiques propres au mode mineur.)

Mode mineur, 7.
$$\overbrace{sol\sharp\text{---}si\text{---}ré\text{---}fa\sharp\text{---}la\text{---}ut}$$
$${-3}\ \ {-3}\ \ {+4}\ \ {-3}\ \ {-3}$$

On voit qu'à l'exception des trois accords G, H et I, et de l'accord G′ qui est conjugué avec l'accord G, les autres accords mixtes de la présente classe sont conjugués avec les accords naturels désignés par les lettres A, B, C, D, E. Quant à l'accord naturel désigné par F, il est le seul de son espèce.

CHAPITRE XIV.

DES ACCORDS NATURELS DE SIX SONS EN PARTICULIER, ET DE LEUR EMPLOI A 3, 4, 5 ET 6 PARTIES RÉELLES.

A. *Accord de onzième, avec neuvième et septième majeures, quinte juste et tierce majeure, ou accord naturel de onzième du* 1ᵉʳ *degré.*

Ex. :
$$\overbrace{ut\text{---}mi\text{---}sol\text{---}si\text{---}ré\text{---}fa.}$$
$${+4}\ \ {-3}\ \ {+4}\ \ {-3}\ \ {-3}$$

§. 257. Cet accord formé au moyen de 8 tierces majeures associées à 7 tierces mineures, correspond au n° 17 du tableau de la page 324. Il a pour siége exclusif le premier degré de l'échelle du mode majeur.

On peut le considérer comme présentant la RÉUNION SYSTÉMATIQUE de *l'accord parfait majeur* propre au premier degré de l'échelle et de *l'accord de septième de dominante*. Or, il résulte de cette formation que les notes résolutives $\begin{Bmatrix} mi \\ ut \end{Bmatrix}$ de l'intervalle attractif de quinte mineure : $\begin{Bmatrix} fa \\ si \end{Bmatrix}$, formé par les fonctions de septième et de onzième de notre accord, coexistent avec ledit intervalle attractif, ce qui semble impliquer contradiction. En d'autres termes, l'accord A contient tout à la fois et *l'accord de septième dominante* et *l'accord parfait majeur* sur lequel celui de septième trouve sa résolution naturelle. Eh bien, l'expérience prouve que cette coexistence presqu'inconcevable de l'idée du mouvement d'une part et de celle du repos de l'autre, trouve sa réalisation dans la musique. Il est vrai que dans la pratique on supprime généralement la tierce *mi* de notre accord ; mais il suffit que la fondamentale *ut* coexiste avec les termes attractifs de l'accord de septième dominante, pour que l'idée complexe que nous venons de signaler se manifeste clairement au sentiment musical. Depuis longtemps l'accord de onzième que nous avons désigné par A, est employé par les compositeurs. Il apparaît principalement à la fin des périodes, comme prolongation de l'accord complet de septième dominante, sur la tonique placée dans la basse.

Bien que l'on trouve partout des exemples de cette harmonie, nous allons signaler quelques-uns de ceux qui sont répandus dans le courant de cet ouvrage.

1° Page 117, fig. 27, l'accord A est employé à 5 parties réelles dans l'avant-dernière mesure.

2° Page 232, fig. 61, sur le temps fort de la dernière mesure, on trouve un exemple tout semblable à celui de la figure 27.

3° Page 264, fig. 78, on voit notre accord employé à 4 parties, sur le temps fort de la dernière mesure.

NOTA. La fonction de tierce ne paraît dans aucun de ces exemples, et celle de fondamentale est invariablement placée dans la basse. On verra plus loin que ces deux conditions ne sont pas absolues, et qu'il est possible d'employer l'accord A avec la fonction de tierce, et même avec celles de fondamentale et de tierce réunies.

§. 258. Dans l'harmonie à 3 parties, on ne peut conserver que 3 des fonctions de l'accord qui nous occupe. Dans ce cas, la *fonda-*

STRUCTURE DES ACCORDS.

mentale, la *neuvième* et la *onzième;* ou bien, la *fondamentale*, la *septième* et la *onzième;* ou encore, la *fondamentale*, la *quinte* et la *onzième*, suffisent à caractériser l'accord A. La dernière des trois formes que nous venons d'indiquer est remarquable en ce qu'elle reste identique pour les accords naturels de 6 sons, des degrés 1, 2, 3, 5 et 6 en mode majeur, et pour ceux des degrés 1 et 5 en mode mineur, bien que les distances des autres fonctions de ces divers accords à leurs fondamentales respectives soient variables. Aussi l'agrégation de *quinte et quarte* qui, dans la théorie des prolongations, constitue le *retard* de la tierce d'un accord parfait par la quarte, préparée dans l'accord précédent, est-elle fréquemment et depuis longtemps employée par les compositeurs. De l'identité de l'agrégation de *quinte et quarte* sur les degrés indiqués ci-dessus, quelques auteurs ont conclu que cette agrégation constituait un accord particulier de trois sons; et cette théorie, aussi bien que celle des prolongations, a conduit à n'employer le plus souvent dans l'harmonie à plus de trois parties, que les redoublements de la fondamentale et de la quinte, ce qui assurément est excellent et sera toujours fort utile, mais ce qui a fait négliger, là où elles eussent été fort à leur place, les trois autres fonctions de l'accord complet, dont la susdite agrégation de *quarte et quinte* ne présente que trois termes. Disons cependant que les grands maîtres tant anciens que modernes, ont fait souvent un emploi très-heureux de divers accords naturels et mixtes de onzième et de treizième; et que, si l'on en trouve de beaux exemples dans les œuvres de F. Mendelssohn-Bartholdy dont l'Allemagne pleure la perte récente, on en rencontre aussi dans celles de Hændel et de J. S. Bach, qui lui sont antérieurs de plus d'un siècle (1).

Avant d'aller plus loin, il ne sera pas inutile de présenter des exemples de l'emploi de l'agrégation de *quinte et quarte*, dont il vient d'être question. En voici quelques-uns:

---

(1) Voir le *Clavecin bien tempéré* et l'*Art de la fugue* de J. S. Bach, et les *Sonates pour l'orgue*, op. 65 de F. Mendelssohn-Bartholdy.

Fig. 116.

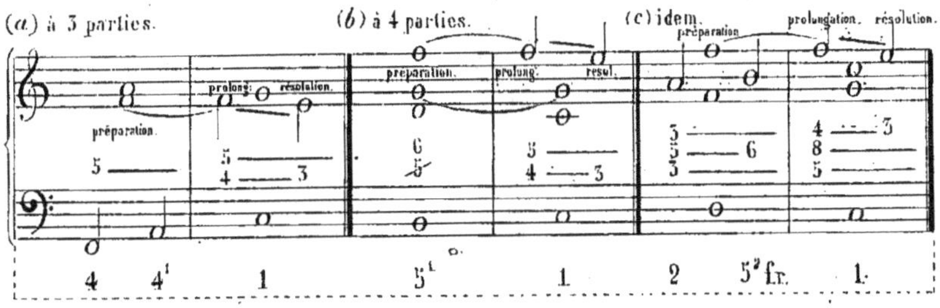

NOTA. En (*a*) la quarte est préparée par la fondamentale de l'accord parfait du 4ᵉ degré. En (*b*) et en (*c*), la préparation a lieu par la fonction de septième de l'accord de septième dominante. Quant à la quarte elle-même, elle apparaît au temps fort, dans la seconde mesure de chacun de ces exemples, comme *prolongation* de la fonction qui la prépare dans l'accord précédent, et comme *retard* de la tierce de l'accord parfait sur laquelle elle fait sa résolution.

§. 259. Nous avons dit plus haut que l'agrégation de *quarte et quinte* est employée depuis longtemps comme un accord particulier de 3 sons ; nous devons faire remarquer encore que cette agrégation s'emploie dans ses renversements aussi bien qu'à l'état direct. On la rencontre à chaque instant dans Palestrina et dans tous les compositeurs du 16ᵉ siècle. Voici, entre mille, un exemple emprunté à la « *collection des pièces de musique religieuse qui s'exécutent tous les ans à Rome durant la Semaine-Sainte, dans la chapelle du Souverain-Pontife.* » Recueil publié à Paris par Alexandre Choron, auquel l'art musical est redevable de tant d'autres publications importantes.

Fig. 117.

Feriâ sextâ: in Parasceve.

STRUCTURE DES ACCORDS.

NOTA. Dans cet exemple, l'agrégation de *quinte et quarte* paraît deux fois : d'abord au temps fort de la seconde mesure où elle est renversée, c'est-à-dire où la tierce retardée est placée dans la basse, d'où résulte l'agrégation de *seconde et quinte;* puis, dans la dernière mesure, où elle est employée à l'état direct. Dans les deux cas, c'est toujours la fondamentale de l'accord de onzième auquel appartient l'agrégation qui est redoublée.

§. 260. Dans tous les exemples donnés jusqu'ici pour l'emploi de l'accord de onzième désigné par A, la fonction de tierce a été supprimée. Il n'en faudrait pourtant pas conclure qu'elle est impraticable. Non seulement on peut l'employer concurremment avec les autres fonctions de l'accord, mais il y a longtemps que les compositeurs en font usage dans les accords prétenduement *artificiels* désignés par le nom de *suspensions simples, doubles et triples*. Voici un exemple à 6 parties réelles où notre accord A est employé trois fois.

Fig. 118.

NOTA. Dans cet exemple l'accord A se voit au temps fort de la seconde mesure; dans son 4° renversement, la note fondamentale a été supprimée, mais on pourrait la conserver comme pédale jusqu'à l'extrémité de la 3e mesure, et l'on aurait ainsi notre accord avec toutes ses fonctions; ce qu'indiquent les notes noires placées à la basse dans les mesures 2 et 3. Au temps fort de la troisième mesure, le même accord A reparaît sous une autre face; il s'y trouve dans son premier renversement; la tierce et la fondamentale sont employées simultanément et concurremment avec les fonctions de quinte, de neuvième et de onzième; la seule fonction supprimée est celle de septième. Enfin dans l'avant-dernière mesure le même accord paraît à l'état direct, et sous la forme indiquée au §. 257.

Les mesures 2, 3 et 4 présentent, dans la théorie généralement admise, une suite de *suspensions doubles* avec *notes réelles*, c'est-à-dire, avec la présence dans les parties inférieures, des notes suspendues dans les parties hautes. Suivant cette même théorie, l'accord placé dans l'avant-dernière mesure, offre l'exemple d'une *suspension triple* dont la *résolution* s'effectue dans la dernière mesure.

Toute cette théorie des suspensions simples, doubles, triples et même quadruples, est extrêmement ingénieuse; elle décrit exactement les phénomènes harmoniques qui naissent de l'emploi des *accords de onzième* et *de treizième*, en les ramenant aux accords de 3, 4 et 5 sons; mais, en niant l'existence desdits accords de onzième et de treizième, elle enlève toute base à la possibilité de ces suspensions qu'elle décrit avec tant de soin. En d'autres termes, cette théorie s'arrête à l'apparence, à la forme, elle prend l'ombre pour le corps.

Préparation, résolution et emploi de l'accord A *avec toutes ses fonctions.*

§. 261. Nous n'avons encore considéré l'accord A, c'est-à-dire *l'accord naturel de onzième du* 1er *degré de la gamme majeure*, que comme formé de la réunion systématique de *l'accord parfait majeur* et de *celui de septième de dominante*. L'extrême importance de ces deux accords, aussi bien que le mode d'emploi fréquent de l'accord A, nous imposaient en quelque sorte l'obligation de débuter par ce point de vue. Mais on peut et l'on doit encore envisager l'accord de onzième sous un autre aspect, et cette nouvelle considération mérite toute l'attention des harmonistes, parce qu'elle s'étend à tous les accords de la présente classe. En voici l'énoncé : *Tout accord de onzième naturel ou mixte peut être considéré comme offrant la réunion systématique de deux accords de septième, dont les fondamentales placées à la quinte l'une de l'autre, sont respectivement* 1° *la fonction de quinte de l'accord complet*, 2° *la fonction de fondamentale de ce même accord.*

De cette nouvelle manière d'envisager un accord de onzième, résulte immédiatement et naturellement le mode normal de son emploi. Et d'abord, en thèse générale, quant à la préparation, les fonctions de septième de chacun des accords partiels qui entrent dans la composition de l'accord de onzième, devront être préparées; la fonction de neuvième devra l'être également, puisqu'elle est dissonante par rapport à la fondamentale générale. Ensuite, comme les deux accords partiels de septième ne peuvent évidemment point se résoudre ensemble, leur résolution devra être successive, en commençant par celle de l'accord de septième dont la fondamentale est la fonction de quinte, parce que de cette manière cet accord partiel trouvera sa résolution *à la quinte inférieure*, sur celui dont la fondamentale se confond avec celle de l'accord complet. Il ne restera plus alors qu'un accord de 4 sons, dont la résolution s'effectuera ultérieurement, soit à la quinte inférieure, soit à tout autre intervalle, conformément aux règles établies pour l'emploi des accords de 4 sons. Voici une application des considérations précédentes à l'accord A.

Fig. 119.

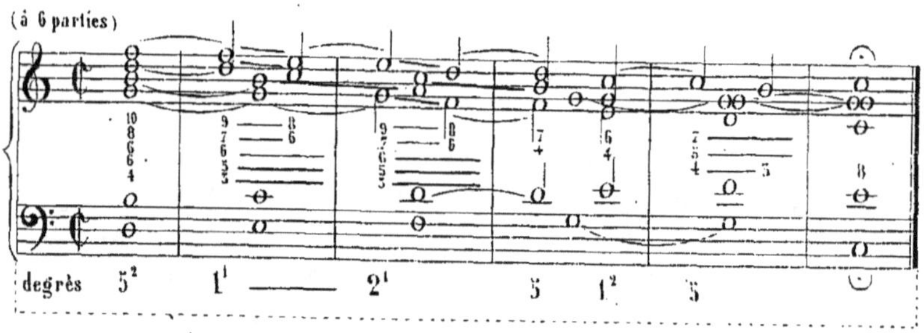

NOTA. Dans cet exemple l'accord de onzième A paraît au temps fort dans la seconde mesure; il y est employé avec toutes ses fonctions, et les notes dissonantes sont préparées dans la première mesure par l'accord de septième de dominante. Le fonctions de onzième et de neuvième $\begin{Bmatrix} fa \\ ré \end{Bmatrix}$ se résolvent les premières, en descendant diatoniquement sur celles de tierce et de fondamentale $\begin{Bmatrix} mi \\ ut \end{Bmatrix}$ de l'accord de septième de quatrième espèce *ut—mi—sol—si;* et enfin, la fonction de septième (le *si*) fait sa résolution dans la 3ᵉ mesure, sur la note *la*, quinte de l'accord de onzième : *ré—fa—la—ut—mi—sol* dont les fonctions dissonantes sont préparées et résolues suivant toutes les règles. Ainsi, dans cet exemple, on trouve non seulement l'accord de onzième A, mais aussi l'accord de la même classe que nous avons désigné par B et dont nous allons nous occuper actuellement.

B: *Accord de onzième, avec neuvième majeure, septième mineure, quinte juste et tierce mineure, ou accord naturel de onzième des degrés 2 et 6 de la gamme majeure.*

Ex. : *ré—fa—la—ut—mi—sol.*
    −3 +4 −3 +4 −3

§. 262. Cet accord, dans la structure duquel il entre 6 tierces majeures et 9 tierces mineures, a son siége sur les degrés 2 et 6 en mode majeur. On doit le considérer comme présentant la réunion systématique de deux accords de septième de seconde espèce, savoir : de l'accord *la-ut-mi-sol*, dont la fondamentale *la* est la fonction de quinte de l'accord de onzième; et de l'accord *ré-fa-la-ut*, dont la fondamentale *ré* se confond avec celle de l'accord complet B.

Après en avoir préparé convenablement les fonctions dissonantes, on traitera le présent accord B de la manière indiquée ci-dessus, §. 261 ; en résolvant successivement les 2 accords partiels qui entrent dans sa composition. Voici un premier exemple de son emploi :

Fig. 120.

NOTA. L'accord B paraît ici au temps fort de la seconde mesure après avoir été préparé dans la première. L'accord de septième de seconde espèce *la ut mi sol* reçoit sa résolution au temps faible, *à la quinte inférieure* sur l'accord de septième de même espèce dont la fondamentale se confond avec celle de l'accord de onzième; et ce second accord de septième fait sa résolution *à la quinte inférieure* sur l'accord de neuvième dominante, dont la fonction de neuvième placée dans la 4e partie, se trouve préparée par celle de quinte de l'accord précédent. — L'accord B se voit encore au premier temps dans la cinquième mesure, convenablement préparé dans la mesure précédente, et régulièrement résolu dans la mesure suivante. Enfin, le temps fort de la 4e mesure est occupé par *l'accord de onzième*, *avec neuvième et septième mineures*, *quinte juste et tierce majeure*, accord mixte formé des mêmes éléments que notre présent accord B, et que, pour cette raison, nous avons désigné page 329 par la lettre B'. Cet accord propre au 5e degré de l'échelle du mode mineur 1er type, est ici employé par déplacement sur le premier degré de l'échelle.

§. 263. L'harmonie à 3, à 4 et à 5 parties étant beaucoup plus usitée que celle à 6, il est nécessaire d'indiquer quelles sont les fonctions du présent accord B qu'il convient de conserver, et par conséquent celles qu'il faut supprimer, quand le nombre des parties ne permet pas de les employer toutes. D'abord, en ce qui concerne l'harmonie à 3 parties, on employera l'agrégation de *quarte et quinte*

STRUCTURE DES ACCORDS.

dont nous avons parlé précédemment (voir §§. 258 et 259); puis, à cette première agrégation on ajoutera la fonction de *neuvième* dans l'harmonie à quatre parties, et on formera ainsi une agrégation de *quarte, quinte et neuvième*; enfin, à cinq parties, on fera intervenir la fonction de *tierce*.

Fig. 121.

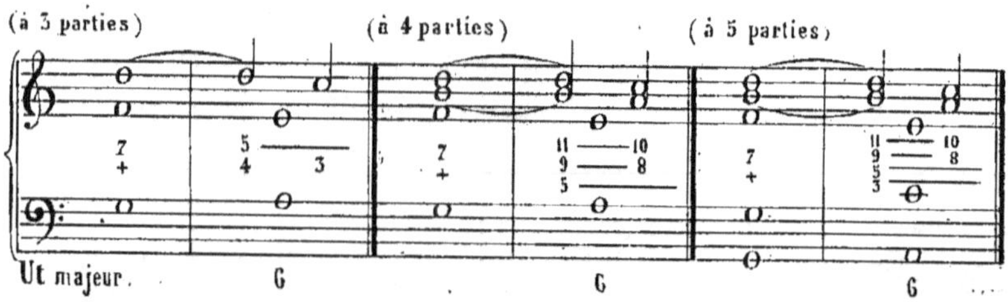

NOTA. Cet exemple présente l'accord B employé sur le sixième degré de l'échelle diatonique du mode majeur.

§. 264. Nous avons dit §. 261, qu'un accord complet de onzième ne pouvait faire sa résolution que *médiatement* par la résolution successive de chacun des accords de septième qui entrent dans sa composition. Mais si l'accord est incomplet, il est possible de faire *immédiatement* cette résolution, pourvu que la *fonction de septième* soit retranchée. Voici l'exemple d'une telle résolution immédiate :

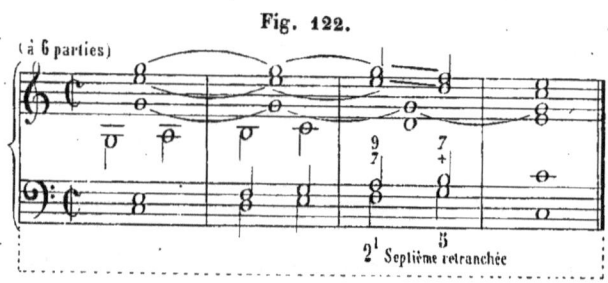

Fig. 122.

NOTA. Dans cette figure, l'accord B paraît au temps fort de la troisième mesure et dans son premier renversement; il se résout immédiatement *à la quinte inférieure* sur l'accord de septième dominante. — On remarquera : 1° les pédales *intermédiaire* et *supérieure*, formées par la note *sol*, et qui subsistent jusqu'à la résolution de notre accord sur celui de septième dominante; — 2° l'agrégation *mi-sol-si-ré-fa* dont les fonctions *mi* et *sol* sont préparées dans la première mesure, se prolongent jusqu'au second temps de la troisième mesure, et dont les autres fonctions marchent par degrés conjoints.

540 LIVRE PREMIER.

§. 265. Les figures précédentes 120, 121, 122, peuvent donner une idée des richesses harmoniques qui résultent de l'emploi de l'accord de onzième propre aux degrés 2 et 6 du mode majeur. Ces deux degrés se prêtent à peu près également bien à l'emploi de l'accord B, et si on le rencontre plus fréquemment sur le second degré que sur le sixième, cela tient uniquement à la prépondérance du second degré dans le système tonal.

Comme l'accord de onzième est plus dissonant que celui de septième qui émane de la même fondamentale, et sur lequel il peut se résoudre, on peut mettre à profit cette différence très-sensible, pour effectuer *un quart de cadence* sur l'accord de septième de seconde espèce ; et, certes, cette fonction rythmique n'est pas de peu d'importance. C'est de cette manière que Mendelssohn a employé l'accord de onzième en question, au début de sa belle sonate en *la* majeur, opus 65, n° 3. Nous donnons ici ce début en faveur de ceux de nos lecteurs qui ne possèderaient point les sonates pour l'orgue du célèbre compositeur allemand.

Fig. 123.

NOTA. L'accord de onzième du second degré paraît deux fois dans cet exemple, d'abord au troisième temps de la seconde mesure, et c'est là qu'en se résolvant sur l'accord de septième de seconde espèce qui occupe le quatrième temps de la même mesure, il amène le quart de cadence que nous voulons faire remarquer ; ensuite, on le retrouve sous forme *d'appoggiatures*, au second temps de la quatrième mesure, dans laquelle a lieu la demi-cadence sur la dominante du ton.

STRUCTURE DES ACCORDS.   541

C. *Accord de onzième, avec neuvième et septième mineures, quinte juste et tierce mineure.*

Ex. : mi—sol—si—ré—fa—la.
    —3 +4 —3 —3 +4

§. 266. Cet accord naturel, formé au moyen de 5 tierces majeures associées à 10 tierces mineures, correspond au n° 40 du tableau de la page 325.

Si l'on admet avec Reicha et Barbereau que les degrés 3 et 7 ne peuvent être fondamentales d'accords, et nous avouons que c'est aussi là notre manière de voir, il faut regarder la présente agrégation comme présentant, en mode majeur, un accord de 7 sons privé de fondamentale. Mais en mode mineur, 2ᵉ type, ce sera bien réellement un accord de 6 sons ayant son siége sur le second degré (1). D'ailleurs, comme la restriction concernant la faculté de porter accord ne s'étend point aux *marches harmoniques*, il devient indispensable de considérer, dans ce cas, la présente agrégation C comme un véritable accord de 6 sons, en majeur aussi bien qu'en mineur.

Voici un exemple de l'emploi de notre accord C, dans une *marche harmonique*, en mode majeur.

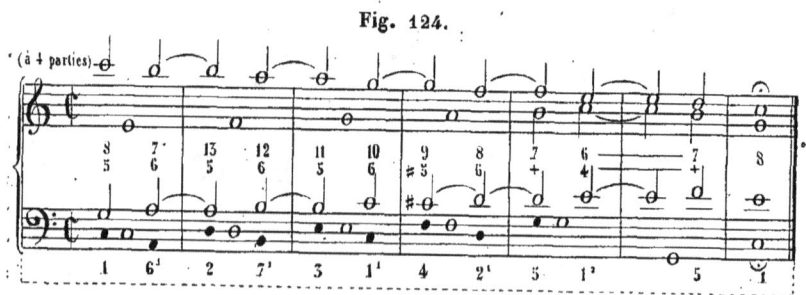

Fig. 124.

(1) Le sixième degré du mode mineur, 2ᵉ type, porte un accord formé des mêmes éléments que l'accord C, mais qui en diffère par la distribution de ces éléments. C'est l'accord que nous avons désigné, page 329, par la lettre C', et qu'il ne faut point confondre avec l'accord C. Aussi est-ce par inadvertance qu'on a indiqué au commencement de la page 328, à la fois le 2ᵉ et le 6ᵉ degrés du mode mineur, 2ᵉ type, comme siéges de l'accord C; c'est une erreur que nous prions le lecteur de corriger. Il est évident, en effet, que le second degré seul, dans le mode mineur, 2ᵉ type, peut porter le présent accord C. Quant à l'accord C' nous lui consacrerons un article à part, au chapitre suivant.

Dans cette marche les trois parties inférieures présentent une suite d'accords de quinte et d'accords de sixte, dont les fondamentales procèdent alternativement par tierce inférieure et quarte supérieure, comme l'indiquent les notes noires ainsi que le chiffrage inférieur (1). L'adjonction de la partie supérieure ne change point cette marche des notes fondamentales; si donc on admet des accords de neuvième et de septième, on doit admettre aussi ceux de onzième et de treizième. C'est au temps fort de la troisième mesure que paraît l'accord C en question.

§. 267. La figure 125 présente une autre *marche harmonique*, mais cette fois en mode mineur, 2ᵉ type. La basse fondamentale qui forme ici la basse réelle de l'harmonie, procède alternativement par quarte supérieure et tierce inférieure, et notre accord C apparaît avec ses quatre fonctions principales au temps fort de la seconde mesure.

Fig. 125.

NOTA. Plusieurs choses sont à remarquer dans cet exemple : d'abord, la préparation des fonctions de onzième et de neuvième de notre accord C, au moyen de celles de neuvième et de septième de l'accord de neuvième dominante majeure employé par déplacement sur le quatrième degré de l'échelle du mode mineur 2ᵉ type (voir page 225, le §. 160); en second lieu, la *pédale intermédiaire* formée par la note *mi* commune aux cinq premiers accords; en troisième lieu, la suppression des fonctions de tierce et de septième, et le doublement de celles de onzième et de fondamentale, du présent accord C; enfin, la possibilité d'exécuter cette harmonie à cinq parties, en supprimant la partie la plus grave, ce qui tient à ce que la cinquième partie est *bonne basse* par rapport aux quatre parties supérieures.

Après avoir signalé ce qu'il y a de plus essentiel à connaître concernant l'emploi de l'accord C, nous pensons que l'intelligence du lecteur suppléera facilement à ce que nous omettons afin d'abréger. Nous allons en conséquence passer outre, et aborder l'étude de

---

(1) Il est bien entendu que les notes noires ne sont là que pour la démonstration, et qu'elles ne doivent pas être exécutées.

l'accord naturel D qui a son siége sur le quatrième degré de la gamme majeure.

D. *Accord de onzième majeure, avec neuvième et septième majeures, quinte juste et tierce majeure.*

Ex. : fa———la———ut———mi———sol———si
        +4   —3   +4   —3   +4

§. 268. Cet accord, que l'on pourrait appeler *accord de onzième du 4° degré* en mode majeur, est formé par le concours de 9 tierces majeures et de 6 tierces mineures. Il existe bien en mode mineur un accord formé des mêmes éléments primordiaux, mais la distribution toute différente de ces éléments, et l'étendue plus grande qu'il embrasse sur l'échelle des quintes le distinguent du présent accord; c'est pourquoi nous le désignons par la lettre accentuée D'. Un article spécial lui est consacré au chapitre suivant qui traite des accords mixtes de la présente classe.

Mais revenons à l'accord naturel D, et remarquons d'abord qu'il présente la RÉUNION SYSTÉMATIQUE des deux *accords de septième de quatrième espèce* qui, en mode majeur, ont leurs siéges sur les degrés 4 et 1.

Accord de onzième du quatrième degré.

                  Acc. de sept. du 1ᵉʳ degré.
fa———la———ut———mi———sol———si
Acc. de sept. du 4ᵉ degré.

Ces deux accords partiels très-durs séparément, constituent par leur combinaison une agrégation encore infiniment plus dure, et dont il semble qu'on ne pourra jamais rien tirer de bon. Il y a longtemps néanmoins que les compositeurs l'emploient sous diverses formes. En voici 3 exemples bien connus :

Fig. 126.

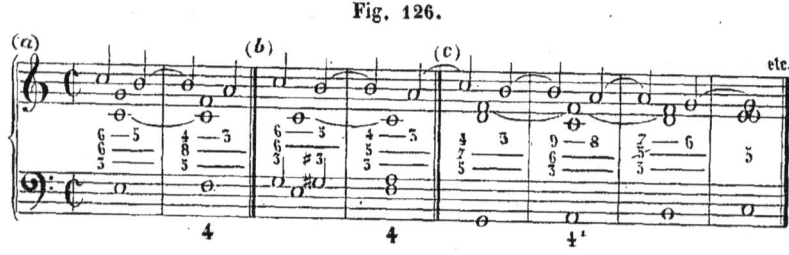

Suivant la théorie généralement admise, l'exemple (*a*) présente le *retard* de la tierce de l'accord parfait du quatrième degré; en (*b*) on a ce même *retard*, avec quelque chose de plus, savoir, la présence dans une partie grave de la note même retardée dans la partie supérieure; enfin en (*c*) on voit comme en (*b*) le *retard* de la tierce aussi avec *note réelle;* seulement cette note est placée dans la basse, ce qui présente un renversement et forme une agrégation de neuvième, sixte et tierce. Cette ingénieuse théorie des *retards* qui explique tant de choses, ne justifie pourtant pas tout. Elle ne nous dit point, par exemple, pourquoi l'intervalle attractif de quarte majeure $\begin{Bmatrix} si \\ fa \end{Bmatrix}$ ne reçoit pas sa résolution sur la tierce majeure $\begin{Bmatrix} ut \\ mi \end{Bmatrix}$; pourquoi le *si*, au lieu de monter à la tonique *ut*, descend au contraire au sixième degré *la*; et pourquoi le *fa*, au lieu de descendre à la médiante *mi*, reste immobile. Cette théorie constate bien les phénomènes, mais elle ne les explique pas, et jamais elle ne les expliquera d'une manière satisfaisante. Eh bien, tous ces mystères sont dévoilés par la considération des deux accords de septième qui entrent dans la structure de ceux de onzième.

Dans le cas particulier qui nous occupe, nous n'avons même à tenir compte que d'un seul de ces accords de septième, puisque les fonctions caractéristiques de l'autre accord partiel ne se trouvent point exprimées dans les exemples de la figure précédente. Quant à l'accord partiel que nous avons à considérer, c'est évidemment celui dont la fondamentale est la fonction de quinte (*ut*) de l'accord de onzième, et dont la présence se révèle par ses deux fonctions caractéristiques *ut* et *si*. Or, on sait que *l'accord de septième de quatrième espèce ut-mi-sol-si* fait sa *résolution normale* (celle à la quinte inférieure) sur l'accord de *fa;* il est donc tout naturel qu'en présence des deux sons caractéristiques *ut* et *si* du susdit accord partiel de septième, le son *fa*, fondamentale de *l'accord résolutif fa-la-ut*, exerce une *action coërcitive* capable d'amener le *si* sur la tierce *la*, malgré sa tendance bien marquée vers la tonique *ut*, quand il se trouve seul en présence de la note *fa*. En d'autres termes : puisque *l'accord de septième de quatrième espèce* dont la fondamentale est *ut*, tend à se résoudre sur l'accord parfait *fa-la-ut*, quand

STRUCTURE DES ACCORDS.

cet accord de septième est isolé, on peut dire que, si la fondamentale *fa* de *l'accord résolutif* se fait entendre en même temps que *l'accord dissonant*, cette simple *tendance* sera remplacée par une *formelle coërcition*.

Résolution à la quinte mineure inférieure.

§. 269. La note placée à la quinte juste, au-dessous du quatrième degré de la gamme, n'appartient plus à la tonalité. Lors donc qu'on veut descendre de quinte, à partir de la *sous-dominante*, sans effectuer de modulation, ou sans toucher à des cordes étrangères à la gamme diatonique, on ne le peut qu'en descendant de *quinte mineure*, ce qui fait arriver sur la *note sensible*, qui ne peut porter accord que dans les *marches harmoniques*. Aussi n'est-ce que dans de telles marches que l'on peut résoudre un accord dissonant, placé sur le quatrième degré, sur un accord dont *la sensible* soit la note fondamentale. Une pareille résolution *à la quinte mineure inférieure*, diffère radicalement de celle qu'on nomme *résolution normale*, qui a toujours lieu à la *quinte juste* inférieure entre fondamentales. Hormis le cas des marches harmoniques, les accords dissonants placés sur le 4ᵉ degré, se résolvent le plus souvent sur la dominante; et cette résolution qui, en apparence, a lieu à la *seconde majeure supérieure* entre fondamentales, est généralement une véritable *résolution normale à la quinte inférieure*, parce que la note fondamentale n'est pas le 4ᵉ degré, mais bien le 2ᵉ degré de la gamme qui n'est point exprimé. En d'autres termes, l'accord appartient à une classe supérieure, et on en a retranché la note fondamentale. Nous réservons le développement de cette proposition pour le second livre, qui traitera de l'enchaînement des accords et des lois qui président à cet enchaînement. Revenons en conséquence à l'accord D, et donnons des exemples de son emploi dans les *marches harmoniques*. Voici ces exemples, ils sont extraits de l'ouvrage de Chérubini cité page 227.

Fig. 127.

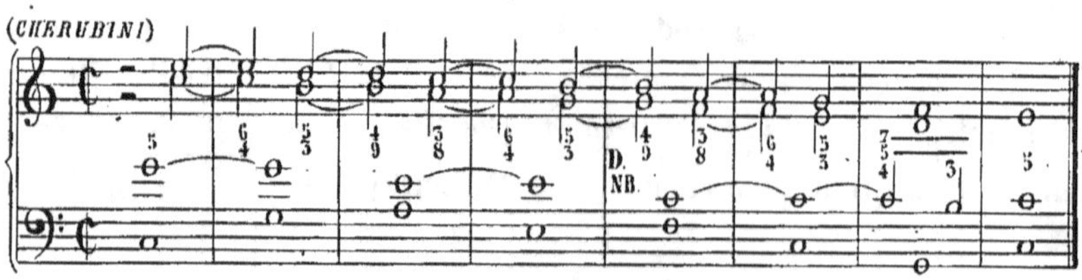

NB. L'harmonie est à quatre parties, notre accord D se voit dans la cinquième mesure au temps fort; il est employé avec les fonctions de *fondamentale*, *quinte*, *neuvième* et *onzième*. Ces deux dernières fonctions sont préparées au temps faible de la mesure précédente par celles de tierce et de quinte de l'accord parfait *mi-sol-si*. L'auteur a chiffré $\frac{4}{9}$ au lieu de $^{1\,1}_{\,9}$. On voit aussi au temps fort de la troisième mesure l'accord B dont nous avons parlé §. 262 et suivants.

Fig. 128.

NB. Ici toutes les fonctions de l'accord D, sauf celle de tierce, sont employées. La préparation des fonctions dissonantes a lieu dans la quatrième mesure par l'accord de septième de quatrième espèce *ut-mi-sol-si*.

E. *Accord de onzième, avec neuvième majeure, septième mineure, quinte juste et tierce majeure.*

Ex.: sol──si──ré──fa──la──ut
 +4 −3 −3 +4 −3

§. 270. Cet accord, formé au moyen de 7 tierces majeures et de 8 tierces mineures, a son siége sur la dominante en mode majeur, et aussi en mode mineur, quand on emploie le deuxième type de ce mode.

Nous trouverons plus loin deux accords mixtes E' et E" formés des mêmes éléments primordiaux que le présent accord E, mais qui diffèrent entre eux et de l'accord-type, par la distribution de ces éléments.

L'accord E qui nous occupe maintenant présente la réunion systématique de deux accords fort importants, savoir: de *l'accord de septième de seconde espèce*, de *l'accord de septième de première espèce*, plus connu sous le nom *d'accord de septième dominante*.

STRUCTURE DES ACCORDS.

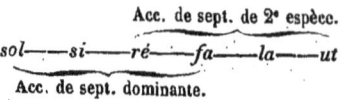

L'accord de septième de seconde espèce a pour fondamentale la fonction de quinte de l'accord complet; et *l'accord de septième dominante*, la fondamentale même de l'accord de onzième. (Voir le §. 261.)

Etat direct et résolution normale médiate.

§. 271. Pour employer le présent accord E à l'état direct, c'est-à-dire en plaçant sa fondamentale à la basse, il est nécessaire d'en préparer les fonctions dissonantes et de résoudre *successivement* les accords partiels de septième qui entrent dans sa composition; conformément à ce qui a été dit au §. 261. La résolution de l'accord complet *à la quinte inférieure*, n'a lieu, comme celle des accords précédents A, B, C, D, que *médiatement*, et c'est là, c'est cette résolution médiate qui a motivé la théorie des suspensions : on a pris tout simplement l'effet pour la cause.

Fig. 129.

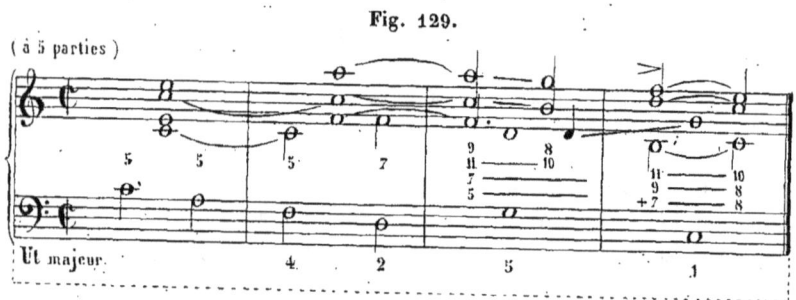

NB. Dans cette figure, l'accord E est employé avec cinq de ses fonctions; sa préparation a lieu dans la seconde mesure, et sa réalisation dans la mesure suivante. — L'accord qui succède à celui que nous étudions, est l'accord de onzième A dont il a été parlé aux §§. 257, 258, 259, 260 et 261 auxquels nous renvoyons le lecteur. Nous devons toutefois ajouter que dans la fig. 129, les fonctions dissonantes de l'accord A sont employées sous forme *d'appogiatures*, c'est-à-dire attaquées.

§. 272. Dans l'harmonie à 3 parties, on aura les agrégations bien connues de *quinte et quarte*, ou de *septième et quarte*; ou enfin de *neuvième et quarte*; selon la fonction que l'on ajoutera à celles de

348 LIVRE PREMIER.

fondamentale et de onzième (quarte), pour compléter l'harmonie.
— A quatre parties, aux fonctions déjà exprimées, on joindra la fondamentale ou la quinte, selon les cas. Ces diverses agrégations présentent le retard de la tierce, ou de la tierce et de la fondamentale de l'accord de la dominante. La figure suivante montre ces divers aspects de notre présent accord E.

Fig. 130.

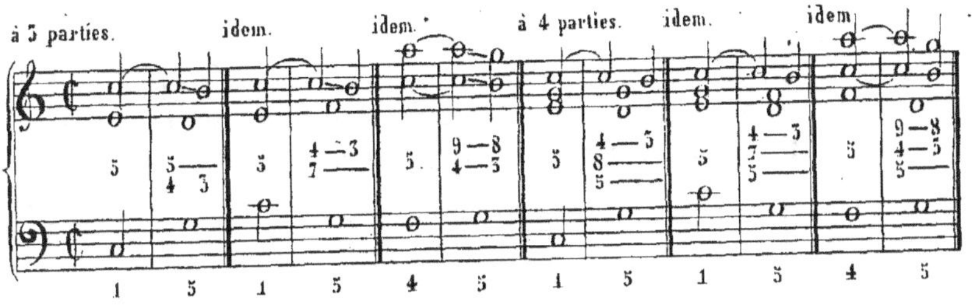

Renversement et résolution normale immédiate, emploi avec toutes les fonctions.

§. 273. Il existe une *résolution immédiate* de l'accord E, mais pour la réaliser, il faut opérer le renversement complet de cet accord, c'est-à-dire, placer à la basse sa fonction de onzième, qui doit, dans l'accord précédent et dans l'accord suivant, se trouver sur le même degré, comme fondamentale de l'accord de la tonique. En voici l'exemple avec toutes les fonctions de l'accord E.

Fig. 131.

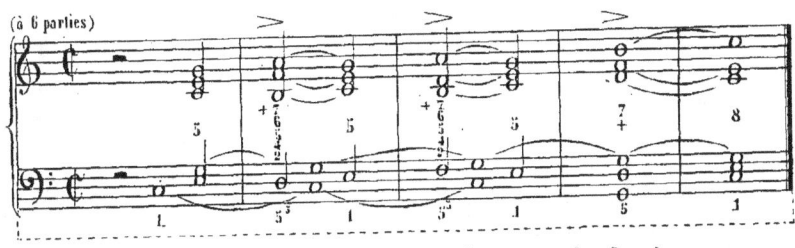

Les théoriciens qui nient l'existence des accords de six sons expliquent le fait harmonique consigné fig. 131, en disant que la note de basse (*ut*) entendue d'abord comme fondamentale de l'accord

STRUCTURE DES ACCORDS. 349

parfait de la tonique, est étrangère aux accords placés sur les temps forts des mesures 2 et 3 ; et ils considèrent cette note de basse non pas comme une *tenue*, c'est-à-dire comme une *note réelle* appartenant à tous les accords, mais comme une *pédale*, c'est-à-dire comme une note alternativement *réelle* et *étrangère* par rapport aux accords qui se succèdent pendant sa durée (1). Certes, nous ne prétendons pas nier, en thèse générale, la possibilité de la *pédale* dans le sens

(1) *Courte digression sur la Pédale.*

« La pédale, dit Antoine Reicha dans son excellent *Cours de composition mu-*
» *sicale*, est une note plus ou moins prolongée dans la basse, et sur laquelle on
» place une suite d'accords dont plusieurs lui sont totalement étrangers :

Exemple.

« La note *ut* est ici étrangère aux deux accords marqués d'une (+). L'*ut* est
» par conséquent note accidentelle dans ces deux accords, tandis qu'elle est note
» réelle dans les deux autres. » Cette doctrine d'Antoine Reicha est du reste l'expression exacte de l'opinion de la généralité des harmonistes. Quant à nous, en examinant l'exemple allégué par le savant et justement célèbre professeur, nous reconnaissons dans l'agrégation *ut la♭ si♮ ré fa*, placée dans la seconde mesure, un véritable accord de six sons, nommément : *l'accord de onzième, avec neuvième et septième mineures, quinte juste et tierce majeure, sol-si-ré-fa-la♭-ut*, inscrit page 329, parmi les accords mixtes de cette classe d'accords, et désigné par la lettre B'. Or, dans la seconde mesure de l'exemple de Reicha, cet accord mixte paraît sans sa note fondamentale (*sol*); et, dans la mesure suivante cette fondamentale remplace la fonction de neuvième (*la♭*), qui à son tour est supprimée. Et ainsi, tout l'exemple ne présente rien de plus que deux accords, 1° *l'accord parfait majeur de la tonique*; 2° *l'accord mixte de onzième de la dominante du mode mineur*, employé par déplacement sur le même degré en mode majeur, et se résolvant *à la quinte inférieure*, sur l'accord parfait du premier degré. Nous pensons que cette explication vaut un peu mieux que celle tirée de la considération de cette mystérieuse *pédale*.

que lui donnent les théoriciens; mais nous prétendons qu'on a beaucoup trop étendu son domaine, et que ce domaine est considérablement restreint par la considération de *tous les accords* renfermés dans nos formules générales du §. 35.

Emploi en mode mineur.

§. 274. L'accord E existe aussi en mode mineur, 2ᵉ type, sur la dominante. Nous nous bornerons à montrer son emploi dans le *cinquième renversement*, c'est-à-dire avec la fonction de onzième employée comme *tenue* dans la basse. Voici l'exemple de cette harmonie:

Fig. 132.

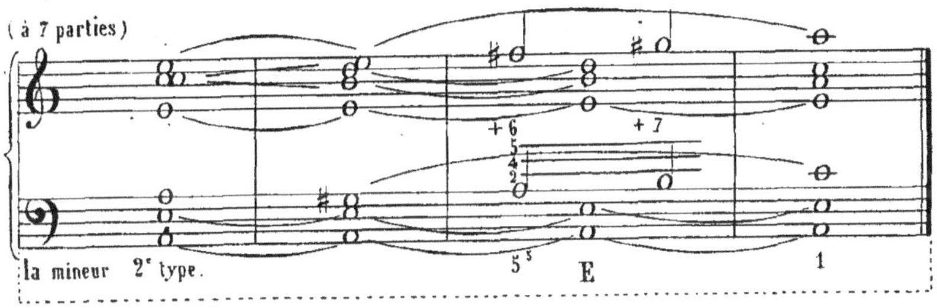

L'accord en question occupe ici toute l'avant-dernière mesure. Au premier temps il y paraît privé de sa tierce, laquelle arrive au second temps par échange de note avec la fonction de neuvième qui à son tour est supprimée. Pendant que la partie supérieure monte diatoniquement de la dominante *mi* à la tonique *la* de la seconde mesure à la quatrième, la cinquième partie procède parallèlement de la note sensible *sol*♯ à la médiante *ut*. Or, quand on n'admet pas l'existence des accords des classes supérieures de 6 et de 7 sons, on doit voir là des *notes de passage diatoniques*, tandis qu'en réalité il n'y a qu'un simple échange entre les fonctions d'un même accord, savoir l'échange de la fonction de neuvième *fa*♯ contre la fonction de tierce *sol*♯ dans la partie supérieure; et celui de la fonction de onzième *la* contre celle de quinte *si* dans la cinquième partie. On voit donc par cet exemple et par cent autres que nous sommes en mesure de produire à l'appui de notre théorie, que les *notes de passage* elles-mêmes ont leur type dans de véritables accords. Ce qui ne veut pas dire qu'il n'existe point de véritables *notes de passage* étrangères aux accords, mais seulement que, comme pour les *suspensions* et pour la *pédale*, on a beaucoup trop étendu le domaine de ces notes étrangères.

STRUCTURE DES ACCORDS.

F. *Accord de onzième, avec neuvième, septième, tierce et quinte mineures.*

Ex.: si——ré——fa——la——ut——mi
　　　—3　—3　+4　—3　+4

§. 275. Cet accord, dans la structure duquel il entre 4 tierces majeures et 11 tierces mineures, doit être considéré comme présentant la RÉUNION SYSTÉMATIQUE des *accords de septième, de troisième et de quatrième espèces.*

　　　　　　　　Acc. de 7ᵉ de 4ᵉ espèce.
si——ré——fa——la——ut——mi
Acc. de 7ᵉ de 3ᵉ espèce.

Son siége principal est sur le second degré en mode mineur, 1er type. On le trouve encore sur la note sensible en mode majeur, mais ce n'est que dans une *marche harmonique* qu'on peut l'employer sous cette acception; dans tout autre cas il faut, en mode majeur, le considérer comme un accord de 7 sons privé de sa fondamentale (*sol*). On désignerait convenablement le présent accord F par le nom *d'accord de onzième du second degré en mode mineur.*

Etat direct et résolution normale médiate en mode mineur.

§. 276. Quand l'accord F est employé à l'état direct avec *toutes* ses fonctions dissonantes, sa résolution normale ne peut avoir lieu que *médiatement* par la résolution successive de ces fonctions. L'accord de onzième se transforme d'abord en accord de septième de troisième espèce ayant même fondamentale, et c'est ce dernier accord qui fait sa résolution à la quinte inférieure sur celui de septième dominante. Voici l'exemple de cette harmonie:

Fig. 133.

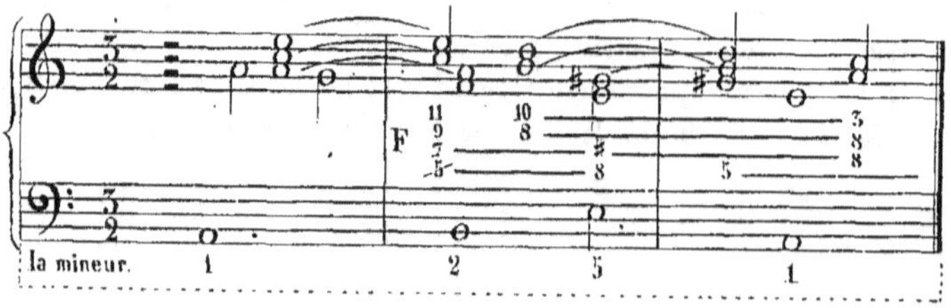

NB. Au lieu du chiffre 11 on peut sans inconvénient mettre le chiffre 4 ; et au lieu du chiffre 10 le chiffre 3, comme on le fait ordinairement.

Résolution normale immédiate à trois parties dans l'état direct de l'accord.

§. 277. En n'employant que les trois fonctions caractéristiques de *fondamentale*, *septième et onzième*, on peut résoudre l'accord F à *la quinte inférieure* sur l'accord de dominante, sans passer par celui de septième du 2ᵉ degré de l'échelle. Cette *résolution immédiate* est applicable également à l'accord de onzième B dont nous avons parlé dans le présent chapitre §§. 262 et suivants.

Voici la réalisation de cette harmonie pour les deux accords de onzième B et F qui jouent le même rôle, chacun dans le mode auquel il appartient.

Fig. 134.

NB. Au lieu du chiffre 11 on peut sans inconvénient mettre le chiffre 4 en le plaçant au-dessus des autres.

Résolution normale immédiate au moyen du renversement complet de l'accord de onzième.

§. 278. En plaçant à la basse la fonction de onzième, on obtient la *résolution normale immédiate*, sous forme de *pédale de dominante*, en voici la réalisation à cinq parties :

Fig. 135.

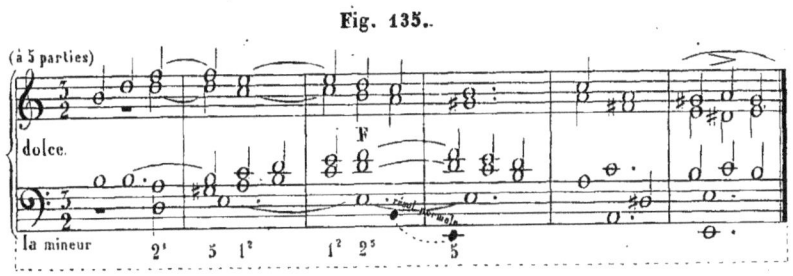

STRUCTURE DES ACCORDS. 555

NB. Dans cet exemple, l'accord F paraît au second et au troisième temps dans la troisième mesure : au second temps, les deux parties supérieures prononcent les fonctions de tierce et de fondamentale, qui marchent diatoniquement sur celles de neuvième et de septième qui occupent le troisième temps. Pendant ce mouvement diatonique descendant des deux parties supérieures, deux parties intermédiaires soutiennent les fonctions de tierce et de quinte de l'accord, dont la basse tient la fonction de onzième. Cette note de basse, soutenue pendant trois mesures, est d'abord fondamentale de l'accord de neuvième dominante mineure ; puis quinte de l'accord parfait du 1er degré, puis onzième de notre accord F, puis enfin fondamentale de l'accord de la dominante, etc.

Emploi de l'accord F avec toutes ses fonctions.

§. 279. Il est très-facile d'employer toutes les fonctions de notre accord F. Toutes les dissonances peuvent en effet être préparées par l'accord parfait du premier degré de l'échelle du mode mineur, comme dans l'exemple suivant :

Fig. 136.

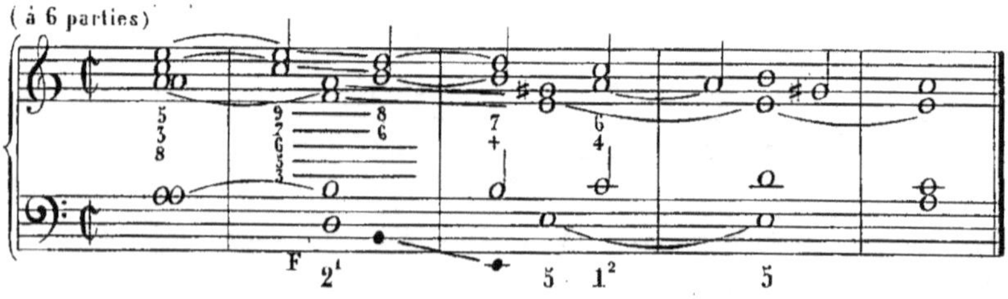

Dans cette figure la résolution n'est que *médiate*, puisque *l'accord de onzième* se change au 2e temps de la seconde mesure en celui de *septième de troisième espèce* qui a même fondamentale.

Emploi de l'accord F dans une marche harmonique en mode majeur.

§. 280. L'exemple suivant, tiré du recueil (1) des marches d'harmonie, composé par Chérubini pour l'enseignement des élèves du Conservatoire de Paris, peut donner une idée de la manière d'employer l'accord de onzième F sur le septième degré de l'échelle diatonique du mode majeur.

(1) Voir la note au bas de la page 227.

Fig. 137.

Dans cette marche, écrite à trois parties seulement, l'accord F occupe le premier temps de la 4° mesure, et il y est exprimé par ses fonctions de *fondamentale*, de *quinte* et de *onzième*. On peut voir, page 135 du même ouvrage de Chérubini, deux marches harmoniques écrites à 5 parties, où l'accord qui nous occupe est employé avec cinq de ses fonctions. L'une de ces marches a été citée précédemment, page 346, fig. 128; l'accord F y occupe le premier temps de l'antépénultième mesure. Nous y renvoyons le lecteur.

CHAPITRE XV.

DES ACCORDS MIXTES DE SIX SONS EN PARTICULIER, ET DE LEUR EMPLOI A 3, 4, 5 ET 6 PARTIES RÉELLES.

§. 281. Les accords mixtes de la présente classe sont au nombre de dix, parmi lesquels trois sont des *accords-types*. La nomenclature ainsi que le mode de structure de ces dix accords, ont été donnés à la fin du chapitre XIII, pages 328, 329, 330 et 331. Nous allons examiner chacun d'eux en particulier, en commençant par l'accord désigné par A', conjugué par son mode de structure avec l'accord naturel A, dont nous avons parlé au début du chapitre XIV.

A' *Accord de onzième majeure, avec neuvième majeure, septième mineure, quinte juste et tierce majeure.*

Exemple : Mode mineur. 2° type, 4. $\begin{cases} ré\text{---}fa\sharp\text{---}la\text{---}ut\text{---}mi\text{---}sol\sharp \\ +4 \quad -5 \quad -3 \quad +4 \quad +4 \end{cases}$

STRUCTURE DES ACCORDS.

§. 282. Cet accord, formé comme l'accord naturel A au moyen de 8 tierces majeures associées à 7 tierces mineures, a son siége sur le quatrième degré de l'échelle du mode mineur, 2ᵉ type. Il embrasse huit unités sur l'échelle des quintes, c'est-à-dire sur l'étendue même du 2ᵉ type du mode mineur. Les deux accords de septième qui entrent dans sa composition, et qui ont respectivement pour fondamentale la fonction même de *fondamentale* et celle de *quinte* de l'accord complet, sont : 1° *L'accord de septième dominante*, 2° *l'accord de septième majeure, avec quinte juste et tierce mineure* (1).

Acc. de SM avec Qj et Tm.
ré—fa♯—la—ut—mi—sol♯
Acc. de sept. domin.

Du reste le présent accord de onzième correspond au n° 14 du tableau de la page 324, comme il est facile de s'en assurer directement.

Emploi en mode mineur.

§. 283. On peut faire usage du présent accord A' sur le 4ᵉ degré du 2ᵉ type du mode mineur, en employant sa fonction de onzième, *comme appoggiature*, par rapport à la fonction de quinte de *l'accord de neuvième dominante majeure* que l'on peut placer sur ce même 4ᵉ degré, comme nous l'avons montré §. 160.

Voici la réalisation de cette harmonie :

Fig. 138.

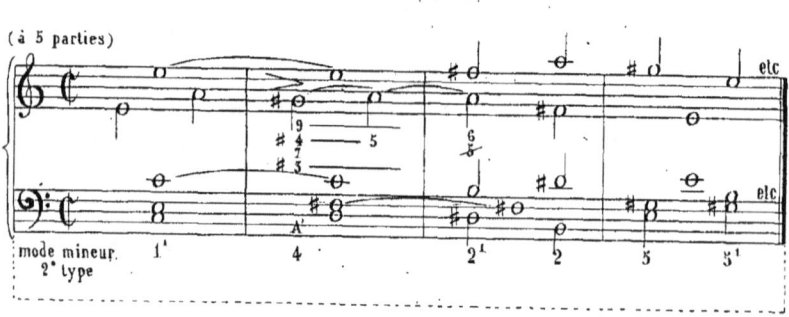

---

(1) Voyez, pour ce dernier accord, au chapitre VII, les §§. 109, 110 et 111.

NB. L'accord A¹ se voit ici au temps fort de la seconde mesure; il y est employé avec toutes ses fonctions, sauf celle de quinte que l'on a supprimée, non par impossibilité de l'admettre, mais parce que l'harmonie n'est qu'à 5 parties. Les harmonistes attachés à la doctrine reçue ne verront sans doute dans cet exemple qu'une simple *appoggiature;* appoggiature, soit; mais qu'on nous dise comment une pareille note peut se justifier rationnellement si elle n'appartient pas au système des accords, si elle ne se trouve faire partie d'un accord spécial? Le mot *appoggiature* n'exprime rien de plus que *la forme* sous laquelle certaines fonctions des accords se présentent.

Emploi de l'accord A¹ en mode majeur.

§. 284. L'accord A¹ peut s'employer par déplacement, sur la dominante en mode majeur, soit comme *accord suspensif*, soit en faisant intervenir ses fonctions de neuvième et de onzième comme *appoggiatures* par rapport à celles de fondamentale et de quinte de l'accord de septième dominante. La figure 139 présente la réalisation de ces deux cas :

Fig. 139.

NOTA. Dans l'exemple (*a*), notre accord se voit au temps fort de la seconde mesure; il y est dans son second renversement, et ses fonctions de fondamentale et de neuvième sont supprimées; celle de onzième (le sol♯), placée dans la partie supérieure, et préparée dans la première mesure, joue le rôle de *suspension inférieure* par rapport à celle de quinte de l'accord de septième dominante; mais ce qui prouve irréfragablement que ce n'est là qu'une *forme*, c'est la présence de cette quinte (*la*) dans la basse pendant la durée de la suspension. — En (*b*), le même accord A¹ est employé avec sa fondamentale, et ses fonctions de neuvième et de onzième jouant le rôle *d'appoggiatures* par rapport à celles de fondamentale et de quinte de l'accord de septième dominante du ton de SOL majeur.

B¹ *Accord de onzième, avec neuvième et septième mineures, quinte juste et tierce majeure.*

Mode mineur. { mi—sol♯—si—ré—fa—la
1ᵉʳ type, 5.   { +   —3 —3 —5 +4

STRUCTURE DES ACCORDS. 557

§. 285. Cet accord, formé comme l'accord naturel B au moyen de 6 tierces majeures associées à 9 tierces mineures, embrasse sur l'échelle des quintes toute l'étendue du 1er type du mode mineur où il a son siége sur la dominante. Les deux accords de septième qui entrent dans sa composition sont, d'une part, *l'accord de septième de troisième espèce*, dont la fonction de quinte de l'accord de onzième est la fondamentale ; et d'autre part, *l'accord de septième dominante*, dont la fondamentale se confond avec celle de l'accord complet.

$$\underset{\underbrace{\text{Acc. de septième dominante.}}}{mi\text{---}sol\sharp\overbrace{\text{---}si\text{---}ré\text{---}fa\text{---}la}^{\text{Acc. de sept. de 3}^e\text{ espèce.}}}$$

De cette structure de l'accord B' résulte immédiatement le mode normal de son emploi *à l'état direct*, conformément à ce qui a été dit §. 261, pour l'accord naturel A, et §. 262 pour l'accord naturel B. C'est pourquoi nous donnons sans commentaire l'exemple suivant qui présente la *résolution normale médiate* de l'accord qui nous occupe.

Fig. 140.

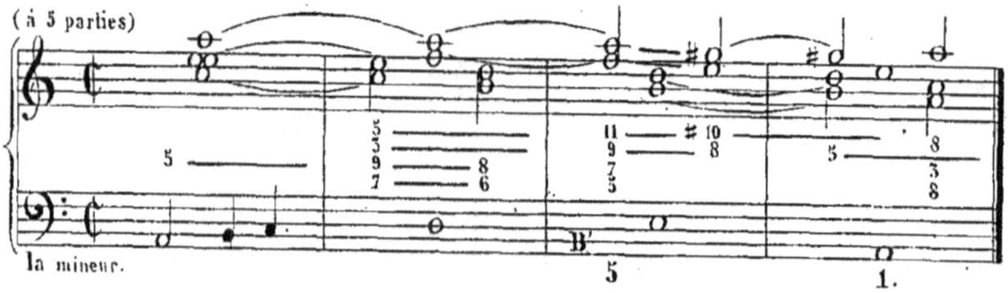

§. 286. Quant à la *résolution normale immédiate*, on peut l'obtenir par le renversement complet de l'accord de onzième, c'est-à-dire en plaçant à la basse sa fonction de onzième, préparée et résolue sur le même degré, comme fondamentale de l'accord parfait de la tonique.

Fig. 141.

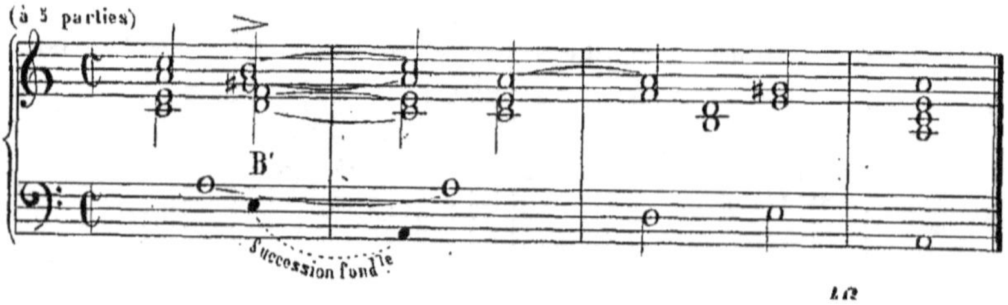

358   LIVRE PREMIER.

L'harmonie se présente dans les deux premières mesures de cet exemple, sous forme de *Pédale tonique*, mais en réalité c'est une simple *tenue*, puisque la note *la* est commune à tous les accords sous lesquels elle se prolonge.

§. 287. L'accord mixte B' qui originairement appartient au mode mineur, peut se transporter au sein du mode majeur soit sur le 1ᵉʳ degré, soit sur la dominante.

L'exemple de son emploi sur le 1ᵉʳ degré, se voit page 338, fig. 120, au temps fort de la 4ᵉ mesure. Cet emploi remarquable de l'accord en question est signalé dans l'explication placée à la suite de la figure 120. Il est facile de concevoir, par ce même exemple, de quelle manière on pratiquerait l'accord en question sur la dominante. Il suffirait en effet de moduler en FA majeur, en résolvant l'accord de septième dominante qui occupe le temps faible de la 4ᵉ mesure, non sur l'accord naturel de onzième B, ainsi que nous l'avons fait dans la mesure suivante, mais sur l'accord de la tonique en FA majeur; puis, d'ajouter deux mesures en forme de cadence formelle dans ce nouveau ton.

Depuis longtemps l'accord mixte B' est employé dans les deux modes. Dans la théorie des suspensions, il présente le *retard de la tierce* dans *l'accord de neuvième dominante mineure*, et c'est effectivement sous cette *forme* qu'il se produit, ce qui n'infirme en rien sa réalité comme accord.

Disons, en terminant, que l'accord B' correspond au n° 13 du tableau de la page 324.

C' *Accord de onzième, avec neuvième majeure, septième, quinte et tierce mineures.*

Mode mineur. { fa♯——la——ut——mi——sol♯——si.
2ᵉ type, 6.   —3   —3   +4   +4   —3

§. 288. Cet *accord mixte*, formé comme l'accord naturel C étudié dans le chapitre précédent, au moyen de 5 tierces majeures associées à dix tierces mineures, correspond au n° 32 du tableau de la page 325. Il embrasse une étendue de 8 quintes sur l'échelle des sons, c'est-à-dire l'étendue même assignée au 2ᵉ type du mode mineur : les deux

STRUCTURE DES ACCORDS.

accords de septième dont il présente la RÉUNION SYSTÉMATIQUE sont :
1° *l'accord de septième de troisième espèce* (1); 2° *l'accord de septième majeure avec tierce et quinte majeures* (2).

$$\underbrace{fa\sharp\text{---}la\text{---}\overbrace{ut\text{---}mi\text{---}sol\sharp\text{---}si}^{\text{Acc. de 7}^e\text{, 5}^{te}\text{ et 3}^{ce}\text{ maj.}}}_{\text{Acc. de 7}^e\text{ de 3}^e\text{ espèce.}}$$

§. 289. Il semble, au premier aspect, impossible de faire un usage raisonnable du présent accord mixte C', moins peut-être à cause de sa dureté qu'à cause de l'instabilité du sixième degré dans le 2° type du mode mineur, instabilité presqu'égale à celle de la note sensible elle-même. Cependant, avec un peu de réflexion, on peut se convaincre que la difficulté est ici, comme dans d'autres cas, plus apparente que réelle ; et nous pensons que l'exemple suivant, écrit à 4 parties, est de nature à satisfaire les oreilles les plus délicates.

Fig. 142.

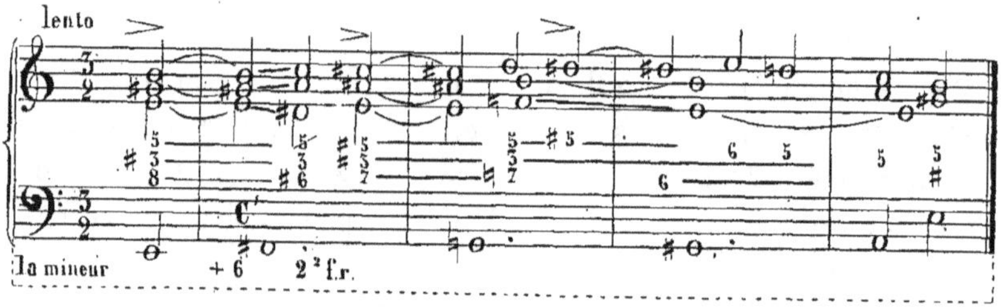

NOTA. C'est au premier temps, dans la seconde mesure, qu'apparaît notre accord C'. Remarquons que les trois parties supérieures jouent le rôle de *suspensions* par rapport aux fonctions de neuvième, septième et tierce de *l'accord de neuvième dominante mineure* : *si ré♯ fa♯ la ut*, employé sans fondamentale, d'où résulte une *triple suspension*. Remarquons aussi que nous avons ici une véritable *résolution normale* de notre accord, puisque les fondamentales de l'accord C' et de l'accord résolutif sont respectivement *fa♯* et *si*.

§. 290. On peut se servir du présent accord C' pour amener une modulation à la seconde majeure inférieure, entre un ton mineur

---

(1) Pour l'accord de septième de troisième espèce, voir au chapitre VI les §§. 88, 89, 90 et 91.

(2) Pour l'accord de septième majeure, avec tierce et quinte majeures, voir au chapitre VII le §. 108.

et un ton majeur; par exemple, pour unir les tons de *la* mineur et de *sol* majeur, comme dans la figure suivante:

Fig. 143.

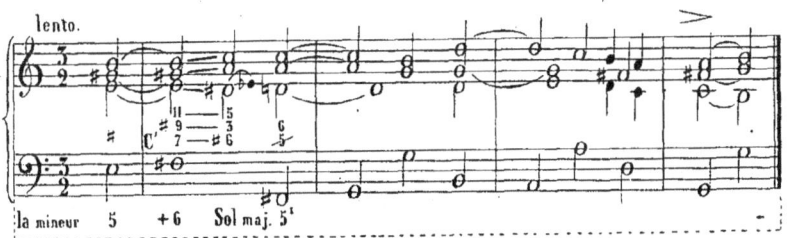

§. 294. On peut enfin transporter l'ensemble des fonctions constituant le présent accord C' au sein du mode majeur, et l'employer sur la dominante de ce mode, en ajoutant à la tierce majeure, au-dessous de la fondamentale primitive *fa*♯ une nouvelle fonction qui sera une nouvelle fondamentale, non pas d'un accord de onzième, mais d'un accord de treizième, c'est-à-dire d'un accord de 7 sons que nous retrouverons plus loin. Voici un exemple de cette nouvelle manière d'envisager l'accord C'.

Fig. 144.

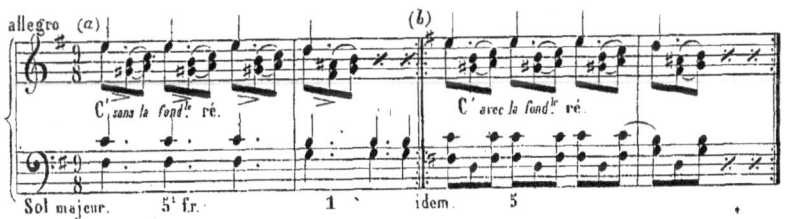

NOTA. Dans la fig. 144, les fonctions de onzième et de treizième *sol*♯ et *si*, sont employées comme *appoggiatures* de celles de quinte et de septième *la* et *ut* de l'accord de neuvième dominante majeure. En (*a*) la fondamentale *ré* est supprimée; en (*b*) elle est placée à la basse, et frappe en même temps que les susdites fonctions *sol*♯ et *si*. — Du reste, ce n'est là qu'une des manières d'employer, en mode majeur, l'accord de treizième formé par l'adjonction d'une note à la tierce majeure au-dessous de la fondamentale de l'accord de onzième désigné par C'. C'est un nouvel exemple de ce que les *appoggiatures*, aussi bien que les *suspensions* et que les *notes de passage* ne sont point, comme on le croit, des *notes étrangères à l'harmonie*, mais bien des RÉALITÉS fondées sur la LOI GÉNÉRATRICE DES ACCORDS elle-même,

Quand on n'admet dans un système qu'une partie des réalités qui le constituent, il est tout simple que l'on qualifie *d'étrangères*, *d'artificielles*, etc., celles de ces

STRUCTURE DES ACCORDS. 361

réalités que l'on ne sait point rattacher à l'ensemble. On cherche la simplicité, dira-t-on, soit, mais il faut la mettre dans la LOI GÉNÉRATRICE et non ailleurs, car ce n'est que là qu'elle est féconde.

D' *Accord de onzième, avec neuvième, septième, quinte et tierce majeures.*

$$\text{Mode mineur.} \atop \text{1}^{\text{er}} \text{ type, 3.} \left\{ \begin{array}{c} \overbrace{ut\text{---}mi\text{---}sol\sharp\text{---}si\text{---}ré\text{---}fa.} \\ +4 \quad +4 \quad -3 \quad -3 \quad -3 \end{array} \right.$$

§. 292. Cet accord mixte, formé comme l'accord naturel D, au moyen de 9 tierces majeures associées à 6 tierces mineures, embrasse toute l'étendue de l'échelle du 1er type du mode mineur, c'est-à-dire neuf quintes. Il provient de l'application des présentes données ($t = 9 \; t' = 6$) au n° 26 du tableau de la page 324. — Les deux accords de septième qui entrent dans sa composition, sont : 1° *l'accord de septième majeure avec tierce et quinte majeures* dont nous avons parlé chapitre VII, au §. 108 ; et 2° *l'accord de septième diminuée* auquel nous avons consacré, dans le même chapitre VII, les §§. 99, 100, 101, 102, 103, 104, 105, 106 et 107.

$$\overset{\text{Acc. de septième diminuée.}}{ut\text{---}mi\text{---}\overbrace{sol\sharp\text{---}si\text{---}ré\text{---}fa}} \atop \underset{\text{Acc. de 7}^{\text{e}}\text{ maj. avec 3}^{\text{e}}\text{ et 5}^{\text{e}}\text{ maj.}}{}$$

§. 293. L'instabilité du troisième degré de l'échelle ne permet l'emploi du présent accord sur ce degré, que sous certaines conditions. On en chercherait probablement en vain l'exemple dans quelque auteur connu, du moins comme véritable accord de six sons. En voici un que nous présentons comme essai :

Fig. 145.

NOTA. Dans cette figure, l'accord D' est employé avec ses trois fonctions de *fondamentale, quinte* et *onzième*. La fonction de quinte (*sol*♯) est préparée par le *la*♭, et par conséquent il y a *enharmonie.* Du reste, l'accord qui précède et celui qui suit l'accord D' qui nous occupe, établissent évidemment la note *ut* comme fondamentale, et l'on voit que la résolution a lieu *immédiatement* et *à la quinte inférieure.*

§. 294. On peut considérer l'agrégation : *ut-mi-sol♯-si-ré-fa,* comme un accord de sept sons, et l'employer sous ce nouvel aspect sur le cinquième degré en mode mineur, ou sur le sixième degré en mode majeur. Dans ce cas la fondamentale devra être supprimée, et l'accord s'emploiera sous forme de *suspension triple* ou *quadruple.* Voici deux exemples de cette manière de faire usage de la présente aggrégation de sons ; l'un est emprunté au célèbre professeur viennois A. G. Albrechtsberger. (1) ; l'autre à son illustre élève L. Van Beethoven (2).

Fig. 146.

NOTA. Le chiffrage inférieur de ces exemples, assigne en (*a*) la note (*mi*) comme fondamentale de l'accord que nous considérons, et en (*b*) la note *ré* ; de sorte qu'en (*a*), l'accord complet de treizième serait : *mi sol♯ si ré fa la ut* ; et en (*b*) cet accord serait : *ré fa♯ la ut mi♭ sol si♭.* On voit donc que ces accords sont complètement renversés dans les exemples (*a*) et (*b*), puisque c'est la fonction de treizième qui est placée à la basse. On voit encore qu'en (*a*), on a supprimé les fonctions de fondamentale et de onzième ; et qu'en (*b*), on a supprimé celles de fondamentale, de quinte et de onzième. Enfin on doit remarquer aussi que la résolution est *normale et immédiate.*

§. 295. Enfin, on peut encore employer l'accord mixte D' en mode

---

(1) Voyez *l'instruction spéciale sur l'emploi des intervalles altérés, sur les modulations extraordinaires et les cadences imprévues,* par A. G. Albrechtsberger, insérée dans le *Manuel complet de musique vocale et instrumentale,* par A. Choron et J. A. de Lafage, livre IIIe, 2e S[on] appendice, page 3, exemple *f* de l'atlas.

(2) *Etudes de Beethoven, Traité d'harmonie et de composition,* traduit de l'allemand par F. Fétis, tome I, page 93.

majeur sur la dominante, placée à la basse sous forme de *pédale*, comme dans la figure suivante où l'accord en question est un accord réel de six sons, ayant la dominante pour fondamentale, et se résolvant *immédiatement à la quinte inférieure*, comme l'indiquent d'une part les points noirs placés dans les deuxième et troisième mesures, et d'autre part le chiffrage inférieur.

Fig. 147.

Nous bornerons là nos instructions concernant l'accord D', et nous pensons que ce que nous en avons dit suffit amplement à le faire connaître. On peut lire aussi dans le tome Ier du Traité de composition par A. Barbereau, le chapitre xxxvii, §. 357, ainsi que l'exemple très-étendu, fig. 510, où l'accord D' paraît plusieurs fois.

E' *Accord de onzième, avec neuvième et septième majeures, quinte juste et tierce mineure.*

Mode mineur. 1er et 2e types. { la——ut——mi——sol♯——si——ré
                −3 +4 +4 −3 −3 }

§. 296. Formé comme l'accord naturel E, au moyen de 7 tierces majeures associées à 8 tierces mineures, l'accord mixte désigné par E' provient du n° 44 du tableau de la page 325. Il a son siége en mode mineur sur le premier degré de l'échelle, et il joue dans ce mode le même rôle que l'accord naturel A en mode majeur. (Voir au chapitre XIV, les §§. 257, 258, 259, 260 et 261.)

C'est ainsi que d'abord on peut le considérer comme présentant la RÉUNION SYSTÉMATIQUE de *l'accord parfait mineur* propre au premier degré de l'échelle, et de *l'accord de septième de dominante*; et l'employer à la fin des périodes, comme prolongation de l'accord complet de septième dominante sur la tonique placée dans la basse. A cet égard, tous les exemples allégués §. 257 pour l'accord A, peuvent s'appliquer au présent accord E'. On peut aussi, dans le courant des périodes harmoniques, employer l'accord E' sur une *tenue* ou *pédale* de tonique. On en voit un exemple, page 120, fig. 28, mesures 5 et 6. — A trois parties, on peut, comme pour l'accord naturel A (voir §. 258), produire le présent accord mixte, soit avec ses fonctions de *fondamentale*, *neuvième* et *onzième* ; soit avec celles de *fondamentale septième* et *onzième* ; soit enfin avec celles de *fondamentale quinte* et *onzième*. En transposant en *ut* mineur les exemples (a), (b), (c), fig. 116, page 334, on aura l'emploi de l'agrégation de *quinte et quarte*, sur le 1er degré en mode mineur, c'est-à-dire l'emploi de l'accord E' avec ses trois fonctions de *fondamentale, quinte et onzième*.

§. 297. Tout ce qu'on a dit, § 260, pour l'accord naturel A, s'applique également à l'accord mixte E'; il suffit, pour s'en convaincre, de transcrire en *ut* mineur l'exemple donné page 335, fig. 118.

§. 298. Enfin, en considérant l'accord mixte E', comme présentant la RÉUNION SYSTÉMATIQUE de deux accords de septième, nommément: de *l'accord de septième dominante* et de *l'accord de septième majeure, avec quinte juste et tierce mineure*,

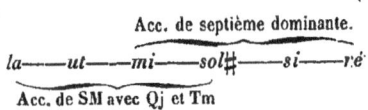

On peut lui appliquer tout ce qui a été dit, §. 261, concernant l'emploi de l'accord naturel A avec toutes ses fonctions, et transcrire en *ut* mineur l'exemple donné page 337, fig. 119.

On voit donc qu'il y a similitude complète dans l'emploi des accords A et E'; et que ce dernier remplit en mode mineur la même fonction que le premier en mode majeur, comme nous l'avons dit plus haut.

STRUCTURE DES ACCORDS.   565

E″. *Accord de onzième majeure, avec neuvième majeure, septième mineure, quinte juste et tierce mineure.*

Mode mineur. { ré——fa——la——ut——mi——sol♯
1ᵉʳ type, 4. {   —3   +4   —3   +4   +4

§. 299. Cet accord mixte, formé comme le précédent au moyen de 7 tierces majeures associées à 8 tierces mineures, correspond au n° 41 du tableau de la page 325. Son siège est le 4ᵉ degré en mode mineur, 1ᵉʳ type. Il présente la RÉUNION SYSTÉMATIQUE de *l'accord de septième majeure avec quinte juste et tierce mineure* (voir les §§. 109, 110 et 111), et de *l'accord de septième de seconde espèce.* (voir le §. 87.)

Acc. de SM avec Qj et Tm.
ré——fa——la——ut——mi——sol♯.
Acc. de sept. de 2ᵉ espèce.

Emploi en mode majeur.

§. 300. Bien qu'appartenant originairement au mode mineur, le présent accord se pratique aussi en mode majeur, et même plus fréquemment que dans le mode opposé. Sa fonction de onzième se présente alors sous forme de *suspension ascendante de la quinte*, dans l'accord de septième de seconde espèce.

Les exemples suivants, écrits à quatre parties, et tirés du *Traité théorique et pratique de composition musicale* de A. Barbereau (tome Iᵉʳ, page 304, fig. 441), présentent la réalisation de cette harmonie.

Fig. 148.

NOTA. En (*a*) l'accord E″ paraît à *l'état direct ;* en (*b*) il est employé dans son *premier renversement*, et l'auteur a indiqué la possibilité de placer la note suspen-

47

566 LIVRE PREMIER.

due au-dessous de la suspension, ce qui est tout simple, puisque cette note (le *la*) fait partie intégrante de l'accord; mais, ce qui ne s'explique nullement dans la théorie des suspensions. Enfin en (c), le même accord se voit dans son *troisième renversement*.

Emploi en mode mineur.

§. 301. En mode mineur, l'accord E″ fait partie de *l'harmonie naturelle*, puisqu'il n'embrasse pas plus de 9 quintes sur l'échelle des sons. Il n'a pas de *résolution normale* proprement dite dans ce mode, si on le considère comme appartenant au 4° degré de l'échelle; mais si on l'envisage comme un accord incomplet de la classe immédiatement supérieure, c'est-à-dire comme un *accord de treizième* privé de sa fondamentale, on lui trouve une résolution à la *quinte inférieure*, et par conséquent *normale*, sur l'accord de septième dominante. En voici deux exemples :

Fig. 149.

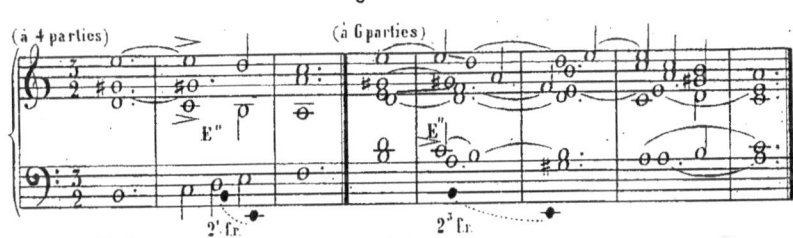

NOTA. Dans le premier de ces exemples, l'accord en question écrit à quatre parties seulement, se résout *immédiatement* sur l'accord de septième dominante; dans le second, au contraire, écrit à 6 parties, cette résolution n'est que *médiate*, et c'est l'accord de septième de troisième espèce *si ré fa la*, émanant de la même fondamentale, qui sert d'intermédiaire.

G. *Accord de onzième majeure, avec neuvième augmentée, septième majeure, quinte juste et tierce majeure.*

Mode mineur. { fa———la———ut———mi———sol♯———si
1ᵉʳ type, 6.   { +4   −5   +4   +4   −5

§. 302. Cet accord mixte typique, formé au moyen de 10 tierces majeures associées à 5 tierces mineures, correspond au n° 18 du tableau de la page 324.

STRUCTURE DES ACCORDS.

Il a son siège sur le 6ᵉ degré de l'échelle ascendante du mode mineur 1ᵉʳ type, et il y fait partie de *l'harmonie naturelle*, mais il peut être transporté au sein du mode majeur, et là il appartient à *l'harmonie altérée*.

Il offre la RÉUNION SYSTÉMATIQUE de *l'accord de septième majeure avec tierce et quinte majeures* (voir le §. 108), et de *l'accord de septième de quatrième espèce* (voir les §§. 92, 93, 94, 95, 96 et 97.)

Acc. de SM avec QM et TM.
fa——la——ut——mi——sol♯——si
Acc. de sept. de 4ᵉ espèce.

§. 303. Nous nous bornerons à donner un seul exemple mais un exemple décisif de son emploi, comme moyen de modulation d'un ton majeur au ton mineur qui a un dièse de plus, ou un bémol de moins à la clef.

Fig. 150.

NOTA. Dans cette figure, l'accord G se voit à l'extrémité de la première mesure, sur le 1ᵉʳ degré en FA majeur, ou sur le 6ᵉ degré en *la* mineur; il sert ainsi d'accord intermédiaire ou mixte entre les deux tonalités. Ses fonctions de neuvième et de onzième sont amenées par une marche chromatique ascendante : et celle de onzième, duement préparée dans la partie supérieure, se résout la dernière, en descendant d'un demi-ton diatonique sur le *ré*♯, on tombe ainsi sur *l'accord de sixte augmentée avec quinte juste*, ce qui conduit très-naturellement en *la* mineur.

Le lecteur harmoniste saura sans doute découvrir d'autres modes de réalisation pour l'accord G. Qu'il nous suffise d'avoir établi péremptoirement la possibilité de son emploi dans les deux modes.

Gᶦ. *Accord de onzième majeure, avec neuvième, septième, quinte et tierce majeures.*

Mode mineur. { ut——mi——sol♯——si——ré——fa♯
2ᵉ type, 3.   { +4   +4   —3   —3   +4

§. 304. L'accord mixte désigné par G′, formé comme l'accord-type G, au moyen de 10 tierces majeures associées à 5 tierces mineures, correspond au n° 26 du tableau de la page 324. Sa position sur le 3ᵉ degré de l'échelle, ne permettrait de l'employer, du moins comme accord de onzième en mode mineur, que dans une marche harmonique. Il est vrai qu'on pourrait le considérer comme un accord de treizième privé de sa fondamentale, qui serait la tonique. Enfin, on pourrait essayer de le transporter au sein du mode majeur. Sans nous arrêter à ces considérations, abordons de suite ce qu'il y a de plus essentiel à savoir concernant le mode d'emploi de cet accord *tout nouveau*, comme la plupart de ceux de la présente classe. Et d'abord, remarquons que si l'on supprime la fondamentale (*ut*) du présent accord G′, il reste *l'accord de neuvième dominante majeure mi-sol♯-si-ré-fa♯* ; si donc on prend pour fondamentale *idéale* de ce dernier accord, la note (*ut*), on pourra le résoudre *normalement*, c'est-à-dire à la *quinte inférieure*, sur un accord ayant pour fondamentale *fa*♮, conformément à la *théorie des accords multiples*, théorie dont nous avons soulevé le voile à la fin de la *remarque importante*, page 300, et dont on a vu déjà plusieurs applications, notamment dans la susdite *remarque* elle-même, et aussi §§ 245 et 247.

Il nous reste à donner la preuve de ce que nous venons d'avancer ; la voici :

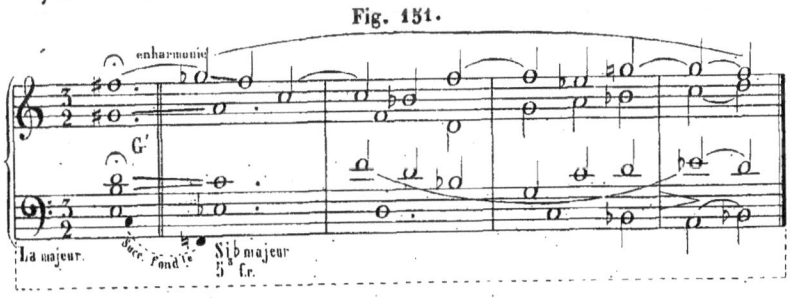

Fig. 151.

On voit, par cet exemple, que notre accord mixte G′, employé sans sa note fondamentale, fait connaître une *résolution enharmonique* de l'accord naturel de neuvième dominante majeure, qui, par rapport à la fondamentale du susdit accord G′, est une véritable *résolution normale*.

Nous avons signalé, sous le §. 223, une autre face de l'accord de neuvième dominante majeure. Il serait peut-être convenable de relire ici ce paragraphe, ainsi que la *remarquable importante* signalée plus haut, afin de mieux comprendre l'esprit de notre *théorie des accords multiples* qui peut seule rendre raison des faits d'harmonie transcendentale que le génie musical des grands maîtres a produits jusqu'à ce jour ; et surtout qui, seule, peut susciter les *faits nouveaux* du même ordre que comporte la tonalité moderne, et cela, non point fortuitement, sous l'impulsion aveugle de l'instinct musical, mais régulièrement, avec pleine connaissance de cause.

H. *Accord de onzième mineure, avec neuvième mineure, septième diminuée, quinte et tierce mineures.*

Mode mineur, 1er type, 7. { $sol\sharp$——si——$ré$——fa——la——ut
—3   —3   —3   +4   —3 }

§. 305. Ce nouvel accord mixte, qui correspond au n° 28 du tableau de la page 325, est formé au moyen de 2 tierces majeures associées à 13 tierces mineures, c'est-à-dire au moyen du *minimum* des tierces majeures, et, par suite, du *maximum* des tierces mineures qui peuvent concourir à la formation d'un accord de six sons. (Voir page 326, la remarque.) Il a beaucoup d'analogie avec *l'accord mixte de neuvième mineure et septième diminuée, tierce et quinte mineures*, traité chapitre XI, sous les §§. 191, 192 et 193.

§. 306. Les deux accords de septième dont le présent accord H offre la RÉUNION SYSTÉMATIQUE, sont, d'une part, *l'accord de septième de seconde espèce*, et, d'autre part, *l'accord de septième diminuée.*

Acc. de sept. de seconde espèce.
$sol\sharp$——si——$ré$——fa——la——ut
Acc. de septième diminuée.

L'accord de septième de seconde espèce a été traité au chapitre VI, §. 87 ; et *l'accord de septième diminuée* au chapitre VII, §§. 99, 100, 101, 102, 103, 104, 105, 106 et 107. Ce dernier accord n'est au fond qu'un *accord de neuvième dominante mineure* privé de sa fondamentale.

§. 307. Comme tous les accords dont le siège est la *note sensible* où le *troisième degré*, soit en mode majeur, soit en mode mineur, l'accord H n'est susceptible d'être employé comme accord effectif sur la note sensible, que dans une *marche harmonique*. Dans toute autre circonstance, on devra le considérer comme un accord de treizième privé de sa fondamentale, et, dans ce cas, son véritable siége sera la dominante.

L'exemple suivant, où l'accord H est employé avec toutes ses fonctions, se rapporte à cette dernière manière de voir, c'est-à-dire que l'accord qui se voit au 1er temps de la seconde mesure, n'est pas un accord de onzième, mais bien un accord de treizième, dont la fondamentale supprimée est la dominante du ton.

Fig. 152.

I. *Accord de onzième mineure, avec neuvième, septième, quinte et tierce mineures.*

Mode mineur, { sol♯——si——ré——fa♯——la——ut
2e type, 7.   { —5 —3 +4 —3 —3

§. 308. Ce dernier accord mixte, formé au moyen de 3 tierces majeures associées à 12 tierces mineures, correspond au n° 31 du tableau de la page 325. Il occupe, dans le deuxième type du mode mineur, la même place que l'accord H dans le premier type de ce mode. Comme ce dernier accord, il doit être considéré plutôt comme un accord de treizième sans fondamentale que comme un accord de onzième. Mais il a une propriété modulatoire qui lui assigne un rôle important, et qui le distingue de l'accord H. On peut en effet faire servir le présent accord mixte I à effectuer une modulation du ton de *la* mineur au ton de FA♯ majeur; c'est-à-dire qu'on peut moduler du centre de la famille d'UT majeur, vers le pôle droit de cette même famille. (Voyez pages 169 et 170, la digression sur les trois familles de tons de notre système musical.)

Voici cette modulation, dans laquelle l'accord I, placé à l'extrémité de la seconde mesure, reçoit sa *résolution normale* sur la dominante ut♯ du ton de FA♯ majeur.

Fig. 153.

NOTA. Dans cet exemple, l'accord mixte I n'est employé qu'avec 4 de ses fonctions, savoir : celles de *fondamentale*, de *quinte*, de *septième* et de *onzième*. Or, cette dernière fonction (l'ut♮) étant changée en si♯, on a *l'accord connu de sixte augmentée avec quarte*, et c'est là ce qui permet la modulation que l'on vient de voir. Toutefois, de ce que notre accord I, privé de ses fonctions de tierce et de neuvième, peut se transformer enharmoniquement en celui de sixte augmentée avec quarte, il ne faudrait pas conclure que cet accord n'a point de réalité propre comme accord de onzième. Ce serait là une grave erreur comme le prouve la figure suivante, où il est impossible de confondre l'ut♮ avec le si♯.

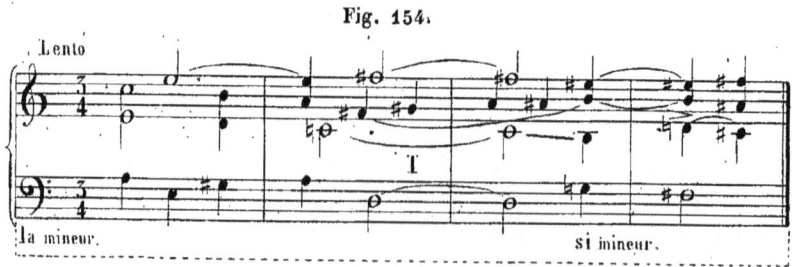

Fig. 154.

Ici l'agrégation sol♯—ré—fa♯—ut♮, ne saurait être confondue avec *l'accord de sixte augmentée avec quarte* : ré—fa♯—sol♯—si♯, puisque l'ut♮, soutenu dans les mesures 2 et 3 descend d'un demi-ton diatonique sur le *si*.

§. 309. Avant de passer à l'étude des *accords altérés* de la présente classe, nous devons arrêter un moment l'attention du lecteur sur une agrégation qui, bien que n'embrassant que neuf quintes sur l'échelle des sons, ne peut pourtant être réalisée sur aucun degré de la gamme mineure, sans l'introduction de l'une au moins des cordes chromatiques. Cette agrégation, constituant un véritable *accord mixte*, correspond au n° 44 du tableau de la page 325; les éléments primordiaux qui entrent dans sa structure, sont, d'une part, *huit tierces majeures*, et d'autre part, *sept tierces mineures*. Il résulte de ce mode de formation, que cet accord est conjugué avec *l'accord naturel* A (traité chapitre XIV, §§. 257, 258, 259, 260 et 264), ainsi qu'avec *l'accord mixte* A' (traité chapitre XV, §§. 281, 282, 283 et 284. Ce nouvel accord mixte, que nous désignerons par la lettre A'', est formé à partir de sa fondamentale, de *tierce mineure*, *quinte juste*, *septième majeure*, *neuvième majeure* et *onzième majeure* :

$$
\begin{array}{l}
\text{A}''.\ \text{N° 44 du tableau, page 325,} \\
\quad \text{combiné avec l'hypothèse :} \\
\quad\quad t=8,\ t'=7.
\end{array}
\left\{
\begin{array}{l}
\ .\quad\ \ \text{Tm},\ \ \text{Qj},\ \ \text{SM},\ \ \text{NM},\ \ \text{OM.} \\
\text{ré—fa——la——ut}\sharp\text{——mi——sol}\sharp \\
\ \ -3\ \ +4\ \ +4\ \ -3\ \ +4
\end{array}
\right.
$$

Ce qui ne permet pas de classer cet accord parmi les *accords altérés*, c'est que l'évaluation des distances de ses diverses fonctions à la fondamentale, s'opère sans notes intermédiaires étrangères à l'agrégation. Les *accords altérés* proprement dits se distinguent en effet des *accords naturels* et des *accords mixtes*, par la nécessité où l'on se trouve de passer par un ou plusieurs sons étrangers, pour effectuer, au moyen de la tierce majeure et de la tierce mineure, l'évaluation des distances de leurs fonctions à leur note fondamentale. (Voyez page 98.) Déjà dans le §. (45)' nous avons trouvé parmi les *accords mixtes* de cinq sons, un accord qui a beaucoup d'analogie avec celui qui nous occupe, nommément : *l'accord de neuvième augmentée et septième majeure, avec tierce et quinte majeures* (voyez chapitre XI, les §§. 194, 195 et 196). Il suffit en effet d'ajouter une note à la tierce mineure au-dessous de la fondamentale de cet accord mixte de cinq sons, pour reproduire l'accord mixte A''. De plus, en étudiant le mode d'emploi du susdit accord de neuvième augmentée, il est facile de découvrir l'usage que l'on peut faire du présent accord de onzième majeure. Nous abandonnons cette recherche à la sagacité du lecteur.

CHAPITRE XVI.

DES ACCORDS ALTÉRÉS DE SIX SONS.

Leur classification d'après leur mode de structure.

§. 340. Pour trouver tous les *accords altérés* de la présente classe, il faut partir des *données* constitutives des accords *naturels* et *mixtes*, de la même classe, étudiés précédemment ; *données* que nous avons consignées dans le tableau de nomenclature de ces accords. (Voir tout le chapitre XIII). Il faut comparer successivement les susdites *données*, qui caractérisent séparément chacun des accords-types A, B, C, D, E, F, G H et I, aux 54 cases du *tableau général pour la structure des accords de six sons*, et n'admettre que les agrégations qui, appliquées sur l'échelle des sons, n'embrassent point une étendue de plus de 15 quintes, maximum d'écartement possible entre deux sons pouvant appartenir à une même tonalité.

Or, en commençant cette comparaison des *données* des accords-types par celles qui correspondent à *l'accord naturel* A, et continuant ce travail jusqu'à *l'accord mixte* 1 inclusivement, on trouve non seulement les *accords altérés* conjugués par leur mode de structure avec les susdits accords naturels et mixtes, mais encore on retrouve ces accords-types eux-mêmes ; ce qui doit être, puisque le *tableau général* convient à tous les accords de six sons.

Voici les résultats de ce travail ; nous le donnons, pour plus de clarté, sous forme de tableaux, en y comprenant les accords naturels et les accords mixtes, pour que chaque famille d'accords formée avec les mêmes *données*, soit complète.

TABLEAU DE NOMENCLATURE

DES ACCORDS CONJUGUÉS AVEC L'ACCORD NATUREL A, C'EST-A-DIRE FORMÉS COMME LUI AU MOYEN DE 8 TIERCES MAJEURES ASSOCIÉES A 7 TIERCES MINEURES.

A. *Accord naturel type.*
N° 17 du tableau général . . . . . TM, Qj, SM, NM, O:
pages 324 et 325, embrasse
6 quintes. Ex. . . . . ut—mi—sol—si—ré—fa.

LIVRE PREMIER.

A^I. *Accord mixte.*
N° 14 du tableau . . . . TM, Qj, Sm, NM, OM.
embrasse 8 quintes. Ex. . . ré—fa♯—la—ut—mi—sol♯

A^{II}. *Accord mixte.*
N° 44 du tableau. . . . . Tm, Qj, SM, NM, OM.
embrasse 9 quintes. Ex. . . ré—fa—la—ut♯—mi—sol♯.

A^{III}. *Accord altéré.*
N° 23 du tableau . . . . TM, QM, Sm, NM, O.
embrasse 10 quintes. Ex. . . sol—si—ré♯—fa—la—ut.

A^{IV}. *Accord altéré.*
N° 15 du tableau. . . . . . . TM, Qj, Sm, NA, O.
embrasse 10 quintes. Ex. . . sol—si—ré—fa—la♯—ut.

A^V. *Accord altéré.*
N° 53 du tableau . . . . . . Tm, QM, SM, NM, O.
embrasse 11 quintes. Ex. . . ré—fa—la♯—ut♯—mi—sol.

A^{VI}. *Accord altéré.*
N° 16 du tableau. . . . . . . TM, Qj, SM, Nm, OM.
embrasse 11 quintes. Ex. . . ut—mi—sol—si—ré♭—fa♯.

A^{VII}. *Accord altéré.*
N° 50 du tableau . . . . Tm, QM, Sm, NM, OM.
embrasse 11 quintes. Ex. . . ré—fa—la♯—ut—mi—sol♯.

A^{VIII}. *Accord altéré.*
N° 25 du tableau . . . . TM, QM, SM, Nm, O.
embrasse 13 quintes. Ex. . . ut—mi—sol♯—si—ré♭—fa.

A^{IX}. *Accord altéré.*
N° 52 du tableau . . . . Tm, QM, SM, Nm, OM.
embrasse 13 quintes. Ex. . . ut—mi♭—sol♯—si—ré♭—fa♯.

A^X. *Accord altéré.*
N° 22 du tableau . . . . TM, QM, Sm, Nm, OM.
embrasse 13 quintes. Ex. . . ut—mi—sol♯—si♭—ré♭—fa♯.

A^{XI}. *Accord altéré.*
N° 9 du tableau . . . . TM, Qm, SM, NA, O.
embrasse 15 quintes. Ex. . . sol—si—ré♭—fa♯—la♯—ut.

CLASSIFICATION MATHÉMATIQUE

DES ACCORDS DE SIX SONS FORMÉS AU MOYEN DE HUIT TIERCES MAJEURES ASSOCIÉES A SEPT TIERCES MINEURES.

Somme de termes commune à ces accords.
$$\varphi_6(x) = 6x + 11.$$

ACCORDS.	PRODUIT DES TERMES.	
	indiqué.	effectué.

A. (acc. naturel) type. $\quad x(x+4)(x+1)(x+5)(x+2)(x-1) = x^6 + 11x^5 + 37x^4 + 29x^3 - 38x^2 - 40x.$

A′. (acc. mixte) $\quad x(x+4)(x+1)(x-2)(x+2)(x+6) = x^6 + 11x^5 + 30x^4 - 20x^3 - 136x^2 - 96x.$

A″. (acc. mixte) $\quad x(x-3)(x+1)(x+5)(x+2)(x+6) = x^6 + 11x^5 + 23x^4 - 83x^3 - 276x^2 - 180x$

A‴. (acc. altéré) $\quad x(x+4)(x+8)(x-2)(x+2)(x-1) = x^6 + 11x^5 + 16x^4 - 76x^3 - 80x^2 + 128x.$

A^{IV}. (acc. altéré) $\quad x(x+4)(x+1)(x-2)(x+9)(x-1) = x^6 + 11x^5 + 9x^4 - 83x^3 - 10x^2 + 72x.$

A^{V}. (acc. altéré) $\quad x(x-3)(x+8)(x+5)(x+2)(x-1) = x^6 + 11x^5 + 9x^4 - 139x^3 - 122x^2 + 240x.$

A^{VI}. (acc. altéré) $\quad x(x+4)(x+1)(x+5)(x-5)(x+6) = x^6 + 11x^5 + 9x^4 - 251x^3 - 850x^2 - 600x.$

A^{VII}. (acc. altéré) $\quad x(x-3)(x+8)(x-2)(x+2)(x+6) = x^6 + 11x^5 + 2x^4 - 188x^3 - 24x^2 + 576x.$

A^{VIII}. (acc. altéré) $x(x+4)(x+8)(x+5)(x-5)(x-1) = x^6 + 11x^5 - 5x^4 - 307x^3 - 500x^2 + 800x$

A^{IX}. (acc. altéré) $\quad x(x-3)(x+8)(x+5)(x-5)(x+6) = x^6 + 11x^5 - 19x^4 - 419x^3 - 150x^2 + 3600x$

A^{X}. (acc. altéré) $\quad x(x+4)(x+8)(x-2)(x-5)(x+6) = x^6 + 11x^5 - 12x^4 - 356x^3 - 304x^2 + 1920x$

A^{XI}. (acc. altéré) $\quad x(x+4)(x-6)(x+5)(x+9)(x-1) = x^6 + 11x^5 - 19x^4 - 419x^3 - 654x^2 + 1080x.$

ACCORDS FORMÉS AU MOYEN DE 6 TIERCES MAJEURES ASSOCIÉES A 9 TIERCES MINEURES.

B. *Accord naturel.*
N° 41 du tableau . . . . Tm, Qj, Sm, NM, O.
embrasse 5 quintes. Ex. . . ré—fa—-la—ut—mi—-sol.

B'. *Accord mixte.*
N° 13 du tableau . . . . TM, Qj, Sm, Nm, O.
embrasse 9 quintes. Ex. . . mi—sol♯—si—ré—fa—-la.

B'' *Accord altéré.*
N° 43 du tableau . . . . . . Tm, Qj, SM, Nm, O.
embrasse 10 quintes. Ex. . . mi—sol—si—ré♯—fa—la.

B'''. *Accord altéré.*
N° 5 du tableau . . . . . . TM, Qm, Sm, NM, O.
embrasse 10 quintes. Ex. . . Sol—si—ré♭—fa—la—ut.

B_IV_. *Accord altéré.*
N° 35 du tableau . . . . . . Tm, Qm, SM, NM, O.
embrasse 11 quintes. Ex. . . si—ré—fa—la♯—ut♯—mi.

B_V_. *Accord altéré.*
N° 7 du tableau . . . . . . TM, Qm, SM, Nm, O.
embrasse 11 quintes. Ex. . . si—ré♯—fa—la♮—ut—mi.

B_VI_. *Accord altéré.*
N° 40 du tableau . . . . . . Tm, Qj, Sm, Nm, OM.
embrasse 11 quintes. Ex. . . la—ut—mi—sol—si♭—ré♯.

B_VII_. *Accord altéré.*
N° 11 du tableau . . . . TM, Qj, Sd, NM, O.
embrasse 13 quintes. Ex. . . si—ré♯—fa♯—la♭—ut♯—mi.

B_VIII_. *Accord altéré.*
N° 49 du tableau . . . . . . Tm, QM, Sm, Nm, O.
embrasse 13 quintes. Ex. . . ré—fa—la♯—ut—mi♭—sol.

B_IX_. *Accord altéré.*
N° 44 du tableau . . . . . . Tm, Qj, SM, NM, Om.
embrasse 13 quintes. Ex. . . la—ut—mi—sol♯—si—ré♭.

B_X_. *Accord altéré.*
N° 10 du tableau . . . . . . TM, Qj, Sd, Nm, OM.
embrasse 15 quintes. Ex. . . mi—sol♯—si—ré♭—fa—la♯.

B_XI_. *Accord altéré.*
N° 38 du tableau . . . . . . Tm, Qj, Sd, NM, OM.
embrasse 15 quintes. Ex. . . mi—sol—si—ré♭—fa♯—la♯.

CLASSIFICATION MATHÉMATIQUE

DES ACCORDS FORMÉS AU MOYEN DE 6 TIERCES MAJEURES ASSOCIÉES
A 9 TIERCES MINEURES.

Somme de termes commune à ces accords.
$\varphi_6(x) = 6x - 3.$

ACCORDS.	PRODUIT DES TERMES	
	indiqué.	effectué.

B. (acc. naturel- type.) $x(x-3)(x+1)(x-2)(x+2)(x-1) = x^6 - 3x^5 - 5x^4 + 15x^3 + 4x^2 - 12x.$

B'. (acc. mixte). $x(x+4)(x+1)(x-2)(x-5)(x-1) = x^6 - 3x^5 - 19x^4 + 43x^3 + 18x^2 - 40x.$

B''. (acc. altéré) $x(x-3)(x+1)(x+5)(x-5)(x-1) = x^6 - 3x^5 - 26x^4 + 78x^3 + 25x^2 - 75x.$

B'''. (acc. altéré) $x(x+4)(x-6)(x-2)(x+2)(x-1) = x^6 - 3x^5 - 26x^4 + 36x^3 + 88x^2 - 96x.$

B$_{IV}$. (acc. altéré) $x(x-3)(x-6)(x+5)(x+2)(x-1) = x^6 - 3x^5 - 33x^4 + 71x^3 + 144x^2 - 180x.$

B$_V$. (acc. altéré) $x(x+4)(x-6)(x+5)(x-5)(x-1) = x^6 - 3x^5 - 47x^4 + 90x^3 + 550x^2 - 600x.$

B$_{VI}$. (acc. altéré) $x(x-3)(x+1)(x-2)(x-5)(x+6) = x^6 - 3x^5 - 33x^4 + 115x^3 - 36x^2 + 180x.$

B$_{VII}$. (acc. altéré) $x(x+4)(x+1)(x-9)(x+2)(x-1) = x^6 - 3x^5 - 47x^4 - 69x^3 + 46x^2 + 72x.$

B$_{VIII}$. (ac. altéré) $x(x-3)(x+8)(x-2)(x-5)(x-1) = x^6 - 3x^5 - 43x^4 + 243x^3 - 407x^2 + 210x.$

B$_{IX}$. (acc. altéré) $x(x-3)(x+1)(x+5)(x+2)(x-8) = x^6 - 3x^5 - 47x^4 + 15x^3 + 298x^2 + 240x.$

B$_X$. (acc. altéré) $x(x+4)(x+1)(x-9)(x-5)(x+6) = x^6 - 3x^5 - 75x^4 + 43x^3 + 1194x^2 + 1080x.$

B$_{XI}$. (acc. altéré) $x(x-3)(x+1)(x-9)(x+2)(x+6) = x^6 - 3x^5 + 61x^4 + 15x^3 - 288x^2 + 324x.$

LIVRE PREMIER.

ACCORDS FORMÉS AU MOYEN DE 5 TIERCES MAJEURES ASSOCIÉES A 10 TIERCES MINEURES.

C. *Accord naturel.*
N° 40 du tableau . . . . Tm, Qj, Sm, Nm, O.
embrasse 6 quintes. Ex. . . mi——sol——si——ré——fa——la.

C^I. *Accord mixte.*
N° 32 du tableau . . . . Tm, Qm, Sm, NM, O.
embrasse 8 quintes. Ex. . . fa♯——la——ut——mi——sol♯——si.

C^{II}. *Accord altéré.*
N° 4 du tableau . . . . TM, Qm, Sm, Nm, O.
embrasse 10 quintes. Ex. . . sol——si——ré♭——fa——la♭——ut.

C^{III}. *Accord altéré.*
N° 41 du tableau. . . . . . . Tm, Qj, Sm, NM, Om.
embrasse 10 quintes. Ex. . . mi——sol——si——ré——fa♯——la♭.

C$_{IV}$. *Accord altéré.*
N° 34 du tableau . . . . Tm, Qm, SM, Nm, O.
embrasse 11 quintes. Ex. . . si——ré——fa——la♯——ut——mi.

C$_V$. *Accord altéré.*
N° 38 du tableau. . . . . . . Tm, Qj, Sd, NM, O.
embrasse 11 quintes. Ex. . . mi——sol——si——ré♭——fa♯——la.

C$_{VI}$. *Accord altéré.*
N° 2 du tableau . . . . TM, Qm, Sd, NM, O.
embrasse 13 quintes. Ex. . . si——ré♯——fa——la♭——ut♯——mi.

C$_{VII}$. *Accord altéré.*
N° 10 du tableau . . . . TM, Qj, Sd, Nm, O.
embrasse 13 quintes. Ex. . . si——ré♯——fa♯——la♭——ut——mi.

C$_{VIII}$. *Accord altéré.*
N° 35 du tableau . . . . . . Tm, Qm, SM, NM, Om.
embrasse 13 quintes. Ex. . . si——ré——fa——la♯——ut♯——mi♭.

C$_{IX}$. *Accord altéré.*
N° 43 du tableau. . . . . . . Tm, Qj, SM, Nm, Om.
embrasse 13 quintes. Ex. . . mi——sol——si——ré♯——fa——la♭.

C$_X$. *Accord altéré.*
N° 37 du tableau. . . . . . . Tm, Qj, Sd, Nm, OM.
embrasse 15 quintes. Ex. . . mi——sol——si——ré♭——fa——la𝄪.

CLASSIFICATION MATHÉMATIQUE

DES ACCORDS FORMÉS AU MOYEN DE 5 TIERCES MAJEURES ASSOCIÉES
A 10 TIERCES MINEURES.

Somme de termes commune à ces accords.
$\varphi_6(x) = 6x - 10$.

ACCORDS.	PRODUIT DES TERMES	
	indiqué.	effectué.

C. (acc. naturel) $x(x-3)(x+1)(x-2)(x-5)(x-1) = x^6 - 10x^5 + 30x^4 - 20x^3 - 31x^2 + 30x$.

C'. (acc. mixte) $x(x-3)(x-6)(x-2)(x+2)(x-1) = x^6 - 10x^5 + 23x^4 + 22x^3 - 108x^2 + 72x$.

C''. (acc. altéré) $x(x+4)(x-6)(x-2)(x-5)(x-1) = x^6 - 10x^5 + 9x^4 + 148x^3 - 388x^2 + 240x$.

C'''. (acc. altéré) $x(x-3)(x+1)(x-2)(x+2)(x-8) = x^6 - 10x^5 + 9x^4 + 64x^3 - 52x^2 - 96x$.

C$_{IV}$. (acc. altéré) $x(x-3)(x-6)(x+5)(x-5)(x-1) = x^6 - 10x^5 + 2x^4 + 232x^3 - 675x^2 + 450x$.

C$_V$. (acc. altéré) $x(x-3)(x+1)(x-9)(x+2)(x-1) = x^6 - 10x^5 + 2x^4 + 64x^3 - 3x^2 - 54x$.

C$_{VI}$. (acc. altéré) $x(x+4)(x-6)(x-9)(x+2)(x-1) = x^6 - 10x^5 - 20x^4 + 231x^3 + 230x^2 - 432x$.

C$_{VII}$. (acc. altéré) $x(x+4)(x+1)(x-9)(x-5)(x-1) = x^6 - 10x^5 - 12x^4 + 190x^3 + 11x^2 - 180x$.

C$_{VIII}$. (ac. altéré) $x(x-3)(x-6)(x+5)(x+2)(x-8) = x^6 - 10x^5 - 19x^4 + 316x^3 - 108x^2 - 1440x$.

C$_{IX}$. (acc. altéré) $x(x-3)(x+1)(x+5)(x-5)(x-8) = x^6 - 10x^5 - 12x^4 + 274x^3 - 325x^2 - 600x$.

C$_X$. (acc. altéré) $x(x-3)(x+1)(x-9)(x-5)(x+6) = x^6 - 10x^5 - 26x^4 + 372x^3 - 423x^2 - 810x$.

ACCORDS FORMÉS AU MOYEN DE 9 TIERCES MAJEURES ASSOCIÉES A 6 TIERCES MINEURES.

D. *Accord naturel.*
N° 17 du tableau. . . . . . . TM, Qj, SM, NM, OM.
embrasse 6 quintes. Ex. . . fa——la———ut———mi———sol———si.

D′. *Accord mixte.*
N° 26 du tableau. . . . . . . TM, QM, SM, NM, O.
embrasse 9 quintes. Ex. . . ut——mi———sol♯———si———ré———fa.

D″. *Accord altéré.*
N° 18 du tableau. . . . . . . TM, Qj, SM, NA, O.
embrasse 10 quintes. Ex. . . ut——mi———sol———si———ré♯———fa.

D‴. *Accord altéré.*
N° 23 du tableau . . . . . TM, QM, Sm, NM, OM.
embrasse 10 quintes. Ex. . . sol——si———ré♯———fa———la———ut♯.

D^{IV}. *Accord altéré.*
N° 15 du tableau . . . . . . TM, Qj, Sm, NA, OM.
embrasse 11 quintes. Ex. . . sol——si———ré———fa———la♯———ut♯.

D$_V$. *Accord altéré.*
N° 24 du tableau. . . . . . . TM, QM, Sm, NA, O.
embrasse 11 quintes. Ex. . . sol——si———ré♯———fa———la♯———ut.

D$_{VI}$. *Accord altéré.*
N° 53 du tableau . . . . . Tm, QM, SM, NM, OM.
embrasse 11 quintes. Ex. . . ré——fa———la♯———ut♯———mi———sol♯.

D$_{VII}$. *Accord altéré.*
N° 25 du tableau. . . . . . TM, QM, SM, Nm, OM.
embrasse 13 quintes. Ex. . . ut——mi———sol♯———si———ré♭———fa♯.

CLASSIFICATION MATHÉMATIQUE

DES ACCORDS FORMÉS AU MOYEN DE 9 TIERCES MAJEURES ASSOCIÉES
A 7 TIERCES MINEURES.

Somme de termes commune à ces accords.
$$\varphi_6(x) = 6x + 18.$$

ACCORDS.	PRODUIT DES TERMES
	indiqué. — effectué.
D. (acc. naturel)	$x(x+4)(x+1)(x+5)(x+2)(x+6) = x^6+18x^5+121x^4+372x^3+508x^2+240x$
D'. (acc. mixte)	$x(x+4)(x+8)(x+5)(x+2)(x-1) = x^6+18x^5+107x^4+218x^3-24x^2-320x.$
D''. (acc. altéré)	$x(x+4)(x+1)(x+5)(x+9)(x-1) = x^6+18x^5+100x^4+162x^3-101x^2-180x.$
D'''. (acc. altéré)	$x(x+4)(x+8)(x-2)(x+2)(x+6) = x^6+18x^5+100x^4-120x^3-416x^2-768x.$
D^{IV}. (acc. altéré)	$x(x+4)(x+1)(x-2)(x+9)(x+6) = x^6+18x^5+93x^4+64x^3-444x^2-432x.$
D^{V}. (acc. altéré)	$x(x+4)(x+8)(x-2)(x+9)(x-1) = x^6+18x^5+79x^4-90x^3-584x^2+576x.$
D^{VI}. (acc. altéré)	$x(x-3)(x+8)(x+5)(x+2)(x+6) = x^6+18x^5+93x^4+8x^3-948x^2-1440x.$
D^{VII}. (acc. altéré)	$x(x+4)(x+8)(x+5)(x-5)(x+6) = x^6+18x^5+79x^4-258x^3-2600x^2-4800x.$

ACCORDS FORMÉS AU MOYEN DE 7 TIERCES MAJEURES ASSOCIÉES A 8 TIERCES MINEURES.

E. *Accord naturel.*
N° 14 du tableau . . . . TM, Qj, Sm, NM, O.
embrasse 6 quintes. Ex. . . sol——si——ré——fa——la——ut.

E′. *Accord mixte.*
N° 44 du tableau . . . . Tm, Qj, SM, NM, O.
embrasse 8 quintes. Ex. . . la——ut——mi——sol♯——si——ré.

E″. *Accord mixte.*
N° 41 du tableau. . . . . . . Tm, Qj, Sm, NM, OM.
embrasse 9 quintes. Ex. . . ré——fa——la——ut——mi—sol♯.

E‴. *Accord altéré.*
N° 16 du tableau . . . . TM, Qj, SM, Nm, O.
embrasse 10 quintes. Ex. . . ut——mi——sol——si——ré♭——fa.

E$_{IV}$. *Accord altéré.*
N° 50 du tableau . . . . Tm, QM, Sm, NM, O.
embrasse 11 quintes. Ex. . . ré——fa——la♯——ut——mi——sol.

E$_V$. *Accord altéré.*
N° 13 du tableau . . . . TM, Qj, Sm, Nm, OM.
embrasse 11 quintes. Ex. . . mi—sol♯——si——ré——fa——la♯.

E$_{VI}$. *Accord altéré.*
N° 8 du tableau . . . . TM, Qm, SM, NM, O.
embrasse 11 quintes. Ex. . . sol——si——ré♭——fa♯——la——ut.

E$_{VII}$. *Accord altéré.*
N° 43 du tableau . . . . . . Tm, Qj, SM, Nm, OM.
embrasse 11 quintes. Ex. . . la—ut——mi——sol♯——si♭——ré♯.

E$_{VIII}$. *Accord altéré.*
N° 22 du tableau . . . . TM, QM, Sm, Nm, O.
embrasse 13 quintes. Ex. . . sol——si——ré♯——fa——la♭——ut.

E$_{IX}$. *Accord altéré.*
N° 52 du tableau . . . . Tm, QM, SM, Nm, O.
embrasse 13 quintes. Ex. . . ré——fa——la♯——ut♯——mi♭——sol.

E$_X$. *Accord altéré.*
N° 49 du tableau . . . . . . Tm, QM, Sm, Nm, OM.
embrasse 13 quintes. Ex. . . ré——fa——la♮——ut——mi♭——sol♯.

E$_{XI}$. *Accord altéré.*
N° 6 du tableau . . . . TM, Qm, Sm, NA, O.
embrasse 15 quintes. Ex. . . sol——si——ré♭——fa——la♯——ut.

E$_{XII}$. *Accord altéré.*
N° 11 du tableau . . . . TM, Qj, Sd, NM, OM.
embrasse 15 quintes. Ex. . . mi—sol♯——si——ré♭——fa♯——la♯.

CLASSIFICATION MATHÉMATIQUE

DES ACCORDS FORMÉS AU MOYEN DE SEPT TIERCES MAJEURES ASSOCIÉES A HUIT TIERCES MINEURES.

Somme de termes commune à ces accords.
$$\varphi_6(x) = 6x + 4.$$

ACCORDS.	PRODUIT DES TERMES.	
	indiqué.	effectué.
E. (acc. naturel)	$x(x+4)(x+1)(x-2)(x+2)(x-1) =$	$x^6 + 4x^5 - 5x^4 - 20x^3 + 4x^2 + 16x.$
E'. (acc. mixte)	$x(x-3)(x+1)(x+5)(x+2)(x-1) =$	$x^6 + 4x^5 - 12x^4 - 34x^3 + 11x^2 + 30x.$
E''. (acc. mixte)	$x(x-3)(x+1)(x-2)(x+2)(x+6) =$	$x^6 + 4x^5 - 21x^4 - 46x^3 + 60x^2 + 72x.$
E'''. (acc. altéré)	$x(x+4)(x+1)(x+5)(x-5)(x-1) =$	$x^6 + 4x^5 - 26x^4 - 104x^3 + 25x^2 + 100x.$
E_{IV}. (acc. altéré)	$x(x-3)(x+8)(x-2)(x+2)(x-1) =$	$x^6 + 4x^5 - 33x^4 + 8x^3 + 116x^2 + 96x.$
E_V. (acc. altéré)	$x(x+4)(x+1)(x-2)(x-5)(x+6) =$	$x^6 + 4x^5 - 33x^4 - 104x^3 + 172x^2 + 240x.$
E_{VI}. (acc. altéré)	$x(x+4)(x-6)(x+5)(x+2)(x-1) =$	$x^6 + 4x^5 - 33x^4 - 160x^3 - 52x^2 + 240x.$
E_{VII}. (acc. altéré)	$x(x-3)(x+1)(x+5)(x-5)(x+6) =$	$x^6 + 4x^5 - 40x^4 - 118x^3 + 375x^2 + 450x.$
E_{VIII}. (acc. altéré)	$x(x+4)(x+8)(x-2)(x-5)(x-1) =$	$x^6 + 4x^5 - 47x^4 - 62x^3 + 424x^2 - 320x$
E_{IX}. (acc. altéré)	$x(x-3)(x+8)(x+5)(x-5)(x-1) =$	$x^6 + 4x^5 - 54x^4 - 76x^3 + 725x^2 - 600x.$
E_X. (acc. altéré)	$x(x-3)(x+8)(x-2)(x-5)(x+6) =$	$x^6 + 4x^5 - 61x^4 - 76x^3 + 1068x^2 - 1440x.$
E_{XI}. (acc. altéré)	$x(x+4)(x-6)(x-2)(x+9)(x-1) =$	$x^6 + 4x^5 - 61x^4 - 76x^3 + 564x^2 - 432x.$
E_{XII}. (acc. altéré)	$x(x+4)(x+1)(x-9)(x+2)(x+6) =$	$x^6 + 4x^5 - 61x^4 - 412x^3 - 780x^2 - 432x.$

LIVRE PREMIER.

ACCORDS FORMÉS AU MOYEN DE 4 TIERCES MAJEURES ASSOCIÉES A 11 TIERCES MINEURES.

F. *Accord naturel.*
N° 31 du tableau . . . . Tm, Qm, Sm, Nm, O.
embrasse 6 quintes. Ex. . . si—ré——fa——la——ut——mi.

F'. *Accord mixte.*
N° 40 du tableau . . . . Tm, Qj, Sm, Nm, Om.
embrasse 9 quintes. Ex. . . mi—sol——si——ré——fa——la♭.

F''. *Accord altéré.*
N° 37 du tableau . . . . Tm, Qj, Sd, Nm, O.
embrasse 10 quintes. Ex. . . mi—sol——si——ré♭——fa——la.

F'''. *Accord altéré.*
N° 32 du tableau . . . . Tm, Qm, Sm, NM, Om.
embrasse 10 quintes. Ex. . . si—ré——fa——la——ut♯——mi♭.

F$_{IV}$. *Accord altéré.*
N° 29 du tableau . . . . Tm, Qm, Sd, NM, O.
embrasse 11 quintes. Ex. . . si——ré——fa——la♭——ut♯——mi.

F$_V$. *Accord altéré.*
N° 38 du tableau . . . . Tm, Qj, Sd, NM, Om.
embrasse 11 quintes. Ex. . . mi-sol——si——ré♭——fa♯——la♭.

F$_{VI}$. *Accord altéré.*
N° 1 du tableau . . . . TM, Qm, Sd, Nm, O.
embrasse 13 quintes. Ex. . . si—ré♯——fa—la♭——ut——mi.

F$_{VII}$. *Accord altéré.*
N° 34 du tableau . . . . Tm, Qm, SM, Nm, Om.
embrasse 13 quintes. Ex. . . si—ré——fa——la♯——ut——mi♭.

CLASSIFICATION MATHÉMATIQUE

DES ACCORDS FORMÉS AU MOYEN DE 4 TIERCES MAJEURES ASSOCIÉES A 11 TIERCES MINEURES.

Somme de termes commune à ces accords.
$$\varphi_6.(x) = 6x - 17.$$

ACCORDS.	PRODUIT DES TERMES	
	indiqué.	effectué.

F. (acc. naturel) $x(x-3)(x-6)(x-2)(x-5)(x-1) = x^6 - 17x^5 + 107x^4 - 307x^3 + 396x^2 - 180x$.

F$'$. (acc. mixte). $x(x-3)(x+1)(x-2)(x-5)(x-8) = x^6 - 17x^5 + 93x^4 - 167x^3 - 38x^2 + 240x$.

F$''$. (acc. altéré) $x(x-3)(x+1)(x-9)(x-5)(x-1) = x^6 - 17x^5 + 86x^4 - 118x^3 - 87x^2 + 135x$.

F$'''$. (acc. altéré) $x(x-3)(x-6)(x-2)(x+2)(x-8) = x^6 - 17x^5 + 86x^4 - 76x^3 - 360x^2 + 576x$.

F^{IV}. (acc. altéré) $x(x-5)(x-6)(x-9)(x+2)(x-1) = x^6 - 17x^5 + 79x^4 - 27x^3 - 360x^2 + 324x$.

F^{V}. (acc. altéré) $x(x-3)(x+1)(x-9)(x+2)(x-8) = x^6 - 17x^5 + 65x^4 + 113x^3 - 402x^2 - 432x$.

F^{VI}. (acc. altéré) $x(x+4)(x-6)(x-9)(x-5)(x-1) = x^6 - 17x^5 + 65x^4 + 197x^3 - 1326x^2 + 1080x$.

F^{VII}. (acc. altéré) $x(x-3)(x-6)(x+5)(x-5)(x-8) = x^6 - 17x^5 + 65x^4 + 281x^3 - 2250x^2 + 3600x$.

ACCORDS FORMÉS AU MOYEN DE 10 TIERCES MAJEURES ASSOCIÉES A 5 TIERCES MINEURES.

G. *Accord mixte.*
N° 18 du tableau. . . . . . . TM, Qj, SM, NA, OM.
embrasse 9 quintes. Ex. . . fa——la———ut———mi———sol♯———si.

G′. *Accord mixte.*
N° 26 du tableau. . . . . . TM, QM, SM, NM, OM.
embrasse 8 quintes. Ex. . . ut——mi——sol♮———si———ré———fa♮.

G″. *Accord altéré.*
N° 27 du tableau . . . . . . TM, QM, SM, NA, O.
embrasse 10 quintes. Ex. . . ut——mi——sol♯——si———ré♯——fa.

G‴. *Accord altéré.*
N° 24 du tableau . . . . . TM, QM, Sm, NA, OM.
embrasse 11 quintes. Ex. . . sol——si———ré♯————fa——la♯———ut♯.

STRUCTURE DES ACCORDS.

CLASSIFICATION MATHÉMATIQUE

DES ACCORDS FORMÉS AU MOYEN DE 10 TIERCES MAJEURES ASSOCIÉES
A 5 TIERCES MINEURES.

Somme de termes commune à ces accords.
$\phi^6(x) = 6x + 25.$

ACCORDS. PRODUIT DES TERMES.
indiqué. effectué.

G. (ac. m.) $x(x+4)(x+1)(x+5)(x+9)(x+6) = x^6+25x^5+233x^4+995x^3+1866x^2+1080x$

G'. (ac. m.) $x(x+4)(x+8)(x+5)(x+2)(x+6) = x^6+25x^5+240x^4+1100x^3+2384x^2+1920x$

G''. (ac. alt.) $x(x+4)(x+8)(x+5)(x+9)(x-1) = x^6+25x^5+219x^4+743x^3+452x^2-1440x.$

G'''. (ac. alt.) $x(x+4)(x+8)(x-2)(x+9)(x+6) = x^6+25x^5+212x^4+596x^3+528x^2-3456x$

ACCORD UNIQUE FORMÉ AU MOYEN DE DEUX TIERCES MAJEURES ASSOCIÉES A 13 TIERCES MINEURES.

H. *Accord mixte.*
N° 28 du tableau. . . . . . . Tm, Qm, Sd, Nm, Om.
embrasse 9 quintes. Ex. . . sol♯—si——ré——fa——la——ut.

ACCORDS FORMÉS AU MOYEN DE 3 TIERCES MAJEURES ASSOCIÉES A 12 TIERCES MINEURES.

I. *Accord mixte.*
N° 31 du tableau . . . . . . Tm, Qm, Sm, Nm, Om.
embrasse 8 quintes. Ex. . . sol♯—si——ré——fa♯——la——ut.

I'. *Accord mixte.*
N° 28 du tableau. . . . . . . Tm, Qm, Sd, Nm, O.
embrasse 9 quintes. Ex. . . sol♯—si——ré——fa——la——ut♯.

I''. *Accord altéré.*
N° 37 du tableau . . . . . . Tm, Qj, Sd, Nm, Om.
embrasse 10 quintes. Ex. . . mi——sol——si——ré♭——fa——la♭.

I'''. *Accord altéré.*
N° 29 du tableau . . . . . . Tm, Qm, Sd, NM, Om.
embrasse 11 quintes. Ex. . . sol♯—si——ré——fa——la♯——ut.

CLASSIFICATION MATHÉMATIQUE

POUR L'ACCORD UNIQUE H FORMÉ AU MOYEN DE 2 TIERCES MAJEURES ASSOCIÉES A 13 TIERCES MINEURES.

Somme des termes de cet accord.

$\varphi_6(x) = 6x + 31.$

ACCORD. — PRODUIT DES TERMES (indiqué. / effectué.)

H. (acc. unique) $x(x-3)(x-6)(x-9)(x-5)(x-8) = x^6 - 31x^5 + 373x^4 - 2169x^3 + 6066x^2 - 6480x.$

CLASSIFICATION MATHÉMATIQUE

DES ACCORDS FORMÉS AU MOYEN DE 3 TIERCES MAJEURES ASSOCIÉES A 12 TIERCES MINEURES.

Somme de termes commune à ces accords.

$\varphi_6(x) = 6x - 24.$

ACCORDS. — PRODUIT DES TERMES (indiqué. / effectué.)

I. (acc. mixte) $x(x-3)(x-6)(x-2)(x-5)(x-8) = x^6 - 24x^5 + 219x^4 - 944x^3 + 1908x^2 - 1440x.$

I'. (acc. mixte) $x(x-3)(x-6)(x-9)(x-5)(x-1) = x^6 - 24x^5 + 212x^4 - 846x^3 + 1467x^2 - 810x.$

I''. (acc. altéré) $x(x-3)(x+1)(x-9)(x-5)(x-8) = x^6 - 24x^5 + 198x^4 - 608x^3 + 249x^2 + 1080x.$

I'''. (acc. altéré) $x(x-3)(x-6)(x-9)(x+2)(x-8) = x^6 - 24x^5 + 191x^4 - 468x^3 - 612x^2 + 2592x.$

CHAPITRE XVII.

DE L'EMPLOI DES ACCORDS ALTÉRÉS DE SIX SONS.

§. 311. Les tableaux précédents, qui ne concernent que la seule classe des accords de onzième, offrent un ensemble de 73 agrégations, parmi lesquelles on compte : 6 *accords naturels-types*, 13 *accords mixtes*, dont 3 *accords-types*, et enfin 54 *accords altérés*.

Les *accords naturels* et les *accords mixtes* ont été examinés en grand détail dans les chapitres XIV et XV ; il ne nous reste donc plus à étudier que les *accords altérés* : mais nous ne pourrons, à cause de leur grand nombre, nous étendre sur chacun d'eux autant que nous l'avons fait pour les accords altérés des classes précédentes ; toutefois, nous en dirons assez pour qu'il ne reste aucun doute dans l'esprit du lecteur, sur la nécessité d'admettre ces accords comme parties intégrantes du système harmonique. Sans doute, le grand nombre des *accords nouveaux* introduits dans la science par notre LOI GÉNÉRATRICE, sera d'abord un obstacle à leur admission, sinon de la part des compositeurs eux-mêmes, du moins de la part des théoriciens-harmonistes. Mais quand on aura reconnu les propriétés de ces accords, quand on saura que déjà plusieurs d'entre eux ont été employés instinctivement par de grands maîtres ; lorsqu'enfin on s'apercevra qu'une foule de faits harmoniques, inexpliqués jusqu'à présent, reçoivent une irréfragable explication rationnelle, on finira par se rendre à l'évidence, et l'on admettra sans restriction tous les produits de notre *loi génératrice* appliquée aux éléments de la tonalité moderne.

§. 312. Mais venons au fait, et, pour procéder avec ordre, commençons par la série des accords désignés par la lettre A diversement accentuée, dont la nomenclature se trouve pages 373 et 374.

Déjà *l'accord naturel* A a été étudié (voir chapitre XIV, les §§. 257 à 261), ainsi que *l'accord mixte* A' (voir chapitre XV, les §§. 281 à 284) ; nous avons même consacré un paragraphe (le §. 309) à *l'accord mixte* A", qui est un de ceux qui forment en quelque sorte la transition entre les *accords naturels et mixtes*, et les *accords altérés* proprement dits. Cependant nous croyons que le lecteur ne sera pas fâché de trouver ici quelques considérations nouvelles concernant ce dernier accord, et un ou deux exemples de son emploi.

Déjà, sans doute, on aura remarqué que *l'accord mixte* qui nous occupe, présente la JUXTA-POSITION de *deux accords parfaits mineurs*, dont les fondamentales sont respectivement, pour l'un, la fondamentale même de l'accord de onzième, et pour l'autre, la fonction de septième de cet accord; surtout on aura vu que ce second accord parfait est formé des *appoggiatures inférieures* des sons constitutifs du premier accord parfait.

Fig. 155.

Or, il est évident que les *deux accords parfaits mineurs ré-fa-la* et *ut♯-mi-sol♯* ne peuvent être *attaqués simultanément* avec toutes leurs fonctions, *durer le même temps*, et conséquemment *finir ensemble*, à cause de la coexistence au sein de l'accord A″, de L'APPAREIL ATTRACTIF (1) *ré-mi-sol♯*, et de L'ACCORD RÉSOLUTIF *la—ut♯-mi* de cet appareil. Mais rien ne s'oppose à l'introduction successive des sons *ut♯*, *mi* et *sol♯*, soit séparément, soit par couples formant *tierce* ou *sixte*, pendant la durée de *l'accord parfait mineur ré-fa-la*, comme dans la figure suivante, et encore de beaucoup d'autres manières connues de tous les praticiens.

Fig. 156.

(1) Lire les pages XL à XLVI dans le Ier Mémoire de Barbereau déjà cité dans la note de la page 293.

On voit qu'ici les fonctions de septième, de neuvième et de onzième de *l'accord mixte* A″, se font entendre successivement, pendant la durée des autres fonctions de cet accord, c'est-à-dire pendant la durée des fonctions de fondamentale, de tierce et de quinte; *il n'y a donc là aucune note réellement étrangère à l'harmonie*, puisque la fondamentale RÉ les contient toutes. *Les appoggiatures* ne sont donc pas, comme on le croit, *étrangères* à la note fondamentale, mais bien des sons qui se rattachent intimement à cette note; le fait qu'on ne peut attaquer toutes les fonctions à la fois, n'infirme en rien cette manière de voir, car plusieurs accords connus et acceptés de tous sont dans le même cas. Seulement, on y gagne de connaître l'origine de ces notes *prétenduement étrangères aux accords* que l'on désigne sous le nom *d'appoggiatures*, et l'on apprend qu'elles se rattachent par un lien très-étroit à l'ensemble du système harmonique.

§. 313. Signalons, en passant, *l'accord mixte* désigné par G (voir chapitre XV, les §§. 302 et 303), comme présentant en mode majeur le pendant de *l'accord mixte* A″. On peut en effet considérer cet accord G, comme offrant la JUXTA-POSITION de *deux accords parfaits majeurs*, dont l'un est formé des *appoggiatures inférieures* des fonctions de l'autre; on peut donc, sous ce point de vue, lui appliquer ce qui vient d'être dit concernant *l'accord mixte* A″. On a vu plus haut (§. 303, fig. 150), une réalisation de *l'accord mixte* G, fondée sur des considérations d'une toute autre nature.

§. 314. *L'accord mixte* A″ peut aussi être employé tout autrement que sous l'aspect d'un accord parfait accompagné des *appoggiatures inférieures* de ses fonctions; nous nous bornerons à un seul mais décisif exemple, dans lequel l'accord en question reçoit *médiatement* sa résolution *à la quinte inférieure*. Le voici :

Fig. 157.

STRUCTURE DES ACCORDS.　　　595

NB. Dans cette figure, la fonction de onzième de *l'accord mixte* A'' (le *sol*♯), occupe toute la seconde moitié de la première mesure, pendant que celles de septième et de neuvième (l'*ut*♯ et le *mi*) se présentent comme *notes de passage* variant les fonctions de fondamentale et de tierce. Au début de la seconde mesure, il y a changement *enharmonique*, et, par suite, modulation en *ut* mineur. Remarquez qu'on ne pourrait pas écrire *la*♭ au lieu de *sol*♯ dans la première mesure ; ni *sol*♭ au lieu de *fa*♯ dans la troisième, parce que l'altération descendante ne peut s'appliquer à la dominante d'un ton, soit majeur, soit mineur. Notre accord A'' se transforme en celui de septième de troisième espèce ayant même fondamentale, et c'est ce dernier accord qui se résout *à la quinte inférieure* sur la dominante du nouveau ton mineur. Tout l'exemple présente une *marche harmonique*, au moyen de laquelle on peut, en la poursuivant, revenir au ton primitif de *ré* mineur.

Emploi de l'accord altéré désigné par A''', *embrassant* 10 *quintes sur l'échelle des sons.*

Exemple : *sol—si—ré*♯*—fa—la—ut.*

§. 315. Cet accord doit être considéré comme provenant de l'altération ascendante de la fonction de quinte, dans l'accord naturel de onzième désigné par la lettre E, accord traité au chapitre XIV sous les §§. 270, 271, 272, 273 et 274. Comme l'accord naturel dont il présente l'altération, l'accord A''' a son siége sur la dominante en mode majeur ; mais on ne pourrait, comme l'accord E, l'employer en mode mineur. Nous ne donnerons qu'un seul exemple de son emploi, parce que notre but est moins de montrer tout le parti que l'on peut tirer des *accords nouveaux* introduits dans la science harmonique par notre LOI GÉNÉRATRICE, que de constater par le fait la possibilité de leur réalisation.

Fig. 158.

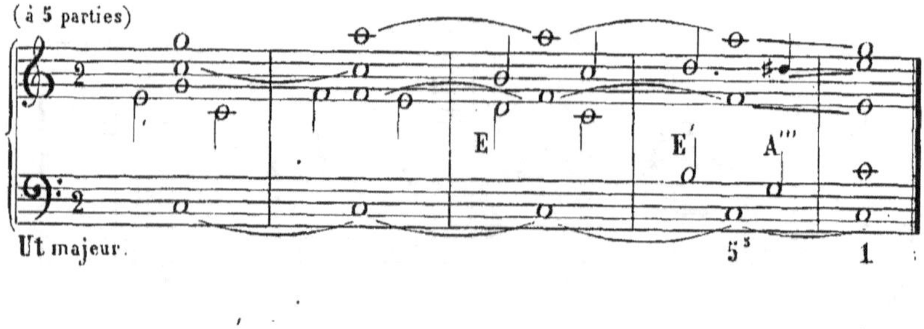

394 LIVRE PREMIER.

NB. Dans cet exemple, l'accord A^{III} se montre à l'extrémité de l'avant-dernière mesure, dont l'accord E occupe le temps fort et une partie du temps faible. L'accord est employé dans son cinquième renversement, et sa résolution a lieu régulièrement *à la quinte inférieure sur l'accord de la tonique*.

Emploi des accords A^{IV}, A^{V}, A^{VI} *et* A^{VII}, *qui embrassent* 11 *quintes sur l'échelle des sons.*

§. 316. L'accord A^{IV} (1) doit être considéré comme une altération de l'altération E, nommément comme présentant l'altération ascendante de la fonction de neuvième de cet accord naturel. D'ailleurs il a même siége que l'accord E, savoir la dominante en mode majeur. Un seul exemple de son emploi suffira; le voici :

Fig. 159.

§. 317. L'accord A^{V} qui, comme le précédent, embrasse 11 quintes, présente une double altération de l'accord naturel B, étudié chapitre XIV, sous les §§. 262, 263, 264 et 265. Il s'agit donc d'employer l'agrégation suivante :

A^{V}. Ex. : *ré—fa—la♯—ut♯—mi—sol*

Il est facile de voir qu'il est possible de pratiquer cette agrégation sur le second degré du mode majeur, ce qui est le siége prin-

---

(1) C'est par erreur que dans le tableau de la page 374, on n'a assigné qu'une étendue de 10 quintes à l'accord A^{IV}, il est évident qu'il en embrasse onze, puisque ses notes extrêmes, lorsqu'on rapporte les fonctions à l'échelle des quintes, sont : *fa*♮ et *la*♯.

STRUCTURE DES ACCORDS.

cipal de l'accord naturel B dont l'accord Aᵛ présente l'altération; on peut voir tout aussi facilement que le sixième degré du mode majeur qui convient aussi à l'accord B, ne convient point à l'accord altéré Aᵛ, parce que la fonction de quinte de ce dernier accord sortirait de la tonalité.

L'exemple suivant, dans lequel le présent accord altéré est employé immédiatement après l'accord naturel B, et résolu régulièrement *à la quinte inférieure* sur l'accord de la dominante, fera comprendre le mode, ou du moins un des modes de réalisation de l'accord qui nous occupe.

Fig. 160.

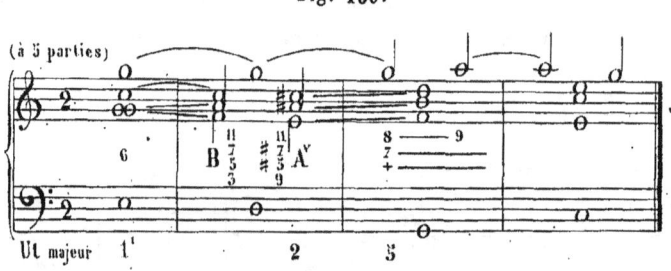

NB. Dans cet exemple, l'accord altéré Aᵛ est employé *à l'état direct* avec cinq de ses fonctions, *la tierce* seule ayant été retranchée. Mais cette même fonction de tierce se trouve réalisée dans *l'accord naturel* B qui précède notre *accord naturel* Aᵛ; et il y a échange de notes entre la fonction de tierce de l'accord B, et la fonction de neuvième de l'accord Aᵛ qui, tous deux, émanent de la même fondamentale *ré*.

§. 318. Aᵛᴵ. *L'accord altéré* désigné par Aᵛᴵ, c'est-à-dire l'accord formé, à partir de la note fondamentale de :

          TM,   Qj   SM,   Nm,   OM,
tel que : ut—mi—-sol—-si—-ré♭—-fa♯,

bien qu'embrassant 11 quintes comme les accords Aᴵⱽ et Aᵛ, n'a de rapport ni avec l'un ni avec l'autre de ces accords.

On peut l'envisager sous plusieurs aspects, et d'abord on peut le considérer comme offrant l'assemblage d'un *accord parfait majeur accompagné des appoggiatures de ses fonctions de fondamentale et de quinte*. Les notes *si* et *ré♭* étant effectivement *les appoggiatures inférieure* et *supérieure* de la fondamentale ᴜᴛ ; et la note *fa♯*, *l'appoggiature infé-*

396   LIVRE PREMIER.

rieure de la fonction de quinte sol. Sous ce point de vue, il y a longtemps que l'on pratique *l'accord altéré* A^{vi}, sans s'en douter, à peu près comme M. Jourdain faisait de la prose. Par exemple, quand on écrit :

Fig. 161.

§. 319. On peut et l'on doit aussi considérer l'accord A^{vi} comme provenant de l'altération descendante de la fonction de neuvième dans *l'accord naturel* désigné par D dont nous avons parlé au chapitre XIV, sous les §§. 268 et 269. Toutefois, on ne pourrait l'employer comme *l'accord naturel* D, sur le 4e degré en mode majeur, à cause de la note altérée qui serait étrangère à la tonalité ; mais on peut le pratiquer sur les degrés 1 et 5. On voit un exemple de son emploi, page 284, §. 219, fig. 94. Evidemment l'accord *si-ré-fa♯-la♭-ut♯*, qui occupe le second temps de la troisième mesure dans cette figure, n'est au fond que *l'accord altéré* A^{vi}, privé de sa note fondamentale sol. Ce qui ne veut pas dire que l'agrégation : *si-ré-fa♯-la♭-ut♯* n'a pas de réalité comme accord de cinq sons, mais seulement que, dans l'exemple donné fig. 94, sa véritable note fondamentale n'est pas *si* mais bien *sol*; et que, par conséquent, cet exemple se rapporte à l'emploi de notre présent *accord altéré* A^{iv}. Il suffirait de résoudre l'accord de cinq sons : *si—ré—fa♯—la♭—ut♯*, consigné dans le susdit exemple, sur *l'accord de neuvième dominante majeure* : *mi--sol♯—si—ré—fa♯*, pour donner à l'accord de cinq sons, désigné par la lettre accentuée C^{iii}, sa véritable attribution. Pour ne rien laisser à désirer à cet égard, nous avons réuni dans un même exemple, l'emploi de l'agrégation *si-ré-fa♯-la♭-ut♯* considérée d'abord comme accord de cinq sons, puis comme accord de six sons. Voici cet exemple.

STRUCTURE DES ACCORDS.

Fig. 162.

NB. Dans cette figure *l'accord de cinq sons* désigné par C'''_5, paraît à l'extrémité de la première mesure; sa fonction de septième *la*♭ fait sa résolution *par prolongation de son, et enharmoniquement*, sur *sol*♯ fonction de tierce de l'accord de neuvième dominante majeure qui occupe la seconde mesure. Quant à l'accord A^{vi}_6, on le voit employé sans fondamentale à l'extrémité de la troisième mesure, où le *sol*♯ se change idéalement en *la*♭, non seulement pour reproduire notre accord A^{vi}, mais encore et surtout pour qu'il soit possible de passer du *sol*♯ au *sol*♮. Le petit chiffre arabe placé au-dessous et à droite des lettres C''' et A^{vi}, indique le nombre de sons dont l'accord correspondant est composé.

L'exemple suivant est semblable à celui de la figure 94, aussi le donnons-nous sans analyse, et seulement pour montrer par le fait la possibilité de tirer un bon parti de notre *nouvel accord altéré* A^{vi}.

Fig. 163.

598 LIVRE PREMIER.

§. 320. A^{vii}. *L'accord altéré* désigné par cette lettre, embrasse onze quintes comme les trois accords A^{iv}, A^{v} et A^{vi}, que nous venons d'étudier. Il est formé à partir de sa note fondamentale de :

comme par ex. : ré—fa——la♯——ut——mi—-sol♯.
                 Tm, QM,   Sm,   NM,   OM,

On doit le considérer comme présentant l'altération ascendante de la fonction de quinte dans *l'accord mixte* : *ré-fa-la-ut-mi-sol♯* désigné par la lettre E″, accord sur lequel nous avons donné d'assez grands détails au chapitre XV, sous les §§. 299, 300 et 301.

Les deux exemples suivants, dans lesquels *l'accord altéré* A^{vii} est précédé de *l'accord mixte* E″ dont il est l'altération, peuvent donner une idée de la manière de s'en servir, et suffisent surtout complètement pour mettre hors de doute la réalité du nouvel accord, ce qui est le but principal que nous nous proposons. L'abondance des matières ne nous permet pas d'entrer dans de plus grands détails ; mais les harmonistes, avertis de l'existence des accords nouveaux que récèle notre LOI GÉNÉRATRICE, sauront bien découvrir les applications que la nécessité de nous borner nous force de négliger. Voici le premier des deux exemples promis :

Fig. 164.

NB. Dans ce premier exemple, l'accord A^{vii} est employé à 4 parties, et dans son état direct, avec ses fonctions de *fondamentale* (ré), de *tierce* (fa), de *quinte* (la♯), et de *onzième* (sol♯). *La résolution est normale et immédiate*, sur *l'accord de neuvième dominante mineure* propre au ton d'*ut* mineur, d'où il résulte que la *fonction de onzième* (sol♯), fait sa résolution par *prolongation de son* et *enharmoniquement* sur la *fonction de neuvième* (la♭) de l'accord de la dominante du ton d'*ut* mineur.

STRUCTURE DES ACCORDS.

Voici maintenant le second exemple:

Fig. 165.

NB. Dans cet exemple, l'accord A^{vii} est employé avec ses fonctions de *fondamentale* (ré); de *quinte* (la♯); de *neuvième* (mi); et de *onzième* (sol♯). Dans l'exemple précédent, la *fonction de tierce* (fa) occupait la place que celle de *neuvième* (mi) occupe dans celui-ci. On remarquera la marche de cette fonction (mi) sur la fonction de *septième* (fa) de l'accord résolutif. Du reste la fonction de *onzième* (sol♯) se comporte ici comme dans l'exemple de la figure 164.

De l'emploi des accords altérés A^{viii}, A^{ix} et A^{x} qui embrassent 13 quintes sur l'échelle des sons.

§. 321. A^{viii}. Cet accord est formé, à partir de sa note fondamentale, de: TM, QM, SM, Nm, O.

comme: ut—mi—sol♯—si—ré♭—fa,

et il doit être considéré comme une altération de *l'accord mixte de onzième* désigné par D', savoir de l'accord: *ut-mi-sol♯-si-ré-fa.*

C'est ce dont le lecteur peut s'assurer en se reportant, chapitre XV, aux §§. 292, 293, 294 et 295, consacrés à *l'accord mixte* D'. Cette simple indication peut suffire au lecteur harmoniste.

Mais il est un autre point de vue qui mérite toute notre attention, parce qu'il nous donne la clef d'un *fait harmonique* bien connu, quoique *tout-à-fait inexplicable* par les théories généralement admises. Voici d'abord ce fait que tout le monde connaît:

Fig. 166.

Formule de cadence parfaite.

On écrit cela tous les jours, et certes l'effet en est excellent. Oui, mais comment explique-t-on, d'une part, *le mouvement chromatique ascendant* la♭-la♮? et, d'autre part, *la succession fondamentale par seconde inférieure* sol-fa? On s'inquiète peu ou point de justifier ces anomalies. Ce sont des *exceptions à la règle; il n'y a pas de règle sans exception*, proverbe commode, presqu'autant que cet autre proverbe: *cætera docebit usus* », et qui dispense les maîtres de répondre aux questions par trop pressantes des élèves. Quoi qu'il en soit, quelques auteurs, mieux avisés que les autres, écrivent *sol♯*, au lieu de *la♭*, et ceux-là sont dans le vrai; et comme LA VÉRITÉ est essentiellement CRÉATRICE, il arrive que, même sans le savoir, ces estimables harmonistes ont créé *un nouvel accord altéré* qui n'est autre que le présent accord A^{VIII} privé de ses fonctions de fondamentale et de tierce. Par ce simple changement enharmonique, non seulement *l'inexplicable mouvement chromatique* la♭-la♮, est remplacé par LE MOUVEMENT DIATONIQUE parfaitement rationnel *sol♯-la;* mais, ce qui est plus, *la succession exceptionnelle par seconde inférieure* sol-fa, est transformée en RÉSOLUTION NORMALE A LA QUINTE INFÉRIEURE. Or, si les caractères de la vérité scientifique ne sont point là, ils ne sont nulle part.

NB. Les exemples donnés page 286, §. 221, fig. 96, pour l'accord de cinq sons désigné par C^v, et qui présentent effectivement toutes les fonctions de cet *accord de neuvième*, doivent en réalité être considérés comme se rapportant à *l'accord de onzième* A^{VIII}, comme l'indiquent d'ailleurs le second chiffrage inférieur de ces exemples, ainsi que la REMARQUE qui suit. Quant à l'emploi normal de *l'accord de neuvième* C^v, on le trouvera page 300, dans la REMARQUE IMPORTANTE consacrée principalement à l'explication du passage de l'*Idoménée* de Mozart, cité par M. Oulibicheff. Nous prions le lecteur de relire ici les pages 300, 301 et 302, afin de mieux saisir les rapports et les différences des accords C_5^v et A_6^{VIII}, qui ont cinq notes communes.

§. 322. A^{IX}. *Ce nouvel accord altéré* est formé de la manière suivante:

$$\text{Tm, QM, SM, Nm, OM}$$
comme par ex. : ut—mi♭—sol♯—si—ré♭—fa♯

Certes, au premier aspect, une telle agrégation paraît absolument impraticable; et sans doute si, pour abréger, nous nous bornions à une simple indication, et que nous laissions à d'autres le soin d'en chercher la réalisation, on ne manquerait pas d'essayer d'infirmer la *certitude* de notre LOI GÉNÉRATRICE des accords par l'impossibilité prétendue de réaliser le présent accord altéré. Nous donnerons donc un exemple, mais un seul, à cause du grand nombre d'accords que nous avons encore à étudier. Le voici :

Fig. 167.

Modulation d'Ut♯ majeur, en *si*♭ mineur.

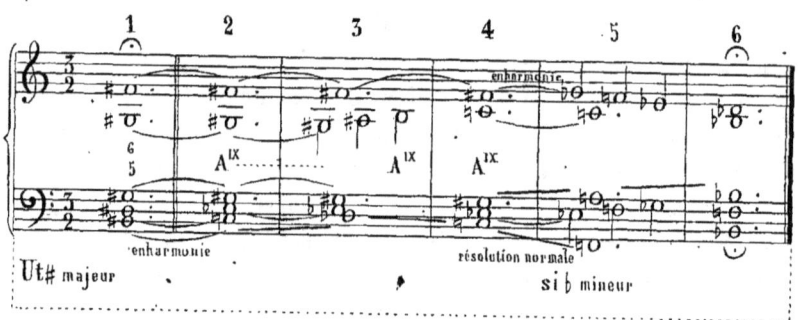

NB. Dans cet exemple, qui débute par *l'accord de septième dominante* du ton d'Ut♯ majeur dans son premier renversement, l'accord A^{IX} se montre dès la seconde mesure et occupe les deux mesures suivantes. Il se présente d'abord avec quatre de ses fonctions (*ut*♮-*mi*♭-*sol*♯-*fa*♯) et réalise ainsi une *transformation enharmonique* encore inconnue de *l'accord de septième dominante*. — Dans la troisième mesure, cette fondamentale (*ut*♮) est remplacée par la fonction de neuvième (*ré*♭), et au troisième temps, même mesure, apparaît la fonction de septième (*si*). Quant au *la*♯ qui occupe le second temps, dans la troisième mesure, il appartient à un *accord de treizième* ayant même fondamentale que celui qui nous occupe, nommément à l'accord : (*ut-mi*♭*-sol*♯*-si-ré*♭*-fa*♯*-la*♯) que nous trouverons dans la classe des accords de 7 sons. — L'antépénultième mesure ramène la fondamentale (*ut*♮) dans deux parties, par la résolution de l'intervalle de sixte augmentée : $\begin{cases} si\natural \\ ré\flat \end{cases}$ sur l'octave : $\begin{cases} ut \\ ut \end{cases}$ Quant à la résolution de notre accord, elle a lieu dans l'avant-dernière mesure, *normalement*, c'est-à-dire *à la quinte inférieure sur l'accord de neuvième dominante mineure* du ton de *si*♭ mineur. Pendant toute la durée de l'accord A^{IX}, c'est-à-dire pendant trois mesures, les fonctions de tierce (*mi*♭), de quinte (*sol*♯), et de onzième (*fa*♯) dudit accord restent immobiles, pendant que celle de fondamentale échange avec celle de neuvième, et que celle de quinte, redoublée dans la seconde partie, se porte sur celle de septième, puis sur la fondamentale ; d'où il résulte que *toutes* les fonctions de l'accord se font entendre. Enfin, au moment même de la résolution, la fonction de onzième (*fa♯*) se transforme enharmoniquement en (*sol♭*), et celle de quinte (*sol♯*) monte diatoniquement sur la note sensible (*la♮*) du nouveau ton.

On objectera peut-être à toute cette explication, qu'on arriverait beaucoup plus naturellement au but, en commençant par remplacer *l'accord de septième dominante* (*sol♯-si♯-ré♯-fa♯*) par son homophone (*la♭-ut-mi♭-sol♭*). Voici notre réponse : 1° Cette substitution des bémols aux dièses amènerait dans la mesure 3, et dans le passage de la mesure 4 à la mesure 5, un mouvement chromatique au lieu du mouvement diatonique qui s'y trouve. Or, qu'on remarque bien que l'admission d'un mouvement chromatique, tel que *la♭-la♮*, n'est possible précisément que parce qu'*idéalement* on fait un *sol♯* de ce *la♭*. 2° La résolution de l'accord, au lieu d'être à *la quinte inférieure*, c'est-à-dire *normale*, aurait lieu *à la tierce mineure inférieure* (la♭—fa♮) et serait ainsi *anormale*.

---

§. 323. A^x. Cet accord est formé, à partir de sa note fondamentale, ainsi qu'il suit :

                TM, QM,   Sm,   Nm,   OM
Par ex. :   ut—-mi—-sol♯—-si♭—-ré♭—-fa♯
Ou :   sol—-si—-ré♯—-fa♮—-la♭—-ut♯

C'est à dessein que nous citons ces deux exemples de la forme de cet accord. Le premier correspond en effet à celui du *tableau de nomenclature*, page 374 ; et le second met en évidence que ce *nouvel accord altéré* a cinq notes communes avec l'accord de cinq sons traité au chapitre XII, pages 287 et suivantes, sous les §§. 222 et 223. Or, cet accord de cinq sons : (*si-ré♯-fa♮-la♭-ut♯*) nous a dévoilé une remarquable *transformation enharmonique* de *l'accord de neuvième dominante majeure*, et on peut voir, page 288, fig. 97, l'emploi *normal* de cet accord de neuvième transformé. Eh bien, le présent accord A^x qui nous découvre une nouvelle et plus profonde source de l'agrégation que nous venons de rappeler, en lui donnant pour fondamentale la note *sol*, nous suggère par cela même une autre *transformation enharmonique* de *l'accord de neuvième dominante majeure*, à laquelle nous doutons que le sentiment musical abandonné à lui-même eut pu conduire. Voici la réalisation de cette nouvelle face de *l'accord de neuvième dominante majeure*.

STRUCTURE DES ACCORDS.

Fig. 168.

NB. Est-il nécessaire de faire remarquer que la considération de notre accord A^x peut seule expliquer l'harmonie consignée dans l'exemple de la fig. 168? Et ne voit-on pas que si au lieu du *nouvel accord altéré* A^x, on se bornait à ne considérer que *l'accord naturel de neuvième dominante majeure* fa♯-la♯-ut♯-mi-sol♯, il serait impossible de justifier le *mouvement chromatique* de la troisième et de la quatrième partie, et qu'au lieu de la *résolution normale à la quinte inférieure*, on aurait une résolution tout-à-fait inadmissible, savoir : *une résolution au demi-ton chromatique descendant?*

Si l'on a lu avec quelqu'attention les chapitres consacrés aux accords altérés des classes précédentes, on aura remarqué que partout où les théories actuelles ne voyent que des *exceptions* à la règle, notre LOI GÉNÉRATRICE introduit des *accords nouveaux* qui viennent faire rentrer dans la règle la plus stricte ces exceptions prétendues. (Voir entr'autres exemples de ce fait, l'explication rationnelle de *l'enchaînement de deux accords de septième dominante, dont les fondamentales se succèdent par tierce mineure supérieure*, pages 308, 309, 310 et 311, sous le §. 245.)

404 LIVRE PREMIER.

Emploi de l'accord A^{xi} *qui embrasse quinze quintes sur l'échelle des sons.*

§. 324. Cet accord est formé de la manière suivante :

TM, Qm, SM, NA, O.

Ex. : sol—-si——réb——fa♯—-la♯—-ut.

La distance de quinze quintes existe entre sa *fonction de quinte* (réb) et sa *fonction de neuvième* (la♯).

Il ne peut être question d'employer *simultanément* toutes les fonctions de cet accord ; car, sans parler de l'horrible cacophonie qui en résulterait, il serait impossible de distinguer ainsi les intervalles harmoniques (réb-fa♯) et (réb-la♯), qui respectivement embrassent 11 et 15 quintes, des intervalles plus simples (ut♯-fa♯) et (ut♯-la♯), qui n'embrassent respectivement que 4 et 3 quintes. Mais il est possible d'employer ce nouvel accord en introduisant *successivement* ses diverses fonctions, et en résolvant les dissonances les unes après les autres, comme dans l'exemple suivant :

Fig. 169.

NB. Dans cette figure, notre accord A^{xi} est employé dans son cinquième renversement au premier et au second temps de la seconde mesure, il se résout *médiatement à la quinte inférieure* sur l'accord de la tonique, en passant par un accord de onzième, ayant même fondamentale, nommément par l'accord désigné par la lettre E^{xi}, dans le *tableau des accords formés au moyen de 7 tierces majeures associées à 8 tierces mineures.* (Voir page 382).

STRUCTURE DES ACCORDS.

§. 325. Il est à remarquer que si l'on supprime la fondamentale (*sol*) du présent *accord altéré* A^{xi}, l'agrégation *si-ré♭-fa♯-la♯-ut* qui résulte de cette suppression n'est point un véritable accord de cinq sons, *parce qu'il n'existe, dans aucune classe, un accord dont la première tierce soit diminuée*, comme nous l'avons dit formellement chapitre IV, page 122, §. 76. Ainsi, la véritable fondamentale de la susdite agrégation de 5 sons est toujours *sol*. — Il y a plus : si l'on supprime à la fois la fondamentale (*sol*) et la tierce (*si*) du même accord A^{xi}, l'agrégation restante *ré♭-fa♯-la♯-ut* n'est pas non plus un véritable accord de 4 sons, c'est toujours un accord de six sons ayant la note *sol* pour fondamentale, *parce qu'il n'existe, dans aucune classe, un accord dont la première tierce soit augmentée*. (Voir chapitre IV, page 95, les §§. 45 et 51, et page 123 le §. 79).

Mais si l'on supprime à la fois les *fonctions de fondamentale* (sol), de *tierce* (si), et de *quinte* (ré♭), l'agrégation restante *fa♯-la♯-ut♮* est un véritable accord de trois sons, nommément *l'accord de quinte mineure avec tierce majeure*, inscrit sous le n° 5 dans le tableau des seuls véritables accords de trois sons, donné chap. V, page 130, sous le §. 82. Nous faisons cette remarque pour indiquer aux praticiens la possibilité d'élever le susdit accord altéré de trois sons, à la classe supérieure des accords de six sons, et, par conséquent, de lui donner pour fondamentale *idéale* la note *sol*, distante de sa fondamentale primitive *fa♯* de cinq quintes vers la gauche sur l'échelle des sons.

REMARQUE.

L'accord de onzième désigné par A^{xi}, a cinq notes communes avec l'accord altéré de la classe inférieure désigné par A_v, dans la famille des accords altérés de cinq sons dont on peut voir la nomenclature, pages 263 et 264. On trouve page 265, sous le n° 6; fig. 81, un exemple de l'emploi de cet accord dont la forme est :

sol—si—ré♭—fa♯—la♯

Il ne manque à cet accord que la fonction de onzième *ut* pour reconstituer le présent *accord altéré* A^{xi}.

Voici un exemple à trois parties de l'emploi de l'accord $A^v{}_5$, tout-à-fait différent de celui qui se voit fig. 81. Nous le donnons ici, parce qu'il nous a été suggéré par l'examen de l'accord de onzième $A^{xi}{}_6$, et nous prions le lecteur de le reporter à la page 265 sous le n° 6 ; c'est pour cela que nous le plaçons sous la marque (fig. 81)' pour indiquer qu'il se rapporte à *l'accord de neuvième augmentée, avec tierce ma-*

406 LIVRE PREMIER.

jeure, *quinte mineure et septième majeure*, désigné par A^v dans la famille des accords de cinq sons *formés au moyen de six tierces majeures associées à quatre tierces mineures*. (Voir pages 263 et 264).

(Fig. 81)'.

Modulation de *FA*♯ majeur en *fa*♮ mineur.

NOTA. Le petit chiffre arabe placé au bas de la lettre A, indique que l'accord A^v appartient à la classe des accords de cinq sons, afin qu'on ne le confonde pas avec l'accord A^v de la classe supérieure dont nous avons parlé dans le présent chapitre XVII sous le §. 517.

De l'emploi des accords altérés de onzième formés comme l'accord naturel B de la même classe, au moyen de 6 tierces majeures, associées à 9 tierces mineures.

§. 326. Nous venons d'examiner en grand détail *les accords altérés de onzième formés au moyen de 8 tierces majeures associées à 7 tierces mineures*, conjugués par conséquent avec *l'accord de onzième naturel A*. Nous devons passer maintenant à la famille B_6, dont toutes individualités sont constituées au moyen de *6 tierces majeures associées à 9 tierces mineures*. On peut voir au chapitre XIV, sous les §§. 262, 263, 264 et 265, des exemples de l'emploi de *l'accord naturel* B de cette famille; et au chapitre XV, sous les §§. 285, 286 et 287, des exemples de l'emploi de *l'accord mixte* B' de la même famille. Les autres membres de cette famille d'accords, savoir *les accords altérés*, sont au nombre de dix, comme on peut s'en assurer par le tableau de la page 376.

Nous allons les passer en revue, en groupant ceux qui embrassent la même étendue sur l'échelle des quintes; mais afin d'abréger, nous ne donnerons qu'un ou deux exemples pour chaque groupe, laissant au lecteur la recherche de l'emploi des accords sur lesquels l'abondance des matières ne nous permettra pas de nous étendre.

Nous avons cru devoir donner un exemple de chacun des *accords altérés* de la famille A, pour qu'on ne nous accusât point d'esquiver les difficultés : or, les individualités qui composent la famille B, ne sont ni plus ni moins difficiles à traiter que celles de la famille précédente. Du reste, nous aurons soin, dans chaque groupe, de choisir l'accord le plus intéressant à connaître ou le plus difficile à traiter.

De l'emploi des accords B″ et B‴ qui embrassent 10 quintes sur l'échelle des sons.

§. 327. L'accord B″ est formé de la manière suivante :

Tm, Qj, SM, Nm, O.
Ex. :   mi—sol——si——ré#——fa——la

Il présente *l'altération ascendante de la fonction de septième* dans *l'accord naturel* désigné par C, dans le tableau de la page 378, accord dont on peut voir l'emploi au chapitre XIV, sous les §§. 266 et 267, figures 124 et 125.

Quant à l'accord B‴, il présente *l'altération descendante de la fonction de quinte*, dans *l'accord naturel de onzième désigné* par E dans le tableau de la page 382. L'emploi de *l'accord naturel* E se voit au chapitre XIV, sous les §§. 270, 271, 272, 273 et 274, fig. 129, 130, 131 et 132.

Voici d'ailleurs la forme de *l'accord altéré* B‴ :

TM, Qm, Sm, NM, O.
Ex. :   sol—si——ré♭——fa——la——ut.

De ces deux accords B″ et B‴ qui embrassent tous deux la même étendue de 10 quintes sur l'échelle des sons, l'accord B″ paraît le plus difficile à traiter. Nous le choisirons donc de préférence à l'autre, pour sujet d'un exemple.

Fig. 170.

NB. Dans cet exemple, l'accord B'' paraît au second temps de la seconde mesure sans sa fondamentale (*mi*); et ce qui prouve que cette note supprimée est bien la véritable fondamentale de l'accord, c'est la résolution qui a lieu au temps fort de la 3ᵉ mesure, *résolution normale et immédiate*, sur l'accord de septième dominante du ton de *ré* mineur, ce qui amène une modulation passagère dans ce ton.

Emploi des accords B^{IV}, B^{V} et B^{VI}, qui embrassent onze quintes sur l'échelle des sons.

§. 328. L'accord B^{IV}, formé à partir de sa note fondamentale de *tierce mineure, quinte mineure, septième majeure, neuvième majeure et onzième*,

Tm, Qm, SM, NM, O.
Ex.: si——ré——fa——la#——ut#——mi.

doit être considéré comme présentant une double altération dans l'accord naturel désigné par F, page 384, nommément *les altérations ascendantes des fonctions de septième et de neuvième* de cet accord naturel.

On peut voir au chapitre XIV, sous les §§. 275, 276, 277, 278, 279 et 280, dans les figures 133, 134, 135, 136 et 137 plusieurs exemples de l'emploi du susdit accord naturel F. L'inspection de quelques-uns de ces exemples, surtout de celui de la figure 136, peut même mettre sur la voie de la manière de réaliser le présent *accord altéré* B^{VI}. — Mais, ce même accord B^{IV} peut être envisagé aussi sous un autre aspect: on peut le considérer comme offrant la réunion de *l'accord de quinte mineure: si-ré-fa* et des *appoggiatures inférieures* des trois fonctions de cet accord naturel. Ces indications bien précises suffiront, sans doute, au lecteur harmoniste.

STRUCTURE DES ACCORDS.

§. 329. L'*accord altéré* désigné par B^v, est formé à partir de sa note fondamentale de *tierce majeure*, *quinte mineure*, *septième majeure*, *neuvième mineure* et *onzième*.

comme par ex. :
TM,   Qm,   SM,   Nm,   O,
si---ré♯---fa---la♯---ut---mi.

Certes, il n'est personne qui, privé de la lumière que LA LOI GÉNÉRATRICE DES ACCORDS vient répandre sur l'ensemble du système harmonique, il n'est personne, disons-nous, qui ne considère une telle agrégation de sons comme le produit du hasard, et ne regarde comme absurde la pensée d'en tirer quelque harmonie satisfaisante. Nous pourrions en dire autant de la plupart des *nouveaux accords altérés* inscrits dans nos tableaux de nomenclature. Eh bien, nous déclarons, qu'après avoir tiré de nos formules générales (A_m et Ω_m) du §. 35, en y faisant $m = 6$, tous les accords de la présente classe, nous avons fait imprimer les tableaux compris depuis la page 374 jusqu'à la page 388, *avant d'avoir fait aucune expérience* sur les accords altérés inscrits dans ces tableaux. Cette manière de procéder est, on l'avouera, un peu différente de celle suivie par les savants modernes (les seuls mathématiciens exceptés), qui tous, s'imaginent que *l'expérience* leur fera découvrir quelque jour *les principes* de leurs sciences respectives, sans s'apercevoir que *l'expérience* ne peut nullement atteindre jusqu'à *l'essence intime* des choses, mais seulement jusqu'à la *connaissance du fait*, c'est-à-dire d'une *manifestation individuelle*, *finie* d'un *principe essentiellement universel*, *infini*.

Mais revenons, et donnons un exemple de l'emploi de l'accord B^v, plus bizarre en apparence qu'en réalité, et susceptible, comme le prouve la figure (171) d'être employé avec cinq de ses fonctions.

Fig. 171.

NB. Dans cette figure, *l'accord altéré* B^v se montre dans la première mesure sans sa note fondamentale (*si*). Au premier temps, il semble qu'il n'y ait rien de plus qu'un *accord de sixte augmentée*, mais le *fa*♮ et le *ré*♯ qui se montrent au second temps, dans la partie supérieure, ne permettent pas le doute. D'un autre côté, il est impossible de confondre cet accord avec celui de *septième dominante*: ut-mi-sol-si♭ du ton de FA, à cause de la résolution sur *l'accord de septième dominante* du ton de *la* mineur, RÉSOLUTION NORMALE, dès qu'on admet la réalité de notre accord B^v, et au contraire *exceptionnelle*, quand on veut écarter cet accord et le remplacer soit par *l'accord de septième dominante*, soit par celui de *sixte augmentée*. Dans aucune de ces deux hypothèses on ne peut expliquer la présence des notes *fa*♮ et *ré*♯ de la partie supérieure; et même, dans la seconde hypothèse, la présence du *fa*♮ est une véritable absurdité. Dans la première hypothèse, ces notes *fa*♮ et *ré*♯ sont admissibles, mais étrangères à l'harmonie; mais on ne s'explique pas comment le *si*♭ peut monter au *si*♮. L'admission seule de notre *accord altéré* B^v répond à toutes les difficultés; plus de *notes étrangères* à l'harmonie, et au lieu d'une *résolution exceptionnelle*, une excellente RÉSOLUTION A LA QUINTE INFÉRIEURE. Que peut-on désirer de plus?

REMARQUE.

L'accord de onzième B^v a quatre notes communes avec l'accord de cinq sons désigné page 320 par la lettre B^{vii} (voir aussi les §§. 212 et 213). Afin de ne pas confondre les classes de ces deux accords, nous les désignerons par B$^v_6$ et B$^{vii}_5$, le petit chiffre arabe indiquant le nombre de sons de chacun d'eux. Nous avons donné pages 278 et 279, figures 91 et 92, deux exemples de l'emploi de l'accord B$^{vii}_5$, en voici un nouveau que nous prions le lecteur de reporter à l'article de *l'accord de neuvième mineure et septième majeure, avec tierce majeure et quinte mineure* désigné par B^{vii} dans la classe des accords de cinq sons; nous le donnons parce qu'il est plus satisfaisant et plus explicite que ceux des figures 91 et 92. Le voici:

(Fig. 92'.)

NB. Dans cet exemple l'accord B$^{vii}_5$; *si-ré*♯*-fa-la*♯*-ut*, est employé avec quatre de ses fonctions, la note fondamentale (*si*) ayant seule été supprimée.

STRUCTURE DES ACCORDS.

§. 330. L'accord B^{vi} qui embrasse onze quintes sur l'échelle des sons, comme les accords B^{iv} et B^{v} que nous venons d'examiner, présente LA RÉUNION SYSTÉMATIQUE de deux accords de septième formés des mêmes éléments, savoir : *de l'accord naturel de septième de seconde espèce* (traité chapitre VI, page 145 et suivantes, sous le §. 87), et de *l'accord altéré de septième majeure avec tierce et quinte mineures* (traité chapitre VIII, page 188, sous les §§. 127 et 128). Voici d'ailleurs la forme de cet accord :

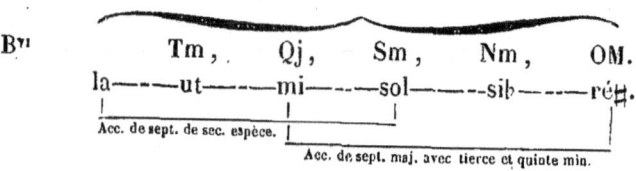

L'accord de septième de seconde espèce est bien connu. Celui de *septième majeure avec tierce et quinte mineures*, l'est beaucoup moins ; toutefois, il a été employé déjà par d'habiles maîtres *sous forme de suspension ascendante avec note réelle, de la fondamentale, dans l'accord de tierce et quinte mineures.* On en voit un exemple, page 188, §. 128.

Ces indications pourront guider ceux de nos lecteurs qui voudraient essayer de réaliser le présent accord altéré B^{vi}, certainement moins difficile à traiter que le précédent.

De l'emploi des accords B^{vii}, B^{viii} *et* B^{ix} *qui embrassent treize quintes sur l'échelle des sons.*

§. 331. Le premier de ces accords, savoir l'accord désigné par B^{vii}, est formé de la manière suivante :

TM, Qj, Sd, NM, O.
Comme par ex. : si—ré♯—fa♯—la♭—ut♯—mi.

Il est à remarquer que si l'on remplace le *la♭* par son homophone *sol♯*, on *retombe sur un accord naturel identique avec l'accord naturel* B placé en tête de la famille d'accords que nous traitons actuellement (voir le tableau, page 376). On a, en effet, en prenant *ut*♯ pour fondamentale de cet accord ainsi transformé, le résultat suivant :

Tm, Qj, Sm, NM, O.
ut♯—mi—sol♯—si—ré♯—fa♯.

Or, il est facile de voir qu'il est formé identiquement comme l'accord naturel B :

Tm, Qj, Sm, NM, O.
ré—fa—la—ut—mi—sol.

Il résulte de là que *l'accord naturel* B (traité chapitre XIV, sous les §§. 262, 263, 264 et 265), peut *enharmoniquement* être changé en *l'accord altéré* B^{vii}; et que, réciproquement, cet *accord altéré* peut, par le même moyen, se transformer en *l'accord naturel* B. Déjà, plus d'une fois, nous sommes arrivés à un résultat pareil : par exemple, au chapitre XII, §. 223, pour *l'accord altéré de neuvième majeure et septième diminuée, avec tierce majeure et quinte mineure,* lequel peut, *enharmoniquement,* se ramener à *l'accord naturel de neuvième dominante majeure*, et, même chapitre, §. 241, pour *l'accord de neuvième majeure et septième diminuée, avec tierce et quinte mineures,* lequel peut, aussi *enharmoniquement,* se ramener à *l'accord mixte de neuvième dominante mineure.* La possibilité de pareilles transformations est d'une immense importance dans le système harmonique, comme le savent depuis longtemps tous les praticiens. Mais là, comme ailleurs, notre LOI GÉNÉRATRICE DES ACCORDS découvre une foule de ressources nouvelles et inespérées.

Donnons enfin un exemple de l'emploi du présent *accord altéré* B^{vii}, qui, comme tant d'autres traités précédemment, doit paraître impossible à employer. L'exemple suivant, très-explicite, écrit à cinq parties, et où la *résolution* de notre accord est *normale*, suffira du moins à constater son irréfragable réalité. Le voici :

Fig. 172.

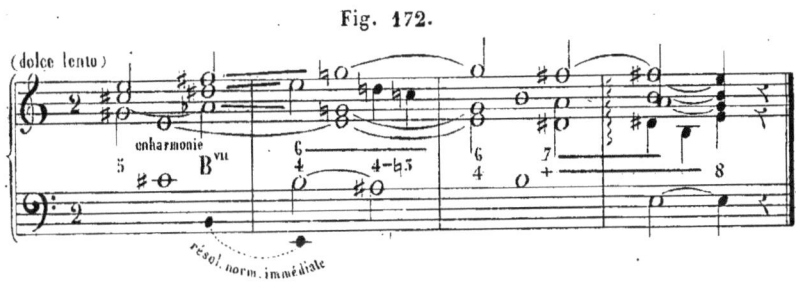

STRUCTURE DES ACCORDS.

NB. Cet exemple offre, comme on le voit, une belle modulation du ton d'*ut*♯ mineur au ton de *mi* mineur. Notre accord y est employé avec cinq de ses fonctions, la fondamentale reste *idéale* pour servir de guide secret à la résolution.

§ 332. L'accord B^{vm} que nous avons à étudier actuellement, est formé ainsi qu'il suit :

Tm, QM, Sm, Nm, O.
Comme par ex. : ré——fa————la♯————ut———mi♭——sol.

On ne pourrait envisager cet *accord altéré* comme présentant la réunion systématique de deux accords de septième, parce que l'agrégation *la♯-ut-mi♭-sol, dont la première tierce est diminuée*, n'est point un accord de quatre sons.

En substituant un *si*♭ au *la*♯, notre *accord altéré* B^{vm} reproduit *l'accord naturel* B, c'est-à-dire *l'accord-type* lui-même de la famille d'accords que nous examinons. On a en effet alors l'agrégation : (ut-mi♭-sol-si♭-ré-fa), qui transposée à deux quintes vers la droite, revient à : (ré-fa-la-ut-mi-sol). [Voir chap. XIV, les §§. 262 à 265]. Il y a là de précieuses ressources pour *l'harmonie transcendantale*.

Dans le domaine de *l'harmonie immanente*, le siége du présent *accord altéré* est le second degré du mode mineur. Voici un exemple de son emploi sur ce degré ; notre accord s'y voit dans la seconde mesure, avec quatre de ses fonctions, celle de onzième (le *sol*) est même doublée. Du reste la *résolution* est *normale*.

Fig. 173.

§. 333. L'accord B^{ix} embrasse 13 quintes comme les deux précédents B^{vii} et B^{vm}.

414   LIVRE PREMIER.

Voici sa structure :

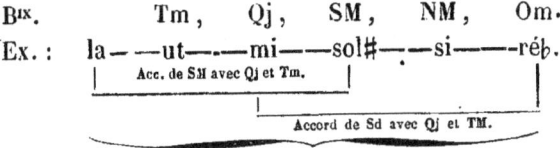

On voit qu'il présente la RÉUNION SYSTÉMATIQUE de deux accords de septième, nommément de *l'accord mixte de septième majeure avec quinte juste et tierce mineure* (traité chapitre VII, sous les §§. 109, 110 et 111), et de *l'agrégation de septième diminuée, avec quinte juste et tierce majeure* dont il est parlé au chapitre VIII, sous le §. 134. Il est vrai que, dans ce paragraphe, nous disions que cette agrégation, bien que n'embrassant que 13 quintes, devait être écartée, comme rentrant *enharmoniquement* dans *l'accord de septième de seconde espèce*, formé au moyen des mêmes éléments primordiaux. Les raisonnements par lesquels nous motivions ce rejet ne sont vrais que dans le domaine de *l'harmonie immanente*, mais ils cessent de l'être quand on s'élève dans la région de *l'harmonie transcendantale*. Sans doute, les exemples donnés, page 195, fig. 49, sont, comme nous l'avons dit, inadmissibles ; mais il est une autre manière d'employer l'agrégation en question, en en supprimant la note fondamentale, qui prouve qu'on doit la considérer comme un *véritable accord altéré*. Voici un exemple de cette autre manière, lequel vient encore à l'appui de notre *théorie des accords multiples* que l'on peut entrevoir déjà dans la REMARQUE IMPORTANTE, page 300 et suivantes.

Fig. (49)'.

NB. L'accord en question, savoir : *l'accord de septième diminuée avec quinte juste et tierce majeure* paraît ici à l'extrémité de la 4ᵉ mesure. Sa fondamentale est *mi*, et par conséquent sa RÉSOLUTION sur *l'accord parfait mineur* la-ut-mi est NORMALE. Nous prions le lecteur d'ajouter cet accord B''' au *tableau des accords de 4 sons* donné chapitre IX, page 208. Nous le désignons par la lettre accentuée B''', pour indiquer qu'il est formé des mêmes éléments primordiaux que l'accord naturel B. Il est nécessaire aussi, pour compléter LA CLASSIFICATION MATHÉMATIQUE *des accords de 4 sons conjugués par la somme de leurs termes avec l'accord de septième de seconde espèce*, d'ajouter le produit des termes de *l'accord altéré* B'''_4, à la suite des trois polynômes inscrits dans le tableau de la page 196.

Voici ce produit :

PRODUIT DES TERMES.

	Indiqué.	effectué.
B'''. Accord de septième diminuée, avec quinte juste et tierce maj.	$x(x+4)(x+1)(x-9) =$	$x^4 - 4x^3 - 41x^2 - 36x$

Dans le même chapitre VIII, consacré aux *accords altérés de 4 sons*, il est question, sous le §. 130, d'une autre agrégation formée des mêmes éléments constitutifs que *l'accord de septième de seconde espèce*. Mais comme elle embrasse 17 quintes sur l'échelle des sons, nous l'avons exclue, et avec raison, du catalogue des accords. Dix-sept quintes dépassent en effet la limite d'éloignement de deux sons pouvant appartenir à la même tonalité ; cette raison d'exclusion est donc absolue, et il n'y a aucune analogie à établir entre une telle agrégation et l'accord B'''_4 qui n'embrasse que 13 quintes.

Après les détails dans lesquels nous venons d'entrer au sujet de *l'accord de septième diminuée, avec quinte juste et tierce majeure*, le lecteur découvrira facilement le mode de réalisation de l'accord de six sons désigné par B^{ix}, dans lequel le susdit *accord de septième* entre pour une si grande part. Nous lui abandonnons cette recherche pour abréger, et aussi parce que, dans la composition de *l'accord altéré* B^x, que nous allons examiner à l'instant, le même *accord de septième* B'''_4, va se retrouver. D'ailleurs, on remarquera que, sur les trois *accords altérés* B^{vii}, B^{viii} et B^{ix} qui embrassent 13 quintes, nous en avons traité complètement deux, et qu'ainsi nous avons dépassé nos promesses. (Voir pages 406 et 407, le §. 326.)

De l'emploi des accords B^x *et* B^{xi} *qui embrassent 15 quintes sur l'échelle des sons.*

§. 334. La structure du premier de ces accords est la suivante :

B^x.   TM, Qj, Sd, Nm, OM.
Ex. :   mi—sol♯—si—-ré♭—-fa—-la♯.

On voit d'abord qu'on ne peut le concevoir comme présentant la réunion systématique de deux accords de septième, puisque l'agrégation *si-ré♭-fa-la♯ dont la première tierce est diminuée*, n'est point un accord. On ne pourrait pas davantage le concevoir comme formé de la juxtà-position de deux accords de quinte, parce que l'agrégation *ré♭-fa-la♯* dont l'intervalle de quinte embrasse 15 unités, n'est point un accord (voir page 186, la démonstration de ceci sous la marque (125)''). On ne pourrait, par une raison semblable, partager le présent accord altéré en deux accords de neuvième parce que l'agrégation *sol♯ si-ré♭-fa-la♯* n'est point un véritable accord de neuvième, à cause de la nature de sa quinte.

Il résulte de ces considérations que *l'accord altéré de onzième* désigné par B^x, n'emprunte rien aux accords des classes précédentes, et qu'ainsi il a une fonction spéciale. Déjà même on peut en induire que cette fonction est: *la transformation enharmonique d'un accord naturel de cinq sons en un accord altéré de la classe supérieure, nommément en l'accord altéré* B^x *lui-même*. Cette induction se vérifie complètement si on retranche la fondamentale (*mi*) de notre accord, et que l'on substitue un *ut♯* au *ré♭* et un *mi♮* au *fa♮*; car il résulte de ces substitutions l'agrégation suivante: *sol♯-si-ut♯-mi♮-la♯*, qui donne l'accord naturel: *la♮-ut♯-mi♮-sol♯-si*, traité chapitre X, page 224, sous le §. 159. Il suffit, en effet, de transposer à 6 quintes, vers la gauche, sur l'échelle générale, chacune des notes de cet accord (ce qui ne change rien à leurs relations de position), pour retrouver l'accord naturel : *mi-sol-si-ré-fa* dont il est question au §. 159. Or, puisque notre accord B^x peut se transformer par *l'enharmonie* en *l'accord naturel de neuvième et septième mineures, avec tierce mineure et quinte juste*, la réciproque est possible, d'où résultent de nouvelles ressources harmoniques. La figure suivante, qui offre une modulation rapide du ton de *Fa♯* majeur, au ton de *la♮* mineur, pourra donner une idée de la manière d'employer le présent accord altéré.

STRUCTURE DES ACCORDS.

Fig. 174.

Modulation de FA♯ majeur, en *la* mineur.

NB. Dans cet exemple, *l'accord altéré* Bx paraît au 3ᵉ temps dans la première mesure; il est suivi immédiatement de l'accord de cinq sons désigné par C^v au chapitre XII, page 282, accord dont nous avons signalé l'emploi dans le passage du récitatif de l'*Idoménée* de Mozart, cité par M. Oulibicheff comme une *singularité harmonique* tout-à-fait inexplicable. (Voir page 300, la REMARQUE IMPORTANTE).

Notre exemple fig. 174, présente donc l'enchaînement de deux accords Bx$_6$ et C$^v_5$, ayant même fondamentale (*mi*), laquelle reste *idéale*, et dont la fonction est ainsi purement *régulative*, ce qui est un des caractères de *l'harmonie transcendantale*. Quant à la *résolution* de notre accord Bx, elle est *normale* et *médiate*, puisque l'accord C$^v_5$ est placé entre lui et l'accord de *la* mineur.

Il importe aussi de bien comprendre que l'agrégation ré♭-fa♮-la♯ qui dans la fig. 174 représente l'accord Bx, ne peut être conçue comme ayant une autre note fondamentale que le *mi*; et qu'il est *impossible* de la rapporter soit à la fondamentale *si*, soit à la fondamentale *sol♯*, comme nous l'avons fait remarquer au début du §. 334.

---

§. 335. B^{xi}. Cet *accord altéré* est le dernier du tableau de la page 376. Voici sa forme:

B^{xi}.   Tm,   Qj,   Sd,   NM,   OM.
Ex. :   mi—sol—si—ré♭—fa♮—la♯.

Comme le précédent, il embrasse 15 quintes; comme lui il peut se ramener *enharmoniquement* à un accord appartenant à *l'harmonie immanente* (1). Qu'on substitue en effet un *ut♯* au *ré♭*, et qu'on prenne la note *fa♯* pour fondamentale, on aura:

fa♯-la♯-ut♯-mi-sol-si

---

(1) Voir la note au bas de la page 310, pour l'explication de ce mot.

418   LIVRE PREMIER.

qui se ramène à *l'accord mixte* B', savoir à l'accord :

mi-sol♯-si-ré-fa-la,

par une simple transposition à deux quintes vers la gauche sur l'échelle des sons.

L'accord mixte B', inscrit le second dans le tableau de la page 376, a été traité en grand détail au chapitre XV consacré aux *accords mixtes* de la présente classe. L'*accord altéré* B^{xi} offre *l'accomplissement autogénique* du susdit *accord mixte*. En d'autres termes, *l'accord mixte* B' appartient à la THÉORIE harmonique, tandis que *l'accord altéré* B^{xi} appartient à la TECHNIE harmonique. Nous avons fait déjà cette distinction, page 307, §. 241, à propos des *accords altérés* de cinq sons C^{vi} et E'', qui *enharmoniquement* peuvent se transformer en ceux naturels de *neuvième dominante majeure et mineure*.

DE L'EMPLOI DES ACCORDS ALTÉRÉS FORMÉS AU MOYEN DE 5 TIERCES MAJEURES ASSOCIÉES A 10 TIERCES MINEURES.

Les divers accords de cette famille (voir le tableau de la page 378), sont désignés par la lettre C diversement accentuée. *L'accord naturel type* désigné par la lettre C sans accent, a été traité, chapitre XIV, sous les §§. 266 et 267. Nous avons traité aussi *l'accord mixte* C', au chapitre XV, sous les §§. 288, 289, 290 et 291. Il nous faut maintenant faire connaître l'emploi des *accords altérés* de cette même famille, accords qui sont au nombre de neuf, depuis l'accord C'' jusqu'à l'accord C^x. Comme précédemment, nous examinerons ensemble ceux qui embrassent la même étendue sur l'échelle des quintes.

De l'emploi des accords C'' *et* C''' *qui embrassent* 10 *quintes.*

§. 336. Voici d'abord la forme de l'accord C'';

C''.   TM,   Qm,   Sm,   Nm,   O.
Ex. :   sol—-si——ré♮——-fa——-la♭——ut.

STRUCTURE DES ACCORDS.

On peut l'envisager comme formé de la JUXTA-POSITION de *deux accords de quinte*, unis par l'intervalle de *tierce majeure*, nommément de *l'accord de quinte mineure avec tierce majeure* (traité chapitre IV, §§. 49 et 50), et de *l'accord parfait mineur* (traité chapitre IV, §. 38).

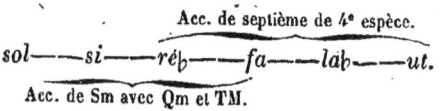

On peut le considérer aussi comme offrant la RÉUNION SYSTÉMATIQUE de *deux accords de septième*, nommément de *l'accord de septième mineure avec quinte mineure et tierce majeure* (traité chapitre VIII, §§. 131, 132 et 133) et de *l'accord de septième de 4ᵉ espèce* (traité chapitre VI, §§. 92, 93, 94, 95, 96 et 97).

Sans nous arrêter aux conséquences qui sortent de ces deux points de vue distincts, nous aborderons de suite la question pratique, en disant que *l'accord altérée* C″ a son siége sur la dominante en mode majeur, et qu'il est facile de l'employer avec 5 de ses fonctions, en supprimant la seule note fondamentale, comme le prouvent les deux exemples de la fig. 175, où notre accord est employé d'abord dans son troisième renversement en (*a*), ensuite en (*b*) dans son cinquième renversement, et où la *résolution* est *normale et immédiate*.

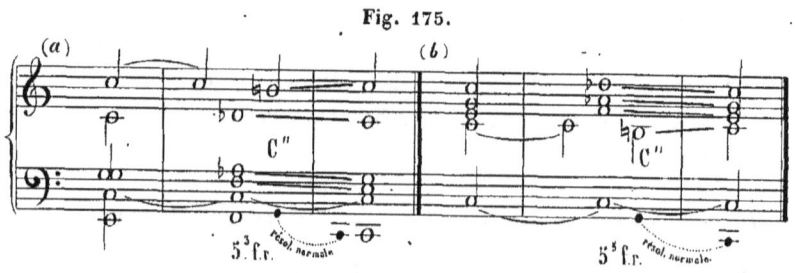

Fig. 175.

Beethoven a employé avec effet *l'accord altéré* C″ dans la terminaison d'un chœur de prisonniers de son opéra *Fidelio*. Nous transcrivons ici ce passage comme un bel exemple de l'emploi de l'accord qui nous occupe, accord que quelque puriste aura pris peut-être pour une *bizarrerie* de plus de *l'excentrique* compositeur ; pendant qu'un adepte passionné se sera récrié sur l'originalité de cette harmonie, *contraire pourtant à toutes les règles!*

An lieu de *bizarrerie*, mettons CRÉATION D'UN NOUVEL ACCORD AL-TÉRÉ ; au lieu de *contraire aux règles*, CONFORME AUX RÈGLES, et nous serons dans le vrai. Très-audacieux par nature, Beethoven s'est trompé quelquefois, parce qu'il était homme ; mais ici, mais le plus souvent, *son profond sentiment et sa haute raison* se sont trouvés d'accord, ce qui revient à dire qu'il a eu du GÉNIE.

Quand donc on dit que Beethoven s'est affranchi de toutes les règles, on ne doit entendre autre chose sinon qu'il s'est élevé au-dessus d'une science trop circonscrite. Mais, s'il a eu du génie, ce qui n'est douteux pour personne, c'est parce qu'il s'est dirigé vers un *idéal* que le génie lui-même n'épuisera, ni ne dépassera jamais.

Voici le passage de *Fidelio :*

Fig. 176.

STRUCTURE DES ACCORDS. 421

NB. Dans cet exemple, l'accord C″ paraît deux fois; la fondamentale *Fa* a été supprimée, et l'accord est employé dans son 3ᵉ renversement. Est-il nécessaire de faire remarquer avec quelle adresse ses diverses fonctions sont distribuées entre les deux masses vocale et instrumentale?

§. 337. L'accord C‴   Tm, Qj, Sm, NM, Om.
         Éx. :   mi——sol———si———ré———fa♯———la♭

ne paraît pas plus difficile à traiter que l'accord précédent C″, nous laissons au lecteur le plaisir de cette recherche, nous bornant à faire remarquer que l'intervalle de tierce diminuée *fa♯-la♭* demande quelque précaution pour être bien employé. Voici de quelle manière Barbereau (Traité de composition musicale, tome Iᵉʳ, page 308, fig. 457), indique le traitement de cet intervalle dans une agrégation telle que : *si-ré-fa♯-la♭*.

Fig. 177.

et l'auteur ajoute que ce n'est guère que dans le genre instrumental qu'on peut le pratiquer ainsi.

De l'emploi des accords Cⁱᵛ *et* Cᵛ *qui embrassent 11 quintes sur l'échelle des sons.*

§. 338. *L'accord altéré* Cⁱᵛ   Tm, Qm, SM, Nm, O.
         Ex. :   si——ré——fa——la♯——ut——mi.

doit être considéré comme présentant l'altération ascendante de la fonction de quinte dans *l'accord naturel* F de la même classe, accord traité au chapitre XIV, sous les §§. 279 et 280. De même que cet *accord naturel*, le présent *accord altéré* Cⁱᵛ a son siége sur le second degré du mode mineur, 1ᵉʳ type.

En supprimant sa note fondamentale (*si*), il reste l'agrégation : *ré-fa-la♯-ut-mi*, qui n'est autre chose que *l'accord altéré de 5 sons*, représenté par Dⁱᵛ, et traité au chapitre XII, sous le §. 230. Or,

54

nous avons donné, sous le même §. 230, un exemple de l'emploi de l'accord D$^{\text{iv}}_5$, sur le second degré du mode majeur, en le résolvant *normalement* à la quinte inférieure sur la dominante. Si donc, nous lui donnions pour fondamentale *idéale* la note *si*, l'accord D$^{\text{iv}}_5$ serait transformé en C$^{\text{iv}}_6$, c'est-à-dire en l'accord de onzième qui nous occupe en ce moment, et nous pourrions le résoudre, toujours *normalement*, sur l'accord de dominante du ton mineur de *la*. Pour s'en convaincre, nous prions le lecteur de rapprocher la figure 102, page 295, de l'exemple suivant :

Fig. 178.

NB. Ici notre accord de onzième C^{iv} se montre à l'extrémité de la première mesure, sans fondamentale, et dans son premier renversement. Il se résout *immédiatement, à la quinte inférieure*, sur l'accord de la dominante.

---

§. 339. *L'accord altéré* C^{v} Tm, Qj, Sd, NM, O.
               Ex. : mi—sol—si—réb—fa♮—la,

quoiqu'embrassant la même étendue sur l'échelle des quintes, paraît toutefois plus difficile à traiter que l'accord précédent C^{iv}. En l'examinant avec attention, on découvre qu'il peut se transformer *enharmoniquement* en un *accord naturel de onzième*, nommément en l'accord désigné par C dans le tableau de la page 378, c'est-à-dire en *l'accord-type* de la famille d'accords qui nous occupe, résultat assurément fort remarquable ; il suffit, en effet, de remplacer le *réb* par son homophone *ut♯*, et de prendre la note *fa♯* pour fondamentale, pour avoir *l'accord naturel*:

               Tm, Qj, Sm, Nm, O.
           fa♯—la—ut♯—mi—sol—si.

STRUCTURE DES ACCORDS. 423

qui se ramène identiquement à celui qui est inscrit en regard de la lettre C dans le tableau susdit, en en transposant toutes les fonctions à deux quintes vers la gauche sur l'échelle générale, ce qui ne change rien aux rapports de position des notes. Cet *accord naturel* C a été traité fort au long au chapitre XIV, sous les §§. 266 et 267.

Nous trouvons donc ici, dans notre *accord altéré* C^v, ce que nous avons trouvé dans toutes les classes et dans toutes les familles d'accords, à savoir: *l'accomplissement antogénique d'un accord naturel*, c'est-à-dire la possibilité d'envisager enharmoniquement cet *accord naturel* comme un *accord altéré*; et par suite, la possibilité de le faire servir à une *transition enharmonique*. De bonne foi, est-il possible d'attribuer de pareils résultats au hasard, et LA LOI GÉNÉRATRICE DES ACCORDS n'en reçoit-elle pas une éclatante confirmation? Quoi qu'il en soit, les explications que nous venons de donner, peuvent suffire pour mettre sur la voie de la réalisation de *l'accord altéré* C^v; nous laisserons donc cette recherche au lecteur.

De l'emploi des accords C^{vi}, C^{vii}, C^{viii} *et* C^{ix}, *qui embrassent 13 quintes sur l'échelle des sons.*

§. 340. Le premier de ces accords, l'accord C^{vi} dont la forme est:

$$TM, \ Qm, \ Sd, \ NM, \ O.$$
$$si\text{---}ré\sharp\text{---}fa\text{---}la\flat\text{---}ut\sharp\text{---}mi,$$

peut se transformer, *enharmoniquement*, en un accord plus simple qui n'embrasse que 10 quintes. Pour opérer cette transformation, il suffit de remplacer le *la♭* par son homophone *sol♯*, et de prendre la note *ut♯* pour nouvelle fondamentale, on formera ainsi l'accord:

$$Tm, \ Qj, \ Sm, \ NM, \ Om.$$
$$ut\sharp\text{---}mi\text{---}sol\sharp\text{---}si\text{---}ré\sharp\text{---}fa,$$

qui reproduit *l'accord altéré* C$^{'''}$ de la même famille que l'accord C^{vi}, accord dont il a été fait mention au présent chapitre, sous le §. 337, et qui, d'ailleurs, est inscrit au tableau de la page 378.

En transposant toutes les notes de cette dernière agrégation à trois quintes vers la gauche sur l'échelle des sons, ce qui ne change rien à leurs rapports de position, on retombe en effet sur l'agrégation :

Tm, Qj, Sm, NM, Om.
mi——sol——si——ré——fa♯——la♭

qui reproduit identiquement l'accord inscrit en regard de la lettre C''' dans le tableau susdit.

Voici donc un *accord altéré*, l'accord C^{VI} embrassant 13 quintes, qui se transforme, par *l'enharmonie*, en un *accord altéré* plus simple C''' n'embrassant que 10 quintes; avec cette circonstance remarquable, que les deux accords appartiennent à la même famille, c'est-à-dire, sont formés au moyen des mêmes éléments constitutifs.

Nous ne pouvons indiquer ici tous les usages du présent *accord altéré* C^{VI}, mais du moins nous donnerons un exemple de son emploi. Les harmonistes sauront bien trouver d'autres réalisations, une fois qu'ils seront convaincus que l'agrégation en question est un élément nécessaire du système des accords altérés. Voici l'exemple promis : nous le donnons à cinq parties, et l'accord C^{VI} y est employé avec 5 de ses fonctions.

Fig. 179.
Modulation de LA majeur en UT majeur.

NOTA. L'accord C^{VI} parait ici à l'extrémité de la première mesure avec 5 de ses fonctions; sa résolution est *normale et immédiate*, puisque la fondamentale de notre accord est *si*, et que le premier accord, dans la seconde mesure, est *l'accord parfait mineur* mi-sol-si. La fonction retranchée est celle de neuvième, savoir l'*ut*♯. Nous engageons le lecteur à essayer la réalisation de l'accord C^{VI}, en employant cette fonction de neuvième; or, on obtient encore dans ce cas une *résolution nor-*

STRUCTURE DES ACCORDS. 425

male immédiate, en changeant cet ut♯ en ré♭ au moment de la résolution, et cette indication bien précise abrégera sans doute beaucoup cette recherche.

§. 341. L'accord désigné par C^{vii} a la forme suivante :

TM, Qj, Sd, Nm, O.
si——ré♯——fa♯——la♭———ut———mi.

En changeant le la♭ en sol♯, et prenant pour nouvelle fondamentale la note *ut*, cet accord se transforme en un accord plus simple n'embrassant que 9 quintes, par conséquent en un *accord mixte*,

TM, QM, SM, NA, OM.
ut———mi———sol♯———si———ré♯———fa♯.
 +4   +4   —3   +4   —3

Or, si l'on examine la structure de cet *accord mixte*, on reconnaît qu'il entre dans sa composition *onze tierces majeures* et *quatre tierces mineures*. Cet accord n'est pas inscrit dans le tableau de nomenclature des *accords mixtes*, donné pages 328 à 331 ; et l'hypothèse correspondante : $t=11$ avec $t'=4$, a été écartée à tort à la fin de la *remarque* de la page 326 ; il faut donc l'y rétablir. A l'occasion de cet oubli, nous ferons remarquer combien toutes les parties du système harmonique qui découle de nos formules générales du §. 35 sont bien liées entr'elles, puisque nous avons à chaque instant des vérifications inattendues, et que même les accords qui ont pu être oubliés, manifestent leur existence par la transformation enharmonique d'autres accords connus tirés de la même formule. Disons tout de suite qu'en comparant l'hypothèse $t=11$ avec $t'=4$ aux 54 cases du *tableau pour la structure des accords de six sons*, donné pages 324 et 325, le présent *accord mixte*, que nous désignerons par la lettre J, correspond au n° 27 dudit tableau. Ajoutons qu'en écartant l'intervalle de *onzième augmentée* (quarte maxime), comme nous l'avons fait jusqu'ici, on ne trouve que le seul accord J correspondant à l'hypothèse $t=11$ avec $t'=4$; mais que, si l'on admet l'intervalle harmonique de *onzième augmentée*, intervalle qui *enharmoniquement* reproduit *la quinte juste*, on trouve encore deux agrégations formées des mêmes éléments, l'une qui correspond au n° 26 du tableau, et qui embrasse 13 quintes ; l'autre qui correspond au n° 24,

426 LIVRE PREMIER.

et qui en embrasse 15. Nous examinerons plus tard ces deux agrégations, aussi bien que celles qui, dans les diverses familles d'accords de onzième, sont dans le même cas, c'est-à-dire celles dont la *fonction de onzième* est distante de 13 quintes de la *fonction de fondamentale*. Mais en ce moment, pour ne point interrompre notre marche, nous nous bornerons à donner un exemple de l'emploi de cet *accord mixte* J, que l'examen de notre *accord altéré* C^{VII} nous a fait découvrir ; et nous donnerons également un exemple de l'emploi de ce dernier accord lui-même. Voici d'abord celui qui se rapporte à l'accord J :

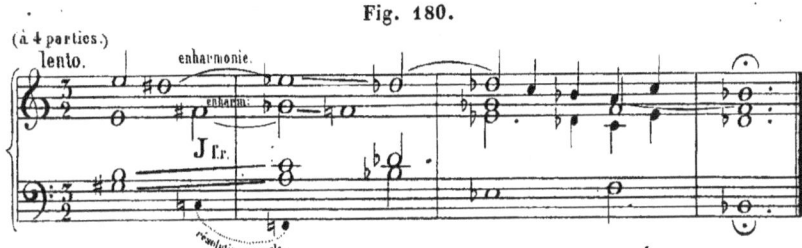

Fig. 180.

NB. Cette figure présente l'emploi de *l'accord mixte* J, à 4 parties, avec le retranchement des fonctions de fondamentale et de tierce. La résolution est *normale et immédiate;* elle a lieu sur *l'accord de neuvième dominante mineure* du ton de *si♭* mineur, moyennant le changement enharmonique des sons *ré♯* et *fa♯* en *mi♭* et *sol♭*. On a donc ici une modulation du ton de *mi* majeur au ton de *si♭* mineur, laquelle, quoique très-rapide, ne paraît pourtant pas brusque. C'est là une ressource que les compositeurs sauront apprécier.

§. 342. Il nous reste à donner un exemple de l'emploi de *l'accord altéré* C^{VII}. Le suivant peut donner une idée des ressources harmoniques que recèle cet accord. Ecrit à cinq parties réelles, il présente une *marche harmonique modulante*, dans laquelle l'accord en question reparaît à chaque reproduction du *modèle*.

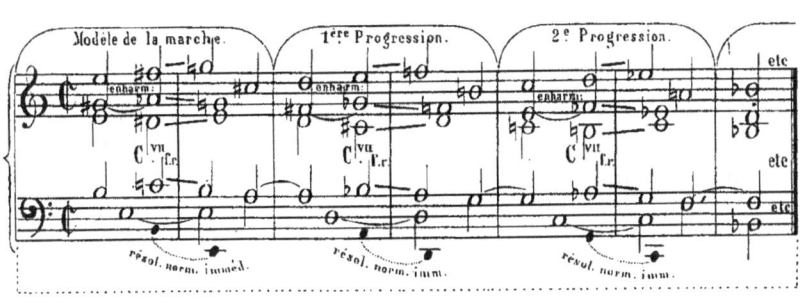

Fig. 181.

NOTA. Dans cette figure, l'accord C^{vii} est employé avec cinq de ses fonctions; la seule fonction retranchée est celle de *fondamentale*, dont le rôle est purement *régulatif*. Quant à la *résolution* de l'accord, elle est *normale et immédiate*, et elle a lieu sur *l'accord parfait mineur* du second degré du nouveau ton amené par l'emploi de notre accord de onzième. — On remarquera le changement *enharmonique* qui s'effectue au second temps dans les mesures 1, 3, 5, etc. de la marche harmonique, changement qui transforme la *fonction de tierce* de *l'accord parfait majeur* qui occupe le premier temps de ces mesures, en *fonction de septième* de notre présent *accord altéré* C^{vii}; et qui fait disparaître les *fausses relations* (sol♯-sol♮), (fa♯-fa♮), etc., qui sans cela existeraient de la première mesure à la deuxième; de la troisième mesure à la quatrième, et ainsi de suite. — Il est facile aussi de voir, qu'en poursuivant la *marche harmonique*, on arrive, à la treizième mesure, dans le ton de *fa*♭ majeur, équivalent enharmonique du ton initial *mi*♮ majeur.

§. 343. L'accord désigné par C^{viii} :

Tm, Qm, SM, NM, Om.

Comme : si——ré——fa——la♯——ut♯——mi♭.

ne présente pas moins de ressources que le précédent. Ses fonctions caractéristiques *la♯-ut♯-mi♭* tendent vers *l'accord de quinte mineure si-ré-fa*, accord formé par les *fonctions* de *fondamentale*, de tierce et de *quinte* de l'accord complet : or, comme cet *accord de quinte mineure* appartient à la gamme mineure de *la*, où il a son siége sur le second degré; comme, d'un autre côté, la *quinte inférieure* de la *fondamentale si* de l'accord C^{viii}, est *mi* dominante de ce même ton de *la* mineur ; comme enfin les fonctions *la♯* et *ut♯* de notre accord ont pour homophone les notes *si*♭ et *ré*♭ qui, avec le *mi*♭, appartiennent au ton de *la*♭; on conçoit qu'en supprimant les fonctions de *fondamentale* et de *tierce* du présent accord, on pourra donner à un accord appartenant au ton de *la*♭ majeur, une résolution inattendue en la♮ mineur, en transformant soit *réellement*, soit *idéalement* les notes *si*♭ et *ré*♭ en *la♯* et *ut♯*, et en les résolvant alors sur *si*♮ et *ré*♮, comme dans l'exemple suivant, auquel nous avons donné une certaine étendue, afin d'amener notre accord C^{viii} d'une manière plus saillante.

428 LIVRE PREMIER.

Fig. 182.

NB. Dans ce long exemple, la seule chose à remarquer c'est la *modulation enharmonique* qui a lieu dans le passage de la mesure 8 à la mesure 9, modulation que notre *accord altéré* C^{VIII} seul peut expliquer.

Dans cet endroit, cet accord est employé avec ses fonctions caractéristiques fa♯—la♮—ut♯—mi♭; les fonctions supprimées sont la *tierce* (ré) et la *fondamentale* (si), laquelle dernière sert de guide secret à la résolution qui est *normale et médiate*, puisque l'accord qui succède au présent accord altéré C^{VIII}, est celui de *quinte et tierce mineures* si—ré—fa, accord du second degré du ton de *la* mineur dans lequel on passe, qui contient précisément les deux notes supprimées, et dont la fondamentale est la même que celle de l'accord qui nous occupe.

§. 344. L'accord C^{IX}.   Tm, Qj, SM, Nm, Om.

Tel que: mi—sol—si—ré♯—fa—la♭,

embrasse 13 quintes sur l'échelle générale des sons, comme les accords précédents C^{VI}, C^{VII} et C^{VIII}.

Nous nous contenterons d'un seul et court exemple de son emploi, le voici :

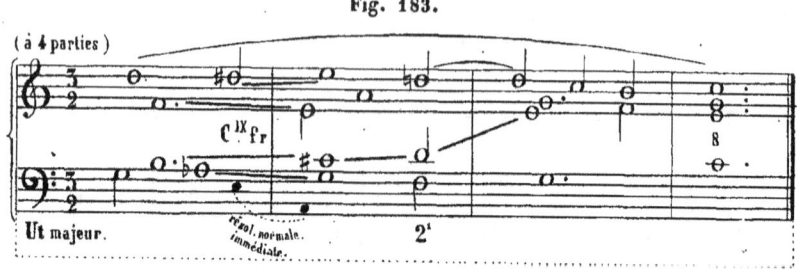

Fig. 183.

NOTA. Ici notre accord C^{IX} se montre sous forme *d'accord de neuvième dominante mineure avec quinte haussée;* mais sa résolution sur l'accord *la-ut♯-mi-sol*, dominante du ton mineur de *ré*, ne laisse pas de doute sur la fondamentale qui est *mi*, et dont le rôle est purement *régulatif.* L'exemple consigné dans la fig. 183, présente, comme on le voit, une nouvelle formule de cadence parfaite. Mais le lecteur découvrira sans doute facilement d'autres modes de réalisation de cet accord altéré.

Emploi de l'accord C^x *qui embrasse* 15 *quintes sur l'échelle des sons.*

§. 345. *L'accord altéré* C^x Tm, Qj, Sd, Nm, OM.
        Tel que :   mi----sol---si----ré♭----fa----la♯,
a cinq notes communes avec *l'accord de neuvième augmentée* désignée par D^{VII}, et traité page 298, sous le §. 235, où l'on peut en voir l'emploi dans la figure 107.

Or, si l'on compare le présent *accord altéré* C^x avec l'accord de 5 sons D^{VII} sol-si-ré♭-fa-la♯, on voit qu'il suffit d'ajouter une note à *la tierce mineure* au-dessous de la fondamentale de ce dernier accord, pour former notre présent *accord de onzième majeure* C^x; de là résulte la possibilité d'élever le susdit *accord de neuvième* à la classe supérieure *d'accord de onzième,* en lui donnant pour *fondamentale idéale* cette note *mi*, tierce mineure inférieure de la fondamentale *sol.*

Si, de plus, on veut bien se rappeler ce que nous avons dit, page 300, au commencement de la *remarque importante*, à savoir : que *l'accord de neuvième* désigné par D^{VII}, réduit à quatre parties par la suppression de sa fonction de tierce (*si*), se ramène enharmoniquement à *l'accord naturel de septième de troisième espèce* sol-si♭-ré♭-fa et que, par conséquent, la réciproque peut avoir lieu, c'est-à-dire qu'il est possible de transformer *l'accord naturel de septième de troisième espèce* en *l'accord altéré de neuvième* désigné par D^{vii} ; on concevra tout aussi facilement la possibilité d'élever ce même *accord naturel de septième de troisième espèce* jusqu'au rang *d'accord altéré de onzième*, c'est-à-dire on concevra la possibilité de le transformer en notre présent accord C^x.

De ces deux transformations résultent naturellement de nouvelles richesses harmoniques, que les compositeurs sauront sans doute mettre à profit. Voici un court exemple de chacune de ces transformations de *l'accord de septième de troisième espèce*, le premier (*a*) se rapportant à *l'accord de neuvième* désigné par D^{vii} ; et le second (*b*), à *l'accord de onzième* désigné par C^x, c'est-à-dire à l'accord que nous étudions en ce moment.

Fig. 184.

NB. En (*a*), *l'accord de septième de troisième espèce* qui occupe la seconde mesure, se transforme au premier temps de la mesure suivante, en l'accord de 5 sons, désigné par Dvii$_5$, et ce dernier accord est suivi de l'accord bien connu de sixte augmentée avec quarte, ayant même fondamentale (*sol*), d'où il résulte que la résolution de l'accord Dvii$_5$, quoique *normale*, est seulement *médiate*. En (*b*), le même *accord naturel de septième de troisième espèce* se transforme, au second temps de la seconde mesure, en notre présent *accord altéré* Cx$_6$, dont la fondamentale (*mi*) apparaît dans la troisième mesure ; ici la résolution est *normale* et *immédiate*, et elle a lieu sur l'accord de *neuvième dominante* du ton de *Ré* majeur.

STRUCTURE DES ACCORDS. 451

DE L'EMPLOI DES ACCORDS FORMÉS AU MOYEN DE 9 TIERCES
MAJEURES ASSOCIÉES A SIX TIERCES MINEURES.

§. 346. Le tableau de nomenclature de ces accords a été donné page 380; il comprend huit accords, dont six sont altérés. Ce sont ces derniers que nous avons à étudier, *l'accord naturel* D ayant été traité au chapitre XIV, sous les §§. 268 et 269; et *l'accord mixte* D' au chapitre XV, sous les §§. 292, 293, 294 et 295.

Parmi les 6 *accords altérés* formés au moyen de 9 tierces majeures associées à 6 tierces mineures, les deux accords D'' et D''' embrassent 10 quintes; les trois accords D^{IV}, D^V et D^{VI} en embrassent 11; et l'accord D^{VII}, le dernier du tableau, embrasse 13 quintes. Nous grouperons ensemble ceux qui ont la même étendue sur l'échelle des sons.

De l'emploi des accords D'' *et* D''' *qui embrassent* 10 *quintes.*

§. 347. D''.   TM, Qj, SM, NA, O.
Par ex. : ut----mi----sol----si------ré♯----fa.

Cet accord peut être considéré d'abord comme offrant la RÉUNION SYSTÉMATIQUE de *l'accord de septième dominante avec quinte haussée* (voir au chap. VIII, le §. 144), et de *l'accord de septième de 4e espèce* (voir au chap. VI, les §§. 92, 93, 94, 95 et 96); c'est ce dernier accord qui fournit la *fondamentale* à l'accord complet.

```
                          Acc. de 7ᵉ dom. av. 5te haussée.
    D''.    ut----mi----sol----si----ré♯----fa.
            Acc. de 7ᵉ de 4ᵉ espèce.
```

On peut envisager aussi l'accord D'' comme provenant de l'altération ascendante de la fonction de neuvième dans *l'accord naturel* A, inscrit le premier, page 373, dans le tableau de nomenclature des accords de onzième, formés au moyen de 8 tierces majeures associées à 7 tierces mineures (voir au chap. XIV, les §§. 257, 258 à 261). Nous ne développerons pas les conséquences pratiques que l'on peut déduire de ces deux points de vue différents; le lecteur saura sans doute tirer lui-même ces conséquences qui ne sortent

432 LIVRE PREMIER.

point des limites de l'harmonie *immanente;* mais nous saisirons cette nouvelle occasion de montrer l'usage *tránscendantal* qu'il est possible de faire d'un accord bien connu, savoir de *l'accord de septième dominante avec quinte haussée,* en lui donnant pour fondamentale *idéale* un son placé à la quinte inférieure de sa fondamentale *réelle.*

Voici la réalisation de cette vue pratique :

Fig. 185.

NB. Dans cet exemple, notre accord D'' est employé d'une manière *transcendantale* dans la mesure 11; sa fondamentale *idéale* est ut, de manière que l'harmonie réalisée ne paraît rien de plus que *l'accord connu de septième dominante avec quinte haussée,* mais la résolution de cet accord sur celui de *neuvième dominante mineure* fa–la–ut–mi♭–sol♭, élève cet accord connu de 4 sons, au rang d'accord altéré de onzième, c'est-à-dire au rang d'accord de six sons. Qu'on veuille bien remarquer que c'est précisément la suppression des fonctions de *fondamentale* (ut) et de tierce (mi), de notre accord D'', qui permet l'identification de cet accord et de *l'accord de septième dominante avec quinte haussée.* Il y a dans l'emploi *transcendantal* des accords un élément qui dépend de la VOLONTÉ du compositeur, et c'est proprement là le caractère de la TECHNIE HARMONIQUE. — L'accord qui se voit à l'extrémité des mesures 7 et 9, est l'accord A''', traité page 393, sous le § 315.

§. 348. D'''.   TM, QM, Sm, NM, OM.
Ex. : sol---si---ré♯---fa---la---ut♯.

L'accord altéré désigné par D''' ne peut, comme le précédent, être considéré comme offrant la réunion systématique de deux accords de septième, parce que l'intervalle de *tierce diminuée* (ré♯-fa) qui existe entre sa *fonction de quinte* (ré♯) et sa *fonction de septième* (fa), ne peut se trouver entre la *fondamentale* et la *tierce* d'aucun accord quelconque, ce qui devrait avoir lieu si le présent accord présentait la susdite réunion systématique. En l'examinant avec attention, on voit d'abord que, si l'on supprime la note fondamentale *sol*, l'ensemble des fonctions restantes constitue *l'accord de neuvième dominante majeure avec quinte abaissée*, désigné par B'' dans le tableau des accords de cinq sons formés au moyen de quatre tierces majeures associées à six tierces mineures (voir page 320); accord traité au chapitre XII, sous les §§. 204 et 205. Il résulte de là que l'on peut élever cet accord altéré de neuvième, à la classe supérieure des accords altérés de onzième, en lui donnant pour fondamentale *idéale* le son (sol) placé à la tierce majeure au-dessous de sa fondamentale primitive (si); et, par conséquent, que l'on peut ainsi faire un usage *transcendantal* du susdit *accord de neuvième* B''$_5$. Cette indication, bien précise, nous dispense de donner un exemple.

§. 349. En supprimant à la fois les fonctions de fondamentale (sol) et de tierce (si) du présent accord de onzième B''', l'ensemble des fonctions restantes, savoir l'agrégation : *ré♯-fa-la-ut♯* ne constitue pas un véritable accord de 4 sons, puisque la première tierce (*ré♯-fa*) est *diminuée*, et qu'un tel intervalle ne saurait exister entre la fonction de *fondamentale* et celle de *tierce* d'aucun accord quelconque, ainsi que nous l'avons déjà répété plusieurs fois. Mais, en changeant le *ré♯* en son équivalent enharmonique *mi♭*, la précédente agrégation devient un véritable accord, nommément *l'accord de septième dominante avec quinte haussée*, accord altéré de la classe de ceux de 4 sons, bien connu d'ailleurs des praticiens. (Voir chap. VIII, le §. 144). Or, il résulte de là que réciproquement : si l'on transforme la fonction de septième (*mi♭*) de *l'accord de septième dominante avec quinte haussée* fa-la-ut♯-mi♭, en son équivalent enharmonique (*ré♯*), on élevera *idéalement* cet accord de 4 sons, soit au rang d'accord de 5 sons, ayant pour fondamentale la note (*si*) (1), soit au rang d'accord de 6 sons, ayant pour fondamentale la note *sol*. De ces deux points de vue résultent pour l'agrégation *fa—la—ut♯—${ré♯ \atop mi♭}$* deux résolutions distinctes, mais toujours *normales*. Elles sont consignées toutes deux dans la figure suivante :

Fig. 186.

NB. Ces exemples peuvent se passer de commentaire. Seulement nous ferons observer que la note *ut♯* qui, au début de la seconde mesure de l'exemple (*b*), coexiste avec l'*ut♮* placé dans la basse, n'appartient point à l'accord, mais qu'elle forme une véritable *appoggiature* de la note *ré*, fonction de neuvième de l'accord : *ut—mi—sol—si♭—ré*.

De l'emploi des accords D^{IV}, D^{V} *et* D^{VI}, *qui embrassent* 11 *quintes sur l'échelle des sons.*

§. 350. L'accord D^{IV} TM, Qj, Sm, NA, OM.
    Par ex. :   sol——si——ré——fa——la♯——ut♯

présente LA RÉUNION SYSTÉMATIQUE de deux accords de septième,

---

(1) Remarquons en passant que le *si* doit être naturel, et qu'il ne pourrait être bémolisé, car alors on n'aurait point un véritable accord de 5 sons, puisque la *première* tierce *si♭—ré♯* serait *augmentée*, intervalle qui ne saurait exister entre la fonction de *fondamentale* et la fonction de *tierce* d'aucun accord quelconque.

STRUCTURE DES ACCORDS.

nommément de *l'accord naturel de septième dominante* (voir ch. VI, les §§, 84, 85 et 86), et de *l'accord altéré de septième majeure avec quinte majeure et tierce mineure* (voir chap. VIII, les §§. 147 et 148.)

$$\underbrace{sol\text{---}si\text{---}\overbrace{r\acute{e}\text{---}fa\text{---}la\sharp\text{---}ut\sharp}^{\text{Acc. de SM av. QM et Tm.}}}_{\text{Acc. de 7}^{\text{e}}\text{ domin.}}$$

On peut aussi considérer le présent accord D^{IV}, comme provenant de *l'altération ascendante* des fonctions de *neuvième* et de *onzième*, dans *l'accord naturel* désigné par E, accord que nous avons traité fort au long au chapitre XIV, sous les §§. 270, 271, 272, 273 et 274, auxquels nous renvoyons le lecteur.

Mais ces deux manières d'envisager l'accord qui nous occupe rentrent au fond l'une dans l'autre ; elles assignent toutes deux la *dominante*, siége de *l'accord naturel* E, pour le siége de l'*accord altéré* représenté par D^{IV}. Un seul exemple de l'emploi de notre accord pourra suffire ; le voici :

Fig. 187.

NB. Dans cette figure, les deux accords partiels de septième, dont la réunion systématique compose le présent *accord altéré* D^{IV}, se résolvent *successivement* : c'est d'abord l'*accord de SM avec QM et Tm*, qui fait sa résolution, et en second lieu, *l'accord naturel de septième dominante* dont, par une raison d'élégance, on a haussé la quinte immédiatement avant la résolution définitive. On peut voir au § 271, la *résolution normale médiate* de *l'accord naturel* E, effectuée d'une manière semblable, c'est-à-dire moyennant la *résolution successive* des accords de septième qui entrent dans la composition de cet accord naturel.

436   LIVRE PREMIER.

§. 351. L'accord D^v.   TM, QM, Sm, NA, O.
Par ex. :   sol—si—ré♯—fa—la♮—ut.

embrasse la même étendue que le précédent (11 quintes), mais il ne peut, comme lui, être conçu comme présentant la *réunion systématique* de deux accords de septième, à cause de l'intervalle de *tierce diminuée* (ré♯-fa), qui existe entre sa fonction de quinte et sa fonction de septième. On ne peut non plus envisager cet accord comme offrant la *juxta-position* de deux accords de trois sons, puisque l'agrégation (fa–la♮–ut) dont la première *tierce* est *augmentée*, n'est point un véritable accord. (Voir chapitre IV, les §§. 43, 44, 45 et 46).

Mais si l'on supprime la note fondamentale (sol) de l'accord D$_v$, l'ensemble des notes restantes, savoir l'agrégation (si-ré♯-fa-la♮-ut), est un *véritable accord de neuvième*, nommément *l'accord altéré* désigné par B^{vii} dans le tableau de nomenclature de la page 320, accord dont nous avons parlé au chapitre XII, sous les §§. 212 et 213; et aussi au chapitre XVII, page 410, dans la REMARQUE.

En rapprochant ainsi le présent *accord de onzième* D$^v_6$, de *l'accord de neuvième* B$^{vii}_5$, le lecteur doit comprendre déjà la *possibilité* d'élever ce dernier accord altéré, savoir l'accord B$^{vii}_5$, à la classe supérieure, c'est-à-dire de le transformer en D$^v_6$, et de le résoudre sur *l'accord parfait majeur* (ut-mi-sol) dont la fondamentale est placée à la *quinte inférieure* au-dessous de celle de l'accord D$^v_6$. Il est bien entendu qu'ici, comme dans les cas semblables déjà très-nombreux traités précédemment, la fondamentale (sol) de notre *accord de onzième*, doit rester *idéale*, et que sa fonction est ainsi purement *régulative*. Voici la réalisation de ces vues pratiques.

Fig. 188.

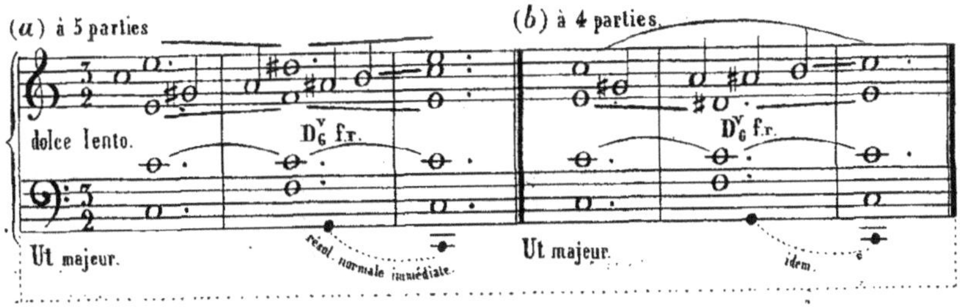

STRUCTURE DES ACCORDS.

NB. Dans ces deux exemples, notre accord D^v se présente comme provenant de l'altération ascendante de la fonction de septième dans l'agrégation (si–ré♯–fa-la-ut), laquelle, employée sans fondamentale, donne naissance à *l'accord de sixte augmentée avec quinte* (fa–la–ut–ré♯). On remarquera aussi que les notes *la*♯ et *si*, qui, dans nos deux exemples, procèdent diatoniquement en montant jusqu'à l'*ut*♮, appartiennent toutes deux à l'accord D^v, et que par conséquent, en (*a*) comme en (*b*), toutes les fonctions de cet accord, sauf celle de fondamentale, sont employées. Ajoutons que l'emploi que nous venons de faire de l'accord D^v, offre une nouvelle vérification de notre *théorie des accords multiples*, dont nous nous réservons de donner la démonstration mathématique dans la seconde partie de cet ouvrage.

---

§. 352. D^{vi}.   Tm, QM, SM, NM, OM.
    Ex. :   ré——fa————la♯———ut♯———mi——sol♯.

Ce nouvel accord altéré présente la RÉUNION SYSTÉMATIQUE de deux accords de septième, savoir : 1° de *l'accord naturel de septième de troisième espèce* (voir au chapitre VI, les §§. 88, 89, 90 et 91), et 2° de *l'accord altéré de septième majeure, avec quinte majeure et tierce mineure* (voir au chapitre VIII, les §§. 147 et 148.

                Accord de septième de 3e espèce.
ré —fa-—la♯-—ut♯-—mi——sol♯.
Acc. de SM avec QM et Tm.

On ne pourrait rattacher le présent accord D^{vi}, à aucun de ceux de la classe immédiatement inférieure des accords de neuvième, parce que l'agrégation (fa-la♯-ut♯-mi-sol♯) dont la *première tierce est augmentée*, n'est pas un véritable accord de neuvième. Il ne peut donc être question ici, comme précédemment pour l'accord D^v, d'élever à la classe supérieure de 6 sons, un accord de 5 sons; mais on peut ici, par la considération de notre accord D^{vi}, transformer un accord naturel de 4 sons, savoir, *l'accord de septième de troisième espèce* (la♯-ut♯-mi-sol♯), dont le siège est le second degré en sol♯ mineur, on peut, disons-nous, transformer *idéalement* cet accord naturel en notre présent *accord altéré* D^{vi}, dont la fondamentale est *ré*♮ ; et, en résolvant cet accord ainsi transformé, A LA QUINTE INFÉRIEURE, c'est-à-dire sur un accord ayant *sol*♮ pour note fondamentale, on peut opérer une *modulation enharmonique* du ton mineur de *sol♯* au ton mineur d'*ut♮*. Or, si ces vues pratiques, conformes en tout à ce qui précède, peuvent se réaliser effectivement, on aura une nouvelle *preuve de fait* de la profonde vérité de notre *théorie des accords multiples* qui constitue à proprement parler L'HARMONIE TRANSCENDANTALE dont la signification est ainsi nettement définie.

Voici la preuve de fait de ce que nous venons d'avancer.

Fig. 189.

Modulation de *SOL♯* mineur en *UT♮* mineur.

NB. Dans cette figure notre accord D^{vi} est privé de ses fonctions de fondamentale (ré) et de tierce (fa); supposition *nécessaire* pour pouvoir opérer l'identification idéale de *l'accord naturel de septième de troisième espèce* et de *l'accord de onzième* représenté par D^{vi}.

De l'emploi de l'accord D^{vii} *qui embrasse* 13 *quintes sur l'échelle des sons.*

§. 353. L'*accord altéré* représenté par :

    D^{vii}.   TM, QM, SM, Nm, OM.

Tel que : ut—mi—sol♯—si—ré♭—fa♯

est le dernier de ceux formés au moyen de 9 tierces majeures associées à 6 tierces mineures, et conjugués par conséquent avec *l'accord naturel* D, traité chapitre XIV, sous les §§. 268 et 269.

On voit tout d'abord que *l'accord altéré* D^{vii} n'est point décomposable en deux accords de septième, à cause de la *quinte minime* (sol♯-ré♭) existant entre sa *fonction de quinte* et celle de *neuvième*.

On ne peut pas non plus concevoir cet accord formé de la *juxta-*

STRUCTURE DES ACCORDS. 439

position de deux *accords de quinte*, parce que l'agrégation (si-ré♭-fa♯) n'est point un véritable accord de trois sons. Mais, si l'on supprime la note fondamentale (ut), l'agrégation restante (mi-sol♯-si-ré♭-fa♯) est un *véritable accord altéré* de la classe de ceux de 5 sons, nommément l'accord désigné par B''', page 320, dans le tableau des accords formés au moyen de 4 tierces majeures associées à 6 tierces mineures, accord que l'on peut rattacher à *l'accord naturel de neuvième dominante majeure*, en le considérant comme provenant de l'*altération descendante* de la *fonction de septième* de cet accord naturel. (Voir au chapitre XII, le § 206). Ce qui résulte de ces considérations, c'est qu'il est possible d'élever l'accord B'''$_5$ au rang d'accord de onzième, en opérant *idéalement* son identification avec notre présent *accord altéré* D$^{vii}_6$. On peut prévoir déjà que, puisque la fondamentale de ce dernier accord est *ut*♮, on pourra résoudre l'accord B'''$_5$ (ainsi transformé par l'intervention de la volonté du compositeur en accord de onzième), sur un accord ayant pour fondamentale la note *Fa*♮. Cette indication bien précise peut nous dispenser de donner un exemple ; aussi laiserons-nous au lecteur la réalisation des susdites vues pratiques, pour passer immédiatement à l'examen des *accords altérés* conjugués avec *l'accord naturel* E, c'est-à-dire formés comme cet *accord naturel*, au moyen de 7 tierces majeures associées à 8 tierces mineures.

DE L'EMPLOI DES ACCORDS ALTÉRÉS FORMÉS AU MOYEN DE 7 TIERCES
MAJEURES ASSOCIÉES A 8 TIERCES MINEURES.

§ 354. Le tableau de nomenclature de ces accords se voit page 382. Ils sont tous conjugués par leur mode de structure avec *l'accord naturel* E (voir chap. XIV, les §§. 270, 271, 272, 273 et 274), et avec les *accords mixtes* E' et E'' (traités au chapitre XV, sous les §§. 296, 297 et 298 ; et sous les §§. 299, 300 et 301). Nous allons étudier les *accords altérés* de la présente famille, en groupant ensemble ceux qui embrassent la même étendue sur l'échelle des quintes.

440 LIVRE PREMIER.

De l'emploi de l'accord E''' qui embrasse 10 quintes sur l'échelle des sons.

§. 355. E'''.   TM, Qj, SM, Nm, O.

Ex. :   ut——mi——sol——si——ré♭——fa.

On peut considérer cet accord comme provenant de *l'altération descendante* de la *fonction de neuvième* dans *l'accord naturel* A' (traité chapitre XIV, sous les §§. 257, 258, 259, 260 et 261). Comme cet *accord naturel*, le présent *accord altéré* E''' se prête à la décomposition en deux accords de septième, on peut en effet le considérer comme offrant la RÉUNION SYSTÉMATIQUE de *l'accord naturel de septième de 4ᵉ espèce* (traité chap. VI, sous les §§. 92, 93, 94, 95, 96 et 97) ; et de *l'accord altéré de septième mineure avec quinte mineure et tierce majeure* (traité chap. VIII, sous les §§. 131, 132 et 133.)

Acc. de Sm avec Qm et TM.

ut——mi——sol——si——ré♭——fa.

Acc. de sept. de 4ᵉ espèce.

En signalant ainsi les divers aspects de nos accords, le lecteur comprendra sans doute que nous avons en vue les résultats pratiques correspondants, et qu'il ne s'agit nullement ici de simples *remarques curieuses*.

§. 356. L'aspect de l'accord E''', nous fait connaître une résolution de *l'accord connu de sixte augmentée avec quinte*, laquelle mérite d'être signalée, parce qu'elle offre une nouvelle preuve de fait de la vérité de notre *théorie des accords multiples*, en faisant rentrer dans la règle générale de la RÉSOLUTION A LA QUINTE INFÉRIEURE, une résolution en apparence *anormale* du susdit *accord de sixte augmentée avec quarte*.

Voici d'abord cette résolution prétenduement *exceptionnelle*, et qui est telle, en effet, quand on ne s'élève pas au-dessus de la région de l'harmonie *immanente*.

Fig. 190.

seconde maj. inférieure.

STRUCTURE DES ACCORDS.

Eh bien, si l'on rattache l'agrégation (sol-si-ré♭-fa) à notre présent *accord altéré* E''', en la considérant comme un fragment de cet accord, et, par conséquent, en lui donnant pour fondamentale *idéale* la note ut♮, la résolution *exceptionnelle à la seconde inférieure* (sol-fa), sera remplacée par la RÉSOLUTION NORMALE (ut—fa) A LA QUINTE INFÉRIEURE; nous prions le lecteur de relire ici le §. 321, page 399, pour l'explication d'un fait harmonique tout semblable, qui se rapporte à *l'accord de sixte augmentée avec quinte juste*.

De l'emploi des accords E^IV, E^V, E *et* E^VII, *qui embrassent* 11 *quintes sur l'échelle des sons.*

§. 357. E^IV.   Tm, QM, Sm, NM, O.
Ex.:   ré----fa-----la♯----ut-----mi----sol.

Cet accord ne peut être décomposé en deux accords de septième, à cause de l'intervalle de *tierce diminuée* existant entre ses fonctions de quinte et de septième. Mais on peut le considérer comme provenant de *l'altération ascendante de la fonction de quinte* dans *l'accord naturel de onzième* désigné par B; accord traité chapitre XIV, sous les §§. 262, 263, 264 et 265, auxquels nous renvoyons le lecteur. Un seul exemple de l'emploi du présent *accord altéré* pourra suffire; le voici:

Fig. 191.

NB. Dans cette figure notre accord E^IV succède à l'accord naturel B, dont il présente l'altération au premier temps de la seconde mesure. L'accord B est employé avec quatre de ses fonctions, parmi lesquelles se trouve la *fondamentale* (ré); au second temps, cette fondamentale est remplacée dans la basse par la fonction de sep-

tième (*ut*), et l'accord E_{IV} est représenté par l'agrégation (la♯-ut-mi-sol) qui, *enharmoniquement*, reproduit l'accord *de septième dominante* (ut—mi—sol—si♭); on trouve donc ici une nouvelle transformation de cet accord naturel qui déjà s'est montré dans le cours de cet ouvrage sous tant de faces différentes. L'emploi qu'on en voit ici se rapporte à *l'harmonie transcendantale*, et la *résolution* est *normale* comme toujours. Nous devons faire remarquer encore le doublement de la *fonction de onzième* (sol) de nos deux accords B et E_{IV}, et la rencontre des trois sons diatoniques :
$\begin{cases} la \\ sol \\ fa \end{cases}$
au premier temps de la seconde mesure, rencontre assurément bien hardie, et pourtant complètement justifiée par l'existence de nos accords, aussi bien que par la bonne marche des parties. La note *sol*, soutenue dans deux parties pendant plusieurs mesures, n'est étrangère à aucun des accords qui se succèdent pendant sa durée.

§. 358.   E_v.   TM, Qj, Sm, Nm, OM.
Ex. : mi——sol♯——si——ré——fa——la♯.

Ce nouvel *accord altéré* peut être conçu comme présentant la RÉUNION SYSTÉMATIQUE de deux accords de septième, savoir : de *l'accord naturel de septième dominante* (voir chap. VI, les §§. 84, 85 et 86); et de *l'accord altéré de septième majeure, avec tierce et quinte mineures.* (Voir chap. VIII, les §§. 127 et 128.)

Acc. de SM avec Tm et Qm.
mi——sol♯——si——ré——fa——la♯.
Acc. de septième domin.

On peut encore l'envisager comme formé de la JUXTA-POSITION de deux accords de trois sons réunis par une tierce mineure, comme dans la figure suivante :

Acc. de QM avec Tm.
mi——sol♯——si——ré——fa——la♯.
Acc. parfait maj.   tierce min.

Le lecteur saura sans doute tirer les conséquences pratiques de ces points de vue différents; aussi ne nous y arrêterons-nous pas. Mais nous signalerons, dans notre présent accord E_v, une propriété plus cachée, qui nous dévoile une nouvelle face *enharmonique de l'accord de neuvième dominante mineure.* Supprimons en effet la fondamentale (*mi*) de notre accord E^v, il nous restera l'agrégation : (sol♯-si-ré-fa-la♯), qui n'est autre chose que *l'accord altéré de neuvième majeure et septième diminuée, avec tierce et quinte mineures*, accord désigné par la lettre E″ dans le tableau des accords de neuvième, formés comme l'accord naturel de la même classe E, au moyen de deux tierces majeures associées à huit tierces mineures. (Voir 322, le tableau des accords conjugués avec l'accord naturel E ; (voir aussi au chapitre XII, les §§. 241 à 245). Or, nous avons montré, §. 241, que le susdit accord E″$_5$ se ramène *enharmoniquement à l'accord connu de neuvième dominante mineure ;* et l'on peut vérifier ici qu'il en est de même de l'agrégation (sol♯-si-ré-fa-la♯), en remplaçant le *ré*♮ et le *fa*♮ par leurs homophones *ut*× et *mi*♯, et qu'on obtient ainsi, en prenant *la*♯ pour fondamentale, l'accord la♯-ut×-mi♯-sol♯-si, c'est-à-dire *l'accord de neuvième dominante mineure*, appartenant au ton de *ré*♯ mineur. Ceci bien compris, il en résulte que l'on pourra *réciproquement* transformer par l'enharmonie le susdit *accord mixte de neuvième dominante mineure*, d'abord, en *l'accord altéré de neuvième* désigné par E″$_5$, puis, en notre présent accord E$^v_6$, en lui donnant pour fondamentale *idéale* la note supprimée (mi), dont le rôle purement *régulatif* nous servira à résoudre cet accord sur un accord ayant pour fondamentale la note *la*, *quinte inférieure de mi*. Ces vues pratiques sont réalisées dans la figure suivante :

Fig. 192.

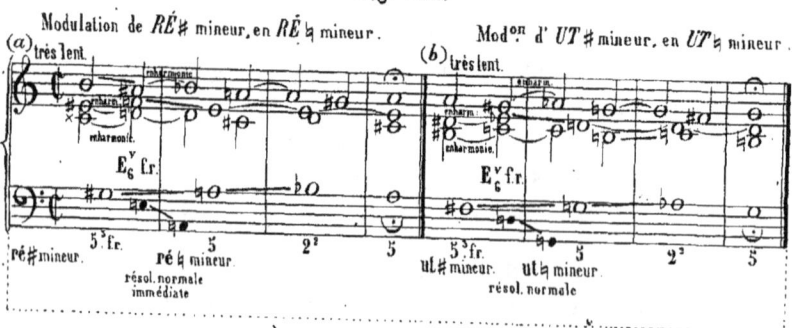

NB. Ces deux exemples sont identiques. En (*a*) se trouve employé l'accord indiqué dans le texte ; en (*b*) cet accord est transposé dans un ton plus usité.

§. 359. E$_{-}^{vi}$. TM, Qm, SM, NM, O.
Ex. : sol—-si——-ré♭—-fa♯—--la—-ut.

Cet accord, qui embrasse 11 quintes comme les deux précédents, ne peut être considéré comme formé de la réunion systématique de deux accords de septième, à cause de l'intervalle de *tierce augmentée* (ré♭-fa♯), qui existe entre ses fonctions de quinte et de septième. En supprimant sa note fondamentale (sol), l'agrégation restante (si-ré♭-fa♯-la-ut), dont la première tierce est *diminuée*, n'est point un accord de neuvième. Mais on peut envisager le présent accord comme présentant la JUXTA-POSITION de deux accords de quinte, nommément : de *l'accord altéré de quinte mineure avec tierce majeure* (voir chap. IV, les §§. 49 et 50), et de *l'accord naturel de tierce et quinte mineures* (voir chap. IV, le §. 39).

$$\text{E}^{vi}.\quad \text{Sol—-si—-ré♭-—}\overbrace{\text{fa♯—-la—-ut.}}^{\text{Acc. de Qm et Tm.}}$$
$$\underbrace{\phantom{\text{Sol—-si—-ré♭-}}}_{\text{Acc. de Qm avec TM.}}$$

Nous bornerons à ce peu de mots nos instructions sur cet accord, dont l'emploi ne présente pas plus de difficultés que celui des accords E^{iv} et E^v que nous avons traités complètement.

§. 360. E^{vii}. Tm, Qj, SM, Nm, OM.
la—-ut——mi—-sol♯-—si♭—--ré♯.

Ici, l'accord peut être décomposé en deux véritables accords de septième ; et il présente sous ce point de vue la RÉUNION SYSTÉMATIQUE de *l'accord mixte de septième majeure, avec quinte juste et tierce mineure* (voir chap. VII, les §§. 109 à 114), et de *l'accord altéré de septième majeure avec quinte mineure et tierce majeure* (voir chap. VIII, les §§. 118 à 120).

$$\text{la—-ut—-mi-}\overbrace{\text{-sol♯—-si♭—-ré♯.}}^{\text{Acc. de SM avec Qm et TM.}}$$
$$\underbrace{\phantom{\text{la—-ut—-mi--sol♯}}}_{\text{Acc. de SM avec Qj et Tm.}}$$

De cette analyse de notre accord de onzième on peut induire, en

STRUCTURE DES ACCORDS.

se plaçant au point de vue transcendantal, qu'il est possible d'élever *idéalement* au rang d'accord altéré de onzième, *l'accord de septième majeure avec quinte mineure et tierce majeure*, qui appartient à la classe des accords de 4 sons; et qu'on peut l'identifier ainsi avec l'accord E^{vii}, qui nous occupe en ce moment (1).

§. 361. Enfin, on peut encore, en supprimant la seule note fondamentale (*la*) de notre accord E^{vii}, considérer l'agrégation des notes restantes (ut-mi-sol♯-si♭-ré♯), véritable accord de 5 sons, nommément *l'accord de neuvième augmentée et septième mineure, avec tierce et quinte majeures*, désigné par la lettre F'' dans le tableau de la page 322, et dont nous avons parlé au chapitre XII, sous le §. 250. Or, nous découvrons ici, dans notre présent accord E^{vii}, le moyen d'élever le susdit *accord de neuvième augmentée* au rang supérieur *d'accord de onzième majeure*, en lui donnant pour fondamentale *idéale* la note (*la*), fondamentale de l'accord que nous étudions ; et, d'après la règle constante de la résolution normale *à la quinte inférieure*, on découvre en même temps la possibilité de résoudre cet accord, soit immédiatement, soit médiatement, sur un accord placé à la quinte inférieure, par rapport à cette fondamentale *idéale*.

Ces vues pratiques sont réalisées dans la figure suivante, où l'on voit tout à la fois l'emploi de l'agrégation (ut-mi-sol♯-si♭-ré♯) comme *accord de neuvième* dans la première mesure, et l'emploi de l'agrégation toute semblable (sol-si-ré♯-fa-la♯), comme *accord de onzième*, dans la troisième mesure.

---

(1) Nous croyons devoir rappeler ici les §§. 118 et 119, consacrés au chapitre VIII, à *l'accord de septième majeure avec quinte mineure et tierce majeure*. La figure 45, §. 119, présente deux exemples remarquables de l'emploi de cet accord de septième, l'un (*a*) en mode majeur, l'autre (*b*) en mode mineur. Nous pouvons de plus, faire remarquer maintenant, l'accord qui succède immédiatement au susdit accord de septième; cet accord est en effet, l'un de nos nouveaux accords de onzième, savoir celui qui, dans le tableau de la page 374, est désigné par A^{vii}, et que nous avons traité fort au long au présent chapitre sous les §§. 318 et 319. Dans la figure 45, cet accord de onzième est placé entre le susdit accord de SM avec Qm et TM, et un accord de septième dominante ayant même fondamentale que lui.

446 LIVRE PREMIER.

Fig. 193.

NB. La résolution de l'accord $E^{vii}{}_6$ est *médiate*, et sa fondamentale (*mi*) est commune à cet accord, et aux deux qui sont placés entre lui et l'accord résolutif : (la-ut♯-mi). Quant à l'accord $F''{}_5$ qui se voit dans la première mesure, on voit que si, au §. 250, nous en avons laissé la réalisation au lecteur, ce n'était pas à cause de la difficulté de le réaliser nous-même.

De l'emploi des accords E^{viii}, E^{ix} et E^x qui embrassent 13 quintes sur l'échelle des sons.

§. 362. E^{viii}.   TM, QM, Sm, Nm, O.

Ex. :   sol——si——ré♯——fa——la♭——ut.

Ce *nouvel accord altéré* ne peut être conçu comme présentant la réunion systématique de deux accords de septième, à cause de l'intervalle de *tierce diminuée* (ré♯-fa) qui existe entre ses fonctions de quinte et de septième. Mais, en revanche, on y découvre un accord altéré de neuvième, nommément *l'accord de neuvième mineure et septième diminuée, avec quinte mineure et tierce majeure*, désigné au chapitre XII, sous le §. 237 par la lettre E''', et traité dans le même chapitre sous les §§. 246, 247 et 248. Nous engageons le lecteur à revoir ici ces trois derniers paragraphes et surtout le §. 247, où il est question du traitement de la *quarte maxime* (la♭-ré♯). Il y a plus, on trouve déjà au §. 248, dans la figure 115, deux exemples de l'emploi de notre présent accord $E^{viii}{}_6$, dans l'usage transcendantal que l'on y a fait de l'accord de neuvième désigné par E''', et

STRUCTURE DES ACCORDS.

qu'ici nous désignerons par E'''_5, pour qu'on ne le confonde pas avec l'accord de onzième E'''_6, traité au présent chapitre, sous les §§. 355 et 366. On a donc ici, dans notre accord de onzième E^{VIII}, une nouvelle preuve de fait de la vérité du principe de l'harmonie transcendantale, dans laquelle on fait un usage supérieur des intervalles harmoniques les plus simples, pour les élever idéalement à l'état où ils embrassent 10, 11, 13 et 15 quintes (ce dont le sentiment ne prend conscience qu'au moment même de la résolution de ces intervalles), et dans laquelle on arrive à l'identification (idéale) des accords des classes inférieures, aux accords des classes supérieures, au moyen de la suppression d'une ou de plusieurs fonctions des accords de ces classes supérieures, fonctions dont le rôle est alors purement régulatif. C'est généralement la fondamentale que l'on supprime ainsi, ou la fondamentale et une ou deux autres fonctions selon les cas. Nous avons déjà signalé, dans la figure 115, deux exemples de l'emploi de l'accord qui nous occupe; voici deux nouveaux exemples, l'un à 4 et l'autre à 5 parties.

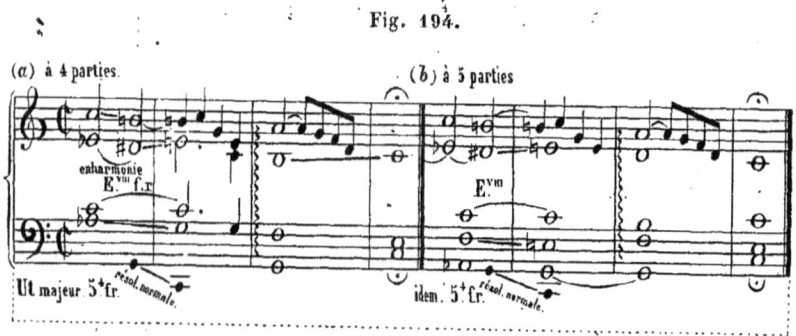

Fig. 194.

NB. En (a), notre accord est employé avec ses fonctions de *tierce* (si), de *quinte* (ré♯), de *neuvième* (la♭) et de *onzième* (ut); en (b), à ces quatre fonctions vient se joindre celle de *septième* (fa); dans les deux exemples la *fondamentale* (sol) est supprimée. Nous devons faire remarquer aussi que le premier accord de l'exemple (b) est un *accord de septième de seconde espèce* qui a besoin de préparation; or, il suffisait d'une mesure de plus pour cela. Le lecteur aura la bonté de supposer cette facile préparation, que nous n'avons pas écrite faute d'espace.

LIVRE PREMIER.

REMARQUE

Concernant une transformation enharmonique de l'accord parfait majeur, employée par les compositeurs modernes, entr'autres par Rossini et par Meyerbeer.

§. (362)'. Depuis un certain nombre d'années, les compositeurs emploient le présent accord E^{viii}, mais seulement avec trois de ses fonctions, nommément avec celles de *quinte*, de *neuvième* et de *onzième*, soit : (ré♯-la♭-ut), fonctions caractéristiques, comme on le voit. Mais, au lieu de présenter cette agrégation sous cette forme, ils l'écrivent sous celle d'un *accord parfait majeur* (la♭.-ut-mi♭), sous laquelle il n'était pas facile de la reconnaître.

En voici deux exemples, le premier tiré du *Stabat mater* de Rossini; le second tiré de la partition des *Huguenots* de Meyerbeer.

Fig. 195.

ROSSINI. (Stabat, N.º 4)

[musical notation]

A l'extrémité de la seconde mesure de ce passage de Rossini, il n'y a *en apparence* rien de plus que *l'accord parfait majeur* (la—ut♯—mi), auquel succède immédiatement un autre *accord parfait majeur*, celui de ré♭. Or, nous le demandons à tout le monde, n'est-il pas évident, qu'au moment même où *l'accord parfait majeur* (ré♭—fa—la♭) se fait entendre, aussitôt celui qui précède revêt le caractère *d'accord dissonant ?* Franchement, semble-t-il qu'on vienne d'entendre deux accords parfaits majeurs? Non, sans doute, et ici le sentiment de tous les musiciens sera d'accord. Eh bien! ici comme partout, comme toujours, le sentiment musical est d'accord avec notre théorie, laquelle découvre, dans le soi-disant *accord parfait majeur* (la—ut♯—mi), LES TROIS FONCTIONS CARACTÉRISTIQUES de notre accord de onzième E^{viii}, et voici comment: c'est que le la♮ est en réalité un si♭♭, et l'ut♯ un ré♭, de sorte qu'au lieu de (la—ut♯—mi♮), on a : (si♭♭—ré♭—mi♮). Sous cette forme, on comprend comment le soi-disant la♮ descend au la♭, pendant que le mi♮ monte au fa; c'est que l'intervalle harmonique de *quinte juste* ${mi \atop la}$, a été transformé (non pas réellement qu'on le comprenne bien, mais *idéalement*, par l'intervention de la VOLONTÉ), en *quarte maxime*, ce qui en fait un intervalle *attractif*, dont la résolution a lieu sur la sixte majeure ${fa \atop la♭}$. Donc, Ros-

STRUCTURE DES ACCORDS.

sini a employé, dans cet endroit, un ACCORD TOUT NOUVEAU, sous la forme d'un simple *accord parfait majeur*. Cet accord n'est autre que notre accord E$_{VIII}$, et sa détermination spéciale, pour le cas particulier que nous avons en vue, est ici dans le ton de *ré*♭ majeur, et sur la dominante *la*♭ de ce ton :

E$_{VIII}$.   TM,   QM,   Sm,   Nm,   O.
Ex. :   la♭——ut——mi♮——sol♭——si♭♭—ré♭.

De cette manière ce passage rentre dans la règle la plus stricte, car la succession entre fondamentales a lieu *par quinte inférieure*, c'est-à-dire que la résolution de notre accord est NORMALE.

L'exemple du savant auteur des *Huguenots* nous offre un résultat identique ; le voici :

Fig. 196.

Les accords parfaits employés par Meyerbeer sont : (mi-sol♯-si) et (la♭-ut-mi♭) ; ceux employés par Rossini sont : (la-ut♯-mi) et (ré♭-fa-la♭) ; or, il est évident que les rapports de position de ces deux successions sont les mêmes. — On peut juger, par la comparaison des deux exemples, de quelle variété l'emploi d'une même succession est susceptible, soit par la disposition différente des parties, soit par le changement du rythme ; soit enfin, par le choix du mode d'instrumentation. — On nous aurait mal compris si l'on croyait que nous prétendons qu'au lieu de (la-ut♯mi), Rossini eut dû écrire (si♭♭-ré♭-mi) ; et Meyerbeer (fa♭-la♭-si) au lieu de (mi-sol♯-si) : telle n'est pas en effet notre pensée. Nous ne donnons rien ici de plus qu'une explication *rationnelle* d'un fait harmonique, et il appartient aux compositeurs de juger, selon les cas, de la manière la plus convenable d'écrire leur pensée. Toutefois, il nous serait facile de signaler, dans les meilleurs auteurs, de singulières bévues sur ce point, provenant évidemment de la confusion des idées, en ce qui concerne les deux demi-tons : le *diatonique* et le *chromatique*.

§. 363. E^{IX}.   Tm, QM, SM, Nm. O.
Ex.: ré----fa------la♮----ut♯----mi♭--sol.

Cet accord qui embrasse 13 quintes comme le précédent, ne peut être conçu comme formé de la réunion systématique de deux accords de septième, à cause de l'intervalle de *quinte diminuée* (minime) (la♮-mi♭) existant entre ses fonctions de quinte et de neuvième. On ne peut pas davantage le regarder comme formé de la juxtà-position de deux accords de trois sons, puisque l'agrégation (ut♯-mi♭-sol), dont la première tierce est *diminuée,* n'est point un accord de trois sons. Enfin, le retranchement de la note fondamentale (ré) ne nous donne pas un accord de neuvième, puisque l'intervalle qui existe entre la fonction de tierce (fa), et celle de quinte (la♮), est un intervalle de *tierce augmentée.*

De cette analyse faut-il conclure que cet accord ne peut être d'aucun usage? Nullement; car nous l'affirmons avec certitude, aucun des produits de notre *loi génétratice* n'est inutile ; tous ont une fonction plus ou moins importante dans l'ensemble du système harmonique, et le présent accord va nous en fournir une éclatante et nouvelle preuve. Voici comment: que l'on supprime la note fondamentale (ré), et que, dans l'agrégation restante (fa-la♮ut♯mi♭-sol), on remplace le *la♮* par *si♭*, et l'*ut♯* par *ré♭*; puis, que l'on prenne pour fondamentale le *mi♭*, et l'on aura *l'accord naturel* connu *de neuvième dominante majeure* : (mi♭-sol-si♭-ré♭-fa), qui appartient au ton de *la♭* majeur. Eh bien ! que réciproquement, dans cet accord, on rétablisse pour *si♭* et *ré♭* leurs homophones *la♮* et *ut♯*, on aura formé notre accord E^{IX}, dont la fondamentale *idéale* (ré) nous indiquera la possibilité de résoudre cet *accord naturel* (ainsi transformé enharmoniquement en notre accord altéré E^{IX}), A LA QUINTE INFÉRIEURE sur *l'accord de septième dominante* du ton d'*ut* mineur dont la fondamentale est notoirement *sol.*

STRUCTURE DES ACCORDS. 451

Voici la réalisation de ces vues pratiques:

Fig. 197.

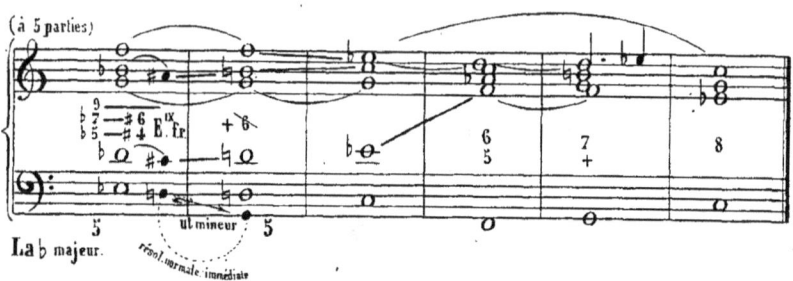

NB. Cet exemple présente une succession souvent employée, mais regardé comme une exception; or, on voit qu'au moyen de notre accord E$_{IX}$, cette exception rentre dans la règle la plus stricte, et que la résolution est *normale et immédiate*. L'abondance des matières ne nous permet pas de nous étendre davantage sur l'accord E$_{IX}$ qui a encore d'autres usages que les harmonistes avertis sauront bien découvrir.

§. 364. Ex.   Tm, QM, Sm, Nm, OM.
Ex. : ré---fa----la♯----ut----mi♭---sol♯.

Cet accord présente la JUXTA-POSITION de deux accords altérés de trois sons, identiques par leur mode de structure; savoir: de *deux accords de quinte majeure avec tierce mineure*. Mais on ne peut le concevoir comme présentant la réunion systématique de deux accords de septième.

Enharmoniquement, il reproduit un accord naturel de onzième, nommément *l'accord-type* de la famille qui nous occupe, c'est-à-dire l'accord désigné par E dans le tableau de la page 382, et traité au chapitre XIV, sous les §§. 270, 271, 272, 273 et 274; résultat assurément fort remarquable qui se retrouve dans toutes les familles d'accords, et qui, à lui seul, est une preuve frappante de la vérité de notre LOI GÉNÉRATRICE. Que l'on substitue en effet un si♭ au la♯, et un la♭ au sol♯, et que l'on prenne la note si♭ pour fondamental, on aura *l'accord naturel*:

E.   TM, Qj, Sm, NM, O.

Ex. :   si♭——ré——fa——la♭——ut——mi♭

qui revient à :   sol——si——ré——fa——la——ut,

qui est l'exemple inscrit au tableau cité, en regard de la lettre E.

On peut donc, réciproquement, transformer *l'accord naturel* de onzième E en notre présent accord E^x, et opérer ainsi une *modulation enharmonique*.

L'abondance des matières ne nous permet pas de plus grands développements ; nous laissons donc au lecteur la recherche de la réalisation de l'accord E^x.

De l'emploi des accords E^{xi} *et* E^{xii}, *qui embrassent* 15 *quintes sur l'échelle des sons.*

§. 365. E^{xi}.   TM, Qm, Sm, NA, O.

Ex. :   sol——si——ré♭——fa——la♯——ut.

La distance de 15 quintes qui se trouve entre la *fonction de quinte* (ré♭), et *la fonction de neuvième* (la♯) de cet accord, ne permet pas de le considérer comme formé de la réunion systématique de deux accords de septième. On ne peut pas non plus l'envisager comme formé de la juxtà-position de deux accords de 3 sons, puisque l'agrégation (fa-la♯-ut), dont la première tierce est *augmentée*, n'est notoirement pas un véritable accord de trois sons. Enfin, quand on en supprime la note fondamentale (sol), l'agrégation restante (si-ré♭-fa-la♯-ut) dont la première tierce est *diminuée*, n'est pas un véritable accord de neuvième.

Il résulte de cette analyse que l'emploi des agrégations (ré♭-fa-la♯-ut) et (si-ré♭-fa-la♯-ut) n'est possible qu'en leur supposant pour *fondamentale* la note SOL.

Remarquons en passant que l'accord E^{xi} a cinq notes communes avec l'un de nos nouveaux accords de neuvième, savoir, avec *l'accord de neuvième augmentée et septième mineure, avec quinte mineure et tierce majeure*, traité au chapitre XII, sous le §. 235, où l'on peut voir, fig. 107, un exemple de l'emploi de cet accord de neuvième

STRUCTURE DES ACCORDS.

augmentée. — On peut remarquer encore qu'en supprimant les fonctions de onzième (*ut*) et de neuvième (*la*) de notre accord E^{xi}, l'agrégation restante (sol-si-ré♭-fa), reproduit *l'accord de septième dominante avec quinte abaissée*, dont le second renversement, fréquemment employé par les compositeurs modernes, est connu sous le nom *d'accord de sixte augmentée avec quarte*.

Le but principal de ces observations, est la constatation des rapports existant entre l'accord qui nous occupe, et ceux des classes inférieures dont toutes les fonctions se retrouvent dans cet accord de onzième. Des remarques semblables peuvent et doivent être faites sur tous les accords des classes supérieures à la classe des accords de trois sons, pour bien saisir le lien qui existe entre toutes les classes d'accords ; et par suite, pour mieux faire comprendre l'emploi des nouveaux produits de notre *loi génératrice*. Les exemples suivants pour l'emploi de l'accord E^{xi}, constateront au moins la possibilité de sa réalisation, et les harmonistes découvriront facilement d'autres manières de l'employer.

Fig. 198.

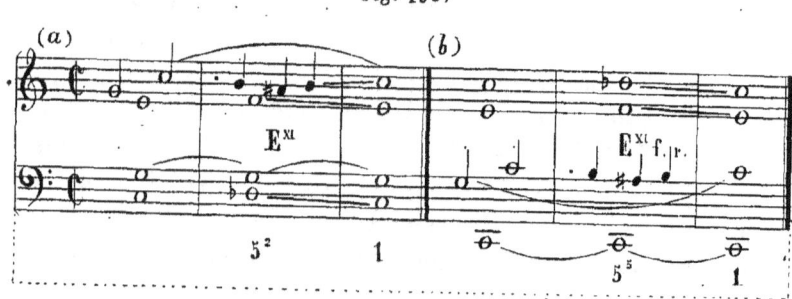

NB. En (*a*) notre accord est employé à 4 parties avec sa note *fondamentale* (sol), les fonctions de *onzième* (ut), de *tierce* (si) et de *neuvième* (la♯), se font entendre *successivement* dans la partie supérieure, pendant que les autres parties soutiennent les fonctions de *fondamentale* (sol), de *quinte* (ré♭) et de *septième* (*fa*). En (*b*), le même accord est employé sans note *fondamentale*, et dans son cinquième renversement. Dans ces deux exemples, la fonction de *neuvième* (la♯) est employée comme *flexion* de la *tierce* (si).

§. 366. E^xii. TM, Qj, Sd, NM, OM.
Ex.: mi—sol♯—si—ré♭—fa♯—la♯.

Cet accord est le dernier de ceux de la présente classe, formés au moyen de 7 tierces majeures associées à 8 tierces mineures. Comme le précédent, il embrasse une étendue de quinze quintes (du *ré♭* au *la♯*). — Il ne peut être conçu comme présentant la réunion systématique de deux accords de septième, à cause de l'intervalle de *tierce diminuée* qui existe entre sa fonction de *quinte* (si) et sa fonction de *septième* (ré♭). — Il ne présente pas non plus la juxta-position de deux accords de trois sons, puisque l'agrégation (ré♭-fa♯-la♯), dont la première tierce est *augmentée*, n'est point un véritable accord de cette classe. — Enfin, la suppression de la note fondamentale (mi) donne une agrégation qui ne peut être considérée comme un véritable accord de neuvième, à cause de l'intervalle de *quinte diminuée* (sol♮-ré♭), qui ne peut exister dans aucune classe d'accords, entre la note *fondamentale* et la fonction de *quinte*.

Mais on peut remarquer qu'en supprimant la fonction de *onzième* (la♯), on retrouve *l'accord altéré de neuvième majeure et septième diminuée, avec quinte juste et tierce majeure*, désigné par B'''₅ au tableau de la page 320, et traité au chapitre XII, sous le §. 206, accord qui peut être considéré comme le produit de l'altération descendante de la note septième, dans *l'accord naturel de neuvième dominante majeure*. — On peut remarquer encore que la suppression simultanée des fonctions de *onzième* (la♯) et de *neuvième* (fa♯), nous fait retomber sur *l'accord altéré de septième diminuée, avec quinte juste et tierce majeure* (mi-sol♯-si-ré♭), accord que nous avions d'abord rejeté comme rentrant *enharmoniquement* dans *l'accord de septième de seconde espèce* (voyez chapitre VIII, le §. 134), mais qui, en réalité, doit être admis, comme nous l'avons fait voir depuis au chapitre XVII, sous le §. 333, auquel nous renvoyons le lecteur.

Jusqu'ici nous n'avons encore aucune idée de l'usage qu'il est possible de faire de *l'accord de onzième* désigné par E^xii, il est temps d'aborder enfin directement la question de l'emploi de cet accord compliqué. Eh bien! remplaçons le *ré♭*, fonction de *septième* de notre accord E^xii par son homophone *ut♯*, et prenons pour nouvelle fon-

STRUCTURE DES ACCORDS.

mentale la note fa♯, nous aurons *l'accord naturel* (fa♯-la♯-ut♯-mi-sol♯-si), qui reproduit *l'accord-type* E, de la famille d'accords à laquelle appartient *l'accord altéré* qui nous occupe. Il est facile de s'assurer du fait, en transposant tous les termes de cette agrégation, à 5 quintes vers la gauche, sur l'échelle générale des sons, car on aura ainsi :

$$E. \quad TM, \quad Qj, \quad Sm, \quad NM, \quad O.$$
Ex. : fa♯——la♯——ut♯——mi——sol♯—si.
Ou : sol——si——ré——fa——la——ut.

Or, la dernière de ces agrégations est précisément celle placée en regard de la lettre E dans le tableau de la page 382.

L'accord altéré E^x traité ci-dessus sous le §. 364, nous a déjà fourni un résultat pareil; il existe donc, dans cette seule famille d'accords de onzième, deux accords altérés, savoir les accords E_x et E^{xii}, pouvant *enharmoniquement* se ramener à *l'accord naturel type* E formé des mêmes éléments primordiaux, à savoir au moyen de sept tierces majeures associées à 8 tierces mineures, d'où il résulte que, réciproquement, *l'accord naturel* E peut, par l'enharmonie, être identifié soit avec l'accord E^x, qui embrasse 13 quintes, soit avec le présent accord E^{xii}, qui en embrasse 15. Enfin, répétons ici ce que déjà nous avons plusieurs fois dit dans des cas semblables, répétons que ces accords altérés E^x et E^{xii} appartiennent à la TECHNIE HARMONIQUE, tandis que *l'accord naturel* E appartient à la théorie de cette science, et que les susdits *accords altérés* forment ainsi *l'accomplissement autogénique* de *l'accord naturel* avec lequel ils peuvent s'identifier enharmoniquement. Mais comme ces résultats sont entièrement nouveaux, nous donnerons, pour terminer ce que nous avons à dire concernant le présent accord E^{xii}, un exemple de cette transformation enharmonique de *l'accord naturel* E, au moyen de laquelle cet accord s'identifie avec le présent *accord altéré*. E^{xii}. Nous prévenons toutefois le lecteur que cet accord recèle encore d'autres richesses que l'abondance des matières ne nous permet pas de mettre en lumière. Voici l'exemple promis, que nous ne donnons que comme un premier essai.

LIVRE PREMIER.

Fig. 199.

NB. Dans cet exemple, on peut considérer toute la seconde mesure comme entièrement employée par *l'accord naturel* E (fa♯-la♯-ut♯-mi-sol♯-si), puisque *toutes* les fonctions de cet accord s'y font entendre; et de même on peut considérer que *l'accord altéré* E_XII (mi-sol♯-si-ré♭-fa♯-la♯), occupe toute la mesure suivante. Ou bien, on peut ne voir *l'accord naturel* E qu'au premier temps de la seconde mesure, et considérer les deux autres temps comme employés par les accords plus simples que l'on obtient en retranchant la *fonction de onzième* (si), ou cette fonction et celle de *neuvième* (sol♯); et, en ce qui concerne la troisième mesure, on peut aussi ne voir *l'accord altéré* E_XII que sur un seul temps de cette mesure, savoir sur le second temps, le seul où la *fonction de onzième* (la♯) de cet accord est effectivement exprimée. Dans cette manière de voir, l'accord en question est précédé et suivi de *l'accord altéré de septième* (mi-sol♯-si-ré♭) que l'on obtient par la suppression des deux fonctions de *onzième* et de *neuvième* de celui qui nous occupe, accord de septième dont il a été question dans le texte. Du reste, de quelque manière que l'on explique notre exemple, la résolution définitive de *l'accord altéré* E_XII a lieu, à *la quinte inférieure,* sur *l'accord parfait mineur* (la-ut-mi); seulement, cette résolution est simplement *médiate* dans cette seconde explication; tandis qu'elle est *immédiate* dans la première manière de voir. Ajoutons enfin que le *ré♭*, qui se substitue, dans la troisième mesure, à l'*ut♯*, n'a qu'une valeur *régulative*, et que ce n'est qu'au moment même de la résolution de notre accord qu'il est, non point *perçu* comme *ré♭*, mais *compris* comme tel.

DE L'EMPLOI DES ACCORDS ALTÉRÉS CONSTRUITS AU MOYEN DE 4 TIERCES MAJEURES ASSOCIÉES A 11 TIERCES MINEURES.

§. 367. Ces accords au nombre de six, sont conjugués par leur mode de structure avec *l'accord naturel* désigné par la lettre F au

STRUCTURE DES ACCORDS.

tableau de la page 384, accord dont nous avons parlé fort au long au chapitre XIV, sous les §§. 275 à 280.

Ces six *accords altérés* se partagent en trois groupes égaux de deux accords chaque, qui embrassent respectivement 10, 11 et 13 quintes. Nous commencerons par les accords du premier de ces groupes, l'étude des accords altérés de la présente famille.

De l'emploi des accords F'' *et* F''' *qui embrassent* 10 *quintes sur l'échelle des sons.*

§. 368. F''.   Tm, Qj, Sd, Nm, O.
Ex. : mi—-sol—--si—-ré♭—--fa—-la.

Cet accord ne peut être considéré comme présentant la réunion systématique de deux accords de septième, à cause de l'intervalle de *tierce diminuée* existant entre sa fonction de quinte (si) et sa fonction de septième (ré♭). Mais on peut l'envisager comme offrant la JUXTA-POSITION de deux accords de trois sons, séparés par l'intervalle de *tierce diminuée*, nommément de *l'accord parfait mineur* (mi-sol-si), et de *l'accord de tierce et quinte majeures* (ré♭-fa-la♮). — On peut remarquer surtout que par la suppression de la note fondamentale (mi), on obtient un véritable accord de neuvième, savoir *l'accord de neuvième dominante majeure avec quinte abaissée*, accord traité au chapitre XII, sous les §§. 204 et 205. Ce dernier point de vue nous découvre la possibilité d'élever le susdit accord de neuvième, au rang d'accord de onzième, en l'identifiant *idéalement* avec le présent accord F'', c'est-à-dire en lui donnant pour fondamentale cachée celle même de notre accord de onzième, savoir le *mi*. L'exemple suivant offre la réalisation de cette vue pratique, il est écrit à cinq parties réelles ; le voici :

Fig. 200.

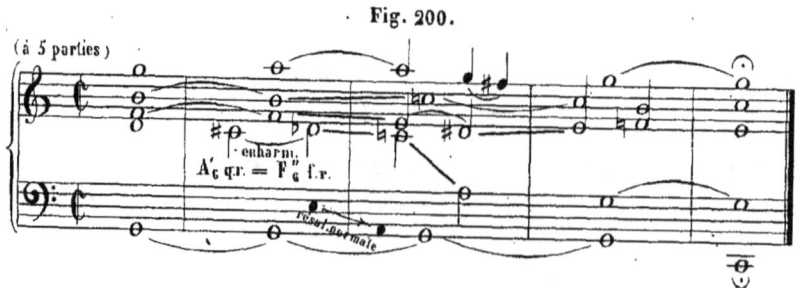

NB. Dans cet exemple, notre accord F″ est précédé de *l'accord* mixte désigné par A′ au tableau de la page 374, et traité au chapitre XV, sous les §§. 281, 282, 283 et surtout 284, où il est employé comme ici, sur la *dominante* en mode majeur; or, cet *accord mixte* est ici (sol-si-ré-fa-la-ut♯) employé sans la fonction de quinte (ré♮), ce qui permet, en posant ut♯ = ré♭, de l'identifier avec notre accord altéré F″ (mi-sol-si-ré♭-fa-la) dont on a retranché aussi une note, à savoir la note fondamentale (mi). Comprend-on enfin la raison des suppressions de certaines fonctions des accords? — On le voit, tout se tient dans le système harmonique qui découle de notre LOI GÉNÉRATRICE DES ACCORDS, dont la vérité, après tant d'exemples entièrement nouveaux, sanctionnés d'ailleurs par le sentiment musical, doit, ce nous semble, commencer à se faire jour dans les esprits les plus rebelles aux innovations.

§. 369.   F‴.   Tm,   Qm,   Sm,   NM,   Om.
Ex. :   si——ré——fa——la——ut♯——mi♭.

Cet accord présente la RÉUNION SYSTÉMATIQUE de deux accords de septième, savoir, de *l'accord naturel de septième de troisième espèce*, et de *l'accord de septième dominante avec quinte haussée* :

Acc. de sept. dom. av. quinte haussée.
si——ré——fa——la——ut♯——mi♭.
Acc. de sept. de 3ᵉ espèce.

Ces deux accords bien connus ont été décrits et traités l'un au chapitre VI et l'autre au chapitre VIII. A ce premier point de vue correspond l'un des modes de réalisation de l'accord qui nous occupe. On conçoit, en effet, que la résolution de l'intervalle de *sixte augmentée* (mi♭-ut♯) sur l'octave (ré-ré), changera cet accord en un simple *accord naturel de septième de troisième espèce*, dont la résolution ultérieure sur *l'accord de septième dominante* du ton de LA, déterminera une modulation dans ce ton, et l'on aura ainsi une *résolution normale médiate de notre accord.*

En supprimant à la fois la fonction de fondamentale (si), et celle de tierce (ré), l'agrégation restante ne présente plus que *l'accord de septième dominante avec quinte haussée*, dont la fondamentale est *fa*, c'est-à-dire la *fonction de quinte* de notre accord F‴. Or, si l'on donne à cet accord connu la note *si*♮ pour fondamentale *idéale*, c'est-à-dire la fondamentale même de notre accord de on—

zième, on pourra élever le susdit accord altéré de 4 sons au rang d'accord de 6 sons, et l'identifier avec l'accord qui nous occupe; identification qui n'est possible qu'*idéalement*, et au moyen de la suppression des deux fonctions *si* et *ré*. L'exemple suivant présente la réalisation de cette harmonie; il est écrit à 5 parties réelles, et la résolution de notre accord y est *normale et immédiate*.

Cette résolution s'effectue sur l'accord de *septième dominante avec quinte abaissée* (mi♮-sol♯-si♭-ré), qui, lui-même, à la faveur d'une transformation *enharmonique*, est suivi de *l'accord naturel de septième dominante* du ton de *la*.

Fig. 201.

Modulation de Si♭ majeur en La majeur.

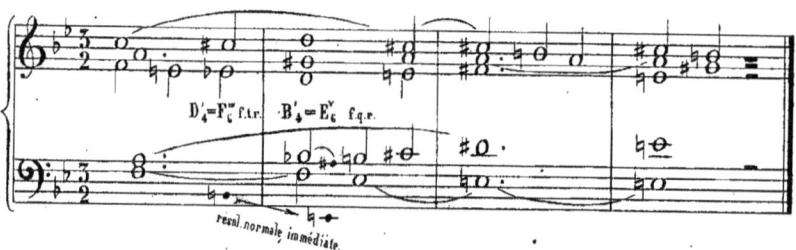

NB. Dans cette figure, *l'accord de septième dominante avec quinte haussée* paraît au troisième temps de la première mesure. Son identification avec notre présent accord de onzième F''', moyennant la suppression des fonctions de fondamentale et de tierce de cet accord, y est exprimé par $D'_4 = F'''_6$, f. t. r. — A cet accord ainsi transformé, succède, à la quinte inférieure, *l'accord de septième dominante avec quinte abaissée*, désigné par B'_4, lequel, par la substitution *idéale* du *la*♯ au *si*♭ se change instantanément en l'accord de onzième (mi-sol♯-si♭-ré-fa-la♯), employé sans sa note fondamentale (mi) et sans sa quinte (si♮); accord désigné par la lettre Ev au tableau de la page 382, et traité au présent chapitre sous le §. 558 C'est ce dernier accord qui, par la suppression de deux de ses fonctions, s'identifie avec l'accord B'_4; ce que nous avons exprimé en posant : $B'_4 = Ev_6$ f. q. r.

Enfin, à l'accord Ev_6 f. q. r., succède *l'accord naturel de septième dominante* du ton de LA. Cette analyse paraîtra minutieuse à quelques lecteurs, cependant elle est bien propre à faire comprendre le lien secret qui unit tous les accords du système harmonique.

(Les accords B'_4 et D'_4 ont été traités au chapitre VIII consacré aux accords altérés de 4 sons).

De l'emploi des accords F^{IV} *et* F^{V} *qui embrassent onze quintes sur l'échelle des sons.*

§. 370. F^{IV}.   Tm, Qm, Sd, NM, O.
  Ex. :   si——ré——fa——la♭——ut♯——mi.

Cet accord peut se transformer enharmoniquement en *l'accord mixte* F' qui appartient à la même famille d'accords. On reconnaît la vérité de cette assertion en substituant au *la*♭ son homophone *sol*♯, et en prenant *ut*♯ pour nouvelle fondamentale; on a de cette manière :

F' Tm, Qj, Sm, Nm, Om
ut♯——mi——sol♯——si——ré——fa

qu'il suffit de comparer à l'accord inscrit au tableau de la page 384 en regard de la lettre F', pour reconnaître de suite l'identité de structure de cet accord et de l'accord :

mi—sol—si—ré—fa—la♭,

ce qui se voit encore en transposant l'un de ces accords, de manière à ce que leurs fondamentales se confondent. Nous bornerons là, du moins quant à présent, ce que nous avons à dire de l'accord F^{IV}, dont le lecteur saura sans doute découvrir le mode d'emploi.

§. 371. F^{V}.   Tm, Qj, Sd, NM, Om.
  Ex. :   mi—sol— —si——ré♭——fa♯——la♭.

En supprimant la note fondamentale (mi) de cet accord de onzième, on retombe sur un accord altéré de la classe précédente, savoir sur *l'accord de neuvième mineure et septième majeure, avec quinte mineure et tierce majeure* (traité au chapitre XII, sous les §§. 212 et 213, où il est désigné par la lettre B^{VII}, que nous écrirons ici $B^{VII}{}_{5}$, afin de ne point confondre les classes.)

Cette simple remarque nous révèle la possibilité d'élever à la classe supérieure l'accord de neuvième $B^{VII}{}_{5}$, en lui donnant pour fondamentale *idéale* la note (mi) fondamentale de notre présent accord $F^{V}{}_{6}$. Ajoutons que l'agrégation (si–ré♭–fa♯–la♭) qui résulte de la sup-

STRUCTURE DES ACCORDS.

pression simultanée des fonctions de fondamentale (mi) et de tierce (sol) de notre accord de onzième, n'est point un véritable accord de septième, puisque sa première tierce (si-réb) est une *tierce diminuée*, intervalle qui, dans aucune classe d'accords, ne saurait exister entre la note fondamentale et la fonction de tierce, comme nous l'avons dit déjà plusieurs fois, et spécialement au §. 212, à propos de cette même agrégation. Il suit de là que la susdite agrégation (si-réb-fa♯-lab), ne peut être conçue que comme un *accord incomplet* de *neuvième* ou de *onzième*. Or, en lui donnant pour fondamentale *idéale* la note (mi), fondamentale de notre accord F^v, on l'identifiera avec cet accord. L'exemple suivant, écrit à 4 parties, présente l'emploi de cette agrégation sous ce dernier aspect.

*Modulation d'*UT *majeur en* RÉ *majeur.*

Fig. 202.

NOTA. Dans cet exemple, notre accord F^v se voit au premier temps de la troisième mesure, sans fondamentale et sans tierce, ce qu'exprime la notation F^v_6 ft.r. Il est immédiatement suivi de l'accord altéré $^*C_4''$ (mi-sol-si-réb) émanant de la même fondamentale (mi), et c'est ce dernier accord qui se résout *à la quinte inférieure* sur *l'accord de septième sensible.*

REMARQUE.

L'agrégation (mi-sol-si-réb) qui *enharmoniquement* reproduit *l'accord naturel de septième de troisième espèce* ou plutôt *l'accord de septième mineure avec quinte juste et tierce mineure* (ut♯-mi-sol-si), a été omise par erreur au tableau de la page 208, chapitre IX. Il faut l'y rétablir, et désigner cet accord altéré par la lettre C'' pour indiquer qu'il est conjugué par son mode de structure avec l'accord naturel C, inscrit au même tableau, sous le n° 3. Cette rectification avec celle que nous avons faite ci-dessus sous le §. 333 pour l'accord de septième B''', conjugué avec *l'accord naturel de septième de seconde espèce*, porte à seize le nombre total des accords de septième, c'est-à-dire des accords de 4 sons; et c'est là effectivement le nombre d'accords de cette classe qu'indique notre *loi génératrice*, dans les limites de la tonalité. Nous répéterons ici que les raisonnements par lesquels nous motivions, au chapitre VIII, le rejet des accords désignés ici par B_4''' et C_4'', ne sont vrais que dans le domaine de *l'harmonie immanente*, mais qu'ils cessent de l'être dans la région de *l'harmonie transcendante* ou plutôt *transcendantale*. La figure 202 nous présente un exemple de l'emploi de l'accord C_4'', dont la résolution a lieu *à la quinte inférieure* comme celle de tous les accords dissonants.

De l'emploi des accords F^{vi} *et* F^{vii} *qui embrassent* 13 *quintes sur l'échelle des sons.*

§. 372. F^{vi}.   TM, Qm, Sd, Nm, O.
Par ex. : si—ré♯—-fa—-la♭—-ut—mi.

Cet accord doit être considéré comme formé de la RÉUNION SYSTÉMATIQUE de deux accords de 4 sons, savoir de *l'accord mixte de septième majeure, avec tierce mineure et quinte juste* (traité au chapitre VII, sous les §§. 109, 110 et 111); et de *l'accord altéré de septième diminuée, avec quinte mineure et tierce majeure* (traité au chapitre VIII, sous les §§. 139 et 140.

Acc. de SM av. Qj et Tm.
si—*ré*♯—*fa*—*la*♭—*ut*—*mi*
Acc. de Sd av. Qm et TM.

On peut, par *l'enharmonie*, ramener le présent accord F^{vi} à un accord plus simple, savoir à l'accord désigné par G'', dans le tableau de la page 386 ; lequel n'embrasse que 10 quintes sur l'échelle des sons, et dont nous aurons occasion de parler ci-après.

Changeons en effet le *la*♭, *fonction de septième* de F^{vi} en son homophone *sol*♯, et prenons pour nouvelle fondamentale la note UT, il viendra :

G'' TM,   QM,   SM,   NA,   O.
Ex. :   ut—-mi—-sol♯—-si—-ré♯—-fa.

D'où il suit que, réciproquement, G'' peut se transformer en F^{vi}. Qu'il nous suffise ici d'avoir signalé la dépendance mutuelle des accords de onzième désignés par G'' et F^{vi} ; il sera temps, lorsque nous aurons fait connaître l'emploi de l'accord G'' qui, n'embrassant

STRUCTURE DES ACCORDS.

que 10 quintes, ne dépasse pas les limites de *l'harmonie immanente*, il sera temps, disons-nous, de parler alors de l'accord F^{vi} qui, par son étendue (13 quintes), appartient à la région de *l'harmonie transcendante*, formant ainsi *l'accomplissement autogénique* de l'accord *immanent* désigné par G''.

§. 373. F^{vii}.   Tm, Qm, SM, Nm, Om.
Par ex. : si—ré——fa—-la♮——ut——mi♭.

Cet accord ne peut être conçu comme formé de la réunion systématique de deux accords de septième, parce que l'agrégation (fa–la♮–ut–mi♭) dont la première *tierce* est *augmentée*, n'est pas un accord véritable. Mais on peut le rattacher à un accord de la classe précédente, car en supprimant sa note fondamentale (*si*), l'agrégation restante (ré–fa–la♮–ut–mi♭), est un véritable accord altéré de 5 sons, savoir *l'accord de neuvième et septième mineures, avec quinte majeure et tierce mineure*, désigné par B^{vi} dans le tableau de la page 320, et traité au chapitre XII, sous les §§. 209, 210 et 211, auxquels nous renvoyons le lecteur. Il suffit, pour transformer l'accord B$^{vi}_5$ en notre présent accord F$^{vii}_6$, de donner au premier de ces accords une nouvelle fondamentale, une fondamentale *idéale* placée à la tierce mineure au-dessous de celle de cet accord de neuvième, qui ainsi se transformera en l'accord qui nous occupe. Voici la réalisation de ces vues pratiques :

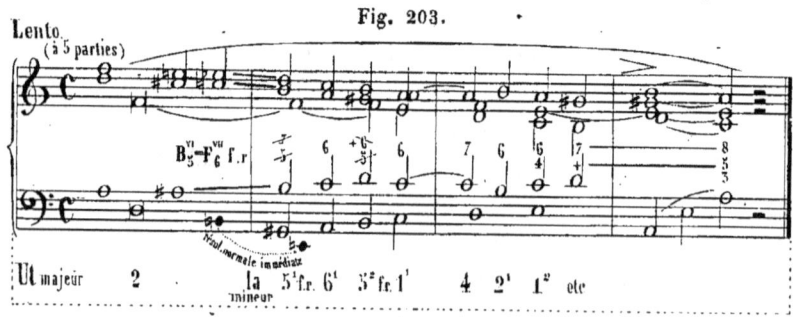

Fig. 203.

NB. L'identification des deux accords B$^{vi}_5$ et F$^{vii}_6$ *fr.*, est indiquée par l'égalité : B$^{vi}_5$ = F$^{vii}_6$ *fr.* — La résolution est *normale* et *immédiate*. — Nous prions le lecteur de rapprocher cet exemple de celui donné au chapitre XII, fig. 89, pour l'accord B$^{vi}_5$.

—DE L'EMPLOI DES ACCORDS ALTÉRÉS FORMÉS AU MOYEN DE DIX TIERCES MAJEURES ASSOCIÉES A CINQ TIERCES MINEURES.

(Voir le tableau de la page 386.)

§. 374. Au chapitre XV, sous les §§. 302, 303 et 304, nous avons parlé de l'emploi des deux *accords mixtes* G et G' qui appartiennent à cette famille, dans laquelle on ne trouve aucun *accord naturel* proprement dit, c'est-à-dire aucun accord compris dans les limites de l'échelle du mode majeur. Il nous reste à faire connaître les deux *accords altérés* G" et G"' qui respectivement embrassent 10 et 11 quintes sur l'échelle des sons; nous allons le faire immédiatement.

De l'emploi de l'accord G" qui embrasse 10 quintes sur l'échelle des sons.

§. 375. G".   TM, QM, SM, NA, O.
Ex. :   ut—-mi—-sol♯—-si——ré♯—-fa.

Il est facile, à l'inspection seule de cet accord, de reconnaître qu'on peut l'envisager soit comme formé de la RÉUNION SYSTÉMATIQUE de *deux accords de septième*, soit comme présentant la JUXTAPOSITION *de deux accords de trois sons*. Nous nous contenterons d'indiquer ces deux points de vue distincts, pour faire ressortir plus particulièrement le fait remarquable déjà signalé ci-dessus §. 372, et consistant en ce que le présent accord G" qui n'embrasse que 10 quintes sur l'échelle des sons, peut, par l'enharmonie, se transformer en l'accord F^{vi} dont l'étendue est de 13 quintes; ce qui offre de nouvelles ressources modulatoires. Pour mieux connaître la différence caractéristique des deux accords G" et F^{vi}, nous donnerons deux exemples, parce que dans une matière aussi neuve, la preuve de fait nous paraît la plus convaincante. Les voici :

STRUCTURE DES ACCORDS.

Fig. 204.

NB. En (*a*) se voit l'emploi de l'accord G" sans la note fondamentale et sans sa fonction de tierce. — En (*b*), on a employé l'accord F<small>VI</small> avec sa fonction de fondamentale, mais sans *quinte* et sans *note neuvième*. Dans chacun de ces exemples, la résolution est normale et immédiate. — Le premier (a) offre une modulation de *la* mineur en si♭ majeur. Le second (b) en offre un d'UT majeur en *mi* mineur.

De l'emploi de l'accord G'" qui embrasse 11 quintes sur l'échelle des sons.

§. 376. G'".   TM, QM, Sm, NA, OM.

Ex. : sol—si——ré♯—-fa—-la♯—-ut♯.

Cet accord ne peut se décomposer en deux accords de septième, à cause de l'intervalle de *tierce diminuée* (ré♯-fa) qui existe entre la fonction de quinte et la fonction de septième. — On ne peut non plus le concevoir comme présentant la juxta-position de deux accords de trois sons, à cause de l'intervalle de *tierce augmentée* (fa-la♯), existant entre la fonction de septième et la fonction de neuvième.

Mais si l'on supprime la note fondamentale (sol), l'agrégation restante (si-ré♯-fa-la♯-ut♯) reproduit *l'accord de neuvième et septième majeures, avec tierce majeure et quinte mineure*, désigné §. 225 par D'", et traité au chapitre XII, sous le §. 229, auquel nous renvoyons le lecteur.

Quant à l'emploi normal du présent accord G'", on peut s'en servir à 4 parties pour une transformation enharmonique soit de *l'accord de septième dominante*, soit de *l'accord de neuvième dominante majeure*, amenant l'union de deux tons, le premier majeur et le second mineur, qui diffèrent de douze accidents à la clef. Par exemple, le ton de *sol♯* majeur et le ton de *fa♮* mineur.

On objectera, peut-être, qu'il serait plus simple, de transformer d'abord l'accord tonique (sol♯-si♯-ré♯) en son équivalent enharmonique (la♭-ut-mi♭); puis, de passer de ce dernier ton en fa♮ mineur qui a le même nombre d'accidents à la clef. Nous répondrions à cette objection que l'un des moyens n'exclut pas l'autre; et qu'il est assurément fort remarquable que, sans effectuer le changement enharmonique sur l'accord de la tonique (sol♯) de laquelle on part, on puisse l'effectuer sur *l'accord de septième* ou de *neuvième dominante* de ce ton initial, et moduler en résolvant l'un ou l'autre de ces accords dissonants naturels, ainsi transformés par l'enharmonie en notre *accord altéré* G''', en les résolvant, disons-nous, *à la quinte inférieure*, sur *l'accord mixte de neuvième dominante mineure* du nouveau ton (fa♮ mineur). Voici la réalisation de ces harmonies :

Fig. 205.

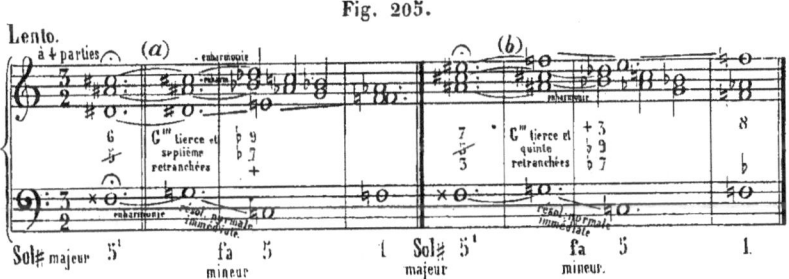

NOTA. En (*a*), on voit la transformation de *l'accord de septième dominante* en *l'accord altéré* G''', au moyen de la suppression des fonctions de tierce et de septième de ce dernier accord; en (*b*), c'est *l'accord de neuvième dominante majeure* privé de sa note fondamentale, qui se change en notre accord G''', dont on a retranché les fonctions de tierce et de quinte. Dans ces deux exemples, la résolution de notre accord est *normale et immédiate*, et les fonctions de neuvième et de onzième de l'accord en question, se transforment enharmoniquement, au moment même de la résolution, en celles de neuvième et de septième de l'accord de neuvième dominante mineure.

Voici un troisième et dernier exemple de l'emploi de l'accord G''', présentant une modulation du ton majeur de sol♯ au ton majeur

STRUCTURE DES ACCORDS. 467

de FA♮. L'accord en question s'y montre dans la seconde mesure; et, comme dans les deux exemples précédents, sa résolution est *normale et immédiate*.

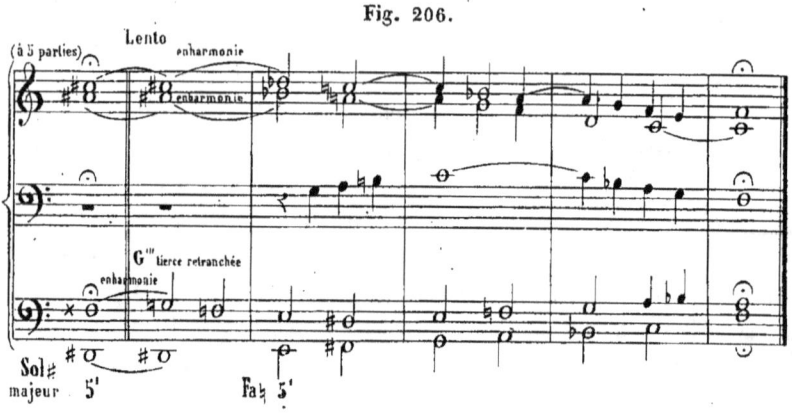

Fig. 206.

EMPLOI DE L'ACCORD MIXTE H.

§. 377. L'accord H est, parmi les accords de six sons, le seul qui soit formé au moyen de deux tierces majeures associées à treize tierces mineures. Nous en avons parlé au chapitre XV, sous les §§. 305, 306 et 307, et le dernier de ces paragraphes contient un exemple de l'emploi de cet *accord mixte*, avec toutes ses fonctions (voir fig. 152). Nous y renvoyons le lecteur.

EMPLOI DES ACCORDS ALTÉRÉS I″ et I‴ QUI EMBRASSENT RESPECTIVEMENT 10 ET 11 QUINTES SUR L'ÉCHELLE DES SONS.

§. 378. Ces deux accords formés au moyen de trois tierces majeures associées à douze tierces mineures, sont conjugués par leur mode de structure avec *l'accord mixte* I, traité au chapitre XV, sous le §. 308, où l'on peut voir, figures 153 et 154, deux exemples de l'emploi de cet accord-type I.

§. 379. I″.   Tm, Qj, Sd, Nm, Om.
  Ex. : mi----sol----si----réb----fa----lab.

468   LIVRE PREMIER.

L'intervalle de *tierce diminuée* (si-réb) qui existe entre la fonction de quinte et celle de septième de cet accord, ne permet pas de le décomposer en deux accords de septième. Mais si l'on supprime sa note fondamentale (mi), on retombe sur un accord connu, savoir sur *l'accord de neuvième dominante mineure avec quinte abaissée*, accord désigné page 281 par C', dans le tableau de nomenclature des accords de cinq sons formés au moyen de 3 tierces majeures associées à 7 tierces mineures, et traité au chapitre XII, sous le §. 217. On sait que cet accord de cinq sons s'emploie sans fondamentale, et qu'on le désigne alors généralement sous le nom *d'accord de sixte augmentée avec quinte juste*, parce qu'il se pratique le plus souvent dans son second renversement (c'est-à-dire en plaçant le *réb* à la basse).

Or, en donnant à l'agrégation (si-réb-fa-lab) pour fondamentale *idéale* la note *mi*, on identifiera cette agrégation à notre présent accord I'', et on pourra la résoudre sur un accord ayant pour fondamentale la note *la*, *quinte inférieure* de *mi*, on obtiendra ainsi une modulation enharmonique, susceptible d'être employée avec beaucoup d'effet. Cette modulation est réalisée dans l'exemple suivant:

Fig. 207.

Modulation de *fa* mineur en RÉ majeur.

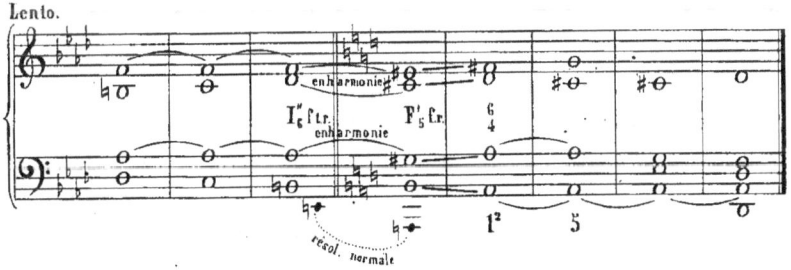

C'est dans la troisième mesure de cet exemple qu'apparaît l'agrégation (si♮-réb-fa-lab); mais, c'est sa résolution sur l'accord (la-ut♯-mi♯sol♯-si) dans la quatrième mesure, résolution qui a tout le caractère d'une simple transformation enharmonique, c'est cette résolution qui, à proprement parler, signale l'identification que nous avons en vue. Quant à l'accord qui occupe la quatrième mesure, c'est un *accord mixte*, nommément celui que l'on a désigné par F dans le tableau général des accords de cinq sons, page 319, et que nous avons traité fort au long, chapitre XI, sous les §§. 170, 171, 172 et 173.

Nous devons arrêter un moment l'attention du lecteur sur le changement enharmonique, à la faveur duquel l'agrégation (si♮-ré♭-fa-la♭) devient *l'accord mixte* F′₅ sans fondamentale. Ce qui caractérise en effet cette transformation, c'est qu'elle présente une résolution *normale et immédiate* de la susdite agrégation, pourvu qu'on la rattache *idéalement* à notre présent *accord altéré* I‴, c'est-à-dire pourvu qu'on la conçoive comme n'étant autre chose que ce même *accord altéré*, privé de ses fonctions de fondamentale et de tierce. Or, c'est là une preuve de fait de plus de la vérité de notre *théorie des accords multiples*, sans laquelle l'enchaînement harmonique n'offre qu'un inextricable cahos de faits incohérents.

§. 380. I‴.   Tm, Qm, ′Sd, NM, Om.
Ex. : sol♯—si——ré——fa——la♯——ut.

Cet accord peut être conçu comme formé de la RÉUNION SYSTÉMATIQUE de *l'accord mixte de septième diminuée* (traité chapitre VII, sous les §§. 99 à 107), et de *l'accord de septième de seconde espèce avec quinte haussée* (désigné par A″ au tableau de la page 208, et traité chapitre VIII, sous les §§. 113 à 117).

Lorsqu'on supprime la note fondamentale (sol♯) du présent accord I‴, l'agrégation restante reproduit un accord altéré de cinq sons, nommément *l'accord de neuvième mineure et septième majeure, avec tierce et quintes mineures*, désigné par C^IV au tableau de la page 321, et traité sous le §. 220.

Enfin, en se plaçant au point de vue transcendantal, notre accord I‴ peut s'identifier avec *l'accord naturel de neuvième dominante majeure,* et permettre ainsi d'effectuer une modulation enharmonique d'un ton bémolisé, vers un ton diésé qui diffère de huit accidents du ton initial. (Par exemple du ton de *mi*♭ majeur à celui de *fa*♯ majeur.) Pour reconnaître la possibilité de cette modulation par le moyen indiqué, il suffit de remarquer que si, dans *l'accord de neuvième dominante* du ton de *mi♭*, qui est notoirement : si♭-ré-fa-la♭-ut, on remplace le *si♭* et le *la♭* par leurs homophones *la♯* et *sol♯*, et que l'on prenne pour nouvelle fondamentale le *sol♯*, on pourra former l'agrégation suivante : (sol♯, . ré, fa, la♯ ut), qui ne diffère de *l'accord altéré I'''* qui nous occupe, que par l'absence de la fonction de tierce *si*. La suppression de cette fonction de tierce dans l'accord I''', permet donc l'identification de cet accord avec l'accord naturel de neuvième dominante. — Le siége de la fondamentale *sol♯*, dans le nouveau ton de *fa♯*, est évidemment le second degré à la gamme. Quant à la résolution ultérieure de l'accord I''', elle aura lieu à la quinte inférieure, sur *l'accord mixte de neuvième dominante mineure* du ton de *fa♯* mineur, ce qui amènera le changement enharmonique de la fonction de septième *fa♮* de notre accord, en *mi♯*, fonction de tierce du susdit accord mixte ; une fois à ce point, il est facile d'achever la modulation, soit en *fa♯* mineur, soit en *fa♯* majeur.

Résumé analytique des chapitres XIII, XIV, XV, XVI et XVII, concernant les accords de six sons.

§. 381. Après avoir établi, au début du chapitre XIII, sous le §. 355, la nécessité d'admettre des *accords de onzième et de treizième*, c'est-à-dire des accords de 6 et de 7 sons, nous avons donné (pages 324 et 325) un Tableau général, au moyen duquel, en se servant de nos formules (A_m) et (Ω_m) du §. 35 dans l'hypothèse de $m = 6$, on peut découvrir et construire tous les *accords de onzième*, c'est-à-dire tous les accords de six sons. Dans la remarque (page 326), nous indiquons les limites dans lesquelles nos formules doivent être maintenues pour que les accords qu'on en tire ne sortent pas des bornes assignées à notre tonalité. Enfin, la nomenclature et la structure des *accords de onzième naturels et mixtes* termine le chapitre XIII.

Le chapitre XIV traite de l'emploi des *accords naturels*; il est fort étendu, et contient un grand nombre d'exemples pratiques à 3, 4, 5 et 6 parties réelles. Dans plusieurs de ces exemples, les *accords naturels de onzième* sont employés avec toutes leurs fonctions. (Voir les figures 119, 120, 131 et 136.

STRUCTURE DES ACCORDS.

471

Les marches harmoniques réalisées figures 124 et 125, ainsi que les exemples de Palestrina, de F. Mendelssohn et de Chérubini, cités à l'appui de notre théorie, méritent aussi de fixer l'attention du lecteur.

Mais nous devons insister plus particulièrement sur les idées théoriques répandues dans ce chapitre, et d'abord sur les considérations présentées sous le §. 258 sur l'agrégation de *quinte et quarte;* puis sur celles concernant les *suspensions simples, doubles, triples et même quadruples* qui rattachent ces prétendues *artifices harmoniques* au fond même du système, en les considérant comme les formes nécessaires de la réalisation des accords de onzième et de treizième. (Voir entr'autres les §§. 260, 263, 268 et 271). Enfin, quant à la *résolution* des *accords de onzième*, nous devons faire ressortir la proposition énoncée §. 261 en ces termes: *tout accord de onzième, naturel ou mixte, peut être considéré comme offrant la réunion systématique de deux accords de septième, dont les fondamentales placées à la quinte l'une de l'autre, sont respectivement 1° la fonction de quinte de l'accord complet, 2° la fonction de fondamentale de ce même accord.* C'est en effet de cette considération que l'on déduit la *résolution médiate* des accords de onzième.

Quant à la *résolution normale immédiate* de ces mêmes accords, on l'obtient soit par le retranchement de quelqu'une de leurs fonctions, comme dans les figures 122, §. 264, et 125, §. 267; soit au moyen du *renversement complet* de l'accord, comme on le voit fig. 131, §. 273, pour *l'accord naturel* E_6, dont le siége est la dominante en mode majeur. Ici nous dévoilons le véritable principe de la *pédale*, et dans *une courte digression* nous montrons la supériorité de notre manière de voir sur celle d'Antoine Reicha et de la plupart des harmonistes qui, ne voulant point admettre d'accords de onzième et de treizième, sont forcés, pour expliquer le *fait* de la pédale, de la définir « *une note plus ou moins prolongée dans la » basse, et sur laquelle on place une suite d'accords dont plusieurs lui » sont totalement étrangers* (Reicha), définition dont on ne peut tirer aucune règle pratique, et au moyen de laquelle on pourrait, au besoin, justifier les plus grandes absurdités harmoniques.

Le chapitre suivant (le XV°) est consacré aux *accords mixtes*, dont quelques-uns sont employés déjà par les compositeurs, mais sont considérés seulement comme de simples *agrégations suspensives ;* (par exemple l'accord B', §. 285, fig. 140 ; l'accord D' employé comme au §. 294, fig. 146 ; l'accord E'', réalisé comme au §§. 300, fig. 148 ; l'accord H, employé comme au §. 307, fig. 152) ; mais dont plusieurs sont ou entièrement inconnus, ou bien réalisés ici sous une forme nouvelle ; (par exemple, l'accord A', §§. 281 à 284 ; l'accord C', §§. 289, 290 et 291, fig. 142, 143 et 144 ; l'accord D' réalisé comme au §. 293, fig. 145 ; l'accord E'', réalisé comme au §. 301, fig. 149 ; l'accord G, réalisé comme au §. 303, fig. 150 ; l'accord G', réalisé fig. 151 ; l'accord I, §. 308, figures 153 et 154). Malgré le grand nombre d'exemples consacrés à la réalisation des *accords mixtes*, le lecteur harmoniste découvrira facilement par lui-même beaucoup d'autres usages de ces accords que l'abondance des matières ne nous a pas permis de faire ressortir ; notre but principal étant d'ailleurs non de tout dire, mais bien de signaler tous les accords que recèlent nos formules, et de montrer *par le fait* la possibilité de l'emploi de ces accords.

Les chapitres XVI et XVII traitent des *accords altérés de six sons.* Le premier de ces chapitres donne *leur classification d'après leur mode de structure. La classification mathématique* de ces accords est placée en regard de la *classification musicale ;* et comme ces *accords altérés* sont conjugués avec les *accords naturels* et les *accords mixtes* de la même classe, nous avons toujours fait figurer ces accords naturels et mixtes en tête de chacune des familles d'accords, familles constituées, comme nous l'avons expliqué, par toutes les agrégations formées par le concours des mêmes nombres de tierces de chaque espèce. (Pages 373 à 389.)

L'examen des 54 *accords altérés* contenus dans les tableaux du chapitre XVI forme l'objet du chapitre XVII, le dernier et le plus long de ceux qui traitent des accords de onzième. Parmi ces accords altérés, quelques-uns ont été employés par les compositeurs, mais presque toujours d'une manière fortuite ; fort peu l'ont été avec connaissance de cause, comme par exemple l'accord C'' employé avec tant d'à-propos par Beethoven dans le chœur des Prisonniers de *Fidelio* (voir §. 336, la fig. 176). La plupart sont entièrement nouveaux, et paraissent ici pour la première fois ; aussi, malgré les

STRUCTURE DES ACCORDS.

grands et incontestables progrès accomplis dans le domaine de l'harmonie depuis le commencement de ce siècle, ne craignons-nous pas d'affirmer que l'on trouvera plus d'innovations harmoniques dans le présent ouvrage que dans tout ce qui a été publié en musique depuis la mort de Mozart ; et cette assertion, tout incroyable qu'elle puisse paraître, n'est pourtant que l'énoncé d'un fait que chacun est à même de vérifier. Il est facile de produire de *nouveaux faits* dans le domaine harmonique, quand on est en possession du PRINCIPE GÉNÉRATEUR de ces faits. Toutefois, nous sommes loin de prétendre avoir tout dit; nous pensons, au contraire, qu'il y a une riche moisson à recueillir dans le champ que nous commençons seulement à cultiver.

Les points principaux du chapitre XVII, sur lesquels nous devons appeler plus particulièrement l'attention du lecteur sont résumés dans les propositions suivantes :

1° Tous les accords altérés, en général, et par conséquent aussi ceux de onzième, ont une résolution normale soit immédiate, soit médiate ;

2° Parmi ces accords, les uns appartiennent à *l'harmonie immanente*, les autres à *l'harmonie transcendante* (voir la note au bas de la page 310, pour l'explication des mots *immanent*, *transcendant* et *transcendantal* (1).

---

(1) Afin de préciser, nous dirons que les accords dont l'étendue sur l'échelle des quintes ne s'étend pas au-delà de 11 termes $=$ 10 quintes (par exemple du *ré*♭ au *si*♮) ce qui forme l'intervalle de *sixte augmentée* ou de *tierce diminuée*, appartiennent à *l'harmonie immanente*, c'est-à-dire à l'harmonie que l'oreille perçoit immédiatement conformément aux lois de *l'organisation* de l'homme ; et nous ajouterons qu'au-delà du 11° terme commence le domaine de *l'harmonie transcendante*, c'est-à-dire le domaine de l'harmonie qui dépasse les conditions de l'existence terrestre ; harmonie qui ne peut être *saisie* que par l'*Esprit* de l'homme, et nullement *perçue* par le sens auditif. Aussi est-ce avec beaucoup de justesse que Barbereau fait remarquer (pages LXXIX et LXXX de son *premier mémoire sur l'origine du système musical*) « qu'à partir de l'intervalle de sixte augmentée, l'oreille n'ad-
» met plus les circonstances qui accompagnent les rapports moins élevés, telles que
» la simultanéité d'émission et de résolution, la longue durée, la succession mé-
» lodique dans une même partie. » Ce qui est parfaitement vrai, mais n'implique nullement qu'on ne puisse se servir de rapports plus élevés (en prenant les précautions convenables, telles que la successivité dans l'émission et la résolution des

3° Les résolutions prétenduement *exceptionnelles* des accords dissonants connus, sont ramenés à la résolution par quinte inférieure entre fondamentales, c'est-à-dire, à la *résolution* dite *normale*, au moyen de l'intervention d'une fondamentale *idéale*, dont la fonction purement régulative est d'identifier les accords des diverses classes, en élevant ceux des classes inférieures au rang de ceux des classes supérieures, d'où surgit la véritable *harmonie transcendantale* et *la théorie des accords multiples* (1). (Voir entr'autres passages le §. 321 ;

dissonances, ou leur préparation sous forme *immanente*, avec le changement enharmonique ultérieur, etc., etc.), et faire saisir de cette manière à *l'Esprit* ces rapports plus élevés de 11, 13, 14 et 15 quintes. L'expérience du reste prouve la vérité de cette assertion, et c'est là, c'est dans l'intervention de *l'Esprit* (Geist), que réside la grande différence qui existe entre les modulations ordinaires, et celles dites *enharmoniques*. Peu importe, d'ailleurs, l'instrument dont on se sert, car un piano accordé selon le *tempérament égal* nous donne tout aussi bien que les instruments non tempérés, *l'idée* d'une modulation enharmonique; parce qu'il y a là quelque chose de plus que la sensation, quelque chose de plus que le sentiment, savoir : intervention de *l'Esprit*, pressentiment d'un ordre plus élevé, auquel l'organisation ne peut atteindre, ce qui est la vraie source du sublime.

1) Nous donnons généralement le nom *d'accords multiples* à tous ceux qui, soit par la suppression de quelque fonction, soit par la supposition d'une fondamentale idéale, soit enharmoniquement, peuvent se transformer les uns dans les autres. Sous ce point de vue il y a un très-grand nombre *d'accords multiples*. Dans un sens plus restreint, on peut désigner par là les accords qui, sous quelque face qu'on les envisage, ne changent pas de nature, tel est *l'accord de septième diminuée*, le seul de ce genre connu jusqu'à présent. Or, il existe encore d'autres accords jouissant de la même propriété, et par suite, se prêtant merveilleusement aux modulations enharmoniques comme l'accord de septième diminuée lui-même. Nous parlerons de ces accords quand nous traiterons spécialement des *accords multiples* ; en attendant, comme preuve à l'appui de notre assertion, nous citerons ici l'accord de onzième désigné par D''' (voir le §. 348), comme un accord ayant autant de faces identiques que de termes, par conséquent comme ayant six faces :

```
D'''. . . . . . TM,   QM,   Sm,   NM,   OM.
1.      sol────si────ré♯────fa────la────ut♯.
2.      ut♭────mi♭───sol───si♭♭──ré♭────fa.
3.      mi♭────sol───si────ré♭────fa────la.
4.      fa─────la────ut♯───mi♭───sol────si.
5.      la─────ut♯───mi♯───sol────si────ré♯.
6.      ré♭────fa────la────ut♭───mi♭────sol.
```

De pareils résultats ne sont-ils pas la plus éclatante confirmation de la vérité de notre LOI GÉNÉRATRICE DES ACCORDS ?

STRUCTURE DES ACCORDS.

— l'emploi de l'accord A^x, §. 323, fig. 168; — celui de l'accord B'', §. 327, fig. 170; — celui de l'accord B^{vii}, §. 331, fig. 172; — l'emploi des accords B^x_6 et C^v_6 dans la fig. 174, §. 334; — celui de l'accord C'', §. 336, figures 175 et 176, etc., etc. L'emploi de l'accord J, §. 341, fig. 180; celui de l'accord C^{vii}, sous le §. 142; — celui de l'accord C^{viii}, fig. 182, sous le §. 343; — la formule de cadence parfaite qui se voit fig. 183, sous le §. 344; — l'emploi transcendantal de *l'accord connu de septième dominante avec quinte haussée*, §. 347, fig. 185; etc., etc. Voir encore la REMARQUE de la page 448, concernant une transformation enharmonique de l'accord parfait majeur, etc., etc.)

4° Dans chaque famille d'accords, on en trouve quelques-uns qui, enharmoniquement, peuvent être identifiés; très-souvent un ou plusieurs *accords altérés* de la famille peuvent être ramenés par l'enharmonie, soit à *l'accord-type*, soit à l'un des *accords mixtes*.

C'est ainsi que dans la famille des accords de onzième dont l'accord-type est désigné par la lettre A, l'accord A^x peut se ramener à *l'accord mixte* A'; — dans la famille suivante, les accords B^{vii} et B^{viii} se ramènent à *l'accord-type* B (voir les §§. 331 et 332); B^{xi} se ramène à *l'accord mixte* B' (§. 335); — dans la famille dont *l'accord-type* est C, *l'accord altéré* C^v peut se ramener à cet accord-type (v. §. 339); et l'accord C^{vi} se ramène à C''' (v. §. 340); — Dans la famille suivante, l'accord D^{vii} se ramène à l'accord D^v; — dans celle dont *l'accord-type* est E, on trouve l'accord E^x qui, enharmoniquement, reproduit cet accord-type (v. §. 364), etc., etc.

5° Le lien entre toutes les familles d'accords d'une même classe s'établit, d'abord, par le fait de ce que les *accords altérés* de telle famille peuvent s'obtenir par l'altération des fonctions d'accords plus simples appartenant à telle autre famille; mais un lien plus étroit résulte de la faculté qu'ont certains accords de reproduire enharmoniquement ceux d'une famille différente de celle à laquelle ils appartiennent. (C'est ainsi, par exemple, que l'accord de onzième désigné par C^{vii}, reproduit *l'accord mixte* de la même classe, représenté par J (voir le §. 341); et que *l'accord mixte* I' peut se transformer en *l'accord mixte* D').

6° Enfin les accords de onzième se rattachent, d'une part, à ceux des classes inférieures, c'est-à-dire aux accords de 3, de 4 et de 5 sons, en ce qu'on retrouve ces derniers accords en supprimant certaines fonctions de ceux de onzième ; et ils se rattachent d'autre part aux accords de la classe supérieure, c'est-à-dire aux accords de treizième, en ce qu'un grand nombre de ces derniers privés de leur fondamentale ou d'une autre de leurs fonctions, reproduisent les susdits accords de onzième ; car, en général, on retrouve dans une classe supérieure, tous les accords des classes inférieures.

7° En terminant cette rapide analyse des chapitres XIII, XIV, XV, XVI et XVII, nous croyons devoir ramener l'attention du lecteur sur la grande division du système harmonique en deux branches, dont l'une forme sa THÉORIE et l'autre sa TECHNIE. Or, pour résumer et préciser en même temps tout ce que nous avons dit à cet égard dans les chapitres précédents, nous alléguerons ici le tome Ier de la *réforme absolue du savoir humain* (pages 44 à 48), où se trouve la déduction philosophique de ces deux parties fondamentales de tout système scientifique, dont la première, la THÉORIE, a en vue l'individualité des objets de ce système ; et la seconde, la TECHNIE, l'universalité de ces objets. Nous ajouterons que l'objet de la première est la cognition immédiate de *ce qui est ;* et que l'objet de la seconde est la cognition médiate de *ce qu'il faut faire* pour l'accomplissement de la science ; qu'ainsi la première est fondée sur la *spéculation,* fonction du savoir où domine *l'entendement ;* et la seconde, qui implique la conception d'une *fin* ou d'un *but,* sur la *volonté,* faculté de l'*action.*

D'après ces définitions on doit rapporter à la THÉORIE HARMONIQUE tous les *accords naturels et mixtes* susceptibles d'être employés avec toutes leurs fonctions, et, parmi les *accords altérés,* ceux qui ne dépassant pas l'étendue de 10 quintes (sixte augmentée), ne reproduisent enharmoniquement aucun des accords naturels ou mixtes.

L'on doit au contraire rapporter à la TECHNIE HARMONIQUE tous les *accords altérés* qui dépassent l'étendue de 10 quintes, tous ceux qui enharmoniquement reproduisent les accords qui appartiennent à la théorie de la science, et qui ainsi forment *l'accomplissement autogénique* de ces accords.

On doit encore rapporter à la technie harmonique l'emploi transcendantal des accords, consistant dans l'intervention d'une fondamentale *idéale*, en vertu de laquelle un accord d'une classe inférieure est identifié à un accord d'une classe supérieure.

Pour donner quelques exemples, nous dirons que *l'accord parfait majeur* appartient à la THÉORIE harmonique; et que *l'accord de quinte majeure avec tierce mineure* (ut-mi♭-sol♯), qui enharmoniquement reproduit le premier, et qui embrasse 11 quintes, appartient au contraire à la TECHNIE. De même: Les accords naturels *de septième et de neuvième dominante* appartiennent à la THÉORIE; tandis que *l'accord de sixte augmentée avec quinte juste*, et *l'accord de neuvième majeure et septième diminuée, avec tierce majeure et quinte mineure* (voir ch. XII, le §. 223) qui, respectivement, peuvent être ramenés à ces accords par l'enharmonie, appartiennent à la TECHNIE.

Comme exemple de l'emploi transcendantal d'un *accord naturel ou mixte*, nous citerons l'identification de *l'accord de neuvième dominante majeure avec l'accord mixte* G', telle qu'elle a lieu au chapitre XV, dans la fig. 151, sous le §. 304.

Il résulte de ce qui précède que *l'altération des fonctions des accords* doit rapportée à la TECHNIE harmonique. L'évidence de cette proposition résulte de son énoncé même, puisqu'une telle altération implique nécessairement l'intervention de la *volonté*, intervention qui, dans un système quelconque, est le caractère distinctif de la technie de ce système.

CHAPITRE XVIII.

DES ACCORDS DE SEPT SONS EN GÉNÉRAL.

§. 382. Nous avons établi, au début du chapitre XIII, sous le §. 255, la nécessité d'admettre des accords de six et de sept sons, c'est-à-dire des *accords de onzième* et des *accords de treizième*. Avant nous, plusieurs théoriciens avaient reconnu cette nécessité. Toutefois, la plupart des traités écrits en français depuis cinquante ans, n'admettent comme *accords* que les agrégations de 3, de 4 et de 5 sons. — D'ailleurs, les tentatives faites jusqu'à ce jour pour reconnaître tous les véritables *accords de treizième*, sont restées infructueuses en l'absence d'une *loi génératrice* qui, seule, peut résoudre ce problème; car la *loi tonale* ne suffit pas à cette tâche. Elle doit intervenir sans doute, mais seulement pour assigner à chaque individualité la place qui lui convient, et pour déterminer ainsi la fonction harmonique qui lui appartient (1).

Pour former tous les accords de 7 sons, il suffit de comparer nos formules du §. 35, dans le cas de $m = 7$, avec les 162 combinaisons du tableau suivant.

NOTA. Ce tableau est double, en ce qu'il présente, depuis le n° 1 jusqu'au n° 81, les combinaisons de la tierce majeure; et, depuis le n° 82 jusqu'au n° 162, celles de la tierce mineure, avec les autres intervalles. On a adopté cette disposition pour ménager l'espace.

---

(1) On peut voir, page 258, le tableau pour la structure des accords de neuvième, et pages 324 et 325, le tableau pour la structure des accords de onzième.

La simplicité des tableaux analogues pour la structure des accords de quinte et des accords de septième, c'est-à-dire des accords de 3 sons et des accords de 4 sons, nous a fait négliger de donner ces tableaux. Le lecteur les construira facilement lui-même; et, en y appliquant nos formules du §. 35, il retrouvera les *six* accords de trois sons, et les *seize* accords de quatre sons, qui, respectivement, constituent ces deux classes d'accords.

TABLEAU

POUR LA STRUCTURE DES ACCORDS DE SEPT SONS.

Nos D'ORDRE.		ÉTAT DE L'INTERV. de quinte.	ÉTAT DE L'INTERV. de septième.	ÉTAT DE L'INTERVALLE de neuvième.	ÉTAT DE L'INTERVALLE de onzième.	TREIZIÈME ⊙
TM	Tm					
1	82	Qm	Sd	Nm	Om	Treiz.
2	83	Qm	Sd	Nm	OJ	Treiz.
3	84	Qm	Sd	Nm	OM	Treiz.
4	85	Qm	Sd	NM	Om	Treiz.
5	86	Qm	Sd	NM	OJ	Treiz.
6	87	Qm	Sd	NM	OM	Treiz.
7	88	Qm	Sd	NA	Om	Treiz.
8	89	Qm	Sd	NA	OJ	Treiz.
9	90	Qm	Sd	NA	OM	Treiz.
10	91	Qm	Sm	Nm	Om	Treiz.
11	92	Qm	Sm	Nm	OJ	Treiz.
12	93	Qm	Sm	Nm	OM	Treiz.
13	94	Qm	Sm	NM	Om	Treiz.
14	95	Qm	Sm	NM	OJ	Treiz.
15	96	Qm	Sm	NM	OM	Treiz.
16	97	Qm	Sm	NA	Om	Treiz.
17	98	Qm	Sm	NA	OJ	Treiz.
18	99	Qm	Sm	NA	OM	Treiz.
19	100	Qm	SM	Nm	Om	Treiz.
20	101	Qm	SM	Nm	OJ	Treiz.
21	102	Qm	SM	Nm	OM	Treiz.
22	103	Qm	SM	NM	Om	Treiz.
23	104	Qm	SM	NM	OJ	Treiz.
24	105	Qm	SM	NM	OM	Treiz.
25	106	Qm	SM	NA	Om	Treiz.
26	107	Qm	SM	NA	OJ	Treiz.
27	108	Qm	SM	NA	OM	Treiz.

TABLEAU

PORR LA STRUCTURE DES ACCORDS DE SEPT SONS. (Suite.)

Nos D'ORDRE.		ÉTAT DE L'INTERV. de quinte.	ÉTAT DE L'INTERV. de septième.	ÉTAT DE L'INTERVALLE de neuvième.	ÉTAT DE L'INTERVALLE de onzième.	TREIZIÈME. Θ
TM	Tm					
28	109	Qj	Sd	Nm	Om	Treiz.
29	110	Qj	Sd	Nm	OJ	Treiz.
30	111	Qj	Sd	Nm	OM	Treiz.
31	112	Qj	Sd	NM	Om	Treiz.
32	113	Qj	Sd	NM	OJ	Treiz.
33	114	Qj	Sd	NM	OM	Treiz.
34	115	Qj	Sd	NA	Om	Treiz.
35	116	Qj	Sd	NA	OJ	Treiz.
36	117	Qj	Sd	NA	OM	Treiz.
37	118	Qj	Sm	Nm	Om	Treiz.
38	119	Qj	Sm	Nm	OJ	Treiz.
39	120	Qj	Sm	Nm	OM	Treiz.
40	121	Qj	Sm	NM	Om	Treiz.
41	122	Qj	Sm	NM	OJ	Treiz.
42	123	Qj	Sm	NM	OM	Treiz.
43	124	Qj	Sm	NA	Om	Treiz.
44	125	Qj	Sm	NA	OJ	Treiz.
45	126	Qj	Sm	NA	OM	Treiz.
46	127	Qj	SM	Nm	Om	Treiz.
47	128	Qj	SM	Nm	OJ	Treiz.
48	129	Qj	SM	Nm	OM	Treiz.
49	130	Qj	SM	NM	Om	Treiz.
50	131	Qj	SM	NM	OJ	Treiz.
51	132	Qj	SM	NM	OM	Treiz.
52	133	Qj	SM	NA	Om	Treiz.
53	134	Qj	SM	NA	OJ	Treiz.
54	135	Qj	SM	NA	OM	Treiz.

TABLEAU

POUR LA STRUCTURE DES ACCORDS DE SEPT SONS. (Suite.)

Nos D'ORDRE.		ÉTAT DE L'INTERV. de quinte.	ÉTAT DE L'INTERV. de septième.	ÉTAT DE L'INTERVALLE de neuvième.	ÉTAT DE L'INTERVALLE de onzième.	TREIZIÈME. Θ
TM	Tm					
55	136	QM	Sd	Nm	Om	Treiz.
56	137	QM	Sd	Nm	OJ	Treiz.
57	138	QM	Sd	Nm	OM	Treiz.
58	139	QM	Sd	NM	Om	Treiz.
59	140	QM	Sd	NM	OJ	Treiz.
60	141	QM	Sd	NM	OM	Treiz.
61	142	QM	Sd	NA	Om	Treiz.
62	143	QM	Sd	NA	OJ	Treiz.
63	144	QM	Sd	NA	OM	Treiz.
64	145	QM	Sm	Nm	Om	Treiz.
65	146	QM	Sm	Nm	OJ	Treiz.
66	147	QM	Sm	Nm	OM	Treiz.
67	148	QM	Sm	NM	Om	Treiz.
68	149	QM	Sm	NM	OJ	Treiz.
69	150	QM	Sm	NM	OM	Treiz.
70	151	QM	Sm	NA	Om	Treiz.
71	152	QM	Sm	NA	OJ	Treiz.
72	153	QM	Sm	NA	OM	Treiz.
73	154	QM	SM	Nm	Om	Treiz.
74	155	QM	SM	Nm	OJ	Treiz.
75	156	QM	SM	Nm	OM	Treiz.
76	157	QM	SM	NM	Om	Treiz.
77	158	QM	SM	NM	OJ	Treiz.
78	159	QM	SM	NM	OM	Treiz.
79	160	QM	SM	NA	Om	Treiz.
80	161	QM	SM	NA	OJ	Treiz.
81	162	QM	SM	NA	OM	Treiz.

REMARQUE.

§. (282)'. Pour connaître les divers cas qui peuvent se présenter, il faut, avons-nous dit, introduire dans les formules (A_m), (Ω_m) du §. 35, l'hypothèse $m = 7$. Or, par cette détermination, ces formules deviennent :

$$\varphi_7(x) = 7x + 4t - 3t'. \quad (A_7).$$
$$t + t' = 21. \quad (\Omega_7).$$

On voit par cette dernière relation, que dans la structure de tout accord de 7 sons, il entre 21 tierces. Or, la relation (Ω_7) peut être satisfaite par les 22 couples suivants :

$t=21$	$t=20$	$t=19$	$t=18$	$t=17$	$t=16$	$t=15$	$t=14$
$t'=0$	$t'=1$	$t'=2$	$t'=3$	$t'=4$	$t'=5$	$t'=6$	$t'=7$

$t=13$	$t=12$	$t=11$	$t=10$	$t=9$	$t=8$	$t=7$
$t'=8$	$t'=9$	$t'=10$	$t'=11$	$t'=12$	$t'=13$	$t'=14$

$t=6$	$t=5$	$t=4$	$t=3$	$t=2$	$t=1$	$t=0$
$t'=15$	$t'=16$	$t'=17$	$t'=18$	$t'=19$	$t'=20$	$t'=21$

Mais, par suite des limites de notre tonalité, plusieurs de ces couples doivent être écartés. Ainsi, on voit immédiatement que le premier et le dernier couples ne peuvent servir, parce que, d'une part, un accord de 7 sons, uniquement formé de tierces majeures, ne présenterait rien de plus que *l'accord connu de tierce et quinte majeures;* et que, d'autre part, un accord de 7 sons, uniquement formé de tierces mineures, reproduirait *l'accord de septième diminuée*, comme il est facile de s'en assurer directement, et comme déjà nous l'avons reconnu pour les deux hypothèses extrêmes, dans les accords de onzième (voir page 326, la remarque).

Par l'élimination des deux couples susdits, le nombre total des hypothèses se trouve déjà réduit de 22 à 20; mais cette réduction peut être poussée plus loin. Ainsi, pour trouver tous les *accords naturels* et tous les *accords mixtes* que comportent les échelles des modes majeur et mineur, en tenant compte des deux types du mode mineur, et pour trouver en même temps tous les *accords altérés* formés des mêmes éléments, il suffira de considérer les onze couples suivants :

$t=14$	$t=13$	$t=12$	$t=11$	$t=10$	$t=9$	$t=8$
$t'=7$	$t'=8$	$t'=9$	$t'=10$	$t'=11$	$t'=12$	$t'=13$

$t=7$	$t=6$	$t=5$	$t=4$
$t'=14$	$t'=15$	$t'=16$	$t'=17$

Toutefois, nous devons faire observer qu'il est possible, qu'en dehors de ces onze hypothèses, il se trouve des *accords mixtes* ou des *accords altérés*, comme cela est arrivé dans la classe précédente, où nous avons découvert un *accord mixte*, savoir l'accord J, qui n'est conjugué par son mode de structure avec aucun des accords

STRUCTURE DES ACCORDS.

naturels et des accords mixtes que l'on obtient immédiatement par la superposition des tierces au-dessus de chacun des degrés des échelles des modes majeur et mineur. (Voir au chap. XVII, le §. 341).

FORMULE EMBRASSANT TOUS LES ACCORDS POSSIBLES.

§. (282)''. Les accords de treizième étant les derniers que nous ayons à considérer dans le système musical actuel, nous profiterons de l'espace qui nous reste pour faire connaître la formule qui embrasse tous les accords de notre système, et même tous les accords possibles, dans les systèmes supérieurs auxquels l'être raisonnable peut s'élever graduellement, par le développement des facultés infinies qu'il tient de la bonté de son Créateur.

En représentant par x la fondamentale d'un accord quelconque; par m le nombre des sons qui le composent; par T, Q, S, N, O, Θ, etc., les intervalles de tierce, de quinte, de septième, de neuvième, de onzième, de treizième, etc., comptés à partir de la fondamentale sur l'échelle des quintes, on aura, en général, pour la fonction de x, $F(x)$, formée par le produit des quantités :

$$x, \quad x+T, \quad x+Q, \quad x+S, \quad x+N, \quad x+O, \quad x+\Theta, \text{ etc....}$$

une expression de la forme :

$$F(x) = x^m + A_1 x^{m-1} + A_2 x^{m-2} + A_3 x^{m-3} + \ldots + A_\mu x^{m-\mu} + \ldots + A_{m-1} x.$$

Dans laquelle A_1 désigne la somme des quantités T, Q, S, N, etc....

A_2 la somme de leurs produits 2 à 2,

A_3 celle de leurs produits 3 à 3,

$\vdots$

A_μ la somme de leurs produits μ à μ.

Quant aux valeurs des quantités T, Q, S, N, etc., elles sont déterminées dans chaque cas particulier en fonction des deux tierces majeure et mineure, par les formules :

$$T = 4\theta - 3\theta'; \quad Q = 4k - 3k'; \quad S = 4s - 3s'; \quad N = 4n - 3n';$$
$$O = 4\omega - 3\omega'; \quad \Theta = 4\tau - 3\tau', \text{ etc.}$$

avec les conditions téléologiques suivantes, qui doivent être satisfaites en nombres entiers positifs :

$$\theta + \theta' = 1; \quad k + k' = 2; \quad s + s' = 3; \quad n + n' = 4; \quad \omega + \omega' = 5,$$
$$\tau + \tau' = 6, \text{ etc....}$$

En nous renfermant dans notre système musical actuel, la plus grande valeur attribuable à m est 7; c'est celle qui correspond aux accords de treizième. Dans ce cas, la formule ci-dessus prend la forme suivante :

$$F(x) = x^7 + A_1 x^6 + A_2 x^5 + A_3 x^4 + A_4 x^3 + A_5 x^2 + A_6 x.$$

Et les équations de condition : $\theta + \theta' = 1$; $k + k' = 2$, etc., etc., n'admettent que les valeurs qui donnent aux intervalles correspondants l'étendue convenable d'après le système actuel.

Ainsi pour : $\theta + \theta' = 1$, on a les deux couples : $\begin{array}{c} TM \\ \theta = 0 \\ \theta' = 1 \end{array} \Big\| \begin{array}{c} Tm \\ \theta = 1 \\ \theta' = 0 \end{array} \Big\|$

qui donnent pour T, soit la *tierce majeure* (TM), soit la *tierce mineure* (Tm).

De même pour : $k + k' = 2$, on a les trois couples : $\begin{array}{c} QM \\ k = 2 \\ k' = 0 \end{array} \Big\| \begin{array}{c} Qj \\ k = 1 \\ k' = 1 \end{array} \Big\| \begin{array}{c} Qm \\ k = 0 \\ k' = 2 \end{array} \Big\|$

qui donnent pour Q soit la *quinte majeure* (QM), soit la *quinte juste* (Qj), soit la *quinte mineure* (Qm).

Pour : $s + s' = 3$, on doit employer les 3 couples : $\begin{array}{c} SM \\ s = 2 \\ s' = 1 \end{array} \Big\| \begin{array}{c} Sm \\ s = 1 \\ s' = 2 \end{array} \Big\| \begin{array}{c} Sd \\ s = 0 \\ s' = 3 \end{array} \Big\|$

qui donnent pour S soit la *septième majeure* (SM); soit la *septième mineure* (Sm); soit enfin la *septième diminuée* (Sd).

L'hypothèse $\begin{array}{c} s = 3 \\ s' = 0 \end{array} \Big\|$ doit être écartée, parce qu'une septième formée au moyen de trois tierces majeures, n'est autre chose que *l'enharmonie* (ut=si♯).

La relation : $n + n' = 4$ n'admet aussi que trois couples, qui correspondent aux trois états de l'intervalle de neuvième; ces couples sont :

$$\begin{array}{c} NM \\ n = 2 \\ n' = 2 \end{array} \Big\| \begin{array}{c} Nm \\ n = 1 \\ n' = 3 \end{array} \Big\| \begin{array}{c} NA \\ n = 3 \\ n' = 1 \end{array} \Big\|$$

qui déterminent N, ou comme *neuvième majeure* (NM); ou comme *neuvième mineure* (Nm); ou enfin comme *neuvième augmentée* (NA). — L'hypothèse : $\begin{array}{c} n = 4 \\ n' = 0 \end{array} \Big\|$ doit évidemment être rejetée dans notre système musical.

Pour l'intervalle de onzième O, on a les trois couples :

$$\begin{array}{c} Oj \\ \omega = 2 \\ \omega' = 3 \end{array} \Big\| \begin{array}{c} OM \\ \omega = 3 \\ \omega' = 2 \end{array} \Big\| \begin{array}{c} Om \\ \omega = 1 \\ \omega' = 4 \end{array} \Big\|$$

qui correspondent à la *onzième juste* (Oj), à la *onzième majeure* (OM), et à la *onzième mineure* (Om).

Les hypothèses : $\Big\| \begin{array}{c} \omega = 5 \\ \omega' = 0 \end{array} \Big\| \begin{array}{c} \omega = 4 \\ \omega' = 1 \end{array} \Big\| \begin{array}{c} \omega = 0 \\ \omega' = 5 \end{array} \Big\|$ doivent évidemment être rejetées comme en dehors de notre système musical actuel.

STRUCTURE DES ACCORDS.

Enfin, pour l'intervalle de treizième Θ, deux couples seulement sont admissibles, savoir :

$$\begin{array}{cc} \Theta\text{M} & \Theta\text{m} \\ \tau = 3 \;\|\; \tau = 2 \;\| \\ \tau' = 3 \;\|\; \tau' = 4 \;\| \end{array}$$

Cela tient à ce que l'intervalle de treizième n'étant autre chose que celui de sixte accru d'une octave, et cet intervalle (celui de sixte), n'étant que le *renversement* de l'intervalle de tierce (lequel n'admet originairement que deux espèces, la tierce majeure et la tierce mineure, éléments primordiaux et opposés du système des accords), on ne doit admettre non plus que deux espèces dans l'intervalle de treizième.

Au moyen des déterminations précédentes, on trouvera sans difficulté les formules générales qui correspondent aux diverses classes d'accords.

Par exemple, pour les accords de trois sons, on aura :

$$f_3(x) = x^3 + (4t - 3t') \cdot x^2 + (4\theta - 3\theta') \cdot (4k - 3k') \cdot x \quad \ldots \quad (\alpha).$$

Pour les accords de quatre sons, la formule générale qui les embrasse tous, sera :

$$f_4(x) = x^4 + (4t - 3t') \cdot x^3 + \{(4\theta - 3\theta') \cdot (4k - 3k') + (4\theta - 3\theta') \cdot (4s - 3s') + (4k - 3k') \cdot (4s - 3s')\} \cdot x^2 + (4\theta - 3\theta') \cdot (4k - 3k') \cdot (4s - 3s') \cdot x.$$
$$\ldots \ldots \ldots \ldots \quad (\beta).$$

Les formules correspondantes aux accords de 5, de 6 et de 7 sons, quoique plus compliquées, ont la même forme et se déduisent de même de la formule générale donnée ci-dessus.

Pour donner au moins une vérification des formules (α) et (β), posons : $t = 2$ avec $t' = 1$; $\theta = 1$ avec $\theta' = 0$; et $k = 1$ avec $k' = 1$ dans la première de ces formules, on aura pour la fonction d'x correspondante :

$$f_3(x) = x^3 + 5x^2 + 4x = x(x+4)(x+1)$$

qui présente le produit des termes de *l'accord parfait majeur*. Comme on peut le voir, page 132, sous le paragraphe (82), et page 133 dans le *tableau de classification*). Posons de même, dans (β), $t = 3$ avec $t' = 3$; $\theta = 1$ avec $\theta' = 0$; $k = 1$ avec $k' = 1$; $s = 1$ avec $s' = 2$, et la fonction d'x correspondante sera :

$$x^4 + 3x^3 - 6x^2 - 8x = x(x+4)(x+1)(x-2).$$

C'est-à-dire le polynôme qui résulte du produit des 4 termes de *l'accord de septième dominante*, comme on peut s'en assurer en se reportant page 185, au tableau de classification des accords formés par le concours de trois tierces majeures et de trois tierces mineures. Ces deux vérifications peuvent suffire.

§. 383. Au moyen du TABLEAU GÉNÉRAL *pour la structure des accords de treizième*, donné ci-dessus, on peut découvrir tous les *accords* de cette classe soit *naturels*, soit *mixtes*, soit *altérés*, et former ainsi les diverses familles d'accords de treizième. Toutefois, quand on veut connaître que les seuls *accords naturels* et les *accords mixtes*, parmi lesquels se trouvent les *accords-types* des diverses familles, il est plus simple de considérer les échelles ascendantes des gammes majeure et mineure, en ayant soin de faire intervenir aussi l'échelle du second type du mode mineur, et d'échelonner six tierces au-dessus de chaque degré des susdites échelles; le résultat de cette opération nous fera connaître les accords demandés.

En opérant de cette manière, on trouve ONZE ACCORDS-TYPES, parmi lesquels *sept accords naturels* et *quatre accords mixtes*. Ces accords typiques correspondent aux onze cas énumérés à la fin de la remarque précédente, voir §. (382)'. Voici la nomenclature et le mode de construction des *accords naturels* et des *accords mixtes* de la présente classe, avec l'indication des degrés de la gamme auxquels ils correspondent :

ACCORDS NATURELS DE SEPT SONS. (Au nombre de sept.)

A. *Accord de treizième majeure, avec onzième juste, neuvième et septième majeures, quinte juste et tierce majeure.* (Mode majeur, 1ᵉʳ degré. — Formé par le concours de onze tierces majeures et de dix tierces mineures).

Exemple :
TM, Qj, SM, NM, Oj, ⊖M,
ut-—mi-—-sol-—-si-—-ré-—-fa-—-la.
+4 —3 +4 —3 —3 +4

B. *Accord de treizième majeure, avec onzième juste, neuvième majeure, septième mineure, quinte juste et tierce mineure.* (Mode majeur, 2ᵉ degré. — Formé par le concours de neuf tierces majeures et de douze tierces mineures :

Exemple :
Tm, Qj, Sm, NM, Oj, ⊖M.
ré-—-fa-—-la-—-ut-—-mi-—-sol-—-si.
—3 +4 —3 +4 —3 +4.

C. *Accord de treizième mineure, avec onzième juste, neuvième et septième mineures, quinte juste et tierce mineure.* (Mode majeur 3ᵉ degré.

STRUCTURE DES ACCORDS.

— Formé par le concours de sept tierces majeures et de quatorze tierces mineures).

Exemple : Tm, Qj, Sm, Nm, Oj, ⊖m.
mi----sol----si----ré----fa----la----ut.
—3 +4 —3 —3 +4 —3

D. *Accord de treizième majeure, avec onzième, neuvième et septième majeures, quinte juste et tierce majeure.* (Mode majeur, 4° degré. — Formé par le concours de douze tierces majeures et de neuf tierces mineures.)

Exemple : TM, Qj, SM, NM, OM, ⊖M.
fa----la----ut----mi----sol----si----ré.
+4 —3 +4 —3 +4 —3.

E. *Accord de treizième majeure, avec onzième juste, neuvième majeure, septième mineure, quinte juste et tierce majeure.* (Mode majeur, 5° degré. — Formé par le concours de dix tierces majeures et de onze tierces mineures.)

Exemple : TM, Qj, Sm, NM, Oj, ⊖M.
sol----si----ré----fa----la----ut----mi.
+4 —3 —3 +4 —3 +4.

F. *Accord de treizième mineure, avec onzième juste, neuvième majeure, septième mineure, quinte juste et tierce mineure.* (Mode majeur, 6° degré. — Formé par le concours de huit tierces majeures et de treize tierces mineures).

Exemple : Tm, Qj, Sm, NM, Oj, ⊖m.
la----ut----mi----sol----si----ré----fa.
—3 +4 —3 +4 —3 —3

G. *Accord de treizième mineure, avec onzième juste, neuvième, septième, quinte et tierce mineures.* (Mode majeur, 7° degré. — Formé par le concours de six tierces majeures et de quinze tierces mineures.)

Exemple : Tm, Qm, Sm, Nm, Oj, ⊖m.
si----ré----fa----la----ut----mi----sol.
—3 —3 +4 —3 +4 —3

488

LIVRE PREMIER.

ACCORDS MIXTES. (Au nombre de 14, parmi lesquels trois accords-types.)

A′ *Accord de treizième majeure, avec onzième et neuvième majeures, septième mineure, quinte juste et tierce majeure.* (Mode mineur, 2ᵉ type, 4ᵉ degré. Accord conjugué avec l'accord naturel A, étant formé au moyen du concours de onze tierces majeures et de dix tierces mineures).

Exemple :
TM, Qj, Sm, NM, OM, ⊖M.
ré——fa♯——la——ut——mi——sol♯——si.
+4 −3 −3 +4 +4 −3.

B′. *Accord de treizième mineure avec onzième juste, neuvième et septième majeures, quinte juste et tierce mineure.* (Mode mineur, 1ᵉʳ type, 1ᵉʳ degré. — Accord conjugué avec l'accord naturel B, et formé, comme lui, au moyen de neuf tierces majeures associées à douze tierces mineures.

Exemple :
Tm, Qj, SM, NM, Oj, ⊖m.
la——ut——mi——sol♯——si——ré——fa.
−3 +4 +4 −3 −3 −3.

B″. *Accord de treizième mineure, avec onzième juste, neuvième majeure, septième mineure, quinte juste et tierce majeure.* (Mode mineur, 2ᵉ type, 5ᵉ degré. — Conjugué avec les accords B et B′, et par conséquent formé comme eux au moyen de neuf tierces majeures associées à douze tierces mineures.)

Exemple :
TM, Qj, Sm, NM, Oj, ⊖m.
mi——sol♯——si——ré——fa♯——la——ut
+4 −3 −3 +4 −3 −3.

C′. *Accord de treizième majeure, avec onzième juste, neuvième, septième, quinte et tierce mineures.* Mode mineur, 1ᵉʳ type, 2ᵉ degré. — Conjugué avec l'accord naturel C, comme étant formé par le concours de sept tierces majeures et de quatorze tierces mineures.)

Exemple :
Tm, Qm, Sm, Nm, Oj, ⊖M.
si——ré——fa——la——ut——mi——sol♯.
−3 −3 +4 −3 +4 +4

STRUCTURE DES ACCORDS.

C". *Accord de treizième mineure, avec onzième juste, neuvième majeure, septième, quinte et tierce mineures.* (Mode mineur, 2ᵉ type, 6ᵉ degré. Conjugué avec les accords C et C', et par conséquent formé au moyen de sept tierces majeures associées à quatorze tierces mineures).

Exemple :
Tm, Qm, Sm, NM, Oj, ⊖m.
fa♯——la——ut——mi——sol♯——si——ré.
  −3   −3   +4   +4   −3   −3.

D'. *Accord de treizième majeure avec onzième juste, neuvième, septième, quinte et tierce majeures.* (Mode mineur, 1ᵉʳ type, 6ᵉ degré. Conjugué avec l'accord naturel D, et par conséquent formé par le concours de douze tierces majeures et de neuf tierces mineures.)

Exemple :
TM, QM, SM, NM, Oj, ⊖M.
ut——mi——sol♯——si——ré——fa——la.
+4   +4   −3   −3   −3   +4

E'. *Accord de treizième majeure, avec onzième et neuvième majeures, septième mineure, quinte juste et tierce mineure.* (Mode mineur, 1ᵉʳ type, 4ᵉ degré. — Conjugué avec l'accord naturel E, et par conséquent formé au moyen de dix tierces majeures associées à onze tierces mineures.)

Exemple :
Tm, Qj, Sm, NM, OM, ⊖M.
ré——fa——la——ut——mi——sol♯——si.
−3 +4 −3 +4 +4 −3

E". *Accord de treizième majeure, avec onzième juste, neuvième et septième majeures, quinte juste et tierce mineure.* Mode mineur, 2ᵉ type, 1ᵉʳ degré. — Conjugué avec les accords E et E', et par conséquent formé au moyen de dix tierces majeures associées à onze tierces mineures.)

Exemple :
Tm, Qj, SM, NM, Oj, ⊖M.
la——ut——mi——sol♯——si——ré——fa♯.
−3 +4 +4 −3 −3 +4

F'. *Accord de treizième mineure, avec onzième juste, neuvième et septième mineures, quinte juste et tierce majeure.* (Mode mineur, 1ᵉʳ type, 5ᵉ degré. — Conjugué avec l'accord naturel F, c'est-à-dire formé par le concours de huit tierces majeures et de treize tierces mineures.)

490 LIVRE PREMIER.

Exemple :
    TM, Qj, Sm, Nm, Oj, ⊖m.
   mi————sol♯————si————ré————fa————la————ut
    +4 —3 —3 —3 +4 —3

F''. *Accord de treizième majeure, avec onzième juste, neuvième et septième mineures, quinte juste et tierce mineure.* (Mode mineur, 2ᵉ type, 2ᵉ degré. — Conjugué avec les accords F et F', et par conséquent formé comme ces accords au moyen de huit tierces majeures associées à treize tierces mineures.)

Exemple :
    Tm, Qj, Sm, NM, Oj, ⊖M.
   si————ré————fa♯————la————ut————mi————sol♯.
    —3 +4 —3 —3 +4 +4

H. *Accord de treizième majeure, avec onzième majeure, neuvième augmentée, septième majeure, quinte juste et tierce majeure.* Accord-type, mode mineur, 1ᵉʳ type, 6ᵉ degré. — Formé par le concours de treize tierces majeures et de huit tierces mineures).

Exemple :
    TM, Qj, SM, NA, OM, ⊖M.
   fa————la————ut————mi————sol♯————si————ré.
    +4 —3 +4 +4 —3 —3

H'. *Accord de treizième majeure, avec onzième, neuvième, septième, quinte et tierce majeures.* (Mode mineur, 2ᵉ type, 3ᵉ degré. — Conjugué avec le précédent.)

Exemple :
    TM, QM, SM, NM, OM, ⊖M.
   ut————mi————sol♯————si————ré————fa♯————la.
    +4 +4 —3 —3 +4 —3

I. *Accord de treizième mineure, avec onzième et neuvième mineures, septième diminuée, quinte et tierce mineures.* (Accord-type, dont le siége est la note sensible en mode mineur, 1ᵉʳ type. — Formé par le concours de quatre tierces majeures et de dix-sept tierces mineures.)

Exemple :
    Tm, Qm, Sd, Nm, Om, ⊖m.
   sol♯————si————ré————fa————la————ut————mi.
    —3 —3 —3 +4 —3 +4

STRUCTURE DES ACCORDS. 491

J. *Accord de treizième mineure, avec onzième, neuvième, septième, quinte et tierce mineures.* (Accord-type, dont le siège est la note sensible en mode mineur, 2° type. — Cet accord est formé par le concours de cinq tierces majeures et de seize tierces mineures.

Exemple :
 Tm, Qm, Sm, Nm, Om, ☉m:
 sol♯——si——ré——fa♯——la——ut——mi.
 —3 —3 +4 —3 —3 +4

CHAPITRE XIX.

DÉTERMINATION DES FAMILLES D'ACCORDS DE 7 SONS.

§. 384. Pour trouver tous les *accords altérés* de la présente classe, il faut, comme nous l'avons fait pour les classes précédentes, partir des *données* constitutives des accords *naturels* et des accords *mixtes* de la même classe ; puis comparer les susdites *données*, qui caractérisent les familles dont les accords-types sont désignés par les lettres A, B, C, D, E, F, G, H, I et J, aux 162 cases du *tableau général pour la structure des accords de sept sons* (voir le §. 382); enfin, n'admettre que les agrégations qui, appliquées sur l'échelle des sons, n'embrassent point une étendue de plus de 15 quintes, (du ré♭ au la♯), maximum d'écartement possible entre deux sons pouvant appartenir à une même tonalité.

Les tableaux suivants contiennent les résultats de ce travail. Ici, comme nous l'avons fait précédemment pour les accords de onzième (voir le §. 310), *l'accord naturel typique* est placé en tête de chaque famille, et les accords *naturels* et *mixtes*, déterminés directement par l'échelonnement des tierces au-dessus des divers degrés des gammes majeures et mineures, sont ici placés dans les familles auxquelles ils appartiennent par leur mode de structure. On a eu soin d'indiquer, en tête de chaque famille d'accords, les nombres de tierces majeures et mineures qui entrent dans la composition de tous les individus dont elle est formée ; et on a indiqué aussi, à côté de chaque accord, le numéro du *Tableau général* auquel il correspond. Le lecteur pourra donc facilement vérifier nos résultats, les rectifier au besoin, et même rétablir les accords qui auraient pu nous échapper.

TABLEAU DE NOMENCLATURE

DES ACCORDS DE TREIZIÈME CONJUGUÉS AVEC L'ACCORD NATUREL A, C'EST-A-DIRE FORMÉS COMME LUI AU MOYEN DE 11 TIERCES MAJEURES ASSOCIÉES A 10 TIERCES MINEURES.

A. *Accord naturel type.*
N° 50 du tableau général. . . . . . . TM, Qj, SM, NM, Oj, ⊖M.
embrasse 6 quintes. Ex. . . . . ut—mi—sol—si—ré—fa—la.

A'. *Accord mixte.*
N° 42 du tableau . . . . TM, Qj, Sm, NM, OM, ⊖M.
embrasse 8 quintes. Ex. . . ré—fa♯—la—ut—mi—sol♯—si-

A''. *Accord altéré.*
N° 68 du tableau. . . . . TM, QM, Sm, NM, Oj, ⊖M.
embrasse 10 quintes. Ex. . . -sol—si—ré♯—fa—la—ut—mi.

A'''. *Accord altéré.*
N° 51 du tableau . . . . . . TM, Qj, SM, NM, OM, ⊖m.
embrasse 10 quintes. Ex. . . fa—la—ut—mi—sol—si—ré♭.

A_{IV}. *Accord altéré.*
N° 44 du tableau. . . . . . . TM, Qj, Sm, NA, Oj, ⊖M.
embrasse 11 quintes. Ex. . . sol—si—ré—fa—la♯—ut—mi.

A_V. *Accord altéré.*
N° 48 du tableau. . . . . . . TM, Qj, SM, Nm, OM, ⊖M.
embrasse 11 quintes. Ex. . . ut—mi—sol—si—ré♭—fa♯—la.

STRUCTURE DES ACCORDS.

Aᵥᵢ. *Accord altéré.*
N° 150 du tableau. . . . . . . Tm, QM, Sm, NM, OM, ΘM.
embrasse 11 quintes. Ex. . . ré—-fa——la♯——ut——mi——sol♯——si.

Aᵥᵢᵢ. *Accord altéré.*
N° 158 du tableau . . . . . . Tm, QM, SM, NM, Oj, ΘM.
embrasse 11 quintes. Ex. . . ré—fa——la♯——ut♯——mi——sol——si.

Aᵥᵢᵢᵢ. *Accord altéré.*
N° 45 du tableau . . . . . . TM, Qj, Sm, NA, OM, Θm.
embrasse 13 quintes. Ex. . sol—-si——ré——fa——la♯——ut♯——mi♭.

Aᵢₓ. *Accord altéré.*
N° 53 du tableau. . . . . . . TM, Qj, SM, NA, Oj, Θm.
embrasse 13 quintes. Ex. . ut—mi—sol——si——ré♯——fa——la♭.

Aₓ. *Accord altéré.*
N° 66 du tableau. . . . . . . TM, QM, Sm, Nm, OM, ΘM.
embrasse 13 quintes. Ex. . sol—-si——ré♯——fa——la♭——ut♯——mi.

Aₓᵢ. *Accord altéré.*
N° 74 du tableau. . . . . . . TM, QM, SM, Nm, Oj, ΘM.
embrasse 13 quintes. Ex. . ut—-mi—-sol♯——si——ré♭——fa——la.

Aₓᵢᵢ. *Accord altéré.*
N° 156 du tableau. . . . . . Tm, QM, SM, Nm, OM, ΘM.
embrasse 13 quintes. Ex. . ré—-fa——la♯——ut♯——mi♭——sol♯——si.

Aₓᵢᵢᵢ. *Accord altéré.*
N° 26 du tableau. . . . . . . TM, Qm, SM, NA, Oj, ΘM.
embrasse 15 quintes. Ex. . sol—-si——ré♭——fa♯——la♯——ut——mi.

LIVRE PREMIER.

CLASSIFICATION MATHÉMATIQUE

DES ACCORDS DE SEPT SONS FORMÉS AU MOYEN DE ONZE TIERCES MAJEURES
ASSOCIÉES A DIX TIERCES MINEURES.

Somme de termes commune à ces accords.
$$\varphi_7(x) = 7x + 14.$$

ACCORDS.	PRODUIT DES TERMES.	
	indiqué.	effectué.

ı. (acc. nat.-type) $x(x+4)(x+1)(x+5)(x+2)(x-1)(x+3) = x^7+14x^6+70x^5+140x^4+49x^3-154x^2-120x$.

ıı. (acc. mixte) $x(x+4)(x+1)(x-2)(x+2)(x+6)(x+5) = x^7+14x^6+33x^5+10x^4-106x^3-504x^2-128x$.

ııı. (acc. altéré) $x(x+4)(x+8)(x-2)(x+2)(x-1)(x+3) = x^7+14x^6+49x^5-28x^4-308x^3-112x^2+384x$.

ıv. (acc. altéré) $x(x+4)(x+1)(x+5)(x+2)(x+6)(x-4) = x^7+14x^6+49x^5-112x^4-980x^3-3792x^2-960x$.

v. (acc. altéré) $x(x+4)(x+1)(x-2)(x+9)(x-1)(x+3) = x^7+14x^6+42x^5-55x^4-259x^3+42x^2+216x$.

vı. (acc. altéré) $x(x+4)(x+1)(x+5)(x-5)(x+6)(x+3) = x^7+14x^6+42x^5-224x^4-1603x^3-3150x^2-1800x$.

vıı. (acc. altéré) $x(x-3)(x+8)(x-2)(x+2)(x+6)(x+3) = x^7+14x^6+35x^5-182x^4-588x^3+504x^2+1728x$.

vııı. (acc. altéré) $x(x-3)(x+8)(x+5)(x+2)(x-1)(x+3) = x^7+14x^6+42x^5-112x^4-539x^3-126x^2+720x$.

vııı. (acc. alt.) $x(x+4)(x+1)(x-2)(x+9)(x+6)(x-4) = x^7+14x^6+21x^5-308x^4-1060x^3+2784x^2+1728x$.

ıx. (acc. altéré) $x(x+4)(x+1)(x+5)(x+9)(x-1)(x-4) = x^7+14x^6+28x^5-238x^4-749x^3+224x^2+720x$.

x. (acc. alt.) $x(x+4)(x+8)(x-2)(x-5)(x+6)(x+3) = x^7+14x^6+21x^5-392x^4-1368x^3+1020x^2+5760x$.

xı. (acc. altéré) $x(x+4)(x+8)(x+5)(x-5)(x-1)(x+3) = x^7+14x^6+28x^5-322x^4-1421x^3-700x^2+2400x$.

xıı. (acc. alt.) $x(x-3)(x+8)(x+5)(x-5)(x+6)(x+3) = x^7+14x^6+14x^5-476x^4-1407x^3+3150x^2+10800x$.

xııı. (acc. alt.) $x(x+4)(x-6)(x+5)(x+9)(x-1)(x+3) = x^7+14x^6+14x^5-476x_4-1911x^3-882x^2+3240x$.

STRUCTURE DES ACCORDS.

ACCORDS FORMÉS AU MOYEN DE 9 TIERCES MAJEURES ASSOCIÉES A 12 TIERCES MINEURES.

B. *Accord naturel.*
N° 122 du tableau . . . . Tm, Qj, Sm, NM, Oj. ⊖M.
embrasse 6 quintes. Ex. . . . ré——fa——la——ut——mi——sol——si.

B'. *Accord mixte.*
N° 131 du tableau . . . . Tm, Qj, SM, NM, Θj, ⊖m.
embrasse 9 quintes. Ex. . . . la——ut——mi——sol♯——si——ré——fa.

B''. *Accord mixte.*
N° 41 du tableau . . . . TM, Qj, Sm, NM, Oj, ⊖m.
embrasse 8 quintes. Ex. . . . mi—sol♯—si——ré——fa♯——la——ut.

B'''. *Accord mixte.*
N° 38 du tableau . . . . TM, Qj, Sm, Nm, Oj, ⊖M.
embrasse 9 quintes. Ex. . . . sol——si——ré——fa——la♭——ut——mi.

B^IV. *Accord altéré.*
N° 14 du tableau . . . . TM, Qm, Sm, NM, Oj, ⊖M.
embrasse 10 quintes. Ex. . . . sol——si——ré♭——fa——la——ut——mi.

B^V. *Accord altéré.*
N° 47 du tableau . . . . TM, Qj, SM, Nm, Oj, ⊖m.
embrasse 10 quintes. Ex. . . . ut—mi——sol——si——ré♭——fa——la♭

B^VI. *Accord altéré.*
N° 128 du tableau . . . . Tm, Qj, SM, Nm, Oj, ⊖M.
embrasse 10 quintes. Ex. : . . ré—fa——la——ut♯——mi♭——sol——si.

B^VII. *Accord altéré.*
N° 123 du tableau . . . . Tm, Qj, Sm, NM, OM, ⊖m.
embrasse 10 quintes. Ex. . . . ré——fa——la——ut——mi——sol♯——si♭.

B^VIII. *Accord altéré.*
N° 39 du tableau . . . . TM, Qj, Sm, Nm, OM, ⊖m.
embrasse 11 quintes. Ex. . . . sol——si——ré——fa——la♭——ut♯——mi♭.

Bıx. *Accord altéré.*
N° 23 du tableau . . . . TM, Qm, SM, NM, Oj, ⊖m.
embrasse 11 quintes. Ex. . . sol----si------ré♭----fa♯----la----ut----mi♭.

Bx. *Accord altéré.*
N° 20 du tableau . . . . . . TM, Qm, SM, Nm, Oj, ⊖M.
embrasse 11 quintes. Ex. . . sol---si------ré♭----fa♯----la♭----ut----mi.

Bxı. *Accord altéré.*
N° 104 du tableau . . . . . . Tm, Qm, SM, NM, Oj, ⊖M.
embrasse 11 quintes. Ex. . . ré----fa----la♭----ut♯----mi----sol----si.

Bxıı. *Accord altéré.*
N° 120 du tableau . . . . Tm, Qj, Sm, Nm, OM, ⊖M.
embrasse 11 quintes. Ex. . . ré----fa----la------ut-----mi♭---sol♯----si.

Bxııı. *Accord altéré.*
N° 129 du tableau . . . . . Tm, Qj, SM, Nm, OM, ⊖m.
embrasse 11 quintes. Ex. . . ré----fa----la------ut♯----mi♭---sol♯----si♭.

Bxıv. *Accord altéré.*
N° 130 du tableau . . . . . Tm, Qj, SM, NM, Om, ⊖M.
embrasse 13 quintes. Ex. . . la--ut-----mi----sol♯----si------ré♭----fa♯.

Bxv. *Accord altéré.*
N° 146 du tableau . . . . . Tm, QM, Sm, Nm, Oj, ⊖M.
embrasse 13 quintes. Ex. . . ré-----fa------la♯----ut-----mi♭----sol----si.

Bxvı. *Accord altéré.*
N° 17 du tableau . . . . . . TM, Qm, Sm, NA, Oj, ⊖m.
embrasse 15 quintes. Ex. sol----si------ré♭-----fa----la♯----ut-----mi♭

Bxvıı. *Accord altéré.*
N° 33 du tableau . . . . . TM, Qj, Sd, NM, OM, ⊖m.
embrasse 15 quintes. Ex. . mi---sol♯----si---ré♭----fa♯----la♯------ut.

CLASSIFICATION MATHÉMATIQUE

DES ACCORDS FORMÉS AU MOYEN DE 9 TIERCES MAJEURES ASSOCIÉES
A 12 TIERCES MINEURES.

Somme de termes commune à ces accords.
$\varphi_7(x) = 7x.$

ACCORDS.	PRODUIT DES TERMES.	
	indiqué.	effectué.

B. (accord naturel). $x(x-3)(x+1)(x-2)(x+2)(x-1)(x+3) = x^7-14x^5+49x^3-36x.$

B'. (accord mixte.) $x(x-3)(x+1)(x+5)(x+2)(x-1)(x-4) = x^7-26x^5+6x^4+147x^3-14x^2-120x.$

B''. (accord mixte). $x(x+4)(x+1)(x-2)(x+2)(x-1)(x-4) = x^7-21x^5+84x^3-64x.$

B'''. (accord mixte.) $x(x+4)(x+1)(x-2)(x-5)(x-1)(x+3) = x^7-28x^5-14x^4+147x^3+14x^2-120x.$

B$_{IV}$. (accord altéré) $x(x+4)(x-6)(x-2)(x+2)(x-1)(x+3) = x^7-35x^5-42x^4+196x^3+168x^2-288x.$

B$_V$. (accord altéré) $x(x+4)(x+1)(x+5)(x-5)(x-1)(x-4) = x^7-42x^5+441x^3-400x.$

B$_{VI}$. (accord altéré) $x(x-3)(x+1)(x+5)(x-5)(x-1)(x+3) = x^7-15x^5-241x^3-225x.$

B$_{VII}$. (accord altéré) $x(x-3)(x+1)(x-2)(x+2)(x+6)(x-4) = x^7-35x^5+42x^4+196x^3-168x^2-288x$

B$_{VIII}$. (accord altéré) $x(x+4)(x+1)(x-2)(x-5)(x+6)(x-4) = x^7-49x^5+28x^4+588x^3-448x^2-960x$

B$_{IX}$. (accord altéré) $x(x+4)(x-6)(x+5)(x+2)(x-1)(x-4) = x^7-49x^5-28x^4+588x^3+448x^2-960x.$

B$_X$. (accord altéré) $x(x+4)(x-6)(x+5)(x-5)(x-1)(x+3) = x^7-56x^5-42x^4+847x^3+1050x^2-1800x$

B$_{XI}$. (accord altéré) $x(x-3)(x-6)(x+5)(x+2)(x-1)(x+3) = x^7-42x^5-28x^4+357x^3+252x^2-540x.$

B$_{XII}$. (accord altéré) $x(x-3)(x+1)(x-2)(x-5)(x+6)(x+3) = x^7-42x^5+28x^4+357x^3-252x^2-540x.$

B$_{XIII}$. (accord altéré) $x(x-3)(x+1)(x+5)(x-5)(x+6)(x-4) = x^7-56x^5+42x^4+847x^3-1050x^2-1800x.$

B$_{XIV}$. (accord altéré) $x(x-3)(x+1)(x+5)(x+2)(x-8)(x+3) = x^7-56x^5-126x^4+343x^3+1134x^2+720x.$

B$_{XV}$. (accord altéré) $x(x-3)(x+8)(x-2)(x-5)(x-1)(x+3) = x^7-56x^5+126x^4+343x^3-1134x^2+720x.$

B$_{XVI}$. (acc. altéré) $x(x+4)(x-6)(x-2)(x+9)(x-1)(x-4) = x^7-77x^5+168x^4+868x^3-2688x^2+1728x.$

B$_{XVII}$. (acc. altéré). $x(x+4)(x+1)(x-9)(x+2)(x+6)(x-4) = x^7-77x^5-168x^4+868x^3+2688x^2+1728x.$

ACCORDS FORMÉS AU MOYEN DE 7 TIERCES MAJEURES ASSOCIÉES A 14 TIERCES MINEURES.

C. *Accord naturel.*
N° 119 du tableau. . . . . . . Tm, QJ, Sm, Nm, OJ, ⊖m.
embrasse 6 quintes. Ex. . . mi—sol—si—ré—fa—la—ut.

C'. *Accord mixte.*
N° 92 du tableau . . . . . . Tm, Qm, Sm, Nm, OJ, ⊖M.
embrasse 9 quintes. Ex. . . si—ré—fa—la—ut—mi—sol♯.

C''. *Accord mixte.*
N° 95 du tableau . . . . . . Tm, Qm, Sm, NM, OJ, ⊖m.
embrasse 8 quintes. Ex. . . fa♯—la—ut—mi—sol♯—si—ré.

C'''. *Accord altéré.*
N° 11 du tableau. . . . . . . TM, Qm, Sm, Nm, OJ, ⊖m.
embrasse 10 quintes. Ex. . si—ré♯—fa—la—ut—mi—sol.

C$_{IV}$. *Accord altéré.*
N° 121 du tableau . . . . . . Tm, QJ, Sm, NM, Om, ⊖m.
embrasse 10 quintes. Ex. . . la—ut—mi—sol—si—ré♭—fa.

C$_V$. *Accord altéré.*
N° 101 du tableau. . . . . . . Tm, Qm, SM, Nm, OJ, ⊖m.
embrasse 11 quintes. Ex. . . si—ré—fa—la♯—ut—mi—sol.

C$_{VI}$. *Accord altéré.*
N° 94 du tableau . . . . . Tm, Qm, Sm, NM, Om, ⊖M.
embrasse 11 quintes. Ex. . . si—ré—fa—la—ut♯—mi♭—sol♯.

C$_{VII}$. *Accord altéré.*
N° 118 du tableau . . . . . . Tm, QJ, Sm, Nm, Om, ⊖M.
embrasse 11 quintes. Ex. . . mi—sol—si—ré—fa—la♭—ut♯.

STRUCTURE DES ACCORDS.

CVIII. *Accord altéré.*
N° 113 du tableau. . . . . . Tm, QJ, Sd, NM, OJ, ⊖m.
embrasse 11 quintes. Ex. . . mi—sol—-si—--ré♭—-fa♯—la—--ut.

CIX. *Accord altéré.*
N° 29 du tableau. . . . . . . TM, QJ, Sd, Nm, OJ, ⊖m.
embrasse 13 quintes. Ex. mi—-sol♯—-si—--ré♭—--fa—-la—-ut.

CX. *Accord altéré.*
N° 100 du tableau . . . . . . Tm, Qm, SM, Nm, Om, ⊖M.
embrasse 13 quintes. Ex.. . si—-ré—--fa—--la♯—--ut—--mi♭—-sol♯.

CXI. *Accord altéré.*
N° 103 du tableau. . . . . . Tm, Qm, SM. NM, Om, ⊖m.
embrasse 13 quintes. Ex. . si—-ré—--fa—--la♯—--ut♯—-mi♭—-sol.

CXII. *Accord altéré.*
N° 127 du tableau . . . . . . Tm, QJ, SM, Nm, Om, ⊖m.
embrasse 13 quintes. Ex. . la—-ut—--mi—-sol♯—-si♭—--ré♭—--fa.

CXIII. *Accord altéré.*
N° 5 du tableau . . . . TM, Qm, Sd, NM, OJ, ⊖m.
embrasse 13 quintes. Ex. . si—-ré♯—--fa—--la♭—--ut♯—--mi—-sol.

CXIV. *Accord altéré.*
N° 111 du tableau . . . . . . Tm, QJ, Sd, Nm, OM, ⊖m.
embrasse 15 quintes. Ex. . mi—-sol—-si—--ré♭—--fa—--la♯—--ut.

… 500

LIVRE PREMIER.

CLASSIFICATION MATHÉMATIQUE

DES ACCORDS FORMÉS AU MOYEN DE 7 TIERCES MAJEURES ASSOCIÉES
A 14 TIERCES MINEURES.

Somme de termes commune à ces accords.
$\varphi_7(x) = 7x - 14.$

ACCORDS.	PRODUIT DES TERMES.	
	indiqué.	effectué.

ɪ. (acc. nat.) $x(x-3)(x+1)(x-2)(x-5)(x-1)(x-4) = x^7 - 14x^6 + 70x^5 - 140x^4 + 49x^3 + 154x^2 - 120x.$

ɪɪ. (acc. mixte) $x(x-3)(x-6)(x-2)(x-5)(x-1)(x+3) = x^7 - 14x^6 + 56x^5 + 14x^4 - 525x^3 + 1008x^2 - 540x.$

ɪɪɪ. (acc. mixte) $x(x-3)(x-6)(x-2)(x+2)(x-1)(x-4) = x^7 - 14x^6 + 63x^5 - 70x^4 - 196x^3 + 504x^2 - 288x.$

ɪɪɪɪ. (acc. alt.) $x(x+4)(x-6)(x-2)(x-5)(x-1)(x-4) = x^7 - 14x^6 + 49x^5 + 112x^4 - 980x^3 + 1792x^2 - 960x.$

ɪᴠ. (acc. alt.) $x(x-3)(x+1)(x-2)(x+2)(x-8)(x-4) = x^7 - 14x^6 + 49x^5 + 28x^4 - 308x^3 + 112x^2 + 384x.$

ᴠ. (acc. alt.) $x(x-3)(x-6)(x+5)(x-5)(x-1)(x-4) = x^7 - 14x^6 + 42x^5 + 224x^4 - 1603x^3 + 3150x^2 - 1800x.$

ᴠɪ. (acc. alt.) $x(x-3)(x-6)(x-2)(x+2)(x-8)(x+3) = x^7 - 14x^6 + 35x^5 + 182x^4 - 588x^3 - 504x^2 + 1728x.$

ᴠɪɪ. (acc. alt.) $x(x-3)(x+1)(x-2)(x-5)(x-8)(x+3) = x^7 - 14x^6 + 42x^5 + 112x^4 - 539x^3 + 126x^2 + 720x.$

ᴠɪɪɪ. (acc. alt.) $x(x-3)(x+1)(x-9)(x+2)(x-1)(x-4) = x^7 - 14x^6 + 42x^5 + 56x^4 - 259x^3 - 42x^2 + 216x.$

ɪx. (acc. alt.) $x)(x+4)(x+1)(x-9)(x-5)(x-1)(x-4) = x^7 - 14x^6 + 28x^5 + 238x^4 - 749x^3 - 224x^2 + 720x.$

x. (acc. alt.) $x(x-3)(x-6)(x+5)(x-5)(x-8)(x+3) = x^7 - 14x^6 + 14x^5 + 476x^4 - 1407x^3 - 3150x^2 + 10800x.$

xɪ. (acc. alt.) $x(x-3)(x-6)(x+5)x+2)(x-8)(x-4) = x^7 - 14x^6 + 21x^5 + 392x^4 - 1372x^3 - 1008x^2 + 5760x.$

xɪɪ. (acc. alt.) $x(x-3)(x+1)(x+5)(x-5)(x-8)(x-4) = x^7 - 14x^6 + 28x^5 + 522x^4 - 1421x^3 + 700x^2 + 2400x.$

xɪɪɪ. (acc. alt.) $x(x+4)(x-6)(x-9)(x+2)(x-1)(x-4) = x^7 - 14x^6 + 21x^5 - 298x^4 - 710x^3 - 1324x^2 + 1728x.$

xɪᴠ. (acc. alt.) $x(x-3)(x+1)(x-9)(x-5)(x+6)(x-4) = x^7 - 14x^6 + 14x^5 + 476x^4 - 1911x^3 + 882x^2 - 5240x.$

STRUCTURE DES ACCORDS.

ACCORDS FORMÉS AU MOYEN DE 12 TIERCES MAJEURES ASSOCIÉES A 9 TIERCES MINEURES.

D. *Accord naturel.*
N° 51 du tableau . . . . TM, QJ, SM, NM, OM. ⊙M.
embrasse 6 quintes. Ex. . . fa——la——ut——mi——sol——si——ré.

D'. *Accord mixte.*
N° 77 du tableau . . . . TM, QM, SM, NM, OJ, ⊙M.
embrasse 9 quintes. Ex. . . ut——mi——sol♯——si——ré——fa——la.

D''. *Accord altéré.*
N° 53 du tableau . . . . TM, QJ, SM, NA, OJ, ⊙M.
embrasse 10 quintes. Ex. . . ut——mi——sol——si——ré♯——fa——la.

D'''. *Accord altéré.*
N° 69 du tableau . . . . TM, QM, Sm, NM, OM, ⊙M.
embrasse 10 quintes. Ex. . . fa——la——ut♯——mi♭——sol——si——ré.

D$_\text{IV}$. *Accord altéré.*
N° 45 du tableau . . . . TM, QJ, SM, NA, OM, ⊙M.
embrasse 11 quintes. Ex. . . fa——la——ut——mi♭——sol♯——si——ré.

D$_\text{V}$. *Accord altéré.*
N° 71 du tableau . . . . TM, QM, Sm, NA, OJ, ⊙M.
embrasse 11 quintes. Ex. . . sol——si——ré♯——fa——la♯——ut——mi.

D$_\text{VI}$. *Accord altéré.*
N° 159 du tableau . . . . Tm, QM, SM, NM, OM, ⊙M.
embrasse 11 quintes. Ex. . . fa——la♭——ut♯——mi——sol——si——ré.

D$_\text{VII}$. *Accord altéré.*
N° 54 du tableau . . . . TM, QJ, SM, NA, OM, ⊙m.
embrasse 13 quintes. Ex. . . fa——la——ut——mi——sol♯——si——ré♭.

D$_\text{VIII}$. *Accord altéré.*
N° 75 du tableau . . . . TM, QM, SM, Nm, OM, ⊙M.
embrasse 13 quintes. Ex. . . ut——mi——sol♯——si——ré♭——fa♯——la.

CLASSIFICATION MATHÉMATIQUE

DES ACCORDS FORMÉS AU MOYEN DE 12 TIERCES MAJEURES ASSOCIÉES A 9 TIERCES MINEURES.

Somme de termes commune à ces accords.
$\varphi_7(x) = 7x + 21.$

ACCORDS.	PRODUIT DES TERMES.	
	indiqué.	effectué.

(ac. n.) $x(x+4)(x+1)(x+5)(x+2)(x+6)(x+3) = x^7 + 21x^6 + 175x^5 + 735x^4 + 1624x^3 + 1764x^2 + 720x$

ɪ. (acc. m.) $x(x+4)(x+8)(x+5)(x+2)(x-1)(x+3) = x^7 + 21x^6 + 161x^5 + 539x^4 + 630x^3 - 392x^2 - 960x.$

ɪɪ. (acc. alt.) $x(x+4)(x+1)(x+5)(x+9)(x-1)(x+3) = x^7 + 21x^6 + 154x^5 + 462x^4 + 385x^3 - 483x^2 - 540x.$

ɪɪɪ. (acc. alt.) $x(x+4)(x+8)(x-2)(x+2)(x+6)(x+3) = x^7 + 21x^6 + 154x^5 + 420x^4 - 56x^3 - 2016x^2 - 2304x.$

ɪv. (acc. alt.) $x(x+4)(x+1)(x-2)(x+9)(x+6)(x+3) = x^7 + 21x^6 + 147x^5 + 343x^4 - 252x^3 - 1764x^2 - 1296x$

v. (acc. alt.) $x(x+4)(x+8)(x-2)(x+9)(x-1)(x+3) = x^7 + 21x^6 + 133x^5 + 147x^4 - 854x^3 - 1176x^2 + 1728x.$

vɪ. (acc. alt.) $x(x-3)(x+8)(x+5)(x+2)(x+6)(x+3) = x^7 + 21x^6 + 147x^5 + 287x^4 - 924x^3 - 4104x^2 - 4320x.$

vɪɪ. (acc. alt.) $x(x+4)(x+1)(x+5)(x+9)(x+6)(x-4) = x^7 + 21x^6 + 133x^5 + 63x^4 - 2114x^3 - 6384x^2 - 4320x.$

vɪɪɪ. (acc. alt.) $x(x+4)(x+8)(x+5)(x-5)(x+6)(x+3) = x^7 + 21x^6 + 133x^5 - 21x^4 - 3374x^3 - 12600x^2 - 14400x.$

STRUCTURE DES ACCORDS.

ACCORDS FORMÉS AU MOYEN DE 10 TIERCES MAJEURES ASSOCIÉES A 11 TIERCES MINEURES.

E. *Accord naturel.*
N° 41 du tableau. . . . . . . TM, QJ, Sm, NM, OJ, ⊝M.
embrasse 6 quintes. Ex. . . sol——si———ré———fa———la———ut———mi.

E'. *Accord mixte.*
N° 123 du tableau . . . . . . Tm, QJ, Sm, NM, OM, ⊝M.
embrasse 9 quintes. Ex. . . ré———fa———la———ut———mi———sol♯———si.

E". *Accord mixte.*
N° 131 du tableau . . . . . . Tm, QJ, SM, NM, OJ, ⊝M.
embrasse 8 quintes. Ex. . . la———ut———mi———sol♯———si———ré———fa♯.

E'''. *Accord mixte.*
N° 50 du tableau. . . . . . . TM, QJ, SM, NM, OJ, ⊝m.
embrasse 9 quintes. Ex. . . ut———mi———sol———si———ré———fa———la♭.

E$_{IV}$. *Accord altéré.*
N° 47 du tableau . . . . . . TM, QJ, SM, Nm, OJ, ⊝M.
embrasse 10 quintes. Ex. . . ut———mi———sol———si———ré♭———fa———la.

E$_V$. *Accord altéré.*
N° 42 du tableau. . . . . . . TM, QJ, Sm, NM, OM, ⊝m.
embrasse 10 quintes. Ex. . . sol———si———ré———fa———la———ut♯———mi♭.

E$_{VI}$. *Accord altéré.*
N° 132 du tableau . . . . . Tm, QJ, SM, NM, OM, ⊝m.
embrasse 10 quintes. Ex. . . ré———fa———la———ut♯———mi———sol♯———si♭.

E$_{VII}$. *Accord altéré.*
N° 149 du tableau . . . . . . Tm, QM, Sm, NM, OJ, ⊝M.
embrasse 11 quintes. Ex. . . ré———fa———la♯———ut———mi———sol———si.

E$_{VIII}$. *Accord altéré.*
N° 23 du tableau. . . . . . . TM, Qm, SM, NM, OJ, ⊝M.
embrasse 11 quintes. Ex. . . . ut———mi———sol♭———si———ré———fa———la.

Eɪx. *Accord altéré.*
N° 39 du tableau. . . . . . . TM, QJ, Sm, Nm, OM, ⊖M.
embrasse 11 quintes. Ex. sol——si——ré——fa——la♭——ut♯——mi.

Ex. *Accord altéré.*
N° 129 du tableau . . . . . . Tm, QJ, SM, Nm, OM, ⊖M.
embrasse 11 quintes. Ex. . . ré——fa——la——ut♯——mi♭——sol♯——si.

Exɪ. *Accord altéré.*
N° 48 du tableau. . . . . . . TM, QJ, SM. Nm, OM, ⊖m.
embrasse 11 quintes. Ex. . ut——mi——sol——si——ré♭——fa♯——la♭.

Exɪɪ. *Accord altéré.*
N° 44 du tableau . . . . . . TM, QJ, Sm, NA, OJ, ⊖m.
embrasse 13 quintes. Ex. . sol——si——ré——fa——la♯——ut——mi♭

Exɪɪɪ. *Accord altéré.*
N° 65 du tableau.. . . . . . . TM, QM, Sm, Nm, OJ, ⊖M.
embrasse 13 quintes. Ex. . sol——si——ré♯——fa——la♭——ut——mi.

Exɪᴠ. *Accord altéré.*
N° 147 du tableau . . . . . . Tm, QM, Sm, Nm, OM, ⊖M.
embrasse 13 quintes. Ex. . ré——fa——la♯——ut——mi♭——sol♯——si.

Exᴠ. *Accord altéré.*
N° 155 du tableau . . . . . Tm, QM, SM, Nm, OJ, ⊖M.
embrasse 13 quintes. Ex. . ré——fa——la♯——ut♯——mi♭——sol——si.

Exᴠɪ. *Accord altéré.*
N° 17 du tableau . . . . . TM, Qm, Sm, NA, OJ, ⊖M.
embrasse 15 quintes. Ex. sol——si——ré♭——fa——la♯——ut——mi.

Exᴠɪɪ. *Accord altéré.*
N° 26 du tableau . . . . . TM, Qm, SM, NA, OJ, ⊖m.
embrasse 15 quintes. Ex. . sol——si——ré♭——fa♯——la♯——ut——mi♭.

STRUCTURE DES ACCORDS.

CLASSIFICATION MATHÉMATIQUE

DES ACCORDS FORMÉS AU MOYEN DE 10 TIERCES MAJEURES ASSOCIÉES A 11 TIERCES MINEURES.

Somme de termes commune à ces accords.
$$\varphi_7(x) = 7x + 7.$$

ACCORDS.   PRODUIT DES TERMES.
             indiqué.   effectué.

E. (accord naturel) $x(x+4)(x+1)(x-2)(x+2)(x-1)(x+3) = x^7+7x^6+7x^5-35x^4-56x^3+28x^2+48x$

E'. (acc. mixte.) $x(x-3)(x+1)(x-2)(x+2)(x+6)(x+3) = x^7+7x^6-7x^5-91x^4-42x^3+252x^2+216$

E''. (accord mixte.) $x(x-3)(x+1)(x+5)(x+2)(x-1)(x+3) = x^7+7x^6-70x^4-91x^3+63x^2+90x$.

E'''. (accord mixte.) $x(x+4)(x+1)(x+5)(x+2)(x-1)(x-4) = x^7+7x^6-7x^5-119x^4-154x^3+112x^2+160x$

E_{IV}. (accord alt.) $x(x+4)(x+1)(x+5)(x-5)(x-1)(x+3) = x^7+7x^6-14x^5-182x^4-287x^3+175x^2+300$

E_V. (acc. alt.) $x(x+4)(x+1)(x-2)(x+2)(x+6)(x-4) = x^7+7x^6-14x^5-140x^4-56x^3+448x^2+384x$

E_{VI}. (acc. alt.) $x(x-3)(x+1)(x+5)(x+2)(x+6)(x-4) = x^7+7x^6-21x^5-175x^4+56x^3+924x^2+720x$.

E_{VII}. (accord alt.) $x(x-3)(x+8)(x-2)(x+2)(x-1)(x+3) = x^7+7x^6-21x^5-91x^4+140x^3+252x^2-28x$

E_{VIII}. (accord alt.) $x(x+4)(x-6)(x+5)(x+2)(x-1)(x+3) = x^7+7x^6-21x^5-259x^4-532x^3-84x^2+720x$

E_{IX}. (accord alt.) $x(x+4)(x+1)(x-2)(x-5)(x+6)(x+3) = x^7+7x^6-21x^5-203x^4-140x^3+756x^2+720$

E_X. (accord alt.) $x(x-3)(x+1)(x+5)(x-5)(x+6)(x+3) = x^7+7x^6-28x^5-238x^4+21x^3+1575x^2+1350$

E_{XI}. (acc. alt.) $x(x+4)(x+1)(x+5)(x-5)(x+6)(x-4) = x^7+7x^6-35x^5-287x^4+154x^3+2800x^2+240$

E_{XII}. (acc. alt.) $x(x+4)(x+1)(x-2)(x+9)(x-1)(x-4) = x^7+7x^6-35x^5-119x^4+322x^3+112x^2-288x$

E_{XIII}. (acc. alt.) $x(x+4)(x+8)(x-2)(x-5)(x-1)(x+3) = x^7+7x^6-35x^5-203x^4+238x^3+952x^2-960x$

E_{XIV}. (acc. alt.) $x(x-3)(x+8)(x-2)(x-5)(x+6)(x+3) = x^7+7x^6-49x^5-259x^4+840x^3+1764x^2-4320$

E_{XV}. (acc. alt.) $x(x-3)(x+8)(x+5)(x-5)(x-1)(x+3) = x^7+7x^6-42x^5-238x^4+497x^3+1575x^2-1800$

E_{XVI}. (acc. alt.) $x(x+4)(x-6)(x-2)(x+9)(x-1)(x+3) = x^7+7x^6-49x^5-259x^4+336x^3+1260x^2+1296$

E_{XVII}. (acc. alt.) $x(x+4)(x-6)(x+5)(x+9)(x-1)(x-4) = x^7+7x^6-63x^5-343x^4+1022x^3+3696x^2-4320$

ACCORDS FORMÉS AU MOYEN DE 8 TIERCES MAJEURES ASSOCIÉES A 13 TIERCES MINEURES.

F. *Accord naturel.*
N° 122 du tableau. . . . . Tm, QJ, Sm, NM, OJ, ϴm.
embrasse 6 quintes. Ex. . . . la——ut——mi——sol——si——ré——fa.

F′. *Accord mixte.*
N° 38 du tableau . . . . TM, QJ, Sm, Nm, OJ, ϴm.
embrasse 9 quintes. Ex. . . mi——sol♯——si——ré——fa——la——ut.

F″. *Accord mixte.*
N° 119 du tableau. . . . . Tm, QJ, Sm, Nm, OJ, ϴM.
embrasse 8 quintes. Ex. . . . si——ré——fa♯——la——ut——mi——sol♯.

F‴. *Accord mixte.*
N° 95 du tableau . . . . . . Tm, Qm, Sm, NM, OJ, ϴM.
embrasse 9 quintes. Ex. . . ré——fa——la♭——ut——mi——sol——si.

F_{IV}. *Accord altéré.*
N° 128 du tableau . . . . . . Tm, QJ, SM, Nm, OJ, ϴm.
embrasse 10 quintes. Ex. . . la——ut——mi——sol♯——si♭——ré——fa.

F_V. *Accord altéré.*
N° 11 du tableau . . . . Tm, Qm, Sm, Nm, OJ, ϴM.
embrasse 10 quintes. Ex. . . sol——si——ré♭——fa——la♭——ut——mi.

F_{VI}. *Accord altéré.*
N° 14 du tableau. . . . . . . TM, Qm, Sm, NM, OJ, ϴm.
embrasse 10 quintes. Ex. . . sol——si——ré♭——fa——la——ut——mi♭.

F_{VII}. *Accord altéré.*
N° 120 du tableau . . . . . . Tm, QJ, Sm, Nm, OM, ϴm.
embrasse 11 quintes. Ex. . . mi——sol——si——ré——fa——la♯——ut.

F_{VIII}. *Accord altéré.*
N° 121 du tableau . . . . . . Tm, QJ, Sm, NM, Om, ϴM.
embrasse 11 quintes. Ex. . . ré——fa——la——ut——mi——sol♭——si.

STRUCTURE DES ACCORDS.

Fıx. *Accord altéré.*
N° 101 du tableau. . . . . . . Tm, Qm, SM, Nm, OJ, ΘM.
embrasse 11 quintes. Ex. . si----ré----fa---la♯----ut---mi----sol♯.

Fx. *Accord altéré.*
N° 20 du tableau. . . . . . TM, Qm, SM, Nm, OJ, ΘM.
embrasse 11 quintes. Ex. . si---ré♯----fa----la♯----ut---mi---sol.

Fxı. *Accord altéré.*
N° 104 du tableau. . . . . . Tm, Qm, SM, NM, OJ, Θm.
embrasse 11 quintes. Ex. . si----ré----fa----la♯----ut♯---mi---sol.

Fxıı. *Accord altéré.*
N° 130 du tableau. . . . . Tm, QJ, SM, NM, Om, Θm.
embrasse 13 quintes. Ex. . la----ut----mi----sol♯----si----ré♭----fa.

Fxııı. *Accord altéré.*
N° 32 du tableau. . . . . . TM, QJ, Sd, NM, OJ, Θm.
embrasse 13 quintes. Ex. . mi----sol♯----si---ré♭----fa♯----la----ut.

Fxıv. *Accord altéré.*
N° 103 du tableau . . . . Tm, Qm, SM, NM, Om, ΘM.
embrasse 13 quintes. Ex. . . si----ré----fa----la♯----ut♯----mi♭---sol♯.

Fxv. *Accord altéré.*
N° 127 du tableau . . . . . . Tm, QJ, SM, Nm, Om, ΘM.
embrasse 13 quintes. Ex. . . la----ut----mi----sol♯----si♭----ré♭----fa♯

Fxvı. *Accord altéré.*
N° 114 du tableau . . . . . . Tm, QJ, Sd, NM, OM, Θm.
embrasse 15 quintes. Ex. . . mi---sol----si----ré♭----fa♯----la♯----ut.

Fxvıı. *Accord altéré.*
N° 30 du tableau. . . . . . . TM, QJ, Sd, Nm, OM, Θm.
embrasse 15 quintes. Ex. . . . mi---sol♯----si----ré♭----fa----la♯----ut.

CLASSIFICATION MATHÉMATIQUE

DES ACCORDS FORMÉS AU MOYEN DE 8 TIERCES MAJEURES ASSOCIÉES A 13 TIERCES MINEURES.

Somme de termes commune à ces accords.
$$\varphi_7(x) = 7x - 7.$$

ACCORDS.	PRODUIT DES TERMES.	
	indiqué.	effectué.

ı. (acc. nat.) $x(x-3)(x+1)(x-2)(x+2)(x-1)(x-4) = x^7 - 7x^6 + 7x^5 + 35x^4 - 56x^3 - 28x^2 + 48x$.

ıı. (acc. mixte) $x(x+4)(x+1)(x-2)(x-5)(x-1)(x-4) = x^7 - 7x^6 - 7x^5 + 119x^4 - 154x^3 - 112x^2 + 160x$.

ııı. (acc. mixte) $x(x-3)(x+1)(x-2)(x-5)(x-1)(x+3) = x^7 - 7x^6 + 70x^4 - 91x^3 - 63x^2 + 90x$.

ıv. (acc. mixte) $x(x-3)(x-6)(x-2)(x+2)(x-1)(x+3) = x^7 - 7x^6 - 7x^5 + 91x^4 - 42x^3 - 252x^2 + 216x$.

v. (acc. alt.) $x(x-3)(x+1)(x+5)(x-5)(x-1)(x-4) = x^7 - 7x^6 - 14x^5 + 182x^4 - 287x^3 - 175x^2 + 300x$.

vı. (acc. alt.) $x(x+4)(x-6)(x-2)(x-5)(x-1)(x+3) = x^7 - 7x^6 - 21x^5 + 175x^4 + 56x^3 - 924x^2 + 720x$.

vıı. (acc. alt.) $x(x+4)(x-6)(x-2)(x+2)(x-1)(x-4) = x^7 - 7x^6 - 14x^5 + 140x^4 - 56x^3 - 448x^2 + 384x$.

vııı. (acc. alt.) $x(x-3)(x+1)(x-2)(x-5)(x+6)(x-4) = x^7 - 7x^6 - 21x^5 + 259x^4 - 532x^3 - 94x^2 + 720x$.

ıx. (acc. alt.) $x(x-3)(x+1)(x-2)(x+2)(x-8)(x+3) = x^7 - 7x^6 - 21x^5 + 91x^4 + 140x^3 - 252x^2 - 288x$.

x. (acc. alt.) $x)(x-3)(x-6)(x+5)(x-5)(x-1)(x+3) = x^7 - 7x^6 - 28x^5 + 238x^4 + 21x^3 - 1575x^2 + 1350x$.

xı. (acc. alt.) $x(x+4)(x-6)(x+5)(x-5)(x-1)(x-4) = x^7 - 7x^6 - 35x^5 + 287x^4 + 154x^3 - 2800x^2 + 2400x$.

xıı. (acc. alt.) $x(x-3)(x-6)(x+5)(x+2)(x-1)(x-4) = x^7 - 7x^6 - 21x^5 + 203x^4 - 140x^3 - 756x^2 + 720x$.

xııı. (acc. alt.) $x(x-3)(x+1)(x+5)(x+2)(x-8)(x-4) = x^7 - 7x^6 - 35x^5 + 203x^4 + 238x^3 - 952x^2 - 960x$.

xıv. (acc. alt.) $x(x+4)(x+1)(x-9)(x+2)(x-1)(x-4) = x^7 - 7x^6 - 35x^5 + 119x^4 + 322x^3 - 112x^2 - 288x$.

xv. (acc. alt.) $x(x-3)(x-6)(x+5)(x+2)(x-8)(x+3) = x^7 - 7x^6 - 49x^5 + 259x^4 + 840x^3 - 1764x^2 - 4320x$.

xvı. (acc. alt.) $x(x-3)(x+1)(x+5)(x-5)(x-8)(x+3) = x^7 - 7x^6 - 42x^5 + 238x^4 + 497x^3 - 1575x^2 - 1800x$.

xvıı. (acc. alt.) $x(x-3)(x+1)(x-9)(x+2)(x+6)(x-4) = x^7 - 7x^6 - 49x^5 + 259x^4 + 336x^3 - 1260x - 1296x$.

xvııı. (acc. alt.) $x(x+4)(x+1)(x-9)(x-5)(x+6)(x-4) = x^7 - 7x^6 - 63x^5 + 343x^4 + 1022x^3 - 3696x^2 - 4320x$.

STRUCTURE DES ACCORDS.

ACCORDS FORMÉS AU MOYEN DE 6 TIERCES MAJEURES ASSOCIÉES A 15 TIERCES MINEURES.

G. *Accord naturel.*
N° 92 du tableau. . . . . . . Tm, Qm, Sm, Nm, OJ, ⊖m.
embrasse 6 quintes. Ex. . . si——ré——fa——la——ut——mi——sol.

G'. *Accord mixte.*
N° 118 du tableau . . . . . . Tm, QJ, Sm, Nm, Om, ⊖m.
embrasse 9 quintes. Ex. . . mi——sol——si——ré——fa——la♭——ut.

G". *Accord altéré.*
N° 110 du tableau . . . . . . Tm, QJ, Sd, Nm, OJ, ⊖m.
embrasse 10 quintes. Ex. . . mi——sol——si——ré♭——fa——la——ut.

G'". *Accord altéré.*
N° 94 du tableau. . . . . . . Tm, Qm, Sm, NM, Om, ⊖m.
embrasse 10 quintes. Ex. . si——ré——fa——la——ut♯——mi♭——sol.

G^{IV}. *Accord altéré.*
N° 86 du tableau . . . . . . Tm, Qm, Sd, NM, OJ, ⊖m.
embrasse 11 quintes. Ex. . . si——ré——fa——la♭——ut♯——mi——sol.

G^V. *Accord altéré.*
N° 91 du tableau . . . . Tm, Qm, Sm, Nm, Om, ⊖M.
embrasse 11 quintes. Ex. . . si——ré——fa——la——ut——mi♭——sol♯.

G^{VI}. *Accord altéré.*
N° 112 du tableau . . . . . Tm, QJ, Sd, NM, Om, ⊖m.
embrasse 11 quintes. Ex. . . mi——sol——si——ré♭——fa♯——la♭——ut.

G^{VII}. *Accord altéré.*
N° 2 du tableau . . . . TM, Qm, Sd, Nm, OJ, ⊖m.
embrasse 13 quintes. Ex. . . si——ré♯——fa——la♭——ut——mi——sol.

G^{VIII}. *Accord altéré.*
N° 100 du tableau. . . . . . . Tm, Qm, SM, Nm, Om, ⊖m.
embrasse 13 quintes. Ex. . . si——ré——fa——la♯——ut——mi♭——sol.

CLASSIFICATION MATHÉMATIQUE

DES ACCORDS FORMÉS AU MOYEN DE 6 TIERCES MAJEURES ASSOCIÉES
A 15 TIERCES MINEURES.

Somme de termes commune à ces accords.
$\varphi_7(x) = 7x - 21.$

ACCORDS. — PRODUIT DES TERMES.

indiqué.   effectué.

(ac. n.) $x(x-3)(x-6)(x-2)(x-5)(x-1)(x-4) = x^7 - 21x^6 + 175x^5 - 735x^4 + 1624x^3 - 1764x^2 + 720x.$

(acc. m.) $x(x-3)(x+1)(x-2)(x-5)(x-8)(x-4) = x^7 - 21x^6 + 161x^5 - 539x^4 + 650x^3 + 392x^2 - 960x.$

(acc. alt.) $x(x-3)(x+1)(x-9)(x-5)(x-1)(x-4) = x^7 - 21x^6 + 154x^5 - 462x^4 + 385x^3 + 483x^2 - 540x.$

(ac. alt.) $x(x-3)(x-6)(x-2)(x+2)(x-8)(x-4) = x^7 - 21x^6 + 154x^5 - 420x^4 - 56x^3 + 2016x^2 - 2304x.$

(acc. alt.) $x(x-3)(x-6)(x-9)(x+2)(x-1)(x-4) = x^7 - 21x^6 + 147x^5 - 415x^4 + 108x^3 + 1476x^2 - 1296x.$

(acc. alt.) $x(x-3)(x-6)(x-2)(x-5)(x-8)(x+3) = x^7 - 21x^6 + 147x^5 - 287x^4 - 924x^3 + 4284x^2 - 4320x.$

(acc. alt.) $x(x-3)(x+1)(x-9)(x+2)(x-8)(x-4) = x^7 - 21x^6 + 133x^5 - 147x^4 - 854x^3 + 1176x^2 + 1728x.$

(acc. alt.) $x(x+4)(x-6)(x-9)(x-5)(x-1)(x-4) = x^7 - 21x^6 + 133x^5 - 63x^4 - 2114x^3 + 6384x^2 - 4320x.$

(acc. alt.) $x(x-3)(x-6)(x+5)(x-5)(x-8)(x-4) = x^7 - 21x^6 + 133x^5 + 21x^4 - 3374x^3 + 12600x^2 - 14400x.$

ACCORDS FORMÉS AU MOYEN DE 13 TIERCES MAJEURES ASSOCIÉES A 8 TIERCES MINEURES.

H. *Accord mixte type.*
N° 54 du tableau. . . . . TM, QJ, SM, NA, OM, ⊖M.
embrasse 9 quintes. Ex. . . . fa——la——ut——mi——sol♯——si——ré.

H'. *Accord mixte.*
N° 78 du tableau . . . . . . TM, QM, SM, NM, OM, ⊖M.
embrasse 8 quintes. Ex. . . ut——mi——sol♯——si——ré——fa♮——la.

H". *Accord altéré.*
N° 80 du tableau. . . . . . . TM, QM, SM, NA, OJ, ⊖M.
embrasse 10 quintes. Ex. . . ut——mi——sol♯——si——ré♯——fa——la.

H'''. *Accord altéré.*
N° 72 du tableau . . . . . . TM, QM, Sm, NA, OM, ⊖M.
embrasse 11 quintes. Ex. . . sol——si——ré♯——fa——la♮——ut♯——mi.

CLASSIFICATION MATHÉMATIQUE

DES ACCORDS FORMÉS AU MOYEN DE 13 TIERCES MAJEURES ASSOCIÉES
A 8 TIERCES MINEURES.

Somme de termes commune à ces accords.

$$\varphi_7(x) = 7x + 28.$$

ACCORDS.	PRODUIT DES TERMES.	
	indiqué.	effectué.
(ac. m.)	$x(x+4)(x+1)(x+5)(x+9)(x+6)(x+3) =$	$x^7 + 28x^6 + 308x^5 + 1694x^4 + 4851x^3 + 6678x^2 + 3240x$
(ac. m.)	$x(x+4)(x+8)(x+5)(x+2)(x+6)(x+3) =$	$x^7 + 28x^6 + 315x^5 + 1820x^4 + 5684x^3 + 9072x^2 + 5760x$
(ac. alt.)	$x(x+4)(x+8)(x+5)(x+9)(x-1)(x+3) =$	$x^7 + 28x^6 + 294x^5 + 1400x^4 + 2681x^3 - 84x^2 - 4320x$
(ac. alt.)	$x(x+4)(x+8)(x-2)(x+9)(x+6)(x+3) =$	$x^7 + 28x^6 + 287x^5 + 1232x^4 + 1260x^3 - 5040x^2 - 10368x$

STRUCTURE DES ACCORDS.

ACCORD UNIQUE FORMÉ AU MOYEN DE 4 TIERCES MAJEURES ASSOCIÉES A 17 TIERCES MINEURES.

I. *Accord mixte.*
N° 82 du tableau . . . . . . Tm, Qm, Sd, Nm, Om, Θm.
embrasse 9 quintes. Ex. . . sol♯——si——ré——fa——la——ut——mi.

ACCORDS FORMÉS AU MOYEN DE 5 TIERCES MAJEURES ASSOCIÉES A 16 TIERCES MINEURES.

J. *Accord mixte.*
N° 91 du tableau . . . . . . Tm, Qm, Sm, Nm, Om, Θm.
embrasse 8 quintes. Ex. . . sol♯——si——ré——fa♯——la——ut——mi.

J'. *Accord mixte.*
N° 83 du tableau . . . . . . Tm, Qm, Sd, Nm, OJ, Θm.
embrasse 9 quintes. Ex. . . si——ré——fa——la♭——ut——mi——sol.

J''. *Accord altéré.*
N° 109 du tableau . . . . . . Tm, QJ, Sd, Nm, Om, Θm.
embrasse 10 quintes. Ex. . . mi——sol——si——ré♭——fa——la♭——ut.

J'''. *Accord altéré.*
N° 85 du tableau . . . . . . Tm, Qm, Sd, NM, Om, Θm.
embrasse 11 quintes. Ex. . . sol♯——si——ré——fa——la♮——ut——mi.

CLASSIFICATION MATHÉMATIQUE

ACCORD UNIQUE FORMÉ AU MOYEN DE 4 TIERCES MAJEURES ASSOCIÉES
A 17 TIERCES MINEURES.

Somme des termes de cet accord.
$\varphi_7(x) = 7x - 35.$

ACCORD.	PRODUIT DES TERMES	
	indiqué.	effectué.
(acc. m.)	$x(x-3)(x-6)(x-9)(x-5)(x-8)(x-4) =$	$x^7 - 35x^6 + 497x^5 - 3661x^4 + 14742x^3 - 30744x^2 + 25920x.$

ACCORDS FORMÉS AU MOYEN DE 5 TIERCES MAJEURES ASSOCIÉES
A 16 TIERCES MINEURES.

Somme des termes commune à ces accords.
$\varphi_7(x) = 7x - 28.$

ACCORDS.	PRODUIT DES TERMES.	
	indiqué.	effectué.
(acc. m.)	$x(x-3)(x-6)(x-2)(x-5)(x-8)(x-4) =$	$x^7 - 28x^6 + 315x^5 - 1820x^4 + 5684x^3 - 9072x^2 + 5760x.$
(acc. m.)	$x(x-6)(x-6)(x-9)(x-5)(x-1)(x-4) =$	$x^7 - 28x^6 + 308x^5 - 1694x^4 + 4851x^3 - 6678x^2 + 3240x.$
(acc. alt.)	$x(x-3)(x+1)(x-9)(x-5)(x-8)(x-4) =$	$x^7 - 28x^6 + 294x^5 - 1400x^4 + 2681x^3 + 84x^2 - 4320x.$
(acc. alt.)	$x(x-3)(x-6)(x-9)(x+2)(x-8)(x-4) =$	$x^7 - 28x^6 + 287x^5 - 1232x^4 + 1260x^3 + 5040x^2 - 10368x.$

STRUCTURE DES ACCORDS.

ACCORD UNIQUE FORMÉ AU MOYEN DE 14 TIERCES MAJEURES ASSOCIÉES A 7 TIERCES MINEURES.

K. *Accord mixte.*
N° 81 du tableau . . . . TM, QM, SM, NA, OM, ⊖M.
embrasse 9 quintes. Ex. . . fa——la——ut♯——mi——sol♯——si——ré.

CLASSIFICATION MATHÉMATIQUE

ACCORD UNIQUE FORMÉ AU MOYEN DE 14 TIERCES MAJEURES ASSOCIÉES A 7 TIERCES MINEURES.

Somme de termes commune à ces accords.
$\varphi_7(x) = 7x + 35.$

ACCORD.	PRODUIT DES TERMES.	
	indiqué.	effectué.
K.(ac.m.)	$x(x+4)(x+8)(x+5)(x+9)(x+6)(x+3) =$	$x^7+35x^6+497x^5+3661x^4+14742x^3+30744x^2+25920x$

LIVRE PREMIER.

REMARQUE.

Les accords inscrits aux tableaux précédents, se rapportent à onze types principaux qui y sont désignés par les lettres A, B, C, D, E, F, G, H, I, J et K. Les lettres accentuées désignent les accords construits au moyen des mêmes éléments primordiaux que l'accord-type placé en regard de la même lettre non accentuée, de telle sorte que la même lettre, diversement accentuée, sert pour toute une famille d'accords.

Parmi tous ces accords, on remarque d'abord les *accords naturels*, c'est-à-dire ceux qui s'obtiennent naturellement, en rangeant dans l'ordre des tierces les sons de la gamme du mode majeur, et qui, par conséquent, n'embrassent entre leurs termes extrêmes que six quintes, quand on en rapporte les termes sur l'échelle générale des quintes; ce sont les accords désignés par les lettres A, B, C, D, E, F et G, au nombre de sept, *accords-types* d'autant de familles distinctes.

Viennent ensuite les *accords mixtes* appartenant à l'un ou à l'autre type du mode mineur, savoir les accords désignés par les lettres : A'; B' et B''; C' et C''; D'; E' et E''; F' et F''; H et H'; I; J.

En troisième lieu viennent des accords qui n'appartiennent naturellement ni à l'un ni à l'autre type du mode mineur, mais qui n'embrassant qu'une étendue-maximum de 9 quintes, et présentent le caractère commun aux accords naturels et mixtes consistant en ce que l'évaluation des distances de leurs fonctions à leur note fondamentale peut s'effectuer en tierces majeures et mineures, sans l'intervention de sons étrangers à l'aggrégation, ne peuvent, par ces deux raisons, être classés parmi les *accords altérés* proprement dits, bien qu'on ne puisse les obtenir que par l'altération des fonctions des *accords naturels*. Ces accords sont ceux désignés par les lettres B'''; E'''; F'''; G'; J' et K. Ce dernier (l'accord K) est un *accord-type*, le seul de son espèce dans les limites de la tonalité moderne. Les accords de cette troisième catégorie forment la transition entre ceux qui se trouvent naturellement dans les échelles des modes majeur et mineur et les *accords altérés* proprement dits. Les adeptes de la théorie fouriériste les désigneraient sans doute par le nom d'*accords ambigus*, expression qui exprime bien leur fonction dans l'ensemble du système, et que nous adopterons pour cette raison. Déjà nous avons signalé des accords semblables dans les classes précédentes; tel est, entre autres, l'accord désigné par la lettre J dans la classe de ceux de onzième. (Voir chapitre XVII, le §. 341, et page 426, fig. 180, un exemple de l'emploi de cet *accord ambigu* J_6).

En quatrième et dernier lieu viennent les *accords altérés* proprement dits, embrassant depuis 10 jusqu'à 15 quintes inclusivement, au nombre de 84.

Ces quatre catégories, formant onze familles distinctes, présentent un ensemble de 111 *accords de treizième*, parmi lesquels on trouve : 7 *accords naturels*; 14 *accords mixtes*; 6 *accords ambigus*, et 84 *accords altérés*.

Il s'agit maintenant de mettre en œuvre ces nouvelles richesses harmoniques. Sans avoir la prétention d'épuiser ce vaste sujet, sans même nous arrêter sur chaque accord en particulier, comme nous l'avons fait pour les classes précédentes, nous donnerons du moins quelques indications et quelques exemples en faveur de ceux qui, comme nous, pensent que, même après Mozart et Beethoven, il reste quelque chose à faire dans la science harmonique.

CHAPITRE XX.

DE L'EMPLOI DES ACCORDS DE TREIZIÈME.

§. 385. Les accords de treizième sont essentiellement des *accords multiples*. Un seul *accord naturel* de cette classe reproduit, dans ses renversements, tous les autres accords naturels. Par exemple, l'accord naturel désigné par A reproduit, dans ses renversements, les accords B, C, D, E, F et G. — De même, l'un quelconque des *accords mixtes* appartenant à l'un des types de la gamme mineure, reproduit, dans ses renversements, tous les autres accords mixtes appartenant au même type. Par exemple, l'accord I reproduit les accords B′, C′, D′, E′, F′ et H qui, comme lui, appartiennent au 1er type du mode mineur; et l'accord J, qui appartient au second type, reproduit les accords A′, B″, C″, E″, F″ et H′ qui se rapportent à ce même second type.

Les *accords ambigus* jouissent de la même propriété de pouvoir se transformer les uns dans les autres. Ainsi, par exemple, l'accord K, qui appartient à cette catégorie, donne, dans ses renversements, les accords B‴, E‴, F‴, G′ et J′.

Les *accords altérés*, par l'intervention de l'*enharmonie*, se prêtent aux mêmes transformations, comme on le verra ci-après au chapitre consacré à ces accords.

Cette faculté de transformation, qui se manifeste plus complètement dans les accords à mesure que s'accroît le nombre de leurs sons constitutifs, est d'une haute importance, au double point de vue théorique et pratique.

A l'origine du système, on trouve le son, duquel émanent les accords, selon la profonde conception de M. Marx, de Berlin, qui ainsi, le premier, a posé le problème harmonique (1).

Viennent ensuite les *intervalles harmoniques* ou *accords de deux sons*; puis successivement ceux de *trois*, de *quatre*, de *cinq*, de *six* et de *sept* sons, connus sous les noms d'ACCORDS de *quinte*, de *septième*, de *neuvième*, de *onzième* et de *treizième*.

L'accord naturel de treizième embrasse tous les sons de la gamme diatonique, qu'il présente ainsi dans leur *simultanéité*. Un et multiple, il contient tous les *accords naturels* des classes inférieures. Or, comme, d'une part, les accords soit *mixtes*, soit *ambigus*, soit *altérés* de ces diverses classes, peuvent être considérés comme provenant de *l'altération des accords naturels* de leurs classes respectives, et comme, d'autre part, un accord quelconque, et par conséquent *l'accord de treizième* lui-même, émane de sa note fondamentale, on est amené à voir toute l'harmonie comme renfermée *dans un seul accord*, ou plutôt dans le SON lui-même; revenant ainsi, d'une manière élaborée, à l'origine du système, ce que l'on pouvait voir d'ailleurs *à priori*; car s'il n'en était pas ainsi, le système harmonique serait évidemment impossible.

Nous bornerons là, du moins présentement, ces considérations générales, pour en venir enfin au fait harmonique, c'est-à-dire à la réalisation pratique des accords de treizième dont les tableaux précédents nous ont fait connaître la formation et la nomenclature.

Emploi des accords de treizième, naturels et mixtes, à 3, 4, 5, 6 et 7 parties réelles.

§. 386. Les divers modes d'emploi de ces accords sont fondés sur les diverses manières de les envisager, c'est-à-dire sur les diverses manières de les concevoir décomposés en accords plus simples. Ainsi, comme un accord de treizième peut-être conçu d'a-

---

(1) Pour résoudre ce problème, il fallait expliquer COMMENT un accord émane de sa fondamentale; or, c'est ce que montrent nos formules (A_m) et (Ω_m) du §. 35, qui, en même temps, établissent la *liaison systématique* des accords, basée sur leur IDENTITÉ PRIMITIVE.

STRUCTURE DES ACCORDS.

bord comme présentant la RÉUNION SYSTÉMATIQUE d'un *accord de quinte* et d'un *accord de neuvième* :

Accord de neuvième dom. majeure.
A.   ut—mi—sol—si—ré—fa—la.
Acc. parf. majeur.

On pourra, sous ce point de vue, le traiter en résolvant l'accord dissonant (qui a pour fondamentale la fonction de quinte de l'accord complet) sur l'accord de trois sons qui, en quelque sorte, lui sert de base. Il est bien entendu que toutes les fonctions dissonantes devront être préparées par les accords précédents.

§. 387. Une seconde manière d'envisager un accord de treizième, consiste à le concevoir comme offrant la RÉUNION SYSTÉMATIQUE d'un *accord de septième* et d'un *accord de neuvième*.

Accord de neuvième.
E.   sol—si—ré—fa—la—ut—mi.
Accord de 7e dominante.

Ici, comme sous le premier point de vue, c'est encore la fonction de quinte de l'accord complet qui est la fondamentale de l'un des accords partiels; et c'est la fondamentale même de l'accord de treizième qui est celle de l'autre accord. La relation de position de ces fondamentales indique clairement qu'il faut résoudre d'abord l'accord de neuvième, à la quinte inférieure, sur celui de septième, puis enfin ce dernier selon les règles connues.

§. 388. Un troisième mode de décomposition consiste à concevoir l'accord de treizième comme offrant la RÉUNION SYSTÉMATIQUE de deux *accords de neuvième* :

Accord de neuvième.
E.   sol—si—ré—fa—la—ut—mi.
Accord de 9e domin. majeure.

Ici, comme dans les deux modes précédents, les fondamentales des accords partiels sont toujours : 1° la fonction de quinte de l'accord complet; 2° la fondamentale de ce même accord complet.

§. 389. Enfin, on peut encore concevoir l'accord de treizième comme formé de la RÉUNION SYSTÉMATIQUE d'un *accord de neuvième* et d'un *accord de onzième*.

<pre>
                       Accord de neuvième.
                      ⌢⌢⌢⌢⌢⌢⌢⌢⌢⌢⌢⌢⌢⌢⌢⌢
     E.   sol—-si—-ré—-fa—-la—-ut—-mi.
                ⌣⌣⌣⌣⌣⌣⌣⌣⌣⌣⌣⌣⌣⌣⌣⌣⌣⌣
                      Accord de onzième.
</pre>

Ici encore, les fondamentales des accords partiels sont les fonctions de quinte et de fondamentale de l'accord complet.

Ces quatre modes de décomposition de l'accord de treizième s'appliquent plus ou moins complètement à tous les accords de cette classe. Les uns, comme l'accord E par exemple, se prêtent également bien à ces quatre modes de décomposition; les autres ne les admettent pas tous également bien, surtout parmi les *accords altérés*; mais, dans le plus grand nombre de cas, on pourra toujours rattacher l'emploi de l'accord de treizième à l'un des modes susdits.

§. 390. Avant de donner des exemples pratiques de l'emploi des accords de treizième, il est nécessaire de faire remarquer que, par rapport à la fondamentale d'un tel accord, les fonctions de *onzième* et de *treizième* ne sont point dissonantes, et qu'elles n'ont ce caractère que par rapport à d'autres fonctions, surtout par rapport à la *fonction de quinte* avec laquelle elles sont dissonantes *toutes deux*. Il résulte de là qu'à trois parties, on ne donnerait nullement l'idée de l'accord de treizième, en joignant à la *fondamentale* les *fonctions de onzième et de treizième;* on n'obtiendrait, en effet, de cette manière, rien de plus qu'un simple accord de quinte dans son second renversement.

<pre>
                    Fondam.   Onz.   Treiz.
   Par exemple :   sol— . — . — . — . —ut—mi.
</pre>

Mais si aux *fonctions* de *fondamentale* et de *treizième* on joint celle de septième qui est dissonante avec l'une et avec l'autre,

<pre>
        fondam.   septième.   treizième.
        sol— . — . —fa— . — . —mi.
</pre>

l'accord de treizième sera parfaitement caractérisé, bien que l'harmonie ne soit réalisée qu'à trois parties. En voici un exemple :

STRUCTURE DES ACCORDS.

Fig. 208.

NOTA. Dans cette figure, l'accord de treizième propre à la dominante, se rencontre deux fois (mesures 2 et 9); et *l'accord mixte* F^l qui appartient à la dominante, en mode mineur 1er type, y paraît dans la quatrième mesure. Ces deux accords de treizième sont réalisés par leurs *fonctions* caractéristiques de *fondamentale*, de *septième* et de *treizième*. De plus, comme cette dernière fonction se résout *avant* celle de septième, l'harmonie de notre exemple se rapporte évidemment au second mode de décomposition signalé §. 387.

§. 391. A 4 parties, aux fonctions indiquées au paragraphe précédent, on ajoutera celle de *tierce* ou celle de *onzième*.

```
 Fond.  Tierce.   Septième.           Treiz.
 sol—si—  .  —fa—  .  —  .  —mi.
```

```
 Fond.            Sept.       Onz.  Treiz.
 sol—  .  —  .  —fa—  .  —ut—mi.
```

Comme dans la figure suivante :

Fig. 209.

NOTA. Dans cette figure, on trouve d'abord en (*a*), mesures 2, 4 et 9, la réalisation des accords de treizième E et F' (voir les tableaux) au moyen de leurs *fonctions* de *fondamentale*, de *tierce*, de *septième* et de *treizième*. — En (*b*), mesure 2, la *fonction de onzième* (ut) a pris la place de la *fonction de tierce* (si) de *l'accord naturel* E. — Dans les mesures signalées jusqu'ici, l'emploi de l'accord de treizième doit être rapporté au second mode de décomposition (voir le §. 387) puisque la *fonction de septième* se résout *après* les *fonctions* de *onzième* et de *treizième*. En (*a*) comme en (*b*) on trouve, mesure 5, l'emploi de *l'accord mixte* H (qui a pour siége le sixième degré, mode mineur, 1ᵉʳ type); cet accord y est réalisé au moyen de ses *fonctions de fondamentale*, de *neuvième*, de *onzième* et de *treizième;* ici l'emploi de l'accord se rapporte évidemment au premier mode de décomposition (voir le §. 386), puisque les fonctions dissonantes se résolvant ensemble, amènent au second temps de la mesure l'accord parfait qui a même fondamentale que l'accord de treizième. — Signalons aussi en (*b*), mesure 7, l'emploi de *l'accord naturel* F (voir le tableau de la page 506), transposé en *fa* majeur et réalisé de la même manière que *l'accord mixte* H. — Enfin, en (*b*), mesures 4, 6 et 9, on remarquera le redoublement de la *fondamentale* de *l'accord de treizième*, laquelle descendant diatoniquement sur la *fonction de septième*, pendant que celle de *treizième* descend aussi dans la partie supérieure sur celle de quinte, amène une disposition élégante souvent employée par quelques auteurs modernes, entre autres par F. Mendelssohn-Bartholdy.

Quant au chiffrage, on peut sans inconvénient remplacer les chiffres 13 et 11 par leurs équivalents 6 et 4, en ayant soin d'écrire ces derniers au-dessus des autres chiffres; on peut encore indiquer par des barres horizontales les prolongations des fonctions consonnantes qui *préparent* celles de onzième et de treizième de la manière suivante:

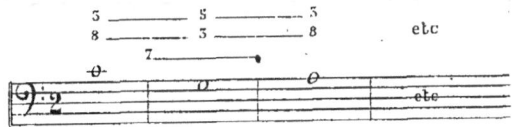

Ce dernier mode de chiffrage mérite la préférence à cause de sa clarté et de sa simplicité.

§. 392. L'harmonie à 5 parties permet l'emploi des accords de treizième sous plusieurs formes que nous allons faire connaître successivement.

Et d'abord, on peut aux *fonctions* qui caractérisent l'accord à 3 parties (voir le §. 390), ajouter celles de *neuvième* et de *onzième*, en ayant soin de les *préparer* et de les *résoudre* en DESCENDANT, soit ensemble, soit séparément, après ou avant la *fonction de trei-*

zième; celle de *septième* devra être résolue la dernière. Voici deux exemples de cette disposition :

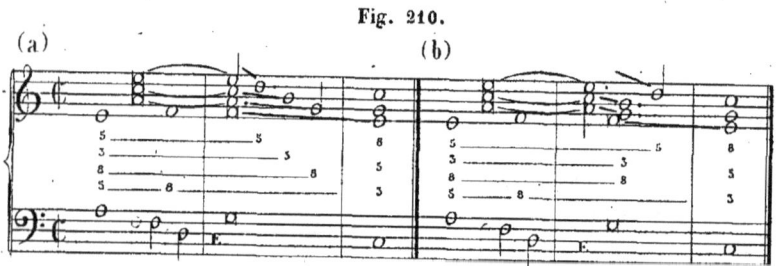

Fig. 210.

NOTA. Outre l'emploi de l'accord naturel de treizième E, on peut encore remarquer dans ces exemples l'emploi de l'accord de neuvième du second degré en mode majeur, accord peu connu et encore peu employé, que nous avons décrit, chapitre X, sous les §§. 156 et 158, où nous en avons donné des exemples pratiques.

§. 393. La partie supérieure est, en général, la place la plus convenable pour la *fonction de treizième* des accords naturels et mixtes que nous étudions, surtout quand ces accords ne sont pas renversés : néanmoins on peut, dans certains cas, placer la susdite fonction dans une partie intermédiaire. Par exemple, en partant de *l'accord de septième dominante* à l'état direct, et plaçant la fonction de septième de cet accord dans la partie supérieure, on peut, à cinq parties, amener sur les temps faibles, et *sous forme* de notes passagères, les fonctions de neuvième, de onzième et de treizième, pendant que celle de septième reste immobile dans la partie supérieure. Cette manière d'employer l'accord de treizième E, qui a son siège sur la dominante, se rencontre déjà dans quelques compositions modernes pour le piano ; elle est remarquable par son élégance et par la finesse de son effet. En voici la réalisation :

Fig. 211.

524 LIVRE PREMIER.

§. 394. Les accords de treizième, comme ceux de onzième, se réalisent souvent sous la forme de *suspensions triples* ou *quadruples*. Par exemple, l'harmonie suivante, qui est fréquemment employée, et que déjà nous avons signalée au §. 294, fig. 146, présente l'emploi à cinq parties d'un véritable accord de treizième.

Fig. 212.

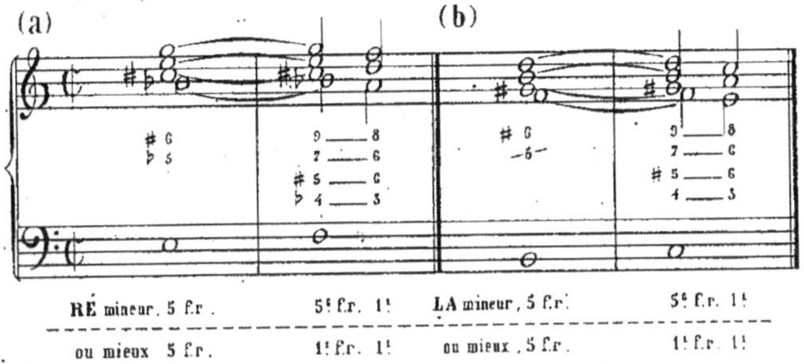

(a) (b)

RÉ mineur. 5 f.r .   5! f.r. 1!   LA mineur, 5 f.r.   5! f.r. 1!
ou mieux 5 f.r.   1! f.r. 1!   ou mieux, 5 f.r.   1! f.r. 1!

NOTA. Dans l'exemple du §. 294, nous n'avons indiqué qu'un seul chiffrage inférieur, en rapportant l'accord en question à la *dominante*. Mais rien n'empêche de le rapporter à la *tonique*, et, par exemple en (b), au lieu de prendre *mi* pour note fondamentale de l'accord qui occupe le premier temps de la seconde mesure, on pourrait prendre la note *la* pour cette fondamentale; et ainsi, l'accord au lieu d'être:

$$mi—sol\sharp—si—ré—fa—la—ut$$

employé dans son renversement complet, serait au contraire:

$$la—ut—mi—sol\sharp—si—ré—fa,$$

employé dans son premier renversement.

Cette seconde manière de voir a l'avantage de s'acccorder avec la *théorie* connue des *suspensions*. D'ailleurs elle semble plus naturelle, aussi la préférons-nous. — Mais une distinction importante à faire entre notre théorie et celle généralement admise, c'est que, dans cette dernière, les *suspensions*, *prolongations* ou *retards* ne sont considérés que comme des artifices qui ne tiennent point au fond du système harmonique, tandis que pour nous ces artifices prétendus ne sont que les *formes* sous lesquelles se réalisent les *accords de onzième* et de *treizième*.

STRUCTURE DES ACCORDS.

Emploi des accords de treizième à 6 et à 7 parties.

§. 395. A six parties, on peut réaliser l'accord de treizième soit en faisant intervenir *six fonctions différentes*, soit en *doublant* deux de celles que l'on emploie à 4 parties, ou l'une des fonctions employées dans l'harmonie à 5 parties.

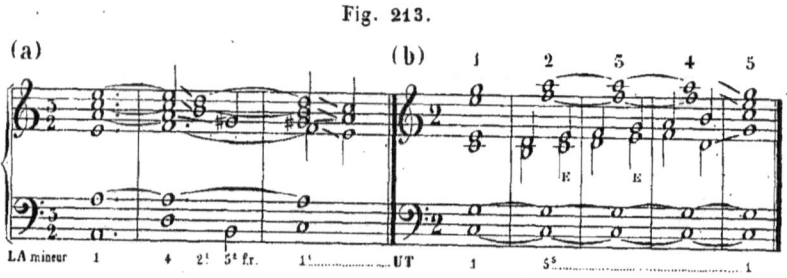

Fig. 213.

NOTA. Dans l'exemple (a), *l'accord mixte de treizième* qui a son siége sur le premier degré en mode mineur, est employé avec six fonctions différentes, la quinte seule manque. — En (b), l'accord de treizième de la dominante en mode majeur se montre avec le doublement soit de la fonction de onzième (mesure 2), soit avec celui de la note fondamentale (mesure 3). Cet accord de treizième y est précédé et suivi de *l'accord de onzième* qui a la même fondamentale, lequel dernier fait sa résolution sur l'accord parfait de la tonique.

§. 396. A 7 parties, on réalise facilement l'accord de treizième en doublant quelques notes; mais on peut aussi produire l'accord *avec toutes ses fonctions* en ayant soin de ne point les *attaquer* toutes ensemble. Comme ce cas paraît le plus difficile à traiter, nous en donnerons deux exemples :

Fig. 214.

NOTA. Dans ce premier exemple, *l'accord de treizième* que nous avons désigné par A (page 492), est employé par déplacement sur la dominante dans le ton de *fa* majeur ; il fait sa résolution *à la quinte inférieure* sur l'accord du premier degré. La fonction de tierce de cet accord (le *mi*) est placée dans la partie supérieure au second temps de la seconde mesure, où l'on entend à la fois TOUTES LES NOTES DE LA GAMME DIATONIQUE MAJEURE ; or, nous ne pensons pas qu'une oreille délicate en soit offensée.

Voici maintenant le second exemple, il est écrit pour le genre instrumental :

Fig. 215.

NOTA. On trouve ici une formule de cadence en UT majeur. *L'accord mixte de treizième*, qui a son siége sur la tonique en mode mineur et que nous avons désigné par B' (voir page 495), est employé ici, par déplacement, sur le second degré en mode majeur. Préparé dans la première mesure, cet accord se montre dans notre exemple *avec toutes ses fonctions*, au premier temps de la seconde mesure, où l'on voit à la fois TOUTES LES NOTES DE LA GAMME DIATONIQUE MINEURE. Or, nous ne pensons pas qu'un puriste trouve ici quelque chose à redire.

Les exemples précédents, qu'il serait facile de multiplier, établissent la preuve de fait de ce que les accords de 7 sons et, par conséquent, TOUTES LES NOTES DE LA GAMME DIATONIQUE, peuvent être employées ensemble ; ce qui ne veut pas dire qu'on puisse les *attaquer* ainsi, mais seulement qu'on peut les faire *coexister*. Or, le nom D'ACCORD s'applique, ou du moins doit s'appliquer, en général, aux *sons qui peuvent coexister ;* et quand on n'applique ce nom qu'à ceux qui jouissent de la propriété de pouvoir être *attaqués* simultanément, on n'envisage qu'une face de la question. C'est ainsi que M. Fétis, par exemple, a été amené à n'admettre que *trois accords*, et à classer toutes les autres agrégations de sons parmi les *artifices* harmoniques !

Digression concernant quelques passages de la neuvième symphonie de Beethoven.

La symphonie avec chœurs, sur laquelle nous avons l'honneur de partager l'opinion de Berlioz, Liszt, Richard Wagner (1) et de quelques autres artistes d'élite qui ne font que devancer le jugement de la postérité, cette symphonie, « LA PLUS MAGNIFIQUE EXPRESSION DU GÉNIE DE BEETHOVEN, » contient des agrégations de notes « auxquelles, dit [Berlioz dans *ses études sur Beethoven*, il est vraiment
» impossible de donner le nom d'accords; et nous devrons reconnaître, ajoute ce
» digne appréciateur, que la raison de ces anomalies nous échappe complètement.
» Ainsi, à la page 17 de l'admirable morceau dont nous venons de parler (le premier de la symphonie), on trouve un dessin mélodique de clarinettes et bas-
» sons, accompagnés de la façon suivante dans le ton d'*ut* mineur. La basse frappe
» d'abord le *fa dièse* portant *septième diminuée*, puis *la bémol* portant *tierce, quarte*
» et *sixte augmentée*, et enfin *sol*, au-dessus duquel les flûtes et hautbois frap-
» pent les notes *mi bémol, sol, ut*, qui donneraient un accord de *sixte et quarte*,
» résolution excellente de l'accord précédent, si les seconds violons et altos ne ve-
» naient ajouter à l'harmonie les deux sons *fa naturel* et *la bémol*, qui la déna-
» turent et produisent une confusion fort désagréable et heureusement fort courte.
» Ce passage est peu chargé d'instrumentation et d'un caractère tout-à-fait exempt
» de rudesse, je ne puis donc comprendre cette quadruple dissonance si étrangement
» amenée et que rien ne motive. On pourrait croire à une faute de gravure; mais
» en examinant bien ces deux mesures et celles qui précèdent, le doute se dissipe,
» et l'on demeure convaincu que telle a été réellement l'intention de l'auteur. »

Il nous paraît évident que Beethoven a, dans l'endroit cité par Berlioz, voulu réaliser *l'accord mixte de treizième* qui a son siége sur la dominante du mode

---

(1) Nous engageons les lecteurs français qui ne connaîtraient le nom de Richard Wagner que par les *Lettres aux Compositeurs dramatiques*, signées Fétis père, et publiées, en décembre 1853, dans la *Revue et Gazette musicale de Paris*, à lire la brochure de F. Liszt, intitulée : *Lohengrin et Tannhœuser*, par Richard Wagner (Leipzig, F. A. Brockhaus, 1851); là, du moins, un homme de génie est apprécié par un de ses pairs. — Récemment, au festival de Carlsruhe) 3 et 5 octobre 1853), nous avons eu le bonheur d'entendre exécuter, sous l'intelligente et chaleureuse direction de Liszt, plusieurs fragments du *Lohengrin*, et nous déclarons, devant Dieu et devant les hommes, que cette musique nous a paru sublime!

L'ouverture du *Tannhœuser*, que M. Fétis traite de *Pandémonium immusical*, admirablement exécutée, le 3 octobre, par les orchestres réunis de Mannheim, de Carlsruhe et de Darmstadt, a excité les transports d'enthousiasme de tout l'auditoire, et cela au point qu'on l'a redemandée pour le concert du 5, dans lequel elle a produit pour le moins autant d'effet que la première fois.

Pandémonium immusical! le mot est curieux, et tout aussi juste que celui de *monstrueuse folie* appliqué par quelques critiques à la neuvième symphonie, qui n'a point encore reçu la *consécration parisienne*, sans doute par l'influence de ces intelligents critiques. *Vous pouvez donc vous consoler, ô noble Wagner!*

mineur, accord désigné par la lettre F' dans notre tableau, page 506. Cet accord dans le ton d'*ut* mineur est :

$$\overbrace{sol—si\natural—ré—fa—la\flat—ut—mi\flat}$$

Or, Beethoven qui, dans ce passage de sa symphonie, n'avait besoin que de 5 parties réelles, emploie l'accord en question avec ses fonctions de fondamentale, de septième, de neuvième, de onzième et de treizième :

fond. sept. neuv. onz. treiz.
sol— . —— . —*fa*—*la*♮—-*ut*—-*mi*♭

et il forme de cette agrégation deux groupes distincts présentant chacun un accord parfait mineur. Le premier de ces groupes, formé des sons *ut—mi*♭—*sol*, est confié aux instruments à vent (flûte, hautbois, clarinettes et bassons); le second, formé des sons *fa—la*♭—*ut*, est donné aux instruments à cordes (l'alto et les deux violons); et les basses (violoncelles et contrebasses) prononçant la note *sol*, fondamentale commune aux deux groupes, soutiennent ainsi tout l'édifice harmonique.

Considéré séparément, chaque groupe est admissible sur cette basse *sol*. Celui des instruments à cordes réalise avec la basse un véritable *accord de onzième* qui a son siège sur la dominante en mode mineur, accord déjà employé par beaucoup de compositeurs, et absolument de la même manière.

Le groupe confié aux instruments à vent formerait évidemment, considéré seul au-dessus de la basse, un accord de *sixte et quarte*, résolution excellente de l'accord précédent, comme le remarque judicieusement le grand symphoniste français; mais *il n'y a pas de faute de gravure, telle a été réellement l'intention de l'auteur;* oh! alors, on ne peut isoler ces groupes, encore moins sacrifier l'un à l'autre; il faut les accepter tous deux *sur la même fondamentale* SOL dont ils émanent suivant notre loi suprême (voir le §. 35). Nous tenons donc pour certain que Beethoven a voulu réaliser, avec 5 de ses fonctions caractéristiques, *l'accord de treizième qui a son siège sur la dominante en mode mineur*. En partageant l'agrégation en deux groupes présentant chacun un accord parfait mineur, en superposant ces accords, et surtout, en confiant l'un aux instruments à vent et l'autre aux instruments à cordes, il comptait évidemment sur *l'opposition des timbres* pour les faire distinguer par l'organe auditif; malheureusement, le *sol* placé dans le premier hautbois, *au-dessus* du *la*♭ du second violon, détruit toute cette belle économie; cette note *sol* ne serait pas admissible dans cette position, même avec un simple accord de *neuvième dominante mineure*. Que l'on enlève ce *sol* malencontreux, et presque toute dureté aura disparu. Il serait facile, d'ailleurs, par une autre disposition des parties, de la faire disparaître entièrement; mais nous n'avons pas la prétention de corriger Beethoven.

Bien mieux, nous croyons qu'en vertu d'une faculté que ce maître possédait au suprême degré, et sans laquelle la création des œuvres musicales serait impossible, sens intime du compositeur, infiniment plus subtil que l'organe auditif sensible; nous

STRUCTURE DES ACCORDS.

croyons, disons-nous, que Beethoven distinguait au fond de son être, avec autant de clarté qu'on les distingue à la simple *vue* de la partition, les *deux accords parfaits* superposés à la dominante dont il vient d'être question. Privé, depuis longtemps de l'usage de l'ouïe, alors qu'il composait son immortel chef-d'œuvre, étranger en quelque sorte au monde extérieur, le grand homme s'élevait dès-lors, porté sur les ailes de son génie, vers les sphères éternelles dont *la symphonie avec chœurs* nous donne le sublime pressentiment, et il oubliait parfois les conditions imposées à l'audition de l'homme mortel.

Dans le cours de son intéressante étude sur la neuvième symphonie, Berlioz mentionne « plusieurs pédales hautes et moyennes sur la tonique, passant au travers
» de l'accord de dominante » qu'on remarque dans le *Scherzo vivace.* « Mais, dit-il,
» j'ai déjà fait ma profession de foi au sujet de ces tenues étrangères à l'harmonie
» (*that is the question*), et il n'est pas besoin de ce nouvel exemple pour prouver
» l'excellent parti qu'on en peut tirer quand le sens musical les amène naturelle-
» ment. »

Nous sommes de l'avis du célèbre artiste; seulement nous disons, contrairement à l'opinion reçue, que les pédales de tonique, hautes, moyennes et graves, passant au travers de l'accord de dominante, ne sont point étrangères à l'harmonie, mais qu'elles en sont partie intégrante; qu'elles l'enrichissent en introduisant sur la dominante une *fonction nouvelle,* celle de *onzième,* élevant ainsi l'accord au rang *d'accord de six sons,* lequel, dûment préparé par l'accord précédent, fait sa résolution *à la quinte inférieure* sur l'accord parfait de la tonique. (Voir, page 349, la courte digression sur la pédale.)

L'adagio cantabile qui suit le *scherzo* ne présente au digne appréciateur de Beethoven aucune agrégation inusitée à relever. « La beauté des mélodies, la grâce infinie des ornements dont elles sont couvertes, les sentiments de tendresse mélancolique, d'abattement passionné, de religiosité rêveuse qu'elles expriment, « tout enfin est senti par une âme d'artiste et rendu avec un rare bonheur d'expression. En terminant l'analyse de ce magnifique *adagio*, Berlioz s'écrie : « Si ma prose pouvait
» en donner une idée seulement approximative, la musique aurait trouvé dans la
» parole écrite une émule que le plus puissant des poètes lui-même ne parviendra
» jamais à lui opposer. » Mais, arrivé à la seconde partie de la symphonie, au moment où les voix vont s'unir à l'orchestre, au début de la furibonde ritournelle qui annonce le récitatif instrumental, notre auteur remarque l'appoggiature *si bémol* frappée en même temps par les flûtes, hautbois et clarinettes, au-dessus de l'accord de sixte majeure *fa, la, ré.* « Cette sixième note du ton de *ré mineur* grince hor-
» riblement, dit-il, contre la dominante et produit un effet excessivement dur. Cela ex-
» prime bien la fureur et la rage, mais je ne vois pas ce qui peut exciter ici un senti-
» ment pareil, à moins que l'auteur, avant de faire dire à son coryphée : *Com-*
» *mençons des chants plus agréables*, n'ait voulu, par un bizarre caprice, calomnier
» l'harmonie instrumentale. » . . . .
. . . .

Plus loin, le même passage reparaît, à la reprise de la ritournelle *presto* déjà citée, qui annonce cette fois le récitatif vocal. « Le premier accord, continue » l'analyste, est encore posé sur un *fa* qui est censé porter *tierce* et *sixte*, et qui » les porte réellement; mais cette fois l'auteur ne se contente pas de l'appoggiature » *si bémol*, il y ajoute celle du *sol*, du *mi* et de l'*ut dièze*, de sorte que TOUTES » LES NOTES DE LA GAMME DIATONIQUE MINEURE se trouvent frappées en même » temps et produisent l'épouvantable assemblage de sons *fa*, *la*, *ut dièze*, *mi*, » *sol*, *si bémol*, *ré*. » Et plus loin, Berlioz avoue qu'il a beaucoup cherché la raison des deux discordances introduites évidemment avec intention par Beethoven aux deux instants qui précèdent l'apparition successive du récitatif dans les instruments et dans la voix; mais il déclare que la raison de cette idée lui est inconnue.

On nous a assuré, en Allemagne, que R. Wagner a écrit un commentaire sur la neuvième symphonie : mais nous avons fait d'inutiles recherches pour nous procurer cet ouvrage, dans lequel la musique de Beethoven serait interprétée par le Faust de Gœthe?

Dans cette hypothèse, le cri de colère qu'exprime à deux reprises la ritournelle placée avant les récitatifs, se traduirait par les blasphèmes de Méphistophélès, à l'approche des légions d'anges, dans la dernière partie du second Faust. — Quoi qu'il en soit, l'accord inusité que Beethoven a employé aux endroits cités du *presto*, n'est autre que *l'accord mixte* B^l, inscrit le second, page 495, dans le tableau des accords formés au moyen de 9 tierces majeures associées à 12 tierces mineures. Nous avons donné, sous le §. 396, fig. 215, la réalisation de cet accord à 7 parties réelles; et, certes, si Beethoven avait voulu en adoucir l'effet, il l'aurait pu facilement, comme le prouve notre exemple. Aussi son intention de produire les deux discordances signalées par Berlioz nous paraît-elle ainsi prouvée surabondamment.

CHAPITRE XXI.

DES ACCORDS DE TREIZIÈME AMBIGUS ET ALTÉRÉS ET DE LEUR EMPLOI A 3, 4, 5, 6 ET 7 PARTIES RÉELLES.

§. 397. Les diverses familles de treizième se lient intimement, par la faculté de transformation que possèdent les accords de sept sons, faculté que nous avons fait remarquer précédemment (voir le §. 385) dans les *accords naturels*, dans les *accords mixtes* et même dans les *accords ambigus*. Ces derniers, qui forment la transition entre ceux qui se trouvent naturellement dans les échelles

STRUCTURE DES ACCORDS.

des modes majeur et mineur, et les *accords altérés* proprement dits (voir page 516, la REMARQUE), ne comptent qu'un seul *accord-type*, savoir l'accord désigné par la lettre K, accord unique formé au moyen de 14 tierces majeures associées à 7 tierces mineures (voir page 515). Cet *accord-type* K donne, par ses renversements, tous les autres *accords ambigus* de la présente classe, c'est-à-dire les accords B''', E''', F''', G', J ; et cette faculté de transformation le rattache aux autres familles de l'accord de treizième.

Cette faculté de se transformer les uns dans les autres que possèdent si complètement les *accords naturels* de treizième d'une part, les *accords mixtes* d'autre part, et enfin les *accords ambigus* de 7 sons, appartient aussi aux *accords altérés*. Seulement *tous* les renversements de ces derniers accords ne sont point nécessairement de véritables accords de treizième. Ainsi, par exemple, l'accord :

A''   sol—si—ré♯—fa—la—ut—mi

inscrit le troisième au tableau de la page 492, donnera, dans son premier renversement, c'est-à-dire en prenant la note *si* pour fondamentale, un véritable accord de treizième, nommément l'accord désigné par C''' au tableau de la page 498, mais le *second renversement* de cet accord, savoir :

ré♯—fa—la—ut—mi—sol—si

ne constitue point un véritable *accord de treizième* ayant ré♯ pour fondamentale, à cause de l'intervalle de *tierce diminuée* (ré♯–fa), qui, DANS AUCUNE CLASSE D'ACCORDS, ne peut exister entre les *fonctions* de *fondamentale* et de *tierce*.

Le *troisième renversement* du même accord A'', savoir, l'aggrégation :

fa —la—ut—mi—sol—si—ré♯

ne constitue pas non plus un véritable *accord de treizième*, à cause de l'intervalle *fa——ré♯* de *sixte augmentée* ou *treizième augmentée*, qui n'est pas admissible entre les fonctions de *fondamentale* et celle de *treizième* dans les accords de 7 sons. (Voir, au chapitre XVIII, sous le §. (382)'' ce que nous disons de l'étendue à donner à l'intervalle de treizième.)

Mais si les second et troisième renversements de *l'accord altéré* A'', ne constituent point de véritables accords de treizième, le *quatrième renversement* de cet accord :

$$la—ut—mi—sol—si—ré\sharp—fa,$$

est un accord de treizième dont il est facile de reconnaître l'identité avec l'accord désigné par B^{vii} au tableau de la page 495.

De même le *cinquième* renversement de *l'accord* A'', savoir :

$$ut—mi—sol—si—ré\sharp—fa—la$$

donne un véritable accord de treizième ayant *ut* pour fondamentale ; cet accord est identique à celui désigné par D'' dans le tableau de la page 501.

Enfin le *sixième renversement* de l'accord A'', c'est-à-dire l'agrégation :

$$mi—sol—si—ré\sharp—fa—la—ut,$$

est aussi un véritable *accord de treizième*, nommément l'accord désigné par F^{iv} dans le tableau de la page 506, ce qu'il est facile de reconnaître par la transposition.

Ce que nous venons de dire pour l'accord altéré A'', s'applique à tous les *accords altérés* de la présente classe. On reconnaîtra facilement, par exemple, que l'accord A''' se transforme en B^{iv}, C^{iv}, E^{iv}, G'', selon le renversement que l'on considère ; — que l'accord suivant A^{iv}, qui embrasse onze quintes entre ses termes extrêmes, quand on le rapporte sur l'échelle des quintes, se transforme successivement en C^{v}, E^{vii} et F^{vii}, selon que l'on considère son *premier*, son *second*, ou son *sixième* renversement ; et l'on verra facilement que les *troisième*, *quatrième* et *cinquième* renversements du susdit accord A^{iv}, ne constituent point de véritables accords de onzième.

En continuant cet examen des *accords altérés* compris dans nos tableaux, on trouve que l'accord A^{v}, qui, comme le précédent A^{iv}, n'embrasse que onze quintes, peut se transformer en C^{viii}, E^{viii} et F^{viii} qui, nécessairement, embrassent la même étendue. L'accord suivant A^{vi}, donne : B^{viii}, J''' et F^{ix}. — L'accord A_{vii} donne : C^{vii}, E^{ix}, G^{iv} et E^{viii}. — L'accord A^{viii} qui embrasse treize quintes, ne donne que les deux accords C^{xi} et E^{xv}. — L'accord A^{ix} en donne trois, savoir: C^{XII}, E^{XIII} et G^{VII}. — L'accord A^X donne les deux accords C^{XIII} et F^{XV}. — L'accord A^{XI} les deux accords C^{IX} et D^{VII}; l'accord A^{XII} ne donne que le seul accord C^X par son *sixième renversement*. — Enfin, l'accord A^{XIII}, qui embrasse quinze quintes (du *ré*♭ au *la*♯), se transforme en F^{XVI}.

Sans pousser plus loin cet examen, on voit que de nombreux rapports existent entre les diverses familles de la présente classe; et, qu'on veuille bien le remarquer, il ne s'agit point seulement ici de rapprochements plus ou moins curieux, mais il s'agit, avant tout, de réalités pratiques, puisqu'à chacune des faces d'un accord de treizième, à celles qui constituent de véritables accords, correspond toujours une RÉSOLUTION NORMALE distincte, c'est-à-dire, une *résolution à la quinte inférieure* de la fondamentale que l'on considère. On peut juger par là des immenses ressources harmoniques que récèlent les accords de treizième dont la plupart sont encore entièrement inconnus.

Mais il nous tarde d'aborder enfin la pratique; nous allons le faire en commençant par les *accords ambigus*.

Réalisation des accords ambigus.

§. 398. L'accord désigné par la lettre K, page 515, est le seul *accord typique* parmi ceux que nous avons désignés par le nom *d'accords ambigus*. Partout, dans nos tableaux, nous avons inscrit ces accords au rang des *accords mixtes*; mais s'ils embrassent la même étendue que ces derniers, il est facile de les en distinguer par ce caractère, qu'on ne les trouve pas naturellement dans la gamme mineure de l'un ou de l'autre type, et qu'il faut par conséquent altérer au moins l'un des sons, soit de la gamme majeure, soit de la gamme mineure pour les obtenir. (Voir page 516, la REMARQUE).

§. 399. Les *accords ambigus* peuvent s'employer soit sous forme *immanente*, soit *transcendantalement*. On sait que nous entendons par *harmonie immanente* celle qui ne dépassant point les limites de la sensation, n'exige point, par conséquent, l'intervention des facultés infinies que récèle l'âme humaine. L'exemple suivant, écrit à 6 parties, se rapporte à cette harmonie:

Fig. 216.

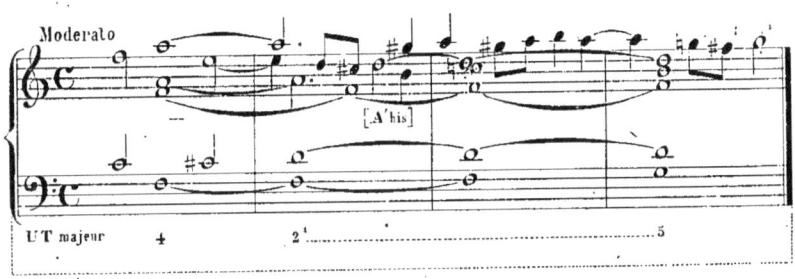

NOTA. L'accord employé dans la seconde mesure de cet exemple a pour fondamentale la note *ré*, second degré de la gamme d'UT majeur. Cet accord est celui-ci :

$$\begin{array}{ccccccc} & \text{Tm}, & \text{QJ}, & \text{SM}, & \text{NM}, & \text{OM}, & \Theta\text{M} \\ \text{ré} & \text{—fa—} & \text{—la—} & \text{—ut}\sharp\text{—} & \text{—mi—} & \text{—sol}\sharp\text{—} & \text{—si} \\ & -3 & +4 & +4 & -3 & +4 & -3 \end{array}$$

Il paraît dans notre exemple avec 6 de ses fonctions, la note *mi*, *fonction de neuvième*, ayant seule été retranchée. C'est à l'extrémité de la mesure qu'apparaît la note *si*, *fonction de treizième*, en même temps que la note *sol*♯, *fonction de onzième*. L'accord en question se transforme, à la troisième mesure, en un simple *accord de septième de seconde espèce* ayant même fondamentale (*ré*), et c'est ce dernier qui effectue sa résolution à la *quinte inférieure*, sur la dominante du ton.

A l'inspection de l'accord de treizième qui nous occupe, il est facile de reconnaître qu'il appartient à la famille d'accords formés *au moyen de onze tierces majeures associées à dix tierces mineures*, et, par conséquent, à la famille inscrite la première dans nos tableaux, c'est-à-dire à celle dont les individus sont désignés par la lettre A diversement accentuée. (Voir page 492).

Cet accord ayant été omis dans le susdit tableau, nous prions le lecteur de l'y replacer entre les accords désignés par A$'$ et A$''$, et, afin de le reconnaître, nous le désignerons ainsi : (A$'$ bis). Cet oubli de notre part était, du reste, facilement réparable, puisque l'accord en question est impliqué dans l'accord K (voir page 515) dont il présente le sixième renversement.

Nous ajouterons, afin de compléter ces renseignements, qu'il provient de l'application des données suivantes : $t = 11$ avec $t' = 10$ (c'est-à-dire onze tierces majeures combinées avec dix tierces mineures), au n° 132 du TABLEAU GÉNÉRAL POUR LA STRUCTURE DES ACCORDS DE 7 SONS, pages 476 et suivantes.

Enfin, pour les mathématiciens, nous dirons que le produit des termes

$$x(x-3)(x+1)(x+5)(x+2)(x+6)(x+3)$$

le distingue de tous les autres accords, et que ce produit doit être intercalé, page 494, entre les accords A$'$ et A$''$.

§. 400. L'harmonie *transcendantale* se distingue de l'harmonie *immanente* par l'intervention d'une *idéalité régulatrice* dépendante de la VOLONTÉ du compositeur. Déjà précédemment, nous avons, à diverses reprises, insisté sur les caractères propres de chacun de ces deux genres distincts d'harmonie; le lecteur n'aura donc aucune difficulté à faire la comparaison de l'exemple suivant et du précédent sous ce rapport.

Fig. 217.
(Modulation de FA ♯ mineur en MI ♭ mineur.)

NOTA. Dans cet exemple, *l'accord ambigu* K occupe la 7ᵉ mesure; il y est employé à 4 parties, et sa résolution, qui est NORMALE, a lieu sur *l'accord de neuvième dominante mineure* du ton de *mi*♭. Au moment de cette résolution, les fonctions de neuvième (le *sol*♯), et de onzième (le *si*), se transforment respectivement en leurs enharmoniques *la*♭ et *ut*♭.

De l'emploi des accords altérés proprement dits.

§. 401. Nous ne pourrions, sans étendre démesurément cet ouvrage, traiter séparément chacun des accords altérés inscrits dans nos tableaux, comme nous l'avons fait jusqu'ici pour les classes précédentes; mais cela n'est vraiment pas nécessaire, car il suffit de bien saisir les principes qui nous servent de guide, pour pouvoir les réaliser tous avec facilité. Déjà ces principes doivent être familiers au lecteur, car nous les avons suivis partout, et les résultats auxquels nous sommes parvenus, paraissent de nature à satisfaire les esprits les plus difficiles. Or, ces principes, pour le traitement des accords dissonants, peuvent se résumer à peu près de la manière suivante :

1° *Tout accord dissonant quelconque a une résolution normale, c'est-à-dire, à la quinte inférieure, sur un accord parfait, ou bien sur un autre accord dissonant, soit immédiate, soit du moins médiate;*

2° *Tout accord (et par conséquent aussi tout accord de treizième) a autant de résolutions normales différentes qu'il a d'aspects ou de renversements formant de véritables accords;*

3° *Les accords des classes inférieures peuvent être élevés au rang d'accords des classes supérieures par l'introduction d'une ou de plusieurs notes idéales régulatrices* (1). (Relire ici le résumé du chapitre XVII, pages 473 et suivantes).

Emploi des accords de treizième embrassant 10 quintes.

§. 402. Il existe des accords embrassant 10 quintes dans toutes les classes d'accords. Comme ce sont les plus simples parmi les *accords altérés,* nous commencerons par eux nos exemples pratiques.

Prenons pour sujet de nos études l'accord désigné par A''' au tableau de la page 492 :

$$\text{A}''' : \quad \begin{array}{cccccc} \text{TM,} & \text{QJ,} & \text{SM,} & \text{NM,} & \text{OM,} & \odot\text{m} \\ \text{fa} & \text{la} & \text{ut} & \text{mi} & \text{sol} & \text{si} & \text{ré}\flat. \end{array}$$

_____

(1) Les exemples de ce genre d'harmonie abondent dans le présent ouvrage, surtout dans le chapitre consacré aux accords de onzième. Comme simple exercice, nous proposerons au lecteur d'élever *l'accord de triton* (fa—sol—si—ré), troisième renversement de celui de *septième dominante*, au rang *d'accord de treizième* ayant *fa* pour fondamentale :

$$\begin{array}{cccc} \text{fondam.} & & \text{neuv.} & \text{onz.} \quad \text{treiz.} \\ fa & & sol & si \quad ré \end{array}$$

et, sous cet aspect, de le résoudre à la quinte inférieure, sur *si*♭, dominante du ton de *mi*♭.

STRUCTURE DES ACCORDS.

et considérons-le, à quatre parties, sous l'aspect suivant:

```
              Fondam.           NM,   OM,   Θm.
A'''.         fa---.---.---.---sol---si---réb.
```

On pourra facilement le résoudre *à la quinte inférieure* de la manière suivante, qui présente une modulation du ton majeur de *fa*, au ton mineur de *mi*♭.

Fig. 218.

NOTA. Dans cette figure, l'agrégation (fa—sol—si—réb) paraît d'abord, mesures 2 et 6, comme *accord de septième dominante avec quinte abaissée*, ayant pour fondamentale la note *sol*, second degré de la gamme de *fa*, et faisant sa *résolution normale*, mesures 3 et 7, sur l'accord de la dominante. — Mais dans la mesure 10, où cette même agrégation reparaît pour la troisième fois, la note fondamentale n'est plus *sol* mais bien *fa*; et, par ce changement de fondamentale, l'agrégation est identifiée à notre *accord de treizième* A''', ce que prouve sa résolution ultérieure (mesure 11) sur *l'accord de neuvième dominante mineure* du ton de *mi*♭ mineur. Au lieu de faire monter le *ré*♭ au *ré*♮ dans la mesure suivante, on pourrait remplacer, au troisième temps de la mesure 10, le *ré*♭ par un *ut*♯; et alors *l'accord de treizième* A''', se transformant lui-même en *l'accord mixte de onzième* désigné par G' au tableau de la page 386, ce dernier ayant toujours la note *fa* pour fondamentale; ce nouvel accord G' serait dans le ton de notre exemple:

```
              TM,   OM,   SM,   NM,   OM.
     G'       fa---la---ut♯---mi---sol---si.
```

558 LIVRE PREMIER.

Or, on voit qu'il a 5 notes communes avec *l'accord de treizième* A''', sans compter l'*ut*♯ homophone du *ré*♭ de ce dernier accord. On peut juger par cet exemple, comme par un grand nombre de ceux qui précèdent, combien toutes les classes d'accords sont étroitement liées; aussi, n'est-ce qu'en examinant avec attention toutes les individualités qui les composent, et en les comparant entre elles sous toutes leurs faces, qu'on peut peut arriver à vaincre toutes les difficultés que présente la vaste *science harmonique;* science toute moderne, si on la compare à celle du *contrepoint* portée déjà à un haut degré de perfection par les compositeurs des 15ᵉ et 16ᵉ siècles.

§. 403. Passant actuellement à la famille des accords de treizième à laquelle est affectée la lettre B (page 495), nous trouverons l'accord :

<pre>
             TM,   Qm,   Sm,   NM,   OJ,   ⊝M
Bɪᴠ.   sol---si---ré♭---fa---la---ut---mi
</pre>

formé des mêmes sons que l'accord précédent A''' dont il présente le *quatrième renversement*, et embrassant par conséquent la même étendue sur l'échelle des quintes. Or, c'est là un accord tout différent du premier, et dont la résolution doit, d'après nos principes, pouvoir s'effectuer sur un accord ayant *ut* pour fondamentale. Or, voici la preuve de fait de la possibilité d'un tel emploi de cet accord :

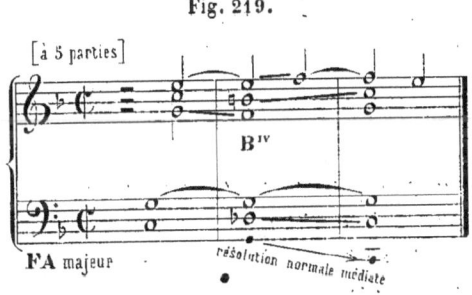

Fig. 219.

[à 5 parties]

B^{IV}

FA majeur — *résolution normale médiate*

NOTA. Dans cet exemple, l'accord Bɪᴠ est employé, au premier temps de la seconde mesure, avec cinq de ses notes caractéristiques, sous cette forme :

<pre>
fond.   tierce   quinte   sept.   treizième.
sol---si---ré♭---fa---.---mi
</pre>

Quant à la résolution, elle est *normale*, mais seulement *médiate*, l'accord se transformant, au second temps de la mesure, en celui de *sixte augmentée avec quarte*, qui émane de la même fondamentale *sol*. — Nous engageons le lecteur à essayer la réalisation à 6 et à 7 parties, qui n'est nullement impossible.

STRUCTURE DES ACCORDS.

§. 404. Dans la famille dont les individualités sont désignées par la lettre C diversement accentuée, nous trouvons l'accord :

$$C^{IV}. \quad \begin{matrix} Tm, & QJ, & Sm, & NM, & Om, & \ominus m \\ la\text{---}ut\text{---}mi\text{---}sol\text{---}si\text{---}ré\flat\text{---}fa \end{matrix}$$

accord tout différent de ceux qui précèdent, quoique formé des mêmes notes et présentant le premier renversement de l'accord A^{III}. Ici la fondamentale étant *la*, la résolution doit avoir lieu sur un accord émanant de la fondamentale *ré*.

En voici un exemple offrant une *marche harmonique modulante :*

Fig. 220.

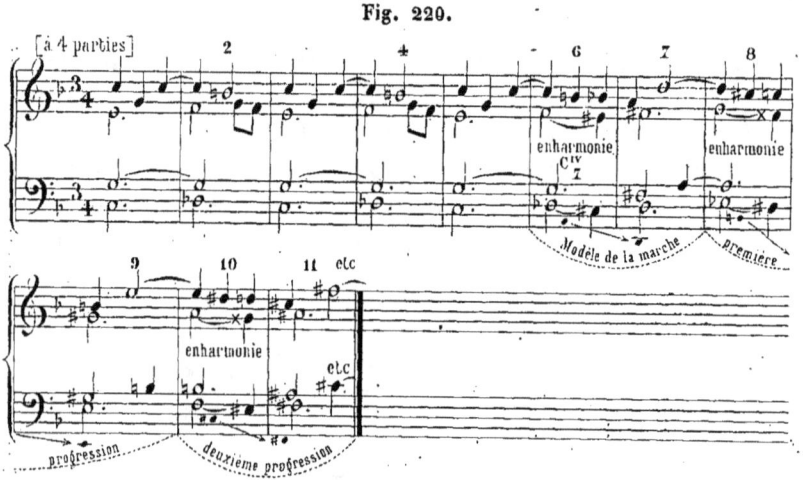

NOTA. Cet exemple débute en *Fa* majeur, et l'accord employé, mesures 2 et 4, a pour fondamentale *sol*, deuxième degré de ce ton. A la sixième mesure commence la *marche harmonique modulante*, dont le *modèle* est de deux mesures. Au second temps de la mesure 6, paraît *l'accord de sixte augmentée avec quarte*, comme dans les mesures précédentes 2 et 4; mais ici, en lui donnant pour fondamentale idéale LA, on a transformé cet accord en notre présent *accord de treizième* C^{IV} (que nous écrivons $C_{7,IV}$, pour indiquer que c'est un accord de sept sons); le rôle de ce dernier accord est ici purement *régulatif*, et son intervention *idéale* sert de BASE à la transformation ultérieure de *l'accord de sixte augmentée* en celui de *neuvième dominante mineure avec quinte haussée et sans note fondamentale*, qui se voit au troisième temps des mesures 6, 8 et 10. — A cette explication on objectera peut-être que l'intervention de notre *accord de treizième* C^{IV} est inutile, et qu'il suffit de considérer, d'une part, *l'accord de sixte augmentée avec quarte*,

540 LIVRE PREMIER.

et, d'autre part, celui de *neuvième dominante. avec quinte haussée*, puisqu'on ne voit en réalité que ces deux accords. A quoi nous répondons que l'intervention de notre *accord de treizième* est ici purement *régulative,* et qu'il joue ici un rôle comparable à celui des quantités *infinitésimales,* dans le calcul différentiel, sans l'intervention desquelles il serait impossible d'arriver au résultat dans lequel pourtant on ne les retrouve plus. — Qu'on veuille bien remarquer que, dans notre exemple, le changement *idéal* de fondamentale ayant lieu *avant* l'apparition de *l'accord de neuvième dominante,* et par conséquent *avant* le changement *enharmonique*, il s'établit ainsi un lien intellectuel entre les deux accords, par l'intervention de cette fondamentale commune à l'une et à l'autre.

§. 405. La famille suivante, à laquelle est affectée la lettre D (page 501), ne présente, parmi ceux de ses accords embrassant 10 quintes, aucune agrégation pouvant s'identifier avec l'un des renversements de l'accord A''' que nous avons pris pour point de départ. Mais, dans la famille E (page 503), l'accord désigné par E^{IV}, savoir :

$$\text{E}^{\text{IV}}. \quad \begin{array}{cccccc} \text{TM,} & \text{Oj,} & \text{SM,} & \text{Nm,} & \text{Oj,} & \odot\text{M} \\ \text{ut---mi---sol---si---ré}\flat\text{---fa---la} \end{array}$$

offre le *second renversement* du susdit accord A'''. Cet accord E^{IV} ayant pour *fondamentale* la note *ut*, doit, d'après nos principes, pouvoir se résoudre *à la quinte inférieure*, c'est-à-dire sur un accord ayant pour *fondamentale* la note *fa*.

Les deux exemples suivants (a) et (b) offrent la preuve de fait de la justesse de cette vue pratique.

Fig. 221.

STRUCTURE DES ACCORDS.

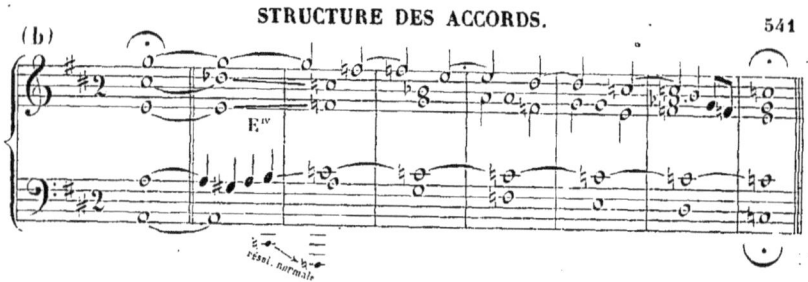

§. 406. Dans la famille d'accords de treizième à laquelle est affectée la lettre F (voir page 506), il ne se trouve aucune agrégation pouvant être considérée comme l'un des renversements de l'accord A'''; mais la famille suivante (page 509) nous présente dans l'accord

            Tm, QJ, Sd, Nm, OJ, ɛm.
G''   mi—-sol—-si—-ré♭—-fa—-la—-ut

le *troisième renversement* de notre accord A'''. Dans la figure suivante, ce nouvel accord G'' est employé au second temps de la seconde mesure, et suivi d'un autre accord de treizième, nommément de celui désigné par C^{ix} (page 499), et émanant de la même fondamentale *mi*. C'est ce dernier accord qui fait sa résolution à la quinte inférieure ; de sorte que la résolution de notre présent accord G'' n'est que *médiate*.

Fig. 222.

NOTA. Dans cet exemple, écrit à 5 parties, et dans le genre instrumental, notre accord G'' paraît avec cinq de ses fonctions. La fondamentale *mi*, commune aux deux accords G'' et C^{ix}, reste *idéale* et sert de guide secret à la résolution. Cette harmonie, tant par l'étendue embrassée sur l'échelle des quintes par les accords de treizième que par l'intervention de la *fondamentale mi*, doit être rapportée à *l'harmonie transcendantale*.

§. 407. L'examen auquel nous venons de nous livrer sur l'accord

$$A'''\quad\text{fa---la---ut---mi---sol---si---réb},\quad\begin{array}{c}\text{TM, QJ, SM, NM, OM, }\ominus\text{m.}\end{array}$$

lequel, dans ses renversements, devient successivement B^{IV}, C^{IV}, E^{IV}, G'', selon qu'on lui donne pour fondamentale *sol*, *la*, *ut* ou *mi*, cet examen doit convaincre le lecteur de la profonde vérité de notre théorie de la résolution des accords. — Remarquons en passant qu'on ne pourrait donner ni *si*♮ ni *ré*♭ pour fondamentales à la susdite agrégation ; la fondamentale *si*♮ ferait la première tierce *diminuée*; et la fondamentale *ré*♭ donnerait, avec ce même *si*♮, un intervalle de *treizième augmentée*, ce qui n'est pas admissible, comme nous l'avons expliqué précédemment.

Accords de treizième embrassant onze quintes.

§. 408. Ces accords ne sont pas plus difficiles à traiter que ceux qui n'embrassent que dix quintes ; et, comme d'ailleurs notre théorie, absolument générale, n'a nul besoin de se modifier pour chaque nouveau cas particulier, nous pouvons nous borner à donner les exemples pratiques avec quelques courtes remarques.

Prenons donc, dans le tableau de la page 492, l'accord A^{IV} qui embrasse onze quintes sur l'échelle des sons,

$$A^{IV}.\quad\text{sol---si---ré---fa---la}\sharp\text{---ut---mi}\quad\begin{array}{c}\text{TM, QJ, Sm, NA, OJ, }\ominus\text{M.}\end{array}$$

et remarquons que cet accord se transforme en C^V, E^{VII} et F^{VII}, selon qu'on l'envisage dans son *premier*, dans son *second* ou dans son *sixième* renversement. (Voir page 532).

$$C^V.\quad\text{si---ré---fa---la}\sharp\text{---ut---mi---sol.}\quad\begin{array}{c}\text{Tm, Qm, SM, Nm, OJ, }\ominus\text{m.}\end{array}$$

$$E^{VII}.\quad\text{ré---fa---la}\sharp\text{---ut---mi---sol---si.}\quad\begin{array}{c}\text{Tm, QM, Sm, NM, OJ, }\ominus\text{M.}\end{array}$$

$$F^{VII}.\quad\text{mi---sol---si---ré---fa---la}\sharp\text{---ut.}\quad\begin{array}{c}\text{Tm, QJ, Sm, Nm, OM, }\ominus\text{m.}\end{array}$$

STRUCTURE DES ACCORDS. 543

Or, nous disons qu'à chacune de ces faces de l'accord A^{iv} correspond une *résolution normale* distincte, c'est-à-dire à la *quinte inférieure* de chaque nouvelle fondamentale considérée ; et cela pour tous les renversements formant de *véritables accords de treizième*.

Ainsi A^{iv} fera sa résolution sur un accord émanant de la fondamentale *ut*.

C^{v} fera la sienne sur un accord émanant de la fondamentale *mi*.

E^{vii} se résoudra sur un accord ayant *sol* pour fondamentale ; et enfin F^{vii} sur un accord ayant pour fondamentale la note *la*.

Ces quatre résolutions distinctes sont réalisées en (*a*), (*b*), (*c*) et (*d*).

Fig. 223.

NOTA. En (*a*), l'accord A^{iv} est employé à 5 parties, ses fonctions de *fondamentale*, de *neuvième* et de *treizième* paraissent dans les trois parties supérieures comme *appoggiatures* des fonctions de *septième*, de *tierce* et de *quinte* de l'accord de septième dominante ; la *résolution est normale médiate*. — En (*b*), l'harmonie n'est qu'à quatre parties, et l'exemple débute par *l'accord de septième dominante* du ton de FA, lequel se transforme par l'enharmonie en *accord de sixte augmentée avec quinte juste* ; or, en donnant à ce dernier accord la note *si* pour *fondamentale idéale*, on élève cet accord au rang d'accord de treizième, et on l'identifie avec l'accord désigné par C^v dans le tableau de la page 498. La *résolution* est ici *normale et immédiate*. Telle est l'explication rationnelle du fait harmonique très-connu reproduit en (*b*). En (*c*), au second temps de la seconde mesure, le même *accord de sixte augmentée avec quinte juste* est transformé *idéalement* en l'accord de treizième E^{vu} dont la fondamentale est *ré*, et la *résolution est normale et immédiate*. — Enfin en (*d*), au premier temps de la seconde mesure, le même *accord de sixte augmentée* est identifié, toujours *idéalement*, avec l'accord de treizième désigné par F^{vu}; au second temps de la mesure, il ne reste qu'un simple *accord parfait mineur* émanant de la même fondamentale *mi*. La *résolution* est donc ici *normale* et *médiate*.

La meilleure preuve de la vérité de cette théorie, c'est l'unité rationnelle qu'elle apporte dans l'enchaînement des accords, en faisant disparaître enfin toutes ces *exceptions* prétendues, plus nombreuses que les cas normaux dans l'état actuel de la science harmonique. Aussi, avant de repousser cette idée féconde, engageons-nous les harmonistes à s'efforcer d'en pénétrer toute la profondeur, en attendant que nous en donnions une irréfragable démonstration mathématique.

Emploi des accords de treizième embrassant treize quintes.

§. 409. Prenons actuellement, dans la première famille des accords de treizième, l'accord A^{ix} :

A^{ix}. TM, QJ, SM, NA, OJ; ⊖m.
ut----mi----sol----si----ré♯----fa----la♭.

En examinant les renversements de cet accord, on en trouve trois formant de véritables accords de treizième, savoir :

C^{xii}. Tm, QJ, SM, Nm, Om, ⊖m.
mi----sol----si----ré♯----fa----la♭----ut.

E^{xiii}. TM, QM, Sm, Nm, OJ, ⊖M.
sol----si----ré♯----fa----la♭----ut----mi.

G^{vii}. TM, Qm, Sd, Nm, OJ, ⊖m.
si----ré♯----fa----la♭----ut----mi----sol.

Cela fait en tout quatre accords distincts en y comprenant A^{ix}.

STRUCTURE DES ACCORDS.   545

Il y a donc, d'après notre théorie, quatre résolutions essentiellement différentes, selon la note considérée comme *fondamentale* de l'agrégation des sons *ut, mi, sol, si, ré♯, fa, la♭*. Ainsi, comme accord A^{IX}, cette agrégation doit se résoudre sur un accord émanant de la note *fa*. Comme accord C^{XII}, sur un accord émanant de la note *la*. Comme accord E^{XIII}, sur un accord émanant de la note *ut*; et, enfin, comme accord G^{VII}, sur un accord émanant de la note *mi*. Ces vues pratiques sont réalisées dans la figure suivante, en (*a*), (*b*), (*c*) et (*d*).

Fig. 224.

NOTA. En (*a*), en (*c*) et en (*d*), la *résolution* est *normale et immédiate;* en (*b*), elle n'est que *médiate.* L'exemple *c* est remarquable par la résolution inattendue de l'agrégation (mi—si—la♭—ré♯) sur *l'accord parfait* de tonique, d'où résulte une nouvelle formule de cadence susceptible d'être employée avec effet.

Emploi des accords de treizième qui embrassent quinze quintes.

§. 410. Prenons pour exemple l'accord A^{xiii} (voir page 493), savoir :

TM, Qm, SM, NA, OJ, ⊙M.
A^{xiii}. sol—si—ré♭—fa♯—la♯—ut—mi.

Cet accord embrasse 15 quintes entre *sa fonction de quinte* (ré♭), et sa *fonction de neuvième* (la♯). Considéré dans ses renversements, il n'en présente qu'un seul, savoir le *sixième renversement,* qui soit un *véritable accord de treizième,* nommément l'accord F^{xvi}. (Voir page 507):

Tm, QJ, Sd, NM, OM, ∊m.
F^{xvi}. mi—sol—si—ré♭—fa♯—la♯—ut.

Or, d'après nos principes, ces agrégations, dont l'une émane de la note *sol* et l'autre de la note *mi*, doivent avoir chacune une résolution distincte à la *quinte inférieure* de leur fondamentale particulière. L'accord A^{xiii} doit donc pouvoir se résoudre sur un accord émanant de la note *ut*.

L'emploi de ces deux accords A^{xiii} et F^{xvii}, avec toutes leurs fonctions, n'est nullement nécessaire, d'autant plus que l'on écrit rarement à plus de 4 ou 5 parties réelles; là n'est pas la question : mais ce dont il s'agit surtout, c'est de l'emploi *transcendantal* d'accords plus simples que l'on élève *idéalement* au rang d'accords de onzième ou de treizième, en les identifiant à ces derniers au moyen d'une *fondamentale idéale régulatrice.*. Ainsi, par exemple, dans l'accord A^{xiii}, on découvre facilement *l'accord de septième dominante* (fa♯-la♯-ut♯-mi) appartenant au ton de *si*, en remplaçant le *ré♭* par son homophone *ut♯.* (Et qu'on veuille bien remarquer que les *fonctions caractéristiques* de notre accord A^{xiii} sont ici mises en évidence.) Or, on voit immédiatement que si l'on suppose pour *fondamentale idéale* de l'ac-

STRUCTURE DES ACCORDS.

cord susdit de septième dominante, la note *sol*♮, on pourra résoudre cet accord sur un accord émanant de la note *ut*, et opérer ainsi une rapide *modulation enharmonique*.

La figure suivante offre la preuve de fait de la vérité de cette assertion :

Fig. 225.

NOTA. Cet exemple débute par *l'accord de septième dominante* du ton de *si*, et c'est cet accord qui se transforme, dans la seconde mesure, en notre accord de treizième A^{xiii}, par le changement de l'*ut*♯ en *ré*♭, et par l'intervention de la fondamentale idéale *sol* qui sert de base à la résolution qui a lieu dans la troisième mesure, sur l'accord de septième dominante du ton de *fa*♮ majeur.

Voici maintenant un exemple concernant l'emploi de la même agrégation de sons, en supposant la note *mi* comme nouvelle fondamentale, ce qui en fait l'accord F^{xvi}.

Fig. 226.

NOTA. Dans cette figure notre accord F^{xvi} paraît dans les mesures 2 et 5, et dans ces mesures les fonctions de neuvième (le *ré*♭) et de treizième (l'*ut*♮) se suivent et ne sont pas employées simultanément. Au second temps de la mesure 3, il ne reste plus qu'un simple accord parfait mineur émanant de la même fondamentale (*mi*). On doit aussi remarquer, à la mesure 5, la rencontre du *si*♮ et de l'*ut*♮ par mouvement contraire entre les parties extrêmes.

Nous pourrions multiplier les exemples de l'emploi des accords de treizième ; mais nous pensons en avoir donné surabondamment, pour ceux de nos lecteurs qui auront pris la peine d'étudier jusqu'ici le développement de la *nouvelle théorie harmonique*, fondée sur des principes ABSOLUS et partant INFAILLIBLES. Du reste, nous abandonnons à la critique et notre style et notre méthode d'exposition ; et si, parmi nos lecteurs, il se trouve un harmoniste capable de tirer de nos formules du § 35, c'est-à-dire de la LOI GÉNÉRATRICE DES ACCORDS, des conséquences que nous n'ayons point aperçues nous-même, nous aurons reçu la plus noble récompense de nos travaux, dont l'unique but est le développement de l'art musical auquel nous avons consacré notre vie.

REMARQUE CONCERNANT LES ACCORDS DE PLUS DE SEPT SONS.

La gamme diatonique ne contenant que sept sons différents, nous n'avons pas cru devoir pousser l'examen des agrégations formant de VÉRITABLES ACCORDS au-delà des *accords de treizième*. Toutefois, l'intervention des *accords de quinzième*, de *dix-septième*, etc..., qui tous sont contenus dans notre loi génératrice, avec toutes leurs modifications esthétiques, l'intervention de ces accords, disons-nous (en ne considérant, bien entendu, que ceux qui ne dépassent pas les limites de notre tonalité moderne), sera souvent fort utile pour faire RENTRER DANS LA RÈGLE certaines agrégations prétendue-ment exceptionnelles ; par exemple l'intervalle harmonique d'*octave augmentée* (ut—ut$\sharp$) dont il est parlé page 105, sous le § 53 ; l'intervalle d'*octave bis augmentée* (ré$\flat$—ré$\sharp$), que l'on trouve employé déjà par quelques auteurs modernes, etc., etc. Ces indications peuvent suffire pour le lecteur harmoniste, d'autant mieux que notre ouvrage s'adresse moins aux élèves qu'aux maîtres, et, parmi ces derniers, surtout aux compositeurs qui pressentent vivement l'avenir de leur art.

CONCLUSION.

Ce premier livre, consacré à la STRUCTURE DES ACCORDS, contient aussi, comme on vient de le voir, toutes les déterminations qui se rapportent à la *nature* et à l'*emploi* de ces réalités harmoniques ; et il forme ainsi, à lui seul, un traité qui n'a besoin d'aucun autre développement, du moins pour les compositeurs qui sauront bien, après tout ce que nous venons de leur apprendre, introduire les nouvelles richesses harmoniques dans leurs créations ultérieures. Ce résultat est d'autant plus assuré, que déjà les maîtres modernes font un usage souvent fort heureux de quelques-uns de nos accords, en dépit des traités d'harmonie qui ne leur offrent et ne peuvent leur offrir, même très-imparfaitement, que les résultats de la pratique de leurs devanciers. Or, maintenant que la *loi suprême de l'Harmonie* est découverte, les artistes, en se livrant à toute la spontanéité de l'inspiration, n'auront plus à tenir compte d'une foule de prohibitions qui forment le fond de la plupart des traités d'harmonie, et qui, si elles étaient suivies à la lettre, empêcheraient toute manifestation de la pensée musicale. Cela est si vrai que, depuis longtemps, les compositeurs ne suivent presque aucune de ces règles prétenduement infaillibles, préconisées dans les traités ; d'où il résulte que les élèves, en se fondant sur ces règles, croient découvrir des fautes grossières dans les œuvres de tous les grands maîtres ; et que, lorsqu'à leur tour ils veulent donner l'essor à leurs inspirations, ils sont forcés de faire des efforts surhumains pour se débarrasser des entraves de l'enseignement, trop heureux quand, à l'issue de cette lutte de leur SENTIMENT contre la *routine*, ils ne sont pas mutilés au point d'être incapables de produire une œuvre de quelque valeur.

Notre livre ne s'adresse point aux élèves, parce qu'avant tout, il nous a paru nécessaire de porter la conviction dans l'esprit des maîtres, parmi lesquels nous espérons fermement trouver des partisans de nos idées nouvelles ; car tous les musiciens aujourd'hui sentent l'insuffisance des doctrines professées dans les conservatoires ; et, pour peu qu'ils étudient notre livre, ils reconnaîtront qu'en critiquant ces doctrines, nous n'avons cédé à aucune vue personnelle, mais bien à une conviction basée sur des principes mathématiques toujours justifiés par l'expérience elle-même. En trouvant, par exemple, tous les accords connus, *tous* sans exception dans nos formules, et en admettant que tout n'est pas encore découvert dans le domaine harmonique, ils seront portés à examiner les produits de notre *loi génératrice;* et, comme nous ne nous bornons pas à une sèche description de ces *nouveaux accords*, mais que partout et toujours nous produisons des exemples pratiques, vérifiant ainsi par le fait, par l'expérience, les données de notre théorie, quand ils reconnaîtront que plusieurs de ces *accords nouveaux* ont déjà été employés par de grands compositeurs, bien que les traités ne les mentionnent point; et surtout, quand ils verront que les nombreuses exceptions dans l'enchaînement, signalées par les théories empiriques, sont toutes ramenées à la règle la plus stricte, ils n'hésiteront plus à admettre tous les produits de notre *loi suprême*, et à prendre pour guide de l'enchaînement des accords notre nouvelle *théorie des accords multiples*, sans laquelle l'*altération multiple des intervalles des accords* signalée par M. Fétis, comme *l'origine véritable de l'enharmonie transcendante*, n'aurait aucune règle. Chacune de ces altérations est, en effet, basée sur l'existence d'un accord appartenant à notre tonalité actuelle; or, toutes les altérations ne sont point également admissibles, parce que toutes ne correspondent pas à de véritables accords; et, lors même que toutes ces altérations auraient une telle base réelle, il faudrait encore pouvoir la reconnaître, ce qui n'est possible qu'au moyen de notre LOI CRÉATRICE DES ACCORDS.

Pour compléter le présent ouvrage, nous aurions encore à produire les preuves mathématiques de la loi d'enchaînement des accords; mais nous nous contenterons, du moins provisoirement, d'avoir produit la *preuve de fait* de la vérité de cette loi, preuve qui suffit amplement pour les praticiens. Nous jugerons ultérieurement, d'après l'accueil qui sera fait à notre travail, s'il y a lieu de donner ce complément, qui s'adressera surtout aux mathématiciens.

Nous comptons sur l'appui des artistes, nous dirons même que cet appui nous paraît nous être assuré d'avance, parce que nos idées sont sanctionnées par les faits; en d'autres termes, parce que notre théorie rationnelle est d'accord avec leur sentiment musical. Nous désirons, nous espérons même l'approbation des savants compositeurs qui siégent à l'Institut de France, mais nous ne croyons pas devoir soumettre notre travail à leur jugement, parce qu'il serait absurde de faire juger notre esthétique musicale, fondée sur des principes *à priori*, par des doctrines qui, bien qu'officielles, ne sont cependant point l'expression de l'état déjà très-avancé de l'art à notre époque.

Quant au *développement progressif* de l'art musical, tel qu'il dépend purement de l'oreille ou du sentiment, la philosophie absolue découvre à priori, pour le passé, cinq périodes que cet art a parcourues jusqu'à ce jour, et pour l'avenir, deux périodes ultérieures qu'il lui reste encore à parcourir pour arriver à son accomplissement.

Nous produirons ultérieurement, c'est-à-dire dans un *second livre*, la *classification du système harmonique*, et même du *système musical* tout entier, d'après la LOI DE CRÉATION elle-même. Mais, pour être bien comprise, cette classification absolue postule la connaissance préalable de la susdite loi de création ; c'est pourquoi nous produisons ci-contre la *construction architectonique* de cette grande loi, telle que Wronski l'a fixée au tome Ier de la *Réforme absolue du savoir humain*. Cette loi se fonde sur l'ABSOLU, c'est-à-dire sur le, **principe premier qui contient en lui-même la raison de son existence, c'est-à-dire la condition de sa propre réalité, et qui subsiste ainsi par soi-même, principe qui, par conséquent, porte en lui la condition de la réalité de l'univers.**

Nota. Pour la lecture des tableaux génétiques suivants, nous devons ici faire remarquer aux personnes qui ne sont pas habituées à cette exposition tabulaire, que, suivant la division dichotomique, qui est la seule rigoureusement logique, les deux sous-classes de chaque classe subdivisée sont marquées par les lettres a et b, portant à droite un nombre supérieur d'une unité à celui que porte le même indice de la classe ainsi subdivisée. De cette manière, en partant des deux genres primitifs, désignés par A) et B), chacun de ces deux genres a deux classes désignées respectivement par a) et b) ; chacune de ces classes a) et b) peut avoir de nouveau deux sous-classes a2) et b2) ; chacune de ces dernières classes a2) et b2) peut avoir deux nouvelles sous-classes désignées respectivement par a3) et b3) ; et ainsi de suite, aussi loin que chacune de ces diverses classes ou sous-classes admet des subdivisions ultérieures.

LIVRE PREMIER.

LOI DE CRÉATION

DE TOUT SYSTÈME DE RÉALITÉS.

A) *Théorie* ou *Autothésie;* ce qu'il y a de *donné* ou d'*individuel* dans un système de réalités ; objet *immédiat* de la cognition.
  a) *Contenu; génération individuelle* des réalités; point de vue *transcendantal*.
    = CONSTITUTION THÉORIQUE.
    a2) Partie *élémentaire.* = LES SEPT ÉLÉMENTS.
      a3) Éléments *primitifs.*
        a4) Élément *fondamental.* = ÉLÉMENT-NEUTRE.................... (I)
        b4) Éléments *primordiaux*:
          a5) ÉLÉMENT-ÊTRE.. (II)
          b5) ÉLÉMENT-SAVOIR..................................... (III)
      b3) Éléments *dérivés:*
        a4) *Immédiats* ou *distincts:*
          a5) UNIVERSEL-ÊTRE..................................... (IV)
          b5) UNIVERSEL-SAVOIR................................... (V)
        b4) *Médiats* ou *transitifs:*
          a5) TRANSITIF-ÊTRE..................................... (VI)
          b5) TRANSITIF-SAVOIR................................... (VII)
    b2) Partie *systématique.* = LES QUATRE CLASSES SYSTÉMATIQUES.
      a3) *Diversité* systématique, dans la réunion des éléments *primitifs*.
        a4) Influence *partielle* des éléments primordiaux.
          a5) ÊTRE-EN-SAVOIR..................................... (I)
          b5) SAVOIR-EN-ÊTRE..................................... (II)
        b4) Influence *réciproque* des éléments primordiaux. = CONCOURS-FINAL. (III)
      b3) *Identité finale* ou systématique, dans la réunion des éléments *dérivés.* = PARITÉ-CORONALE........................... (IV)
  b) *Forme; relation individuelle* des réalités; point de vue *logique.* = COMPARAISON THÉORIQUE.
    a2) Partie *élémentaire.* = Relation dans la FORME DES ÉLÉMENTS.

      α) Relations *positives*   ⎫   ⎧ 1°) Pour l'*Élément-Neutre*.
                             ⎬ = ⎨ 2°) Pour l'*Élément-Être*.
      β) Relations *négatives*   ⎭   ⎩ 3°) Pour l'*Élément-Savoir*.

    b2) Partie *systématique.* = Relations dans la FORME DES CLASSES SYSTÉMATIQUES.

                                  ⎧ 1°) Pour l'*Être-en-Savoir*.
      α) Relations *positives*   ⎫   ⎪ 2°) Pour le *Savoir-en-Être*.
                             ⎬ = ⎨ 3°) Pour le *Concours-Final*.
      β) Relations *négatives*   ⎭   ⎪ 4°) Pour la *Parité-Coronale*.

B) *Technie* ou *Autogénie;* ce qu'*il faut faire* pour l'accomplissement d'un système de réalités, pour l'introduction de l'*universalité;* objet *médiat* de la cognition par l'entremise de fins ou buts.
  a) *Contenu; génération universelle* des réalités; point de vue *transcendantal.* = Constitution technique.
    a2) Partie *élémentaire.* = Instruments primitifs d'universalité.
      a3) Accomplissement génétique des éléments dérivés *immédiats* ou *distincts;*
        a4) Instrument-Universel-Être.
        b4) Instrument-Universel-Savoir.
      b3) Accomplissement génétique des éléments dérivés *médiats* ou *transitifs.*
        a4) Instrument-Transitif-Être.
        b4) Instrument-Transitif-Savoir.
    b2) Partie *systématique.* = Classes essentielles d'universalité.
      a3) Accomplissement génétique du *Concours-Final* par le postulatum de la *préformation primitive* ou de l'*harmonie préétablie* dans les éléments hétérogènes. = Raisons-Suffisantes (qui forment aussi les *Instruments dérivés d'universalité*).
      b3) Accomplissement génétique de la *Parité-Coronale* par l'ascension à l'*identité primitive*, c'est-à-dire au principe absolu du système. = Loi Suprême.
  b) *Forme; relation universelle* des réalités; point de vue *logique.* = Comparaison technique.
    a2) Partie *élémentaire; règle universelle* de la déduction des problèmes; *génération uniforme* des réalités. = Canon Génétique.
    b2) Partie *systématique;* problème ayant pour objet le *but général* de tous les problèmes. = Problème-Universel.

Telle est donc la construction purement architectonique de la loi de création. — Ce qui manque à la compréhension parfaite de cette grande loi primordiale, c'est la déduction génétique et par conséquent l'explication absolue de toutes ses parties constituantes. Et c'est précisément cette déduction génétique qui se trouve donnée dans les ouvrages que nous avons cités. — Mais, ce qu'il faut ici remarquer principalement, c'est que cette déduction génétique et par conséquent cette explication absolue des parties constituantes de la loi de création, déduction et explication dont il est ici question, sont telles que, lorsqu'on applique la loi de création à la détermination d'un système de réalités données, les parties constituantes de ce système reçoivent immédiatement, par cette application même, leurs respectives *significations absolues*, et n'ont ainsi besoin d'*aucune déduction ultérieure*. Aussi, chaque système de réalités contient-il ainsi implicitement la loi de création, puisque c'est d'après cette loi primordiale qu'ont été engendrées toutes ses parties constituantes. Il s'ensuit que, lors même que l'on ne connaîtrait pas la loi de création, on pourrait la découvrir dans tout système de réalités lorsqu'on parviendrait à déduire simultanément et à déterminer réciproquement toutes les parties constituantes de ce système, de manière à ce que, d'abord, par cette détermination réciproque, elles reçoivent leur signification absolue, et ensuite, par leur déduction simultanée, elles n'aient plus besoin d'aucune déduction ultérieure, parce qu'on obtiendrait ainsi manifestement la génération primitive et absolue, c'est-à-dire la création même de ce système de réalités; et alors, la règle que suivrait cette génération absolue du système donné, serait nécessairement la loi de création elle-même.

Pour se faire une idée nette de la loi de création dont nous venons de faire connaître la construction architectonique, il faut étudier, dans le tome II de la *Réforme du savoir humain*, le PROTOTYPE DE LA CRÉATION DE L'UNIVERS, c'est-à-dire la Genèse ou le développement génétique de toutes les réalités qui constituent l'univers, depuis la création propre de Dieu, jusqu'à la création propre de l'homme, formant VII ordres progressifs, sept branches fondamentales, desquelles émanent d'innombrables rameaux qui complètent cette création, en remplissant l'univers de ces réalités sans nombre qui forment sa sphère infinie.

On trouve aussi dans les *prolégomènes du Messianisme* plusieurs applications importantes de la loi susdite ; entre autres, page 212, le *tableau génétique de la philosophie de la politique;* page 221, le *tableau génétique de la philosophie absolue de l'algorithmie,* suivi du *tableau génétique de la philosophie absolue de la géométrie;* et, dans le complément de ce même ouvrage, le *tableau génétique de la philosophie de la psychologie;* mais ces matières n'étant point familières au plus grand nombre des lecteurs, nous donnons ici, pour les artistes, la détermination des sept éléments du BEAU RÉEL (ou du 1er ordre), et celle de ses quatre parties systématiques dont le BEAU IDÉAL (ou du 2e ordre) forme la couronne. Puis le système de la *colorisation,* et enfin la *partie élémentaire* du système des sons musicaux.

LE BEAU.

(Constituant le (C. F.) [Finalité *subjective*] de la Réalité.)

(Extrait du petit traité de métaphysique de Mme Wronski).

A) *Théorie.*
  a) *Contenu* ou *Constitution* esthétique.
    a2) Partie *élémentaire.*
      a3) Éléments *primitifs* :
        a4) Élément fondamental ou neutre. Harmonie subjective du vrai et du bien. (E. N.) = Beau réel (ou du premier ordre).
        b4) Éléments primordiaux ou polaires.
          a5) (E. S.) = L'Énergie esthétique.
          b5) (E. E.) = L'Aménité esthétique.
      b3) Éléments *dérivés.*
        a4) *Immédiats* ou *distincts.*
          a5) *L'énergie* combinée avec le *Beau.*
              (U. S.) = Le Sublime esth.
          b5) *L'Aménité* combinée avec le *Beau.*
              (U. E.) = Le Suave esth.
        b4) *Médiats* ou *transitifs.*
          a5) Transition du *Sublime* au *Suave.*
              (T. S.) = Le Sérieux esth.
          b5) Transition du *Suave* au *Sublime.* (T. E.) = Le Gai esth.
              Nota. — Le rire est le désappointement de l'imagination par la raison. Ainsi, en voulant passer du Suave au Sublime, l'imagination subit ce désappointement; et alors l'harmonie subjective du vrai et du bien excite le rire ou la gaieté esthétique.
    b2) Partie *systématique.*
      a3) Diversité *systématique.*
        a4) Influence *partielle.*
          a5) Influence de l'*Énergie* dans l'*Aménité* (S. en E.) = Le Noble esth.
          b5) Influence de l'*Aménité* dans l'*Énergie* (E. en S.) = Le Brillant esth.
        b4) Influence réciproque de l'un dans l'autre des deux éléments primordiaux, *Harmonie systématique* entre l'*Énergie* et l'*Aménité* (C. F.) = Le Grandiose esth.
      b3) *Identité finale* du *Sublime* et du *Suave* moyennant le *Beau réel*, élément neutre qui leur est commun. (P. C.) Beau idéal (ou du deuxième ordre).
          Nota. — Toutes les réalités du Beau sont développées dans l'Apodictique, avec les exemples caractéristiques qui appartiennent à chacune de ces réalités.

Un autre exemple, qui sera plus généralement compris, est offert par l'application de la *loi de création* à la COLORISATION ou SYSTÈME OPTIQUE DU MONDE. Ici on trouve d'abord, dans la partie *élémentaire*, pour l'élément *fondamental* ou *neutre*, I. Le Jaune. — Pour les éléments *primordiaux* ou *polaires :* II. Le BLEU (élément être). III. Le ROUGE (élément savoir). Viennent ensuite : IV. Le VERT (jaune et bleu = universel-être). Et V. L'ORANGE (jaune et rouge = universel-savoir), qui sont les éléments dérivés ou organiques *immédiats* ou *distincts.* — Les éléments dérivés *médiats* ou *transitifs* sont : VI. Le VIOLET (transitif-être, — fonction de *bleu* qui égale *rouge*). VII. Le CRAMOISI (transitif-savoir, — fonction de *rouge* qui égale *bleu*).

Dans la partie systématique, on a : I. Pour l'*être en savoir*, HORTENSIA (bleu en rouge). II. Pour le *savoir en être*, le LILAS (rouge en bleu).

L'influence *réciproque* du rouge dans le bleu et du bleu dans le rouge forme le *concours-final;* c'est le POURPRE [1] (couleur du sang). Enfin, l'*identité finale* du vert et de l'*orange,* moyennant le jaune (E. N.) qui leur est commun, c'est-à-dire la *parité coronale,* = VERT DORÉ [2].

Dans la *Technie* on trouve :

(α) *Raisons suffisantes* = COULEUR D'ACIER OU DU SOLEIL.

(β) *Loi suprême* = BLANC (réunion des couleurs primitives).

Appliquée aux *tons* ou *sons musicaux,* la LOI DE CRÉATION découvre pour l'*élément neutre* le RÉ, à partir duquel se placent de proche en proche, et alternativement à gauche et à droite : l'*élément-être* = SOL, et l'*élément-savoir* = LA ; puis, l'*universel-être* = UT, et l'*universel-savoir* = MI ; et enfin, pour les éléments *transitifs* : le *transitif-être* = FA, et le *transitif-savoir* = SI.

Pôle négatif.   Centre.   Pôle positif.

(T. E.) (U. E.) (E. E.) (E. N.) (E. S.) (U. S.) (T. S.)

.... *fa*——*ut*——*sol*——*Ré*——*la*——*mi*——*si*........

— 3 — 2 — 1   0 + 1 + 2 + 3

Nous ferons remarquer que les notes dites *tonales* dans notre gamme majeure, sont *toutes* placées à *gauche* de l'*élément neutre,* c'est-à-dire du côté de l'*être,* et que les *modales,* au contraire, sont toutes placées à *droite,* c'est-à-dire du côté du *savoir;* ce qui tient à ce que la forme de l'*être* est la FIXITÉ, et la forme du *savoir* la DÉTERMINABILITÉ [1].

Mais nous développerons ailleurs tout le vaste système musical d'après cette grande *loi de création,* qui forme en DIEU la transition de sa *liberté* à sa *nécessité,* et qui s'établit immédiatement avec la LOI DU PROGRÈS (formant la transition de la *nécessité* à la *liberté*), dans la création primordiale de la divinité. (Ordre I.)

FIN.

---

[1] Le Pourpre, qui est de *concours final* dans le système optique du monde, est précisément la couleur du sang, lequel est, pour ainsi dire, la base des forces excitatives de la *vie* qui forment également le *concours final* dans le système de la *vie.*

[2] Couleur de la lune, ou de feuilles vertes éclairées par un beau coucher de soleil.

[1] Voir au tome II de la *Réforme du savoir humain,* pages (526—527), la CRÉATION DE LA RÉALITÉ formant l'ordre II, dans le PROTOTYPE DE LA CRÉATION DE L'UNIVERS.

Ce premier livre forme à lui seul un tout complet, un traité d'harmonie à l'usage des compositeurs.

NOTES.

I. (Page 61).

Voir page V, dans le premier mémoire de Barbereau, sur *l'origine de notre système musical*, la réponse à cette première question : « *Pourquoi, le nombre des sons étant infini, l'échelle naturelle, parcourue du grave à l'aigu ou de l'aigu au grave, n'admet-elle que sept sons, et la gamme chromatique que douze après lesquels les autres sons répètent les premiers à l'octave ?* »

Voir aussi page XXII, dans le même ouvrage, la réponse à cette deuxième question : « *Pourquoi les sept sons de l'échelle diatonique sont-ils disposés irrégulièrement, c'est-à-dire à des distances inégales d'abord, puisqu'il y a des intervalles d'un ton et d'un demi-ton, et ensuite par quantités inégales, puisque les demi-tons sont séparés entre eux alternativement par deux tons et trois tons ?* »

II. (Page 62).

Il faut lire, dans le premier mémoire de Barbereau, la raison de l'exclusion de l'*altération descendante* de la dominante dans la gamme chromatique : « L'adoption du *la*♯ et le rejet du *sol*♭ de la gamme chromatique d'*ut*, sont des conséquences de la loi de prépondérance attractive du pôle ascendant (positif) de l'échelle des quintes. »

Voir page XL et aussi les pages CXI et suivantes de ce remarquable travail du savant harmoniste.

ERRATA.

Page XIV, au bas, au lieu de $\xi'' = \dfrac{Ln+Lm}{L2} + \lambda$, lisez $\xi'' = \dfrac{Ln-Lm}{L2} + \lambda$.

— XXXI, ligne 25, au lieu de Meyerbere, lisez Meyerbeer.

— 66, dans le TABLEAU, au lieu de *quarte augmentée*, lisez *quinte augmentée*.

— 68, ligne 5, au lieu de MI, lisez MI♯.

— 82, ligne 7 en remontant, au lieu de $t = N \mp$, lisez $t = \pm N$, et ligne 11 en descendant, au lieu de $t+t' = \dfrac{m.(m-1)}{1.2}$ (Ω_m), lisez $t+t' = \dfrac{m.(m-1)}{1.2}$ (Ω_m)

Page 83, ligne 16, au lieu de $\varphi_2(x) - 2x + 4$, lisez $\varphi_2(x) = 2x + 4$.

— 89, ligne 7 en remontant, au lieu de : ils correspondent aux valeurs entières et positives de t et t' satisferont, lisez : qui satisferont.

Page 149, ligne 18 en remontant, au lieu de : dans son *troisième renversement*, lisez : dans son *deuxième renversement*.

Page 187, dans l'exemple au bas de la page, il faut si♭ au lieu de si.

— 212, dans le compartiment de droite du TABLEAU, au lieu de : HARMONIE ALTÉRÉE PAR FORMATION, lisez : HARMONIE ALTÉRÉE PAR FORMATION ET DÉPLACEMENT.

Page 218, ligne 15 en remontant, au lieu de : neuvième (augmentée seconde augmentée, etc., lisez : neuvième augmentée (seconde augmentée accrue d'un octave).

Page 235, dans l'exemple au bas de la page, dans le chiffrage placé immédiatement au-dessus du fa♯, au lieu de : $\dfrac{9}{5}$ lisez : $\dfrac{7}{5}$.

Page 250, ligne 6 en remontant, au lieu de : $\varphi^5(x)$, lisez : $\varphi_5(x)$; et ligne 12 en remontant, au-dessous de l'accolade à droite, au lieu de : *accord parfait majeur*, lisez : *accord parfait mineur*.

Page 272, dans la fig. 83 (b), dans la dernière mesure de basse, on a oublié la note *fa*.

— 298, dans la première ligne du § 235, au lieu de : D$_{VI}$, lisez : D$_{VII}$.

— 328, ligne première, au lieu de : 2e type, 2, 6, lisez : 2e type, 2° degré).

— 369, ligne 2, au lieu de : *remarquable*, lisez : *remarque*.

— 374, au lieu de : $\begin{array}{c}\text{A}_{IV}\text{ accord altéré}\\ \text{N}^o\text{ 15 du tableau}\\ \text{embrasse 10 quintes}\end{array}$, lisez : embrasse 11 quintes.

— 433, ligne 13 en remontant, au lieu de : B''', lisez : D'''

— 434, dans la fig. 186 (b), 1re mesure, au lieu de : B''' *fr*, lisez : D''' *fr*.

— 436, ligne 12, au lieu de : D$_v$, lisez : D^v.

— 440, sous le § 354, au lieu de : *sixte augmentée avec quinte*, lisez : *avec quarte*.

— 444, on a indiqué 344 au lieu de 444 pour le n° de la page.

— 479, ligne 12 en remontant, au lieu de : doit rapportée, lisez : doit être rapportée.

— 479, on a indiqué 476 au lieu de 479 pour le n° de la page.

— 484, ligne 8, au lieu de : $\begin{array}{cc}\text{TM} & \text{Tm}\\ \theta = 0 & \theta = 1\\ \theta' = 1 & \theta' = 0\end{array}$ lisez : $\begin{array}{cc}\text{TM} & \text{Tm}\\ \theta = 1 & \theta = 0\\ \theta' = 0 & \theta' = 1\end{array}$

TABLE DES MATIÈRES.

	Pages.
INTRODUCTION	de I à XXXIV
Résumé d'acoustique, dans l'état actuel de la science	1 à 52
État futur de l'acoustique musicale	52

Lois générales du Système harmonique.

LIVRE PREMIER.

CHAPITRE Iᵉʳ.

Des intervalles et de leur vraie mesure	53
De la mesure usitée des intervalles	56
Formation des diverses espèces de gammes au moyen de l'échelle des quintes, d'après A. Barbereau	57
Évaluation des intervalles en quintes	62

CHAPITRE II.

Particularités que présentent les intervalles lorsqu'on les évalue en quintes	67
Comparaison entre l'évaluation des intervalles en quintes, et leur évaluation en demi-tons moyens	68

CHAPITRE III.

Des accords	71
Tableau des accords connus	73
Des modes principaux de combinaison des sons	76
Algorithme des accords	78

CHAPITRE IV.

LOI GÉNÉRALE DE LA STRUCTURE DES ACCORDS	82
Accords de trois sons	85
Accord parfait majeur	86
Accord parfait mineur	87
Accord de quinte et tierce mineures, dit accord de quinte diminuée	88
Accord de quinte et tierce majeures, dit accord de quinte augmentée	89
Accords de trois sons appartenant à l'harmonie altérée, erreurs de Choron et de M. Fétis	90
Caractères distinctifs des *véritables accords* de trois sons	91

Agrégat formé de quinte juste, avec tierce augmentée (ut—mi♯—sol)............ 95
Cet agrégat est un accord de septième privé de sa note fondamentale. — Preuve mathématique de cette assertion.. 97
Exemples pratiques. (Fig. 9 et 10)... 100
Structure de l'accord de quinte majeure avec tierce mineure ; et de l'accord de quinte mineure avec tierce majeure... 101
Emploi de ces accords. (Fig. 11 et 12).. 102
Agrégat de quinte majeure et tierce augmentée (fa—la♯—ut♯) ; ce n'est pas un accord de trois sons... 103
Emploi de cet agrégat. (Fig. 13 et 14).. 104
De l'altération de l'octave dans l'accord de tierce et quinte..................... 105
De l'altération de la fondamentale dans l'accord parfait mineur. — Exemple de cette altération tiré du final du 2ᵉ acte du *Guillaume Tell* de Rossini. (Fig. 15). 106
Autres exemples. (Fig. 16 et 17).. 107
De l'altération de la fondamentale dans l'accord de quinte mineure. (Fig. 18 et 19). 108
De l'altération de la fondamentale dans l'accord dit de quinte augmentée (Ex. Fig. 20 et 21).. 109
De l'altération de la quinte dans les accords de trois sons (altération ascendante, fig. 22)... 110
Altération descendante de la quinte. (Fig. 23)....................................... 112
Emploi de l'altération descendante de la quinte en mode majeur, sur le 2ᵉ degré. (Fig. 24)... 113
Des altérations simultanées de la fondamentale et de la quinte dans les accords de trois sons... 114
Exemples pratiques. (Fig. 26, 27)..115—117
Altération descendante de la fondamentale, combinée avec l'altération ascendante de la quinte.. 119
Application à l'accord de quinte mineure (si—ré—fa) en mode mineur. (Fig 28). 120
Exemple d'une double altération dans l'accord dit de quinte augmentée. (Fig. 29). 121
De l'altération de la tierce dans les accords de trois sons : 1° Dans l'accord parfait majeur... 121
2° Dans l'accord parfait mineur... 122
3° Dans l'accord de quinte et tierce mineures.. 123
4° Dans l'accord de quinte majeure avec tierce majeure........................ idem.
De la combinaison de l'altération de la tierce avec l'altération des autres fonctions dans les accords de trois sons.. idem.
Citation empruntée au *Pater noster* de Cherubini. (Fig. 30).................... 124

CHAPITRE V.

Classification des accords de trois sons.. 125
Quelques éclaircissements sur le chiffrage absolu................................. 126
Tableau général des accords de trois sons, dans leur position normale. ...128—129

Tableau des seuls véritables accords de trois sons........................... 130
Classification mathématique des accords de trois sons...................... 131

CHAPITRE VI.

Accords de quatre sons.. 137
Accord de septième de première espèce, ou septième dominante.............. 138
Stucture de cet accord.. 139
Emploi de l'accord de septième dominante à l'état direct.................. 140
Emploi de cet accord dans ses renversements............................ 141
Exemples. (Fig. 31 et 32).....................................142—143
Accord de septième de seconde espèce. Structure......................... 145
Emploi. (Fig 33, 34)... 146
Accord de septième de troisième espèce................................. 148
Exemples pratiques..149—150
Comparaison de l'accord de septième de troisième espèce et de celui dit de septième de sensible, d'après Reicha et Barbereau........................ 151
Accord de septième de quatrième espèce. Structure....................... 152
Marche harmonique avec des accords de septième de toute espèce............ 153
Formule de cadence parfaite.. 154
Résolution de l'accord de septième de quatrième espèce sur celui de septième dominante en mode majeur...................................... 155
Autres résolutions et *remarque*.................................... 156

CHAPITRE VII.

Des accords de quatre sons qui appartiennent a l'harmonie naturelle en mode mineur, et a l'harmonie altérée en mode majeur................. 158
Accord de septième diminuée....................................... 159
De la résolution de l'accord de septième diminuée....................... 162
Emploi de l'accord de septième diminuée sur la note sensible en mode mineur.. 165
Exemple tiré du célèbre *Miserere* de Leo. (Fig. 35)..................... 166
Autre exemple. (Fig. 36)... id.
Exemple tiré des *Nozze di Figaro* de Mozart. (Fig. 37)................. 167
Autres modes d'emploi de l'accord de septième diminuée................. 168
Courte digression sur les modulations enharmoniques et sur les trois familles de tons de notre système musical................................. 169
Des accords de septième majeure 1° avec tierce et quinte majeures ; 2° avec tierce mineure et quinte juste.. 171
Exemple de Barbereau. (Fig. 38 et 39).
Structure de l'accord de septième majeure avec tierce et quinte majeures..... 172
Emploi de cet accord. (Fig. 40, page 173).
Structure de l'accord de septième majeure avec tierce mineure et quinte juste.. 174
Emploi. (Fig. 41).

CHAPITRE VIII.

Des accords de quatre sons appartenant a l'harmonie altérée dans les deux
modes... 175
Accords altérés conjugués par leur somme avec celui de la septième dominante. 176
1° Accord de septième de seconde espèce avec quinte haussée. (Emploi, fig. 42, 43). 177
Emploi sur la pédale. (Fig. 44).. 178
2° Accord de septième majeure, avec tierce majeure et quinte mineure. Ex. : (sol
—si—ré♭—fa♯).. 179
Structure de cet accord, et emploi dans les deux modes. (Fig. 45)........... 180
Les accords naturels de quatre sons, autres que celui de septième dominante,
peuvent se changer en cet accord par l'altération d'une ou de plusieurs de
leurs fonctions... 182
Classification mathématique des accords de quatre sons conjugués par la somme
de leurs termes avec l'accord de septième dominante.................... 185
*Accords altérés conjugués par la somme de leurs termes avec l'accord naturel
de septième de seconde espèce*.. 187
1° Accord de septième majeure avec tierce et quintes mineures. Structure....... 188
On trouve, même page, sous le § 128, un exemple de l'emploi de cet accord,
par A. Barbereau.
2° Accord de septième mineure avec tierce majeure et quinte mineure, dont le
second renversement est connu sous le nom d'accord de sixte augmentée avec
quarte... 190
(Voir fig. 46 des exemples de l'emploi de cet accord)............................. 191
Autres exemples pratiques. (Fig. 47).. 192
3° Accord de septième diminuée avec quinte juste et tierce majeure. Cet accord
(sol—si—ré fa♭) écarté d'abord, § 134, par des raisons valables dans le
domaine de *l'harmonie immanente*, mais inapplicables dans le domaine de
l'harmonie transcendante, a été traité au chapitre XVII, page 414, fig. 49'.... 193
Il offre une version enharmonique de l'accord de septième de seconde espèce.
Classification mathématique des accords de quatre sons conjugués par la somme
de leurs termes avec l'accord de septième de seconde espèce.............. 196
Nota. C'est à ce tableau qu'appartient le polynôme donné au chapitre XVII,
page 415, pour l'accord B'''_4 (sol—si—ré—fa♭) version enharmonique de l'accord
de septième de seconde espèce.
*Accords altérés conjugués par la somme de leurs termes avec l'accord naturel
de septième de troisième espèce*... id.
1° Accord de septième diminuée avec quinte juste et tierce mineure C''_4 (sol—si♭
—ré—fa♭) ou (mi—sol—si—ré♭)... 197
Nota. Cette agrégation, qui reproduit enharmoniquement l'accord de septième
de troisième espèce, avait d'abord été écartée § 137, page 197; mais cette erreur
a été réparée, chapitre XVII, page 464 dans la *remarque*. On voit (fig. 202) l'exemple
de l'emploi de cet accord.

2° *Accord de septième diminuée avec tierce majeure et quinte mineure* (si—ré♯—fa—la♭)... 197

Emploi de cet accord, en le considérant, avec Reicha et Barbereau, comme un accord de neuvième dominante mineure sans fondamentale, et dont on a haussé la quinte. (Fig. 50).. 198

Structure de l'accord de septième diminuée avec tierce haussée............... 199

Accords altérés conjugués par la somme de leurs termes avec l'accord naturel de septième de quatrième espèce.. 200

1° Accord de septième mineure avec tierce et quinte majeures (sol—si—ré♯—fa) structure.. 201

2° Accord de septième majeure avec tierce mineure et quinte majeure (ré—fa—la♯—ut♯), réalisation. (Fig. 51 et 52)................................... 203

Structure de cet accord... 205

Classification mathématique des accords formés des mêmes éléments primordiaux que l'accord naturel de septième de quatrième espèce................. 205

REMARQUE.. 206

CHAPITRE IX.

CLASSIFICATION DES ACCORDS DE QUATRE SONS........................... 207

Tableau des accords de quatre sons................................... 208

Nota. C'est à ce tableau qu'appartiennent les accords B_4''' et C_4'' que nous avions écartés d'abord, et que nous avons reconnu devoir être admis. Voir au chapitre XVII, les pages 414 et 461.

Tableau n° I des accords naturels de 4 sons, avec l'indication du siége de leurs fondamentales au sein des échelles des modes majeur et mineur.......... 209

Tableau n° II des accords de quatre sons altérés par formation............... 210

Tableau n° III des accords de quatre sons altérés par simple déplacement..... 211

Tableau n° IV des accords altérés à la fois par formation et déplacement...... 212

CHAPITRE X.

DES ACCORDS DE CINQ SONS EN GÉNÉRAL.................................

Opinions de Catel et de M. Fétis, concernant l'accord de neuvième dominante... 214

REMARQUE pour les mathématiciens...................................... 215

DES ACCORDS DE CINQ SONS APPARTENANT A L'HARMONIE NATURELLE DANS LES DEUX MODES.. 216

Résumé concernant ces accords, § 156.................................. 221

Emploi de l'*accord de neuvième et septième majeures avec tierce majeure et quinte juste* (fa—la—ut—mi—sol). Fig. 53 et 54, sous le § 157........... 222

Emploi de l'*accord de neuvième majeure avec septième mineure, quinte juste et tierce mineure* (ré—fa—la—ut—mi), fig. 55, sous le § 158............ 223

Emploi de l'*accord de neuvième et septième mineures avec tierce mineure et quinte juste* (mi—sol—si—ré—fa), marche harmonique et fig. 56, sous le § 159.... 224

Emploi de l'*accord de neuvième dominante majeure* (sol—si—ré—fa—la), fig. 57, sous le § 160... 225
Tableau de structure de cet accord qui présente la réunion systématique de l'accord parfait majeur et de l'accord parfait mineur............................ 226
Emploi de l'*accord de neuvième et septième mineures avec tierce et quinte mineures* (si—ré—fa—la—ut). Exemple de Cherubini, fig. 59, sous le § 162.... 227
Accords de neuvième faisant leur résolution sur des accords de septième. Exemple de Hændel. Fig. 59, sous le § 163..................................... 228

CHAPITRE XI.

Des accords de cinq sons qui appartiennent a l'harmonie naturelle en mode majeur, et a l'harmonie altérée en mode mineur.................. 229
Tableau des accords mixtes de cinq sons................................. 230
Accord mixte de neuvième et septième majeures avec tierce mineure et quinte juste. Structure (la—ut—mi—sol♯—si)................................... 231
Emploi de cet accord, fig. 60, 61 et 62, sous les §§ 167, 168 et 169....... 232 et 233
Accord mixte de neuvième et septième majeures avec tierce et quinte majeures (ut—mi—sol♯—si—ré). Structure..................................... 234
Emploi de cet accord sur les degrés 1 et 4 de la gamme majeure........... 235
Emploi du même accord sur le 3ᵉ degré, en mode mineur (Fig. 63).......... 236
Accord de neuvième dominante mineure. § 174........................... 236
Structure (sol—si—ré—fa—la♭)... 237
Emploi de cet accord. §§ 177, 178, 179. (Ex.: fig. 64).................... 238
Remarque concernant une erreur de Reicha................................. 239
Exemples de J.-S. Bach et de Mozart. (Fig. 65 et 66)..................... 240
Exemple de Barbereau, fig. 67; exemple de Mendelssohn. (Fg. 68).......... 241
Accord mixte de neuvième augmentée et septième majeure avec tierce majeure et quinte juste (fa—la—ut—mi—sol♯). Structure..................... 242
Emploi de cet accord. (Fig. 69, sous le § 184)............................ 243
Autre exemple. (Fig. 70)... 254
Accord mixte de neuvième majeure et septième mineure avec tierce et quinte mineures (fa♯—la—ut—mi—sol♯). Structure et emploi. (Fig. 71)...... 245
Exemple par Barbereau. (Fig. 72)... 246
Autre exemple. (Fig. 73)... id.
Accord mixte de neuvième mineure et septième diminuée avec tierce et quinte mineures (sol♯—si—ré—fa—la). Structure..................... 247
Emploi. Exemples de J.-S. Bach, fig. 74 et 75. Autre exemple de Barbereau. 248 et 249
Accord ambigu de neuvième augmentée et septième majeure, avec tierce et quinte majeures (fa—la—ut♯—mi—sol♯). Structure................ 250 et 251
Nota. Le § 194, page 250, explique comment cet accord est un *accord ambigu*, bien que dans ce paragraphe nous ne lui donnions point ce nom, parce que d'abord

nous avons classé les *accords ambigus* avec les *accords mixtes*, dont ils ont l'étendue sur l'échelle des quintes.

Exemple de l'emploi de cet accord. (Fig. 77) 252

CHAPITRE XII.

Accords de cinq sons appartenant a l'harmonie altérée dans les deux modes.. 252
Structure de ces accords, § 199... 253
Tableau pour former tous les accords de cinq sons....................... 258
Accords de cinq sons formés au moyen de six tierces majeures associées à quatre tierces mineures.. 263
Nota. Parmi ces accords désignés par A, A′, A″, A‴, Aɪᴠ et Aᴠ, les quatre derniers sont encore inconnus.

Emploi de l'accord A″ (sol—si—ré—fa—la$\sharp$). (Fig. 78)............... 264
Emploi de l'accord A‴ (ut—mi—sol$\sharp$—si$\natural$—ré$\flat$). (Fig. 79)........... 265
Emploi de l'accord Aɪᴠ (ré—fa—la$\sharp$—ut$\sharp$—mi). (Fig. 80)............. 265
Emploi de l'accord Aᴠ (sol—si—ré$\flat$—fa$\sharp$—la$\sharp$). (Fig. 81)............. 265
Classification mathématique de ces accords............................. 266
Accords conjugués par la somme de leurs termes avec l'accord de neuvième dominante mineure, § 202.. 267
Nota. Ces accords, au nombre de huit, y compris l'accord-type, sont désignés par B, B′, B″, B‴, Bɪᴠ, Bᴠ, Bᴠɪ, Bᴠɪɪ.

Emploi de l'*accord de neuvième dominante majeure avec quinte abaissée* B″= (sol—si—ré$\flat$—fa—la). (Fig. 82, sous le § 204)...................... 271
Autres exemples. (Fig. 83 et 84).. 272
Emploi de l'*accord de neuvième majeure avec tierce majeure, quinte juste et septième diminuée* B‴= (si—ré$\sharp$—fa$\sharp$—la$\flat$—ut$\sharp$). (Fig. 85)........... 273
Emploi de l'*accord de neuvième et septième majeures avec tierce et quinte mineures* Bɪᴠ = (si—ré—fa—la$\sharp$—ut$\sharp$). (Fig. 86, sous le § 207)....... 374
Emploi de l'*accord de neuvième mineure avec tierce mineure, quinte juste et septième majeure* Bᴠ = (ré—fa—la—ut$\sharp$—mi$\flat$). (Fig. 87 et 88, sous le § 208). 275
Emploi de l'*accord de neuvième mineure avec tierce mineure, quinte majeure et septième mineure* Bᴠɪ - (ré—fa—la$\sharp$ - ut$\natural$—mi$\flat$). (Fig. 89 et 90, sous les §§ 209 et 210)... 276
Emploi de l'*accord de neuvième mineure et septième majeure avec tierce majeure et quinte mineure* Bᴠɪɪ= (sol—si—ré$\flat$—fa$\sharp$—la$\flat$). (Fig. 91 et 92).... 278 et 279
Classification mathématique des huit accords précédents (de B à Bᴠɪɪ)........ 280
Accords conjugués par la somme de leurs termes avec l'accord naturel de neuvième et septième mineures avec tierce mineure et quinte juste.
Nomenclature de ces accords, tous formés par le concours de *trois tierces majeures associées à sept tierces mineures*..................................... 281
Emploi de ces accords. (§§ 216 à 218; fig. 93)............................. 284

Emploi de l'*accord de neuvième majeure et septième diminuée avec tierce mineure et quinte juste.* Ex. : (si—ré—fa♯—la♭—ut♯). (Fig. 94).................... 284

Emploi de l'*accord de neuvième mineure et septième majeure avec tierce et quinte mineures.* Ex. : (ré—fa—la♭—ut♯—mi♭). (Fig. 95)...................... 285

Emploi de l'*accord de neuvième mineure et septième diminuée avec tierce majeure et quinte juste* Ex. : (si—ré♯—fa♯—la♭—ut). (Fig. 96)............ 286

Structure et emploi de l'*accord de neuvième majeure et septième diminuée avec tierce majeure et quinte mineure.* Ex. : (si—ré♯—fa♯—la♭—ut♯)........... 287

Fig. 97 et 98 (enharmonie de l'accord naturel de neuvième dominante maj.). 288 et 289

Classification mathématique des accords précédents de C à C^{vi}.............. 290

ACCORDS CONJUGUÉS PAR LA SOMME DE LEURS TERMES AVEC L'ACCORD NATUREL DE NEUVIÈME DOMINANTE... 291

Nota. Ces accords, au nombre de 8, sont désignés par les lettres D, D′, D″, jusqu'à D^{vii}.

Emploi de ces accords.. 292

Fig. 99, 100, 101, 102, 103, 104, 105, 106 et 107.................... 292 à 299

REMARQUE IMPORTANTE (explication d'un passage de l'*Idoménée* de Mozart)..... 300

Classification mathématique des accords conjugués par la somme de leurs termes avec l'accord naturel de neuvième dominante majeure..................... 303

Accords formés par le concours de deux tierces majeures et de huit tierces mineures. Ils sont désignés par E, E′, E″ et E‴............................. 304

Emploi de ces accords. (Fig. 109, 110, 111, 112, 113, 114, 115)......... 305 à 313

Nota. Parmi ces accords, celui représenté par E″ reproduit enharmoniquement l'accord mixte de neuvième dominante mineure. De même que l'accord C^{vi}, traité aux §§ 222 et 223, reproduit l'accord naturel de neuvième dominante majeure.

Classification mathématique de ces accords..................................... 314

Accords formés au moyen de sept tierces majeures associées à trois tierces mineures, F, F′, F″.. 315

Classification mathématique de ces accords..................................... 316

Accord unique formé au moyen d'une seule tierce majeure associée à neuf tierces mineures.. 316

Accord unique formé au moyen de huit tierces majeures associées à deux tierces mineures.. 316

Résumé général des chapitres X, XI et XII concernant les accords de cinq sons... 317

CHAPITRE XIII.

Des accords de six sons (accords de onzième) en général.................. 323

Tableau pour la structure de ces accords...................................... 324

REMARQUE.. 326

ACCORDS NATURELS DE ONZIÈME (au nombre de six)......................... 327

ACCORDS MIXTES (au nombre de dix, parmi lesquels trois accords-types)...... 328

CHAPITRE XIV.

DES ACCORDS NATURELS DE SIX SONS EN PARTICULIER ET DE LEUR EMPLOI A 3, 4, 5 ET 6 PARTIES RÉELLES.. 334

Exemples de l'emploi de l'accord de quinte et quarte. (Fig. 116 et 117). Ce dernier est de Palestrina. 334

Exemple de *l'emploi de onzième qui a son siége sur le premier degré de la gamme majeure.* (Fig. 118) 335

Préparation, résolution et emploi de l'accord A_6 avec toutes ses fonctions, § 261. (Fig. 119) 336–337

Emploi de l'accord de onzième qui a son siége sur le second degré de la gamme majeure. (Fig. 120, 121, 122, 123)............................. 337–340
  Nota. Les exemples 120 et 122 sont à 6 parties. L'exemple 123 est de Félix Mendelssohn.

Emploi de l'accord de onzième du troisième degré de la gamme majeure, fig. 124, marche harmonique (mode majeur)..................................... 341

Fig. 125, autre marche harmonique à six parties, en mode mineur............. 342

Emploi de l'accord de onzième qui a son siége sur le quatrième degré de la gamme majeure. (Fig. 126, 127, 128).................................. 343–346
  Nota. Parmi ces exemples il y en a deux de Chérubini.

Emploi de l'accord de onzième qui a son siége sur le cinquième degré de la gamme majeure. (Fig. 129, 130, 131.)..................................... 346–349

Courte digression sur la pédale... 349

Emploi de l'accord E_6 en mode mineur (2ᵉ type), fig. 132.................... 350

Structure et emploi de l'accord F_6 qui a son siége sur le deuxième degré en mode mineur. (Fig. 133, 134 et 135)... 351

Emploi de cet accord avec toutes ses fonctions. (Fig. 136).................. 353

Emploi de l'accord F dans une marche harmonique, en mode majeur. (Fig. 137).. 354
  Nota. Cet exemple, à trois parties, est de Chérubini.

CHAPITRE XV.

DES ACCORDS MIXTES DE SIX SONS EN PARTICULIER ET DE LEUR EMPLOI A 3, 4, 5 ET 6 PARTIES RÉELLES. *Structure et emploi*...................... 354

Emploi de l'accord A'_6. (Fig. 138, 139)............................... 355–356
  —   — B'_6. (Fig. 140, 141)............................... 357–358
  —   — C'_6. (Fig. 142, 143, 144)......................... 359–340

Structure et emploi de l'accord mixte D′ conjugué avec l'accord naturel D. Fig. 145, 146 et 147).. 361–363
  Nota. La fig. 146 présente des exemples d'Albrechtsberger et de Beethoven.

Structure et emploi de l'accord mixte E′............................... 363–364

Structure et emploi de l'accord mixte E″............................... 365–366
  Nota. L'exemple fig. 148 est de Barbereau.

Structure et emploi de l'accord mixte typique représenté par G=(fa—la—ut—mi sol♯—si). (Fig. 150).. 366–367

Structure et emploi de l'accord mixte G′=(ut—mi—sol♯—si—ré—fa♯).(Fig. 151) 368
  Nota. Cet accord employé sans fondamentale dévoile une *résolution enharmonique* de l'accord naturel de neuvième dominante majeure.

Structure et emploi de l'accord mixte typique désigné par H=(sol♯—si—ré—fa♯—la—ut)... 369—370

Nota. On voit, fig. 152, un exemple de l'emploi de cet accord, en le considérant comme un accord de treizième (7 sons) privé de la note fondamentale.

Structure et emploi de l'accord mixte typique désigné par I = (sol♯—si—ré—fa♯—la—ut). (Fig. 153 et 154).................................... 370—372

Accord formé au moyen de huit tierces majeures associées à sept tierces mineures (ré—fa—la—ut♯—mi—sol♯).. 372

Nota. Cet accord est un véritable *accord ambigu*, bien qu'ici il se trouve confondu parmi les accords mixtes.

CHAPITRE XVI.

DES ACCORDS ALTÉRÉS DE SIX SONS, leur classification d'après leur mode de structure... 373

Tableau de nomenclature et détermination mathématique............. 373—389

CHAPITRE XVII.

DE L'EMPLOI DES ACCORDS ALTÉRÉS DE SIX SONS...................... 390

Emploi de l'accord A$''$ (accord ambigu). (Fig. 155, 156 et 157)......... 391—395

Nota. Nous prions le lecteur de remarquer l'exemple fig. 157, qui présente une *marche harmonique* entièrement nouvelle.

Emploi de l'accord altéré A$'''$ = (sol—si—ré♯—fa—la—ut) qui embrasse 10 quintes sur l'échelle des sons. (Fig. 158, exemple à cinq parties réelles)............ 393

Emploi des accords A^{iv}, A^{v}, A^{vi} et A^{vii} qui embrassent 11 quintes sur l'échelle des sons. (Fig. 159, 160, 161, 162, 163, 164 et 165)................... 394—399

Nota. L'exemple 160 à 5 parties réelles mérite d'être remarqué. Ceux des fig. 164 et 165 présentent des modulations enharmoniques nouvelles.

Emploi des accords A^{viii}, A^{ix} et A^{x} qui embrassent 13 quintes sur l'échelle des sons. (Fig. 166, 167 et 168)...................................... 399—403

Nota. L'exemple fig. 166 ramène une *prétendue résolution fondamentale par seconde majeure inférieure* à la RÉSOLUTION NORMALE PAR QUINTE INFÉRIEURE.

Dans la fig. 167, offrant une modulation d'ut♯ majeur en si♭ mineur, réalise une *nouvelle transformation enharmonique* de l'accord de septième dominante.

Enfin, dans la fig. 168, on trouve une *nouvelle transformation enharmonique* de l'accord de neuvième dominante majeure.

Structure et emploi de l'accord A^{xi} qui embrasse 15 quintes sur l'échelle des sons. (Fig. 169).. 404

REMARQUE sur cet accord A$_6^{\text{xi}}$, qui a cinq notes communes avec l'accord altéré A$_5^{\text{v}}$ de la classe inférieure, c'est-à-dire avec l'accord : (sol—si—ré♭—fa♯—la♯).

La fig. 81$'$ présente un nouvel exemple de l'emploi de cet accord de neuvième... 406

De l'emploi des accords altérés de onzième appartenant à la famille de l'accord *naturel* B$_6$. (Fig. 170, 171, 172, 173 et 174)...................... 406—418

Nota. Presque tous ces exemples présentent des nouveautés harmoniques; celui de la fig. 172 surtout mérite l'attention du lecteur. — Quant aux fig. (92)$'$ et (49)$'$, ils se rapportent aux accords

B_{5vii} et B_4''' des classes précédentes. — Tous ces exemples confirment notre *théorie des accords multiples* indiquée dans la REMARQUE IMPORTANTE, page 300 et suivantes.

De l'emploi des accords altérés formés au moyen de 5 tierces majeures associées à 10 tierces mineures 418

Structure et emploi de ces accords, de C à C^x. (Fig. 175, 176, 177, 178, 179, 180, 181, 182, 183 et 184).. 418—430

Nota. La figure 176 présente un exemple pris dans le *Fidelio* de Beethoven. — Nous montrons que l'accord employé par le grand compositeur se résout régulièrement. — La figure 181 offre une marche harmonique entièrement nouvelle; la fig. 182 une rapide modulation enharmonique, et la fig. 183 une nouvelle formule de cadence, et partout la résolution normale, c'est-à-dire à la quinte inférieure.

De la structure et de l'emploi des accords formés au moyen de 9 tierces majeures associées à 6 tierces mineures, de D à D^{vii}. (Fig. 185, 186, 187, 188, 189). 431—439

Nota. Plusieurs de ces exemples se rapportent à l'harmonie transcendante ou plutôt transcendantale, par exemple ceux des fig. 185 et 186, et celui de la fig. 189.

De la structure et de l'emploi des accords altérés formés au moyen de 7 tierces majeures associées à 8 tierces mineures 439

Ces accords appartiennent à la famille de l'accord naturel E, de E à E^{xii}.

Nota. On voit ici, page 440, fig. 190, sous le § 356, l'explication rationnelle d'une résolution prétenduement *exceptionnelle de l'accord connu de sixte augmentée de quarte*, au moyen de l'accord E'''.

L'exemple de la fig. 191 mérite aussi d'être signalé.

Les fig. 192, 193, 194 présentent des exemples de l'emploi des accords altérés de cette famille. — L'accord E^{vii}, fig. 194, donne l'explication d'une *transformation enharmonique de l'accord parfait majeur, employée par les compositeurs modernes*, entre autres par Rossini et par Meyerbeer. (Voir la REMARQUE, fig. 195 et 196.) 448

On voit fig. 197, sous le § 363, une nouvelle transformation enharmonique de l'accord naturel de neuvième dominante majeure................................. 450—451

L'accord E^x, § 364, reproduit enharmoniquement l'accord-type E de cette famille.

Enfin, les fig. 198 et 199 donnent des exemples de l'emploi des accords E^{xi} et E^{xii} qui embrassent 15 quintes sur l'échelle des sons, et le dernier de ces accords reproduit enharmoniquement l'accord-type E de la famille.................................... 452—456

De la structure et de l'emploi des accords altérés construits au moyen de 4 tierces majeures associées à 11 tierces mineures, famille d'accords, 8 accords, de F à F^{vii}. (Fig. 200, 201, 202, 203).............................. 456—463

Nota. Nous appelons l'attention du lecteur sur l'exemple fig. 201.

De la structure et de l'emploi des accords altérés formés au moyen de 10 tierces majeures associées à 5 tierces mineures, famille de 4 accords de G à G'''. (Fig. 204, 205 et 206)... 464—467

Emploi de l'accord mixte H.. 467

Emploi des accords altérés I'' et I''' qui embrassent respectivement 10 et 11 quintes sur l'échelle des sons. (Fig. 207)...................... 467—470

Résumé analytique des chapitres XIII, XIV, XV, XVI et XVII........... 470—477

Nota. Ce résumé est très-important.

CHAPITRE XVIII.

Des accords de sept sons en général.................................... 477
Tableau pour la structure des accords de sept sons................. 479—481
Remarque... 482
Formule embrassant tous les accords possibles....................... 483
Accords naturels de sept sons (au nombre de sept)................... 486
Accords mixtes (au nombre de quatorze).............................. 488

CHAPITRE XIX.

Détermination des familles d'accords de sept sons................. 491
Tableau de nomenclature et classification mathématique des accords de sept sons... 492—515
Remarque... 516

CHAPITRE XX.

De l'emploi des accords de treizième............................... 517
Emploi des accords de treizième, naturels et mixtes, à 3, 4, 5, 6 et 7 parties réelles. (Fig. 208, 209, 210, 211, 212, 213, 214 et 215)......... 518—526
Nota. On voit, fig. 214, sous le § 596, l'emploi simultané *de toutes les notes de la gamme majeure*, et fig. 215, l'emploi simultané *de toutes les notes de la gamme mineure*. — Dans ce dernier exemple le graveur a fait deux fautes, toutes deux dans la seconde partie (1re portée). La première est l'oubli du bécarre devant la note *ut*, au troisième temps de la seconde mesure. La seconde faute a lieu dans la même partie, dans l'avant-dernière mesure, au lieu de si—ut♯ ut♯ ré♯ ré♯, il faut si—ut♮ ut♯ ré♮ ré♯.
Digression concernant quelques passages de la neuvième symphonie de Beethoven... 527—530

CHAPITRE XXI.

Des accords de treizième ambigus et altérés, et de leur emploi a 3, 4, 5, 6 et 7 parties réelles................................... 530—533
Réalisation des accords ambigus. (Fig. 216 et 217)................. 533—535
De l'emploi des accords altérés proprement dits. (Fig. 218, 219, 220, 221, 222, 223, 224, 225 et 226)... 535—547
Nota. Dans ces figures on trouve des exemples de l'emploi de toutes les espèces d'accords altérés de treizième, depuis ceux qui n'embrassent que 10 quintes jusqu'à ceux qui en embrassent 15.
Remarque concernant les accords de plus de sept sons............... 548
Conclusion... 549
Loi de création de tout système de réalités....................... 552
Le Beau réel... 555
La Colorisation ou *système optique du monde*....................... id.
Les sept sons de la gamme.. 556
Notes... 557
Errata.. 558

www.ingramcontent.com/pod-product-compliance
Lightning Source LLC
Chambersburg PA
CBHW060411230426
43663CB00008B/1452